U0946275

FANCHANGSANJIAO QUYU
HEZUO BEIJING XIA DE JIANGSU JINGJI
CHUANGXIN FAZHAN YANJIU

泛长三角区域合作背景下的江苏经济创新发展研究

朱 舜 高丽娜 等著

西南财经大学出版社
Southwestern University of Finance & Economics Press
中国·成都

图书在版编目(CIP)数据

泛长三角区域合作背景下的江苏经济创新发展研究/朱舜,高丽娜等著.—成都:西南财经大学出版社,2014.5(2015.7 重印)

ISBN 978-7-5504-1423-5

Ⅰ.①泛… Ⅱ.①朱…②高… Ⅲ.①区域经济发展—研究—江苏省 Ⅳ.①F127.53

中国版本图书馆 CIP 数据核字(2014)第 097063 号

泛长三角区域合作背景下的江苏经济创新发展研究

朱 舜 高丽娜 等著

责任编辑:杨 琳

助理编辑:陈丝丝

封面设计:张姗姗

责任印制:封俊川

出版发行	西南财经大学出版社(四川省成都市光华村街 55 号)
网　　址	http://www.bookcj.com
电子邮件	bookcj@foxmail.com
邮政编码	610074
电　　话	028-87353785　87352368
照　　排	四川胜翔数码印务设计有限公司
印　　刷	四川五洲彩印有限责任公司
成品尺寸	185mm×260mm
印　　张	38
字　　数	805 千字
版　　次	2014 年 5 月第 1 版
印　　次	2015 年 7 月第 2 次印刷
书　　号	ISBN 978-7-5504-1423-5
定　　价	99.00 元

前 言

经济空间演化进程中的不平衡性表现为经济区空间形态的多样性。经济学家通过实证分析发现，经济区域差距随着时间推移和经济增长，呈现先扩大后缩小的趋势。城镇化助推了经济空间的不平衡发展。在农业人口众多、耕地资源有限、自然资源环境承载力总体脆弱的条件下，中国经历了漫长而曲折的城镇化过程。1950—1978年的29年里，城镇化率由11%上升到17.9%，年均提高0.24个百分点，属于慢速发展的城镇化阶段。1979—1998年，城镇化进入稳定发展时期，1998年城镇化率达到33.35%，20年间平均每年提高0.77个百分点。随后的城镇化开始进入快速发展时期，1999—2005年，总人口从12.47亿增加到13.08亿，城镇化率提高到了42.99%，年均增长1.38个百分点。2011年，城镇人口首次超过农村人口，达到6.9亿人，城镇化率达到51.27%；2013年城镇化率达到53.73%。从中国的城镇化规模来看，不论是年净增量还是城镇人口总量，都已位居世界第一。城镇经济在国民经济中的主体地位得以强化，城镇化成为中国经济持续、快速增长的动力。随着城镇化进程的加快，城市集群发展的空间层级特征显现，形成包括都市区、组团型城市、城市群、城市群集聚区和城市群连绵带等不同等次的中国城市集群空间形态。在中国经济中，以上海市为龙头，江苏、浙江省为两翼的长三角经济区是活力充沛、亮点纷呈、发展迅猛、联动强劲的高城镇化率的发达区域；以长三角经济区为极核区的泛长三角经济区的发展趋势良好，泛经济区一体化发展特征明显。江苏经济是泛长三角经济的重要组成部分。当泛长三角经济极核区的辐射半径沿陆桥通道和长江通道经济带西延时，江苏经济全部被覆盖于泛长三角经济区中。陆桥通道和长江通道经济带贯穿江苏省全境且在江苏经济中形成城镇经济轴；长三角经济尤其是上海经济对江苏经济的邻近效应，使江苏经济获得紧邻中国东部最发达区域经济板块的区位优势。实现江苏经济创新发展，必须借助陆桥通道和长江通道经济带，全方位、多层次、宽领域地放大泛长三角经济极核区尤其是上海经济的邻近效应，否则将会失去难得的空间优势和发展机遇。

泛长三角区域合作背景下的江苏经济创新发展的本质是经济要素和经济活动的省域内外开放“新组合”。根据江苏经济的具体情况，“跳”出江苏，“跳”出长三角，进行泛长三角区域合作，是江苏经济创新发展的优势区位空间背景；要实现泛长三角区域合作背景下的江苏经济创新发展，应“东合西扩”（东向与上海极核区、长三角城市群合作，西向沿长江通道、陆桥通道城市群连绵带扩延极化和辐射半径)、“南融北极”(苏南经济和苏中经济向新苏南经济融合发展，苏北经济沿城镇经济轴空间极化)，优化城镇化格局，转变产业发展方式，调整经济区划，推动行政发展和区域治理。

1. 泛长三角区域合作背景下江苏经济创新发展的“东合西扩”空间开放路径。“东合西扩”是指东向与上海极核区、长三角城市群合作，西向沿长江通道、陆桥通道城市群连绵带扩展极化和辐射半径的经济创新发展空间开放路径选择。改革开放以来，长三角经济发展迅速，占中国国内生产总值的比重增大，对全国经济增长的贡献越来越大。快速增长的长三角经济沿长江通道和陆桥通道经济带，向中国中、西部极化和辐射，引致的泛长三角经济空间演化有利于促进中国区域经济快速发展。在这种有利的经济空间格局中，封闭的自我发展是没有出路的。

泛长三角区域合作背景下江苏经济创新发展的“东合西扩”空间开放路径选择，决定于泛长三角经济区的长三角及其极化与辐射的广阔经济腹地构成。经济极化与辐射是一个动态过程，泛长三角经济区的边界也是变化的。从中国行政区划和地缘关系来看，泛长三角经济区包括长三角经济及与其有内在联系的经济腹地。泛长三角经济区是适应经济空间演化规律要求形成的，因而泛长三角经济空间结构优化对于经济创新发展具有重要意义。一是泛长三角经济空间结构优化有利于提升中国区域经济的国际竞争力。世界经济的竞争更多地表现为区域的竞争。长三角经济对世界市场产生极大影响，但长三角面临发展空间和自然资源有限等发展后劲不足的问题，需要在更广阔的范围内整合资源。泛长三角经济空间结构优化会扩大长三角的经济腹地，有利于区域经济综合实力的增强和国际竞争力的提高。二是泛长三角经济空间结构优化有利于促进区域经济的良性竞争。如何加大招商引资力度，保持外向型经济的优势，是长三角面临的重要课题。促进泛长三角经济空间结构优化，可以通过经济腹地扩大以保持和提升区域经济优势地位。从这个角度看，泛长三角经济区必然带动区域经济良好竞争局面的形成。促进泛长三角合作发展是全面落实科学发展观，促进中国区域经济协调发展的重大举措。它将对统筹区域协调发展，逐步形成东、中、西部经济互联互动、优势互补、协调发展新格局发挥重要的推动作用，因而促进泛长三角区域合作有利于提高区域经济的整体经济实力。三是泛长三角经济空间结构优化，有利于推动区域经济快速增长。实施泛长三角经济发展战略，对中、西部经济发展会起到直接的推动作用。从国家长期发展战略看，长三角经济区担负着带动周边后发区域经济发展的历史责任。促进泛长三角经济空间结构优化，积极加强长三角与周边后发区域的经济合作，是实现区域共同富裕的有效途径。泛长三角区域合作有利于实现各方利益要求，提高区域整体竞争力。促进泛长三角经济空间结构优化，加强区域合作，是泛长三角开放合作、加快发展的根本要求。通过促进区域内部经济要素的自由流动，建立结构优化、布局合理的产业合作体系，可以实现资本、技术、人力、自然资源等的高效配置，促进更大范围的经济空间战略调整和区域经济综合实力的提高。

泛长三角区域合作背景下江苏经济创新发展的“东合西扩”空间开放路径选择，决定于泛长三角城镇集聚和城市集群“一极两带三轴”空间层级的演化。泛长三角城镇集聚和城市集群“一极两带三轴”的空间层级特征表现为：世界级城市集群区（长三角城市群极核区）、交通通道城市群连绵带（长江通道城市群集聚区连绵带、陆桥通道城市群连绵带）、交通干线城镇经济轴（沿海交通干线泛长三角段城镇经济轴、京广京九交通干线泛长三角段城镇经济轴、包昆交通干线泛长三角段城镇经济轴）。“一极”的城市化水平高，城市主要集聚于交通通道、交通干线和环太湖分布，城市群结构合理，中小城市快速发展，城镇集聚和城市集群空间指向世界级城市集群空间层级方向演化。“一极”是泛长三角的极核区，即长三角城市群经济区，其“黑洞”区域包括由上海市，江苏省的苏州、无锡、常州、镇江、南京、南通、泰州、扬州、盐城、淮安，浙江省的嘉兴、湖州、杭州、绍兴、宁波、舟山、台州、衢州、金华，安徽省的马鞍山、合肥共22个城市经济板块所构成的城市群经济区。“两带”是长江、陆桥通道城市群连绵带。在城镇化进程中，城市群集聚区的空间联系增强。“两带”是长三角经济向中、西部极化与辐射的“动力带”，这里出现了具有收益递增性特征的城市集群，如皖江城市带、环鄱阳湖城市群、长株潭城市群、武汉城市群、重庆城市群、成都城市群、东陇海地区城市群、郑州城市群、西安城市群和南襄城市群。泛长三角城市群连绵带指向“两带”城市集群空间层级方向演化，城市集群区得到快速发展，即长江通道城市群集聚区连绵带和陆桥通道城市群连绵带的城市集群区空间特征显现。长江通道城市群集聚区连绵带已形成长江下游城市群集聚区（长三角城市群、皖江城市带）、长江中游城市群集聚区（环鄱阳湖城市群、武汉城市群、长株潭城市群）、长江上游城市群集聚区（重庆城市群、成都城市群）。城市群集聚是长江通道城市群集聚区连绵带的重要空间特征。长江中游城市群集聚区的武汉城市群经济实力强，城市集群发展空间潜力大；而皖江和环鄱阳湖城市集群区特征不明显。这些城市集群区是带动长江通道连绵带协调发展的区域经济极核区。陆桥通道城市群连绵带的城市集群发展晚于长江通道城市群集聚区连绵带，没有形成城市群集聚区。陆桥通道城市群连绵带的北桥城市群连绵带实力比南桥城市群连绵带强，南桥城市群连绵带南京以西是皖、豫、陕等省域经济板块，是相对薄弱区域，但南桥城市群连绵带相对于北桥城市群连绵带具有直接与长三角极核区区位相通的优势，发展潜力大。由初期的资源运输通道逐渐向经济要素流动通道演变的南桥指向陆桥城市群连绵带空间方向演化，引致南阳、信阳等区域中心城市的发展。北桥城市群连绵带以郑州为极核区的郑州城市群、以西安为极核区的西安城市群，具备较好的发展基础，尤其是郑州城市群发展迅速，经济实力大幅提升，成为北桥城市群连绵带重要的极核区。东陇海线的城市集群发展优势显现，对鲁南、豫东、皖北、苏北临近区域的极化和辐射作用明显。长江通道城市群集聚区连绵带的上海、南京、武汉、重庆、成都、长沙、南昌、合肥、宁波、南通、芜湖等城市的区域中心特征明显。陆桥通道城市群连绵带的上海、苏州、无锡、常州、镇江、南京、合肥、信阳、南阳、西安、洛阳、郑州、徐州、连云港等城市的区域中心城市特征突出。“三轴”城镇经济轴是国家城市化战略格局中的南北向交通干线城市、城镇极化与辐射的“动力轴”，指向城市集群空间层级方向演化，包括沿海交通干线泛长三角段城镇轴、京广京九交通干线泛长三角段城镇轴、包昆交通干线泛长三角段城镇轴。沿海交通干线泛长三角段（简称“沿海交通干线段”）城镇轴已形成江苏沿海城镇密集轴、上海超大城市、浙江沿海城镇密集轴。京广京九交通干线泛长三角段（简称“京广京九交通干线段”）城镇轴已形成郑州、武汉、长株潭城市集群区；其中，武汉城市集群区经济实力强，城市集群发展空间潜力大。包昆交通干线泛长三角段（简称“包昆交通干线段”）城镇轴已形成西安城市群、成都城市群、沿包昆交通干线城镇密集轴。

2. 泛长三角区域合作背景下江苏经济创新发展的“南融北极”空间融合路径。“南融北极”是苏南苏中经济融合为新苏南经济一体化发展，苏北经济极化轴发展的经济创新发展空间融合路径选择。江苏经济与长江“黄金水道”和东部“黄金海岸”交汇，是中国经济的发达区域——长三角经济区的重要省域经济板块。江苏经济腹地广阔，发展潜力巨大，是外商对华投资的首选地和外资进入泛长三角区域的“门户”。江苏经济中具有明显的国际比较优势和强大关联效应的主导产业，有效引导着泛长三角产业结构的提升和现代工业体系的成长。江苏经济拥有丰富的教育、人力资源和广大市场，国际资本和世界制造业正加速向其转移，面临着跨越式发展的重大机遇。江苏省是东接中国发达的超大城市——上海市的经济强省。江苏经济吸纳上海经济的先进技术，积极发展高新技术密集型产业，实现产业结构升级，吸纳苏北丰富的劳动力及其经济资源，在泛长三角区域合作中具有独特的“南融北极”的特殊区位。“南融北极”有利于泛长三角区域合作背景下的江苏经济创新发展。

泛长三角区域合作背景下江苏经济创新发展的“南融北极”空间融合路径选择，决定于苏通大桥、沪通铁路、上海过江通道（隧道）及上海长江大桥、崇启大桥、海门大桥的建设营运，新苏南环沪宁快速交通束形成，长三角尤其是上海经济对江苏长江以北区域的辐射强度。江苏实施的沿江开发战略涉及长江南岸的南京、镇江、常州、无锡、苏州和长江北岸的扬州、泰州、南通八个城市经济板块，实施这一战略是江苏推进长江南北两岸经济一体化发展的重大举措，将促进新苏南经济板块的形成和发展。无论是区域经济发展的总量特征，还是均量特征，江苏长江南、北沿岸区域经济板块的发展差距都很大，且在区域经济空间结构特征、外向型经济发展状况等方面也存在较大差异。虽然同为长三角经济区的组成部分，但江苏长江南、北沿岸区域经济板块在长三角经济一体化进程中的受益程度差异明显，从而导致了两者在经济发展水平上的差距也较大。新苏南经济板块的南沪宁快速交通束城镇经济轴和北沪宁快速交通束城镇经济轴，对新苏南经济创新发展具有重大影响。南、北沪宁快速交通束城镇经济轴的交通经济带空间结构特征显现。江苏经济是中国东部发达的省级行政区域经济。在泛长三角区域合作背景下，江苏经济创新发展的“南融北极”是由其在泛长三角经济区的独特区域优势所决定的。江苏经济板块具有与长江通道城市群集聚区连绵带、陆桥通道城市群连绵带相连接和相融合的优势区位，由长三角江苏省的八个（地级）市域经济板块组成的新苏南经济充满活力，快速发展的苏北经济融入新苏南经济、上海经济以及整个长三角经济区的空间距离缩短，加之国家战略层面的江苏沿海开发战略的实施，推动着江苏经济板块的创新发展。因此，应“跳”出苏南“看”江苏，促进泛长三角区域合作背景下的江苏经济“南融北极”。这是江苏经济创新发展的空间演化经济学新视角，具有重大的研究意义。

基于江苏经济创新发展的空间演化经济学新视角，进行适应江苏经济创新发展内在要求的经济区划创新。从这种意义上说，江苏经济创新发展的“南融北极”具有重大的实践推进意义：有利于其融入长三角经济区实现共同发展。江苏经济“南融北极”的外向型和国际性特征十分明显。世界经济的竞争更多地表现为核心区域经济板块之间的竞争。加快长三角经济区发展，有利于提升江苏经济的区域经济板块的竞争力。改革开放以来，江苏经济对世界经济和世界市场产生了重大影响，但江苏苏南经济面临发展空间和资源有限等发展后劲不足的问题，需要在更广阔的范围内整合资源。长三角区域合作为江苏经济的“南融北极”增添了动力，有利于扩大江苏苏南经济的经济腹地，有利于江苏经济综合实力的增强和国际竞争力的提高。“南融北极”与“两个率先”发展战略一样，对于加快泛长三角区域合作背景下的江苏经济创新发展具有重要意义。促进江苏经济“南融北极”是全面落实科学发展观，促进区域协调发展，实现“两个率先”的重大举措，有利于提高江苏经济的整体经济实力。江苏经济“南融北极”有利于其在长三角区域合作背景下实现创新发展。江苏经济“南融北极”是区域合作、加快发展的根本要求。促进江苏经济创新发展，是实现区域合作各方利益要求，提高区域整体竞争力的需要。

随着长三角经济区极化和辐射半径沿陆桥通道城市群连绵带和长江通道城市群集聚区连绵带向中、西部延伸，江苏经济板块成为泛长三角经济区的组成部分。陆桥通道城市群连绵带横贯江苏经济板块的北部和南部。北陆桥通道城市群连绵带江苏段由徐州、邳州、新沂、东海和连云港等市域经济、县域经济板块组成。南陆桥通道城市群连绵带江苏段由南京、镇江、常州、无锡、苏州、扬州、泰州和南通等市域经济、县域经济板块组成。长江通道城市群集聚区连绵带江苏段由江苏经济板块的苏中经济和苏南经济组成，与南陆桥通道城市群连绵带江苏段重叠。随着环沪宁快速交通束城镇经济轴的快速发展和江苏沿江开发战略的实施，长三角经济尤其是上海经济的极化和辐射半径沿陆桥通道城市群和长江通道城市群集聚区连绵带向中、西部延伸，江苏经济板块的苏中经济和苏南经济融合发展为具有内在经济联系的新区域经济板块，即包括苏州、无锡、常州、镇江、南京、扬州、泰州、南通市域经济在内的新苏南经济。沿江开发战略的实施，将苏南经济与苏中经济板块之间的长江阻隔因素变为区域经济一体化发展的纽带，从根本上促成苏南经济与苏中经济板块融合，从而使江苏经济的区域板块结构演化为苏北经济和新苏南经济板块。江苏经济的区域板块结构演化是其经济发展的内在规律所决定的。如同包括苏州、无锡、常州市域经济在内的原苏南经济板块演化为包括苏州、无锡、常州、镇江、南京市域经济在内的苏南经济板块一样，现在的包括苏州、无锡、常州、镇江、南京市域经济在内的苏南经济板块和包括扬州、泰州、南通市域经济在内的苏中经济板块必然演化为新的苏南经济板块。这是由泛长三角区域合作背景下江苏经济的区域板块结构演化的内在规律所决定的，是江苏经济创新发展的区域创新必然趋势。

3. 泛长三角区域合作背景下江苏经济创新发展的经济区划调整、城镇化格局优化、产业发展方式转变、行政发展和区域治理创新的路径选择。在陆桥通道形成之前，江苏经济的苏北、苏中和苏南三个区域板块结构具有积极意义。在陆桥通道形成和快速发展以后，江苏经济的区域板块结构受到泛长三角区域合作的直接影响并发生重大变化。对江苏经济的苏北经济和新苏南经济的区域板块结构进行调整，符合泛长三角区域合作的江苏经济创新发展的实际情况和空间演化趋势，具有重大的经济区划创新实践意义。根据陆桥通道城市群连绵带地域范围划分的要求，新亚欧大陆桥（铁路、高速公路）经过的城市经济（城市群）及城镇经济为“极核区”。陆桥通道城市群连绵带两侧 100 公里左右（其中上海、苏州、无锡市域经济总量大，发展强劲，其影响距离可达 150~200 公里）的县域经济和城市经济板块是陆桥通道连绵带的“影响区”。由于陆桥通道城市群连绵带发展的影响，江苏经济可分为陆桥通道苏北经济带（苏北经济）和陆桥通道、长江通道苏南经济带（苏南经济）。粗略地说，苏北经济是北陆桥通道城市群连绵带苏北经济板块，由 5 个地级市域行政区域经济板块（5 个城市市域经济和 23 个县域经济或县级市域经济板块）组成。苏南经济是南陆桥通道城市群连绵带、长江通道城市群集聚区连绵带苏南经济板块，由 8 个地级市域行政区域经济板块（8 个城市市域经济和 26 个县域经济或县级市域经济板块）组成。这种经济区划是一种尝试。未来的江苏经济空间演化趋势是：南陆桥通道城市群连绵带苏北经济（苏北经济）的基础产业是农业，即农业经济区（显现农业基本经济面的空间特征），尽管也存在“◁”形城镇经济轴；南陆桥通道城市群连绵带、长江通道城市群集聚区连绵带苏南经济（苏南经济）的基础产业为非农业，即城镇化密集区（具有世界级城市群的空间特征），尽管仍然有较多的农田。根据泛长三角区域合作对江苏经济创新发展的经济区划的影响，遵循其空间演化的内在要求，应进行城镇化格局优化、产业发展方式转变、行政发展和区域治理创新的经济创新发展路径选择。这也是泛长三角区域合作背景下江苏经济创新发展的着力之处。

本书系江苏省社会科学基金项目“泛长三角区域合作背景下的江苏经济创新发展”的研究成果。2009 年，徐州师范大学（现江苏师范大学）经济学院的朱舜、高丽娜，淮阴师范学院的张春梅共同撰写并由西南财经大学出版社出版了《泛长三角区域合作背景下的江苏经济创新发展》一书。2014 年，江苏师范大学中俄学院的朱舜，南京中医药大学经济管理学院的高丽娜，南京大学经济学院的朱江丽，江苏师范大学商学院的颜姜慧、孙雨，在上述书稿的基础上进行大量修改、扩展形成了本书。全书由朱舜统稿。

本书的出版得到了江苏师范大学中俄学院学科建设经费的资助。江苏师范大学的领导、西南财经大学出版社的领导和编辑，对本书的出版给予了大力支持，在此表示感谢。此外，由于我们水平有限，书中一定有不当之处，恳请读者批评指正。

作　者

2014 年 5 月

目　录

第一章

经济空间的不平衡性与泛经济区合作发展路径探索：问题的提出

空间差异的客观存在及其多样性，决定了经济增长在空间上的非均衡性。我国是一个幅员辽阔、自然差异很大的国家，加上各地区的历史现状和发展基础的差异，我国经济增长在空间上的非均衡状态远比一般国家更为突出。

……

经济区域化具有整合功能。区域整合功能是通过市场深化和市场一体化来实现的。区域市场深化和市场一体化整合的机理，表现为区域化空间结构主要因素互动演进的逻辑过程。

……

区域合作领域和范围拓展，以区域统一市场的形成和深化为基础。区域合作领域和范围的扩大和拓展，将按照企业空间拓展、产业结构调整、城市组团发展以及区域社会发展一体化的顺序而逐步展开。

荣跃明

——《区域整合与经济增长——经济区域化趋势研究》，上海人民出版社，2005年版。

经济空间不平衡，既是中国最基本的国情之一，也是世界各国普遍存在的经济空间现象。“区域产业的空间集聚是经济活动最突出的地理特征。”[①] 关于经济空间演化趋向，一直存在平衡与不平衡的争论。平衡与不平衡实际上是经济空间演化进程不同阶段的表象。随着经济空间演进时间的推移和经济技术的进步，经济空间融合发展和平衡发展趋向显现。经济空间“重构渊源于其产业信息化的空间效应”，“在信息产业发展条件下，新的产业空间以及流动空间”[②] 对经济空间演化产生助推作用。中国经济发展不平衡，在空间上表现为不同类型及种类的经济区并存。改革开放以来，中国经济的区域差距扩大；与此同时，不同区域尤其是相邻区域寻求合作发展路径的经济空间协调趋势显现，尤其是泛经济区合作发展背景下的省域经济创新发展趋势明显。从区域合作和区域创新意义上说，泛经济区合作背景下的通道城市群经济及省域经济创新发展，是适应中国经济空间演化和空间协调内在要求的行政区域经济创新发展的空间响应。

第一节　经济空间不平衡性与经济空间形态多样性

经济空间演化进程中的不平衡性表现为经济区空间形态的多样性。传统的新古典经济学基于报酬递减假设，得出区域经济发展趋于平衡的结论。发展经济学根据结构主义和报酬递增的理论思路，推论区域经济发展日趋不平衡。经济史学家通过实证分析发现，区域经济差距随着时间推移的经济增长呈现先扩大后缩小的趋势，这在坐标图上表现为倒 U 形变化，即区域经济发展中的“倒 U 曲线”。如果“倒 U 曲线”成立，则平衡发展和不平衡发展只是经济增长过程中不同阶段的变化特征。“倒 U 曲线”从实证分析中归纳出的不完全的经验假说，迄今尚未得到理论上的严格证明（罗浩，2006）。在经济发展的一定阶段，经济空间演化进程的不平衡性从而经济区空间形态的多样性，是客观存在的，不容置疑的。

一、经济空间不平衡性

19 世纪初，德国经济学家探索了经济区位问题。以新古典经济学为核心的空间经济理论对经济空间及其形成动力进行了理论解释。传统经济空间理论未能揭示经济空间本质与空间演化深层次动力，也未能给出解释经济空间层级现象的统一框架（鲍伶俐，2010）。20 世纪 60~70 年代对经济空间不平衡性即区域差异的研究，主要是利用各种统计分析方法研究不同国家内部区域差异的大小及其变动趋势。近

① 王家庭. 区域产业的空间集聚研究［M］. 北京：经济科学出版社，2013：1.

② 陈建华. 信息化、产业发展与城市空间响应［M］. 北京：社会科学文献出版社，2010：111.

30年来，一些新方法被运用于区域差异形成与来源研究，例如基尼系数分解法（农村居民收入的区域差异分析）、加权变异系数法（区域差异的产业或部门构成分解）、锡尔（Theil）系数和广义熵指数法（区域差异的地理构成分解）。对任何一个国家来说，国内区域板块间的差异总是在诸多因素的综合作用下形成的，但经济增长速度及产业结构差异是经济空间不平衡的根本原因（蒙少东，2004）。

1. 极化经济区理论

极化经济区理论是在同新古典经济理论的争论过程中得以形成和发展的，包括增长极、扩散和回流效应、中心-外围模型、空间结构演化等内容。

（1）增长极。索瓦·佩鲁（Francois Perroux）在部门发展极化研究的基础上形成的区域发展极化理论得到较快发展。佩鲁于20世纪50年代在法国《经济学季刊》上发表《经济空间：理论的应用》及一系列论文，提出增长极理论。佩鲁认为经济增长发源于一个所谓的“推动型单位”，而不是遵循均衡路径；经济增长应该是不同部门、行业按不同速度的不平衡增长。主导产业部门和有创新能力的行业以较快的速度优先得到发展。“推动型单位”主要有两个方面的推动力。一是内部的节约和外部的节约，即积极的内部效应和外部效应。当形成积极的内部效应和外部效应时，“推动型单位”的增长就会导致单位成本降低，从而加强自己本来已稳固的地位和扩大相对于其他经济部门的优势。二是创新。通过产品创新和生产过程创新，“推动型单位”能够保持和强化其相对于其他经济单位的领先地位。佩鲁考察的是部门发展的极化，因而其增长极概念指的是“推动型单位”，不具有空间意义。增长极理论提出后，引起许多经济学家对该理论进行探讨。瑞典的缪尔达尔（G. Myrdal）和美国的赫尔希曼（A. O. Hirschman）探讨了导致区域发展极化的机制。他们认为经济过程偏离了均衡，是不会回到均衡状态的，即最初的偏离产生的影响作用使这种偏离得到强化，从而使经济过程不会再回到均衡状态，即强化了非均衡状态。法国的布代维尔（J. B. Boudeville）等将空间概念引入增长极理论。美国的约翰·弗里德曼（John. Friedmann）、瑞典的缪尔达尔、美国的赫尔希曼分别不同程度地进一步丰富和发展了增长极理论。应该说增长极理论是在佩鲁的思想基础上，主要由法国的一些研究者推动其发展的，因而常被人们称为区域发展理论的法国学派。[①] 增长极理论是区域经济学的理论突破，许多国家把增长极理论作为制定政策的依据，因而它在区域经济学中占有重要的地位。20世纪60年代中期，布代维尔重新探讨了空间的含义，拓展了佩鲁的理论。布代维尔认为，经济空间不仅包括与一定地理范围相联系的经济变量之间的结构关系，也包括经济现象的地域结构关系，从而将抽象的空间转换为具体的地理空间，强调了增长极的空间特征。

① 应该指出，法国学派的代表人物关注的主要是部门之间的相互联系，没有关注经济发展过程中区域之间的联系，因而法国学派没能提出区域经济政策及增长极的实施手段。

布代维尔将区域分为三类：均质区域，即每一组成部分或地域彼此都有尽可能相近的特性；极化区域，即增长极具有“磁极”作用，或者说对经济活动有吸引力，使极化区域内的不同部分通过增长极而相互关联、相互依存；计划区域，即实际存在的关联区域，它是政府的计划、政策实施的地区，在性质上更富有政治性。一般来说，计划区域和极化区域是大致协调的，极化区域随着时间的推移其范围会发生变化。

增长极的发展功能直接同城市的集聚体系模式相联系。一个增长极的形成离不开一个城市的集聚优势。城市处于经济中心，以增大对周围地区的增长刺激，且这种刺激是遵循中心地等级扩散要求的。经济活动的空间分布尤其是增长极的空间结构，决定了一定发展阶段的经济空间结构模式（空间结构模式是增长极发展的结果）。在创新扩散与空间结构的关系中，存在创新扩散的循环累积过程。增长极理论的实质是强调区域经济发展的不平衡性，尽可能把有限的稀缺资源集中投入到发展潜力大、规模经济和投资效益明显的增长极，以同周围地区形成一个势差，通过市场机制的传导以引导整个区域经济的发展。增长极理论的产生和发展，特别是由抽象的经济空间拓宽到地理空间，表明经济空间既存在功能极化，也存在地域极化。极化过程不仅是一个自组织过程，即由市场机制的自发调节引导企业和行业在某些大城市和地区集聚发展而自动形成增长极，而且也是一个可控过程，即由政府通过经济计划和重点投资来主动建立增长极。正因为如此，许多国家把增长极理论运用于制定增长战略、区域规划和区域政策。但是，由于增长极理论是以发达的市场经济体制为背景的，其在不同经济体制和处于不同发展阶段的不同国家和地区的应用效果是不同的。

增长极理论强调增长并非同时出现在所有的地方。增长以不同的强度首先出现于一些增长点或增长极上，然后通过不同的渠道向外扩散，并对整个经济区产生不同的影响。经济增长并不是在每个部门、行业或地区按同一速度均衡增长，而是在不同的部门、行业或地区以不同速度不平衡增长。某些主导部门或有创新能力的企业或行业集中于特定的地区或大城市，形成具有规模经济效益的增长极。增长极通过吸引力和扩散力作用不断地扩大自身的规模，对所在部门和地区产生支配性影响，从而不仅使所在部门和地区获得优先增长，而且带动其他部门和地区迅速发展。

（2）扩散效应和回流效应。缪尔达尔和赫尔希曼用扩散效应和回流效应概括区域板块之间的相互作用关系。所谓扩散效应，是指导致增长极空间扩散的积极影响，即通过建立增长极带动周围欠发达区域的经济迅速发展，从而逐步缩小与先进地区的差距。扩散效应对相邻区域形成积极的推动。所谓回流效应，是指繁荣区域吸纳周围区域的高技能劳动力、资本等经济要素，从而削弱周围区域创新潜力的过程。繁荣区域的发展对它周围区域产生消极影响，即发达区域越来越发达，不发达区域越来越落后，经济不平衡状态越来越突出，甚至形成地理上的二元经济结构。

区域经济增长是不平衡的。区域经济增长主要表现在区位经济性、规模经济、外部经济、创新中心等方面。[①] 发达区域会对不发达区域产生回流效应和扩散效应两个方面的影响：如果扩散效应大于极化效应，增长极就会带动周围区域经济共同发展；如果增长极的扩散效应小于极化效应，增长极就不能带动周围区域经济共同发展。由于累积性因果循环的关系，回流效应往往大于扩散效应，导致增长极地区越来越发达，周围区域越来越落后，形成地理空间上的二元经济板块，使区域经济差距扩大，甚至形成独立于周围区域的“飞地”。一些研究文献认为这种区域不协调发展状况需要由政府调控。[②] 一个经济区发展的进程是趋向均衡还是非均衡（极化），取决于扩散效应占优势还是回流效应占优势。缪尔达尔认为，两种效应的相对比重取决于交通和通信等基础设施水平、文化教育水平、企业发展潜力等因素；对于落后区域来说，回流效应是主导发展趋向。他建议发展中国家至少在一定时期内要制定经济发展规划，通过发展规划来稳定积极的循环累积过程，以摆脱欠发达状态。对于任何区域经济板块的发展来说，扩散效应和回流效应都是客观存在的。究竟是扩散效应为主还是回流效应为主，要看区域经济的实际发展阶段和影响区域发展的主要因素及其变化情况。一般来说，发生扩散效应和回流效应的经济区，就是其具有的实际内在经济联系的经济区，这两种效应决定了该经济区的空间结构范围和特征；行政区域经济板块如果不与经济区域经济板块重叠，行政区域经济板块的扩散效应和回流效应就不会完全发生在行政区的范围内。[③]

（3）中心-外围模型。中心-外围模型是极化理论发展中的又一个分支。[④] 中心-外围模型又被称为核心-边缘模型，它是关于两个区域板块之间空间关系的理论。从空间上看，它是一种抽象的构思，是从两者之间具有怎样的关系来定义的。

---

① 缪尔达尔和赫尔希曼使用的概念在表述上是有差异的。缪尔达尔使用扩散效应和回流效应，赫尔希曼使用渗透效应和极化效应，但都同佩鲁使用的推动效应和抽动效应描述的机制相类似。缪尔达尔认为发展中国家一般都存在着“地理上的二元经济结构”，即经济发达地区和经济不发达地区并存。缪尔达尔用循环累积因果理论来解释发展中国家“地理上的二元经济结构的消除”。经济发达地区（增长极）的发展对欠发达地区产生两种效应：一种是回流效应，一种是扩散效应。经济发达地区优先发展，一方面对经济欠发达地区具有促进作用，但也会对欠发达地区产生不利影响。发达地区的人均收入、工资和利润水平及其他要素的收益都高于欠发达地区，必然会吸引欠发达地区的资本、劳动力、技术、资源流向发达地区，这就是回流效应（极化效应）。这种效应使发达地区越来越发达，对经济要素的吸引力也越来越大。与此同时，欠发达地区由于经济要素外流而变得越来越落后，形成了累积性因果循环。但是，这种循环效应并不会无限制地发展下去。当发达地区发展到一定程度后，人口稠密、交通拥挤、环境污染、资源短缺等问题出现，使生产成本上升，外部经济效益下降，从而产生扩散效应（渗透效应）。扩散效应使资本、劳动力、技术等经济要素流回欠发达地区，从而带动欠发达地区发展，欠发达地区与发达地区的差距也慢慢缩小，最终实现均衡和协调发展，二元经济结构消除。

② 肖金成，高国力. 中国空间结构调整新思路［M］. 北京：经济科学出版社，2008.

③ 朱舜. 行政区域经济结构与增长［M］. 北京：经济科学出版社，2002.

④ 中心-外围模型的理论根基是拉美学派的依附理论，因而不能将中心-外围模型列入极化理论的发展内容。但由于其在空间上的解释与极化理论的发展有很大的相似性，所以人们也就把它列入极化理论来进行阐述。

“中心”是指决定经济体发展路径的局部空间。中心和外围共同构成一个以权威性和依附性关系为标志的区域经济体系。从区域经济的角度开始讨论中心-外围模型的是弗里德曼。他认为区域发展是在逐步累积的创新过程中实现的，发展通常起源于区域内少数的“变革中心”。创新由这些中心向周围区域扩散，周围区域依附于中心而获得发展。发展本身就包含着极化过程。在中心-外围模型中，区域经济发展的主要形式是由中心创新的集聚或扩散，引导和支配外围区域发展并最终走向区域经济一体化。这是人们所希望的区域经济发展方向，即走向经济一体化或均衡化。应该指出，不同的区域有不同的经济社会体制，或处于不同的发展阶段，因而走向区域经济一体化的路径是不同的，仅让市场经济体制或市场机制发生作用，要实现区域经济一体化可能是困难的。

2. 经济空间演化模式

经济空间演化具有不同的板块特点，从而形成多种演化模式。不少学者根据经济空间性状及演化趋向对不同经济空间演化模式进行了研究。主要的空间演化模式有：

（1）核心-边缘式空间演化模式。核心-边缘经济空间研究的主要特点是把增长极理论与地理空间理论联系起来。其代表人物约翰·弗里德曼（1964）以一个无居民定居的海岛为对象建立核心-边缘空间演化模型，详细描述了“经济增长引起的空间演化”过程。弗里德曼将核心-边缘经济空间的经济和空间的发展划分为四个阶段：小港口、零星小聚落；极化产生中心-边缘关系；核心边缘的简单结构渐变为多核心结构；理想阶段，即中心-边缘关系消除，都市与边缘融合为都市，实现经济一体化发展（见图 1-1）。

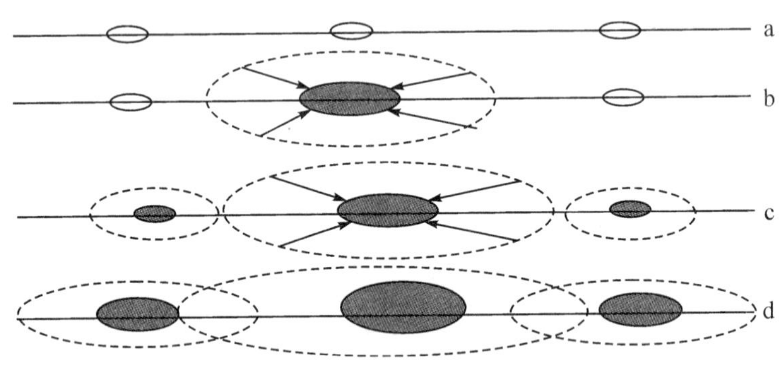

图 1-1　核心-边缘式空间结构演化示意图

（2）点轴式空间演化模式。这种经济空间模式与空间发展的四个阶段联系紧密，具有显著的特点：点轴形成前的均衡阶段，其生产力均匀分布，是匀质空间，但伴随着无组织、低效率；点轴同时进入形成阶段，其区域局部开始有组织状态，由区域资源开发带动的区域经济进入快速增长期；主要点轴系统框架形成阶段，其经济空间演化迅速，空间结构变动幅度大；点轴空间系统形成阶段，其经济空间进入全面有组织状态，重新进入均衡和协调发展状态。点轴发展推动经济空间结构演化的一般过程为：以城镇为依托的“点”发展促进区域经济发展。“点”在区域经济发展中的功能和作用是集聚和辐射经济要素资源，满足集中交易要求，提供综合配套服务，形成区域经济增长极。“轴”主要是沿着铁路线、干线公路、河流和交通网络而形成和发展的。经济要素沿“轴”集聚推动区域经济发展。在中国区域经济研究中，点轴式空间演化研究成果逐步形成“交通经济带”理论。①

（3）海港主导空间演化模式。美国的爱德华·塔夫等人（Edward Taaffe, Richard Morrill and Peter Gould, 1963）根据加纳和尼日利亚的资料，提出发展中国家以海港和铁路系统扩展为主导的空间演化模式的研究结论。海港主导空间的发展阶段是：沿海地区出现殖民者占领的居民点和小港口，其腹地有限，相互间经济联系较少；内地重要居民点形成，得益于以条件较好的港口为起点的内地铁路的建设；交汇于主要港口和内地中心的铁路支线有了显著发展，相当数量的居民点在通往内地的铁路支线上出现；在铁路的中心点上形成支线网络，主要港口、内地中心和中间居民点之间的横向联系发生，为数众多的内地城镇相继出现；完善的内部联系开始显现，围绕港口、内地中心和中间节点的铁路线迅速增长并逐渐联系起来；区域经济日趋发达，并且成为一个有机整体，大大小小的中心地由纵横交错的铁路系统联系在一起，最高等级的干线联系着更大、更重要的经济中心，从而形成海港主导空间结构模式。② 在 20 世纪 80 年代中期，中科院地理研究所的陆大道（1984）在增长极理论和生长轴理论的基础上提出了“点-轴”系统理论。进入 20 世纪 90 年代，国内外学者对“交通经济带”展开了研究，探讨交通走廊、高速公路出入口产业带演化规律及统一规划建设等问题。

二、经济空间形态多样性

传统经济空间理论未能揭示经济空间本质与深层动力，也未能给出解释经济空间层级现象的理论框架。基于历史进程和社会关系视角分析，“资本逻辑”和“技术逻辑”是经济空间形成的主要推动力。资本逻辑和技术逻辑的复合作用，地域空间的选择与改造，空间流动性和产业关联性增强，推动着经济空间形成与扩张，并促进区域经济发展。

1. 经济空间形成机制

经济要素和经济活动组成了纷繁的经济空间体系。从微观某一具体地点的产业

① 张文尝，金凤君，樊杰. 交通经济带［M］. 北京：科学出版社，2002.

② 张务栋. 交通运输布局概论［M］. 上海：华东师范大学出版社，1993：120-121.

集群到中观的区域经济板块空间结构，再到宏观全球性经济空间关联，经济空间超越地域边界，通过空间的资源、物质、能量、信息、价值等流量交换，将处于不同区域板块的人或物联系起来，“建构起各层级经济空间体系”（鲍伶俐，2010）。

以新古典经济学为核心的空间经济理论，对经济空间的理解以及对其形成动力的认识主要有以下观点：经济区位论将经济空间视为欧几里得几何图形，如杜能同心圆形经济圈层、韦伯工业区位三角形、克里斯泰勒市场区六边形等，区位论中的经济空间动力来自于理性经济人对空间资源等进行的成本-收益化行为；佩鲁的区域经济空间理论将经济空间视为经济元素之间抽象的经济关系，经济空间动力在于区域中占支配地位的增长极“推动型单位”，与非中心地区之间形成的抽象产业关系力场；克鲁格曼的空间经济学研究产业聚集现象，认为经济空间动力在于企业微观经济主体规模报酬递增与不完全竞争前提下，形成向心力与离心力构成聚集空间自组织行为。但是，这些理论研究结论未能揭示经济空间的本质与深层动力：一是把空间理解为独立的理性经济人的集合体，把经济空间视为理性经济人单体选择结果的机械加总，从而忽视了经济空间中的经济行为人、经济单元之间的内在联系。二是其经济空间是局部性的、孤立的，缺乏与周围区域的关联，从而未能提供一个容纳经济空间各层级的统一理论框架。三是上述理论研究结论遵循新古典经济学“瞬间”均衡，缺乏历史维度，虽然克鲁格曼试图将演化理念纳入空间经济学，但其区位模型中的时间概念是抽象的或模拟的，而非真实的历史、社会时间。四是割裂抽象经济空间与实体地域空间关系，仅把地域空间视为经济活动僵化的、静态的、非辩证的地理载体和物质容器，忽视了地域空间与经济空间的动态关联。

经济空间演化是经济关系维度下的资本逻辑和技术逻辑耦合作用的空间形成和发展过程。资本逻辑和技术逻辑耦合作用是经济空间形成和发展的重要动力。在争夺“自然力”和世界市场的动机下，资本逻辑和技术逻辑耦合为强大的力量将自然空间纳入经济关系体系，通过对地域的选择和改造实现经济空间的形成与扩张。地域空间并非僵化、静态和非辩证的地理载体和物质容器，而是资本逻辑和技术逻辑的空间形成和发展过程。资本逻辑决定技术逻辑，技术逻辑反作用于资本逻辑的耦合机制，在空间层面体现为对地域的选择和改造。首先是进行基础设施建设，培育空间流动性。在资本扩张进程中，技术革命与培育空间流动性的基础设施表现为密切的对应关系。基础设施建设使资本得以非常低的成本释放一系列资产（包括劳动力）。通过在空间上固定有形基础设施，资本才能真正超越空间实现利润最大化。这种以空间流动性为表征的空间扩张，伴随着市场经济时代的历史地理特征转型。“这些转型削弱了空间的绝对性和自然属性，而强调空间的相对性和经济属性，客观上促进了经济空间的生成。”①

① 鲍伶俐．资本逻辑、技术逻辑与经济空间生成机制——浦东层级经济空间体系生成案例［J］．上海财经大学学报，2010（3）．

资本逻辑和技术逻辑将差异性地域纳入产业分工体系。在资本驱动技术的全球扩张过程中，技术逻辑为技术存量与势差。将地域纳入国际分工链条，以跨国公司为主体建立经济空间。跨国公司的生产如何选择地域、确定地域在产业分工体系中的地位，体现于各种产业转移理论，如进口替代战略理论、产品生命周期理论、雁型发展模式等。产业转移与技术选择主要依据地域发展水平、技术的核心-边缘结构要求，与地域中心-边缘结构相对应。例如，在资本密集阶段，先进技术研发活动在中心进行；在劳动密集阶段，一般技术转移至边缘。这些理论结论未将非核心地域发展水平的提升考虑在内，从而未能将技术转移与地域发展阶段的关系动态化。在全球经济空间分布中，中心与边缘地区并存于复杂的等级制关系结构中，非核心区可能通过区域建设创造后发优势，与主导技术建立关联，从而提升其在国际分工体系与经济空间中的地位。技术分工与产业关联表现为扩张资本与区域的权利关系，生产技术全球化形成全球经济空间关系图。

空间流动性与产业关联性通过三个层次将物质关系的自然空间转换为以地域实践为基础的经济空间：交通与通信基础设施构成经济空间网络要素；经济主体、经济元素等构成空间矢量关系力场，并决定资源流；主导型产业空间组织构成空间体系。空间流动性与产业关联性建立的经济空间主要有两大类：由跨国公司内在关联形成的全球垂直关系型经济空间（公司总部、研发机构），即生产单元之间跨地域的信息、能量、物质、劳动力等的流动，形成一体化的网络组织架构；独立企业与跨国公司分支机构形成地方化水平型集群经济空间，这些企业共同构成一个地点的“组织环境”并相互联结成为更大的经济空间组织和地理结构。

在经济空间形成过程中，地域空间与经济空间的关系不具有稳定性。资本必须在保存原有投资价值和破坏投资价值以开拓更大积累空间之间进行两难选择。地域空间总是不断地被资本逻辑和技术逻辑选择和改造，被当前发生的政治—经济和社会—生态过程所再生、维持、破坏及重构。大卫·哈维（David Harvey）将上述过程视为资本积累的创造性破坏的历史，并认为投机商（背后有雄厚的国际金融支持）从地租增长中获得最大收益的企图，正在从根本上重塑莫斯科、伦敦和纽约等大城市。资本积累不断再生产出地域空间“第二自然”，改变地域在产业分工体系中的地位（鲍伶俐，2010）。

2. 经济空间多样性

经济空间的重要空间形态是经济区域经济（经济区域）。中国经济的空间多样性表现为经济区域经济和行政区域经济两类区域经济类型。中国已出版的关于区域经济学的著作基本上是以经济区域为研究对象。“经济区域是指以大中城市为核心，以交通运输为纽带，以地区专门化部门为特征的经济地域。”① 一般来说，界

① 朱传耿，沈山，仇方道. 区域经济学［M］. 北京：中国社会科学出版社，2001：4-5.

定经济区域概念应考虑经济要素和经济活动之间的集聚力状态。经济要素和经济活动具有集聚倾向。经济要素和经济活动的集聚形成经济增长极（增长点），经济增长极产生极化力。极化力影响的经济要素和经济活动，或者向经济增长极流动，或者相互形成一定区域经济关系。经济区域经济是区域经济的基本类型。它是受经济增长极或经济增长点极化力、自然与人文地理等因素影响而形成一定经济关系的经济要素和经济活动的运行和发展一体化的区域经济，有经济圈、经济带、经济区、流域经济等具体种类。“我们通常所说的经济区，就是按照一定的经济区划方法而划分出来的各种地域单元或地域范围。”“经济区划是以经济区的客观存在为基础的，也就是说，经济区的客观存在在前，经济区划行为在后，即使没有进行经济区的划分，经济区也是一种客观存在的经济实体。”① 经济区域经济具有以下基本特征：

（1）经济区域的形成和扩大决定于经济增长极或经济增长点的形成和扩大。经济区域的形成和扩大是经济要素和经济活动集聚的必然现象，是经济增长的不以人的意志为转移的自然过程。“据王德忠的研究，企业的一系列扩张行为，才最终导致经济区的形成。首先是企业为了追求集聚经济效益，进行规模的扩张而引起空间的极化，在一系列有机整合或聚类整合过程中，企业群（或产业）、主导企业群（或主导产业），伴生企业群（或配套产业）得以形成和发展，进一步极化导致经济中心形成。其次是各经济中心内的企业由于扩张潜能的差别，造成经济中心的分异，从而表现出不同的能极大小。再是由于市场容量有限和空间分工的需要，企业要素扩散和组织扩展，经济中心与其邻近区域的经济联系不断加强，经济区最终得以形成。”② 随着社会分工和交换的发展，“多企业分立而形成企业集合成为必然”③，一些手工业和商业活动在相对集中、交通较方便的地点进行，逐步地这个地点的经济要素和经济活动不断集聚而发展成为集镇、城镇或城市。集镇、城镇、城市具有极化作用，吸引着经济要素和经济活动向其集聚。由于它们的极化作用的程度不同，从而形成不同大小的空间范围。一般来说，集镇、城镇构成经济区域的经济增长点，城市成为经济区域的经济增长极，“每一个标本的地区必须包含至少一个‘中心城市’构成的核心”④；以城市为增长极的经济区域的范围大于由城镇为增长点的经济区域，如果它们相邻则后者还要受前者极化；以集镇为增长点的经济区域的范围非常小，它是农村小范围的经济区域；如果集镇发展成为城镇，城镇

---

① 周克瑜．走向市场经济——中国行政区与经济区的关系及其整合［M］．上海：复旦大学出版社，1999：36．

② 周克瑜．走向市场经济——中国行政区与经济区的关系及其整合［M］．上海：复旦大学出版社，1999：37-38．

③ 王德忠．经济区形成发展的微观机制分析［J］．上海经济研究，1999（8）．

④ 艾德加·M．胡佛，弗兰克·杰莱塔尼．区域经济学导论［M］．郭万清，等，译．上海：上海远东出版社，1992：223．

发展成为城市，以它们为经济增长点或增长极的经济区域则相应地得以扩大。

（2）经济区域一般不存在全区域性的决策主体和利益主体，其经济要素和经济活动是在经济规律作用下主要通过市场决定的。由于经济区域一般不与行政区域重合，因而任何地方政府都不可能直接在经济区域“发号施令”，不可能直接调控经济区域的经济要素和经济活动。在经济区域与行政区域不重合的条件下，经济区域的经济要素和经济活动一般遵循经济规律的要求。即使在经济区域与行政区域重合的条件下，经济区域的地方政府对经济进行调控，也不能违背经济规律的要求；否则，经济区域必然紊乱运行。这是因为经济区域“并不是指单纯的自然地理区域，也不与一国的行政区域界线完全重合，它首先考虑在区域共同利益基础上的经济活动的内在联系”①。这种经济要素和经济活动的内在联系是经济区域的本质。

（3）经济区域具有紧密联系的经济空间结构、经济网络系统组织和区际经济联系能力。经济区域的经济空间结构一般表现为经济核心，受经济核心吸引、影响的外围。“经济核心以城镇为载体，或为单一城镇，或为城镇群，但其基本形态是点状的，并以其自身的功能在周围各个方向上构成一个吸引范围。”外围为面状，处在经济核心的作用之下，“并依据核心的距离不同而有近外围、外围和边缘之别”②。同时，交通运输业和现代通信业的发展推动着经济区域的经济网络系统发展。由于经济网络系统的发展，经济区域的组织能力得以增强，使经济区域“具有‘高级循环’，也就是由银行金融业、贸易和服务业、信息产业、现代化工业、商业批发业等所组成的循环系统。如果缺乏这种高级循环系统，则无法组织区内的经济活动，也无法组织区际经济联系，不能独立地生存和发展。……高级循环系统主要集中在较高级的中心城市里，这种中心城市充当区域经济的组织者和协调者”③。

经济空间的又一重要空间形态是行政区域经济（行政区经济）。在经济区域中，地方政府的影响较弱，中央政府的调控影响较强。中国行政区域经济因行政区划等级不同而有不同种类。不同种类的行政区域经济具有不同等级的行政区划约束和相应等级的地方政府调控。不同种类的行政区域经济板块之间因垂直性行政领导体制而具有包容关系，并指向一体化运行。不同种类的行政区域经济板块因不同等级行政区划刚性约束而具有不同的特点。不同种类的行政区域经济板块决定于中国行政区划组织与管理体系。中国的行政区域管理采取的是严格的分级管理体制，即行政区划纵向管理四级制。④ 行政区划是国家结构体系的安排，即将领土划分为四级层次、规模不等的行政区域，并在各级行政区域设置对应的地方国家机关以实施

① 郝寿义，安虎森，等. 区域经济学［M］. 北京：经济科学出版社，1999：5.

② 崔功豪，魏清泉，陈崇兴，等. 区域分析与规划［M］. 北京：高等教育出版社，2000：76.

③ 郝寿义，安虎森，等. 区域经济学［M］. 北京：经济科学出版社，1999：4.

④ 准确地说，目前中国行政区划纵向管理是三、四级并存，以四级制为主。

相应的行政管理。各级行政区域相应地由各级地方政府分别进行行政管理。从这种意义上说，行政区域不是经济区域，地方政府机关也不是经济管理部门。但是，行政区域经济，也就是按行政区域划分方法划分的行政区划经济区是客观存在的。"行政区划经济区是按行政权力的覆盖面来划分的。这种划分区界明确，有利于政府实施经济管理行为，在我国，行政区划经济区包括省市区层次的经济区、地市层次的经济区、县市层次的经济区等"①，有省域经济、市域经济、县域经济、乡镇经济等行政区域经济种类。

首先，不同等级的地方政府的经济职能促成了不同种类的行政区域经济板块的形成。在市场经济中，市场失灵使政府具有了十分重要的经济职能。政府的经济职能集中表现为经济调控。经济调控是分层实施的，即中央政府与地方政府共同实施。显然，在分层调控经济运行的过程中，地方政府的经济职能不仅仅是服从于和服务于全国统一的宏观调控，事实上，地方政府在分层调控中有自己工作的落脚点，从而具有一定的相对独立性。地方政府调控经济运行的这种相对独立性使行政区域经济板块的"边界"明晰起来。地方政府是分等级层次的，其调控经济运行的经济职能随地方政府等级层次的降低而减弱，从而使不同种类的行政区域经济板块相互区别开来。具体说来，从行政区域经济特征看，省域经济比市域经济（市管县行政体制）更有实力，县域经济具有行政区域经济的一般特征，而乡镇经济因乡镇政府调控经济运行的经济职能弱小而不易显现出行政区域经济特征。因此，省域经济、市域经济、县域经济、乡镇经济等不同种类行政区域经济板块的形成，直接根源于不同等级的地方政府调控经济运行的经济职能。应该说，在市场经济中没有政府调控经济运行的经济职能是不可能的，也是无法想象的，因而行政区域经济具有不同种类及板块也就是必然的。

其次，不同等级的地方政府的经济行为尤其是发展经济和提供公共物品能力的差异，强化了不同种类行政区域经济板块的差别。社会主义的根本任务是解放和发展生产力。地方政府的经济行为是解放和发展生产力的重要推动力。"一般地说，各地经济发展往往与其区位、环境、资源、机遇和政策有关。这些是客观因素，而怎样充分利用有利因素，实现快速增长，还依赖于主观努力，与地方政府经济行为的直接相关。"②地方政府的经济行为主要是地方政府作为市场主体直接参与经济运行（如国有及国有控股企业经济的扩大和减少，但不是直接经营国有及国有控股企业）和直接提供地方公共物品的行为。但是，不同等级的地方政府的经济行为的能力是不同的。一般来说，在省域经济、市域经济、县域经济、乡镇经济中，地方政府经济行为能力是依次降低的，或者说，省、市、县、乡镇的地方政府的经济行为能力是存在等级差异的。省、市、县、乡镇的地方政府的经济行为能力等级差

---

① 苏东水，等. 产业经济学［M］. 北京：高等教育出版社，2000：297.

② 沈立人. 地方政府的经济职能和经济行为［M］. 上海：上海远东出版社，1998：101.

异主要决定于这些地方政府的行政管理职能及其财政收入的差异程度。从地方财政收入看，省是其辖区内市的数倍或数十倍，市（地级市）是县的数倍或数十倍，县是乡镇的数倍或数十倍；发达区域的县级财政收入也可能是欠发达区域的市级财政收入的数倍。例如，2012 年，江苏省昆山市（县级市）财政收入为 220.28 亿元，是浙江省丽水市（地级市）64.61 亿元的 3.41 倍，是四川省巴中市（地级市）27.35 亿元的 8.05 倍。可见，不同等级地方政府经济行为能力的差异，使不同种类的行政区域经济板块的经济差别显现出来，并具有不同种类行政区域经济板块运行的特征。

最后，不同等级的行政区域的相对独立性从根本上决定了不同种类的行政区域经济板块具有相对独立运行的特征。行政等级是行政区划的重要内容，它表明一个行政区的地位和应享有的行政权力。中国行政区划纵向管理层级是三、四级并存，以四级制为主，即省、县、乡或镇与省、市（地级市）、县、乡或镇，且行政权力等级顺次降低。“由于不同等级的行政区其行政、人事、经济等权力，生产力布局政策，投资环境条件，地区的知名度，吸引外资的政策权限等均有较大差别，因而行政区等级制度对地方经济发展的影响也是显而易见的。”①行政区等级制度对不同种类的行政区域经济相对独立运行的影响也是显而易见的。例如，海南由地区级行政区升格为省级行政区、重庆市由省辖市升格为中央直辖市后，海南省域经济和重庆市域经济以前所未有的速度得到发展，其行政区等级升格是一个重要原因。不同等级的行政区域具有相对独立性，行政区等级制度对行政区域经济种类发展的影响是非常大的。从一定意义上说，没有不同等级的行政区域的相对独立性，就没有不同种类的行政区域经济。

第二节　城市群极化与辐射及泛经济区空间层级：空间经济学分析

在城镇化进程中，城市快速发展，其影响地域扩大、相邻近的城市之间互动联系密切，城镇密集和城市群层级空间系统复杂化，孕育出新的城镇经济空间组织形态——城市群连绵区。这种新城镇经济空间组织以城市群之间紧密的经济联系为纽带，跨越行政区“边界”集聚发展，正在成为中国城镇化进程的主体空间形态。

一、城市群空间扩展、极化与辐射

经济空间因素是城市群形成、发展和演变的决定性因素。对城市群空间形态研

① 刘君德，靳润成，周克瑜，等. 中国政区地理［M］. 北京：科学出版社，1999：32-33.

究需要从经济空间的属性维度展开。探索由经济联系衍生的城市群空间组织，研究城市群产生、成长及与外部经济联系发展过程中的空间演化规律，对中国的城镇化、经济要素和经济活动空间布局具有积极意义。

1. 城市群及空间扩展

城市城镇集群发展引致城市群的形成和发展，成为世界城市化进程中的必然趋势。城市群是相互关联、相互依赖的城市群层级群落。城市群的发展源于区域中心城市功能的外向空间扩展。在存在流域经济带、交通经济带、沿海经济带条件下，城市群发展会逐步演化出庞大的城市城镇化地带——城市群连绵区，并以其独有的空间集聚优势形成泛经济区（“连片巨型大都会区”、大都市连绵区、大都市圈集群），泛经济区对区域经济发展发挥巨大作用（李廉水等，2006；魏家雨等，2011）。城镇化本身是一个人口与经济要素向城市、城镇集聚的过程。经济要素集聚在城市群及其高级空间形态，是地理条件和规模经济效应共同作用的结果。世界银行2009年的年度报告强调，世界各国人口和经济要素具有向大都市集聚的共同趋势。全球生产主要集中在大城市、发达省和富裕国家，其中，全球土地面积1.5%的区域聚集了世界一半的生产活动。占埃及国土面积0.5%的开罗，其GDP超过了埃及的一半。同样，只占巴西总面积15%的中南部三州，贡献了全国总产值的一半以上（世界银行，2009）。

一个国家的崛起与城市城镇集群发展密不可分。19世纪中叶，在伦敦到利物浦的英格兰中部地带出现了城市城镇集群发展区——城市群雏形，促成世界经济中心在英国形成；19世纪末20世纪初，在美国东北部出现了以纽约为中心的沿波士顿至巴尔的摩一线规模巨大的城市群，世界经济增长重心由此转向美国。美国3 142个县中的1 092个县，依据经济活动纽带关系，被划归到分别拥有地域中心城市的363个大都市圈进行统计，它们的人口约占美国总人口的82%，经济总量约占美国GDP总量的89%（魏家雨等，2011）。在现代世界经济格局中，城镇化、都市化、城市群乃至城市群连绵区，对快速提升国力和参与国际竞争显得尤为重要，特别是对于面积达几百万平方公里，城市、城镇星罗棋布的地域辽阔国度，更有着经济发展的特殊内在带动力和外向推动力。城市群连绵区快速发展使美国成为城市城镇集群发展的典型国家。20世纪60~70年代，日本经济的崛起与其东海岸以东京城市群的形成同样密不可分。伴随着城市群连绵区的形成和空间扩展，伦敦、纽约、东京成为最具代表性的世界级城市（谢富纪，2009）。

城市群是城镇化进程中出现的新城市化现象（汤放华、陈修颖，2010）。英国学者佛瑟特（C. Fawcett）在20世纪30年代定义了一个狭隘的“城市群”概念：城市群是一片城市功能用地占据的连续区域，并将城市群限制在城市建成区的范围（Built-up Area）。西方学者还提出了与城市群相类似的概念：城市带（Megalopolis；Gottmann）、“城市场”（Urban Field；Friedman and Miller）、城市功能经济区（City

-region; R. Dickinson)、城市通勤区（Daily Urban System; Berry and Honton)、大城市走廊（Mega-corridors; W. Zonneveld and J. Trip)。城市带是以交通基础设施及其枢纽规划建设为切入点，通过定性方法分析交通运输、城市结构调整、环境保护等问题并提出解决办法的城市城镇密集带；城市群是指包含了城区（City Proper)、郊区（Suburbs）以及持续稳定的通勤地带（Commut Uter Areas）的人口密集地区或者建成区。城市的扩展使其诸多功能跨越了城市的边界，众多的城市影响范围相互重叠产生了"城市区域"（City Region; P. Geddes)。盖迪斯（P. Geddes，1915）在其《进化中的城市》一书中创造出"集合城市"（Conurbation）一词，并认为当时英国已有七大城市群，法国的大巴黎，德国的柏林-鲁尔区，美国的匹兹堡、芝加哥、纽约等地区也已形成城市群，并预见未来将出现"世界城市"（World City)，并强调城市规划应是城市地区的规划，既包括若干城镇，又包括城市四周的影响区域。美国统计署为适应都市区不断变化的人口数量、城区范围以及城区功能，常对"大都市区"进行重新定义。美国的"大都市统计区"被认为是经济一体化的城市地带。两个或更多城市群一起增长就出现了集合城市（Conurbation)。城市群是不同层级的各种城市集合，是一个经济空间、自然和社会等要素组成的有机体，是一个大系统中具有较强活力的子系统，无论在城市群层次上，还是在相互联系的空间上，具有空间扩展与协调特征（朱翔等，2009)。

2. 城市集群发展进程的城市群空间形态

城市群空间形态具有城市群空间扩展的多层次性。城市群空间扩展模式包括城市群整体外推和城市群内部扩展，受城市群的伸展轴、节点和结节地域、城市群发展阶段的影响，它的扩展影响产业的转移、城市之间的合理分工、城市群功能的集聚和分散以及城市群的结构调整（肖金成、袁朱，2009)。城市化空间形态的城市群（Gottmann，1957；周一星，1989；崔功豪，1992；张京祥，2000；姚士谋，2001；方创琳，2005)、半城市化地区（McGee，1980、1994)、大都市区、都市圈、大都市连绵带（周一星，1999；罗海明，2005)、巨型城市区（Hall，1999；张晓明，2006)、大都市伸展区（Ginsberg，1991；顾朝林，2002）等概念、界定标准存在不同解释。按照城市群的相同空间性状和差异空间尺度进行划分，城市群有都市圈、城市群、城市群集聚区和城市群集聚连绵区等空间形态。

（1）都市圈。都市圈一词出现和使用的频率很高，它起源于日本。日本在太平洋沿岸分布的京滨、阪神、名古屋三大都市圈，共同构成东海道城市群。城市群有一个或多个都市圈。都市圈属于同一城市场作用范围的城市、城镇集聚区，一般是根据一个或几个大都市辐射的半径为边界并以城市命名。例如，长三角城市群包括上海都市圈、南京都市圈、杭州都市圈、苏锡常都市圈。改进城际交通网络，增强空间联系，发挥集聚与扩散作用，促进以大城市为核心的不同等级城市相互依存的都市圈发展，是中国省域经济板块创新发展的热点。

（2）城市群（组团型城市、城市带）。城市群多表现为组团型城市空间形态。组团型城市在经济联系、功能互补、交通联系方面具有典型意义的城市群特征。组团型城市是呈分散状布局的城市层级体系，是现代大都市为避免交通拥堵和环境恶化，通过建立新城区形成多中心空间格局需求的城市群发展空间形态；也有通过周围城市扩展形成一个新的组团型城市集聚区（由多个城市组成，不会成为一个新城市）。交通干道的重要中心城市开始侧向联系地渗透发展，对于城市群地域结构质的转变至关重要。随着渗透延伸以及渗透交通干线的较大规模城市的建立，各城市区域扩大，以内城为中心继续向外扩展，原有联系密切的城市开始形成城市组团。城市群也以城市带空间形态存在。城市带是交通干线上分布了大大小小很多个城市的城市、城镇密集带。城市带与都市圈、组团型城市等城市群空间形态的差异，主要表现在城市带所强调的是城市分布的地域形态，城市之间主要靠交通干道联系，而都市圈、组团型城市主要是城市之间的经济联系及相互影响。

（3）城市群集聚区。城市群集聚区与巨型城市区概念相近（Castells，1989）。巨型城市区（Hall，1999）是由形态分离但功能上相互联系的一连串的城镇组成，在一个或多个较大的中心城市周围集聚，是中心大城市向新的或临近的较小城市扩散后所形成的，是在全球城市化程度最高的地区出现的一种新城市群空间形态。城市群集聚区的城市群既作为单独城市群而存在（大多数居民在本地工作且大多数人是本地居民），也被密集的经济要素流动所连接，并作为更广阔功能上的城市群集聚区存在。顾朝林（1999）认为这种巨型城市区是一种从中心向外扩散、半径达150公里的城市群体，并且是一种小汽车支持的在通勤腹地内就业的地域性城市集群发展模式。中国长江流域经济带的长江下游城市群密集区（包括长三角城市群、皖江城市带的长江下游“长三角”城市群集聚区）、长江中游城市群密集区（包括环鄱阳湖城市群、武汉城市群、长株潭城市群的长江中游“中三角”城市群集聚区）和长江上游城市群密集区（包括重庆城市群、成都城市群的长江上游“上双核”城市群集聚区）具有城市群集聚区空间性状特征。

（4）城市群集聚连绵区（带）。城市群集聚连绵区是城市群集聚区的一种特殊的高级空间形态，是以若干个数百万人口以上的大城市为核心，与周围地区有强烈交互作用和密切经济联系，沿一条或多条交通干道的大中小城市、城镇连续分布的城市群集聚区连绵空间。城市群集聚连绵区多以城市群集聚连绵带空间形态存在。城市群集聚连绵带与都市圈、城市群、组团式城市等城市群空间形态存在着一定的共性，但相互区别的内涵也是明显的（肖金成、袁朱，2009）。根据美国人口普查局的预测，未来美国人口和经济的增长将集中在8~10个新兴的大都市圈集群（城市群集聚连绵带）——这些庞大的、联系紧密的大都市圈地区的发展，有望占全美总人口增长的70%和就业增长的80%。美国的大都市圈集群的关系层次定义是共同利益，从而构成政策制定的基础。大都市圈集群发展有五个主要关系：环境体系和地理分布、技术设施、经济联系度、居住模式与土地使用、共享文化与历史。当然，并非每个大都市圈集群都明显拥有这五个方面的关系特征。

3. 国内外城市群空间高级形态

界定城市群集聚连绵区需要采用定性和定量相结合的方法，有效把握其本质内涵，即城市群集聚连绵区是有一到几个区域中心城市联系的完善的城市层级体系，一定规模的人口与空间联系的产业发展及分工协作有较高水平，以及完善的基础设施网络。从这个意义上说，可以把城市群与城市群集聚连绵区空间形态演化相区别。在世界大城市群不断发展的历史进程中，逐渐涌现出城市群集聚连绵区。国外的城市群集聚连绵区主要分布在北美洲、欧洲和亚洲。其中，北美洲有3个（美国东北部大西洋沿岸城市群集聚连绵区、北美五大湖城市群集聚连绵区、西南部太平洋沿岸的圣地亚哥-旧金山城市群集聚连绵区），欧洲有4个（英国的伦敦城市群集聚连绵区、法国的巴黎城市群集聚连绵区、德国的莱因-鲁尔城市群集聚连绵区、荷兰的兰斯塔德城市群集聚连绵区），亚洲有1个（日本的东京城市群集聚连绵区）。这些城市群集聚连绵区的形成有先后，且在空间性状特征及空间分布方面各有特点。纵观国外各城市群集聚连绵区的发展历程，主要有两类城市群集聚连绵区发展模式：核心城市带动的城市群集聚连绵区空间演化模式和多中心齐头并进的城市群集聚连绵区空间演化模式。

中国是一个人口大国，在农业人口众多、耕地资源有限、自然资源环境承载力总体脆弱的条件下，经历了一个漫长而曲折的城镇化过程。从1950—1978年的29年里，城镇化率由11%增加到17.9%，年均提高0.24个百分点，属于慢速发展的城镇化阶段。从1979—1998年，中国城镇化进入稳定发展时期，1998年城镇化率达到33.35%，20年间平均每年提高0.77个百分点。随后，中国的城镇化开始进入快速发展时期，从1999—2005年，总人口从12.47亿增加到13.08亿，城镇化率提高到42.99%，年均增长1.38个百分点。2011年，中国城镇化率达到51.27%，城镇人口首次超过农村人口，达到6.9亿人。2013年，中国城镇化率达到53.73%。从中国的城镇化规模来看，无论是年净增量还是城镇人口总量，都已位居世界第一。“十二五”期间，中国进入城镇化与城市群空间扩展的新阶段，城镇化率年均提高0.81~1个百分点。由于城乡人口数量对比的变化，城市经济在国民经济中的主体地位得以提高，快速城镇化成为中国经济持续、快速增长的动力。随着城镇化进程加快，中国城市集群发展空间层级特征显现，形成包括都市区、组团型城市、城市群、城市群集聚区和城市群集聚连绵区等不同等次的城市集群空间形态。

二、泛经济区空间层级

泛经济区空间层级表现为城市群集聚连绵区空间梯度。“城市群的空间形态表现出明显的等级结构，至少有一个或多个规模较大、经济发达和辐射功能较强的中心城市，这些城市是城市群的中心和增长极点。在这些城市的周边分布了大小不等的二级城市和三级城市，并穿插了众多小城镇，还有相当大面积的农业地区和农村。”① 在泛经济区城镇化进程中的城市集群发展阶段，城市群集聚连绵区空间梯度表现为不同的空间形态和性状。

1. 城市群空间梯度

经济空间具有两种基本存在形态：空间实体和空间场。城市群经济空间作为一种经济场，是一种状态也是一个过程。其中，作为经济场“状态”是“产业分工与博弈”在其作用空间上出现差异的基础上形成的，具有方向和强度两个变量，即在空间上都表现为空间梯度（或可称为空间级差）的地域组合。“梯度”是描述空间系统的重要概念。梯度既是现实地域在地理空间上差异的客观反映，是一个地理概念，又是一个经济概念，是对不同地域间生产力和经济发展水平的差异描述。对城市群内的众多城市而言，城市间直接或间接相互作用强度越强，城市群的内在有机性和梯度能级均衡特征就越明显（戴宾，2004）。随着外部经济环境的变化，在不同城市节点间出现不同的经济类型及其规模，即“场”（杨先卫，2006）的一个平衡与博弈的过程。一般情况下，在市场经济环境中，这种变化过程是一个经济利益趋向最大化的过程（王伟，2009）。

随着城镇化和工业化持续快速发展，中国城市之间的联系日趋紧密，城市逐渐跳出个体框架的束缚，向区域化方向集聚发展，基本形成了发育程度不同的经济空间板块，其外部表现为城市个体相对分散的结构形态，而内部则表现为高密度的经济联系以及多样化的联系方式。该类经济空间板块承担了中国国内主要经济要素集聚区的功能，因此其形成与发展必然具有相当的客观规律性。实际上，在现实的经济生活中，任何一种经济空间演化都是一种多元素的复合流动，可分解为人流、技术流、物质流、资本流和信息流等单项经济要素的流动。经济要素流的产生是因为存在“空间势能差”，在城市群经济空间系统中，不同城市在空间位置和属性质量方面的区位势能以及转移动力方面的差异，客观上为各种空间经济要素在城市群网络中的流动提供了动力，经济要素流在经济空间整体上体现出一种“差异—需求—流动—地域一体化”的过程。

近年来，优先开发和重点开发泛长三角城市群集聚连绵区的空间格局清晰，城市群、城市群集聚区和城市群集聚连绵区集中了大部分的人口和经济总量；国家规划优先和重点开发“两横三纵”城市化战略，对泛长三角城市群集聚连绵区空间演进和空间协调产生重大影响；泛长三角城市集群发展指向城市群集聚连绵区空间演化和空间协调，从而引致对世界城市化进程产生重大影响的中国经济的城市群集

① 肖金成，袁朱，等. 中国十大城市群［M］. 北京：经济科学出版社，2009：2.

聚连绵区特征显现。

2. 城市群空间性状

中国的发达城市群地域范围有多种表述。长三角城市群地域范围为上海、江苏、浙江和安徽一市三省的行政辖区，包括上海、江苏、浙江、安徽所辖的42个直辖和地级城市；京津冀城市群地域范围为北京、天津和河北两市一省的行政辖区，包括北京、天津、河北所辖的13个直辖与地级城市；珠三角城市群地域范围为整个广东省行政辖区，包括广东省辖的21个地级城市（王伟，2009）。长三角城市群地域范围也被表述为“一市两省”（上海、江苏、浙江）或“一市三省的22个城市”（参见本书第四章第四节）的行政辖区范围。

在城市群经济空间系统中，经济主体与经济要素在不同城市间的配置布局与集聚扩散，会在一定地域范围内表现为各种经济客体和经济活动的位置及相互作用关系、集聚规模及其空间形态变化，在一定程度上形成点、线、面及网络等经济空间结构的发育程度及空间组合状态，包含相对位置、顺序、分布、态势等与经济空间有关的空间信息。城市群集聚连绵区首先在美国东北部形成，是美国城市群空间形态最为宏大的一个发展层次，代表着今后美国城镇化发展的方向。①城市群集聚连绵区正在成为世界城市化进程中的城市群空间高级形态，并迅速替代城市群的地位，开始主导国家经济乃至全球经济，成为经济最为活跃的区域和全球经济环境下新的经济空间竞争体。城市群集聚区是城市群集聚连绵区的构成主体。城市群集聚区是不同层次的各类城市群集合，是区域空间、自然和社会经济等经济要素组成的有机体，是大系统中具有较强活力的子系统，无论在区域层次上还是在相互联系的空间上，均具有空间“比邻效应”关联和空间协调的基本特征。在城市化进程中的城市集群发展阶段，城市群有不同的空间形态：都市圈、组团型城市、城市群、城市群集聚区、城市群集聚连绵区。

城市群关联动力引致城市集群发展呈低级向高级空间演化的趋向：城市集群发展一般遵循点、轴、域面、网络城市序次的空间演化规律，从而呈现出城镇密集区、城市群、城市群集聚区、城市群集聚连绵区的动态过程。城市从分散的点发展，在城市群关联动力作用下，再融入相对集中的城市组团，然后城市组团进一步发展为多个城市组团的城市群集聚区，城市群集聚区继续融合发展成为区域性的密

---

① 20世纪美国城市化发展的主导趋势是大都市区化。20世纪后半期，美国出现了城市群集聚连绵带。城市群集聚连绵带由若干大都市区组合而成。各个大都市区在大都市集聚连绵带中承担着不同的功能，每个城市及城市群也各具独立性和特色。大都市集聚连绵带保持着整体功能的完整性，是多种城市及城市群职能作用的复合体。在美国的东北部大西洋沿岸城市群集聚连绵带、大湖区城市群集聚连绵带和太平洋沿岸城市群集聚连绵带、墨西哥湾城市群集聚连绵带中，南部的墨西哥湾城市群集聚连绵带形成较晚，显现出雏形空间性状，东北部大西洋沿岸城市群集聚连绵带的历史悠久，空间性状典型。对城市群集聚连绵带空间进行分析，能够较好地反映美国城市群集聚连绵带的空间特征和空间协调的内在规定性。

切联系的城市群集聚连绵区。从经济性状看，城市群集聚连绵区属于泛经济区的城市化进程中的城市群经济空间形态，城市群“比邻效应”及关联动力的引致力是城镇化进程中城市群空间演化必然趋势的动力。城市群集聚连绵区成为城市群空间形态最为宏大的一个发展层次，代表着现代世界城市化发展的方向。

第三节　泛经济区空间性状及空间演化机理

根据经济区的同质性和集聚性，区域经济有同质经济区和异质经济区（极化经济区）。[①]比较而言，以同质性为主要特征的经济区的发展更具有竞争性，而以集聚性为主要特征的经济区的发展则更需要加强以区域互补为重要内容的区域合作。近年来，中国国民经济中的城市群经济区的内在经济联系得到加强，尤其是城市群的基础设施和制度创新进展很快，从而推动了区域经济一体化的发展。

一、中国经济的三大泛经济区及其空间性状

极化经济区具有一体化发展的内在要求。“地域上临近或地理特征较相似区域，为了获取竞争利益而产生的不受区域限制的经济一体化引致泛经济区形成和发展。”[②] 产业区域分工和经济持续增长会导致区域经济一体化，区域经济一体化是区域合作发展的必然趋势。

1. 泛经济区

区域合作即产业区域分工和经济持续增长会导致区域经济一体化。区域经济一体化是“地域上临近或地理特征较相似的省区、省内各地区或城市的经济主体之间，为了获取生产、消费、贸易等领域的利益，产生的不受区域限制的市场一体化过程，包括从商品市场、生产要素（劳动力、资本、技术、信息等）市场、服务市场到经济政策及管理的统一。”“从空间过程来看，区域经济一体化表现为各种生产要素的空间流动；从空间状态来看，则表现为生产要素流动所形成的经济集聚核心和经济扩散点。”[③]中国区域经济一体化主要有经济协作区和城市群经济区两种形式。

经济协作区是一种主要围绕基础产业和基础设施建设，进行产业协调和大跨度联合的初级的、松散的区域经济协作组织形式。它具体有四种形式：“一是省

---

① 陈秀山，张可云．区域经济理论［M］．北京：商务印书馆，2003：3.
② 朱舜，高丽娜，等．泛长三角经济区空间结构研究［M］．成都：西南财经大学出版社，2006：57.
③ 聂华林，王成勇，等．区域经济学通论［M］．北京：中国社会科学出版社，2006：198.

（区）际经济协作区，即相邻的若干省、区、市，按照发展市场经济的需要，在自愿互利的基础上建立的区域合作组织；二是省际毗邻地区经济协作区，即相邻几个省、市、区之间的部分接壤地区，按照历史的经济联系和现实经济发展需要，建立的经济合作组织；三是省内经济协作区，根据本省、区的经济布局和各市、县经济发展要求，自愿建立的合作组织；四是城市间经济协作网络，即若干地域相邻，或沿海、沿江、沿路的若干城市，在自愿互利基础上建立的合作组织"①。经济协作区是中国区域经济一体化的重要形式。

泛经济区与区域经济学中的经济区有较大差异，是经济区的特殊形式，是具有极核区及经济腹地的区域板块。泛经济区的形成和发展日益受到关注，一些研究文献产生了较大影响。"泛"经济区域往往与"大""广"联系在一起，主要是为进一步扩大区域经济技术的广域分工与合作而建立的。中国国民经济已经或正在形成"泛珠三角""泛东南""泛环渤海""泛东北"和"泛长三角"经济区，这些泛经济区的形成与发展标志着中国区域规划与管治向着更广域化的方向发展（方创琳等，2007）。严格地讲，泛经济区不具有区域经济学中的经济区基本特征，但其极核区与其经济腹地的内在联系日益增强，区域合作及其一体化发展的程度日益加深，区域治理、区域政府等区域协调发展的路径日益拓展。中国国民经济已经形成"泛珠三角""泛环渤海""泛长三角"三大泛经济区。从这种意义上说，泛经济区是具有内在的经济区性质和"宽泛"外延特征的极化经济区。中国国民经济的三大泛经济区是这种类型的极化经济区。

2. 三大泛经济区的空间性状

泛珠三角经济区、泛长三角经济区、泛环渤海经济区即中国国民经济的三大极化经济区，不是同质经济区。较早意识到同质性区域经济划分缺陷的是珠三角经济区。珠三角经济区尤其是广东省基于解决珠三角腹地狭小和发展后劲不足的"软肋"问题，率先在全国提出建立极化经济区即构建"泛珠三角'9+2'模式"经济区的战略。在中央的支持下，构建泛珠三角经济区的起步良好，意义深远。泛长三角由长三角及其经济腹地组成。长三角及其经济腹地是中国国民经济的举足轻重的极化经济区之一。长三角经济区快速发展"牵引"着长三角经济腹地发展和空间演化。目前对泛长三角经济区进行系统研究的文献还不多，"相比较泛珠三角经济区来说，政府在对长三角及其经济腹地规划和推动发展的措施上也还不多"②。从一般意义上说，中国国民经济中的珠三角经济区、长三角经济区、环渤海经济区是城市群经济区，泛珠三角经济区、泛长三角经济区、泛环渤海经济区是经济协作或经济合作区。近年来，泛珠三角经济区、泛长三角经济区、泛环渤海经济区的发

① 聂华林，王成勇，等. 区域经济学通论［M］. 北京：中国社会科学出版社，2006：199.
② 孙红玲，刘长庚. 论中国经济区的横向划分［J］. 中国工业经济，2005（10）.

展得到较多区域经济学者的关注。孙红玲认为中国有横向区域经济划分的“三大块”，“应构建泛珠三角、泛长三角和大环渤海‘三大块’新的横向区域”。“泛长三角区域指长三角以及长江下游经济重心地区横向连接黄河中上游内陆腹地的经济带，即以长江三角洲的上海、南京、苏州、无锡、常州、镇江、南通、扬州、泰州、杭州、宁波、嘉兴、湖州、绍兴、舟山、台州16座城市为经济中心，横向连接皖江城市带、郑州城市群，并连接西安、兰州、银川、西宁、乌昌（乌鲁木齐、昌吉——引者注）等内地中心城市与城市群，形成东连沿海、西接亚欧大陆桥的广泛覆盖沪、苏、浙、皖、豫、陕、甘、宁、青、新10省、市、区的经济区板块。”①泛长三角的这种划分将长江流域经济带排除在外，是值得商榷的；但其将新亚欧大陆桥经济带联系起来，是正确的。泛长三角是具有“一极两带三轴”（一极：长三角；两岸：长江流域经济带、新亚欧大陆桥经济带；三轴：沿海通道泛长三角段城镇轴、京广京九通道泛长三角段城镇轴、包昆通道泛长三角段城镇轴）空间结构的经济区。按照中国区域经济的横向集聚性和异质性划分要求，中国国民经济中的东部沿海区域崛起的珠三角、长三角和环渤海经济区是极核区，三大极核区各自的极化和辐射区是其经济腹地，珠三角、长三角和环渤海经济区与其各自的经济腹地构成泛珠三角区、泛长三角区和泛环渤海经济区。关于泛珠三角、泛长三角和泛环渤海三大经济区形成和一体化发展的相关研究文献，在中国区域经济研究中产生了重要影响。

（1）三大泛经济区的范围。近年来，为什么国家实施西部大开发和中部崛起战略没有完全达到缩小区域差距的政策预期，一个主要的原因就是区域经济的东、中、西部的同质划分，割断了东部发达区域的资本、技术、人才等经济要素优势与中、西部的经济资源优势的联系与互利，阻碍了内生经济联系和协调发展机制的形成和发达区域对落后区域的扩散效应。根据极化理论的要求，对中国区域经济进行新的经济区划有重要的意义。从这种意义上说，泛珠三角经济区、泛长三角经济区和泛环渤海经济区是“龙头带动、利益共享、优势互补”的地域分工和合作的极化经济区。三大泛经济区具有比较明晰的大致地域范围。泛珠三角经济区由以珠江三角洲的广州、深圳等14个城市经济板块为经济极核区，以厦、漳、泉等福建沿海岸城市经济板块为副中心，极化和辐射带动的粤、闽、琼、桂、湘、赣、贵、滇等珠江流域经济带的省、市、区，以及港、澳特别行政区经济板块组成。泛长三角经济区由以“22城市”或“一市两省”内涵的长三角为极核区②，以长江流域经济带和新亚欧大陆桥经济带（主要为陇海—兰新经济带）为“动力带”，极化和辐射的苏、浙、皖、豫、鄂、湘、赣、渝、川、陕、甘、青、藏、新等省（市、区）

① 孙红玲．中国横向区域经济协调发展［M］．北京：经济科学出版社，2007：116-117.

② 朱舜．“一极两带”极化与辐射效应：泛长三角经济区空间结构演化机制研究［J］．市场周刊·理论研究，2009（5）.

域经济板块组成。泛环渤海经济区以环渤海湾城市群为区域经济中心并连接黄河下游区域和华北、东北平原腹地的经济区，包括京、津、辽、鲁、冀、晋、吉、黑、内蒙、宁等省（市、区）域经济区，形成以北京、天津、青岛、大连等中心城市为增长极的大扇形经济区板块。① 从整体上看，泛珠三角经济区、泛长三角经济区和泛环渤海经济区的现有地区生产总值和地方财政收入都相当接近，因而无论是总量指标还是人均指标，三大泛经济区基本处于同一竞争平台。泛长三角经济区的形成和发展显示出明显的区域梯度特征，即存在长三角及其腹地经济区和泛长三角经济弱影响区（以新亚欧大陆桥中国段西安以西部分及与之相连接的青藏铁路和高速公路等基础交通束形成的经济带及其极化和辐射区域）。随着长三角及其腹地经济区的快速发展，泛长三角经济弱影响区与长三角及其腹地经济区的内在经济联系必然日益增强。泛环渤海经济区，指以渤海湾城市经济板块为极核区，以华北、东北平原的城市为增长极，以及其极化和辐射辽、鲁、冀、晋、吉、黑、内蒙等省（市、区）域经济板块。②顺便指出，极化经济区是区域经济发展的重要类型。发展程度不同的增长极总是集聚和辐射着一定的经济空间或经济腹地。从空间经济学意义上看，中国国民经济的区域经济板块不具有同质经济区的特征；从一般意义上看，中国国民经济中的三大泛经济区具有极化经济区的特征，属于极化经济区。

（2）三大泛经济区的空间基础。泛珠三角经济区、泛长三角经济区和泛环渤海经济区的形成具有客观的空间基础。三大泛经济区的划分是以它们的形成和发展具有的内在经济联系为依据的。经济极核区及其经济腹地之间具有内在联系。在泛珠三角经济区、泛长三角经济区和泛环渤海经济区都有增长力强劲的经济极核区。经济极核区在该泛经济区的形成和发展过程中不仅具有“增长极”作用，而且具有对其经济腹地的极化和辐射的“龙头带动”作用。这种经济极核区的增长极作用和其对经济腹地的龙头带动作用，是由三大泛经济区各自内在的经济联系所决定的。经济极核区及其经济腹地之间具有资源优势互补性。东部沿海区域具有资本、技术和拥有出海口等方面的区位优势，中、西部区域具有矿产、物产等自然资源较为丰富，人口众多，且具有广大内陆腹地和国内市场的优势。由东部发达区域带动中、西部欠发达区域的三大泛经济区的区域经济板块，能内在地改善东、中、西部区域之间经济要素和经济资源优势纵向切割、相互隔离的现状，实现横向异质经济区的经济要素优势和经济资源优势的互补与合作。经济极核区对其经济腹地具有内在的极化和辐射作用。三大泛经济区的政府和企业（以规划、论坛、协调会及区域性合作协议等多种合作方式）积极参与区域经济一体化，推动着经济极核区对其经济腹地的极化和辐射，发挥着协调区域经济发展的重要作用。这也是三大泛经济区形成和一体化发展的重要推动力。

---

① 孙红玲．区域经济发展新思路：由“三大部”到“三大块”的划分［J］．经济学动态，2005（3）．

② 孙红玲．论中国经济区的横向划分［J］．中国工业经济，2005（10）．

二、泛经济区空间演化机理

泛经济区的东部经济极核区拥有广阔的经济腹地，使内地经济腹地能更好地受到沿海经济的辐射和带动，更重要的是伴随着经济要素的沿流域和交通干道流动，沿海城市尤其是长三角、珠三角和环渤海等沿海城市群获得了更大的发展空间。泛经济区的东部经济极核区与其经济腹地相互作用和相互影响，构成泛经济区空间演化机理。

1. 同质经济区与极化经济区 ①

中国经济的经济区划分为纵向东、中、西部三大经济地带和横向泛珠三角、泛长三角、泛环渤海三大泛经济区在空间结构上的差异性（张子云、于武、杨柏，2007），实质上是同质经济区和极化经济区在空间结构差异上的表现。同质经济区与极化经济区是不同的经济区域经济类型，其空间性状差异较大。

（1）空间结构差异。横向划分的泛珠三角经济区、泛长三角经济区和泛环渤海经济区是异质经济区或极化经济区，有各自起龙头作用的经济极核区和广阔的经济腹地，是有内在经济联系的极化经济区。依照省域经济板块的发展水平，中国经济大致纵向划分为东、中、西部三大经济地带：东部 11 个省域经济板块，包括辽宁、河北、北京、天津、山东、江苏、浙江、上海、福建、广东和海南等省域经济板块（“七五”时期包括广西，海南还在广东省内）②；中部 9 个省域经济板块，包括黑龙江、吉林、内蒙古、山西、河南、湖北、江西、安徽和湖南等省域经济板块；西部 11 个省域经济板块，包括陕西、甘肃、青海、宁夏、新疆、四川、重庆、广西、云南、贵州和西藏等省域经济板块。③从整体上看，东、中、西部三大经济地带的同质经济区特征十分明显，不具有空间经济学的经济区集聚内涵和空间性状，与泛珠三角经济区、泛长三角经济区和泛环渤海经济区的空间性状差异十分显著。④ 对横向划分的三大泛经济区空间和纵向划分的三大经济地带空间进行比较分析，可以看出它们之间的空间差异。从整体上看，泛珠三角经济区、泛长三角经济区和泛环渤海经济区属于同质经济区，但在各经济区内部则表现为异质性或集聚性；东、中、西部经济地带之间具有异质性，而在各经济地带内部则表现为同质性。显然，在纵向划分的三大经济地带的每一个大经济地带板块内，经济同质性是基本的特征（意味着有更多的竞争），而整体上的异质经济要素又基本不在同一个

---

① 周起业，刘再兴，祝诚，等. 区域经济学［M］. 北京：中国人民大学出版社，1989.

② 陈秀山，等. 中国区域经济问题研究［M］. 北京：商务印书馆，2005：91.

③ 东、中、西部三大经济地带的省域经济板块在不同时期有所调整。

④ 孙红玲. 论中国经济区的横向划分［J］. 中国工业经济，2005（10）.

大经济地带（优质经济要素主要集聚在东部经济地带）；在横向划分的三大泛经济区的每一个大经济区板块内，沿海增长极与内陆经济腹地的异质性和互补性，有利于统筹经济极核区与经济腹地的互补和合作，有利于整体经济空间指向空间协调方向演化。①

（2）经济空间联系差异。从经济区划看，区域经济板块划分是否合理，关键看它对区域经济发展与区际关系协调是正效应多还是负效应多。横向划分的三大泛经济区具有促进区域空间和城乡协调发展的区域经济创新发展意义，而纵向划分的三大经济地带缺失经济空间联系和城乡协调发展的内在机制。从一定意义上说，纵向划分的三大经济地带缺失经济空间联系和城乡协调发展的内在机制，致使东部沿海发达区域的城市经济缺失接纳中、西部农民工为城市市民等经济要素的内在机制。横向划分的三大泛经济区具有流域经济带和陆桥经济带促进经济空间联系和城乡协调发展的内在机制，具有中、西部经济腹地与东部沿海城市群之间的经济流内在联系，具有极核区极化和辐射半径指向经济腹地扩展的比邻效应关系。尤其是泛经济区的内在经济空间联系有利于区域经济的合作和协调发展，从而推动经济腹地的农民工进城务工和落户，使“三农”问题的解决依赖于泛经济区发展的内在经济空间联系内在机制（张子云、于武、杨柏，2007）。横向划分的三大泛经济区具有增强区域核心竞争力的空间经济学意义。纵向划分的三大经济地带缺失增强区域核心竞争力的内在机制。区域经济的竞争核心实力主要表现为产业规模优势、企业群优势和产品质量优势，而这些优势又取决于区域分工与合作的程度和范围。纵向划分的三大经济地带割裂了东部沿海区域资本、技术优势与中、西部自然资源、劳动力优势的互补关系，造成东部资本、技术要素和中、西部自然资源、劳动力要素相互隔离，不利于区域经济的互动与合作，难以保证经济要素的有效使用和产业的升级换代。横向划分为三大泛经济区，有利于拓展比邻省域经济合作的内在经济空间联系，促进人流、物流、资本流等经济流沿流域和交通干道流动，有利于发挥市场配置资源的决定性作用，提升区域经济的综合实力和核心竞争力。

2. 极核区：泛经济区“黑洞”

经济空间的“密”或“疏”实质上是由经济非均衡发展所致。每个经济空间板块都有其生产函数，并表现出一定的空间梯度；空间梯度导致经济空间的位势不同，经济活动强度大的经济空间板块成为极核区。极核区对泛经济区的经济要素起着组织和主导作用，即联系强度最大的城市对整个经济空间形态与经济要素空间配置的影响力最大。“密”的经济空间极化其经济腹地的经济要素和对其经济腹地产生溢出效应，形成利益相关联的泛经济区。显然，“密”的经济空间具有“黑洞”力，是泛经济区的极核区。中国经济的泛经济区具有这种空间逻辑特征。

① 朱舜，高丽娜，等．泛长三角经济区空间结构研究［M］．成都：西南财经大学出版社，2006.

（1）长三角城市群“密”的空间极化其经济腹地的经济要素：极核区空间路径。长三角城市群“密”经济空间的极化力主导经济要素的空间集聚，形成经济空间“极核区”特征。极核区即核心城市——上海及相邻城市群。改革开放以来，上海作为对外开放口岸，先天的区位优势使其作为核心区城市获得的发展机会不断增多，经济要素向其集聚；上海邻近城市受其溢出效应影响，苏州、无锡、常州等城市经济板块在改革开放早期得到发展；相邻区位和行政区“边界”约束弱化，上海、苏州、无锡、常州经济融合发展形成经济要素的一体化极化区，成为泛长三角的极核区。随着改革开放进程的加快，长三角的东西向（沪宁快速交通束）和东南向（宁杭快速交通束）经济轴快速发展，使长三角整个空间出现两两经济轴及相夹“扇面”并成为“密”的经济空间。“在极化核心高地的辐射扩散作用下，两个扇面存在明显的自东向西的圈层梯度特征，即上海—苏州—无锡构成的核心圈层，南京一杭州领衔构成的中间圈层。”①长三角城市群“密”的经济空间由此快速极化其经济腹地，形成中国经济的区域“高地”。

（2）环渤海城市群“密”的空间极化其经济腹地的经济要素：双核空间路径。环渤海城市群“密”经济空间的极化力主导经济要素的空间集聚，形成经济空间“双核区”特征。双核区即核心城市——北京、天津及相邻城市群。比较其他大城市群，环渤海城市群的北京、天津因在中国历史上的政治中心、开放门户地位奠定了其在中国北方的无可撼动的“密”的空间地位。新中国成立后的直辖市行政区，雄厚的基础与实力，使北京、天津成为环渤海城市群的“双极”。环渤海的唐山、秦皇岛、锦州、大连、烟台等城市经济快速发展，连同城市及其经济腹地形成环渤海城市群密集区，具有“密”的空间性状和溢出效应。环渤海城市群及其经济腹地形成的泛环渤海经济区对中国北方经济发展产生重大的极化和辐射影响，其中环渤海城市群“密”经济空间的“黑洞力”至关重要。与长三角不同，环渤海城市群“密”的空间（城市群内部及城市群之间）存在大量以农业活动为主的“低谷”；北京、天津的整体性联系较弱，表现为经济空间形态“断裂”和空间组织“离散”；环渤海城市群整体未出现相对成熟的空间集聚连绵性状。尽管如此，环渤海城市群“密”的经济空间成为泛环渤海经济区的极核区的“黑洞”空间特征仍是显而易见的。

（3）珠三角城市群“密”的空间极化其经济腹地的经济要素：“一轴双核”空间路径。珠三角城市群“密”经济空间的极化力主导经济要素的空间集聚，形成经济空间“一轴双核”特征。“一轴双核”即珠三角城市群中的广州—港澳深（香港、澳门、深圳）经济轴、广州和港澳深极核区的空间特征。广州—港澳深经济轴在整个珠三角城市群范围的经济活动中处于核心和支配地位，极化其经济腹地的经济要素，成为珠三角城市群的经济轴。广州—港澳深经济轴的形成和发展是珠三

① 王伟．中国三大城市群经济空间宏观形态特征比较［J］．城市规划学刊，2009（1）．

角城市群内部联合与能级提升转化的前提。广州—港澳深经济轴是连接珠三角城市群城市的现代交通运输线经济密集区——主要表现为广州—东莞—港澳深经济轴发展明显超过其经济腹地的城市经济板块的空间特征。港澳深、广州是珠三角城市群的“密”的“双核”经济空间，其“黑洞”力极化其经济腹地经济要素，连同广州—港澳深经济轴形成泛珠三角经济区。其中，珠三角城市群是泛珠三角的“密”的经济空间，并引致泛珠三角经济区空间演化。

3. 流域通道城市群集聚连绵带与陆桥通道城市群连绵带：泛经济区“比邻效应”及关联动力

交通经济带是城镇化进程中经济要素集聚的空间形态，是极核区与其经济腹地的空间连接形成泛经济区的城镇化率高的经济要素密集区域；在泛长三角经济区，交通经济带具体表现为长江通道、陆桥通道经济带。交通通道经济带多以城市群连绵带空间形态存在，本书从不同视角分析交通通道经济带时，也使用交通通道城市群连绵带范畴。长江通道城市群集聚连绵带与陆桥通道城市群连绵带是泛长三角经济区的极核区与其经济腹地的“纽带”。泛长三角城市群集聚连绵带具有显著的“一极两带三轴”空间层级，即“一极”城市集群区（长三角城市群）、“两带”城市群集聚连绵带（长江通道城市群集聚区连绵带、陆桥通道城市群连绵带）、“三轴”（沿海通道泛长三角段城镇轴、京广京九通道泛长三角段城镇轴、包昆通道泛长三角段城镇轴），是泛经济区极核区“黑洞”力扩展的基本路径。泛长三角城镇集聚和城市集群“一极两带三轴”空间层级特征表现在三个方面：“一极”即长三角城市群，其城市化水平较高，城市主要沿交通干道分布，城市体系层级结构合理，中小城市得到快速发展，城镇集聚和城市集群空间指向世界级城市集群区演化。“两带”即长江通道城市群集聚区连绵带和陆桥通道城市群连绵带，是长三角经济向中西部极化与辐射的“动力带”，其城镇化进程加快，出现具有收益递增性的城市群集聚区，如长江下游城市群集聚区（长三角城市群、皖江城市带）、长江中游城市群集聚区（环鄱阳湖城市群、长株潭城市群、武汉城市群）、长江上游城市群集聚区（重庆城市群、成都城市群），以及陆桥通道的东陇海地区城市群、郑州城市群、西安城市群和南襄城市群。“三轴”即沿海通道泛长三角段城镇轴、京广京九通道泛长三角段城镇轴、包昆通道泛长三角段城镇轴，是国家城市化战略格局中的南北向交通通道城市群极化与辐射的“动力轴”。

（1）泛长三角经济要素指向“一极”世界级城市群空间层级方向演化。“一极”即“22 城市”经济板块范围的长三角城市群经济区，包括由上海市，江苏省的苏州、无锡、常州、镇江、南京、南通、泰州、扬州、盐城、淮安，浙江省的嘉兴、湖州、杭州、绍兴、宁波、舟山、台州、衢州、金华，安徽省的马鞍山、合肥 22 个城市经济板块所构成的城市群经济区。“一极”空间结构指向世界级城市集群区快速发展，即长三角世界级城市集群区特征显现。作为区域经济发展牵引力的长三角城市集群区呈现出多极核趋势。多个区域中心城市功能不断完善，如南京、杭州两城市的经济实力及极化和辐射力变化就反映了这一趋向；南京、杭州周围的中小城市之间经济联系强度指向发生变化，由主要指向上海，转向指向上海、南京、杭州区域极核城市。高速交通束及其网络化程度不断提高，使原来处于长三角经济区边缘的一些城市实现跨越式发展。例如，从空间距离来看，南通市同苏州市具有相似邻近上海的经济区位，但由于长江的天然屏障极大地制约了其发展。随着苏通、崇启、崇海大桥及过江隧道的建设，使其因大大缩短了与上海之间的空间距离而融入长三角极核区。因宁武高铁的营运，合肥融入长三角城市集群区发展提速。随着宁杭城际高铁、高速公路体系的完善和沿海高速通道等交通带的建设，泛长三角经济要素指向网络化世界级城市集群区方向发展。

（2）泛长三角经济要素指向“两带”城市集群空间层级方向演化。“两带”空间层级向城市群集聚连绵带快速发展，即长江通道城市群集聚连绵带和陆桥通道城市群连绵带的城市群集聚连绵带空间特征显现。长江通道城市群集聚连绵带已形成皖江城市带、环鄱阳湖城市群、武汉城市群、长株潭城市群、重庆城市群和成都城市群。其中，武汉城市群经济实力强，城市集群发展空间潜力大；皖江城市带和环鄱阳湖城市群特征较弱；长株潭、重庆、成都城市群发展较快。这些城市群是带动长江流域经济带创新发展的经济极核带。陆桥通道城市群连绵带城市集群发展晚于长江流域经济带。陆桥通道城市群连绵带北桥城镇经济带比南桥城镇经济带实力强，南桥城镇经济带南京西段是皖、豫、陕等省域经济的相对薄弱区域，但南桥城镇经济带相比北桥城镇经济带具有直接与长三角极核区区位相通优势的发展潜力。由初期的经济资源运输通道逐渐指向经济要素流动通道演变的南桥城镇经济带方向发展，引致南阳、信阳等区域中心城市得以发展。北桥城镇经济带以郑州为极核区的郑州城市群、以西安为极核区的关中城市群具有较好的发展基础，尤其是郑州城市群最近十年发展迅速，经济实力不断提升，成为北桥城镇经济轴重要的极核区。东陇海线上的城市集群发展优势也相对明显，对鲁南、豫东、皖北、苏北临近区域发展的极化和辐射意义明显。长江通道城市群集聚连绵带的上海、南京、武汉、重庆、成都、宁波、扬州、长沙、南昌、合肥、南通、芜湖、马鞍山等城市的区域中心特征明显。长江通道城市群集聚连绵带由长江下游的长三角城市群集聚区（上海、南京、杭州城市群和皖江城市带）、长江中游城市群集聚区（环鄱阳湖、长珠潭、武汉城市群）和长江上游城市群集聚区（重庆、成都城市群）构成。陆桥通道城市群连绵带的上海、苏州、无锡、常州、镇江、南京、合肥、信阳、南阳、西安、洛阳、郑州、徐州、连云港等城市的区域中心城市特征突出。陆桥通道城市群连绵带由东陇海城市群、郑州城市群和西安城市群构成，极化陆桥沿线经济要素集聚。交通带发展引致泛长三角经济要素指向“两带”城市集群空间层级方向演化趋势显现。

（3）泛长三角经济要素指向“三轴”城市集群空间层级方向演化。“三轴”空间层级指向城市集群区快速扩展，即呈现指向沿海通道泛长三角段城镇轴、京广京九通道泛长三角段城镇轴、包昆通道泛长三角段城镇轴空间演化特征。沿海通道泛长三角段城镇轴由江苏沿海城镇密集轴、上海超大城市、浙江沿海城镇密集轴组成。京广京九通道泛长三角段城镇轴已形成郑州、武汉、环鄱阳湖、长株潭城市群。包昆通道泛长三角段城镇轴已形成西安城市群、成都城市群及沿包昆通道城镇密集轴。尽管“三轴”城市集群发展晚于“一极两带”，但由于国家“两横三纵”城市化战略格局规划的导引，随着“三轴”快速交通束的建成营运，泛长三角经济要素必然指向“三轴”城市集群空间层级方向演化。

第四节　泛经济区合作与创新发展路径探索的问题提出：理论来源与现代探索

在全球化程度日益加深的背景下，区域合作与创新发展成为中国经济的泛经济区发展的重点和难点。全球化加剧和经济区一体化进程加快，使泛经济区的合作多于竞争。因此，泛经济区合作与创新发展路径探索的理论研究与现代探索具有重要的时代意义。

一、泛经济区合作与创新发展的理论渊源

面对资源约束下竞争成本的急剧上升，区域经济板块之间开始寻求合作。“区域经济一体化理论和大市场（或共同市场）理论是推动中国区域合作的主要理论支撑。”①随着全球化竞争的加剧，为了增强经济实力和国际竞争力，泛经济区需要吸引更多的资源，建立更大规模的市场；而这只有进行优势互补的更紧密的区域合作才能做到。

1. 国外区域合作与创新发展的理论渊源

区域经济崛起的背景和特点，决定了以区域经济为对象的社会科学研究大大突破了以市场关系为对象的经济学的范畴，同时吸纳以空间关系为对象的地理学、以社会关系为对象的社会学、以权力关系为对象的政治学和以文化关系为对象的人类学广泛参与其中，成为真正意义上的跨学科研究。区域合作与创新发展则是这种跨学科研究的主要内容。

---

① 王红霞. 城市群的发展与区域合作：城市与区域合作发展研究热点综述［J］. 上海经济研究，2006（12）.

在交易成本学派和新制度学派等区域经济学派的研究中涉及创新。交易成本学派的代表人物斯科特（Scott）和斯托帕（Storper）提出："技术创新可以从劳动分工和产业集聚的角度加以解读。"[①]萨克森宁（Saxenian）认为硅谷的创新"采用的也是以灵活专精为研究对象的新制度学派的方法"[②]。创新体系学派与其他学派的根本区别表现在是否以创新本身作为研究对象，其所关注的是以高新技术产业集群为代表的"高级"区域经济发展模式。

以北美学者为主的创新体系学派研究群体，对世界范围内以硅谷、波士顿地区128公路为代表的高新技术产业中心进行研究，主要着眼于导致这些高新技术中心形成的关键性因素。美国的大学与高新技术公司之间联系紧密，科学研究与产业发展之间存在相关性，但以北美学者为主的创新体系学派研究群体并未清楚地阐明两者之间的内在机制和因果关联，未能对高新技术发展的空间规律给出合理的理论解释。创新体系学派的另一个分支是欧洲创新环境研究小组GREMI（Groupement Europeendes Milieux Innovateurs）。该研究群体以法国、意大利和瑞士等国的区域经济学家为主，他们关注的核心是创新的社会环境（Milieux），也就是导致创新的文化传统、法律制度与社会实践，或者说是在各个社会经济主体，如厂商、消费者、科研人员、政府官员以及社会中介机构之间建立的有利于创新的网络关系。GREMI在方法论的意义上与新制度学派对地方社会文化背景的研究有共同之处，认为人的行为与经济主体间的关系往往受到特定地域文化的限制，从而使区域经济研究的学科领域突破了经济学以抽象理性（Rationality）为前提的逻辑框架；就目的意义上的创新指向而言，GREMI对创新环境的研究，突破了新古典经济学以实现静态均衡（Equilibrium）为目标的固有范式。但是，GREMI未能阐明创新环境的运行机制与具体内容，也就未能在理论上将区域这一空间维度纳入到对创新环境的研究中（王磊、张建清，2010）。

2. 国内区域合作与创新发展的理论演进

区域对内对外经济关系可以从理论上划分为五个层次：区域内部的经济关系；区域与国内相邻区域的经济关系；区域与国内相关区域的经济关系；区域与国际周边相邻区域的经济关系；区域与国际相关区域的经济关系。这五个层次的区域经济合作关系从本区域到其他相邻、相关区域，从 国到国际，从而构成了在开放经济条件下一个经济区域对内对外开放和经济合作关系的"区域经济合作关系延伸

① Allen Scott, Michael Storper. High Technology Industry and Regional Development: A Theoretical Critique and Rec; onstruc; tion, International Social Science Journal, 1987: 215-232.

② A. Saxenian, Regional Advantage: Culture and Competition iu Silicon Valley and Route 128, Cambridge M. A: Harvard University Press.

圈”[①]。区域对内对外经济关系在本质上是竞争合作关系。区域经济一体化正成为经济全球化的一种补充，是经济全球化的重要体现。一体化发展的进程要求区域经济进行经济资源整合，变恶性竞争为良性竞争，实现一体化经济共同发展。

（1）区域合作理论。无论是亚太经济合作组织（APEC）还是泛珠三角经济区，其合作与发展都突出表明：区域合作机制是区域之间能否顺利进行合作的关键。区域合作要打破行政区划的限制和地方保护主义的束缚，区域合作的模式和机制就非常重要。学界也非常重视对区域之间合作机制的研究，尤其是关于泛珠三角和泛长三角的合作机制研究文献相对较多。区域合作要讲求一定的原则、条件，双方或多方是在遵循一定原则、共同遵守约定的条件下进行互惠互利的合作、竞争与发展。区域之间的合作必须有良好的运行机制作为基础和保证。在区域合作机制的研究方面，深圳和珠三角方面的研究和实践走在了其他区域的前面。区域合作的重点和难点是区域创新。区域创新的实质是跨行政区合作。实际上，区域合作的现实基础是经济发展过程中已经出现了由行政区域经济指向经济区域经济的重大转变，跨行政区的企业投资、经济要素流动等都要求打破行政区划的限制。

（2）区域经济学的重大理论前沿问题之一就是区域一体化的利益协调机制研究。“在推进一体化的过程中，政府与市场的作用如何分工，中央与地方之间以及区域间、城市间如何分工协作，基础设施、产业和空间结构一体化以及政府间政策的协调问题，都是现实经济中急待研究的重大前沿问题。其中，大都市圈或经济圈城市间的分工协作和利益协调机制问题，在中国显得尤其突出。”[②]城市群发展的重点在于制度创新。中国的城市群发展目前还处于一个创建基础性政策的初始阶段，目前研究的各类政策仍然还处在一个单体城市推进城市化发展的过程中，城市群发展的关键领域和主要内容还没有进行实质性研究（郁鸿胜，2010）。虽然城市群和区域的发展更强调合作，但是竞争依然存在。推进城市群发展和区域合作与区域创新的主要目的之一不仅是为了追求合作，而且是为了避免过度或者恶性竞争。竞争中的城市与区域合作要求尽快进行改革机制、创新机制的课题研究。在机制创新中，有助于促进区域产业集聚的行业协会和中介组织的建设也是值得进一步研究的课题。

二、泛经济区合作与创新发展路径的现代探索

自20世纪90年代以来，中国经济形成了珠江三角洲、长江三角洲和环渤海三大经济区，且引致各自广泛的经济腹地扩展，其经济联系日益增强，进而形成泛珠三角、泛长三角和泛环渤海经济区。三大经济区与其各自的经济腹地合作发展路径

---

① 王维平，赵玉华. 开放经济下五个层次的区域经济合作关系延伸圈及其构建对策［J］. 青海社会科学，2006（6）.

② 魏后凯，白玫. 当前经济区域学重大理论前沿问题［N］. 中国社会科学院院报，2005-12-27.

探索，成为中国经济的泛经济区创新发展的重点和热点问题。

1. 泛珠三角区域合作与创新发展路径探索

在三大区域经济板块中，只有珠江三角洲地区的经济腹地狭小。泛珠三角经济发展战略的提出和启动，有其特定的宏观经济背景和现实基础。经过三十多年的改革开放，广东经济逐渐成为中国经济最发达的省域经济板块之一，具备了经济总量、开放及区位等诸多优势。泛珠三角是中国国民经济中特别引人关注的大范围区域经济板块。2004 年 6 月 3 日，“9+2” 模式中的各省（区）政府积极响应、共同签署了《泛珠三角区域合作框架》，标志着泛珠三角经济合作框架正式建立。广东对区域合作的视野从“小珠三角”合作（珠江东、西岸县、市的合作）扩展至“大珠三角”合作（“小珠三角”加上港、澳的合作）。正是在这种大背景下，广东将“大珠三角”合作进一步扩展为“泛珠三角”合作（粤、桂、闽、琼、湘、赣、川、滇、黔加上港、澳的“9+2”合作模式）。

（1）泛珠三角区域合作模式。2003 年 11 月时任中共广东省委书记的张德江首次公开提出“泛珠三角经济区”的构想，得到了广泛赞同。2004 年 6 月首届泛珠三角区域合作与发展论坛在香港揭幕。2005 年 7 月第二届泛珠三角区域合作与发展论坛暨经贸合作洽谈会在四川省成都市举行。2006 年 6 月第三届泛珠三角区域合作与发展论坛暨经贸合作洽谈会在云南省曲靖市举行。2007 年 6 月第四届泛珠三角区域合作与发展论坛暨经贸合作洽谈会在湖南省长沙市举行。2009 年 6 月第五届泛珠三角区域合作与发展论坛暨经贸合作洽谈会在广西壮族自治区南宁市举行。2010 年 8 月第六届泛珠三角区域合作与发展论坛暨经贸合作洽谈会在福建省福州市举行。2011 年 9 月第七届泛珠三角区域合作与发展论坛暨经贸合作洽谈会在江西省南昌市举行。2012 年 10 月第八届泛珠三角区域合作与发展论坛暨经贸合作洽谈会在海南省海口市举行。2013 年 9 月第九届泛珠三角区域合作与发展论坛暨经贸洽谈会在贵州省贵阳市举行。泛珠三角区域合作是中国经济适应经济全球化、区域经济一体化发展的战略需要。随着中国—东盟自由贸易区的推动，广东省与周边各省（区）的经济都面临新的发展机遇。在开拓东盟市场和发展经贸关系上，华南、西南各省（区）有着得天独厚的地缘、人缘优势，是中国经济通往东南亚市场最重要的战略通道。广东作为世界上重要的加工制造业中心之一，与东盟在制造业和技术结构方面存在着很大的互补性。泛珠三角区域合作可以增强中国经济与东南亚经济的对接能力和开拓市场的能力，对于扩大中国经济对东南亚经济的影响，为中国经济发展谋求稳定的周边环境，都具有重要的战略意义。泛珠三角区域合作也是“9+2”省（区）为适应中国与东盟建立自由贸易区，积极推动亚洲合作，提高国际竞争力，赢得发展主动权的战略需要。泛珠三角区域合作是增强自身竞争力和推动经济快速发展的内在要求。在泛珠三角区域合作的各个区域经济板块中，香港是国际性的金融、物流、信息和旅游中心，服务业也有明显的优势。中国经济在区域合作领域起步较晚。在大西洋两岸区域经济合作蓬勃发展的同时，东亚地区（尤其是东北亚地区）的区域经济合作发展进程却十分缓慢。全球区域经济合作的发展趋势及亚洲金融危机的教训，使这一地区开始意识到区域经济合作的重要性。2001 年，中国与东盟率先达成建立自由贸易区的框架协议，标志着中国在推进区域经济合作方面迈出了实质性的步伐。

（2）泛珠三角区域合作路径探索。泛珠三角区域合作是在中央政府与港澳特别行政区签署 CEPA① 框架下进行的区域合作，是横跨东、中、西三大经济地带且联结“两种制度”的区域经济合作。从区域合作的实践内容看，泛珠三角区域合作主要有以下几个方面：一是宣示性的举措。2004 年 6 月，粤、桂、闽、琼、湘、赣、川、滇、黔 9 省（区）与香港、澳门两个特别行政区签订《泛珠三角区域合作框架协议》（“9+2”合作模式），提出了基础设施、产业与投资、商务与贸易、旅游、农业、劳务、科教文化、资讯建设、环保、卫生防疫十大领域的合作。这个区域合作框架协议被看成一个合作意愿的宣示。二是有一定的具体目标的合作规划。2004 年 9 月，9 省（区）省会城市市长签订《泛珠三角区域省会城市合作协议》。该协议除了提出在基础设施建设、产业发展、科教文卫、金融、流通等 13 个领域的合作意向外，还具体提出要建立跨省（区）信息互通平台、一体化的产权交易市场、统一的旅游大市场，跨省（区）的宣传销售网及统一的职业资格认证制度等合作规划。三是经贸洽谈。泛珠三角有关省（区）共建异地工业园呈现良好的发展态势。泛珠三角区域已启动湖南衡阳（深圳）工业园、江西吉安（深圳）工业园、云南昆明（深圳）工业园、广西北海（深圳）工业园、福建泉州家具第三产业集聚基地和四川泛珠三角合作示范园区等工业园区的建设。四是建立合作机制。2004 年 9 月，9 省（区）的工商行政管理局局长签署《泛珠三角区域工商行政管理合作协定》，以确保商品和要素市场畅通。五是 2008 年第五届泛珠三角区域合作与发展论坛暨经贸合作洽谈会网建会议在广西南宁举行，提出了第五届泛珠三角区域合作与发展论坛暨经贸合作洽谈会网站宣传报道的工作思路和工作重点。按照第五届泛珠三角区域合作与发展论坛暨经贸合作洽谈会筹委会工作部署，第五届泛珠三角区域合作与发展论坛暨经贸合作洽谈会网站由第五届泛珠三角区域合作与发展论坛暨经贸合作洽谈会筹委会及泛珠合作信息网主办，广西经济信息中心和南方新闻网承办，福建东南新闻网、江西省信息中心、湖南省发展和改革委员会信息中心、海南南海网、四川新闻网、贵州金黔在线、云南省经济信息中心共同协办。网站的主要任务是对第五届泛珠三角区域合作与发展论坛暨经贸合作洽谈会和“9+2”模式各方参与泛珠区域合作情况通过文字、图片、视频、电子书等形式进行

① CEPA 指中央政府分别与香港特别行政区政府于 2003 年 6 月 29 日签署的《内地与香港关于建立更紧密经贸关系的安排》和与澳门特别行政区政府于 2003 年 10 月 17 日签署的《内地与澳门关于建立更紧密经贸关系的安排》，是“Closer Economic Party Arrangement”的简称。

会前、会中、会后的及时、高效报道，全面反映泛珠三角区域合作所取得的重要成果，推介各方招商引资环境、项目及旅游资源等。六是泛珠江三角洲区域合作纳入全国区域协调发展总体战略。《珠三角地区改革发展规划纲要（2008—2020年）》就构建现代产业体系、提高自主创新能力、推进基础设施现代化、构建开放合作新格局等10个方面做出规划。实施泛珠江三角洲区域合作纳入全国区域协调发展总体战略，继续深化合作，促进东、中、西部地区优势互补、良性互动、协调发展；加强指导协调，不断完善合作机制和合作规划，创新合作模式，探索设立合作项目专责小组等方式，确保合作取得实效；促进资本、技术、人才、信息、资源等经济要素的便捷流动，推进产业区域合作；加快省际通道建设，构筑以珠江三角洲为核心向周边区域辐射的综合交通网络；继续实施以"西电东送"为重点的能源合作，完善输电网络建设。推进生态环境建设，加强保护水源和污染防治的合作；开展科技、人才、知识产权保护、旅游等方面的合作，建设区域技术、人力资源、无障碍旅游区等合作平台；加快信息基础设施建设，推动电子商务合作；主动消除行政壁垒，建立企业信用信息共享机制、联合执法机制、维权联动机制和检测结果互认制度，支持形成公平开放、规范统一的大市场。自泛珠三角进行区域合作以来，合作的机制不断完善，合作的领域不断拓展，合作的成效日益显现。实践证明，党中央、国务院批准推进泛珠三角区域合作的决策是完全正确的。"区域经济合作或区域经济一体化是经济全球化进程中的一种潮流和趋势。区域经济合作成功与否，取决于合作主体之间能否实现激励相容，而不仅仅是简单的拼凑。区域经济一体化应该是正和博弈，而不能是零和博弈或负和博弈。这种合作应该是帕累托改进，而且能实现合作剩余的利益均沾。"①泛珠三角区域合作是按照科学发展观的要求，在东、中、西部省（区）开展的制度性合作，探索区域协调发展的新模式；在"一国两制"下深入推进内地与港澳的多领域合作，探索互联互动发展的新模式；遵循产业发展规律，探索区域间优势互补、互利共赢合作的新模式，具有强大的生命力和广阔的发展前景。

（3）珠三角改革发展规划与泛珠三角区域合作与区域创新。《珠三角地区改革发展规划纲要（2008—2020年）》以广东省的广州、深圳、珠海、佛山、江门、东莞、中山、惠州和肇庆市为主体，辐射泛珠江三角洲，并将与港澳紧密合作的相关内容纳入规划，有利于辐射和带动环珠江三角洲和泛珠江三角洲区域的经济发展，促进形成优势互补、良性互动的区域经济发展新格局，为建立泛经济区实现创新发展的体制机制探索新路径、提供新经验。一是构建开放型的区域创新体系。加强区域合作与国际合作，完善区域创新布局，加强创新能力建设，构建开放融合、布局合理、支撑有力的区域创新体系。二是深化国家与地方创新联动机制改革。国家有关部门与广东省联合开展自主创新综合试验，积极推进协调管理、考核评价、科技

① 胡军，刘少波，冯邦彦. CEPA与"泛珠三角"发展战略［M］. 北京：经济科学出版社，2005：1.

体制等方面的体制机制改革，促进国家与地方创新资源的高效配置和综合集成，上下联动凝聚创新合力。三是推进珠江三角洲区域经济一体化。珠江三角洲地区九市打破行政体制障碍，遵循政府推动、市场主导、资源共享、优势互补、协调发展、互利共赢的原则，创新合作机制，优化资源配置。四是带动环珠江三角洲地区加快发展。环珠江三角洲是指粤东、粤西、粤北及周边省区的相邻地区。充分发挥珠江三角洲的辐射、服务和带动功能，促进经济要素流动和产业转移，形成梯度发展、分工合理的多层次产业群和优势互补、互利共赢的产业协作体系。建立健全珠江三角洲对粤东、粤西、粤北地区的挂钩帮扶机制，创新帮扶方式，促进产业和劳动力"双转移"，重点扶持主导产业集聚发展的产业转移示范园区，形成产业集群，在有条件的产业转移园区设立封闭管理的海关特殊监管区域或保税监管场所。加快粤东、粤西、粤北农村人口向城镇转移，扩大区域中心城市规模，在粤东、粤西、粤北地区培育新的经济增长极。五是深化泛珠江三角洲区域合作。将泛珠江三角洲区域合作纳入全国区域协调发展总体战略，继续深化合作，促进东中西部地区优势互补、良性互动、协调发展。六是加强与东盟等国际经济区域的合作。开展与国际经济区域和新兴市场多层次、多方式、多领域的合作，构建多元化的国际经贸合作格局。

2. 泛长三角区域合作与创新发展路径探索

泛长三角区域合作与创新发展具有重要的战略意义。改革开放以来，市场在资源配置中发挥着决定作用，长三角及其经济腹地发展的区域差异不断扩大；地方政府调控经济发展的职能增强，行政区域经济的边界负效应增加。因此，寻求区域合作，防止区域经济差距扩大，成为泛长三角创新发展路径探索的重要内容。

（1）泛长三角区域合作的进程及特点。剖析泛长三角区域合作的进程及特点，有利于在破解区域经济协调发展困境的基础上，从理论和现实的基础上提出创新发展思路和对策，以期寻求区域经济创新发展路径。泛长三角区域合作根源于长三角城市集群发展和一市两省经济一体化进程加快以及其扩展经济腹地的内在要求。"长三角城市群的形成和发展，既是城市经济发展的规律使然，也是长江三角洲一市两省区域经济一体化进程不断加快的必然结果，经历了一个漫长的过程。如果从政府主导的角度进行总结，至少可以追溯到20世纪80年代初国务院决定成立上海经济区之时。这以后的20多年里，长三角一市二省各级政府，各类企业和社会各界解放思想、大胆探索、积极努力共同推进，促进了长三角区域的人流、物流、资本流、技术流、信息流等要素日渐趋向自由流动，经济、文化等领域的区域合作不断开创新的局面，以我国整体实力最强大城市群的身份与世界其他大城市群的竞争逐步占据主动地位。"①

① 杜平. 长三角新一轮改革发展的战略思考［M］. 上海：上海人民出版社，2008：1-2.

改革开放以来，泛长三角区域合作大致经历了四个发展阶段：①兴起阶段（1979—1984 年）。伴随经济管理体制的初步改革，泛长三角地区出现了一些经济联合形式（1983 年上海经济区成立），区域经济合作范围开始扩大。②全面铺开阶段（1984—1986 年）。三峡经济开发区（1986）、大别山革命老区经济发展联络会（1985）、中原地区经济技术协调会（1985）、长江沿岸中心城市经济协调会（1985）、陇海—兰新铁路沿线地带市长及专员联席会（1986）等区域经济合作组织相继建立。③深入发展阶段（1986—1992 年）。多层次、多形式的区域经济合作发展势头良好，对加快经济体制改革和建设现代化产生了积极的促进作用。④规范化阶段（1992 年至今）。从泛长三角区域合作的过程来看，体制改革在其中起到了关键性的推动作用。改革之前的三十年，实行的是高度集权的中央计划经济体制，中央的利益高于一切，企业与地方行为都由中央计划安排，其自身的经济利益没有得到承认，因此企业与地方缺乏追求区域利益与发展地方经济的热情。由于市场经济体制仍处于完善过程中，区域经济利益冲突依然以一定的形式表现出来，泛长三角区域合作中需要研究和解决的问题还相当多。泛长三角区域合作主要包括长三角区域合作、长江流域经济带区域合作和新亚欧大陆桥经济带区域合作。

一是长三角区域合作进程提速。1996 年正式建立由分管（省）市长参加的长三角城市经济协调会，开创区域一体化政府合作先河；2004 年以后长三角城市经济协调会议向多部门、多层面展开，协调工作更加务实。长三角发展的战略定位是做亚太地区重要的国际门户，建成全球重要的现代服务业和先进制造业中心，建设具有较强国际竞争力的世界级城市群。近年来长三角区域合作的显著特点：①学术推进。设立研究机构，举办国际论坛。中国浦东干部学院正式设立长三角研究院，打造一体化的人才发展战略研究平台。2010 年 1 月 11 日至 12 日，长三角一体化发展高层国际论坛举行，来自美国、巴西等国和长三角的专家学者为长三角一体化发展兼容并蓄，吸取世界其他国家、区域之间合作组织经验。②金融推进。金融服务一体化，跨境贸易人民币结算。2008 年举办首届长三角金融论坛，意在打破“银政壁垒”，共建“信用长三角”；2009 年签署“共同应对金融风险合作备忘录”，对共同应对金融危机起到了重要作用；2010 年召开“以世博为契机，促进长三角金融服务一体化”和“推动长三角地区跨境贸易人民币结算”等主题的第三届长三角金融论坛，从整体上提升金融服务长三角经济社会发展的能力和水平。③交通、物流实质性推进。长三角在交通、物流等领域的合作从 2004 年就已开始，交通领域基础设施建设取得飞速发展。2010 年长三角道路运输一体化联席会议召开，提出推进客运一体化，健全道路客运班线网络，推进货运（物流）一体化，完善区域物流网络体系，建立长三角统一的定位监控服务网。④长三角城市经济协调会成员扩容。始创于 1996 年的长三角城市经济协调会自 2003 年吸纳台州市以后，就一直保持为“15+1”的模式；2010 年 3 月 26 日通过了将协调会会员城市增加到 22 个，即新增合肥市、盐城市、马鞍山市、金华市、淮安市、衢州市 6 个城市。⑤在民生领域的合作取得实质性进展。2010 年 3 月 1 日上海市、江苏省、浙江省、安徽省人力资源社会保障厅（局）联合发文，在全国率先实现职工医保、工伤、失业保险关系的转移，对异地居住退休人员养老保险待遇进行资格认证，对异地就医医疗费用进行代办报销。

二是长江流域经济带区域合作整体推进。长江沿岸中心城市经济协调会（简称“长江协调会”）于 1985 年由上海、南京、武汉、重庆市发起成立。现由上海、重庆、武汉、南京、攀枝花、宜宾、泸州、宜昌、荆州、岳阳、咸宁、鄂州、黄石、石首、九江、安庆、铜陵、芜湖、合肥、马鞍山、泰州、扬州、镇江、南通、宁波、舟山、黄冈、巢湖、池州 29 个成员城市组成。长江黄金水道的货运量已连续位居世界内河第一位。长江干线货运量增加迅速，早在 2007 年就达到了 11.3 亿吨，是美国密西西比河的 2 倍，是欧洲莱茵河的 3 倍。①共同开展推进长江黄金水道建设的专题研究。在国家有关部门的指导下，按照国家区域发展规划、长江干流航道发展规划、长江三角洲综合交通运输体系规划和沿江各省市的发展规划，沪、渝、汉、宁四个中心城市会同沿江各城市，围绕长江航运规划、船舶标准化、产权交易、环境保护、长江黄金水道利益共同体等专题，进一步深化研究，提出供国家有关部门决策参考的对策建议。②积极探索高层次协商议事机制。根据第十一次长江协调会提出建立“沪、渝、汉、宁中心城市领导座谈会定期会晤制度”的设想，积极创造条件，适时召开四个中心城市领导和有关部门参加的座谈会，共同商议区域发展规划、专题合作、长江黄金水道建设等重大问题。③进一步推进沿江区域合作。继续推行“抓区域、促流域，抓专题、促联合”，促进以沿江四个中心城市为中心的区域合作：长三角提出以共同“办博”为契机，进一步加强区域联合；重庆经济区提出以建设长江上游航运中心为目标，进一步加快公路、铁路、桥梁、机场、水运等基础设施建设；武汉经济协作区提出根据武汉经济协作区第十次市长联席会议的决议，重点推进区域性物流中心建设、共建华中旅游圈等五个领域的合作；南京经济区提出要根据南京区域城市经济协调会第十二次市长联席会议提出的工作任务，落实完善协调机制、建设南京区域旅游经济圈等四项工作。

20 世纪 80 年代中期，随着改革开放和经济发展走上正常轨道，为顺应经济发展的要求，组建了长江协调会。从此长江流域以上海、重庆、武汉、南京四个城市为主体，开始分别组建区域性经济协作会，即武汉经济协作区（1987）、南京区域经济协调会（1986）、重庆经济协作区（1988）和长江三角洲经济区（1992），长江流域区域合作不断向纵深发展。

长江三角洲城市经济协调会于 1996 年成立，由 1992 年建立的长江三角洲经济区 15 个城市协作办主任联席会议制度发展而来，是长三角城市合作机制。在 2003 年 8 月的第四次会议上，台州市被接纳为正式成员，2010 年 3 月又增加 6 个成员城市。长江三角洲城市经济协调会办公室设在上海市人民政府合作交流办公室，负责协调会日常工作。协调会根据中央要求和沪苏浙一市二省确定的工作重点，结合成员城市共同关心的问题，设立年度专题项目，按照年度工作目标和计划组织实施。

在各成员城市的共同努力下，协调会发挥了应有的作用；协调会也积极探索推进区域合作的路子，不断完善自身，逐渐走向成熟。随着长三角跻身世界大城市群行列，并逐渐在国家区域经济版图上占据重要位置，协调会正成为长三角城市合作的重要平台之一。①充分开展交流，促进达成共识。多年来坚持举办市长会议，在加强成员城市市领导层面交流的同时，与各城市协作部门紧密联系，充分传递各城市信息、国家和一市二省的决策动态，反映社会和企业对城市合作工作的需求；组织政府有关职能部门、社会有关功能机构、有关专家开展专题研究，推进重点领域的合作；与珠三角、环渤海等区域合作组织保持交流，参与支持有关区域性论坛、研讨会，借鉴经验、思路，指导工作。②创立专题制度，务实推进合作。从1997年第一次市长会议开始，协调会重点在旅游、商贸、科技、产权、信息等领域开展城市之间的合作，逐渐摸索出了一套行之有效的合作专题工作制度，形成了“立项、资助、协调、评估”四个环节的推进举措。③发挥比较优势，专题初显成效。2004年以来协调会先后组织实施了物流信息一体化、交通规划衔接、科研设施共享、旅游标志设置、协作信息互换、港口联动、异地通关改革、人才规划编制、交通卡互通、毕业生异地就业、资料信息中心建设、世博主题体验之旅、创建区域性行业协会、环保合作、协调会远程视频会议系统等专题项目，并进行了交通一卡通、区域信用体系建设、区域教育资源整合、协调会功能建设等专项调研和专项合作工作。

武汉经济协作区（1987）由武汉、岳阳、黄石等城市发起，以武汉为中心，横跨湘、鄂、赣、豫四省，由河南省的周口、驻马店、南阳、信阳市，湖北省的武汉、黄石、荆州、宜昌、十堰、襄樊、孝感、黄冈、咸宁、荆门、鄂州、潜江、石首、仙桃、天门市，湖南省的长沙、岳阳、常德、益阳、湘潭、株洲市，江西省的南昌、九江、景德镇、上饶、宜春、萍乡市共31个成员城市组成。市长联席会议是协作区的最高协调、决策机构，由各成员城市的市长组成。协作区设立常设主席方，武汉市为常设主席方。干事会是协作区的执行机构，干事长由常设主席方城市政府提名。干事长对市长联席会议负责，主持协作区的日常工作。武汉经济协作区辖区面积近40万平方公里，人口1.5亿。区内铁路干线有南北的京九线、京广线、焦柳线和东西走向的宁西线、汉丹线、襄渝线、长荆线、武九线、石长线、浙赣线，公路有南北走向的京珠高速、105国道、106国道、107国道、207国道和东西走向的312国道、316国道、318国道、320国道。武汉经济协作区为中国中部地区最大的经济合作组织。武汉经济协作区按照“平等协商、形式多样、互惠互利、共同发展”的原则，围绕共同关心的热点和重点问题，在达成共识的基础上，科学、合理、务实、高效地协调区域内各类经济关系。

1988年由四川、重庆、云南、贵州四省市毗邻地区的18个地、州、市联合组成以重庆为区域经济中心的政府间经济协作组织——重庆经济协作区。其行政区域构成几经变迁，目前有重庆直辖市（含万州、涪陵、黔江3个区），四川省的广安市、内江市，贵州省的遵义市、毕节地区及云南省昭通市等14个地、市。重庆经济协作区处于中国大区域发展战略布局中长江流域经济带和西部地区的重叠部与接合部，是中国21世纪最具发展活力的政府间经济协作组织，是西部大开发战略中居于西部窗口和可以率先启动的地区。重庆经济协作区的最高协调机构是市长（专员）联席会，联席会议每两年举行一次，设联络处驻重庆，负责日常联络协调工作。重庆经济协作区按照自愿参加、平等协商、互惠互利、讲求实效的原则，充分发挥各自优势，取长补短，共同发展。

南京区域经济协调会是由南京、合肥、南昌、镇江、扬州、泰州、芜湖、淮南、马鞍山、安庆、铜陵、黄山、滁州、巢湖、六安、池州、宣城、九江、景德镇、淮安20个城市，为推动和加强区域经济联合与协作，促进长江下游地区可持续发展，通过平等协商，自愿组成的经济协调组织。南京区域经济协调会取得的成效主要表现在以下几方面：①清除市场分割的障碍。区域间市场分割主要表现为行政区域的地方保护主义。要打破这些阻碍区域合作的壁垒，不仅需要外部市场的力量，更需要政府的主动推动。南京区域经济协调会的基本原则是：平等协商，优势互补，互惠互利，讲求实效，联合发展。②发挥推动、引导、协调作用和服务功能。地方政府通过区域经济合作组织的形式协商解决了大量问题，并且积极研究制定区域经济的发展规划，制定相应的鼓励合作的优惠政策，认真抓好政策的落实执行，充分发挥了政府的调控和引导作用。除此之外，通过区域经济合作组织的形式有意识地组织各种跨地区的大型招商会、商贸会、交易会、洽谈会、协作会、协调会、高层领导对话等，促进信息沟通交流。③经济合作形式日趋多样。在合作项目中，投资类项目的比重在不断增加，尤其是跨地区基础设施联合建设取得明显成效。区域合作的范围迅速扩大。如南京都市圈出台的第一个五年规划，以建设区域交通体系为重点，兼顾区域生态、文化和公共基础建设。其主要目标是形成以南京为核心，以扬州、镇江、淮安、马鞍山、巢湖、滁州、芜湖7市为主体，以27个中等城市和一大批小城市为基础，分工合理、持续快速协调发展的都市圈城市体系，实现南京都市圈在长三角区域的崛起。④经济合作成果丰硕：合作项目和项目资金逐年增加；跨地区基础设施联合建设成效明显；各城市共同培育区域市场体系。南京经济协作区发挥承东启西的作用，以“南京1小时都市圈”建设为契机，促进经济要素的快速流动，并形成良性互动。南京区域经济协调会20个成员城市已在基础设施建设、区域名牌扩张、无障碍旅游区打造、统一市场建设等方面进行了积极探索，走出了一条具有自己特色的区域合作发展之路。

三是陆桥通道城镇经济带区域合作启动。陆桥通道城镇经济带区域合作以新亚欧大陆桥沿线城市领导联谊活动为主要载体，充分协商，共同签订了《新亚欧大陆桥沿线部分城市战略合作框架协议》。由连云港、西安等城市联合发起的新亚欧大陆桥沿线城市领导联谊活动，旨在促进新亚欧大陆桥沿线城市在经贸、文化、旅游等领域的交流与合作，实现优势互补、互惠互利，共建新亚欧大陆桥经济带。2003年举办第一届沿线城市领导联谊活动，截至2012年9月，沿线城市领导联谊活动已连续成功举办11次，参加城市达到18个。陆桥沿线各城市充分发挥自身优势，积极探索区域合作途径，取得了丰硕成果。①以科学发展观为指导，围绕“合作、共赢、发展”的主题，沿线城市在经济、文化、商贸、旅游等领域积极开展交流与合作，活动规模不断扩大，城市发展整体合力和综合竞争力持续提升，新亚欧大陆桥的品牌优势逐步形成，陆桥经济带效应进一步显现。②加强区域合作，实现陆桥经济带崛起。沿线城市领导联谊活动作为大陆桥沿线城市跨行政区域合作的重要纽带，积极实施国家区域发展战略，加快转变发展方式，以更加开放的思想、积极务实的态度、团结协作的精神，进一步挖掘沿线城市的比较优势，拓展合作领域，创新合作方式，构建合作机制，不断扩大合作成果，开创陆桥经济带科学发展的新局面。

（2）泛长三角区域合作的困境。泛长三角存在区域发展差距。从一定意义上说，区域发展差距是泛长三角区域合作的困境。这种困境制约着泛长三角的创新发展。泛长三角区域发展差距表现为不平衡发展。泛长三角不平衡发展包括长三角不平衡发展、长三角经济腹地不平衡发展，以及长三角与长三角经济腹地之间不平衡发展。从长三角看，长三角不平衡发展包括“一市两省”长三角不平衡发展和“16城市”“22城市”长三角不平衡发展。从“一市两省”长三角不平衡发展看，上海市域经济、江苏省域经济、浙江省域经济属于行政区域经济类型的省域经济种类，但在区域经济性质和区域经济发展层次上存在较大差距。①在区域经济性质上的差异明显。上海市域经济是城市经济比重大的城市型行政区域经济板块，到2020年要基本建成国际经济、金融、贸易、航运中心和现代化国际大都市，在率先转变经济发展方式，率先提高自主创新能力，率先推进改革开放，率先构建社会主义和谐社会方面成效显著。江苏省域经济和浙江省域经济是农村经济比重大的地域型行政区域经济板块，农村经济发展相对缓慢。②江苏省域经济和浙江省域经济发展不平衡。江苏省域经济中的苏北经济（由徐州、宿迁、淮安、盐城和连云港5个市域经济板块组成）和浙江省域经济中的浙西南经济（由衢州、丽水等市域经济板块组成）发展相对落后，与苏南经济、苏中经济和浙东北经济的发展差距较大。从长三角与长三角经济腹地之间的不平衡发展看，长三角与长三角经济腹地板块虽然都属于经济区域经济类型，但长三角属于城市集群发展经济区，与长三角经济腹地相比，在区域经济性质和区域经济发展水平上存在较大差距。

泛长三角的发展差距导致区域经济利益发生冲突。区域经济利益的冲突是在区域经济竞争与联系的相互作用过程中，区域利益主体为追求区域利益而采取的有损于其他区域或更大范围区域利益的行为。从这种意义上说，区域经济关系包含偏离理想的区域均衡状态的利益争夺行为。张可云对区域经济利益冲突进行了系统研究。[①]引起区域经济利益冲突的主要原因是："市场失灵"和"政府失败"。"市场失灵"的主要表现是市场无法在某些区域经济活动、区域经济利益主体之间建立有效的合作激励。在区域经济活动方面，市场失灵表现为区际外部性的无能为力；在区域经济利益主体方面，市场失灵主要表现为对区域主体之间信息不对称及由此引起的区域机会主义行为。"政府失败"主要表现为政府调控难以找到缩小区域经济差距的有效手段，难以找到区域利益再分配的公平与效率兼顾点和区域政策的合理倾斜度。归结起来，区域经济利益冲突的发生是由于区域经济利益获得机制与规则的不完善。区域经济利益获得机制是在区域系统中各区域的利益主体之间相互作用的过程与方式，其形成与变迁的主要功能是保证区域利益主体有充分的自利激励。区域经济利益获得规则是一系列既能激励区域利益主体自利，又能约束其逐利行为，以使其符合区域整体利益增进要求的规章制度（张可云，2001）。泛长三角区域合作与区域经济利益冲突是区域经济关系的两种表现形式。

3. 泛环渤海区域合作与创新发展路径探索

环渤海区域以辽东半岛、山东半岛、京津冀为主，包括北京、天津、河北、辽宁、山东、山西、内蒙古七个省（区）市。环渤海区域是东北、华北、西北和华东部分地区的出海口，其经济腹地覆盖了大半个中国，涉及 13 个省（区）市，有 5 657 公里的大陆海岸线，占全国大陆海岸线总长度的 1/3，占据着中国东出西进、联南接北的重要区位，是中国北方地区进入太平洋、走向世界最便捷的海上门户。"环渤海区域正在成为带动全国经济发展的第三只引擎。"[②]

（1）泛环渤海区域合作的特点。20 世纪 80 年代初，天津开始与周边省市开展扩大物资协作、商谈经济联合项目，尤其是与环渤海区域的经济往来日益频繁。1985 年初，京津冀以及大连、青岛的一些理论工作者提出了"环渤海经济圈"的概念。随后又提出建立环渤海区域经济学会的建议，得到了天津市领导的赞同。同年 8 月，天津市环渤海地区经济研究会成立。次年，区域性政府间合作组织——环渤海地区经济联合市长联席会正式成立。1987 年，《环渤海经济瞭望》杂志创刊。1992 年，随着"珠三角""长三角"的崛起，环渤海区域各省（区）市进一步认识到必须"联合起来、振兴渤海、服务全国、走向世界"，各地区各类交易会、商贸会、洽谈会不断涌现，多层次、多元化的市场体系开始形成，环渤海省（区）市开始进入联动发展阶段。进入 21 世纪，在经济一体化的大趋势下，环渤海区域各省（区）市按照"政府推动、市场主导、开放公平、优势互补、互利共赢"的原则，扩大了整个区域在产业、交通、口岸、金融、科技、人才、旅游、教育、卫

---

① 张可云．区域大战与区域经济关系［M］．北京：民主与建设出版社，2001．

② 孙虎军．环渤海区域合作发展的过去、现在和未来［J］．环渤海经济瞭望，2009（9）．

生事业等方面的全方位合作，从而推动了区域经济全面、协调、可持续的发展。多年来，环渤海区域在经济合作方面采取多种形式，取得了丰硕成果。自从 1986 年天津联合渤海湾地区的 15 个沿海城市，发起成立环渤海地区经济联合市长联席会（即现在的环渤海区域合作市长联席会）以来，该组织已发展成为由 37 个省级、副省级以及地级城市为成员组成的国内规模较大、在国内外具有较大影响力的地方政府间区域性合作组织，对环渤海区域经济合作与发展起到了积极的促进作用。从 2004 年开始，环渤海经济区的省（区）市先后召开了几次重要会议，并就区域内经济合作以及建立省（区）市政府间的合作协调机制达成共识。2004 年 2 月的“廊坊共识”、同年 5 月的“北京倡议”和 6 月的“廊坊框架”，推动了环渤海区域合作健康发展。特别是在加快天津滨海新区开发开放纳入国家整体发展战略后，给环渤海区域合作发展注入了新的生机，高层对话更加频繁，区域经济合作进入加速阶段。2006 年 4 月 17 日，环渤海区域 32 个城市市长共同签署了《推进环渤海区域合作的天津倡议》，提出要将环渤海区域建设成为世界级的知识经济带、东北亚最大的制造研发基地、国际性贸易物流中心、具有全球影响力的城市经济区域，并就合作发展中的若干重大问题达成共识，提出要构建一体化市场体系，建立便捷的区域交通网络，扩大能源与产业合作，加强科技合作与创新，共同治理和保护环境，活跃旅游和文化交流，完善区域合作机制，推动建立区域高层领导人定期会晤制度。

（2）泛环渤海区域合作路径探索。2008 年 9 月，环渤海区域合作市长联席会在石家庄市召开了第十三次市长会议，经会议讨论通过将“环渤海地区经济联合市长联席会”更名为“环渤海区域合作市长联席会”，进一步拓宽了市长联席会的工作范围和合作领域，扩大了城市范围，吸收了新的成员市参加，明确了下一步环渤海区域合作的重点，提高了各成员市参与区域合作的积极性和主动性。这标志着以城市群为主的新的合作机制正在不断完善。天津市积极实施滨海新区开发开放带动战略，努力尽快实现中央确定的建设北方经济中心的城市定位和发展目标，滨海新区在推动环渤海区域经济发展中日益发挥着“排头兵”的作用。党的十六届五中全会把加快天津滨海新区开发开放、振兴环渤海经济纳入国家总体发展战略布局。2006 年，中共天津市委八届八次会议通过了《关于加快天津滨海新区开发开放的意见》，对推进滨海新区开发开放做出了具体部署。天津深入贯彻落实科学发展观，坚持不懈地实施项目带动战略，始终把项目建设摆在重要位置，按照“筹划一批、建设一批、达产一批”滚动发展的要求，加快项目引进和建设，保证项目源源不断，建设和投产了一批高水平的大项目、好项目，培育了高端化、高质化、高新化的产业结构，增强了自主创新能力。京津冀都市圈的合作与发展取得可喜成效。京津冀“8+2”城市群的合作发展是环渤海区域合作的核心部分。2009 年，在天津召开了京津冀都市圈第一次工作交流会，沟通了合作大计，取得共识。北京中关村科技合作园区与天津高新产业园区就合作目标、原则、内容签署了科技合作协议。北京与天津就京津城际铁路、京津高速公路，以及海港、空港快捷通关的合作都取得积极成果。2008 年，天津市与河北省建立“无水港”，京津冀高速公路沿线九个园区联合签订区域科技合资协议以及京津冀“金三角”旅游规划等。这些都推进了京津冀三地的合作，促进了环渤海区域的可持续发展。区域内各省区市的竞争也不断深化，进一步有效整合资源、促进产业合理分工、突出各自特色、发挥比较优势、实现错位发展、加强产业链连接和相关产业合作等问题，成为区域合作面临的亟待解决的瓶颈和各地政府部门关心的热点所在。环渤海区域合作在合作大于竞争的氛围中不断向前推进，以京津冀、山东半岛、辽东半岛城市群为核心的三大板块，在联合其他城市与地区共同推动环渤海区域合作发展中发挥了重要的引领作用。

第五节　泛经济区合作背景下的省域经济创新发展路径探索：空间协调视角

改革开放以来，区域合作已成为泛长三角的省域经济应对资源约束、产业升级压力，提升经济竞争力的必然选择。长江通道、陆桥通道的省域经济放开发展思路，“跳出”行政区边界，寻求长江通道经济带、陆桥通道经济带以及更大范围的泛长三角区域合作，在探索省域经济创新发展路径上获得快速发展。

一、泛长三角区域合作背景下的安徽经济空间优化

安徽紧邻长三角经济区，在资源禀赋、产业结构等方面与长三角经济具有较强的互补性，承接着长三角的产业转移。“安徽经济与长三角经济联系日益紧密，安徽省外投资的55%来源于长三角。安徽70%以上的劳务输出集中在长三角，70%以上的省际物流和通信面向长三角，34%的煤炭、11%发电量输向长三角。”①安徽经济积极参与泛长三角区域分工，已经成为泛长三角区域合作的重要组成部分。安徽经济是承接中国东西部经济空间协调发展的重要省域经济，其空间优化对区域经济创新发展具有重要的空间经济学意义。

1. 安徽经济的空间特征

泛长三角区域合作引致省域经济空间演化。区域经济空间结构合理与否直接对泛长三角的省域经济创新发展产生重要影响。安徽经济空间内在形成机制使其具有

---

① 高丽娜，朱舜. 泛长三角一体化发展背景下的安徽经济空间结构优化［J］. 上海经济研究，2009(2).

典型的内陆省域经济空间结构特征。

（1）安徽经济空间差异大。区域单位选择合理与否直接关系着能否准确反映其内部空间特征。许多关于安徽经济空间结构的研究文献是将市域经济作为区域单位进行研究的。选择市域经济（包括县域经济板块的地级市域经济）作为研究对象的一个最大问题是市域经济的数据特征差异，即会出现三种情况：城市经济实力强，而县域经济可能弱，即“强市弱县”型；城市经济实力不强，而县域经济实力相对较强，即“强县弱市”型；市域经济与县域经济实力都相对较强，即“双强型”。因而，选择市域经济为研究单位，难以反映出不同市域、县域经济发展的水平差异，换句话说，难以反映出城市经济与农村经济的差异。因此，宜选择城市经济、县域经济为研究的区域单位。

——区域单位选择与研究方法。市域经济包括城市经济和县域经济。县域经济是国民经济的基本构成单元，其主要经济特征是反映农村经济发展状况。从城市经济、县域经济两个角度分别展开分析，能兼顾城市经济和农村经济两种不同经济空间板块的发展特征。区域经济空间结构的研究方法大多采用综合指标评价方法，它更能反映区域经济等各方面发展的综合性特点。不同学者使用该方法的差异主要是体现在变量指标的选取上。本书根据安徽经济发展情况和数据资料的可获得性，从投入、产出及支撑条件三大方面选择指标，主要使用就业人口构成、固定资产投资、GDP、三次产业增加值及其比例构成、工业总产值、地方财政收支、金融机构年末存贷款额等指标构建综合评价指标体系，利用主成分分析方法研究安徽经济空间结构的特征。

——数据分析结果。利用 SPSS13.0 统计分析软件对 2012 年安徽城市经济、县域经济综合实力评价指标体系进行主成分分析，KMO 值分别为 0.634、0.713，累积贡献率分别达到 92.3%、81.1%，说明比较适合做主成分分析，而且效果较为显著。城市经济、县域经济综合实力评价各得到 2 个公因子，各城市经济、县域经济的综合实力评价得分情况见表 1-1、表 1-2 所示。为了探寻安徽经济空间特征，将数据分析结果进行聚类分析并利用绘图软件转化为空间数据，安徽经济空间结构的具体特征见图 1-2 所示。

表 1-1　　　　2012 年安徽省城市经济综合实力评价结果

城市	总量因子	均量因子	综合得分
合肥市	3.524	0.590	231.826
淮北市	-0.165	-0.003	-10.074
亳州市	-0.130	-1.098	-42.769
宿州市	-0.143	-1.090	-43.330
蚌埠市	-0.099	-0.023	-6.733
阜阳市	0.076	-0.968	-26.176

表1-1(续)

城市	总量因子	均量因子	综合得分
淮南市	0.343	-0.503	4.726
滁州市	-0.555	0.120	-29.756
六安市	0.038	-1.136	-33.821
马鞍山市	-0.652	2.344	35.101
芜湖市	0.378	1.094	57.663
宣城市	-0.461	-0.542	-45.133
铜陵市	-0.825	1.640	2.282
池州市	-0.491	-0.278	-38.546

表 1-2　　2012 年安徽省县域经济综合实力评价结果

县市	综合得分	县市	综合得分	县市	综合得分
巢湖市	45.56	凤台县	68.35	广德县	52.99
长丰县	48.95	天长市	104.19	泾　县	-28.04
肥东县	95.23	明光市	-43.20	绩溪县	-9.42
肥西县	136.97	来安县	-0.85	旌德县	-42.75
庐江县	39.48	全椒县	-3.38	铜陵县	48.36
濉溪县	11.47	定远县	-36.44	东至县	-21.12
涡阳县	-4.97	凤阳县	-15.23	石台县	-89.02
蒙城县	-12.64	寿　县	-58.46	青阳县	-7.91
利辛县	-48.72	霍邱县	7.84	桐城市	48.40
砀山县	-58.02	舒城县	-35.29	怀宁县	15.26
萧　县	-29.57	金寨县	-50.54	枞阳县	-16.73
灵璧县	-61.41	霍山县	3.36	潜山县	-34.28
泗　县	-61.95	当涂县	134.60	太湖县	-62.67
怀远县	7.85	含山县	-5.79	宿松县	-44.08
五河县	-13.81	和　县	-5.47	望江县	-67.73
固镇县	-28.15	芜湖县	107.49	岳西县	-72.38
界首市	-36.11	繁昌县	176.18	歙　县	-1.19
临泉县	-57.28	南陵县	38.24	休宁县	-29.08
太和县	-23.61	无为县	76.11	黟　县	-52.42
阜南县	-64.79	宁国市	124.83	祁门县	-39.74
颍上县	-11.87	郎溪县	-5.60		

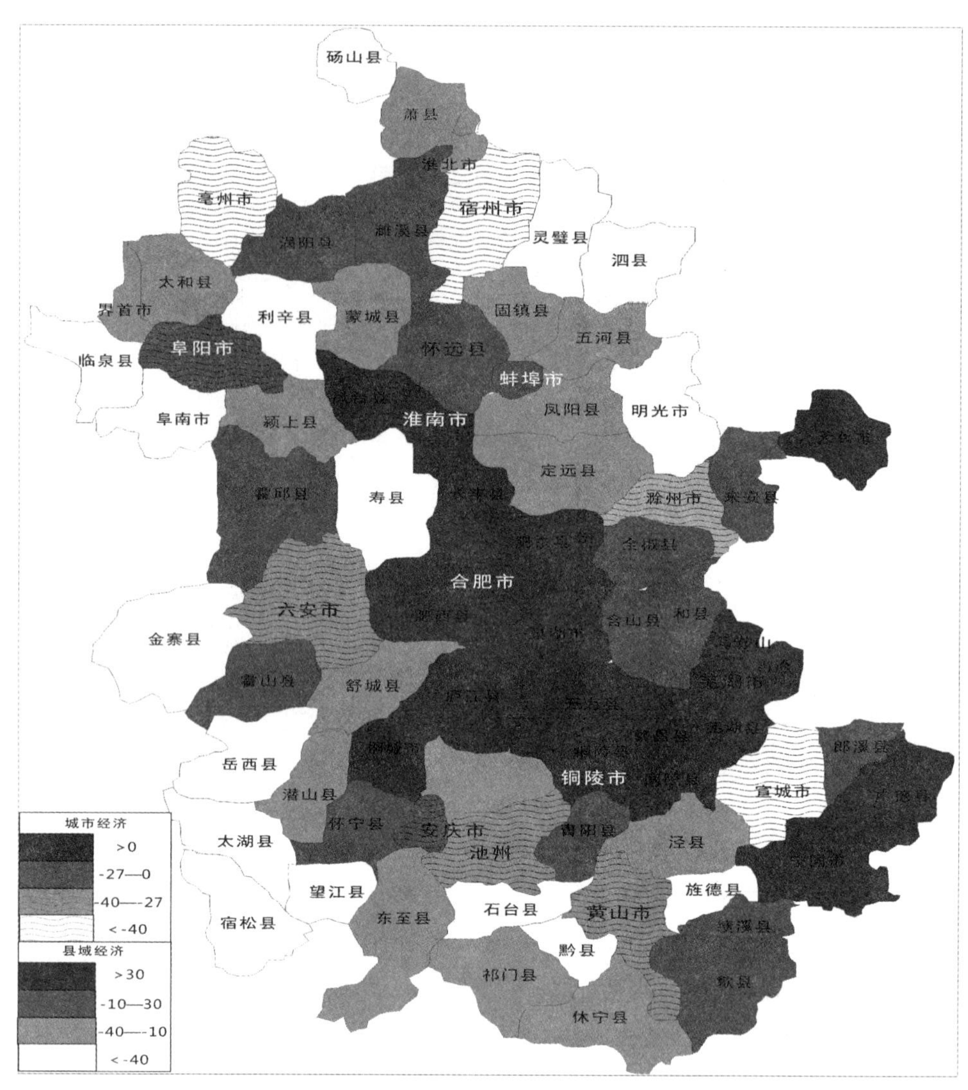

图 1-2　安徽省域经济空间结构示意图（2012）

（2）安徽经济空间结构基本特征。从城市经济角度看，省会城市合肥的综合实力较强，芜湖、马鞍山、铜陵及皖北的淮南的综合实力相对较强，都属于资源导向型城市，蚌埠、淮北、安庆、阜阳、滁州等城市属于一个层次类别，而六安、黄山、亳州、宿州、宣城及池州等城市则是综合经济实力弱的层次类别。可以看出，从城市经济发展状况来看，皖中整体实力较强，呈现出中部隆起的特征。从县域经济角度看，综合实力水平差异也较为明显，综合实力最强的繁昌县，综合得分达到176.18，综合实力最弱的石台县，得分为-89.02。安徽省的县域经济发展空间梯度具有皖江地区高于其他地区的特征。

综合来看，安徽经济空间结构具有点-轴形成及发展阶段的特征。合肥、芜湖、马鞍山、淮南等城市已经初步成长为经济增长核心（极），对周围县域经济产生一定辐射、扩散作用。合肥市周围的肥西、肥东比距合肥相对较远的其他县域经济发展水平高就是例证。点-轴空间特征仅在皖江沿线显现。沿长江的城市经济实力较强，是长江通道城市群集聚连绵带的一部分，即马鞍山、铜陵等共同构成的皖江城市带，是安徽经济的快速发展的区域经济板块。

2. 泛长三角区域合作背景下的安徽经济空间形成及演化机制

安徽城市经济相对较弱，省会城市合肥的经济实力甚至弱于许多东部沿海的地级城市，这说明安徽经济的发展极核缺失问题比较明显。泛长三角区域合作背景下的安徽经济空间具有内陆省域经济空间形成机制。安徽经济空间结构特征受到多种力量的共同作用而改变，并引导着区际经济要素的流向，进而产生安徽经济发展的空间差异性。

（1）内在动力机制。影响区域经济空间结构形成的经济要素主要有资源、交通、集聚经济等。在区域经济发展的初期，资源、交通、区位等因素发挥着重要作用，这些经济要素分布空间差异的存在形成不同的空间稀缺性，进而对其他经济要素的空间流向和集聚产生重要影响，并最终影响区域经济在初期的发展水平及其空间结构特征。随着区域经济的发展，尤其是到了较高阶段，形成一定的经济发展优势，集聚经济效应发生作用，成为进一步引导区域经济空间结构演化的决定性因素。安徽经济空间结构的资源导向特征明显。资源分布空间差异性特征与区域经济发展差异的空间特征有较高的吻合度。安徽省矿产资源分布集中，已探明储量的几种矿产以煤炭最具优势，储量居全国第六位，为华东地区各省之首，主要集中于淮南、淮北。金属矿产中的铁矿和铜矿储量较大，主要集中于皖江沿岸而以马鞍山、当涂、庐江等地最为集中。城市经济综合实力较强的芜湖、马鞍山、铜陵、淮南等资源禀赋条件优势明显。经济实力强的县域经济板块多是矿产资源丰富的县，尤其是煤炭资源较为丰富的淮南市、淮北市、阜阳市的县域经济实力相对强于其他县域经济板块（见图1-3）。安徽经济空间内在动力机制包括交通引导效应和集聚经济效应。

一是交通引导效应。安徽省拥有铁路、公路以及高速铁路、高速公路等构成的快速交通束。通过改善原来的区位条件，吸引经济要素集聚，对交通沿线经济的发展产生重要推动作用。京沪高铁、京沪铁路、京九铁路、沿江铁路、沪汉蓉高铁、高速公路等交通干线，使安徽经济具有交通引导效应。主要交通干线沿线城镇密集，发展成为安徽经济的城镇经济轴。安徽城镇经济轴的发展差异明显。皖江城镇经济轴具有良好的历史发展基础，资源较为丰富，马鞍山、芜湖、铜陵、安庆等地综合实力相对较强，是安徽经济的重要东西走向城镇经济轴。随着对皖江开发力度的加大，交通尤其是快速交通束的发展，使皖江城镇经济轴进入快速发展时期。作为较早的一条经过安徽的重要铁路，京沪铁路对沿线经济发展的带动作用较弱，缺失城镇经济轴空间特征，除蚌埠市域经济实力略强外，宿州、滁州市域经济发展相对滞后。

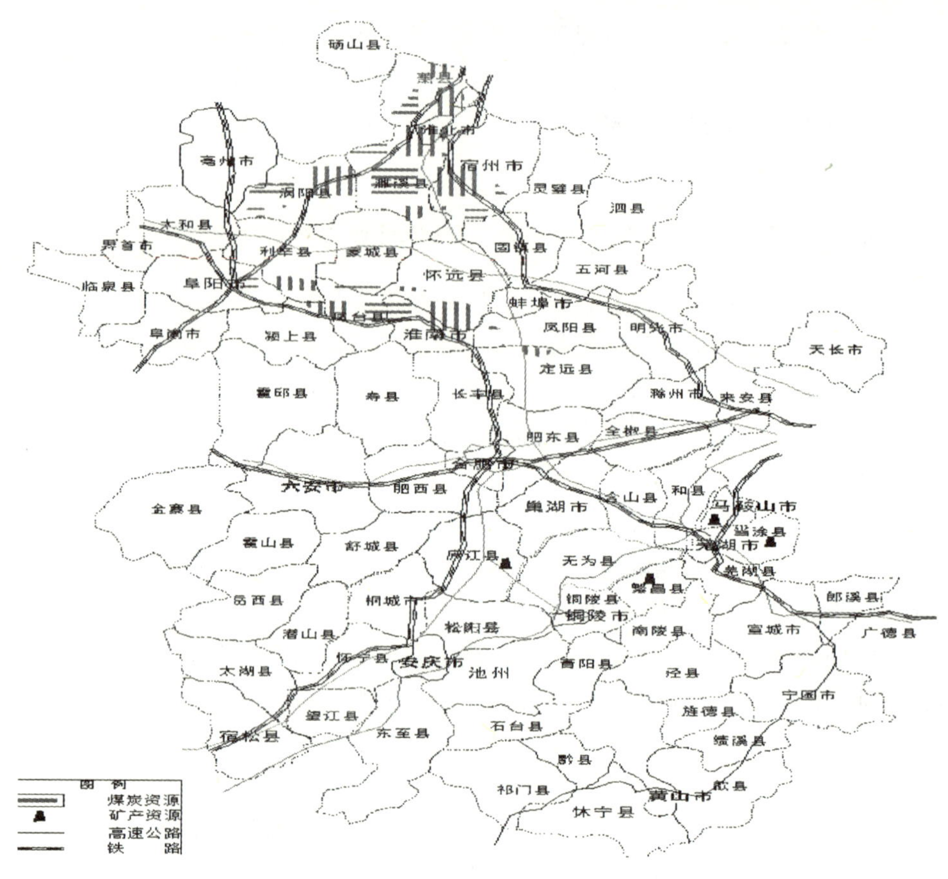

图 1-3 安徽交通及煤、铁资源分布示意图

二是集聚经济效应。区域经济发展形成的空间不均衡性，引致经济要素利用效率及收益出现空间差异，进而在区域间形成经济要素流动。经济要素的空间集聚对流入区和流出区产生了不同的经济效应，并进一步强化了区域经济板块之间的不均衡性。在安徽经济中，合肥作为全省的经济、政治、文化中心，其综合经济实力是最强的。例如，安徽省的百强企业有 31%位于合肥市，上市公司的集中度更高；合肥市具有“天然”的对省域经济要素的吸引力，吸引着人力、资本、技术等要素向合肥集聚，使其成为具有一定辐射能力的增长极。

（2）外部影响机制。随着市场经济体制改革的深化，区域日益开放，区际空间联系加强，相互影响、相互作用程度不断加深。融入长三角、加强与泛长三角区域的合作，不仅是安徽经济发展的需要，也是长三角、泛长三角在新形势下缓解资源环境压力、开辟新的发展空间、提升区域竞争力的内在要求。作为内陆省的安徽，其对外开放与东部沿海区域相比不具有先发优势，但相对其他内陆省来说，安徽省具有得天独厚的区位条件——紧邻长三角经济区。得益于长江通道经济带长期发展形成的较强经济联系，安徽经济具有承接长三角经济辐射的“优位区”。因长三角经济辐射具有空间差异性和距离衰减特性，导致安徽经济发展具有不平衡性。

比较1990年和2012年安徽城市经济综合实力的排位变化，可以很明显地看出，芜湖、马鞍山的综合实力超越了煤炭经济城市淮南和蚌埠，成为仅次于省会城市合肥的重要城市（见表1-3）。这不仅与芜湖、马鞍山两市的资源优势有关，更为主要的原因在于两市紧邻长三角，具有长江通道的相对区位优势。从城市经济地均产出、地均实际利用外资额两个指标的空间变化来看，城市经济地均产出指标按合肥、铜陵、马鞍山、芜湖、蚌埠、淮北、安庆等顺序逐次降低，地均实际利用外资额指标按马鞍山、铜陵、芜湖、合肥、淮北、蚌埠、淮南等顺序逐次降低（见表1-4）。基本遵循着距离衰减规律，即离长三角经济区越近，地均产出和地均实际利用外资额越高，如合肥、马鞍山、芜湖等；反之则越低，如亳州、宣城等城市，即形成了长三角经济辐射的安徽扇形结构区。长三角经济区的经济辐射作用对于安徽经济空间结构的形成具有重要影响作用，随着区际经济联系的深化，这种影响也会逐渐加大。从安徽省城市经济实际利用外资的情况来看，一方面受到与长三角相对区位条件的影响而出现较大的空间投入差异；另一方面，这种外资投放的空间差异，又进一步强化省域经济发展的空间差异，从而对安徽经济空间结构演化产生重要影响。综合起来看，安徽经济空间结构形成机制的主导影响是资源导向效应，长三角经济辐射的距离衰减效应也是重要的外部影响力。

表1-3　　　　1990年、2012年安徽城市经济综合实力比较

排序	1990年		2012年	
	城市	得分	城市	得分
1	合肥市	182.52	合肥市	231.83
2	蚌埠市	69.20	芜湖市	57.66
3	淮南市	54.90	马鞍山市	35.10
4	芜湖市	52.89	淮南市	4.73
5	马鞍山市	43.79	铜陵市	2.20
6	安庆市	22.09	蚌埠市	-6.73
7	淮北市	6.50	淮北市	-10.07
8	铜陵市	-24.42	安庆市	-21.71
9	滁州市	-24.47	阜阳市	-26.18
10	阜阳市	-29.04	滁州市	-29.76
11	亳州市	-39.44	黄山市	-33.55
12	宣城市	-49.28	六安市	-33.82
13	黄山市	-49.91	池州市	-38.55
14	池州市	-56.21	亳州市	-42.77
15	六安市	-56.89	宿州市	-43.33
16	宿州市	-64.01	宣城市	-45.13

表 1-4　　安徽城市地均产出与地均实际利用外资额的区域比较（2012）

城市	地均产出		地均实际利用外资额	
	市域	市区	市域	市区
合肥市	3 643	29 704	14.01	134.72
淮北市	2 264	5 942	13.79	27.26
亳州市	855	1 115	4.31	3.89
宿州市	935	1 316	3.79	1.57
蚌埠市	1 496	7 382	12.31	98.74
阜阳市	985	1 789	1.08	2.00
淮南市	3 025	3 352	7.32	11.91
滁州市	718	1 746	3.84	14.01
六安市	511	690	1.45	1.27
马鞍山市	3 053	11 516	31.65	147.25
芜湖市	3 129	10 447	21.99	81.57
宣城市	615	744	3.54	1.56
铜陵市	5 582	17 890	29.98	78.70
池州市	505	900	2.54	4.74
安庆市	888	4 306	2.13	28.73
黄山市	433	838	2.24	5.78

3. 泛长三角区域合作背景下的安徽经济空间优化路径

安徽经济参与泛长三角区域合作是其创新发展的内在要求。胡锦涛同志指出："安徽要充分发挥区域优势、自然资源优势、劳动力资源优势，积极参与泛长三角区域发展分工，主动承接沿海地区产业转移，不断加强同兄弟省份的横向经济联合和协作。"①区域经济空间是经济活动的载体。区域经济空间结构优化可以提高经济活动空间组织的有效性，提高经济要素的空间利用效率，将分散的经济要素有效联结，实现经济空间节约和提高空间集聚经济效益。区域经济空间结构优化具有显著的经济增长效应。随着泛长三角区域分工的不断深化，区域经济活动日益专业化，区际的市场依存度和空间联系密切程度将不断提高。安徽经济空间结构优化是其实现创新发展的重要路径。作为邻近长三角的相对落后的内陆省，安徽具有良好的发展机遇。外资大量进入长三角引致长三角产业结构调整，对于人力资源和自然资源禀赋丰富的安徽经济来说，在承接长三角产业转移中，调整产业结构，积极融入长

① 董昭礼，等. 中国省会经济圈蓝皮书（2009）：泛长三角背景下的省会经济圈［M］. 北京：社会科学文献出版社，2009：1.

三角，是其创新发展的关键所在。近年安徽实际利用上海市和江苏省、浙江省的资本约占其利用省外资本的一半。促进安徽经济空间结构优化的创新思路，要突出融入长三角理念，弱化行政区划约束，在泛长三角区域合作背景下寻求空间优化路径。点轴空间开发模式是欠发达区域有效率的开发模式，因而它也是安徽经济创新发展的有效空间组织形式。安徽经济空间结构优化的关键是解决区域核心城市和城镇经济轴不强的问题。促进安徽经济空间结构优化，应重点培育皖江城市带；做大做强合肥、芜湖区域中心城市。泛长三角区域合作背景下的安徽经济空间结构优化的路径是：着力促进“一圈一带”城市经济发展。

发展“一圈”——合肥都市圈。安徽省具有由特大、大、中、小城市和小城镇组成的相对完整的城镇体系，但其城市规模普遍不大，尤其是城市经济规模偏小，辐射能力有限，对区域经济的带动作用不强。着力培育区域经济增长极，是安徽经济空间结构优化及省域经济创新发展的重要战略举措——以省会城市合肥为核心，构建合肥都市圈。合肥是安徽经济的中心，其发展会直接影响安徽经济的创新发展。作为省域经济的区域中心来说，合肥市因其经济实力相对较弱而缺失集聚力。发展以合肥市为中心的都市圈，不应急于追求城市规模，而应以提高经济发展效率为目标。促进合肥市区及周围的肥西、肥东、长丰、寿县、六安等重点城市的发展，尤其要确立向东发展的都市圈空间取向。合宁高铁开通后，合肥与南京、上海之间的空间联系更加快捷。着力培育合肥都市圈的核心竞争力与凝聚力，找准都市圈的产业定位，实现与长三角的产业分工与合作对接。

建设“一带”——皖江城市带。在着力发展增长极的同时，要注重培育重点城市带，才能有效地对区域经济发展发挥有效带动作用。依据安徽经济发展的现状，应重点培育、加强皖江城市带的建设。皖江城市带作为长江流域经济带的一部分，是安徽经济中经济实力较强的城市组团区域，具有紧邻长三角的优越区位条件，并在长期经济发展过程中，与长三角形成了较强的经济联系，交通一体化程度不断增强，使皖江城市带在融入长三角过程中具有得天独厚的条件。例如，芜湖市引进大型企业，与上海有关方面合作，建设响水涧抽水蓄能电站，并促成芜湖核电站建设。在芜湖服务业中，南京新百、南京侨鸿、上海浦发银行、上海世纪联华等大企业成为领军企业。皖江城市带要加快建设各类开发区，实现产业集聚与规模经济协调，更好地迎接长三角产业转移；芜湖的汽车产业、以马鞍山为重点的钢铁工业和以铜陵为中心的有色金属工业等在安徽经济乃至全国均占有重要地位，围绕汽车、钢铁、有色金属等重点产业，做大优势产业，提升城市经济带的综合实力；积极发挥本区域的劳动力、土地、矿产等资源禀赋优势，加强与长三角的能源与资源合作，实现优势互补，力争成为长三角经济辐射和产业转移的承接地带。皖江城市带要建设“通道”——快速交通束。辐射作用的有效发挥依赖于辐射通道的通达性。以铁路、高速公路、高速铁路为核心的快速交通束，对增强区际经济联系、促进辐射效应增强具有重要作用。快速交通束能改善区位条件，缩小区际空间距离，是区域经济创新发展的强力支撑条件。安徽省域经济创新发展离不开长三角的辐射，因而要加强安徽经济与长三角的通道建设，着力构建快速交通束。以安徽通往长三角的合宁、马宁、宣杭、芜宣、徽杭、合界、合铜黄、沿江等高速公路，宁安城际铁路，合芜杭城际铁路，马芜铜城际铁路，沪汉蓉高铁的营运为契机，打通安徽经济与长三角的通道，以增强合肥、马鞍山、芜湖等皖江城市与长三角城市之间的联系。

二、泛长三角区域合作背景下的河南经济空间优化

中国中部和陆桥通道沿线的河南经济的创新发展与泛长三角区域合作有着密切联系。河南经济板块的城市经济发展水平不高，城乡发展差距明显，形成了独特的内陆省域经济空间特征。“经济空间优化是政府制定区域政策的切入点。”①在分析经济空间差异的基础上进行经济空间类型的划分，对促进河南经济空间优化及不同类型区创新发展具有重要的现实意义。

1. 河南经济发展的空间差异

采用 SPSS 统计分析软件，选取河南省的县级及以上经济板块作为研究对象，选择 2012 年年底总人口、国内生产总值、第二产业增加值、第三产业增加值等 14 个指标建立指标体系，运用主成分分析方法进行数据分析（见表 1-5、表 1-6）。经检测，该指标体系 KMO 值为 0.743，提取出的 1 个公因子累积贡献率达到 92.302%，适合进行主成分分析。

表 1-5　因子贡献率

	各因子贡献率			因子旋转后贡献率		
	Total	贡献率	累积贡献率	Total	贡献率	累积贡献率
1	12.051	66.948	66.948	10.558	58.658	58.658
2	2.758	15.323	82.271	3.568	19.821	78.479
3	1.153	6.406	88.677	1.836	10.198	88.677

表 1-6　因子正交旋转载荷矩阵

	总量因子	产业效益因子	城乡居民储蓄因子
国内生产总值（亿元）	0.953	0.241	-0.054
第二产业增加值	0.784	0.529	-0.119
第二产业增加值占 GDP 比重	-0.381	0.834	-0.179

① 高丽娜，朱舜. 河南省经济发展差异及区域划分研究 [J]. 天中学刊，2006 (6).

表1-6(续)

	总量因子	产业效益因子	城乡居民储蓄因子
第三产业增加值	0.974	0.108	0.056
第三产业增加值占 GDP 比重	0.599	-0.226	0.574
人均 GDP	0.322	0.841	0.200
工业总产值（亿元）	0.781	0.536	0.039
产品销售收入（亿元）	0.769	0.567	0.031
固定资产投资额	0.902	0.206	0.254
利润总额（亿元）	0.339	0.583	-0.416
地方财政收入	0.956	0.181	0.141
地方财政支出	0.944	0.146	0.26
城乡居民储蓄年底余额	-0.223	-0.077	-0.902
批零贸易业商品销售总额	0.951	0.045	0.132
在岗职工人数	0.900	0.22	0.313
在岗职工工资总额	0.886	0.247	0.252
平均工资	0.398	0.765	0.127
医院、卫生院床位数	0.916	0.129	0.280

由旋转后的因子载荷矩阵可见，公因子 1 在国内生产总值、第二产业增加值、第三产业增加值、地方财政收支、批零贸易业商品销售总额、当年实际利用外资等指标上负荷值都在 0.7 以上，载荷明显。根据其代表的经济含义，公因子 1 定义为总量因子。将各城市在公因子上的得分与相应的贡献率综合计算，得出各个城市的综合得分情况（见表 1-7）。

表 1-7　　河南省城市经济综合实力评价结果

城市	综合得分	城市	综合得分	城市	综合得分
郑州	339.78	新乡	-9.77	南阳	3.49
开封	-38.92	焦作	-19.46	商丘	-27.27
洛阳	71.13	濮阳	-33.72	信阳	-35.65
平顶山	-2.73	许昌	-37.49	周口	-53.30
安阳	-16.62	漯河	-5.45	驻马店	-40.86
鹤壁	-40.19	三门峡	-52.97		

由此可以看出，河南城市经济发展差异显著，标准偏差为 92.30，郑州市的经济中心地位十分突出，首位度达 4.78，说明城市发展很不均衡。公因子提取的结果说明当前决定河南城市整体经济实力的主要因素仍体现为总量因子，贡献率

为 92. 302%。

运用相同的分析方法，我们选取各县市 2012 年的 GDP、全社会固定资产投资总额、财政收入、财政支出、金融机构存款余额、金融机构贷款余额、社会消费品零售总额、在职职工平均工资、人均 GDP 共 14 项指标建立指标体系，对河南省县（市）的经济发展状况进行主成分分析。结果显示该体系 KMO 值为 0. 825，提取出来的三公因子累积贡献率达 79. 309%，比较适合做主成分分析。分析结果见表 1-8。

表 1-8　　河南省县域经济综合实力评价结果

县市	综合得分	县市	综合得分	县市	综合得分
巩义市	187. 72	新野县	3. 97	平舆县	-33. 43
新郑市	172. 04	尉氏县	3. 28	商水县	-33. 48
新密市	168. 82	温　县	0. 85	郏　县	-33. 67
中牟县	134. 68	鹿邑县	-0. 84	商城县	-33. 76
荥阳市	133. 31	博爱县	-1. 39	泌阳县	-34. 21
登封市	129. 62	孟津县	-5. 22	鲁山县	-34. 94
禹州市	118. 08	舞钢市	-5. 89	遂平县	-35. 24
林州市	108. 09	项城市	-5. 98	通许县	-36. 63
永城市	106. 80	潢川县	-6. 71	汤阴县	-37. 02
偃师市	104. 69	宜阳县	-6. 89	浚　县	-37. 52
灵宝市	102. 31	临颍县	-6. 95	南召县	-37. 55
长葛市	81. 26	陕　县	-7. 11	汝阳县	-38. 38
新安县	67. 98	沈丘县	-11. 21	卫辉市	-38. 85
安阳县	67. 95	淇　县	-12. 45	扶沟县	-39. 96
汝州市	63. 85	方城县	-18. 53	西华县	-40. 58
辉县市	62. 12	叶　县	-18. 55	柘城县	-40. 86
沁阳市	57. 82	上蔡县	-19. 84	清丰县	-41. 78
伊川县	56. 50	郸城县	-20. 62	新蔡县	-41. 95
义马市	41. 23	虞城县	-20. 81	汝南县	-46. 14
邓州市	35. 64	淮阳县	-21. 89	睢　县	-46. 60
长垣县	29. 35	夏邑县	-22. 23	确山县	-47. 15
孟州市	28. 42	兰考县	-22. 60	新　县	-47. 20
渑池县	24. 28	息　县	-22. 73	淮滨县	-47. 55
固始县	23. 39	修武县	-22. 79	正阳县	-48. 83
新乡县	19. 32	太康县	-24. 33	舞阳县	-49. 44

表1-8(续)

县市	综合得分	县市	综合得分	县市	综合得分
襄城县	19.28	嵩　县	-24.48	延津县	-52.17
许昌县	19.22	光山县	-24.81	社旗县	-52.18
武陟县	18.00	杞　县	-25.20	范　县	-52.21
宝丰县	16.85	内乡县	-26.27	南乐县	-53.55
西峡县	14.13	滑　县	-27.06	卢氏县	-54.28
镇平县	9.07	罗山县	-27.36	内黄县	-56.22
栾川县	8.63	西平县	-29.04	原阳县	-57.82
淅川县	7.98	洛宁县	-30.22	获嘉县	-60.53
濮阳县	6.02	民权县	-30.57	宁陵县	-66.16
唐河县	5.55	桐柏县	-31.32	封丘县	-66.77
鄢陵县	4.68	开封县	-32.92	台前县	-73.37

由表1-8可以看出，河南省县域经济发展差异很显著，层次性很强，标准偏差为56.08。得分最高的巩义市与得分最低的台前县绝对差值达261.09。运用聚类分析方法将各城市综合得分标准化后作为变量进行聚类分析，对河南省地级市经济进行类型划分，结果见表1-9。

表1-9　　河南省地级城市经济水平层次分析

经济水平层次	主成分分析得分	经济水平评价	城市范围
第一层次	>-10	较发达地区	郑州、洛阳、南阳、平顶山、漯河、新乡
第二层次	<-10	初等发达地区	安阳、焦作、商丘、濮阳、信阳、许昌、开封、鹤壁、驻马店、三门峡、周口

17个地级市经济划分为两个经济发展层次。由此可见，河南省城市经济发展水平的差异有明显的南北地域分异（见图1-4）。

2. 陆桥通道合作背景下的河南经济空间类型及优化对策

造成区域经济发展差异的原因是多方面的，尤其与区域条件有着密切的关系，如自然资源的地区分布不平衡、自然条件差异及其影响程度不同、交通信息条件和科技教育水平差异、投资政策的区域倾斜等。多方面因素共同作用导致了河南经济发展的空间差异。河南北部经济发展水平高，城市较为集中，呈现出较明显的带状空间分异：经济较为发达的城市和县的分布与交通干线有着较为密切的相关性；经济较发达城市如郑州、洛阳、平顶山等，其位置大致在陇海线、京广、宁西沿线两侧；经济欠发达经济板块在较发达城市周边区域环绕，构成河南经济的空间结构特征。河南经济欠发达板块多远离主要交通干线，交通基础设施建设滞后是其经济发

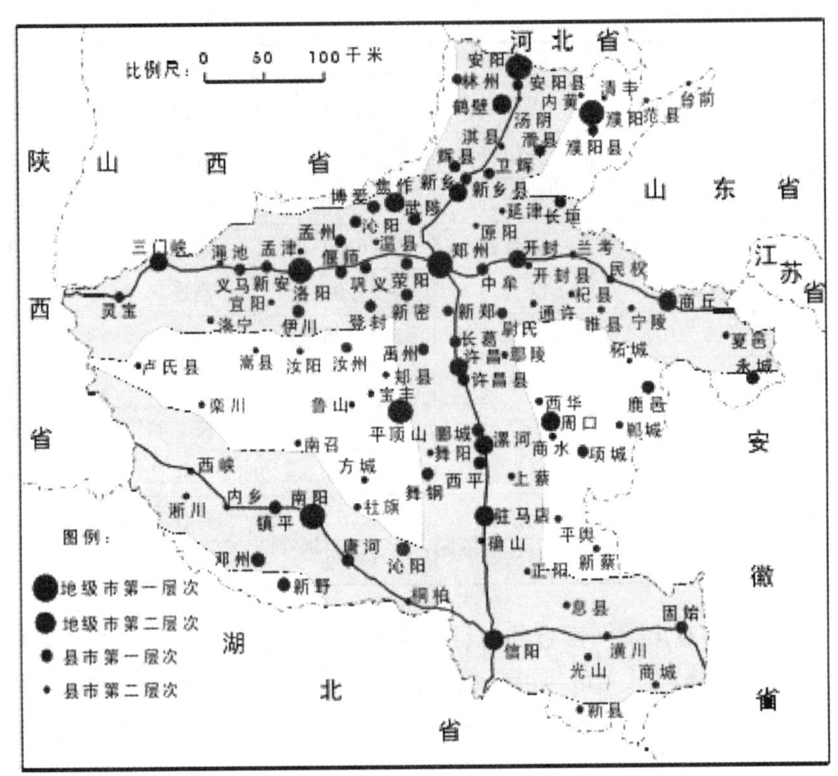

图 1-4 河南省经济空间结构示意图

展的主要瓶颈。陆桥通道由宁西铁路与京沪铁路沪宁段相接而成，是横贯中国东、中、西部经济并对国民经济有举足轻重影响的交通通道。加快陆桥通道开发，有利于泛长三角经济发展和带动中、西部经济发展。宁西铁路提速改建必将对河南欠发达的西南部、南部经济发展产生重要推动作用，对河南经济空间结构产生深远影响。促进河南经济空间优化的基本对策如下：

一是提升空间经济效益。正视空间差异，是优化空间结构和提升空间经济效益的重要条件。任何重视发展效率的区域经济板块都面临区域经济发展差异问题。区域经济板块发展处于一个“均衡态—非均衡态—更高均衡态”的空间演化过程。河南是一个发展中的内陆省份，地域发展差异明显。在空间差异条件约束下，从长远发展需要出发，河南经济创新发展应以遵循“效率优先、兼顾公平，空间经济效益提升”的原则，在促进空间结构优化的同时追求空间经济效益提升。提升空间经济效益要强化与泛长三角的经济联系。应积极利用西部大开发带来的发展机遇，抓住宁西铁路提速改造的发展契机，充分发挥承东启西的区位优势，利用南北双陆桥的优越交通条件，密切与泛长三角的横向联合，积极吸纳长三角的产业转移以增强发展能力；创造条件积极参与泛长三角的产业内分工，争取让更多的企业成为跨国公司和大企业的“价值链接”企业，为河南产业升级奠定泛长三角区域合作基础。

二是创新“点-轴”开发模式。在优化河南经济空间结构的过程中，以城市为中心进行空间开发，城市发展与产业布局相结合，优化河南经济的空间布局。“点-轴”模式是适用于欠发达区域的有效经济空间组织形态。已形成由大中小城市相结合的城镇体系，城市周围的工业和人口集中达到了一定水平，是河南经济空间开发的重要依托。河南省的大中城市少，小城市多，辐射力弱。除郑州、洛阳等较大城市外，许昌、漯河、新乡、焦作、三门峡、鹤壁等中小城市的经济实力相对较弱，对城市周围区域经济发展的带动和辐射作用有限。要确定河南经济空间开发的重点，对中小城市特别是处于主要交通干线的城市进行重点开发，给予优惠政策扶助其发展。综合考虑河南省城市的区位优越度、交通便捷度、经济发达度以及综合实力与辐射能力，可选择发展陇海、京广、宁西铁路沿线为城市带，以郑州、洛阳、安阳、平顶山、商丘、漯河、南阳、信阳 8 个城市为一级开发点（城市），以巩义、新密、灵宝、新郑、禹州、荥阳、偃师、长葛、登封、临颍、安阳、郾城、镇平、辉县、固始、许昌、新乡、中牟、唐河、西峡、潢川、新安 22 个县（市）城关镇为二级开发点（中心镇）。通过对这些城镇的重点开发，带动河南经济创新发展。河南经济的区域增长极已具备一定的发展基础，产业效益开始显现，但对区域综合实力的贡献率还偏低。从中长期来看，要把区域增长极产业发展的优势整合起来，培育企业集团，带动产业体系整体发展；要发挥河南经济极核区的产业集聚、辐射和带动作用，发挥河南经济创新发展的“极核动力”的带动作用。

主要参考文献：

[1] 鲍伶俐. 资本逻辑与经济空间生成与扩张 [J]. 上海交通大学学报：哲学社会科学版，2010 (4).

[2] 金相郁. 中国区域划分的层次聚类分析 [J]. 城市规划汇刊，2004 (2).

[3] 柳卸林. 技术创新经济学 [M]. 北京：中国经济出版社，1993.

[4] 张岩余. 区域创新体系与区域发展论 [D]. 天津：南开大学，2001.

[5] 朱勇. 新增长理论 [M]. 北京：商务印书馆，1999.

[6] 盛昭瀚，蒋德鹏. 演化经济学 [M]. 上海：上海三联书店，2002.

[7] 王铮，邓悦. 理论经济地理学 [M]. 北京：科学出版社，2002.

[8] 王缉慈. 创新的空间：企业集群与区域发展 [M]. 北京：北京大学出版社，2001.

[9] 冯之浚. 国家创新系统的理论与政策 [M]. 北京：经济科学出版社，1999.

[10] 罗杰斯. 创新的扩散 [M]. 辛欣，译. 北京：中央编译出版社，2002.

[11] 刘钦普. 数理统计方法在河南地市经济发展水平和分区研究中的应用 [J]. 数理统计与管理，2002 (3).

[12] 杨延哲，等. 河南省区域经济竞争力现状及未来需注意的几个问题 [J].

地域研究与开发，2001（12）.

［13］吴殿廷，朱青. 区域定量划分方法的初步研究［J］. 北京师范大学学报：自然科学版，2003（6）.

［14］蒙少东. 区域经济协调发展研究［D］. 天津：天津大学，2004.

［15］朱舜. 行政区域经济结构与增长［M］. 北京：经济科学出版社，2002.

［16］肖金成，高国力. 中国空间结构调整新思路［M］. 北京：经济科学出版社，2008.

［17］张文尝，金凤君，樊杰. 交通经济带［M］. 北京：科学出版社，2002.

［18］张务栋. 交通运输布局概论［M］. 上海：华东师范大学出版社，1993.

［19］朱传耿，沈山，仇方道. 区域经济学［M］. 北京：中国社会科学出版社，2001.

［20］周克瑜. 走向市场经济——中国行政区与经济区的关系及其整合［M］. 上海：复旦大学出版社，1999.

［21］王德忠. 企业扩张——理论研究与应用分析［D］. 上海：华东师范大学，1997.

［22］郝寿义，安虎森，等. 区域经济学［M］. 北京：经济科学出版社，1999.

［23］崔功豪，魏清泉，陈崇兴，等. 区域分析与规划［M］. 北京：高等教育出版社，2000.

［24］苏东水，等. 产业经济学［M］. 北京：高等教育出版社，2000.

［25］沈立人. 地方政府的经济职能和经济行为［M］. 上海：上海远东出版社，1998.

［26］李廉水，等. 都市圈发展——理论演化·国际经验·中国特色［M］. 北京：科学出版社，2006.

［27］刘君德，靳润成，周克瑜，等. 中国政区地理［M］. 北京：科学出版社，1999.

［28］魏家雨，钟婷，等. 美国区域经济研究［M］. 上海：上海科学技术文献出版社，2011.

［29］谢富纪. 中国都市圈创新体系［M］. 上海：格致出版社，上海人民出版社，2009.

［30］朱翔，等. 长株潭城市群发展模式研究［M］. 长沙：湖南教育出版社，2009.

［31］肖金成，袁朱，等. 中国十大城市群［M］. 北京：经济科学出版社，2009.

［32］王伟. 中国三大城市群经济空间宏观形态特征比较［J］. 城市规划学刊，2009（1）.

［33］陈秀山，张可云. 区域经济理论［M］. 北京：商务印书馆，2003.

［34］聂华林，王成勇，等. 区域经济学通论［M］. 北京：中国社会科学出版

社，2006.

[35] 孙红玲，刘长庚. 论中国经济区的横向划分 [J]. 中国工业经济，2005 (10).

[36] 孙红玲. 中国横向区域经济协调发展 [M]. 北京：经济科学出版社，2007.

[37] 孙红玲. 区域经济发展新思路：由"三大部"到"三大块"的划分 [J]. 经济学动态，2005 (3).

[38] 戴宾. 城市群及其相关概念辨析 [J]. 财经科学，2004 (6).

[39] 杨先卫. 基于场理论的经济空间分析探讨 [J]. 经济地理，2006 (1).

[40] 方创琳，等. 区域规划与空间管制论 [M]. 北京：商务印书馆，2007.

[41] 陈秀山，等. 中国区域经济问题研究 [M]. 北京：商务印书馆，2005.

[42] 王红霞. 城市群的发展与区域合作：城市与区域合作发展研究热点综述 [J]. 上海经济研究，2006 (12).

[43] 王磊，张建清. 集群、创新与发展——国外区域经济发展理论及流派述评 [J]. 国外社会科学，2010 (4).

[44] 郁鸿胜. 制度合作是长三角区域一体化的核心 [J]. 中国城市经济，2010 (2).

[45] 王维平，赵玉华. 开放经济下五个层次的区域经济合作关系延伸圈及其构建对策 [J]. 青海社会科学，2006 (6).

[46] 魏后凯，白玫. 当前经济区域学重大理论前沿问题 [N]. 中国社会科学院院报，2005-12-27.

[47] 胡军，刘少波，冯邦彦. CEPA 与"泛珠三角"发展战略 [M]. 北京：经济科学出版社，2005.

[48] 张可云. 区域大战与区域经济关系 [M]. 北京：民主与建设出版社，2001.

[49] 董昭礼，等. 中国省会经济圈蓝皮书 (2009)：泛长三角背景下的省会经济圈 [M]. 北京：社会科学文献出版社，2009.

[50] 张子云，于武，杨柏. 横向布局中国——泛流域经济带崛起思考 [M]. 上海：上海人民出版社，2007.

[51] 王家庭. 区域产业的空间集聚研究 [M]. 北京：经济科学出版社，2013.

[52] 陈建华. 信息化、产业发展与城市空间响应 [M]. 北京：社会科学文献出版社，2010.

[53] 罗浩. 区域经济平衡发展与不平衡发展的动态演变 [J]. 地理与地理信息科学，2006 (3).

[54] Friedman J. Regional Development Planning：a reader. cambridge，Mass. M. Press，1964.

[55] Stutz F P. The World Economy resources，Location，Trade，and Development (Third edition) [M]. New York：Prentice Hall，1998：317-319.

第二章

区域合作与区域创新：理论演进视角

“泛”经济区域往往与“大”“广”联系在一起，主要是为进一步扩大区域经济技术的广域分工与合作而建立的。

……

与此同时，周边的省市在长期经济发展过程中也形成了一定的基础，在外向型经济不断扩张的同时，不断地向长江三角洲城市群靠拢，加强了内在的联系，长江三角洲城市群已经成为整个华东地区和长江经济带包括巴蜀城市群在内的长江上游经济区的核心经济区。

方创琳等

——《区域规划与空间管治论》，商务印书馆，2007年版。

长三角是我国重要的增长极，对区域外的辐射与带动功能逐步增强，其他地区尤其是相邻地区应该主动承接长三角地区的产业转移，积极融入长三角市场，进一步促进本地区的体制创新、经济发展……从其他地区尤其是长三角相邻地区自身发展的要求看，积极推进与长三角地区的区域合作，从而导致长三角的合作机制向区域外扩展，也就成为必然趋势。

程必定

——《泛长三角区域合作机制及政府管理创新》，安徽大学学报（哲学社会科学版），2009年第5期。

一般、抽象地研究空间问题的空间经济学，为特殊、具体地研究空间问题的区域经济学提供了区域分析的微观经济学分析框架，即将区域经济学中不同研究方法有机结合起来，如离心力与向心力、一般均衡假设与个体相关选择等方法（王淑莉，2006）。区域经济学所具有的应用性实证研究优势，为空间经济理论拓展提供了分析条件。区域创新理论通过创新经济学、新区域发展理论、内生增长理论、演化经济学及国家创新系统理论等理论和实践的展开而得到发展。

第一节　区域经济创新发展理论：空间经济学与区域经济学融合视角

以保罗·克鲁格曼为代表的一批经济学家倡导空间研究向主流经济学回归，由此空间经济学得以形成和发展。“空间经济学从形成之初，就与同样关注空间问题的区域经济学产生了错综复杂的关系。”①部分学者将区域经济学、区域科学、空间经济学、地理经济学等视为同一门学科。艾德加·胡佛在《区域经济学导论》中认为，区域经济学即“空间经济学”。马丁和森利（Martin and Sunley，1996）对克鲁格曼等研究成果的评论性综述：认识论的偏好和微观经济学分析工具在克氏理论中起到很强的残余作用，“最好被视为空间分析和区域科学传统的继续”，“可以称之为新区域科学”（A. J. 斯科特，2005）。新经济地理（空间经济学）是现代区域经济学的起点（Marino，D. and Trapasso，R.，2009）。“引入垄断竞争的一般均衡模型及对城市等级体系形成动力的研究，取得的结论超越了当初我写《区位与空间经济学》时所设想达到的目标。”“对区位和空间经济一般理论的演化是完美的，为其进一步发展做出了巨大贡献。”（Isard，W.，1999）然而，迄今为止，空间经济学和区域经济学究竟可否视为相同，学界的看法并不完全一致。正确认识这两个学科之间的关系，找准各自的学科定位，是促进两个学科更好发展的前提。对于空间经济学与区域经济学之间的学科定位，既不能完全等同，也不能截然对立。两者都从对相同经济现象的关注，即经济活动空间分布的不均衡这一基本问题出发，而在研究对象、研究框架及学科落脚点等方面又各具独特的属性。

一、空间经济学与区域经济学：创新发展理论基础

空间经济学以抽象空间作为研究的基本对象，以经济主体在均质空间中经济行为的空间集聚形成为主线，分析集聚与扩散机制的形成，探讨城市的产生机制及贸

① 高丽娜，蒋伏心. 空间经济学与区域经济学的分异与融合［J］. 南京师范大学学报：社会科学版，2010（6）.

易的发生机理。区域经济学以具体的空间为研究对象，所有的经济现象都会在这一特定的空间发挥作用。区域经济学研究在各种经济现象的交互作用下，区域经济作为一个相对独立整体的一般发展规律。抽象空间侧重于无界性、均质性，是“区域”概念的高度抽象。

1. 抽象空间与具体区域的性质

空间经济学分析经济空间差异的形成时，将引致区域经济发展差异的各显性因素被忽略，而着重考虑在显性因素对称存在的前提下，内生的经济力如何发挥资源或经济要素、经济活动空间配置作用的过程及结果，强调经济系统的内生性特征。如在空间经济学的基本模型中，假设两个区域在资源禀赋、技术水平及消费市场规模等方面条件相同，来分析推动集聚形成的内生力量。在此分析基础上，研究显性因素对空间经济演化的影响。如在演化城市体系的空间经济的藤田模型中，一个区位的有利方面（各种显性要素）普遍起着催化作用；一个新中心出现时，它会位于那里，而不是周围其他地区。但是一旦新的中心已经建立，它将通过自我强化过程来成长，因而发展到一定程度时，最初的区位优势与自我获得的集聚优势相比将变得不重要。自然地理以一种不确定的方式起着如此重要的作用，就是因为空间经济的自组织特征（P. 克鲁格曼，2005）。这反映出空间经济学研究侧重于内生推动力量的探寻，以对经济发展问题进行合理的解释。具体区域则强调有界性、异质性。区域经济学是在大量具体区域问题出现的推动下发展起来的。因此，在其发展中一直纠结于对具体区域、具体问题的分析，这也是其学科价值的集中体现。从区域经济学的发展历程来看，对具体区域的研究一直存在以下关系的争议：①经济区域与行政区域的关系。理论研究上强调经济区域，在实证研究中受到数据的可用性的约束，往往采取一种非常务实的方法，区域被用于指代像省、市等那样的行政区域或政治管辖区。②区域经济与国民经济运行的关系。区域与国家一个最基本的差别是，区域经济通常比所在的国民经济开放得多（Harvey Armstrong and Jim Taylor，2000）。例如，在一个国民经济中，区域间的贸易是没有关税和其他障碍的，并且同一国家内所有的区域都使用同一种货币，区域间劳动力与资本的流动性比国家间的更强。区域间存在着相当高程度的经济相互依赖性，这在区域经济分析中起到特别重要的作用（Armstrong，H. and Taylor，J.，2007）。可以看出，区域经济学中的区域更侧重于具有一定范围的、异质的实体空间概念，同时强调区域的结构性、层次性和系统性。对抽象空间和具体区域性质的不同理解，直接产生了空间经济学与区域经济学对空间问题研究对象的差异。如从描述、模拟和预测经济空间及其演变上看，空间经济学家采用计算机模拟的方法，解释核心模型中长期均衡的决定因素，从而对空间问题动态演化进行预测，深入了解模型中某些重要因素是如何随重要参数的改变而改变的；而区域经济学所强调的是区域的异质性，即不同区域经济发展条件和发展特点的差异性，在描述当今世界上的区域经济时，距离、区域、国家之间和全球范围内相互交织的因素是被分析的主要对象。区域经济学无论是描述还是预测区域经济的发展，都会落实到特定的空间，具体区域问题具体分析，强调与现实情况的结合，采用一种综合的观点，试图理解区位和经济个体之间，经济、政治和文化过程之间的相互依赖性。

2. 空间经济学与区域经济学研究对象的异质性

由于空间经济学与区域经济学研究对象存在异质性，两者在研究框架、分析方法和目的等方面必然产生差异。

（1）市场结构差异形成研究框架的根本分异。空间经济学与区域经济学最基本的差异体现在研究框架上，这也成为决定这两个学科能否融入主流经济学的重要原因。空间经济学在垄断竞争结构基础上探寻空间经济自组织机制，空间经济学着力于解释“在何处生产”的问题。其关键的研究内容是经济要素、经济活动的空间配置，以求说明以下问题：为什么在部分区域要素、经济活动高度集聚？为何在即使资源条件相似的区域之间，也存在明显的经济发展差异？有些经济繁荣区域为何会衰落？区域之间兴盛的更迭机制如何？总体上来说，空间经济学以个体如企业、个人等通过考虑运输成本进行空间选择，以实现其最优化为目标（企业实现利润最大化、消费者实现效用最大化），从“报酬递增和运费之间相互作用如何会产生独特的生产地理结构”（P. 克鲁格曼，2005）这一问题开始阐述。空间经济学在D-S垄断竞争模型基础上引入“冰山成本”，构建了整个学科最为基础的C-P模型，进而对产业集聚、要素流动、城市体系和国际贸易等进行了深入分析，努力解释被区域经济学“先验”存在的城市形成机制。克鲁格曼认为空间经济学的目标“就是设计出一个模型构建的方法。在一般均衡条件下，它应该能够使我们同时讨论使经济活动集中的向心力和使它分散的离心力。事实上，它应该能够使我们描述一个经济体的地理结构是如何被这些力量彼此的消长所塑造的，它还应该从更基本和微观的决策方面解释这些力量”（P. 克鲁格曼，2005）。这一论述概括了空间经济学的核心研究目标。C-P模型构成了空间经济学分析问题的基本框架，通过这一模型可以基本了解空间经济学的框架结构——基本规则、基本概念等，从更微观的角度展示了向心趋势是如何出现的，集聚产生与工厂层次的报酬递增、运输费用、要素流动的相互作用。报酬递增促使单个生产者集中他们的生产活动；运费因素使其愿意布局于较大的市场周围；要素流动意味着生产者迁往一地后会使相关的市场规模增大，从而使得该地更具吸引力（P. 克鲁格曼，2005）。在研究中考虑生产的垂直结构，即上下游生产者都受报酬递增和运费的影响，使资源的集聚发展为特定产业的地理集中，形成产业层次上的报酬递增，进而使空间经济系统不断演化。

区域经济学在完全竞争的基本框架下阐释区域经济发展动力。区域经济学一直不被承认是经济学主流的主要原因：一是完全竞争方法要求均质世界，主体间完全相同；二是经济系统作为一整体，致力于达到稳定均衡，并尽可能长期维持这一均衡状态（Marino，D. and Trapasso，R.，2009）。这与区域经济发展的特点是不相符的。为保护完全竞争框架的完美，许多区域经济学者越过公司这一层级的规模经济问题，而在其静态模型中使用“中心城市”这一概念来考虑空间问题，这突出地表现在克里斯塔勒及廖施等学者的研究成果中，但同时他们又没有对城市的存在及发展给出很好的解释（Marino，D. and Trapasso，R.，2009）。更有代表性的是克鲁格曼的观点，他认为“艾萨德并没有对理论进行深入的研究，相反，他开创了一个折中的应用领域：区域科学。区域科学不是一个统一的学科。最准确地讲，它是一个工具收藏箱，其中一些工具非常原始，而另一些则相当先进，可以帮助人们解决实际中出现的涉及空间的问题”（P. 克鲁格曼，2000）。有部分学者将区域经济学称为“杂交”学科。因此，理论研究框架的缺陷，严重限制了区域经济学科的发展。

总体上来说，区域经济学侧重于分析在客观要素分布不均衡的前提下，区域经济发展差异的形成机理，进而探讨缩小区域经济发展差异的问题，这也是区域经济学形成的最初动力所在。因此，区域经济学关注的核心问题理应是区域经济发展问题，再明确地说，区域经济增长理论应是构成其研究框架的基础。回顾 20 世纪 50 年代至 90 年代区域经济研究的进展（Theodore Lane，1993），“区域经济的理论基础在过去的 20 多年里没有变化；在主流经济思想中的地位（角色）越来越边缘化”。同时他认为“没有区域经济增长理论，区域经济学与一般经济学没有差别”，“对于区域经济增长过程的实证基础、理论分析的发展是区域经济学复兴的有益努力”。“在西方经济学理论中，虽说任何解释国民经济增长的理论对解释区域经济的增长都有一定的意义，但是其作用很有限。因为解释区域经济增长，必须考虑到经济活动的空间关系。因此，一般增长理论在解释区域经济增长与区域经济差距方面有局限性。要分析区域经济的增长现象，必须分析要素在空间中的变化。”（Lane，T.，1993）简单地说，区域经济增长是区域收益递增的过程，用 M-A 外部性理论来解释，在有些时候难以取得令人信服的结论。从整体上来说，M-A 外部性是经济增长中递增收益的基本源泉。但问题是，若技术限制于区域范围内的生产者群中，那么这些生产者将通过地方技术租金形式定价，以实现垄断创新的所有收益。而为获得这些知识或技术，地理上接近就是必要的。同时，工资和利润将上升，有利于区域经济增长。但这样的一个结果将是租金长期“锁定”在特定的“幸运者”手中，而不会带来全经济整体水平上的收益递增。经济史学家的研究表明，区域经济发展是一个交替过程，繁荣区有可能成为萧条区，而落后区域有可能成为发达区域。正的循环累积效应的发挥依赖于两个基石：集聚经济及成功的持续学习或领导地位效应的再生（Storper，M.，2009）。因此，在这些问题的解释上，区域经济学需要建立自己有效的分析框架，只有这样才能形成独具特色的研究体系，找到在经济学理论体系中的准确定位。

（2）对收益递增来源的不同理解。空间经济学与区域经济学都强调收益递增，但在收益递增来源的解释上差异明显。如对空间集聚的研究，区域经济学大部分倾向于马歇尔式产业区的思想，即相互联系密切的小企业集聚在一起得益于相互的空间临近。这一观点主要源于其外部性思想，以此肯定那些存在于单一公司外部而在于一特定区域内部的经济性，是以一种所谓的“产业空间”为特征的。根据这一定义，个人与公司区位选择的基础是劳动力市场、专业化投入的地方化生产和信息溢出。由于这几方面要素的存在，使得公司或个人集中一些特定区位“有利可图”，而“利”的来源就是马歇尔外部性，并由此带来区域经济增长，而忽略了单个企业规模大小的影响，只通过这种方法维持企业层面完全竞争的市场结构。另外，这种研究方法不考察单个厂商或消费者，如在对城市的研究中，城市的出现仅被认为是合理的，而没有对消费者和生产者的内在行为、决策及其相互作用加以解释（S. 布雷克曼，H. 盖瑞森，C. 范. 马勒惠克，2004）。在区域经济学研究的多种模型中，大多是不完全的均衡，在注意某些方面的同时又忽略了另一些方面。而空间经济学首先强调以企业为基础的规模报酬递增，延至产业链及至整个区域的经济增长；认为基于企业间利用生产技术进行的垄断竞争，使这些技术能够充分发挥规模经济效应；并认为集聚的发生是为了充分利用工人、消费者群的集聚，而不是马歇尔理论中所说的为了彼此的接近。

（3）对效率与协调追求的侧重点不同。空间经济学从基础理论上始终紧扣提高空间配置效率这一根本目标，追求资源的空间最优配置。从经济要素、经济活动的空间集聚入手，解释“是什么”“为什么”，并提供了一套最基本的认识现实经济的方法论，效率问题是其立论的核心。虽然其理论提出由集聚到扩散的动态过程，也能缩小区域之间经济发展的差距，但发展这一目标能否依赖经济发展进程自然而然地实现，则始终被许多经济学家所质疑。他们认为，当贸易成本较高时，规模经济能为较大市场主体带来优势，而损害较小经济体。另外，当规模经济发挥积极作用时，进入的时间、次序选择也十分重要，先行动者可以有效弥补集聚和专业化上的差距，而后进入者则要承受恶化的贸易条件。新兴产业因对当地资源和创造力条件要求较高，一般也不会向欠发达区域扩散。因此，扩散或转移的不充分将很难在经济系统内自动实现均衡发展（Storper，M.，2009）。从区域经济学的形成背景可知，这门学科是适应解决日益突出的区域经济问题的需要而产生的，这些区域问题主要包括落后地区的经济开发、衰退地区的经济振兴、拥挤大城市的消肿和乡村区域的工业化等。因此，区域经济发展问题是区域经济学研究的最核心和最本质的问题。区域经济学从区域经济发展空间差异出发，研究其发展规律、形成机制，其目标很明确：缩小区际发展差距，实现区域经济协调发展。所以，区域经济学研究的落脚点必然又回到实际问题的解决中，最终归结为区域政策的制定，着力于解决区域问题和协调区域利益矛盾，其特征表现为强调积极的政府干预，与一系列区域开发法规、规划相联系，以追求社会公正。如通过政府的有效干预，引导经济要素、生产活动的空间移动；通过产业规划，对一些特殊区域如资源型区域或老工业基地实行政策倾斜，实现其区域经济的持续发展；通过区域性的财政政策实现转移支付，在一定程度上缓解经济发展的区域失衡问题。

二、区域创新理论的空间经济学与区域经济学融合视角

空间经济学侧重于解释世界，而区域经济学更侧重于改造世界。两者在研究的问题上有所交叉，在研究的方法上可以互相借鉴。作为经济学的一个分支学科，空间经济学的形成与发展就是将空间融入经济学的一个缓慢的过程，与经济地理学、区域经济学有着内在的联系。杜能（Thnen，1826）、韦伯（Weber，1909）是早期的探索者，为后续学者的研究提供了有益的启发。

1. 理论渊源的相通性奠定融合的基础

李嘉图的经济学在空间理论的历史上形成了一个消极的分水岭。通过将环境差异弱化为土地生产力的差异，李嘉图有效地将对空间的考虑从他的分析体系中剔除了（Ekelund and Heber，1999）。其他学者如亨特林、库普曼斯、斯塔雷特也进行了相关研究，但自阿朗索（Alonso，1964）以来大多数关于城市和区域的经济学研究，都是基于空间效用水平不变的假设，将世界描述成一种空间平衡，其中的所有个体都居住在他们喜欢的区位，人们的福利水平在空间上是一致的（E. L. 格莱，2005）。可替换的理论必须是一个关于空间竞争的一般理论。“由于在空间关系中总是会出现垄断性因素，那么，一个定义宽泛的垄断竞争的一般理论就可以视为等同于区位和空间经济的一般理论。”（S. 布雷克曼，H. 盖瑞森，C. 范. 马勒惠克，2004）虽然以艾萨德为代表的一批区域科学家进行了大胆、有益的尝试，但由于缺乏有效的分析工具，仍未能成功地将对空间的研究融入经济学主流中，以至于把空间作为一个重要主题来研究的经济学教科书是很罕见的（藤田昌久，雅克-弗朗科斯·蒂斯，2005）。直到克鲁格曼等提出建立在垄断竞争和规模报酬递增基础上，并以此为分析框架的空间经济理论，才完成了将空间经济学纳入主流经济学中的历史使命。从空间经济学的许多重要结论的形成来看，都充分利用了区域经济学的研究传统，并将其很好地统一起来。如克鲁格曼总结了空间经济学的五大传统（德国几何学、社会物理学、积累因果关系、当地外部性、地租和土地利用）（P. 克鲁格曼，2000），他认为“与廖施和克里斯塔勒的中心地理论有共同的基础”（Krugman，P. R.，1991）。以 D-S 分析框架为基础，考虑规模报酬递增与交通成本，把区域经济学中许多重要而相互独立存在的思想有机地结合起来，如为经常使用的概念“市场潜力”等提供严密证明，形成了本地市场效应等核心观点。藤田昌久也认为其与人合作完成的《空间经济学》中提出的空间经济的垄断竞争模型“或多或少是艾萨德提供的三个基本的观点”（Fujita，M.，1999）。由此可以看出，

空间经济学与区域经济学具有共同的理论渊源，两个学科在很多方面可以融合，共同发展。

2. 学科研究比较优势的互补性引导融合方向

空间经济理论的不断发展，可使区域经济学的内容不断得到充实。区域经济学可以充分利用空间经济学的理论成果，对现实区域经济现象和问题进行更深刻、透彻的解释，进而指导形成区域经济发展的有效政策。同时，空间经济理论也为解决区域经济问题提供更充分的微观经济学基础，如即使像向心力与离心力、一般均衡分析等为区域经济学家所熟知的理论，也是在空间经济理论出现后，采用一个有条理的分析框架才将这些原理统一起来（Schmutzler，A.，1999）。如在区域经济发展差异问题的解释上，区域经济学侧重于区域条件尤其是客观条件的分析，包括自然、经济、社会等一系列因素，看似综合了各类相关因素，但在解释力上明显很“苍白”。空间经济学则高度抽象出一种内在经济动力的作用机制，追溯经济空间集聚内生化的形成过程，也从侧面论证了区域发展差异形成的深层原因，对区域经济学相关研究的深化具有很好的“滋养”功效。自克鲁格曼等人构建起核心模型以来，空间经济学已有了较快的发展，同时在不少方面也有待于不断改进和完善。其中有一个重要领域也是其薄弱领域，就是要在能用于描述标准事实或有助于重新解释老问题方面，增加现实因素，把模型应用到实际问题的分析中去，而空间经济学在实证研究方面仍面临诸多挑战。例如，随着数据可获取性的增强，迫切需要发展空间分析工具，进行更多的实证研究，深入和定量地分析空间经济所讨论的诸多问题，如资本外部性的联系强度、服务业区位等。空间经济学揭示了集聚源自于直接的技术外溢、较大的劳动力市场、对供应商和较大产品市场的接近等，但这些收益还未能通过实证工作定量化。即使在已经进行了相关实证研究的领域（如贸易、投资及技术转移随距离迅速衰减问题），对其在不同发展阶段区域中的特征、变化强度等实证分析也相对较弱（Henderson，J. V.，Shaliz，I. Z. and Venables，A. J.，2001）。而区域经济学在长期发展过程中，坚持从实证分析出发，已形成了一套适应实际应用的研究方法体系。其对具体空间问题的关注和处理方法，包括区域经济影响条件、区域产业选择与优势分析、区域产业结构与空间结构、区际经济关系、区域政策与规划等，对空间经济学研究的进一步拓展具有借鉴意义。如区域经济学对区域经济条件（区情）的分析，使空间变得“有血有肉”，这种紧密结合现实的特点是其比较优势所在。只有紧密结合实践、在实践中应用并被实践所检验的理论，才具有存在和进一步发展的意义。同时，区域经济学长期研究的观察与洞见，将有助于促进空间经济学研究的进一步拓展。如在区域经济学研究得出的结论中，哪些能用空间经济理论进行更好的解释，哪些与空间经济理论不一致，哪些仍没有充分的理论基础等等，对这些方面研究的深入，必将推动空间经济学学科的发展。

空间经济学在区域经济学与主流经济学之间搭建起了沟通的桥梁，将两者有机地结合起来。空间经济学与区域经济学的学科差异明显，根源在于区域经济学微观基础的缺失，仅是将经济学其他学科的发展成果收纳进来，而这些学科又往往缺失空间因素的研究。因此，空间经济学的发展夯实了区域经济学理论的基础。两门学科研究具有很强的互补性，互相借鉴和充分发挥各自在理论性与应用性方面的比较优势，将促进两门学科的共同发展。

第二节　区域合作与区域创新发展理论演进

区域合作是区域经济创新发展的重要条件。区域合作是实现区域经济一体化的必要前提，区域经济创新发展是区域合作的必然要求。区域合作和区域经济创新发展受到学界广泛关注，推动着有重要影响的区域经济理论的演进。

一、区域不平衡和区域合作

区域合作是区域经济一体化的内在要求，区域经济一体化是区域合作的必然趋势。“中国各省区参与区域经济一体化进程中，省区作为国家主权内的区域，不存在国家权利的让渡。在这样的条件下，如何推进跨国和跨地区间的区域经济一体化，这是一个全新的，也是十分紧迫的研究课题，具有重要的理论价值和现实意义。”“真正意义上的经济一体化主要是在区域层面形成。因为，处于同一区域内的国家主体，由于地域相邻，生产要素的自由流动便捷；人文空间相似，文化习俗容易沟通；经济空间相近，专业化分工容易形成，使得区域经济一体化的发展更加迅速”，“在主权国家内的地区层面上，推进经济一体化的初期，更多地表现为经济区域合作”。①区域合作是现代区域经济创新发展的普遍形式。

1. 创新活动推移理论

梯度推移理论是在工业生产生命循环阶段理论的基础上产生的。工业生产生命循环阶段理论的首创者美国哈佛大学的弗农认为，各工业部门甚至各种工业产品都处在不同的生命循环阶段上。和生物一样，工业部门在发展过程中必须经历创新、发展、成熟、衰老四个阶段。英国经济地理学家埃斯塔尔根据美国从 1947 年到 1967 年 20 年间各产业部门职工人数的增长率、工业增加值的增长率与工业部门在国家产业结构中的比重的升降状况，对各个工业部门进行评分，从而判断各个产业部门所处的发展阶段。工业生产生命循环阶段理论被引入区域经济学，产生了区域经济梯度推移理论。

---

① 芮明杰. 区域合作通论——理论·战略·行动［M］. 上海：复旦大学出版社，2005：1.

区域经济的盛衰主要取决于区域主导产业部门在工业生命循环中所处的阶段。区域经济的盛衰主要取决于它的产业结构的优劣，而产业结构的优劣又取决于区域产业部门特别是主导产业部门在工业生命循环中所处的阶段。如果区域的主导产业部门是由处于成熟阶段后期或衰老阶段的衰退产业部门所组成，则区域经济必然会呈现出增长缓慢、失业率上升、人均收入下降等现象。这种区域就属于低梯度区域。如果区域的主导产业部门主要是由处于创新阶段的产业部门所组成，则说明它的经济发展实力雄厚，且在今后一个时期内可以保持良好的发展势头。显然，这类区域属于高梯度区域。

区域经济的发展与创新活动推移密切相关。一般来说，包括新产业部门、新产品、新技术、新的生产管理与组织方法等创新活动大都发源于高梯度地区。随着时间的推移和工业生命循环阶段的变化，创新活动会按顺序逐步由高梯度区域向低梯度区域转移。因此，从一定意义上说，区域经济的发展是由创新活动推移决定的。梯度转移主要是通过多层次城市系统扩展形成的。创新在空间上的扩展主要有局部范围的扩展与大范围的扩展两种形式。局部范围的扩展是创新活动由发源地大致按距离远近向经济联系比较密切的近邻城市推移。所以，当社会上对新产品的需求增大，创新已经没有能力单独把生产发展到能够充分满足需要时，临近的城市就会把这种产品的生产接过去。大范围的扩展则是创新活动由发源地按区域城市系统的等级顺序蛙跳式扩展。创新活动的这种推移去向不是距离远近而是接受新事物的能力的差距，而梯度正是这种差距的反映。处在第二梯度上的城市有能力很快接受并消化发源于第一梯度的创新产业部门的创新产品。从这种意义上说，区域经济的发展就是创新活动推移的结果。

2. 区域合作理论

区域合作是经济增长的必然要求。在市场经济中，区域经济发展需要整合更多的经济要素和市场。在中国国民经济的区域经济板块中，无论是经济区域经济板块，还是行政区域经济板块，都具有内在的区域合作的系统和条件。

（1）区域合作系统。区域合作的实质是区域经济合作。区域合作是通过区域合作系统完成的。一般来说，区域合作系统具有的特点：一是区域合作主体之间没有较为规范的约束条款和章程，也没有明确规定区域合作主体对外的行为限制；即使在区域合作系统内，合作主体之间也有一些共同遵守的合作条款，但约束力不强。二是区域合作系统主体的合作目标一般是为了一定阶段的任务而确定的，因而在区域主体之间没有“正规”的组织（机构）；区域合作的趋势是区域经济一体化，没有区域合作就没有区域经济一体化，但区域合作仅是区域经济一体化的基础。三是区域主体的互补利益是区域合作的根本动力，没有互补利益的区域合作是不长久的；区域合作是区域主体之间配置经济资源的手段，“按照生产要素动态价值量由区域空间结构决定理论：不同的经济区域空间，由于地域空间、经济空间、人文空间不同，生产要素聚集形式、需求比例不同，这就使同一经济时期，处于同一地域内，具有不同经济区域空间结构特征区域内的生产要素，具有不同的使用价值量；处于不同地域内，具有相同经济区域空间结构特征区域内的生产要素，具有相同的使用价值量”,①因而各区域主体有自己的独立经济利益，区域合作系统内的互补利益则是区域合作的内在规律。

区域合作系统具有外部性。区域合作系统的外部性主要是指区域主体（或某企业）的生产经营活动对其他相关联区域的区域主体（某企业）收益的影响。区域合作系统的外部性包含正的外部性和负的外部性。在区域合作系统中，经济要素的流动较容易，大量流动的经济要素被增长极“极化”，形成产业集聚或集聚经济。“集聚经济包括企业规模经济、产业规模扩大以及地方规模的形成。这就与规模经济、范围经济和外部经济相关。规模经济是区域系统主要的外部性特征，它是生产要素在一定的范围内，大规模流动聚集和有效配置所获得的好处。随着范围边界的不同和构成生产力要素的不同，规模经济可以划分为工厂规模经济、产品规模经济、行业规模经济、区域规模经济等。区域规模经济的产生主要来源于实物价值链的整合和虚拟价值链的共享两大部分。当两种产品一起生产（联合生产）比单独生产便宜时，就会产生范围经济，对区域主体来说，两个区域主体合作时的产出，大于两个区域主体单独产出之和，实现了 1+1>2，就实现了范围经济。”② 这是从区域合作系统的正的外部性视角来说的。区域合作系统的负的外部性有害于区域合作。

（2）区域合作的经济条件。区域合作的形成和发展是由诸多条件决定的。不同的区域经济类型、种类及板块在区域合作发展上的条件是有差异的。一般来说，区域合作的经济条件主要有地理相邻、产业结构差异、市场开放、资源互补、经济利益共赢等（朱舜、高丽娜，2008）。

地理相邻。区域合作是以地理相邻为条件的。一般来说，从地域空间的角度看，区域经济板块之间的有效合作，必须是在地理邻近、交通方便、运输成本低的条件下进行的。地理相邻，文化习俗具有相通性，思想观念和风俗习惯容易相通，经济信息的交流成本较低，就容易在经济发展方面进行合作。地理相邻也容易实现交通基础设施的配套共享，从而为区域经济一体化发展提供基础条件。

产业结构相异。产业结构相同容易造成恶性竞争，也是影响区域经济合作和一体化发展的不利因素。不同的异质区域经济板块有自己的比较优势，具有不同比较优势的区域经济板块会按比较优势进行分工从而获得比较利益。但是，地理相邻的区域经济板块在资源禀赋方面也相近，难以形成产业互补。这就需要产业的错位发展。实际上，不同的区域经济板块在发展模式和制度路径方面是有差异的，这就使

---

① 陈泽民. 区域合作通论——理论·战略·行动［M］. 上海：复旦大学出版社，2005：50.

② 陈泽民. 区域合作通论——理论·战略·行动［M］. 上海：复旦大学出版社，2005：59-60.

它们在产业发展的优先秩序上有区别，从而形成产业结构的差异和区域经济一体化发展的产业互补需求。因此，产业结构相异是区域合作和一体化发展的重要条件。

资源互补和利益共享。区域经济板块的资源有自然资源和经济资源不同类型。由于地理和历史等原因，拥有丰富自然资源的区域经济板块，除有丰富的劳动力外，一般较缺乏经济资源，因而发展速度较慢；拥有丰富经济资源的区域经济板块，除有区位优势外，一般较缺乏自然资源，但其发展速度较快。区域经济板块的这种自然资源和经济资源差异，成为资源互补的内在经济联系，为区域合作和一体化发展提供了内在需求。这也是区域合作和一体化发展的重要条件。

市场开放。区域经济合作发展的一个重要条件就是遵循市场经济规律，让市场成为配置资源的基础方式。在市场经济体制下，区域经济板块之间进行的经济交往活动必须遵循市场机制的要求，才能保证自然资源和经济资源顺畅流动。从这种意义上说，政府即使具有调控经济运行的职能，也要坚持市场开放。如果做不到这一点，企业生产的产品和经济要素就不能在区域内和区域之间自由流动，劳动者也不能自由就业，区域合作和一体化发展就是不可能的。因此，市场经济体制和市场经济规律，尤其是区域经济板块之间的市场开放，对于区域合作和一体化发展尤为重要。

政府推动。在市场经济中，政府既是市场主体又是市场运行的调控者。从市场经济主体看，政府的经济行为受到其市场运行调控职能的影响，与企业的经济行为有差异。从市场运行调控职能看，政府调控市场运行的公正性是第一位的。“政府之所以要影响资源的使用，是因为在决定资源利用方面起主要作用的价格机制会产生并不总能被社会所接受的结果。”①政府希望微观经济、中观经济和宏观经济的总体效益最大化，但是，不同的区域经济板块，不同发展阶段的区域经济板块，不同种类的行政区域经济板块，不同类别的经济区域板块，都有各自发展的局部利益，从而存在发展矛盾。因此，由政府来推动区域合作和一体化发展就具有十分重要的意义。

二、增长极体系与城镇化格局

随着城镇化水平的逐步提高，尤其是城市化水平超过50%之后，国土空间结构将进入大都市区时代，它的发展前景主要取决于系统内部的组织化程度（陆大道，2003）。城镇化呈现人口聚集“镇化”和“市化”共同驱动特征：城镇人口继续向东部沿海地区集中的趋势在短期内不会改变，城市群是今后城镇人口聚集的主要区域，规模越大的城市，人口扩张速度越快，大城市数量仍显不足，需实施有针对性的城市化推进战略（张车伟、蔡翼飞，2013）。

---

① 郭岚．中国区域差异与区域经济协调发展研究［M］．成都：四川出版集团巴蜀书社，2008：245.

1. 中国增长极体系

区域经济增长极是主导推进型产业的空间集聚体，是一个创新能力强、增长率高、能够促进周围区域经济增长的中心区位——增长中心。由于地理空间是非均衡的，具有优势的区域随着产业聚集形成增长极。增长极对其周围区域产生支配效应，成为区域的核心，通过扩散效应带动整个区域经济的发展。增长极理论的不足导致在实践过程中难以达到预期目标：一是没有指出集聚效应与扩散效应发挥作用的前提条件。集聚效应与扩散效应要正常发挥作用，必须有较为完善的市场经济体制；区域间产业需要差异化发展；区域市场要实现一体化，不能人为设置壁垒；应具备较为完善的基础设施。经济落后地区的这四项前提条件往往难以具备，难以产生集聚效应。二是忽略了扩散效应与区域增长极的量级之间的联系。增长极的量级决定了其扩散效应的强弱，即增长极集聚能力越强、规模越大，其对周围区域的带动能力越强。增长极受到历史因素和行政区划的限制，其聚集空间有限，因而决定了其扩散力量和范围也是有限的。

增长极群就是在某一区域内存在相当数量的不同性质、类型或经济动能的增长极，借助于区域交通、信息网络的通达性构建增长极之间的密切联系，以完整的增长极“集合体”的形式向周边区域辐射，进而带动区域经济发展。增长极群最重要的内涵就是群内增长极之间紧密的产业联系与一体化发展，各极点在相同或相近产业链上展开分工合作或在不同产业链上进行错位发展，对资源进行协同利用，从而扩展集聚效应和扩散效应的空间尺度，带动整个区域的发展。增长极群与城市群两者都以城市为核心，都强调群内城市之间紧密的分工与协作。两者之间的区别在于：一是增长极群主要着眼于区域内各增长极（点）的经济动能和极点之间的联系，实质上是城市经济增长量级、速度与功能分工，没有城镇密集和城市化水平这种反映城市群发达程度的数量概念；城市群主要着眼于整个区域，着眼于构建系统的集合体，以一个或几个大城市为区域经济的核心，城市之间、城镇之间相互作用，形成城市化水平较高、城镇密度较大的区域。二是增长极群侧重于城市之间的水平联系，城市群则不仅反映同级城市之间的水平联系，也反映城市与城镇、乡村之间的纵向联系。三是增长极群包括区域内经济高速增长的增长极点，城市群既包括经济高速增长的中心城市，又包括经济增长缓慢的周边地区（潘中艺，2012）。

城市或城镇是不同等级的区域经济增长极（点）。不同等级、不同规模的区域经济增长极构成一个区域经济增长极系统。对于省域经济来说，区域经济增长极系统一般由一级（省域经济）增长极、二级（市域经济）增长极、三级（县域经济）增长极子系统构成。一级经济增长极一般是一个省区的特大城市或大城市。一个省域可能只有一个省域经济增长极，也可能有 2~3 个省域经济增长极。经济较发达的区域可再分出乡镇经济增长点。增长极是一个由不同级别、不同层次的区域经济增长极系统所构成的体系，增长极的级别越高，其数目越少；增长极的级别越低，其数目就越多（张文、王声跃、肖海珍，2003）。改革开放以后，中国首先在沿海地区采用增长极的发展模式，以此通过极的开发来带动区域经济的发展（朱丽萌，2013）。

作为现代先进生产力载体的区域增长极，不论是点状的中心城市、产业集群区，还是线状的交通经济带、面状的城市圈和城市密集区，它们彼此之间既存在着地域分工和类型分化的特殊化发展趋势，也有着使其连成一体的内在经济社会联系。在相当于省和省以上的大区域范围，随着生产社会化程度的提高，各级各类增长极一般都具有在分化、分工的基础上形成多层次和网络型结构的系统特征。“各类增长极总是联结成多极化的系统而发挥作用，这已成为现代社会化大生产中区域聚集经济的一种新的特征。”① 中国新型工业化时期应当把各级各类增长极整合、培育、建设成整体结构合理、聚集功能和辐射带动功能良好的增长极体系，包括建设多级中心城市、建设主次交通经济带、建设增长极网络等；增长极体系的布局以长江三角洲、珠江三角洲、环渤海地区、东北地区、武汉地区五大增长极，以及沿海、沿江、沿京广线、沿陇海线、沿包兰成昆线五大轴带，构成的覆盖全国的大网络框架展开（安江林，2004）。

2. 中国城镇化格局

在经济一体化和城镇化快速推进的背景下，构建多层级的国家增长极体系是未来中国经济持续增长的重要动力基础。国家增长极体系，就是通过实行多中心网络开发战略，逐步在全国范围内，培育一批支撑经济高速增长的新增长极、增长区、增长带和增长轴，初步构筑三级国家增长极体系（世界级增长极、国家级增长极、区域级增长极），由此推动形成全国经济一体化和区域协调发展的新格局。通过国家增长极体系的概念界定和基本框架设计，架构中国城镇化的基本空间格局。在三级国家增长极体系的基础上，进一步从四大地带（东部、中部、西部和东北）分别提出差异化的城镇化空间格局选择（王业强、武占云，2013）。中国传统的国土空间开发战略日益成为阻碍全国经济一体化和区域协调发展的重要制约因素。“国土开发和经济布局应摈弃过去的点轴开发模式，实行多中心网络状空间开发战略，构建国家增长极体系。”②

在市场经济条件下，经济空间的发展演变有可能是有秩序地进一步优化，也有可能是无序发展的过程。规范经济空间组织的目的就是引导人类经济活动在空间安排上秩序化，期望通过合理的经济空间组织促进经济社会快速、健康和可持续发展。优化国土空间开发格局的基本思路是：集约发展，高效利用国土空间；集中发展，重视集聚经济效应和规模经济效应；集群发展，促进产业集群和城市集群的形

① 安江林. 统筹区域发展的重要战略方式——建设增长极体系［J］. 开发研究，2004（5）.

② 王业强，武占云. 国家增长极体系与城镇化格局构想［J］. 开放导报，2013（12）.

成；人口与GDP相匹配，产业集中和人口集中同步；因地制宜，不同地区采取不同的发展模式（肖金成、欧阳慧、黄征学，2012）。

中国城镇发展总体方针调整为：引导发展城市群，严格控制超大和特大城市，合理发展大城市，鼓励发展中等城市，积极发展小城市和小城镇，形成城市群与大、中、小城市及小城镇协调发展的城镇化发展新格局。把城市群继续作为推进中国城镇化积极稳妥发展的主体空间形态，把小城镇作为中国推进城乡统筹发展、农民市民化的主要阵地和提升城镇化发展质量的重要手段。未来中国城市数量适度增加，将使城市发展格局更趋合理。在城市的地域格局方面，德国形成了均衡式城市空间地域结构，城市规模大小都差不多，没有人口规模过大的城市，因而未诱发过重的"城市病"；法国、英国形成了过大与过小并存的非均衡式城市地域格局，全国人口高度集中在巴黎、伦敦等少数几个超大城市和特大城市，"城市病"问题突出且很严重；美国形成了均衡与非均衡相结合的块状自由式城市地域格局；日本形成了高密度紧凑式城市地域格局，等等。以第六次人口普查中各城市辖区常住人口为基本数据进行计算，未来中国城市群将以全国主体功能区规划为基本依据，以中国科学院提出的中国城市群15+8新格局（中国正在形成的23个城市群中，15个已达标，8个未达标）为基础方案，按照点-轴-面的空间结构模式，形成"5+9+6"的20个城市群空间结构新格局，即重点建设5大国家级城市群，包括长江三角洲城市群、珠江三角洲城市群、京津冀城市群、中三角城市群、成渝城市群。应将长江三角洲城市群建成国家综合竞争力最强的世界级城市群，将珠江三角洲城市群建成亚太地区最具竞争活力的世界级城市群，将京津冀城市群建成国家创新能力最强的世界级超大城市群。到2020年，国家级城市群将占21.3%的建设空间，集中全国38%左右的城镇人口。稳步建设9大区域性城市群，包括辽中南城市群、山东半岛城市群、海峡西岸城市群、哈长城市群、中原城市群、江淮城市群、关中城市群、广西北部湾城市群和天山北坡城市群。这些城市群一般要以1个以上国家中心城市或国家区域中心城市为核心城市。到2020年，区域性城市群将占27.4%的建设空间，集中全国33.2%左右的城镇人口。引导培育6大新的地区性城市群，包括晋中城市群、呼包鄂榆城市群、滇中城市群、黔中城市群、兰白西城市群、宁夏沿黄城市群。这些地区尚处在城市群发育的初级阶段，即都市圈形成发育阶段，未来有望通过努力培育形成规模较小的城市群（方创琳，2013）。

三、创新经济学和区域经济创新理论

创新的空间地域特性研究有其重要的现实意义。国家或区域内的空间和文化邻近性及相互联系，使得创新主体在创新要素的获得、交流中更容易取得创新的成功。区域创新有利于提高资源的利用率、降低消耗、防止生态失衡和环境恶化，促进区域经济可持续发展。

1. 创新经济学的形成

创新思想萌芽于亚当·斯密和卡尔·马克思。斯密和马克思都对科学研究、技术创新与市场之间的关系作过论述，“他们的理论体系中都包含着以下思想：经济活动主体对附加利益的自动追求→分工深化→组织或技术发展→劳动生产力增进→资本积累上升→分工再度深化，分工不断深化的过程是市场范围不断扩大和深化、技术不断进步的过程，进而是生产力不断增长的过程”①。

（1）创新思想的萌芽和理论先导。创新理论的先驱者雷（John Rae）对熊彼特的经济发展概念及创新分析产生了重要影响。雷认为经济进步不是由于个体对自身利益追求的结果，而是人的“社会直觉”的功劳，直觉推动积累、推进“发明的理性精神”；技术进步及知识增长对资本的需求和供给会产生根本性的影响，与资本积累相比，发明更能提高资本内在的收益率、增加现有资本财产（Capital Goods）的价值，对经济的作用更大。在经济发展过程中，创新行为是动态化的，连续的资本积累要求有连续的创新行为，即开辟新市场和提高利润率的新渠道。创新研究的另一位先驱是制度经济学的奠基者凡勃伦（T. Veblen）。他认为技术变迁的速度和方向受到现存制度框架的影响，而制度框架是在思维的习惯方式及决策者的利益中表现出来的，技术通过改变物质条件，改变个人生活及思想的方式、模式和习惯而产生制度后果。制度演化是一种累积因果的过程，并面临很多不确定性。创新的关键是看决策者的制度性目标是否与新技术的引进相容，创新既可能来自国内发明，也可能来自其他国家的技术引进。技术创新是有目标的，主要是为利益集团的利益服务。凡勃伦对创新的论述没有体系，其将商业或金钱经济与实业经济相分离，有时也被表述为思想和行为的制度方式与技术方式的分离；集中考察新技术对制度安排的影响，考察既定社会惯例和既定利益阻碍这种变迁的方式。

（2）熊彼特与创新经济学的形成。熊彼特（Joseph Alois Schumpeter）于1912年在《经济发展理论》一书中提出创新理论，又于20世纪30~40年代相继在《经济周期》和《资本主义、社会主义及民主》两书中发展了该理论，形成了以创新理论为基础的独特理论体系。熊彼特对创新的研究为经济学家探讨创新提供了思想源泉和动力。熊彼特创新经济理论的主要内容是：

（1）创新是一个非均衡的过程。传统的静态均衡和完全竞争等分析对于发展的讨论是不适合的。经济的主要现象是发展而不是均衡，发展特征表现为动态的不均衡，其根源是创新。经济体系分为两种类型：经济是循环流转的，即经济是生活惯例化的表现，没有发展，没有创新；经济发展是经济体系内部自行发生的，是流转渠道中自发和间断的变化，是对均衡的干扰，它永远在改变和代替以前存在的均衡状态。在没有创新的情况下，经济只能处于一种所谓“循环流转”的均衡状态，

① 丁焕峰. 区域创新理论的形成与发展［J］. 科技管理研究，2007（9）.

经济增长只是数量的变化，不能创造出具有质的飞跃的“经济发展”。在创新推动下，经济具有周期性波动的性质。

（2）经济发展与创新同等重要。发展“可以定义为执行新的组合”，包含五种情况：采用一种新的产品，即消费者还不熟悉的产品或产品的一种新特性；采用一种新的生产方法，即在有关制造部门中未通过经验鉴定的方法，这种新方法不需要建立在科学的新发现基础上，且可以存在以商业处理产品的新方式中；开辟一个新的市场，即有关国家某一制造部门不曾进入的市场，不管这个市场以前是否存在过；掠取或控制原材料或半制成品的一种新的供应来源，即不问这种来源是已经存在还是第一次创造出来的；实现任何一种工业的新组织，比如造成一种垄断地位或打破一种垄断地位。创新是一个经济概念，而不是一个技术概念，它严格区分于科学技术上的发明，是把现成的技术革新引入经济组织，形成新的生产能力。

（3）创新推动经济周期波动。创新引起模仿，模仿打破垄断，刺激大规模投资，引起经济繁荣；当创新扩展到相当多的企业之后，盈利机会趋于消失，经济开始衰退。资本主义经济处于繁荣、衰退、萧条和复苏四个阶段构成的周期性过程中。创新不是连续和平稳的，而是时高时低、时密时疏；创新不是单一的，而是多种多样、千差万别的，因而对经济的影响也就有大有小，经济周期波动幅度也有长短之分，从而使资本主义运行表现出多层次的经济周期。一旦企业家的创新职能日趋衰弱、投资机会日渐消失时，资本主义就不能存活下去。

（4）企业家精神推动创新和发展。经济发展的主体是创新的主体，是实现新组合的企业，而实现新组合的人是企业家。企业家的创新职能除了体现在追逐超额经济利润外，还体现在企业家精神上。企业家精神是经济发展的最主要动力。企业家精神的主要含义有：企业家的首创精神；企业家的“成功欲”；企业家甘冒风险、以苦为乐的精神；企业家的精明理智和敏捷；企业家的事业心。企业家必须是自始至终实施创新的人：只有真正实现新组合时才有企业家；一旦同常人一样地经营，就失去企业家资格。很少有人在其一生中总是一个企业家，企业家的职能不能被继承。企业家精神是经济发展的最主要的动力，是创新的精髓。

（5）创新需要一定的经济条件和社会环境。只有完成从循环流转进入社会制度形态的转变，创新才可能出现；实现这一转变的突破口在于观念的更新。信贷对创新而言是首要的，因为正是它使创新进入循环流转。熊彼特对创新过程或创新实现途径的认识经历了两个阶段：在他青年时期，强调企业家对创新的推动作用，认为技术活动是外生的经济变量，被后人称为熊彼特创新模型Ⅰ；晚年的熊彼特转向强调大企业在创新中的巨大作用，认为技术主要来自企业内部的创新部门，技术创新是内生的，这被称为熊彼特创新模型Ⅱ。

2. 创新经济学的发展

创新过程中市场机制和政府管制共同发挥作用。创新的特性主要是不确定性和外部性。不确定性是指创新方向、速度、结果的不确定性，接受者对创新反应的不确定性，创新收益的不确定性，以及创新环境的不确定性；创新活动是一种介于共用产品和完全排他产品之间的产品，有一定的外部性。创新的这两种特性要求市场和政府共同对创新发挥作用。企业家创新行为在经济发展中起着独特而重要的作用。企业家对企业发展战略和企业行为的决定性影响，使得企业家的创新行为在经济发展过程中极为重要。

（1）熊彼特之后的创新研究。区域创新是区域可持续发展的源泉。经济发展过程是一个制度演进、技术变革、社会和文化进步相互作用的发展过程，其实质在于获得机制。新制度经济学、内生增长理论、演化经济学、可持续发展理论、创新经济学表明，经济发展可以从技术、制度、文化及社会等各因素共同作用中去理解，创新理论所关心的根本不是具体的变革因素，而是这些因素起作用的方法，是变革的机制，企业家是变革机制的承担者。

一是技术创新理论。从 20 世纪 50 年代末 60 年代初起，随着一些重大科技项目的成功和科技投资的高效益，以美国为中心，许多学者对技术创新发生了浓厚的兴趣。“技术”概念不仅包括工艺技术，也包括经营、管理和组织技术。索洛（R. Solow）1957 年发表的《技术进步与总量增长函数》用柯布-道格拉斯生产函数的形式，第一次科学地测定了美国经济增长中技术进步的贡献。围绕索洛的实证分析，测算出 1909—1949 年间美国制造业总产出中约有 88%应归功于技术进步，而只有 12%左右来自生产要素投入的增加。乔根森、丹尼斯、库兹列兹等逐渐将技术进步纳入到新古典经济的理论框架，形成新经济增长理论。此外，N. 罗森伯格、R. 纳尔森、C. 弗里曼、G. 多西、K. 帕维特等人坚持熊彼特传统（被称为新熊彼特学派），以创新特别是技术创新为研究核心，探讨技术创新过程的影响因素、市场机制和经济结构对技术创新的影响、技术创新对经济结构的反作用（“创造性的毁灭过程”），用技术创新对经济结构进行动态重构；分析技术创新产生的基础、轨道、创新集群、创新扩散以及创新周期波动，技术创新和企业之间的关系，技术创新与企业竞争优势之间的关系，技术创新方法，技术创新行为与组织管理、技术创新与组织创新的关系，政府在技术创新过程中的作用，市场结构与技术创新的关系，技术创新的动力和来源机制，技术创新与企业发展，技术创新扩散等内容。

二是内生增长理论。新制度经济学家认为制度有两层含义：制度是行为规则，它决定着人们在经济发展过程中能够做什么事；制度是人们和各种经济、社会、政治等组织结成的体制，它决定着经济发展活动和各种经济关系展开的框架。科斯、诺斯、舒尔茨等进行的开创性研究有：制度创新的分析对象和工具；制度的经济功能与作用；制度创新的原因分析；制度创新的主体和途径；制度变迁的性质研究，等等。内生增长理论是新经济增长理论，是将经济增长看成经济系统内部因素共同作用的结果，而不像旧增长理论那样把稳态增长率当成是外部产生的。内生增长理论是产生于 20 世纪 80 年代中期的西方宏观经济理论的分支。P. 罗默的《递增收益与长期增长》（1986）和R. 卢卡斯的《论经济发展机制》（1988）是该理论诞生的标志。内生增长理论是一些持有相同或相近观点的经济学家所提出的。其共同的基本思想主要有：经济可以实现持续均衡增长，经济增长是经济系统中内生因素作用的结果；内生的技术进步是经济增长的决定因素，技术进步是追求利润最大化厂商进行意愿投资的结果；技术、人力资本具有溢出效应，这种溢出效应是实现持续增长所必不可少的条件；国际贸易和知识的国际流动对一国经济增长存在着重要影响；不存在政府干预的情况下，经济均衡增长通常表现为一种社会次优，经济均衡增长率通常低于社会最优增长率；经济政策，如税收政策、贸易政策、产业政策等可能影响经济长期增长，一般情况下政府向研究开发活动提供补贴有助于促进经济增长。该理论采用动态一般均衡分析法来构建其增长模型。

三是创新与创业精神。德鲁克（P. F. Drucker）是较早研究创新的管理学者，他从20世纪50年代中期就开始研究创新与创业精神。德鲁克认为创新主要有两种：技术创新是在自然界中为某种自然物找到新的应用，并赋予其新的经济价值；社会创新是指在经济中创新一种新的管理机构、管理方法或管理手段，从而在资源配置中取得大的经济价值与社会价值。德鲁克从创新实践、创业精神的实践和创业型策略等方面论述达到“创业型社会”所需的条件：创新是企业家展现创业精神的特定工具，是赋予资源一种新能力、使之成为创造财富的活动；企业家利用创新改变现实，作为开创其他不同企业或服务项目的机遇；创新能够成为一门学科，能够被人们学习及实践；企业家需要有目的地搜寻创新的来源和变化，并发现由于变化而出现的成功创新机会的征兆。创新机遇主要来源：出乎意料的情况、不一致、程序需要、产业与市场结构、人口的统计数据、认知的变化及新知识；成功创新必须遵循一定理论；创业型企业与现有企业一样需要有系统、有组织的管理，对企业而言其基本规律都是相同的；企业、公共服务机构和新企业所面临的是不同的挑战和不同的问题，必须警惕不同的衰退倾向；企业家就其作用和应有的奉献而言，还需要做出正确的决策；“以最快的行动和最优良的装备取胜”，“打击对方的弱点”，找到并占据一个“有利位置”，改变产品、市场或产业的经济特性的创业型策略非常重要。

（2）演化理论和创新思想结合。20世纪70年代以来，进化论被引入经济理论中。《进化经济学》（博尔丁，1981）、《经济变迁的进化理论》（Nelson，Winter，1982）的发表，以及《进化经济学》杂志的创刊（1991），标志着进化经济学成为较重要的学术领域之一。报酬递增理论、耗散结构理论等也进入进化经济学的分析框架。具有不同文化特色、社会和政治背景的经济体，其增长和变迁过程是不同的。比较优势在经济发展过程中非常重要，特别是知识、信息和学习能力等非自然资源优势，这可以解释与空间发展过程相关的一些经济劣势；对聚集过程的解释机制，包括外部经济、影响企业本地化战略的联系和网络等，相关劳动力市场、技术或组织创新、聚集经济的形式和内容、产业集群、发展机构等主题都较为重要；伴随经济的均衡发展、累积因果、向心和离心等空间过程，人们更关注非均衡发展过程及其机制。值得关注的是新古典经济几个重要的修订成果，如内生增长理论、不完全信息、规模和生产收益递增、贸易和地区专业化等；从演化的视野来理解包含制度和组织事件的发展过程是传统经济学忽视或边缘化的领域，包括机构之间相互作用、学习、信任建立、网络管理、资本、合作、不同经济轨迹、路径依赖和“锁定”等。

经济地理学很早就开始关注创新研究，如研究技术创新对区域结构变迁的影响、制度创新的区域分析、“剑桥现象”引发的R&D组织区位研究、创新的空间扩散过程、高新产业区的发展与规划等。《创新地理学》（Feldman，1994）中认为，知识的地理集中有利于信息搜寻、增大搜寻强度和任务合作；地理实际上是一个为新产品商业化过程提供所需不同知识的组织；创新是一个由多维空间因子决定的复杂地理过程；以美国各州数据为基础，对创新的空间模式、区域创新能力评估、技术基础设施等方面进行了数量分析；最后从企业和国家两个层面提出创新政策建议。

传统的创新研究主要集中于企业，讨论创新对企业和经济发展的影响，很少涉及地理问题，与空间鲜有联系。把创新研究与地域结合是20世纪90年代之后的事，这种地域首先是国家概念，然后是比国家规模小的区域概念。国家创新系统（National Innovation System，NIS）概念是在研究日本技术政策和经济绩效的基础上，发现日本的产业政策以及政府有关部门在经济创新中的重要作用而提出来的（Freeman，1987）：主权国家内的公共部门和私人部门中各种机构组成的网络，这些机构的活动和相互作用促进了新技术和组织模式的开发、引进、改进和扩散。其后的一些学者从“国家”“创新”“系统”等方面对NIS的含义进行了探讨，出现了NIS的不同学派，如弗里曼、纳尔逊、伦德瓦尔、波特等人的NIS理论。NIS的主要特征是（Edquist，1997）：创新和学习是调查研究的中心过程，核心是R&D、教育和经济组织之间的知识转移；特定NIS子系统的相关研究是必要的，但还应尽可能深入地用系统论的观点来探讨创新的经济学问题；相关研究应包括与路径依赖和发散结果有关的历史过程分析；NIS研究中要强调的是识别差异比分离差异更重要；重视不同组织和机构之间互惠互利和反馈等相互作用；创新是指新的或更好的产品、生产过程和组织模式的开发；诸如规范、习惯、规则、惯例、习俗及进化方式等制度是研究的关键内容。

3. 区域经济创新理论

创新是区域经济发展的不竭动力。20世纪70年代中期以后，“经济增长势头普遍减弱，需求日益差别化，生产开始向新工业国家转移，新产品和生产过程的结构转换和升级换代在全球范围内的竞争日趋激烈。所以，在今天产品、生产技术和生产组织领域的创新能力已成为企业竞争力的关键因素。创新活动的空间分布和区域层面的问题具有了重要意义”①。

（1）创新及创新过程的经济特征。创新不仅发生在企业，也通过企业创新引致和推动区域创新。创新概念最早是由熊彼特提出的。他认为创新是经济生活中出现的新事物，是“新的生产函数的建立”，是“间断出现的实现生产的新组合”。它包括以下五种情况：引进新产品或提供某种产品的新质量；采取新的生产方法；开辟新的市场；发掘原料或半成品的新供给来源；建立新的企业组织形式。一般情况下，部门、社会和区域的结构转变是同创新过程联系在一起的；但在创新过程中，具有相互区别的重要经济特征，即在投入资源的特性上，在推向商业化“时滞”上，在其结果的不确定性上（技术和经济上的不确定性），以及在资源条件上的区别。

（2）区域经济创新差别。创新扩散理论认为，信息传播在创新扩散和吸收过程中起着核心作用。熊彼特提出的增长极理论“认识到了创新形成和扩散的重要因素和作用机制，他们特别强调大的推动型企业以及大的集中区域和部门对推动创新的意义，同时也认识到工业内部联系形成了创新的扩散机制”。近年来国外形成了大量的有关区域创新过程的经验研究成果：创新投入差异，如研发人员和研发支出，创新支出以及其他的创新前提条件（高技能的劳动力，培训和研究机构），在很大程度上集中于中心区域和高等级经济聚集区，因而研究开发支出存在巨大差别；在经济中心的聚集区，产品创新超过平均水平，而老工业区和外围边远地区却明显低于平均水平；生产过程创新的区域差别一般不大，但企业创新过程的方式存在区域差别，例如，在中心区域，企业内部的研究开发起到很大作用，而对于边远区域来说，企业集团的技术转移则至关重要。②

（3）区域环境与创新。创新的产生（产品创新）和创新的吸收（过程创新）对区域环境提出的要求是不同的。对创新的产生来说，影响区域创新的主要因素主要有高技能的劳动力（理工、经济学科的大学和研究机构），有众多潜在的供应商保证重要零部件的供应，有足够的市场和良好的市场进入途径，有经济中心之间人员快速流动的基础设施（与机场的连接，到达高速公路和铁路的距离），有融资渠道等。对创新的吸收来说，影响区域创新的主要因素有：同一产业或相关产业的企业的密集程度，推广和装备这些新技术的企业和企业服务（营销网络和售后服务网络）的现状，是否熟悉公共技术咨询机构和技术转让机构，是否拥有训练有素的技术革新人员。当然，影响区域创新的这些因素是综合发生作用的，有些影响因素也是可以相互发生代替作用的；一些区域比其他区域有较好的有利于创新的因

---

① 陈秀山，张可云. 区域经济理论［M］. 北京：商务印书馆，2005：229.

② 陈秀山，张可云. 区域经济理论［M］. 北京：商务印书馆，2005：238.

素，在其他条件相同的情况下，这些区域就更容易进行创新。[①]

以熊彼特为代表的一批学者开创了创新经济学，从一个不同于主流经济学派的视角，以创新为基础，揭示了现代经济的一般特征及其发展的社会推动力，所形成的理论体系和分析研究方法，对处在不同体制框架和不同发展阶段的不同国家和地区具有重大的影响。

第三节　区际知识溢出不对称、产业区位与内生经济创新发展

区域经济增长实质上是区域收益递增的过程，马歇尔-阿罗（Marshall-Arrow）的外部性理论的解释难以令人信服。“若技术仅限于特定区域生产者群中，那么为获取垄断创新的所有收益，生产者将通过区域技术租形式定价，从而出现创新收益的地理垄断。”[②]而为获得这些知识或技术，空间接近就是必要的。但这样的演化结果将是租金长期“锁定”在特定的“幸运者”手中，而不会产生经济整体水平上的收益递增（Storper，2009）。这与区域经济发展中存在的繁荣与萧条交替的现实不符。

一、区际知识溢出不对称、产业区位

区域经济增长取决于知识、技术创新的能力，而整体经济的增长还取决于知识、技术的空间扩散。对于区域经济来说，知识积累源于两个途径：一是自身知识、技术的创新；二是区际知识溢出。通过知识溢出，降低新知识的创造成本，提高全社会劳动生产率，推动经济增长。有关中国知识溢出与经济增长间关系的实证研究结果，也对上述观点提供了支持（吴玉鸣，2007；宁军明，2008；张玉明、李凯，2011）。因此，从某种程度上来说，经济增长的真正来源是知识溢出。长期经济增长率与知识溢出强度呈正相关关系。创新由本国及国外获取的知识量决定（Eaton and Kortum，1999）。而研发、专利及溢出存量对生产率有十分重要的贡献（Chen and Yang，2005）。对于企业来说，创新成功的可能性取决于企业内部的研发努力以及邻近企业的知识扩散，而邻近企业的知识扩散又依赖于这些企业过去获得的知识积累。因此，区域间知识、技术创新扩散速度的加快和规模的扩大，将实现整体区域经济的可持续增长。知识溢出的空间效应形成创新要素集聚力的区域差异，进而产生不同的经济增长效应。在区域经济发展开放度日益增强的背景下，对

① 路易丝·伯兰斯卡姆，杰姆斯·凯勒．为创新投资——21世纪的创新战略［M］．北京：光明日报出版社，1999．

② 蒋伏心，高丽娜．区际知识溢出不对称、产业区位与内生经济增长［J］．财贸经济，2012（7）．

区外知识资本和人力资本的获取能力和吸收利用能力将成为衡量区域经济创新能力高低的重要因素，而且知识生产与消费的空间外部性会成为推动区域经济整体增长的重要力量。因此，在这些问题的解释上，需要有效的理论分析框架。

1. 知识溢出与经济增长研究文献回顾

知识溢出与经济内生增长的理论研究，大致经历了由空间缺失到引入空间因素的发展历程；知识溢出的空间特征影响区际创新关联的空间模式，进而影响经济增长过程。

知识溢出与经济增长密切相关。内生增长理论将知识积累与溢出纳入内生经济增长分析，认为经济增长依靠资本（主要是知识资本和人力资本）积累来驱动（Lucas，1988；Grossman and Helpman，1991），随着资本积累的增加，溢出效应增强，创造新知识和技术的成本呈下降趋势，因此不存在资本规模收益递减对经济增长的约束（Romer，1986，1990）。知识作为独立因素，不仅形成自身的规模收益递增，而且使其他生产要素投入也产生收益递增。知识的规模收益递增，为新知识的创造提供了资金来源，对新知识的不断投资又使其溢出效应产生循环累积，促进知识积累，与经济增长形成自催化、自循环机制（Romer，1986）。知识溢出降低了科学发现与商业化的成本，企业创新的空间集聚趋势取决于区位必要的要素，要素的积累又取决于该区域过去创新生产的成功经验存量（Feldman，1994，1999，2000）。对德国的激光技术空间扩散过程的研究发现，区域研究开始越早，后来的研究水平就越高，表明知识积累产生于前期的研究（Fritsch and Medrano，2010）。但总体上来说，内生增长理论仍是缺失“空间”特征的增长过程的分析，非真正意义上的对区域经济增长过程的分析。新经济地理理论引入空间因素，分析了创新过程中知识和技术溢出所产生的集聚与区域经济内生增长机制。在垄断竞争市场结构条件下，虽然根据规模收益递增与冰山交易成本理论构建全域溢出模型，并以此分析知识资本存量产生的溢出效应对新知识资本创造成本、知识资本积累过程及长期经济增长率的影响（Martin and Ottaviano，1999），但该模型由于未将知识溢出的空间异质性纳入分析而缺乏全面考虑。区域知识资本存量的溢出效应对新资本形成的影响具有空间差异，存在距离衰减效应，进而会对产业区位以及长期经济增长率产生不同影响，由此可以解释知识溢出促进区域经济内生增长的机制（Baldwin 等，2001）。将“核心-边缘”模型与格罗斯曼-赫尔普曼-罗默（Grossman-Helpman-Romer）内生增长模型相结合，分析以知识创新与传递为基础的区域经济增长（Fujita and Thisse，2001，2003）。打开知识溢出过程的“黑箱”，以知识分子“面对面的交流”为基础，构建了一个动态的知识创新和传递模型（Berliant 等，2007）。由此，空间经济学确立了知识溢出对内生经济增长过程影响的一般理论分析框架。

2. 区际知识溢出的空间特征

区际知识溢出的空间特征直接影响着区域经济内生增长过程。那么知识溢出的空间特征是如何形成的呢？知识溢出并非“免费的礼物”，而是受到创新主体互动过程的约束。创新主体可以在城市和区域间产生创新和溢出，内含于创新主体的知识和技术随创新主体的转移而转移，是区际知识溢出发生的关键机制（Zucker, etc., 1998；Almeida and Kogut, 1999；Florida, 2006）。一方面，创新主体的空间流动具有明显的地方化特征，由于科学家、工程师等多年建立的个人知识传递网络对距离因素十分敏感，任何两个专利之间的引用联系与专利所有人之间存在的个人或社会联系正相关（Singh, 2005），因此，区位和接近性会直接影响区域创新性（Feldman and Audretsch, 1999）。另一方面，新知识扩散对距离十分敏感，有明显的空间集聚倾向，是区域创新集聚发展的根本原因（Acs etc., 2002）。由于大量与不同创新过程相关的新经济知识是难以复制的，知识溢出要求主体间频繁接触与相互作用，因此，知识溢出的成本随距离增加而增加（Gumbau and Maudos, 2009）。对美国及欧洲的实证研究结果表明，知识流动限于相对较小的地理范围内（Almeida and Kogut, 1999），溢出效应的发生具有高度的区位性，仅存在于大约300公里范围内（Peri and Bottazzi, 2003），而且地理上邻近的区域间溢出更加显著（Funke and Niebuhr, 2005）。反馈机制的存在使知识溢出有双向性。区域自身吸收能力对学习外部知识的作用日益引起研究者的重视（Borensztein etc., 1998）。人们考虑了吸收能力对内含于FDI的技术吸收的影响，发现通过FDI实现技术溢出的可能性与人力资本水平密切相关。利用研发支出作为替代变量的分析结果也与此相似（Kinoshita, 2000；Griffith etc., 2004）。也有学者从制度与金融发展视角界定区域吸收能力，分析其在决定技术溢出强度中的作用（Durhan, 2004）。有关中国省际知识溢出对区域经济增长影响的研究表明，知识溢出促进经济增长的效果受到区域人力资本水平和吸收能力的影响（徐盈之等，2010）。企业间研发联盟促进知识溢出的绩效受到企业关系、资本及组织学习能力的影响（薛卫等，2010），而企业关系、资本、组织学习能力等皆是知识吸收能力与水平的体现。因此，将知识溢出的空间异质性引入模型具有重要意义。本书在空间经济学局域溢出模型基础上，引入区际知识溢出不对称条件，围绕以下问题展开分析：①为什么空间接近性与获取外部知识能力对企业发展及其区位选择如此重要？②在知识生产及溢出过程中，空间接近性为什么重要？③区域之间存在的吸收能力差异，对长期经济增长率有何影响？

二、区际知识溢出与内生经济创新发展

要素禀赋及其空间分布，以及农业部门、制造业部门等的基本假设与空间经济

学的多种模型相似：经济系统由两个区域（南部和北部）、两个部门（农业部门 A 和制造业部门 M）、两种要素（资本和劳动力。资本主要指知识资本，将其看成企业的固定投入）组成。

1. 模型的基本假设

劳动力空间分布对称，不存在区间流动；农业部门满足瓦尔拉斯一般均衡条件，使用劳动力生产同质产品，农产品交易无贸易成本。同时，农产品的市场需求足够大，因此均衡时两区域名义工资率相等；制造业部门满足 D-S 框架，垄断竞争、规模收益递增；劳动作为可变成本，边际投入量为 a_M 单位；工业品区内交易无成本，区际交易存在冰山交易成本 τ。假定生产一种差异化的工业产品只使用一单位知识资本作为固定投入，且以 δ 速度折旧。模型中的资本指私人知识资本，假设其在区域间不能自由流动。一单位新知识资本的创造需要 a_I 单位的劳动力，且满足完全竞争和规模收益不变特征。资本生产成本遵循学习曲线，随着资本存量的增加，生产新资本所需成本下降，即前期的资本积累对当前的资本生产存在溢出效应。本书在区际知识溢出的相关假设条件上进行了一定拓展，新知识资本的生产成本受到经济系统资本存量空间分布的影响，将空间因素引入分析。本区域资本存量的溢出效应对区内影响是完全的，而其他区域知识资本存量对本区的溢出效应随距离增大而减小。同时，在距离一定的情况下，由于区域吸收能力差异的存在，产生区际知识溢出的不对称，即北部向南部的知识溢出与南部向北部的知识溢出不同。区际知识溢出仅限于公共知识，假设 λ、λ^* 分别为北部、南部区域知识溢出系数。λ、$\lambda^* \in [0, 1]$，反映公共知识在空间溢出方面的难易程度：λ、λ^* 越大，知识的区际传播相对越容易、区际知识溢出衰减相对越少，新资本生产成本就越低；反之新资本生产成本就越高。当 $\lambda = \lambda^* = 1$ 时，公共知识资本完全自由溢出；当 $\lambda = \lambda^* = 0$ 时，公共知识资本区际无溢出。资本生产成本假设如下：

$$F = w_H a_I, \quad a_I = 1/(K^w A), \quad A = s_K + \lambda(1 - s_K)$$

$$F^* = w_H{}^* a_I{}^*, \quad a_I{}^* = 1/(K^w A^*), \quad A^* = 1 - s_K + \lambda^* \tag{1}$$

上式中，w_H、$w_H{}^*$ 为北部、南部区域工资，K^w 为知识资金总量。

由于私人知识资本专门用于新产品的生产和新企业的创建，所以私人知识资本的数量等于企业数量，也就是说 $s_n = s_K$、$s_n^* = s_K^*$，其中 s_K 和 s_K^* 分别表示北部和南部私人知识资本所占份额。

2. 区际知识溢出不对称下的内生经济增长

根据 D-S 框架，可以很容易得出消费者与生产者均衡条件。①

① 关于消费者与生产者最优选择的具体推导过程参见安虎森等编著的《新经济地理学原理》（第二版）第 96~100 页。

（1）消费者与生产者行为。

消费者对产品的需求要满足预算约束下的效用最大化目标。

$$U = C_M^{\mu} C_A^{1-\mu}\ ,\ C_M = \left[\int_{i=0}^{n+n^*} c_i^{\rho} di\right]^{1/\rho} = \left[\int_{i=0}^{n+n^*} c_i^{(\sigma-1)/\sigma} di\right]^{\sigma/(\sigma-1)},\ 0 < \mu,\ \rho < 1,\ \sigma > 1 \quad (2)$$

$$p_A C_A + \int_0^{n+n^*} p_i c_i di = Y \quad (3)$$

上式中，C_M 和 C_A 分别表示消费者对差异化工业品组合的消费和农产品的消费，n 和 n^* 分别表示北部和南部的产品种类数量，μ 表示支出在工业品上的支付份额，c_i 为消费者对第 i 种工业品的消费量。ρ 反映消费者的多样性偏好强度，ρ 越接近 1，消费者的多样性偏好强度越弱；ρ 越接近 0，消费者的多样化偏好强度越强。ρ 和 CES 效用函数中消费者的替代弹性 σ 有如下关系：$\rho = (\sigma - 1)/\sigma$。消费者对第 i 种工业品的消费决策，即：

$$p_i = \lambda C_M^{1-\rho} c_i^{\rho-1} \quad (4)$$

同理，我们可以求出消费者对第 j 种工业品的消费决策，即：

$$p_j = \lambda C_M^{1-\rho} c_j^{\rho-1} \quad (5)$$

定义工业品价格指数 P_M，则：

$$P_M = \left[\int_0^{n+n^*} p_i^{\rho/(\rho-1)} di\right]^{(\rho-1)/\rho} = \left[\int_0^{n+n^*} p_i^{1-\sigma} di\right]^{1/(1-\sigma)} \quad (6)$$

可以推出消费者对农产品和工业品的需求函数。

$$C_A = (1 - \mu) Y/p_A,\ c_i = \mu Y(p_i^{-\sigma}/P_M^{1-\sigma}) \quad (7)$$

面对不变弹性为 σ 的需求曲线，代表性企业的行为类似于垄断企业的行为。企业最优的定价策略是根据边际成本加成的定价法则。在 D-S 垄断竞争框架下，工业品的生产具有规模报酬递增的特征。以需求函数为约束条件，求解利润最大化问题得到产品价格：

$$p = wa_M/(1 - 1/\sigma) \quad (8)$$

（2）短期均衡。

对农业部门的分析与空间经济学其他模型相似，这里不再讨论，我们重点讨论工业部门。短期均衡是分析在知识资本空间分布给定的情况下，市场规模的空间分布模式。为此，首先要分析企业收益的空间分布模式。设北部代表性企业的产出量为 x，出厂价为 p，在短期均衡中，市场商品完全出清，企业实现利润最大化，每个企业的营业收入来自于本区域和外区域，即：

$$px = pc + p^* c^* \quad (9)$$

上式中，c 和 c^* 分别为北部企业在北部市场和南部市场的销售量。由于存在区间运输成本，所以当北部企业的产品在南部的销售量为 c^* 时，实际供给量应为 τc^*。企业的总产出量应等于南北两个区域的销售量，即 $x = c + \tau c^*$。由式（7）

得到企业总收益为：

$$R = \mu E \frac{p^{1-\sigma}}{\Delta n^{w}} + \mu E^{*} \frac{(\tau p)^{1-\sigma}}{\Delta^{*} n^{w}}$$

$$= \frac{w^{1-\sigma}\mu E}{nw^{1-\sigma} + \varphi n^{*}(w^{*})^{1-\sigma}} + \frac{\varphi w^{1-\sigma}\mu E^{*}}{\varphi w^{1-\sigma} + n^{*}(w^{*})^{1-\sigma}}$$

上式中，令$\varphi = \tau^{1-\sigma}$表示贸易自由度，$\varphi \in [0, 1]$。用企业空间分布形式来表示，则：

$$R=\mu w^{1-\sigma}\frac{E^{w}}{n^{w}}\left[\frac{s_E}{s_n w^{1-\sigma}+\varphi(1-s_n)(w^{*})^{1-\sigma}}+\frac{\varphi(1-s_E)}{\varphi s_n w^{1-\sigma}+(1-s_n)(w^{*})^{1-\sigma}}\right] \quad (10)$$

上式中，s_n为北部区域企业数量占总企业数量的份额，且$s_n \equiv n/n^{w}$；s_E为北部区域支出占总支出的份额，且$s_E \equiv E/E^{w}$。

定义：

$$\Delta = s_n w^{1-\sigma} + \varphi(1-s_n)(w^{*})^{1-\sigma}, \ \Delta^{*} = \varphi s_n w^{1-\sigma} + (1-s_n)(w^{*})^{1-\sigma}$$

$$B = \frac{s_E}{\Delta} + \varphi\frac{1-s_E}{\Delta^{*}}, \ B^{*} = \varphi\frac{s_E}{\Delta} + \frac{1-s_E}{\Delta^{*}}$$

则：

$$R = \mu w^{1-\sigma}\frac{E^{w}}{n^{w}}B, \ R^{*} = \mu(w^{*})^{1-\sigma}\frac{E^{w}}{n^{w}}B^{*} \quad (11)$$

进行标准化后（$p_A = p_A^{*} = w_L = w_L^{*} = 1, \ a_M = \frac{\sigma - 1}{\sigma}$则$p = 1. \ p^{*} = \tau$），求得资本收益率的表达式为：

$$\pi = bB\frac{E^{w}}{K^{w}}, \ \pi^{*} = bB^{*}\frac{E^{w}}{K^{w}}, \ b = \frac{\mu}{\sigma} \quad (12)$$

市场规模：世界的总市场规模等于世界的要素总收入减去新资本生产成本。

$$E^{w} = L^{w} + bE^{w} - (g + \delta)k^{w}a_1^{w}$$

因此，

$$E^{w} = \frac{l^{w} - (g+\delta)\left(\frac{s_k}{A} + \frac{1-s_k}{A^{*}}\right)}{1-b} \quad (13)$$

同理，北部区域市场规模为北部要素收入之和再减去资本生产成本，因此其相对份额为：

$$s_E = \frac{\frac{\left(s_L L^{w} - \frac{(g+\delta)s_k}{A}\right)(1-b)}{L^{w} - (g+\delta)\left(\frac{s_k}{A} + \frac{1-s_k}{A^{*}}\right)} + \frac{s_k b\varphi}{\Delta^{*}}}{1 - s_k b\left(\frac{1}{\Delta} - \frac{\varphi}{\Delta^{*}}\right)} \quad (14)$$

从上式可以看出，北部的相对市场规模取决于区域资本禀赋（即北部企业份额）、贸易自由度和长期经济增长率，其他因子都是经济系统的参数。

（3）长期均衡。

长期均衡条件是资本生产成本等于资本的价值，即两个区域的托宾 q 值都等于1。存在两种长期均衡：一是对称均衡（$0 < s_n < 1$）；二是核心-边缘结构均衡（$s_n = 0$ 或 $s_n = 1$），此时一个区域占有经济系统全部资本，该区域也是唯一生产新知识资本的区域。

——对称结构均衡下的经济增长。

$s_n = s_L = s_k = \frac{1}{2}$，$B = B^* = 1$，$A = \frac{1}{2}(1+\lambda)$，$A^* = \frac{1}{2}(1+\lambda^*)$，求解 E^w，并代入 q 表达式，得：

$$q = \frac{b(1+\lambda)\left(L^w - (g+\delta)\left(\frac{1}{1+\lambda} + \frac{1}{1+\lambda^*}\right)\right)}{(1-b)(2\rho + 2g + 2\delta)}$$

在长期均衡下，不论资本的空间分布如何，资本价值与资本创造成本相同。由 $q = 1$ 可以解出对称均衡下的长期经济增长率。

$$g = \frac{b(1+\lambda)L^w - 2(1-b)\rho}{2 - b + \frac{b(1+\lambda)}{\lambda^* + 1}} - \delta \tag{15}$$

同理，可以求得南部区域的经济增长率：

$$g^* = \frac{b(\lambda^* + 1)L^w - 2(1-b)\rho}{2 - b + \frac{b(\lambda^* + 1)}{1+\lambda}} - \delta \tag{16}$$

比较在知识资本空间分布对称、而区际知识溢出非对称条件下，南北经济增长率的相对大小。

$$g - g^* = \frac{2b(1-b)(\lambda - \lambda^*)L^w + 2b\rho(1-b)\left(\frac{1+\lambda}{1+\lambda^*} + \frac{1+\lambda^*}{1+\lambda}\right)}{\left(2 - b + b\frac{1+\lambda}{1+\lambda^*}\right)\left(2 - b + b\frac{1+\lambda^*}{1+\lambda}\right)} \tag{17}$$

可见，长期经济增长率的相对大小与 λ、λ^* 直接相关。由于 $b \in (0, 1)$，因此分母部分为正。分子部分的符号取决于 λ 与 λ^* 的相对大小。当 $\lambda > \lambda^*$ 时，$(g - g^*)$ 为正，也就是说，在其他条件一定时，当南部区域向北部区域知识溢出系数大于北部区域向南部区域知识溢出系数时，北部区域长期经济增长率大于南部区域长期经济增长率；当 $\lambda < \lambda^*$ 时，$(g - g^*)$ 为负，也就是说，当南部区域向北部区域知识溢出系数小于北部区域向南部区域知识溢出系数时，北部区域长期经济增长率小于南部区域长期经济增长率；当南北区际知识溢出系数相等时，即 $\lambda = \lambda^*$，区

际知识溢出对称时，南北区域长期经济增长率相等；当 $\lambda = \lambda^* = 1$ 时，不存在区际知识溢出障碍，知识和技术溢出可以发生在不同区域的企业之间，知识溢出强度不存在空间衰减现象，南北区域经济增长率实现最大值 $g=L^w b-\rho-\delta+b\rho$。因此，即使知识资本的空间分布是对称的，但由于区域之间知识溢出不对称，而使长期经济增长率存在区际差异。

——$C-P$ 结构均衡下的经济增长。

假定 $s_k = 1$，即假定全部资本都集中在北部区域，在这种情况下：

$s_k = 1，A = 1，A^* = \lambda^*，B = 1，B^* = \varphi，\Delta = 1，\Delta^* = \varphi$

$$E^w = \frac{L^w - g - \delta}{1 - b}$$

$$g^{cp} = bL^w - \rho - \delta + \rho b \tag{18}$$

上式就是资本全部集中在北部时的长期均衡增长率，相当于知识溢出效应全部集中在北部，知识在传播过程中没有衰减，而南部区域则没有资本创造，此时知识溢出自由度为无关的参数。

——长期均衡时的产业区位。

利用 $V = F$，可得北部的资本经营利润表达式，带入支出表达式，得到北部的经济规模（总收入）、南部的经济规模（总收入）及北部相对市场份额为：

$$E = L + \frac{\rho s_k}{A}$$

$$E^* = L^* + \frac{\rho(1 - s_k)}{A^*}$$

$$s_E = \frac{1}{2} + \frac{(2s_L - 1)L^w AA^* + \rho(s_k A^* - (1 - s_k)A)}{2L^w AA^* + 2\rho(s_k A^* + (1 - s_k)A)} \tag{19}$$

将 $A = s_k + \lambda(1 - s_k)$ 和 $A^* = \lambda^* s_k + 1 - s_k$ 带入，计算可得：

$$s_E = \frac{1}{2} + \frac{(2s_L - 1)L^w AA^* + \rho\left[(\lambda^* - \lambda)s_k^2 + 2\lambda\left(s_k - \frac{1}{2}\right)\right]}{2L^w AA^* + 2\rho(s_k A^* + (1 - s_k)A)} \tag{20}$$

上式反映了资本分布及劳动力禀赋对经济规模分布的影响，当 $\lambda = \lambda^*$ 时：

$$s_E = \frac{1}{2} + \frac{\rho\lambda\left(s_k - \frac{1}{2}\right)}{L^w AA^* + \rho\ [s_k A^* + (1 - s_k)\ A]} \tag{21}$$

即北部与南部区域之间知识溢出、劳动力分布对称时，北部区域的相对市场规模。而当 $\lambda = \lambda^* = 1$ 时，化简后得：

$$s_E = \frac{s_L L^w}{L^w + \rho} + \frac{\rho s_k}{L^w + \rho}$$

这是知识溢出不存在空间衰减时的北部区域市场份额。此时，知识溢出与空间因素无关，在任一区位的溢出都是相同的，北部区域的相对市场份额由其资本禀赋条件决定，与全域溢出模型（GS）分析结果相同。

3. 区域知识资本积累与公共知识溢出自由程度决定经济增长率：主要理论观点

由以上模型分析可知，区域知识资本积累与公共知识溢出的自由程度直接决定着经济增长率的高低，进而得出以下几个核心结论：

（1）在其他条件给定、知识溢出存在地方化特征时，企业长期的空间分布模式取决于相对市场规模的大小，而相对市场规模取决于知识资本的空间分布。由于知识资本空间分布不同，使区域间知识资本创造的成本产生差异，又由于新资本和新企业的创造能力不同，导致创新要素的空间模式直接影响了创新经济活动的空间分布。如中兴通讯企业在西安市建设其全球最大的研发中心，依赖的就是该区域科技创新人才聚集的人力资本优势。

（2）资本的增加引致生产空间分布模式发生变化，除影响区域相对市场规模外，还会进一步影响企业的空间区位选择，形成循环因果关系。区域知识生产由于知识溢出效应的存在使创造成本递减，即区域不仅拥有区内知识资本存量溢出效应，也存在区际知识溢出效应。区域资本禀赋以及生产份额的大小，依赖于过去的相对市场规模，这个相对市场规模越大，创新部门的生产效率也越高。如苏州模具产业在相对较短时间内的创新发展，其优势在于区域相关产业如电子信息软件、光电子、汽车、家电等的迅速发展与集聚，带来模具产业的互动发展，即原有的相关产业市场规模优势，通过产业链投入产出形成的需求联系，促进相关产业的规模扩张，进而形成模具企业、工程技术人员及研究机构的快速集聚，并反过来进一步推动产业规模扩大，形成循环累积效应。

（3）空间因素在知识创造与知识溢出过程中具有重要作用。知识溢出效应随距离衰减，也就意味着离知识源越近，溢出效应越强，资本的创造成本越低。越邻近知识创造中心的区域，获得的知识溢出效应越强，经济增长率相对提高得越快。如深圳市充分发挥毗邻香港的区位优势，在产业转移中形成产业技术、人才的初步积累，弥补了其创新要素贫乏的禀赋劣势。现实中影响知识溢出自由度的因素是多样的，如区域间文化背景、产业关联度、政府相关政策等，但这些因素往往也与距离因素有着不可分割的关系。从经济发展规律来看，空间邻近的区域之间产业发展、文化背景、政府政策等的空间相互作用越强，知识溢出和知识资本流动的障碍往往也相对越小。

（4）知识溢出的空间效率直接影响区域经济长期增长率。吸收能力等的区际差异引致知识溢出效率存在区际差别，进而影响区域长期经济增长率。区域技术进步可建立在新知识的创造及现有区外知识的采用与扩散基础上。由于学习使用现有技术比创造新技术具有比较成本优势，因此，欠发达区域赶上发达区域是有可能的。当区际知识溢出处于对称情况时，创新部门处于市场规模相对较大的区域；当区际知识溢出处于不对称情况时，对市场规模相对较小的区域而言，增强区际知识溢出的吸收能力，也可能成为创新部门的区位选择，加速区域经济增长。但是，这种增长率收敛的潜在可能性对区域经济的人力资本水平是有条件要求的，换句话说，区域人力资本积累产生的区域吸收能力的差异会直接影响区域经济增长。因此，对于知识资本禀赋条件不具有优势的区域来说，增强自身对知识溢出的吸收能力、充分开展与创新中心的合作，将会在一定程度上缩小经济增长差距，进入循环累积的正反馈过程。如深圳市在较短时间内跻身中国创新发展城市的前列，主要依赖的不是自身的创新要素禀赋优势，而是通过制度创新，成为创新人才与机构的集聚高地，极大提升了区域的吸收能力。深圳市最早实现人才自由聘任，自由流动；在全国率先建立人才、技术市场，实现创新要素的市场化配置；最早实施无形资产评估、技术入股的改革，拥有相对完整的知识产权保护和激励机制等（周路明，2011）。这些都强化了创新要素的集聚，进而吸引了大量高新技术领域跨国公司的进驻。

第四节　跨区域创新合作的空间特征及机制

在经济增长方式转变的重要时期，面临内部发展的紧迫性和外部市场压力，提升区域创新能力是唯一途径。“当前跨区域合作的理论研究和实践主要侧重于从传统要素互补、产业转移等形成的区际投入-产出联系等视角展开，但针对发达国家区域间增长传递现象的研究发现：区域间增长传递的主要渠道并非投入-产出联系，因为随着交通、通信基础设施的现代化发展，这种关系可以在全国甚至全世界范围内展开，而不仅仅局限于本区域。”①知识溢出及人力资本等在内生增长形成中的重要作用，已经被国内外研究所证实。越来越多的实证研究发现，国际技术溢出是推动生产率提高的主要源泉，但知识流动的相对重要性随地理距离的增加而下降，而且，对国内其他区域的影响相对大于国际影响范围（Carr D. L.，Markusen J. R.，Maskus K. E.，2001）。因此，毗邻区域间，尤其是邻近创新核心的区域，在深入开展与创新核心区域的创新合作、获取创新溢出效应方面，具有得天独厚的区位比较优势。而创新要素尤其是人力资本、创新型企业在空间上的流动与扩张，毗邻效应更为明显，将封闭系统中的科技优势转化为开放系统中的创新优势，成为核心城市对周围区域发挥辐射作用或者说形成增长传递的重要渠道。因此，创新合作应成为邻近区域间合作的发展趋势。

---

① 高丽娜．跨区域创新合作的内涵、方式及空间特征［J］．学术论坛，2012（12）．

一、创新与知识的空间属性

创新及知识等具有明显的空间属性，是推动跨区域创新合作形成的基础，并直接影响着创新合作方式、合作对象等的选择及其特征形成。创新过程因创新要素禀赋的区域异质性而具有明显的空间属性特征。

1. 创新的空间属性

创新是大量异质性主体的联合行为，强调不同类型、具有差异性创新能力的主体参与创新过程，并与其他创新主体形成相互作用及集成性有机联系在一起的创新网络。在知识分工日益细化和深化的创新环境下，把分散化的知识组织化、系统化的能力直接关系到区域创新系统的创新绩效。因此，创新过程具有不同的区域特征。在市场机制作用下，创新成果与人力资本等的区际流动所产生的空间扩散效应对区域经济增长具有重要影响，形成区域间增长传递过程。区域创新过程受到邻近区域创新过程的影响，即创新存在区际溢出性，接近各创新源、创新核心有利于区域创新活动的有效开展。创新过程存在明显的规模收益递增性，促使空间集聚化内生形成。同时，创新的外部规模经济（地方化及城市化经济形式）强调其空间属性（Andersson M.，2004）。根据系统论观点，区域创新系统的创新绩效尤其受到区域创新主体间相互作用水平和结构的影响，包括与区域外部创新主体间的联系强度，标志着一区域创新过程的开放性（Graf H.，2010）。

空间的知识。推动跨区域创新合作形成的最重要微观力量是知识以其主体——人力资本的创造与空间扩散。一是知识本身存在空间溢出效应，如在相互交流中形成“潜移默化”的影响；二是知识资本存在空间流动性，如创新成果可以通过市场交易实现区际扩散；三是知识的物质载体——人力资本的流动性是影响知识空间扩散有效性的最重要因素，也是推动跨区域创新合作形成的重要力量。对知识扩散区域模式的理解与解释区域创新过程密切相关。知识的创造与扩散过程实质上是由其产生的规模收益递增由个体向经济整体的传导过程。首先，创新出现在特定区域或特定企业，获得规模收益，由于地方化学习效应和创新的 M-A 效应，使处于创新核心区域内的企业在一定时期内获得创新垄断租金，只要存在模仿成本，技术租将持续存在。其次，知识广泛使用并日益规范化，降低了模仿成本及进入门槛，形成经济整体收益递增过程（Storper M.，2009）。新科学技术知识在空间中的扩散是不均匀的，对新技术的采用存在着显著的空间异质性，生产主体的区位和接近性十分重要。知识的空间扩散模式强调特定的区域要素，尤其是区域对新技术的吸收能力、现有知识生产的技术、集聚经济，以及区域间、企业间人力资本的流动性（Boschma R.，Wenting R.，2007；Klepper S. Spinoffs，2009）。综合来看，知识的一个基本性质是溢出性，即存在向其他主体的溢出效应，而主体间的空间接近性对于有效的、成功的知识生产与创新过程具有重要影响，知识扩散的程度由主体间相互作用的可能性决定，尤其是拥有知识的主体的空间流动，使得特定空间知识溢出效应推动特定空间收益递增的形成。而作为知识主体的人力资本的空间流动对距离因素十分敏感，也进一步强化了知识扩散的地方化特征。

2. 跨区域创新合作的内涵及特征

跨区域创新合作的提出，在某种程度上是跨区域合作的理论演进。一方面，两者具有一定的共性特征，即跨区域创新合作涉及的基本问题仍是跨区域合作问题，涉及区域与区域之间要素的流动及其经济增长效应。但另一方面，跨区域创新合作的内涵、方式等特征与传统意义上的跨区域合作存在明显的差异性。总体上来说，跨区域创新合作是跨区域合作的高级路径。

（1）跨区域创新合作的内涵。跨区域创新合作是通过区际创新要素共享，增强企业获取外部创新资源的能力，进而提高区域创新能力来促进经济发展的。在微观层面上，跨区域创新合作首先表现为知识与创新存在空间溢出的本质特征，这是客观规律，是跨区域创新合作形成的基础。知识与创新的空间溢出不断改变着区域新知识资本创造的成本，进而影响企业的空间决策，最终决定区域经济长期增长率。其次表现为微观创新主体（主要指人力资本和创新型企业）在空间区位选择基础上产生的经济行为及相互作用，形成推动区域发展的基础动力。而在创新要素流动基础上形成的区域经济发展空间相互作用，反过来又构成推动毗邻区域间创新合作深入发展的重要动力。创新主体的跨区域流动，使区域经济在集聚力与分散力的共同作用下不断演化，从而区际经济发展空间依赖程度不断提高。由于创新主体空间流动的规模往往受到一定条件的约束，如空间距离、转移成本、适应成本、政策引力等的影响，在空间方向的选择、转移规模上往往具有一定的空间特征，形成毗邻效应，即空间位置靠近的区域之间相对更易于形成较强的相互作用，相互作用的强度往往随距离的增加而衰减，这就是很多学者由实证研究得出的“距离衰减规律”。

（2）跨区域创新合作的内在特征。与传统意义上的跨区域合作相比，跨区域创新合作在推动要素、推动力、区域经济增长源泉、合作方式、区域分工模式等方面呈现出显著的差异性特征。

推动要素。跨区域创新合作突出创新要素的区际共享与跨区域流动产生的内在推动力，而非传统意义上的跨区域合作所强调的一般物质要素的区际流动。国家间、区域间可以通过多种途径发生较强的相互作用，如劳动力、贸易、资本流动，以及共同的政治、经济、社会政策等，其中对现代经济发展最为重要的是知识溢出、人力资本等创新要素流动基础上形成的经济内生增长动力，并形成各区域经济发展之间的空间依赖。而由于知识溢出、人力资本流动等往往具有一定的空间取向性特征，即存在距离衰减现象，因此，区域经济发展之间的空间相互作用更加具有地方化特征，这已经被经济发展的实践所证明。一个区域发生的经济震动不仅会改变自身经济运行的基本轨迹，也会影响相邻区域的经济运行态势，最终影响相邻区域的整体经济发展。

推动力。目前国内开展的涉及不同空间范围、不同合作内容与形式的跨区域合作，呈现出的共同特征是以政府行政力量的推动为主导。但是，由于行政区划刚性约束产生的行政区域经济属性的影响，使得各地方政府皆以本区域经济利益最大化为目标，而跨区域的要素配置往往涉及生产活动的空间转移，并由此产生税收转移，成为制约区域间开展长期合作的重要消极因素。跨区域创新合作强调政府与市场机制的共同作用。政府在跨区域创新合作中的主要功能是营造创新合作环境，包括促进知识溢出与知识资本流动的快速交通体系支撑环境、倡导合作创新的文化环境、保障知识产权与维护创新热情的法制环境、推动科技金融与中介组织发展的创新服务体系环境等。而创新成果与人力资本的流动则取决于由供求关系决定的市场机制作用。跨区域创新合作强调邻近区域间的创新共享，依赖快速交通体系与现代化通信条件等的保障，有可能实现合作区域的共赢。

区域经济增长源泉。传统意义上的跨区域合作主要是强调通过物质要素空间配置的优化推动经济增长，虽然也强调技术因素的重要作用，但本质上仍是强调技术以外生的方式促进经济增长。跨区域创新合作，强调知识溢出、人力资本流动形成的知识资本积累影响区域学习曲线，直接对区域新知识资本创造成本产生影响，从而使技术内生于区域经济增长过程。从企业层面来看，知识网络可以分为内部知识网络与外部知识网络。企业内部知识网络可以有效地推动企业内部资源的整合与创造，促进组织化学习。而技术发展的日益复杂化和更新速度的加快，使得单个企业在创新过程中不可能完全具备所需的相关知识，这样就促使企业主动寻求企业外部知识网络。跨区域创新合作的有效开展，将大大提升企业获取外部知识资源、建立新知识网络的能力，提高创新水平。

合作方式。传统意义上的跨区域合作采取的合作方式主要有贸易合作（如消除限制商品流通的地区障碍，促进区际贸易发展等）、劳务合作（如开展劳动力供求信息传递交流和劳务输出输入组织合作，促进劳动力规范有序合理流动）、引导核心区域到腹地区域投资等，当这些合作触及行政区域经济利益时，就会受到地方政府直接或间接的消极影响。跨区域创新合作在促进区际知识溢出的基础上，致力于实现区际创新共享的合作目标。如加强创新成果的区际流动，对于供给区域和需求区域来说，是一种双赢的合作方式，相对更容易突破行政区域的束缚。

区域分工模式。传统意义上的跨区域合作往往强调在区际产业间、产品间的投入-产出联系基础上实现的区域分工，着重体现的是产业间、产业内的纵向分工，各区域处于产业链条上的不同位置。但是，很多研究发现，由于运输与信息搜集存在的规模经济特征，区域间最重要的投入-产出联系或增长传递渠道，发生于区域城市体系之外，投入联系并不具有本地化特征，因此，对于毗邻区域间的合作来说，这种模式并不具有决定性影响。跨区域创新合作强调邻近区域间在创新溢出、创新共享基础上实现的创新分工，往往表现为企业内部价值链上的分工。由于区域间在创新要素禀赋条件与创新能力等方面存在差异，创新中心往往能集聚更多的创新优势。在创新中心区域与邻近区域之间可以实现企业研发环节与企业制造环节的价值链空间分离，从而使企业更有效地利用区域资源，实现最优发展。

3. 区域创新合作方式及其空间特征

跨区域创新合作在创新要素空间流动的推动下，形成不同的合作方式。而创新要素流动的经济效应取决于区位和产业接近性，同时创新过程是双向的，存在重要的反馈机制，其形成依赖于创新主体间密切的相互联系、相互作用形成的网络，直接受到空间因素的影响。因此，对跨区域创新合作方式的选择，空间约束特征较为明显。最基本的合作方式有三种：一是创新成果的市场交易；二是创新主体的区际流动；三是研发项目合作。

（1）创新成果的市场交易。创新成果的市场交易可以根据获益方式的不同，分为技术参股、成果出售（实现产权的转移）等不同形式。其共同特征是创新成果的所有者不发生空间转移，意味着创新主体不存在区际流动。区际市场交易通过市场机制配置创新成果，创新成果的需求方与供给方通过市场完成交易。当然，作为创新成果的所有者可以进行获益方式的选择，成果出售（如专利的出售）受到空间因素的制约相对较小；而技术参股等形式的收益方式，相对具有地方化特征。以直接引进技术成果为例，由于核心技术是从区外引进，核心机器设备的使用需要相应的技术人员进行指导，而核心的软件技术也由于出让方的控制而无法实现较大范围的扩散，这都使得这种创新成果引进方式的经济增长效应受限，从长远发展看，往往不具有可持续性。“企业以较低价格的生产要素，尤其是劳动力价格嵌入加工组装环节，而技术、资本和知识密集型的研发设计和品牌营销环节，则被国际大买家控制。出口产品的国内技术含量趋于下降，越来越依靠国外的高新技术投入来维持自身出口产品的竞争力。”[①]以技术参股为代表的交易方式使创新主体成为企业经营的长期利益相关者，必将关注企业的长期发展。因此，空间选择上往往带有一定的倾向性，以利于直接的技术指导，并将生产中的信息反馈融入进一步的创新活动中，因而空间的邻近性存在多种益处。

（2）创新主体的区际流动。人力资本是经济社会发展中最活跃的因素，其调整是涉及包括经济、制度、社会、观念等方方面面的系统软工程，具有迟滞性和隐

---

① 中国社会科学院工业经济研究所课题组．“十二五”时期工业结构调整和优化升级研究［J］．中国工业经济，2010（1）．

形性，很难在短时间内见成效。[①] 路径依赖性和循环累积性也使得创新主体的行为与新古典经济学中的代表性主体的行为不同，因能力、偏好和行为模式差异而不同（Cohendet P.，Lerena P.，1997），并具有特定的理性特征。创新主体在企业间、区域间的流动，往往伴随技术知识的转移，新企业获得其内涵的特定知识以及创新主体原有关系的社会资本。创新主体的空间分布是不均衡的，其空间集聚与扩散受到多种力量的推动，尤其会受到对新想法和新人具有包容性和开放性环境的城市的吸引（Florida R.L.，2004）。创新主体空间接近的重要性明显受到其作用的影响，当涉及新知识的传递时，创新主体更可能位于相同或毗邻区域。创新主体的流动，将直接或间接地影响企业技术引用的模式，通过社会网络的传导性将许多企业联系在一起。对美国、意大利等国家实证研究的结果表明，跨企业的发明者是大量专利引用的成因（Breschi S.，Lissoni F.，2006）。创新主体的流动与较短的协调创新社会链是知识流动地方化的重要影响因素，也就是说具有空间接近性优势的组织更易于从创新主体及其创新网络受益。通过市场机制作用产生的创新主体组织间、区域间的流动是形成知识外部性的最终渠道。根据流动的特征，创新主体的区际流动方式可分为候鸟式流动（短期性、易变性）与生根式流动（长期性、根植性）。是否流动及采取何种方式流动，取决于创新主体预期收益是否超出预期成本。对于创新主体来说，创新环境的变化、从创新中获得的潜在机会和收益具有相对远期性和不确定性。创新主体的候鸟式流动是一种相对灵活的流动方式，包含以下三种方式：一是兼职式，往往处于同区域内，不仅包括科研院所专业人员，还应包括企事业单位学历高、专业精的高级专门人才，兼职的内容可以从高、精、尖技术延伸至高层次专业任务；二是候鸟式，指“不迁户口、不转关系、来去自由”，实现跨地区工作的人才共享形式，主要是采用顾问、咨询等具体方式，综合利用创新人才，对不同地区不同单位定期提供技术和管理方面的服务；三是创新主体的生根式流动，指创新主体实现完全区际转移，但由于中国当前各种社保等措施具有一定的区域性与非联网性，尚未实现跨区域的无障碍享受，极大地阻碍着创新主体生根式流动的规模。

（3）研发项目合作。现代经济发展表明，大学研究机构对产业研发与创新的影响日益重要（Feldman M.P.，Audretsch D.B.，1999），广泛存在由大学向产业部门的技术扩散机制。知识的隐含性使得其扩散存在空间障碍，最有效的传递方式是跨组织的面对面接触，包括人员的交流与合作。实证研究表明，企业雇佣拥有大学背景的研究人员或与其合作的比重日益增加。而后一种方式在中国更具有代表性。企业通过与大学、研究机构的研发合作，通过面对面的交流，提高了获取外部知识的效率，而且，研发合作还成为其他获取外部知识方式的补充，如非正式的交流及相

① 创新人才流动配置机制，推进区域人才开发一体化［EB/OL］. http://dangjian.people.com.cn/GB/132289/1283470-5.html，2010-09-27.

对更正式的关系（如咨询等），对企业创新形成正向效应（Kim J.，John L.S.，Marschke G.，2010）。通过研发项目合作，主要是高校与企业之间、高校之间及企业之间的技术攻关合作、技术咨询、管理咨询、信息服务等，以市场化运作的方式合作开发项目，实现优势互补，互惠互利，共建创新载体，共享研发成果，是提高企业自主创新能力的一条有效路径。研发合作尤其是研究联合体形式的研发合作，是企业获取外部知识的重要途径。研发合作的过程实质上是知识在不同组织间溢出的过程，尤其是当知识溢出存在较大障碍的时候，研发合作有利于知识的扩散，研发效率的提高促使企业激励增加研发投资与实现联合研发。企业吸收能力是内生的，如企业自身的研发投入与研究努力决定了企业对外部知识的吸收能力。而企业在选择研发项目的合作伙伴时，基于信息不对称条件的约束，往往倾向于优先从区内或毗邻区域寻求创新合作对象，以降低交易成本。因此，企业与大学及科研机构间、企业间、大学与研发机构间等的研发项目合作皆表现出较明显的空间约束特征。

跨区域创新合作是跨区域合作的理论演进和高级路径，是突破行政区划刚性约束、实现经济增长方式转变的内在要求。随着区域间产业链分工的日益深化，以传统的投入-产出分工模式为基础逐渐向基于价值链的合作创新网络形成的创新分工演化。这种新型的区域分工模式是知识经济时代区域分工与合作演化的必然产物，推动区域经济增长的主导因素逐渐由传统的劳动力、资本等要素向创新要素转变，这是新经济增长的内在要求。知识溢出、创新成果的市场交易及创新主体的区际流动等存在明显的空间效应，即呈现“距离衰减”特征。它是推动毗邻区域创新合作形成的内在动力，是市场机制作用下，现代经济发展过程中区域竞争与合作共同发挥作用的结果。跨区域创新合作方式的选择，空间约束特征明显，直接影响着区际创新溢出的可能性及规模。处于不同经济发展阶段、产业特征存在差异的区域间，其创新合作模式、渠道选择具有明显的空间差异性，深入分析具体区域间创新合作路径，加强典型案例的总结与理论深化，具有重要的现实意义。

二、跨区域创新合作机制

跨区域创新合作的产生从推动机制来看，地方政府间跨区域合作表现出的共同特征是由政府的行政力量推动的，合作项目主要是由政府牵引甚至是靠行政指令达成的。因此，合作具有明显的短期性，对经济增长也无法产生可持续的影响，需要在区域合作的方式与内容及路径问题上进行深入探讨。

1. 技术创新是区域经济长期增长的源泉

获得区域新技术最重要的方式是企业自主研发。但科学技术存在明显的溢出效应，包括组织间与空间溢出。基于此，毗邻区域的研发行为，通过市场交易与知识溢出实现转移，是获取区外先进技术的一个重要途径。因此，“跨区域创新合作是经济区在市场机制作用下自组织演化的结果，其基础在于知识的空间溢出、人力资本等创新要素的流动及其产生的区域经济发展的空间相互作用”①。根据知识的自身特性，可以将知识分为显性知识和隐性知识。由于隐性知识对相互交流过程中产生的学习效应具有关键作用，因而在全球化过程中强化了地方化效应，隐性知识被认为是区域创新行为的决定因素。针对生产和创新系统的地域性结构的研究发现，前沿技术知识中的隐性知识部分引起空间集聚化来满足知识共享并引发创新的需要（Cooke，Morgan，1998）。

隐性知识的空间性是创新空间集聚的一个重要因素。首先，隐性知识难以清晰表达并产生于实践中，难以远距离有效传播；其次，隐性知识具有特定的社会属性，不易传播，组织间只有在共享同一社会文化背景时才能有效交换知识，因此其具有地域性；最后，创新过程越来越强调社会组织学习的过程，强调互动和知识在主体间（如企业、研究机构等）的流动，创新过程的关键在于将分散的隐性知识传递到更大的组织中，充分开发和利用。从知识溢出的特征来看，研究文献主要有两方面：一是产业层面技术扩散问题，二是区域间知识溢出问题。这两方面问题是内在统一的，因为产业层面的技术扩散是区域间知识溢出的微观载体，而区域间知识溢出是空间表现。从国际知识溢出的特征来看，国际知识扩散不完全，弱于国内知识扩散，主要原因在于文化、国界、国内所存在的正式或非正式的研究网络等（Haacker，1999）。但是，到目前为止，尚没有一个有说服力的模型描述现实的知识扩散过程（左大培、杨春学，2007）。区域层面的知识、创新的溢出具有明显的区位性。技术知识转移一般发生在有限地理空间范围内（Glaeser etc.，1992），主体的区位和接近性直接影响区域创新性（Audretsch and Feldman，1996）。具体区分信息传递与知识溢出，由于通信技术的进步，现在信息传递的成本受距离影响不大。但影响经济发展、至关重要的知识溢出与信息传递不同，大量与不同创新过程相关的新经济知识是难以复制的，知识溢出要求主体间频繁地接触与相互作用，知识溢出的成本随距离的增加而增加（Gumbau，Maudos，2009）。研发溢出具有一定的地理边界限制。知识跨区溢出的成本随距离递增，因为知识需要面对面的交流，因此研发溢出受空间限制（Krugman，1998）。知识溢出的地方化特征，促使毗邻区域间的学习效应更明显，更容易形成跨区域创新合作，从而推动区域经济发展。创新要素的空间流动、创新要素的空间集聚与扩散，已经逐渐成为影响现代区域经济发展的重要决定力量。

创新要素包括创新主体、创新网络及创新空间，其中最基础、最核心的要素是创新主体，即人力资本。人力资本主要指专业性人力资本，其流动是推动跨区域创新合作形成的重要力量。创新要素的流动与扩散特征与传统要素不同，空间距离与运输成本的作用及其影响也有差异。对硅谷创新活动的研究发现，研发人员的正式

① 高丽娜. 跨区域创新合作的形成机制探讨 [J]. 商业时代，2011 (28).

或非正式交流是知识溢出的主要途径（Saxenicn，1994）。作为知识溢出机制之一的知识人才流动在高新技术产业区具有重要作用，科学家与工程师影响创新的地理分布（Malecki，1997）。创新主体的流动可以在城市和区域间产生创新和溢出，内含于创新主体的知识和技术随创新主体的转移而转移，是区域间溢出发生的关键机制（Florida，2006；Zucker，Darby，Brewer，1998；Almeida，Kogut，1999）。在新知识发挥作用越大的行业，创新活动的地理集聚趋势越明显。而创新活动地理集聚的影响因素是企业 R&D、高校研究人员和熟练工人等重要投入的空间分布与流动（Audretseh，Feldman，1996）。因此，创新主体的空间分布在很大程度上决定着创新活动的空间分布。另外，创新者之间的社会联系会影响知识扩散。任何两个专利之间的引用联系与专利所有人之间存在的个人或社会联系正相关（Singh，2005）。尤为重要的是，当他们非常接近时，社会联系发挥作用。对推动创新主体流动的因素的研究则表明，区域的包容性和开放性对区域的创造阶层份额具有很强的正效应（Boschma，Fritsch，2009）。创新要素的空间流动具有明显的地方化特征，由于科学家、工程师等多年建立的个人知识传递网络对距离因素十分敏感，空间的分离容易削弱知识的传递。因此，创新型人才从一个组织流动到另一个组织时，具有地方化特征（Breschi，Lissoni，2009）。创新主体在组织间的流动很大程度上促成技术应用的地方化，形成地方化技术市场。因此，创新要素流动的空间特征，成为推动邻近区域间创新合作进程不断深化的最重要决定力量。

2. 跨区域创新合作的形成机制

区域经济发展的空间相互作用，创新要素及其经济活动的空间集聚与扩散过程就是区域间相互作用、共同发展的过程（Funke，Niebuhr，2005）。与创新过程相关的新经济知识由大量技术、组织及实践构成，由于其具有难以复制性和不完全获取性，其扩散要求直接接触和密集交流，因此，创新过程在全球化背景下更加具有地方化特征。

研究 1980—1995 年间欧盟 11 个国家 138 个区域的收敛过程，空间依赖对 β 收敛估计有重要影响（Mora etc.，1999；Bau mont etc.，2001）。国家间的溢出效应对国家经济增长是十分重要的。在 98 个国家样本的基础上运用空间计量经济学方法对包含跨国相互依赖性的标准增长模型的估计，表明一国经济增长依赖于邻国的经济增长率（Ramirez，Loboguerrero，2002）。因此，国家间的合作协议对于区域经济增长是十分有益的，合作可以是提高贸易关系的形式，分享技术知识和创新的形式，也可以是促进交流的形式，等等（Ramirez，M.T. and Loboguerrero，2002）。国家间经济增长存在明显的溢出效应（Berstein，Mohnen，1998；Coe，Helpman，1995）。空间相互依赖通过要素流动、创新扩散和贸易影响技术变化和增长（Nijkamp，Poot，1998）。对欧洲区域的研究结果验证了区域研发溢出的存在（Bottazi，Peri，1999），而且知识溢出与增长之间具有明显的相关性，溢出效应不容忽视，是每一区域必须考虑的强因素，使得空间层面上经济总量水平并非收益递减（López - Bazo，Vaya，Artís，2004）。知识溢出和研发合作对创新活动的影响，使得同区域主体的研发活动相互间研发溢出，可以解释区际差异的形成（Fritsch，Franke，2004）。对美国和欧盟知识流动的研究表明，知识流动具有明显的空间特征，限于相对较小的地理范围。对西班牙 1986—2003 年间创新产出的区际差异形成中的影响因素的分析结果也表明，区域研发溢出及贸易流量对区域创新产出具有显著的正效应（Gumbau，Maudos，2009）。针对中国进行的研究发现，国内研发对经济增长具有重要的正向推动作用，而且国际技术溢出效应的大小取决于本区域的吸收能力（Brun，Cambers，2002；Renard，2002；Lai，Peng，Bao，2006）。区域层面的空间相互作用，形成的基础与国家间以传统要素流动带来的投入-产出联系不同，依赖于创新要素流动带来的创新扩散。知识、创新的溢出空间特征具有明显的区位性，区位和接近性直接影响区域创新性。通过测算不同地理距离探讨专利与研发活动间的空间相关性，发现生产性主体的区位和接近性是十分重要的。对德国区域的实证研究发现，区域间存在知识溢出，而且地理上邻近的区域间溢出更加显著。在实现跨区域创新合作的过程中，随着空间相互作用程度的提高，一个区域技术水平依赖于相邻区域技术水平，一个区域增长率与相邻区域资本存量正相关，对区域收敛也产生重要影响，促进区域经济协调发展。

跨区域创新合作的形成机制。从微观上来看，知识溢出及创新主体在各种利益推动下的跨区流动，导致要素、生产组织等产生跨区域流动。创新要素空间流动的主导作用日益显现，形成区域经济发展的空间相互作用，进而产生空间依赖。从宏观层面来讲，区域经济发展过程中毗邻效应的存在，使得空间地理位置相互邻近的区域之间形成强烈的发展协同效应，即一个区域的经济发展，对周围区域往往产生外部性影响。在跨区域创新合作推进的过程中，将促使地方政府间相互作用、行为协调度不断提高，为跨区域创新合作创造良好的外部条件。跨区域创新合作正是通过知识溢出、创新要素的空间流动、区域经济发展的空间相互作用实现的。

第五节　跨区域合作的空间效应及地方政府行为协调

地方政府间跨区域合作治理模式是国外已推行多年的一条成功经验。在中国，各地方政府间的跨区域合作也日益受到广泛关注。无论是中央政府还是地方政府，在跨区域合作问题上都表现出极大的热情，如长三角、珠三角、成渝经济区、武汉城市圈、长株潭城市群及皖江城市带等，多个涉及跨区域合作的发展规划上升为国家战略。但同时也有质疑："跨区域合作涉及不同的行政区域，在我国行政区经济发展刚性约束条件下，其对经济发展究竟会产生多大影响，成为理论界和决策层共同关注的问题”[①]。

一、创新要素空间溢出及区域经济发展的空间相互作用

空间效应是跨区域合作的重要表现，产生进一步推动跨区域合作、促进区域经济协调发展的动力。空间效应在解释经济增长中具有重要作用，一个区域发生的经济变动不仅改变自己的经济运行，也会改变相邻区域的经济运行，影响相邻区域的经济发展，最终产生经济协同发展效应，即经济发展的空间相互作用产生的空间依赖，形成推动跨区域合作的原动力。这种跨区域合作形成的空间效应主要表现为：创新要素空间溢出、区域经济发展的空间相互作用、地方政府行为的协调。

1. 创新要素空间溢出

区域经济系统演化具有显著的复杂性特征，各种要素资源的非均匀分布及其空间流动，不断在空间上出现新的聚集与组合，使经济系统不断离开原来的状态和轨道（王子龙等，2005），刺激新的稳定状态的实现。正是由于区域经济系统是一个巨型的开放系统，系统内各要素不断处于流动状态，对系统的组织方式不断提出新要求，产生跨区域合作发展的内在要求，也成为跨区域合作空间效应的微观体现。随着现代化运输方式带来的运输规模经济的实现及信息搜集便捷程度的提高，传统要素运输成本大幅度下降，使得企业可以在更大的空间内进行资源的配置。因此，传统要素跨区域流动已经不再是临近区域之间经济合作的主导力量，而让位于创新要素的空间溢出（如创新型人才、创新企业等跨区域流动产生的技术、知识溢出）。创新要素的空间集聚与扩散已经逐渐成为推动区际联系及影响现代区域经济发展的重要决定力量。创新要素包含技术、知识、人才、管理经验等不同方面，其“新”是相对于区际、企业之间比较来说的。创新要素的流动不仅包括显性的流动，如人才、技术等的空间区位变化，也包括隐性流动，主要以空间溢出的形式出现，如以企业跨区域的组织重组为载体，通过多渠道实现。进行跨区域组织调整（兼并、新建、参股等）的企业，往往是一些在市场竞争中具有相对优势的区域优秀企业。这些企业对流入区域企业、产业乃至经济发展的创新溢出影响通过以下几个渠道实现（Halpern，L. and Murakzy，B.，2007）：

一是直接的技术和先进的管理经验的转移。不论外来企业以何种形式进入本区域，必将带来较为先进的技术和管理经验，提高企业生产率，增强市场竞争力，从而获取更多的利润（Damijan，J. P.；Majcen，B.；Rojec，M. and M. Knell，2003）。

二是人力资本的获得。这是最重要的溢出渠道。投资企业将在人力资本上投

① 高丽娜. 跨区域合作的空间效应分析［J］. 西南民族大学学报：人文社会科学版，2012（1）.

资，以更好地利用技术优势。这种投资对于欠发达区域来说十分重要，以相对较低的工资报酬获得技术工人（Kertesi，G.，etc.，2001）。这种投资对于劳动力市场的直接溢出表现为对其他企业工人的补充。其他企业可以通过多种手段促成培训后员工的流动，使之为本企业服务，而无须投入前期的技术培训费用。

三是通过改变进入区域投入产出市场，沿产业链产生纵向技术溢出。本区域企业从外来企业作为其产品的消费者而受益，这些消费者迫使其供应者以更高的效率生产高质量的投入品，从而产生前向、后向技术溢出。这些效应对企业十分显著，但随着距离的增加，溢出效应逐渐消失。也就是说，在本区域企业与外来企业非常接近，技术水平差距不是十分大的情况下，本区域企业可以获得溢出的正效应。创新要素空间流动的过程就是强化跨区域合作的过程。因为若劳动力保持相对不流动，而知识溢出相对很强，拥挤成本很大，那么经济增长将导致经济活动的空间扩散。因此，创新要素的流动受到较强的空间限制，与此相关的创新过程在全球化背景下更加具有地方化特征，区际研发溢出及贸易流量对区域创新产出具有显著的正效应（Gumbau，M. and Maudos，J.，2009）。在跨区域合作形成的区域系统，技术变化内生于宏观增长中，空间相互依赖通过创新要素流动、创新扩散和贸易影响技术变化和增长（Nijkamp，P.，and Poot，J.，1998）。也就是说，创新要素的空间扩散是跨区域合作的重要表现，是推动新型区际联系方式形成的重要力量。

2. 区域经济发展的空间相互作用

随着市场化的不断推进，要素在集聚力与分散力的共同作用下，不断发生着空间流动。在此过程中，这种经济自组织机制的宏观表现就是区域与区域之间发展的空间依赖程度不断提高。也就是说，随着区域间在区域主体流动基础上的相互作用程度的加深，区域经济一体化的范围将扩大、程度也将加深。这是跨区域合作形成的重要空间效应，也成为推动跨区域合作深入展开的内在动力。区域经济发展在自组织机制作用下，一方面形成区内自组织发展系统，另一方面，在区际相互作用过程中形成明显的空间依赖性。每个经济区域成为上一级大系统中的重要节点，其发展变化也构成了对相邻区域经济发展的影响。随着市场化程度的提高，尤其是在一国内部，区际相互作用的强度日益增强，区域间经济发展的相互依赖性也日益明显。区域经济发展过程中形成的空间相互作用在空间取向、强度变化等方面都具有规律性。

获取经济相互依赖和增长传递在一经济系统内运行的渠道，最好的方式是研究跨区域组织的空间结构（Pred，A.，1976），如企业跨区域组织生产行为的空间结构等。从国家层面来看，经济发展的空间相互依赖关系显著。对美国区域经济1929—1994年间的人均收入非条件收敛的空间依赖问题的研究发现：存在较强的全球和地方空间自相关模式，空间效应是显著的，而且与区域收入正相关。相对收入的收敛过程并非完全独立的，而是与其相邻区域间具有相似性（Rey，S.J. and

Montouri, B. D., 1999)。一国的增长率受到邻国增长率的影响，即区位影响增长(Moreno, R. and Trehan, B., 1997)。也就是说，在区域经济发展过程中，存在经济发展的区间溢出效应。在收敛和增长实证研究文献中大量运用空间计量经济学，对空间相互作用进行研究。区域层面的空间相互作用，尤其是合作区域间，形成的基础与国家间以传统要素流动带来的投入-产出联系不同，依赖于创新要素流动带来的创新扩散。理论与实证研究发现，知识、创新的溢出，其空间特征具有明显的区位性，如技术知识转移一般发生在有限地理空间范围内（Glaeser, E. L. and Kall, H. D., etc., 1992)，区位和接近性直接影响区域创新性（Audretsch, D. B. and Feldman, M. P., 1996)。通过测算不同地理距离探讨专利与研发活动间的空间相关性，发现溢出效应的发生具有高度的区位性，仅存在于大约 300 公里范围内(Peri, G. and Bottazzi, L., 2003)。也就是说，生产性主体的区位和接近性是十分重要的。

用 178 个欧洲信息分析区域生产率增长的决定因素，发现源于资本积聚产生的技术变化溢出结果是显著的跨区域外部性（Fingleton, B., 1999)。在实现跨区域合作中，随着空间相互作用程度的提高，对区域收敛产生的影响越大。有关知识资本和技术溢出对区域增长影响途径及其影响程度的研究结果表明，知识资本、技术溢出对经济增长作用显著（Kuo, C. C. and Yang, C. H., 2008)。运用空间统计和计量经济学 Moran I 指数法及时空数据模型分析中国 31 个省级区域经济增长集聚及其影响因素的结果显示，中国省域经济增长具有明显的空间依赖性，在地理空间上存在集聚现象，经济增长因素在地理空间上的非均衡集聚导致了迥然不同的区域经济增长格局（吴玉鸣、徐建华，2004)。因此，在跨区域合作中，区域经济发展的空间相互作用是通过创新扩散过程实现的。创新扩散的范围与强度直接反映了跨区域合作的空间范围及合作成效，这对于中国广泛开展的跨区域合作具有重要的现实意义。以创新合作作为跨区域合作的凝聚核，可以降低在其他领域合作中出现的利益此消彼长而带来的合作难以持续的风险，实现合作各方的共赢，这也符合经济发展的总体趋势。

二、地方政府行为的协调

地方政府是推动跨区域合作的不可忽视的重要力量。区域主体在市场机制推动下的行为及其空间选择，受到政府行为——外在因素的影响而不断调整。尤其是对于正处于市场经济转型时期的中国来说，在改革过程中，资源配置权利不是由中央政府直接下放给企业，而是先下放给地方政府，使得地方政府具有相对独立的利益诉求和手段。

1. 地方政府行为

地方政府间的关系错综复杂，一方面在经济发展过程中相互竞争，另一方面又相互模仿与学习，并不断探索合作路径，成为影响区域经济发展的一个重要力量。但不论采取哪种形式，都有一个特征日益凸显，即地方政府在发展政策的制定上相互影响、相互作用不断增强，而跨区域合作的推进，既是政府政策相互作用的结果，反过来也成为强化政府政策相互作用的重要力量。政府间行为的协调及其相互作用的产生，首先归因于各种外部性的存在。比较典型的是，在区域污染防治中，一个地区消除污染的最佳水平取决于其他地区选择的政策。因税收竞争的存在，政府对流动的税基进行征税，提高税率将会使税基收缩，意识到这一点，一区域选择税率时会观察其他区域的选择。另外，政府间的收入再分配政策也具有一定的空间相互作用，区域低收入居民因福利收益差异而选择区际移民，流向福利更好的区域，因此，区域间在制定收入再分配政策时必须考虑其他区域的政策选择（Brueckner，J. K.，2002）。

对政府政策相互作用进行分析的理论模型可以大致归为溢出模型和资源流动模型两类，尽管它们的结构不同，但是最终都产生出地区反应方程，并可以通过实证去估计。在溢出模型中，除了比较经典的污染溢出模型外，还包括地区间公共支出溢出模型。该模型认为本地的公共服务支出可能给相邻地区带来或正或负的外部性，说明财政支出存在空间外溢性。在这类模型中，一个区域的居民在消费本区域政府提供的公共物品的同时，可以有效地消费其他区域提供的公共物品和服务，最有名的是支出溢出效应，包括使用邻近区域的高速公路的收益，从参观邻近城市的地方博物馆中获益（Case，Anne C. and Rosen，Harvey S. and Hines，James J.，1993）等。税收竞争模型假设地方政府通过对流动要素征税为公共品筹资，因为税基增减并不仅仅依赖本地的税率，还和其他地区的税率有关，所以产生了政府间的策略作用（Wildasin，David E.，1986）。如果当地的税率高于相邻地区，流动要素所有者就会“用脚投票”迁徙到低税率的地区。当地方政府为吸引更多流动要素为公共品筹资时，就不可避免会出现税收竞争。某一地方政府对其他地方政府反映函数的斜率具有非零特征，税收竞争的纳什均衡往往使所有地方的税率低于最优化水平，过度的税收竞争还可能导致公共品的供给不足。

2. 地方政府行为的协调

以上模型分析的结果都表明，在现代经济发展过程中，政府间政策相互作用不仅存在，而且呈现日益加强的趋势。地方政府间行为协调的第二个成因在于资源具有流动性。委托-代理模型研究了投票者和政府之间的关系，政府可以利用信息优势寻租，可是，投票者以相邻地区为标尺判断本地政府的“质量”，如果投票者以此判别地方政府的相对效率，理性的政治家就会向相邻地区模仿（Besley，T. and

Case，A.，1995）。一区域在制定本地区相关政策时对相邻区域的选择做出反应。政策选择的相互依赖性证实了政府间战略性相互作用的存在。很多学者用地方财政支出作为工具变量，对政府间财政支出的相互作用和模仿行为进行空间计量经济学检验（Revelli，F.，2003）。采用空间面板数据模型对中国地方财政支出的相互作用的分析发现，地方财政支出具有空间溢出作用，即较高财政支出的地区和较高财政支出的地区靠近，较低财政支出的地区和较低财政支出的地区相邻。近几年这种作用在逐年增强，即地方财政支出存在“模仿”行为。当相邻地区的财政支出增加时，本地的财政支出也相应增加。产生这种“模仿”的因素可能是对目前基于经济增长的政绩考核的一种反映（解垩、王晓峰，2009）。在跨区域合作过程中，地方政府间的战略互动及其行为协调，表现在多个方面，如发展战略的协调，重大基础设施规划的协调，共同区域污染问题的治理，推进市场一体化、减少资源共享障碍等，为跨区域合作创造良好环境，加速要素在区际的流动，使得区域经济发展的空间依赖进一步强化，最终体现为经济一体化的实现和经济发展效率的提高。

跨区域合作的空间效应，从微观上来看，首先是区域主体在各种利益推动下的跨区流动，导致要素、生产组织等跨区域流动，创新要素空间流动的主导作用日益显现，形成区域经济发展的空间相互作用，进而产生空间依赖。区域经济发展过程中毗邻效应的存在，使得空间地理位置相互邻近的区域之间形成强烈的发展协同效应，即一个区域的经济发展对周围区域往往产生外部性影响。在跨区域合作推进过程中，地方政府间的相互作用、行为协调度不断提高。跨区域合作的空间效应正是通过要素的空间流动、区域经济发展的空间相互作用及政府政策的相互作用等形成反馈机制，反过来成为进一步推动跨区域合作深入展开的动力。

主要参考文献：

[1] 吴玉鸣，徐建华. 中国区域经济增长集聚的空间统计分析 [J]. 地理科学，2004（12）.

[2] 藤田昌久，雅克-弗朗科斯·蒂斯. 集聚经济学——城市、产业区位与区域增长 [M]. 刘峰，等，译. 成都：西南财经大学出版社，2005.

[3] 陆玉麒. 区域双核结构模式的形成机理 [J]. 地理学报，2002（1）.

[4] 程必定. 泛长三角区域合作机制及政府管理创新 [J]. 安徽大学学报：哲学社会科学版，2009（5）.

[5] 陈家海，王晓娟. 泛长三角区域合作中的政府间协调机制研究 [J]. 上海经济研究，2008（11）.

[6] 程必定. 泛长三角“统分结合”的区域合作机制 [J]. 发展研究，2009（12）.

[7] 安虎森. 新经济地理学原理 [M]. 北京：经济科学出版社，2009.

[8] 吴玉鸣. 中国区域研发、知识溢出与创新的空间计量经济研究 [M]. 北京：人民出版社，2007.

[9] 张玉明，李凯. 基于知识溢出的中国省际区域经济增长收敛性实证研究[J]. 管理学报，2011 (5).

[10] 王淑莉. 新经济地理与区域经济学研究述评 [J]. 广西社会科学，2006 (6).

[11] 保罗·克鲁格曼. 发展、地理学与经济理论 [M]. 蔡荣，译. 北京：北京大学出版社，2000.

[12] 布雷克曼，盖瑞森，马勒惠克. 地理经济学 [M]. 西南财经大学文献中心翻译部，译. 成都：西南财经大学出版社，2004.

[13] 王子龙，等. 区域经济系统演化的自组织机制研究 [J]. 财贸研究，2005 (6).

[14] 高丽娜. 跨区域创新合作的形成机制探讨 [J]. 商业时代，2011 (28).

[15] 高丽娜. 跨区域合作的空间效应分析 [J]. 西南民族大学学报：人文社会科学版，2012 (1).

[16] 吴玉鸣，徐建华. 中国区域经济增长集聚的空间统计分析 [J]. 地理科学，2004 (12).

[17] 左人培，杨春学. 经济增长理论模型的内生化历程 [M]. 北京：中国经济出版社，2001.

[18] 王业强，武占云. 国家增长极体系与城镇化格局构想 [J]. 开放导报，2013 (12).

[19] 王凯. 国家空间规划论 [M]. 北京：中国建筑工业出版社，2010.

[20] 肖金成，欧阳慧，黄征学. 优化我国国土空间开发格局的基本思路 [M] //中国国际经济交流中心. 中国经济分析与展望 (2011—2012). 北京：社会科学文献出版社，2012.

[21] 张车伟，蔡翼飞. 我国城镇化格局的变动特点 [J]. 中国党政干部论坛，2013 (8).

[22] 王缉慈. 创新的空间——企业集群与区域发展 [M]. 北京：北京大学出版社，2001.

[23] 安江林. 统筹区域发展的重要战略方式——建设增长极体系 [J]. 开发研究，2004 (5).

[24] 朱丽萌. 我国增长极格局的演变与发展 [J]. 区域经济评论，2013 (4).

[25] 张文，王声跃，肖海珍. 论云南区域经济增长极体系 [J]. 玉溪师范学院学报，2003 (11).

[26] 潘中艺. 中国区域增长极群引致增长研究 [D]. 长春：东北师范大学，2012.

[28] 高丽娜，蒋伏心. 空间经济学与区域经济学的分异与融合 [J]. 南京师范大学学报：社会科学版，2010 (6).

[29] 郭岚. 中国区域差异与区域经济协调发展研究 [M]. 成都：四川出版集团巴蜀书社，2008.

[30] 丁焕峰. 区域创新理论的形成与发展 [J]. 科技管理研究，2007 (9).

[31] 蒋伏心，高丽娜. 区际知识溢出不对称、产业区位与内生经济增长 [J]. 财贸经济，2012 (7).

[32] 高丽娜. 跨区域创新合作的内涵、方式及空间特征 [J]. 学术论坛，2012 (12).

[33] 胡兆量，韩茂莉. 中国区域发展导论 [M]. 2 版. 北京：北京大学出版社，2008.

[34] 罗润东. 西方劳动力市场分割理论的兴起与发展 [J]. 经济社会体制比较，2008 (5).

[35] 杨万钟，等. 上海及长江流域地区经济协调发展 [M]. 上海：华东师范大学出版社，2001.

[36] 安虎森，等. 区域经济学通论 [M]. 北京：经济科学出版社，2004.

[37] 王红霞. 企业集聚与城市发展的制度分析——长江三角洲地区城市发展的路径探究 [M]. 上海：复旦大学出版社，2005.

[38] 朱舜，高丽娜，等. 泛长三角区域合作背景下的江苏经济创新发展 [M]. 成都：西南财经大学出版社，2008.

[39] 王淑莉. 新经济地理与区域经济学研究述评——以区域为例 [J]. 广西社会科学，2006 (6).

[40] Graf H. Gatekeepers in regional networks of innovators [J]. Cambridge Journal of Economics, 2010 (10).

[41] Graf H. Gatekeepers in regional networks of innovators [J]. Cambridge Journal of Economics, 2010 (10).

[42] Storper M. Regional context and global trade [J]. Economic Geography, 2009 (1).

[43] Kim J, John L · S, Marschke G. The influence of university research on industrial innovation [J]. KOREA University Discussion Paper Series, 2010 (10).

[44] Gumbau, M. & Maudos, J. Patent, technological inputs and spillovers among regions [J]. Applied Economics, 2009, 41.

[45] Boschma R, Wenting R. The spatial evolution of the British Automobiles industry: does location matter [J]. Industrial and Corporate Change, 2007 (16).

第三章

泛长三角区域合作与江苏经济创新发展：区域合作视角

改革开放，我国区域合作与发展的战略，必然从“区域以城市为中心的极化发展”向“以城市群为重心的泛化发展”。近年来，我国区域合作与发展态势喜人。例如，珠三角从原来的广东省内的区域经济一体化到大珠三角，再演变为“9+2”的泛珠态势，再如，京津冀经济协作区，目前已发展成为环渤海湾区域的合作；在国内几大区域的泛化发展的大背景下，长三角泛化发展就成了必然选择。

……

分工协作的“泛”化可以增强长三角的实力、活力、辐射力和国际竞争力，已成为长三角区域发展的内在的迫切要求。

上海财经大学区域经济研究中心

——《2011 中国区域经济发展报告——从长三角到泛长三角：区域产业梯度转移的理论与实证研究》，上海财经大学出版社，2011 年版。

江苏经济是中国东部发达的相对独立运行的省级行政区域经济板块（种类）。①江苏经济创新发展是由其在泛长三角经济区的独特区位优势及省域经济发展的内在要求所决定的。江苏经济创新发展的泛长三角区域合作，是江苏经济对外开放和对内放开、实现“两个率先”的内在要求。它既是中国泛经济区的东、中、西部省域经济区域合作的必然趋势，也是泛经济区合作发展背景下的江苏经济创新发展的内在要求。由于“一极两带”极化和辐射效应的存在，泛长三角经济区即长三角及其经济腹地的内在经济联系日益密切，泛经济区经济一体化发展指向和区域合作引致创新发展趋势显现。因此，从区域合作视角研究江苏经济创新发展，具有十分重要的区域创新意义。

第一节　泛长三角区域合作的背景和机制

长三角经济区是中国经济快速发展的经济区之一，对中国经济发展具有重要的区域带动的战略意义。沿海高速公路、沪通铁路、杭州湾跨海大桥等交通束工程，使沿海快速交通束初步形成；沿江铁路、高速公路、高速铁路建设与运营，使沿长江快速交通束功能日益完善；宁西铁路运营构成西安以东陆桥通道双桥格局。这些条件使泛长三角区域合作进程加快的空间意义凸显。

一、泛长三角区域合作背景及存在的问题

长江通道城市群集聚区连绵带、陆桥通道城市群连绵带、沿海城镇轴、京广京九城镇轴和包昆城镇轴的横纵连接作用，构成泛长三角经济区区域合作的空间背景。② 在国际形势变化、要素约束、产业升级等因素作用下，实现长三角经济与长三角经济腹地一体化发展③，区域合作成为泛长三角经济区的必然选择。

1. 泛长三角区域合作的现实背景

长三角经济区与长三角经济腹地区域合作需求，是泛长三角经济区内在经济增长和外在市场扩展的客观要求和必然趋势。

（1）长三角经济增长对长三角经济腹地扩展需求具有内在驱动力。发达的长三角经济区对其周围区域的经济活动形成强大的辐射作用。但长三角经济经过 30

---

① 关于行政区域经济种类，参见朱舜《行政区域经济结构与增长》第二章，西南财经大学出版社 2003 年版；《行政区域经济：种类、特征与演化》，经济学动态，2004 年第 5 期。

② 高丽娜．长三角及其经济腹地一体化发展战略研究［J］．鸡西大学学报，2012（1）．

③ 经济一体化是指原先相互独立的经济通过某种形式结合成一个经济联合体的过程和状态（参见聂华林，李泉，等．发展区域经济学通论［M］．北京：中国社会科学出版社，2006：551）。

年的快速发展，面临资源瓶颈、土地瓶颈、产业能级瓶颈的严重约束，已经出现土地、淡水、人力、能源等经济资源紧张的态势；主要依靠投资扩张、高消耗和粗放型的经济增长方式已经不再适应经济全球化日益深化的新形势，亟待进行产业重构和区域创新发展。长三角经济发展的这些困境需要产业结构调整与升级，需要通过扩展经济腹地去解除。长三角经济发展离不开周围区域的劳动力、电力、水力、煤炭和金属等经济资源，即长三角经济腹地的经济资源对长三角经济的补缺作用十分突出。同样，长三角的先进技术、资本也需要向其经济腹地辐射。因此，长三角经济与长三角经济腹地区域合作可以有效优化泛长三角经济空间。

（2）长三角经济增长对长三角经济腹地扩展需求具有外部推动力。随着全球化步伐的加快，长三角经济极核区与经济腹地进行区域合作，提高区域整体竞争优势，已成为泛经济区发展的重要趋势。尤其是在经济全球化和区域经济一体化的浪潮中，长三角外向型经济面临转型压力，开拓国内市场就成为应对外部市场变化的必然选择。长三角经济需要在更大的空间范围实现资源共享，降低生产成本，提高自身的经济实力。长三角的先进技术、成功管理经验、产品和技术的创新等将向其周围区域辐射，同时也需要经济腹地广阔的市场和丰富的劳动力、自然资源作支撑。长三角经济腹地的安徽、江西、湖北、湖南、四川、重庆、河南及陕西等省市能为长三角提供强大的市场容量。长三角经济与长三角经济腹地区域合作可以分工协作和优势互补，实现经济互惠和双赢发展。

2. 泛长三角区域合作存在的问题

泛长三角经济空间因自组织内在机制作用而演化，但因缺失“区域政府”和“区域治理”未形成紧密的区际空间经济联系，未形成有效的城市群、城市群集聚区连绵带空间协调机制。

（1）行政区域经济特征明显，尚未形成紧密的区际空间经济联系。泛长三角经济区有明显的行政区域经济特征。政府推动和市场机制在涉及跨区域经济要素流动、企业区位选择、产业转移、空间发展战略等方面的矛盾突出。以产业扩散（转移）来说，按照市场机制，当某一产业在某些区域由于要素价格、技术成熟度等变化，出现跨区域扩散（转移）时，地方政府在地方财政收益最大化目标推动下，虽然有产业结构升级的愿望，但又不愿失去税源，因而往往产生一些变相限制企业扩散（转移）的地方政府行为。在其他经济要素流动上也是如此。行政区域经济“边界”限制了经济空间联系。

（2）未形成有效的泛经济区城市层级体系。区域核心城市是泛长三角经济区的重要空间载体，对于推动区域合作和区域经济一体化发展具有重要作用。从长三角经济区发展来看，城市和城市群对整个经济一体化发展起到了主导作用，加强城市和城市群合作是推进经济一体化的关键。城市和城市群合作是经济一体化的空间依托及表现形式。但在长三角经济腹地中，城市集群发展存在诸多障碍。国家层面提出了多个城市集群发展战略，但在实际操作层面上存在很多问题。在泛经济区城市层级体系发展中，缺失区域合作机制，在主导产业选择、高新区建设、吸引外资等方面存在产业雷同或产业相似性，严重制约了中心-外围之间的产业分工与联系，阻碍了城市层级体系空间优化。

（3）通道经济带极化和辐射功能不强。通道经济带的功能不仅仅是增强区域经济联系的通道，更为重要的它是各种类型及种类的区域经济板块区域合作的空间载体。长三角经济腹地的长江通道经济带及陆桥通道经济带仍处于发展过程中。无论是长江通道经济带还是陆桥通道经济带，仍是低层次的交通联系的通道。因此，构建快速交通束，促进通道经济带区域合作，是泛长三角经济区创新发展的重要条件。

（4）长三角经济腹地的问题区域发展缓慢。存在问题区域是长三角经济腹地不能忽视的区域问题之一。问题区域既是区域问题又是突出的空间问题，更具有区域政策作用对象的属性。[①]随着经济的快速发展，长三角经济腹地出现了问题区域。长三角经济腹地的区域大，其存在的问题区域类型较多。从目前看，问题区域较多处于贫困落后阶段。落后区域个性特征的集中表现是落后、贫困、经济总量小、增长速度慢、质量低、产业结构档次低、财政拮据、贫困人口多、居民的收入水平长期低下，这类区域无力迈过工业化门槛直接进入经济起飞阶段。推动问题区域发展的关键是区域经济政策。从整体上看，泛长三角这类区域经济政策的实施效果未能达到政策预期；但实践证明，长三角的发达区域与长三角经济腹地问题区域合作发展产生了较好效果。

二、泛长三角区域合作的条件和机制

从现代城市化的发展趋势和世界各国的竞争态势看，竞争越来越取决于最具核心竞争力的大城市群之间的相互竞争。一个城市群实力的强弱，主要取决于其区内不同城市和地区彼此分工、合作和要素配置与流动的程度。在统筹区域发展的国家经济战略布局调整的背景下，长三角区域经济发展的目标定位和发展战略问题，与发挥长三角经济区对中、西部地区的辐射和带动作用问题紧密相关。国家宏观层面上对长三角的政策支持，将进一步助推长三角经济的迅猛发展。与此同时，长三角经济必然能更好地发挥对腹地经济的带动和辐射作用，促进中、西部欠发达区域经济的快速发展。

---

① 在西方区域政策研究文献中，尽管“问题区域”一词已成为普遍使用的专业术语，但已有文献均未对其内涵进行准确的抽象概括。问题区域是指由中央政府区域管理机构依据一定的规则和程序确定的受援对象，是患有一种或多种“区域病”而且若无中央政府援助则难以靠自身力量医治这些病症的区域（张可云，2005）。这一定义已获得国内区域经济学界较为广泛的认可。

1. 泛长三角区域合作的条件

长三角经济区与长三角经济腹地进行区域合作，不仅是现实的紧迫需要，而且在要素禀赋条件、产业结构优化、空间相互作用、交通系统支持等方面具备条件。

（1）要素禀赋的互补性。长三角经济区与长三角经济腹地之间具有较为明显的要素禀赋差异性，在自然资源如土地、能源、矿产、人力资源、技术条件等方面的互补性特征明显，为区域要素流动和区域分工的形成提供了可能条件。沪、苏、浙三省市自然资源缺乏，只有人力资源、技术等方面的优势明显。长三角经济腹地的自然资源丰富，禀赋条件优越。正是资源禀赋条件的差异，长期以来在长三角经济区与长二角经济腹地之间形成了较密集的资源流，例如在泛长三角经济区，通过铁路运输的煤炭，半数以上是经济区内的省际运输。

（2）产业结构的互补性。长三角经济区与长三角经济腹地跨中国东、中、西三大区域，产业结构具有很大的差异性与互补性。针对各省域经济的工业经济发展情况，引入考核相对份额的区位熵指标，分别使用各地区企业单位数、工业总产值、就业人数三个指标，从全国和泛长三角经济区两个层面对泛长三角经济区各地区产业区位熵进行测算，结果表明：长三角经济区的沪、苏、浙三省市产业与长三角经济腹地其他各省域经济相对专业化部门具有很强的差异性与互补性。长三角经济区相对专业化部门主要是纺织、服装、化纤、金属制品、通用及专用设备制造、电气机械及通信设备制造、仪器仪表等。长三角经济腹地的皖、赣、豫、鄂、湘、渝、川、陕等省市的产业具有鲜明的资源型特征，在煤炭、石油及金属、非金属矿产采选业及其制品业上具有较明显的比较优势，在全国产业体系中占据重要地位。长三角经济腹地中部省份的农产品优势也很明显，农副食品加工、食品制造等行业的专业化程度相对较高。

（3）紧密的区际经济联系（空间相互作用机制）。长三角经济区与长三角经济腹地在长期经济发展中形成了紧密的区际经济联系。这种经济联系最直接的体现是经济要素、商品等的区际流动。生产要素区际流动是区域合作和实现经济一体化的客观基础，而要素收益梯度差是生产要素区际流动的动力基础。劳动力和资本的跨区流动，在很大程度上密切了区际经济联系，使要素资源得到优化配置，为区域经济一体化创造了条件。从劳动力流动看，伴随长三角经济区的快速发展，就业机会、工资水平、工作环境等对长三角经济腹地各类人力资源产生强大引力，形成密集的人流。在长三角外来务工人员构成中，长三角经济腹地的劳动力是主力。比如安徽省外出务工人员的 60% 集中在长三角。从资本流动看，长三角资本成为长三角经济腹地外来资本的主要部分；在安徽、江西、湖北等省的外来资本构成中，苏商、浙商、沪商的资本占有很大比重。经济联系的一个最基本的体现就是区间货物流密度。在泛长三角经济区的铁路货物流中，内部省域流动占据主要部分。

（4）交通网络支持系统。泛长三角经济区已形成较为完善的多类型、多等级、网络化、快速化的交通及基础设施支撑系统。以京广线、京沪线、京九线、宝成—成昆线构成的纵向铁路交通线，与以陇海—兰新线、宁西铁路、沪汉蓉高速铁路、沪昆高速铁路等横向铁路交通线形成泛长三角铁路网络，以沿江高速、新亚欧大陆桥沿线高速，以及京沪、京广、沿海高速等为主骨架形成泛长三角高速公路网络，是泛长三角经济区重要的快速交通束。快速交通束的建成营运，对泛长三角经济区日益增长的要素流、商品流产生重要影响。加强快速交通束经济联系，是区域合作进程的重要组成部分与支持系统。无论是从要素差异性与互补性，还是从产业的互补性、交通的网络化特征来看，泛长三角经济区的区域合作已经具备条件。

2. 泛长三角极化与辐射机制：区域合作空间基础

长三角经济向其周围区域极化和辐射引致泛长三角空间演化，是其空间演化机制作用所致，即长三角经济快速增长，辐射半径增大。尤其是长三角经济沿长江通道经济带和陆桥通道经济带向中国中、西部延伸极化和辐射引致泛长三角空间演化，是其内在的空间演化机制决定的。这是泛长三角区域合作必须遵循的空间基础。

（1）长三角经济对长江通道经济带的极化与辐射机制。长三角经济快速增长引致经济腹地扩展需求增大。长江黄金水道作为综合运输大通道，已经成为长江流域经济持续、快速发展的重要交通支撑。长三角经济辐射半径增大，其沿长江通道经济带向中国中、西部延伸极化与辐射，促成泛长三角空间演化。

一是长三角经济沿长江通道经济带向中、西部延伸极化与辐射的客观必然性。随着消费结构从吃、穿向住、行的转化，中国进入以重化工业为突破口的新一轮工业化进程。长江通道经济带在这一进程中具有独特地位。重化工业需要规模经济的支撑，需要城市群、有强大配套能力的产业带为主要载体。在这些方面，长江通道经济带的优势最为明显。同时，上海洋山国际集装箱港的建成，使长江流域集装箱运量剧增。在经济腹地扩展的取向上，长三角经济会以长江通道为必选向中、西部扩延。长江通道是非常重要的交通束，长三角经济沿着这条交通束向中、西部极化与辐射，促进了长三角经济和长三角腹地经济的一体化发展。

二是长三角经济沿长江通道经济带向中、西部延伸极化与辐射，具有区域经济空间结构优化意义。一方面有利于长江流域经济带优势互补，共同发展。长江上、中游地区经济欠发达但自然资源丰富，下游地区经济发达但自然资源相对匮乏，两者具有很强的互补性，存在共同开发、共谋发展的客观需要。30 年来，靠近沿海的长江下游地区在迅速发展的同时，由于多年持续的资本积聚和积累，以及技术引进、消化与创新，其极化效应开始由强转弱，辐射扩散效应相对趋强，中、上游地区丰富的自然资源和低廉的生产要素迫切需要开发，客观上也使下游地区的资本、技术加快向上、中游地区转移，产业转移和扩散逐渐扩大。另一方面有利于促进西部大开发和东、中、西部联动发展。长江流域横跨中国东、中、西部，长江流域的发展对促进东、中、西部联动发展具有举足轻重的作用。东部发展是区域协调发展的重要基础，其率先发展后沿长江通道辐射必将带动中、西部地区发展。长三角经济沿着长江通道辐射，有利于促进中、西部经济的发展，实现东、中、西部经济联动发展。

（2）长三角经济对陆桥通道经济带的极化与辐射机制。在宁西铁路建成之前，新亚欧大陆桥中国段虽然为沟通中国和中亚国家的经济联系以及促进中国东、中、西部共同发展创造了有利条件，但因桥头堡连云港市的经济总量太小和沿线城市经济实力不强，没有发挥其应有的作用，没能把发达东部经济的能量有效辐射给中、西部。宁西铁路建成后，新亚欧大陆桥西安以东双桥经济带形成，长三角经济沿新亚欧大陆桥西安以东双桥经济带的极化与辐射效应日益增强。

一是双桥头堡的竞争优势。新亚欧大陆桥形成以铁路为主轴，口岸为门户的运输方式结合的交通网络。上海港是世界级大港，在中国经济发展中发挥着重要的作用，上海物资总量的60%和上海口岸外贸进口物资的99%都通过其周转。连云港港口是国际集装箱运输的枢纽港，是不可多得的靠海通陆桥的国际化大型商港。上海港口及连云港港口组成了规模大、综合实力强的新亚欧大陆桥的东方双桥桥头堡。长三角是中国东部经济发达区域，是中国经济发展和创新的“牵引力”。新亚欧大陆桥西安以东的南桥在合肥以东通过沪宁、宁启、合肥经杭州至宁波铁路线，引导着长三角经济沿桥向中、西部的皖、豫、陕等省域极化与辐射，从而扩展了长三角经济的空间范围。长三角经济沿新亚欧大陆桥辐射，这一线是带动中国东、中、西部经济联动发展的黄金经济轴。

二是陆桥通道经济带在长三角经济向中国中、西部极化与辐射过程中具有重要的互补优势。①资源互补优势。新亚欧大陆桥西安以东双桥经济带地处中国温带和亚热带地区，水、热条件组合较好，地形多是平原，是中国重要的粮棉油产区和著名的水产品及土特优产品产地。此外，这里还有重要的矿产资源，不仅种类多、分布广，而且集中有大型及特大型矿床。这与长三角经济发展的资源局限形成良性互补。②政策优势。改革开放以来，遵循区域经济非均衡发展的客观规律，国家相继实施了沿海经济发展战略、长江流域经济带发展战略、西部大开发战略，有力地推动了国民经济的强劲增长和综合国力的大幅提升。长三角经济沿新亚欧大陆桥西安以东双桥经济带极化与辐射符合国家的发展政策，因而有利于长三角经济和新亚欧大陆桥西安以东双桥经济带协调发展。

三是长三角经济沿陆桥通道经济带极化与辐射具有区域经济空间结构优化意义。通过以上分析可以看出，长三角经济沿新亚欧大陆桥西安以东双桥经济带极化与辐射具有必然性，并推动着长三角经济和新亚欧大陆桥西安以东双桥经济带快速发展。新亚欧大陆桥西安以东双桥的构建，形成了有利的投资环境，使长三角的产业向新亚欧大陆桥西安以东双桥扩散，继而向中国中、西部地区扩散。因此，通过陆桥通道联结长三角和中、西部，无论对长三角经济发展还是对中、西部开发都至关重要。同时，长三角经济沿新亚欧大陆桥西安以东双桥经济带极化与辐射，有利于长三角经济的快速发展。①长三角经济沿新亚欧大陆桥西安以东双桥经济带极化与辐射，可以促进长三角经济的地域合作，从而提高其综合竞争能力。②长三角的一些劳动密集型产业和资源密集型产业通过新亚欧大陆桥西安以东双桥经济带向中、西部转移，有利于长三角产业结构和产业布局调整。③长三角经济沿新亚欧大陆桥西安以东双桥经济带极化与辐射，可以引导中、西部欠发达区域的人力、矿产等资源沿带向东部流动，拓展长三角的人流、物流、资本流、信息流，从而为长三角经济发展提供新的机遇。

第二节　长江通道经济带开发及区域合作

泛长三角区域合作背景下的江苏经济创新发展，是泛长三角通道经济带区域合作背景下的江苏经济“东合西扩”“南融北极”空间演化的区域创新发展。长三角经济对长江通道经济带的极化与辐射效应增强。长三角经济快速发展引致对其经济腹地的需求增大。长江黄金水道作为综合运输大通道，已经成为长江通道经济持续、快速发展的重要交通支撑。长三角经济的极化和辐射半径增大，其沿长江通道经济带向中国中、西部延伸极化与辐射，是长三角经济向周围区域扩散的内在要求，对周围区域产生正向的辐射和带动作用，从而使长三角经济空间引力扩展。

一、长江通道经济带

在经济腹地扩展路径的取向上，长三角经济必然会以长江通道向中、西部扩延为必选路径。长江通道是非常重要的交通束，长三角经济沿着长江通道交通束向中、西部极化与辐射，对长三角和长三角腹地经济发展都有十分重要的意义。

1. 长江流域及长江干流分段

长江是中国第一大河，世界第三长河，干流流经青、藏、川、滇、渝、鄂、湘、赣、皖、苏、沪 8 省 1 区 2 市，全长 6 300 余公里，流域面积 180 万平方公里，约占全国面积的 1/5，人口约 5 亿，占全国总人口的 38%。长江流域气候温暖、雨量充沛、支流湖泊众多；农业发达，粮食产量占全国的 2/5，棉花产量占全国的 1/3，淡水产品占全国的 2/3；水资源、水能资源及矿产资源十分丰富；水陆交通便捷；工业基础和资本较雄厚，经济腹地广阔；科技力量集中。长江流域横贯中国东、中、西部三大经济地带，是联系沿海与内地的水运大动脉。经过几千年的开发建设，长江流域已成为中国农业、工业、商业、文化教育和科学技术等方面最发达的区域之一。以长江干流为轴线的长江通道经济带，是泛长三角经济发展及其空间演化的重要“动力带”。

长江通道经济带的开发主要是在国家开发战略层面和地方政府合作层面进行的。关于长江通道经济带的界定，是在对沿江主要城市辐射范围界定的基础上进行划分的。①

对长江流域有多种划分，一是指长三角和沿江地区，二是指沿江各省市，三是指长江水系自然流域。按长江水系自然流域划分，以长江干流为轴线，一般划分为：以上海为中心的长江下游（湖口以东，跨境江苏、安徽省，属于东部和中部地带），长 938 公里，流域面积 12 万平方公里；以武汉为中心的长江中游（湖口至宜昌，跨境江西、湖北、湖南省，属于中部地带），长 955 公里，流域面积 68 万平方公里；以重庆为中心的长江上游（宜昌以西，跨境重庆、四川、云南等省市，属于西部地区），长 4 504 公里，流域面积 100 万平方公里。长江流域由东至西呈现出典型的梯度差异性和发展不平衡性。

长江水系发达，有数以千计的大小支流。其中，流域面积在 1 000 平方公里以上的支流 437 条，10 000 平方公里以上的支流 49 条，80 000 平方公里以上的支流 8 条；支流流域面积以嘉陵江最大，年径流量、年平均流量以岷江最大，长度以汉江最长。长江支流与长江干流流域组成长江流域，其流域经济为长江流域经济带。从泛长三角经济区看，长江干流贯穿泛长三角的省域经济板块，发挥着十分重要的交通通道作用。

2. 长江通道经济带及开发

区域经济联系与区域经济开发，既是一个理论问题，也是一个实践问题。区域经济联系与区域经济开发之间的内在联系，是区域经济板块形成和演化的基础动力。因此，从区域经济联系视角分析泛长三角经济开发具有重要意义。

改革开放以来，长江通道经济带开发得到了沿江城市的重视。1985 年 12 月底，沪、宁、汉、渝等城市的领导及有关部门负责人集聚重庆，成立了开放型的流域性经济协调组织——长江沿岸中心城市经济协调会。长江沿岸中心城市经济协调会由沪、宁、汉、渝四市轮流担任协调会主席方，两年一轮换。协调会下设联络处，作为协调会主席方的常设办事机构，协助主席方城市处理协调会闭会期间的日常工作。联络处设在主席方所在市的经协委（办）内，联络处随主席方变动而轮换。协调会成员有攀枝花、宜宾、泸州、重庆、宜昌、荆州、石首、岳阳、咸宁、武汉、鄂州、黄石、黄冈、九江、巢湖、池州、安庆、铜陵、芜湖、合肥、滁州、马鞍山、泰州、扬州、镇江、南京、南通、上海、宁波、舟山等城市。经过协调会

---

① 朱舜，高丽娜，等. 泛长三角经济区空间结构研究［M］. 成都：西南财经大学出版社，2006：226-227.

成员城市协调，长江通道经济带的经济总量增大但发展不平衡。这就需要继续发挥长江流域地方政府合作的作用，通过区域合作发展促进长江通道经济带开发。

长江通道经济带开发被学者关注。长江是中国21世纪的经济脊梁。长江通道具有良好的自然条件和经济基础，加快建设长江通道经济带是中国现代化建设三步走的客观要求，是实现东、中、西部协调发展，促进西部大开发的必然选择。沿江联动，应加强沪、渝合作，只有上海、重庆这两颗“螺丝钉”强壮了，才有可能使中国经济发展的H形大骨架坚挺（俞荣根、罗锐华，2000）。长江通道经济带开发开放处在由点状开发向轴线联动推进的转换时期，西部大开发处在基础设施和生态环境建设先行的启动阶段，这一态势为武汉加快发展提供了宝贵的“时间差”，是武汉一个很重要的发展机遇和发展时期。充分利用这一机遇，在长江通道经济带开发开放和西部大开发的结合上做足文章，对于加快武汉在长江通道经济带动的发展崛起，增强武汉在新世纪全国经济发展格局中的竞争有重要意义（王留军等，2002）。从提高区域竞争力和区域合作角度出发，借鉴国外流域开发成功的范例，探讨长江通道经济带的合作基础、合作领域和措施、方案（李靖、谷人旭，2003）。

为了研究方便和研究目的的需要，我们以长江干流为依据，在长江流域经济带中划分出长江通道经济带，它分为长江通道经济带下游段、长江通道经济带中游段和长江通道经济带上游段；依据城市集群发展程度，在长江通道经济带中区分出长江通道城市群集聚区连绵带，它分为长江通道城市群、长江通道城市群集聚区。

二、长江通道经济带的区域合作

长江通道经济带是泛长三角最具增长活力的经济带，其区域合作是泛长三角经济创新发展的内在需要。长江通道经济带开发越来越向以市场空间为主的区域合作演变，因而区域合作是增强长江通道经济带竞争力的有效途径。促进长江通道经济带区域合作的思路框架是：遵循空间结构演化趋向促进长江通道经济带空间结构优化；通过地方政府合作促进长三角及其经济腹地协调发展。

1. 长江通道经济带区域合作

改革开放以来，长江通道经济带开发的区域合作在“长江沿岸中心城市经济协调会”协调下成效显著。通过国家规划和地方政府合作促进长江通道经济带区域合作。近年来长江通道经济带获得了快速发展。长江通道经济带资源富集，人口与城市集中，是泛长三角经济区最重要的高密度经济“走廊”之一。长江通道经济带的建设和发展，不仅有利于促进长三角经济腹地的发展，而且有利于引导并带动泛长三角经济协调发展。

由于长江通道经济带的特殊地位和作用，进入20世纪90年代以后，国家对长江通道经济带的开发和进一步发展进行了一系列重大部署。1990年6月国家做出开发上海浦东的战略决策。1992年4月全国人大批准通过兴建三峡工程的提案。1992年6月李鹏总理在长三角及长江沿江地区经济发展规划座谈会上指出，要推动长三角及沿江的开发和经济发展，使其在实现第二步、第三步战略目标中发挥更大作用。会议拟定了加快长三角及沿江地区开发和经济发展的具体轮廓。江泽民指出，这一地区将成为继沿海开放地区之后一个开发潜力最大、很可能上得最快的经济发展先行区，可以说长三角和长江沿江地区开发的快慢将在很大程度上决定中国第三步战略目标乃至整个社会主义现代化的进程。党的十四大提出了“以上海浦东开发为龙头，进一步开发长江沿岸城市，尽快把上海建成国际经济、金融、贸易中心之一，带动长江三角洲和整个长江流域经济的飞跃”的战略方针。为了构筑21世纪实力最雄厚、后续力量最强、影响面最广的区域经济带，以促进内陆地区的开发和全国经济的增长，国家在1996年颁布的“九五”计划和2010年远景目标纲要中，把长三角和长江沿江地区列为中国将要形成的七大经济区的首位，并明确了要“依托沿江大中城市，逐步形成一条横贯东西、连接南北的综合经济带”的战略取向，即实现东西部结合，优势互补，使长江上、中、下游在新的基础上构成一个优势互补的整体，延伸和拓展沿海的对外开放。长江开发开放战略是未来中国发展最重要的国家战略，长江通道经济带成为继中国沿海地区快速增长后的又一个发展主轴。近年来，长江通道经济带的多个区域发展战略上升为国家战略，如成渝、武汉、环长株潭、环鄱阳湖、皖江产业发展等都涉及长江通道跨区域协调发展，这为长江通道经济带区域合作提供国家发展战略和规划支持。

2. 长江通道经济带开发的区域政府合作

长江通道经济带开发的区域政府合作进程整体推进。长江黄金水道的货运量已连续多年居世界内河第一位。长江干线货运量发展迅速，是美国密西西比河的2倍，是欧洲莱茵河的3倍。长江沿岸中心城市经济协调会于1985年成立，在长江通道经济带开发的区域政府合作中发挥了重要作用。随着改革开放的深入和经济发展走上正常轨道，为顺应经济发展的要求，长江流域以上海、重庆、武汉、南京四个城市为主体，开始分别组建区域性经济协作会，即武汉经济协作区（1987）、南京区域经济协调会（1986）、重庆经济协作区（1988）和长江三角洲经济区（1992），长江通道区域政府协作向纵深发展。其中，长三角城市经济协调会成效显著。长三角城市经济协调会于1996年成立，由1992年建立的长江三角洲经济区15个城市协作办主任联席会议制度发展而来，是长三角城市合作机制。在2003年

8月的第四次会议上，台州市被接纳为正式成员。2010年3月，协调会又增加6个成员城市，即长江三角洲城市经济协调会由上海、无锡、宁波、舟山、苏州、扬州、杭州、绍兴、南京、南通、泰州、常州、湖州、嘉兴、镇江、台州、淮安、盐城、合肥、马鞍山、衢州和金华22个成员城市组成。长三角城市经济协调会办公室设在上海市人民政府合作交流办公室，负责协调会日常工作。协调会围绕中央要求和沪苏浙一市二省确定的工作重点，结合成员城市共同关心的问题，设立年度专题项目，按照年度工作目标和计划组织实施。协调会成立以来是长三角经济快速发展期，也是区域合作、联动发展的重要转型期。

第三节　陆桥通道经济带及其区域合作

宁西铁路与京沪铁路沪宁段连接形成新亚欧大陆桥西安以东新通道。由新通道和原通道一起构成的陆桥通道具有横贯中国东、中、西部的经济区位优势和重要的开发意义。

一、陆桥通道经济带及行政区域经济构成

陆桥通道覆盖5省（市）中的19个地级市、36个县级行政区域经济板块（不含支桥通道）。[①] 陆桥通道横贯中国东、中、西部，是泛长三角的具有举足轻重地位的交通束。陆桥通道经济带因宁西铁路与京沪铁路沪宁段相连接而形成。

1. 陆桥通道经济带

宁西铁路是中国“十五”重点建设项目和西部大开发的十大启动工程之一，在南京与京沪铁路沪宁段相接，长1 149公里。宁西铁路是中国又一条东西运输大动脉，也被称为“第二条陇海线”。宁西铁路使新亚欧大陆桥西安以东新增一条东西走向的陆桥，或者说，宁西铁路与京沪铁路沪宁段相接后，新亚欧大陆桥西安以东形成南向支桥，即大陆桥中国西安以东分为西安以东的陇海线和宁西线及京沪线沪宁段桥（简称“双陆桥”）。

（1）北陆桥为新亚欧大陆桥西安以东的陇海铁路线，从西安东进，经过渭南、三门峡、洛阳、郑州、开封、商丘、徐州、连云港等城市，全长1 067公里，连云

---

① 张春梅，朱舜，高丽娜，等. 新亚欧大陆桥西安以东双桥经济带构建及其开发意义［J］. 上海经济研究，2005（10）；朱舜，高丽娜. 新亚欧大陆桥西安以东双桥经济带构建研究［J］. 徐州师范大学学报：哲学社会科学版，2005（6）.

港为北桥桥头堡。虽然连云港港口的吞吐能力还不是很强，但它是连接新亚欧大陆桥的最便捷、最经济的港口。北陆桥经济带因陇海铁路线建成时间较早而得到较快发展。

（2）南向支桥是宁西铁路与京沪铁路沪宁段相连接后形成的西安至上海铁路线（简称“南桥”），从西安东南方向东进，横贯商洛、南阳、信阳、六安、合肥、南京、镇江、常州、无锡、苏州、上海等城市，全长 1 452 公里，上海是南桥桥头堡。虽然南桥运程较北桥长 385 公里，但其桥头堡上海市经济发达，是国际经济贸易和金融中心，其港口是中国的第一大港口，也是世界第一大港口，因而南桥头堡是新亚欧大陆桥经济带发展的“东方牵引力”。南桥经济带因宁西铁路建设较晚而处于形成初期，但其发展潜力巨大。双陆桥不仅是新亚欧大陆桥在西安以东的两条东西走向的运输通道，而且是两条贯通中国东、中、西部的经济大轴线。提升陆桥干道运营能力，促进陆桥通道经济带快速开发，将对泛长三角经济产生极其重大影响。

2. 陆桥通道经济带的行政区域经济板块构成

依据新亚欧大陆桥经济带辐射地域范围的实际状况，以陇海铁路和宁西—沪宁铁路通过的县级以上行政区域为陆桥干道的组成单位，[①] 由它们所组成的空间范围为陆桥通道经济带的核心带。

（1）北桥经济带核心带的行政区域经济板块组成。北桥经济带包括陕西、河南、安徽、江苏省域经济的 31 个县、市区经济板块：陕西省的西安市、渭南市、华县、华阴市、潼关县（市）域经济；河南省的灵宝市、三门峡市、陕县、渑池县、义马市、新安县、洛阳市、偃师市、巩义市、荥阳市、郑州市、中牟县、开封市、开封县、兰考县、民权县、宁陵县、商丘市、虞城县、夏邑县（市）域经济；安徽省的砀山县域经济；江苏省的徐州市、铜山县、邳州市、新沂市、东海县、连云港市（县）域经济。北桥经济带的城市（市区）经济板块已显现出西安、郑州、徐州顺序的“西高东低”特点，但县域经济板块从平均看却具有“东高西低”的特征。

（2）南桥经济带核心带的行政区域经济板块组成。南陆桥经济带由陕西、河南、安徽、江苏和上海等省（市）域经济中的部分县、市区域经济组成：陕西省

① 从理论上分析，经济带的组成单位应是经济区域，而不是行政区域经济，但是“从实践角度，按行政区域（地方）来探讨经济运行的逻辑，有利于提高区域经济学的社会实践功能”（参见朱传耿，沈山，仇方道. 区域经济学［M］. 北京：中国社会科学出版社，2001）。“以县域研究的单元之所以必要，是因为县域经济是中国国民经济中具有综合和区域性的基本单元，国民经济的基本支柱和协调城乡关系的重要环节”（参见厉以宁. 区域发展新思路——中国社会生产不平衡对现代化进程的影响与对策［M］. 北京：经济出版社，2000）。本书分析通道经济带采用县及以上行政区域经济为其组成单位。

的西安市、渭南市、商洛、丹凤县、商南县（市）域经济；河南省的西峡县、内乡县、镇平县、南阳市、唐河县、桐柏县、信阳市、罗山县、潢川县（市）域经济；安徽省的六安市、肥西县、合肥市、肥东县（市）域经济；江苏省的南京市、镇江市、常州市、无锡市、苏州市、昆山市（县）域经济和上海市域经济。从南桥经济带的城市（市区）经济板块看，位居南京以东的比南京以西的整体要高得多；但在南桥经济带的县域经济板块中，除东部昆山市外，中部数县崛起。

二、陆桥通道经济带差异和区域合作意义

陆桥通道横贯中国东、中、西部，在泛长三角经济区中占有举足轻重的地位，但发展差异大，尤其是南桥经济带的东、中、西部差异大。从南桥经济带看，上海、江苏区域的人口稠密，人才集中，资金雄厚，技术先进，交通运输方便，经济发达，但能源和矿产资源比较缺乏；安徽、河南和陕西地处内陆，宁西铁路建设较晚，生产力水平低，科技教育落后，人才资源匮乏，导致企业规模小，产业结构不合理，经济不发达，但能源和矿产资源比较富足。陆桥通道经济带差异内在需要区域合作。近年来陆桥通道经济带的区域合作，有力地推动陆桥通道经济带快速发展。

1. 陆桥通道经济带发展差异

从陆桥通道经济带江苏段看，其南桥和北桥经济差异很大，相对南桥经济来说，北桥经济发展滞后。与南桥经济相比，北桥经济中的徐州和连云港两市工业整体水平不高，竞争力不强；高新技术产业尚处于起步发展阶段，信息化发展也较为滞后；产业扩张能力不强，企业集聚效应不明显，尚未走上规模经济主导的工业发展道路。

（1）城市经济和县域经济发展不平衡。运用主成分分析法，定量分析陆桥通道中的城市、县域经济的发展状况[①]能清楚地看到其发展的不平衡性（见表 3-1、表 3-2）。用陆桥通道中的地级及以上城市经济和县域经济的样本数据，建立评价矩阵并分别作相关分析和进行 KMO 测度，相关矩阵的大部分相关系数大于 0.3，KMO 值分别为 0.863 和 0.712。这说明作因子分析是适宜的。[②]

---

① 遵循指标体系设计原则，结合所研究的问题，采用《中国城市统计年鉴（2013）》和《中国县（市）社会经济统计年鉴（2013）》的统计数据，构建指标体系定量研究双陆桥沿桥市区、县域经济发展水平及其差异（有关分析方法参见：郭志刚. 社会统计分析方法——SPSS 软件应用［M］. 北京：人民出版社，1999）。

② 在分析中将县级市域经济归为县域经济，如将昆山市域经济仍看成县域经济（参见：朱舜. 行政区域经济结构与增长［M］. 北京：经济科学出版社，2002）。

表 3-1　　陆桥通道经济带的地级以上城市经济发展实力得分及排序

市区	综合得分	排名	市区	综合得分	排名	市区	综合得分	排名	市区	综合得分	排名
西安	0.309	3	开封	−0.268	13	南阳	−0.282	15	镇江	−0.224	11
渭南	−0.331	18	商丘	−0.262	12	信阳	−0.319	17	常州	−0.118	7
三门峡	−0.357	19	徐州	−0.191	9	六安	−0.310	16	无锡	−0.045	5
洛阳	−0.212	10	连云港	−0.027 3	14	合肥	−0.173	8	苏州	−0.031	4
郑州	−0.062	6	商洛	−0.364	20	南京	0.458	2	上海	2.964	1

注：在市区经济发展实力主成分分析中，所选取的主要经济指标有市区人口、国内生产总值、人均 GDP、第二产业产值、第三产业产值、地方财政收入、人均地方财政收入、固定资产投资、存款余额、贷款余额、工业总产值、经济密度、本地电话用户、普通中学在校学生数、高等学校学生数。

数据来源：《中国城市统计年鉴（2013）》和《中国县（市）经济统计年鉴（2013）》。

表 3-2　　陆桥通道经济带沿桥县域经济发展实力得分及排序

县市	综合得分	排名	县市	综合得分	排名	县市	综合得分	排名	县市	综合得分	排名
潼关县	−0.45	30	巩义	0.761	2	砀山	−0.4	25	唐河	−0.18	12
华县	−0.47	32	荥阳	0.285	4	邳州	0.126	6	桐柏	−0.39	23
华阴市	−0.396	24	中牟	−0.151	11	东海	−0.02	8	罗山	−0.38	22
灵宝	0.193	5	兰考	−0.31	16	丹凤	−0.57	33	潢川	−0.29	14
义马	−0.44	28	开封	−0.41	26	商南	−0.59	34	肥西	−0.35	20
陕县	−0.46	31	民权	−0.37	21	西峡	−0.33	19	肥东	−0.26	13
渑池	−0.46	27	宁陵	−0.43	29	内乡	−0.31	18	昆山	4.707	1
新安	−0.1	10	虞城	−0.31	17	镇平	0.007	7	新沂	−0.08	9
偃师	0.416	3	夏邑	−0.3	15	—	—	—	—	—	—

注：在县域经济发展实力主成分分析中，所选取的主要经济指标有县域人口、国内生产总值、基本建设投资完成额、工业总产值、普通中学在校学生数、规模以上工业企业数、地方财政收入、存款余额、贷款余额、人均 GDP、人均地方财政收入、经济密度、第一产业产值、第二产业产值、第三产业产值。

数据来源：《中国城市统计年鉴（2013）》和《中国县（市）经济统计年鉴（2013）》。

根据以上的主成分分析结果可以看出，陆桥通道的各城市经济和县域经济实力差异显著。在市区经济中得分最高的上海市与得分最低的商洛市相比绝对得分差 3.328；在县域经济中得分最高的昆山和得分最低的商南相比绝对得分差 5.297。在城市经济中得分排名前五名的是上海、南京、西安、苏州和无锡，除西安位于西部以外，其他的都位于东部，且都在南桥经济带上；在县域经济中得分排名前五名的是昆山、巩义、偃师、荥阳和灵宝，其中昆山和灵宝位于东部，巩义、偃师和荥阳位于中部，且除昆山位于南桥经济带上外，其余均在北桥经济带上。可以看出，在陆桥通道中的城市经济和县域经济中，东部的较发达而中、西部的发展滞后；北桥经济带的整体实力较均衡，但是缺乏一级增长极；南桥经济带东部的实力很强，但中、西部的发展缓慢。

（2）产业结构趋同和缺乏一级增长极。陆桥通道中的城市经济和县域经济产业结构趋同，“大而全”“小而全”低水平重复建设很多，缺乏统一的协调规划，造成资源严重浪费。不少工业园区“雷同”，产业重复，用地配置不合理，消耗大量土地资源。一些陆桥通道中的部门和行业建立了相对独立的网络平台，但难以实现整个陆桥通道互联共享，严重阻碍信息资源的有效开发利用，削弱其对陆桥通道发展的促进作用。北桥经济带和南桥经济带宁西段缺少一级增长极。北桥经济带中的渭南、三门峡、洛阳、开封、商丘、徐州和连云港等市区经济虽有一定的发展，但是集聚和扩散能力不强。南桥经济带宁西段更是缺少一级增长极，除去两头的西安、南京城市，中间 1 000 多公里的铁路线上仅有一座大城市（合肥），一座中等城市（南阳），三座小城市（六安、信阳、商州），城市间的平均距离大于 200 公里。可见，宁西铁路沿线地区城市数量较少，密度低，相距远，经济欠发达；从城市规模来看，仅合肥市作为省会，人口集中，经济实力较强，集聚和辐射范围较大，而其他城市规模均较小，集聚作用和扩散作用较弱，对周边地区带动力不强。增加城市数量，扩大城市规模是南桥经济带宁西段发展的当务之急。陆桥通道的高等级公路网络交通建设滞后。铁路干线适宜大宗货物的中长距离运输，相邻的经济增长中心（城市）之间的联系仍需要公路等方式来补充发挥铁路干线的集散能力。这就要求在提升宁西铁路运能的同时，加快沿宁西铁路线高速公路建设，以充分发挥高速公路的集散能力。

2. 陆桥通道经济带的区域合作意义

陆桥通道不仅是新亚欧大陆桥在西安以东的两条东西走向的运输通道，而且是两条贯通中国东、中、西部经济的经济大轴线。陆桥通道经济带是新亚欧大陆桥经济带的重要组成部分，也是横贯中国东、中、西部的重要经济带。加快陆桥通道开发，大力加强区域合作具有重要意义。

（1）有利于改善陆桥通道经济带发展环境。开发陆桥通道可以促进新亚欧大陆桥经济带的地域分工和合作，加强新亚欧大陆桥中国东、中、西部经济的联系和提高竞争力；可以通过新亚欧大陆桥经济带扩大中国经济对外开放，参与国际合作与分工，加强与东南亚、日本、韩国和欧盟的经济合作与交流，推进亚欧经济一体化发展；有利于确立全新的、全方位的发展观念，借助港口和区位优势，扩大招商引资，广泛吸纳国际资本在更大的空间和领域合作发展；可以优化投资软环境和硬环境，促成资源优化配置和经济跨越式发展。新亚欧大陆桥经济带横跨亚欧两洲，陆桥通道经济带是新亚欧大陆桥经济带在中国经济中的重要组成部分，连云港和上海是大陆桥东方的桥头堡。开发陆桥通道，可以带动沿带及其腹地经济的发展；可以使其在全国生产力布局中具有承东接西，双向开放，梯度推进的重要作用。

（2）有利于优化新亚欧大陆桥中国段的产业结构和产业布局。陆桥通道的东端是经济发达的上海市和江苏省，资本雄厚，技术先进，人才汇聚，具备接纳国际资本和国际产业转移的条件，适宜发展高新技术产业。将上海市和江苏省一些劳动密集型产业和资源密集型产业通过陆桥通道向中、西部转移，能够促进中、西部产业结构和产业布局调整。陆桥通道实施双向开放，向东可以扩大对东北亚和环太平洋地区开放，向西可以通过中国中、西部扩大向中亚和欧洲开放，从而可以推动整个新亚欧大陆桥中国段的产业结构升级和产业布局优化。近年来陆桥通道发展较快，但仍有很大的发展空间。尤其是科学规划和建设北桥头堡连云港港口群和南桥头堡上海港，对繁荣新亚欧大陆桥经济带具有重要的战略意义。

（3）有利于促进新亚欧大陆桥经济带协调发展。中国东、中、西部经济加强合作，有利于发达的长三角经济向中、西部扩散和带动中、西部经济发展。相应地着力培育陆桥通道经济带，可以提升其在新亚欧大陆桥经济带中的地位，从而推动新亚欧大陆桥经济带整体合作发展；有利于推动中国东、中、西部经济联动发展，即推动双桥经济带经过地带的东、中、西部经济一体化运行，合作发展。陆桥通道分别横贯陕西和豫、皖、苏的北部和南部，是这些省最主要的经济发展轴线。开发陆桥通道可以引导发达经济中的高新技术、资本沿陆桥通道向西部传递、辐射，中西部欠发达地区的人力、矿产、农产品沿桥向东部流动聚集；可以形成区域共同发展的突破口，通过其吸引力及扩散力不断增强自身实力，从而有利于陆桥通道的经济板块互惠互利和合作发展。

第四节　泛长三角区域合作与江苏经济创新发展

快速增长的长三角经济沿长江通道经济带和陆桥通道经济带极化和辐射，对泛长三角区域合作和经济创新发展具有重要意义。江苏经济在泛长三角经济区中具有十分重要的区位（区位可以作为经济学分析空间问题时基本的出发点①），因而泛长三角区域合作对江苏经济创新发展提供了十分难得的机遇。

一、泛长三角区域合作对江苏经济创新发展的影响

泛长三角经济区的整体发展由其组成部分的各类区域经济板块发展所决定，泛长三角经济区的整体发展也对其组成部分的各类区域经济板块的发展产生重大影响。泛长三角区域合作也会对江苏经济创新发展产生重大影响。从经济空间演化看，在泛长三角经济区空间演化过程中，江苏经济空间结构亦随之发生嬗变；在泛

① 高进田．区位的经济学分析［M］．上海：上海人民出版社，格致出版社，2007：160.

长三角区域合作背景下，江苏经济也面临产业创新发展机会。探索江苏经济创新发展之路，很有必要研究泛长三角区域合作对江苏经济创新发展的影响。

1. 长三角区域合作对江苏经济创新发展的影响

以上海为龙头，苏南、浙东北为两翼的长三角经济区的活力充沛、亮点纷呈、发展迅猛、联动强劲；以长三角经济区为极核区的泛长三角经济区的发展趋势良好，区域一体化发展特征明显。江苏经济是泛长三角经济的重要组成部分。当泛长三角经济极核区的辐射半径沿陆桥通道和长江通道向西扩大时，江苏经济全部成为长三角经济区的组成部分。陆桥通道和长江通道经济带贯穿江苏省全境且形成江苏经济的快速发展区域；长三角经济尤其是上海经济对江苏经济的辐射，使江苏经济发展获得紧邻中国东部最发达区域经济板块的区位优势。江苏经济实现创新发展，必须借助境内的陆桥通道和长江通道的带动，全方位、多层次、宽领域地与泛长三角经济极核区尤其是与上海经济合作，否则将会丧失难得的发展机遇。

一是江苏经济与长三角尤其是上海经济合作有利于其创新发展。南桥经济带中的苏南经济和苏中经济空间无缝对接上海经济，其中苏州、无锡、常州和南京市域经济实力较强，而镇江、扬州、泰州和南通市域经济的规模和竞争力相对较弱。北桥经济带的整体实力较弱，在江苏经济中的徐州、连云港、淮安、宿迁和盐城等5个苏北市域经济板块中，只有徐州经济实力较强，其他市域经济板块较弱。随着长三角经济区的快速发展，江苏经济与长三角经济区尤其是上海经济的联系愈加紧密，深受受其发展影响。江苏经济要在新一轮竞争中赢得先机，争得主动，实现创新发展，就要有一个较高定位的借力发展平台。江苏经济与长三角尤其是与上海经济合作，就是江苏经济接受长三角经济区尤其是上海经济辐射和创新发展建设平台的内在要求。

二是江苏经济与长三角尤其是上海经济合作有利于其拓展更广阔的发展空间。长三角经济区地处中国最发达的东部沿海地带，不仅其本身具有巨大的市场容量，而且具有通过它辐射全国、走向世界的发展空间。随着上海的国际经济、金融、贸易、航运四个中心建设的全面推进和2010年上海世界博览会的举办以及国际资本和国际产业大举向长三角经济区转移，长三角经济区的国内市场和国际市场容量将更大。进入了长三角经济区市场，就意味着进入了全国和国际经济一体化发展的空间。江苏经济应依托长三角经济区的国际大都市的信息港、航空港、深水港和跨国采购中心的窗口优势，拓展更广阔的发展空间。与长三角经济尤其是上海经济合作并接受其辐射是江苏经济拓展更广阔市场的必然选择。

三是江苏经济与长三角尤其是上海经济合作有利于其进入更充裕的要素市场。资本的本质总是趋利的，经济要素总是流向经济活跃、市场繁荣的地域。资本的输入并通过投资乘数效应，成为经济增长的强大动力。长三角经济尤其是上海经济中的各类要素市场的服务功能完善，对周边区域的经济发展产生巨大的辐射力。因此，江苏经济应把握这一历史性的新一轮发展机遇，充分利用长三角经济区的资源、市场、人才、信息，主动全面地接受长三角经济区产业梯度转移，充分利用其要素市场的功能和开放政策，把江苏经济发展融入长三角经济区的一体化发展之中。江苏经济积极参与国际和国内市场竞争，延伸市场半径，将市场机会和资源优势结合起来，从而加大市场开拓力度，有利于实现创新发展。

2. 泛长三角区域合作对江苏经济空间演化和产业经济发展的影响

区域经济板块的形成和变化是由其内在的经济规律所决定的，因而区域经济板块划分是根据不同区域经济板块的经济性质并按一定标准进行的，其目的是通过区域经济板块划分制定不同的区域经济政策，更好的规划和促进区域经济发展。进行区域经济板块划分不是目的，只是一种手段，是分析区情、认识区情的重要依据，而实现区域经济持续创新发展才是最终目标。区域经济板块的划分不是固定不变的，随着区域合作发展及环境的动态变化，区域经济板块也动态变化着。不断更新我们对区域合作与区域板块的认识，有助于更好地进行区域经济发展阶段和状况的判定，从而制定正确的区域经济政策。

（1）泛长三角经济区空间演化影响江苏经济板块演化。泛长三角经济区空间演化对江苏经济板块演化产生着重要影响。影响区域经济板块演变和发展的因素有很多，有内部的，也有外部的。江苏经济的苏南、苏中经济板块是长三角经济区的重要组成部分，是泛长三角经济区的组成部分。江苏经济发展对泛长三角经济区空间演化具有重要的动力作用；反过来，泛长三角经济区空间演化也对江苏经济板块演化产生重要影响。泛长三角区域合作对江苏经济板块演化的影响主要体现为以下几个方面：

一是泛长三角经济区空间演化引导着江苏经济板块演化的方向。从总体上来说，泛长三角经济区空间结构经历着长江通道经济带为主阶段向长江通道经济带和陆桥通道带为主阶段的逐步演化过程。泛长三角经济区呈现出以长三角经济区为极核区，以长江通道经济带与陆桥通道经济带为主要内容的主骨架空间结构特征。泛长三角经济区空间结构包含着发展潜力巨大的东部沿海城镇经济轴。随着沪通、沪甬之间跨海、跨江桥梁工程的建设营运，东部沿海城镇经济轴对泛长三角经济区发展的重要作用日益增强。引致泛长三角经济区空间演化的另一个重要因素就是主要交通干线的建设。全国重要的横向交通大动脉长江水系、新亚欧大陆桥极大地促进其经过区域的经济发展。长江水系和新亚欧大陆桥西安以东双桥形成以现代高速交通束为主骨架的交通体系，从而改变着长江通道经济带和陆桥通道经济带的内涵。由于历史的原因，江苏经济板块形成了苏南、苏中、苏北经济三大板块。随着陇海铁路提速，宁启铁路、高速公路的建设，沿江铁路、高速公路及沪汉蓉高铁的建设，以及江苏沿江开发战略的实施，长江通道经济带和陆桥通道经济带的内涵得到扩充，江苏经济板块也发生着变化。随着江苏长江南北两岸区域交通快速改善，江苏经济的苏南与苏中经济板块融合发展为新苏南经济板块的速度加快，江苏经济的苏南经济、苏中经济、苏北经济三大板块向新苏南经济和苏北经济两大板块演化的趋势日趋明显。

二是泛长三角经济区空间演化进程影响着江苏经济板块演化的进展。作为泛长三角经济区主骨架的陆桥通道经济带与长江通道经济带的经济实力提升速度，或者说泛长三角经济区空间演化的速度，直接影响着江苏经济板块演化进程的速度。随着泛长三角经济区的这两大“动力”经济带发展水平的快速提升，引导长三角经济腹地资源及经济要素的区域优化配置，推动其区域经济实力不断提升，才能对江苏经济板块演化起到积极的促进与推动作用。陆桥通道经济带尤其是其中的北桥经济带的发展对苏北经济实力的提升具有重要的战略意义。苏北经济的发展，沿东陇海线经济带是其发展的核心所在。沿东陇海线经济带是新亚欧大陆桥经济带的重要组成部分，因而只有整个新亚欧大陆桥经济带的繁荣发展，才会给沿东陇海线经济带带来发展的机遇和动力。当然，沿东陇海线经济带实力的提升也会促进新亚欧大陆桥经济带的发展。但是，就经济基础来说，沿东陇海线经济带的发展还存在一些困难，这也是作为最早的沿海开放城市、新亚欧大陆桥的东桥头堡的连云港仍然欠发达的主要原因之一。在自身经济实力较弱的情况下，港口经济、桥头堡经济要想繁荣，就一定要发展沿东陇海线经济带。也只有沿东陇海线经济带发展了，江苏经济才能快速发展。泛长三角经济区空间演化与江苏经济板块演化之间是互相影响的。从总体上来说，在泛长三角经济区空间演化与江苏经济板块演化之间，是整体与部分的关系；整体的空间结构演化对局部区域经济板块演化有引导作用，局部区域经济板块演化也会反作用于整体空间结构的演化，但把握这个问题不宜僵化；泛长三角经济区空间演化进程影响着江苏经济板块演化的进展，江苏经济应在泛长三角区域合作背景下实现区域经济空间结构优化。

（2）泛长三角经济区产业结构合理化影响江苏产业经济发展。泛长三角经济区分为长三角经济区和长三角腹地经济区。长三角经济区的产业经济发展水平远高于长三角腹地经济区，从一定程度上说，泛长三角经济区中的长三角经济区和长三角腹地经济区在产业发展水平上具有典型的梯度特征。泛长三角经济区的产业经济发展（例如产业结构合理化和产业结构优化），对具有“东合西扩”区位的江苏经济的产业发展产生着十分重要的影响。

一是泛长三角经济区产业结构合理化影响江苏产业结构优化和产业经济发展。“新中国成立后，江苏开始了产业结构的优化和升级的进程。”“随着江苏生产力水平的提高，1952 年以来，总的来看，江苏第一产业的比重在逐步下降；第二产业的比重在 1952—1977 年快速上升后，1977 年以后稳定在 50%左右，但 2005 年达到了 56. 6%的新高；第三产业的比重在 1965—1984 年的不断下降之后，于 1985 年后开始稳步提高，2006 年为 36. 3%。具体来说，江苏按 GDP 计算的三次产业结构的历史演变经历了‘一三二’（这表明第一产业比重最大，第二产业比重最小，该类型经历的时间为1952—1957）、‘摇摆型’（1958—1963）、‘一二三’（1964—1971）、‘二一三’（1972—1988）和‘二三一’（1989年至今）五个发展阶段。”① 江苏经济的这种产业结构变化是由其特殊的经济区位所决定的。江苏经济的“东合西扩”区位决定着江苏经济的产业结构变化与泛长三角经济区的产业结构变化之间的密切联系。一方面，江苏经济的工业化和接轨上海经济产业升级，必然会推动其经济向产业结构高度化方向演进。江苏经济的三次产业结构的历史演变及其变动规律充分证明了这一点。另一方面，江苏经济沿陆桥通道经济带和长江通道经济带极化与辐射，长三角经济腹地的产业合理化，也必然会推动江苏经济向产业结构高度化方向演进。江苏产业结构优化和产业经济发展与泛长三角经济区产业结构合理化息息相关；从这种意义上说，江苏经济的产业结构高度化是在泛长三角区域合作背景下的进行的，因而江苏经济应通过区域合作实现产业经济发展。

二是泛长三角经济区产业组织演化影响江苏产业组织创新和产业经济发展。泛长三角经济区产业组织演化影响江苏产业组织创新和产业经济发展，主要表现在产业集聚（产业聚集）在江苏经济和泛长三角经济区的产生和发展。改革开放以前的江苏经济还没有出现市场经济条件下的以产业集聚为重要内容的产业组织现象。②随着长三角经济区产业组织的发展，江苏经济尤其是苏南经济中的产业组织也得到一定程度的发展。一般说来，长三角经济区尤其是上海经济中的产业组织创新对产业经济发展的作用已经显现，而长三角经济腹地经济区中的产业发展水平要低得多，其产业组织创新对产业经济发展的作用还不大，但是，随着泛长三角经济区的整体快速发展，必将推动泛长三角经济区产业组织创新发展。江苏产业组织创新和产业经济发展与泛长三角经济区产业组织演化密切相关，因而在泛长三角区域合作背景下的产业组织创新对江苏产业经济发展具有十分重要的意义。

二、泛长三角区域合作对江苏经济创新发展的意义

长三角经济区是泛长三角经济区的极核区，江苏经济的苏中经济和苏南经济是长三角经济区（22个城市经济板块构成的经济区）的重要组成部分，因而江苏经济创新发展在泛长三角经济区发展中具有重要地位。泛长三角区域合作对江苏经济创新发展具有十分重要的意义。

---

① 贾晓峰，等. 江苏产业结构研究［M］. 南京：南京大学出版社，2007：11.

② 产业集聚又称产业集群，实际上它是指产业成群、围成圈集聚发展的意思。也就是说，在一定的区域内形成某种产业链或某些产业链。产业集群的核心是在一定空间范围内产业的高集中度，这有利于降低企业的制度成本（包括生产成本、交换成本），提高规模经济效益和范围经济效益，提高产业和企业的市场竞争力。

1. 江苏经济在泛长三角经济区的地位

从中国现行行政区划和地缘关系来看，泛长三角经济区包括长三角经济及与其有内在联系的经济腹地。对泛长三角经济区内涵应有分层次的理解。由于经济极化与辐射是一个动态变化过程，因而泛长三角经济区也是一个区域经济板块边界变化的经济区。从一般意义来说，泛长三角经济区由长三角经济及其极化和辐射的广阔经济腹地构成；从动态的意义看，泛长三角经济区的现实内涵应由长三角经济及其极化和辐射较强的相互联系比较紧密的经济腹地组成。泛长三角经济区是适应长三角经济和其经济腹地快速发展而形成和发展的，因而加快泛长三角经济区发展具有重大的战略意义。

江苏经济是与长江“黄金水道”和东部“黄金海岸”交汇、中国经济的发达区域——长三角经济区的重要组成部分的省域经济板块。江苏经济腹地广阔，发展潜力巨大，是外商对华投资的首选地和外资进入泛长三角区域的“门户”，江苏利用外资已连续多年居全国之首。江苏经济具有明显的国际比较优势和强大关联效应的主导产业，可以有效引导泛长三角产业结构的提升和现代工业体系的成长。江苏经济拥有丰富的教育、人力资源和广阔的市场，国际资本和世界制造业正加速向其转移，其正面临着跨越式发展的重大机遇。江苏省也是东接中国经济的发达大城市——上海市的经济强省。江苏经济吸收上海经济的先进技术，积极发展技术密集型产业，实现产业结构升级，并通过长江通道和陆桥通道向长三角经济腹地极化和辐射，吸纳其中丰富的劳动力及其经济资源，推动产业转移，在泛长三角区域合作中具有独特的“东合西扩”的特殊区位。因此，江苏经济的快速发展，有利于泛长三角经济区的产业布局调整，有利于加速泛长三角区域合作和协调发展。

（1）江苏经济的“东合西扩”区位有利于其融入泛长三角经济区实现共同发展。江苏经济的“东合西扩”地位使其经济的外向型和国际性特征十分明显。世界经济的竞争更多地表现为区域经济板块之间的竞争。加快泛长三角经济区发展有利于提升中国经济的区域经济板块的竞争力。改革开放以来的长三角经济发展对世界经济和世界市场产生着极大影响，但长三角经济区面临发展空间和资源有限等发展后劲不足的问题，需要在更广阔的范围内整合资源。因此，发展泛长三角经济区将会有利于增强江苏经济的“东合西扩”地位，有利于扩大长三角经济区和江苏经济的经济腹地，有利于长三角经济区和江苏经济综合实力的增强和国际竞争力的提高。

（2）江苏经济的“东合西扩”区位有益于其融入泛长三角经济区并实现区域经济协调发展。江苏经济具有的“东合西扩”地位和实施的“两个率先”发展战略，对于加快泛长三角经济区发展和促进中国区域经济的协调发展具有十分重要的意义。如何加大招商引资力度，保持外向型和国际性经济的优势，是江苏经济和长三角经济区面临的重要课题。实施泛长三角经济区发展战略，可以通过长三角经济区和江苏经济的腹地扩大，保持和提升长三角经济区和江苏经济的区域经济优势地位。从这个角度看，泛长三角经济区的发展，也必然带动形成中国经济的区域经济良好竞争局面。推动泛长三角经济区的合作发展是全面落实科学发展观，促进区域协调发展的重大举措。它对“统筹区域协调发展”“逐步形成东、中、西部经济互联互动、优势互补、协调发展新格局”发挥着重要的推动作用。因此，加强江苏经济的“东合西扩”地位，实现泛长三角经济区的协调发展，有利于提高中国经济的区域经济整体经济实力。

（3）江苏经济的“东合西扩”区位有益于其在泛长三角区域合作背景下实现创新发展。加快泛长三角经济区发展有利于推动江苏经济创新发展。实施泛长三角经济发展战略，对于中、西部经济地带发展起到直接的推动作用。从国家的长期发展战略看，长三角经济区担负着带动周边后发区域经济板块发展的历史责任。发展泛长三角经济区，积极加强长三角经济区与周边后发区域经济板块的经济合作，是实现区域共同富裕的有效途径。加强区域合作是泛长三角开放、增进合作、加快发展的根本要求。因此，加快江苏经济的创新发展，是实现区域经济板块各方利益要求，提高区域整体竞争力的需要；通过促进区域内部经济要素的自由流动，建立结构优化、布局合理的产业合作体系，可以实现资本、技术、人力、自然资源等的高效配置，推动更大范围的经济结构战略调整和区域经济综合实力的提高。

2. 泛长三角区域合作对江苏经济创新发展的意义

在区域经济创新发展中，经济要素和经济活动的变化主要体现在两个方面：一是经济要素和经济活动的空间集聚，即整体经济要素和经济活动在一定的地理范围内集聚，促成空间结构形成和演化；二是经济要素和经济活动的产业集聚，即产业的区域分工或专业化生产，或某一类产业在一个特定的地理范围内集中，形成产业集聚和产业发展。从这种意义上说，泛长三角区域合作背景下的江苏经济创新发展，也主要表现在经济要素和经济活动这两个方面的变化上，即泛长三角区域合作背景下的江苏经济空间和产业创新发展。泛长三角区域合作既是泛长三角经济区一体化发展的内在要求，也对江苏经济创新发展具有重要实践意义。在经济全球化的大背景下，江苏经济与长三角经济尤其是上海经济和长三角经济腹地进行区域合作，是泛长三角经济一体化发展的内在要求。对于江苏经济来说，接轨长三角经济尤其是上海经济，早接轨会带来早发展。接轨长三角经济尤其是上海经济的关键在于加强经济联系，经济联系的紧密度越高，融合发展的通道就越畅通。与长三角经济腹地进行区域合作，江苏经济应在自己的经济基础、产业特点、资源禀赋等实际情况的基础上，在区域合作中寻求创新发展机遇，扩大发展空间。

（1）进行泛长三角区域合作有利于江苏经济空间结构优化和融入更大范围的区域经济一体化发展体系。长三角经济区是中国经济中的泛长三角大范围区域经济一体化的核心区域之一。区域经济一体化是基于区域经济板块内各次级区域经济板块之间、各区域经济板块产业之间的专业化分工与合作而形成的经济一体化。随着中国经济市场化进程的加快，泛长三角经济市场化程度进一步提高，其区域经济内部的市场分割被统一的区域经济一体化发展体系所取代。江苏经济是泛长三角经济一体化发展体系中的核心区域之一。泛长三角区域经济一体化发展是江苏经济空间结构优化和融入泛长三角大范围区域经济一体化发展的难得机遇。因此，进行泛长三角区域合作，有利于江苏经济在泛长三角区域经济一体化发展体系中实现经济空间结构优化和经济要素互补发展。

（2）进行泛长三角区域合作有利于江苏产业结构优化。随着长三角经济的持续增长，其产业结构也发生着指向优化方向演进的显著变化，并对泛长三角经济的产业结构调整和生产力布局优化具有明显的示范与促进效应。长三角经济的第二、第三产业发展速度高于全国平均水平，2012 年长三角经济的三次产业产值分别为 5 213. 97，52 293. 04，51 398. 26 亿元，比重为 4. 78 ∶ 48. 01 ∶ 47. 20；上海、江苏、浙江经济的第一产业产值分别为 127. 8，3 418. 29，1 667. 88 亿元，在其各自 GDP 产值中所占比重分别为 0. 6%，6. 3%，4. 8%，都低于全国平均水平。作为长三角经济极核区的长三角经济区的产业结构优化对泛长三角和江苏经济的产业结构变化起着优化带动作用。进行泛长三角区域合作有利于江苏经济的产业结构优化。随着全球经济结构调整，产业跨区域、跨国界转移，市场化进程的推进和对外开放水平的进一步提高，一些跨国公司把生产基地移入泛长三角，以获取进入中国内地市场的发展平台。这也为泛长三角经济的产业结构调整和优化并进行区域合作提供了难得的机会。江苏经济是泛长三角经济的重要组成部分。随着泛长三角区域合作和经济一体化进程的推进，泛长三角区域合作和经济一体化对江苏经济的产业结构的进一步优化必然产生重要影响，从而促进江苏经济的产业结构高度化。

（3）进行泛长三角区域合作有利于江苏经济创新发展。进行泛长三角区域合作首要的是要进行长三角区域合作。长三角经济区是中国经济中重要的制度与技术创新中心。创新是区域经济板块发展的主要动力。长三角作为中国经济改革开放的前沿和经济增长的核心区域，在形成各具特色的区域经济发展模式过程中，无论是国有企业改革，还是地方政府行政管理体制改革，区域性法规调整，市场管理方式及经济主体行为规范改进和效率提高，都对整个泛长三角经济区产生重要影响。长三角聚集了大量实力雄厚的科研院所和大专院校，良好的人文积淀和雄厚的科研实力，使之成为中国重要的新产品生产基地和新技术研发与扩散的中心。江苏经济在泛长三角区域合作中实现创新发展，只要在进行长三角区域合作中使其成为对外开放前沿、重要的制度与技术创新中心，江苏经济就能在泛长三角区域合作中为自己的创新发展赢得重要的发展条件。

主要参考文献：

[1] 李新，苏兆国，史本山. 基于区位选择的中国工业生产企业空间集聚研究[J]. 科学学研究，2010（4）.

[2] 张华，梁进社. 产业空间集聚及其效应的研究进展［J］. 地理科学进展，2007（2）.

[3] 赵静. 安徽区域经济发展空间差异研究［J］. 国土与自然资源研究，2005（3）.

[4] 吴晓勤，等. 安徽在长三角城市群中的定位与空间发展战略的思考［J］. 城市发展研究，2007（6）.

[5] 程必定. 泛长三角区域合作机制及政府管理创新［J］. 安徽大学学报：哲学社会科学版，2009（5）.

[6] 谈璐，李廉水，等. 长三角发展的思考——泛珠三角模式所感［J］. 现代管理科学，2004（11）.

[7] 嘉容. 论泛长江三角洲区域发展规划［J］. 中共四川省委机关党校学报，2005（1）.

[8] 安树伟. 行政区边缘经济论，［M］. 北京：中国经济出版社，2004.

[9] 张春梅，朱舜，高丽娜，等. 新亚欧大陆桥西安以东双桥经济带构建及其开发意义［J］. 上海经济研究，2005（10）.

[10] 朱舜，高丽娜. 新亚欧大陆桥西安以东双桥经济带构建研究［J］. 徐州师范大学学报：哲学社会科学版，2005（6）.

[11] 高进田. 区位的经济学分析［M］. 上海：上海人民出版社，格致出版社，2007.

[12] 贾晓峰，等. 江苏产业结构研究［M］. 南京：南京大学出版社，2007.

[13] 罗小龙. 长江三角洲地区的城市合作与管治［M］. 北京：商务印书馆，2011.

[14] 郭岚. 中国区域差异与区域经济协调发展研究［M］. 成都：四川出版集团巴蜀书社，2008.

[15] 王家庭. 区域产业的空间集聚研究［M］. 北京：经济科学出版社，2013.

[14] 李少星，顾朝林. 全球化与国家城市区域空间重构［M］. 南京：东南大学出版社，2011.

[15] 吴先满. 科学发展观与江苏经济的创新发展［J］. 南京社会科学，2004（s1）.

[16] 孙军. 技术经济创新与江苏经济增长研究［D］. 南京：中共江苏省委党校，2006.

[17] 张战仁. 中国创新发展的区域关联及空间溢出效应研究——基于中国经济创新转型视角的实证分析［J］. 科学学研究，2013（9）.

[18] 沙勇. 江苏战略性新兴产业：现实困境和应对策略 [J]. 南京社会科学，2013 (11).

[19] 陆玉梅，徐燕. 苏南创新型城市建设中民营企业转型升级路径研究 [J]. 民营科技，2012 (10).

[20] 储东涛. 江苏基本实现现代化面临的五大挑战 [J]. 唯实，2012 (10).

[21] 沈坤荣，黄榕. 江苏由率先全面小康向率先基本现代化推进的障碍及对策思路 [J]. 江苏行政学院学报，2013 (2).

[22] 王进，杨新宇，董雅文. 生态文明视角下苏州市循环经济发展新路径探析 [J]. 江苏农业科学，2013 (3).

[23] 张锋. 长三角区域合作发展新态势分析 [J]. 唯实，2013 (1).

[24] 杭海. 江苏与中国西部地区经济合作的实证分析——以苏陕合作为例 [D]. 南京：南京农业大学，2011.

[25] Isard, W. Further thoughts on future directions for regional science: A response to Fujita's remarks on the general theory of location and space-economy [J]. Regional Science, 1999, 33.

[26] Krugman, P. R. First Nature, Second Nature, and Metropolitan Location [J]. NBER Working Paper, 1991 (4).

[27] Fujita, M. Location and Space - Economy at half a century: Revisiting Professor Isard's dream on the general theory [J]. The Annals of Regional Science, 1999, 33.

第四章

泛长三角区域合作与江苏经济创新发展：空间融合视角

如此一个多样化、动态化的经济空间体系是如何生成的，从地方化产业集群到全球经济关联，各层级经济空间是否存在一个统一的框架体系和驱动机制，是深入理解当代形形色色的经济空间现象与范畴的关键。

……

在经济空间生成过程中，地域空间与经济空间的关系是高度动态而非稳定的。资本必须在保存建成环境中原有投资价值和破坏投资价值以开拓更大积累空间之间进行两难选择。因此，地域空间总是不断地被资本、技术逻辑选择和改造，被当前发生的政治—经济和社会—生态过程所再生、维持、破坏及重构。

鲍伶俐

——《资本逻辑、技术逻辑与经济空间生成机制》，上海财经大学学报，2010 年第 3 期。

省域经济是泛长三角的相对独立运行的最高层级的行政区域经济板块。具有紧密经济联系的泛经济区的空间性质及特征决定着省域经济板块空间融合的内在要求，也决定着泛经济区的省域经济必然探索区域合作背景下的创新发展之路。近年来，泛长三角区域合作背景下的省域经济板块创新发展受到广泛关注，研究泛长三角区域合作背景下的省域经济创新发展文献增多，推动了泛经济区合作背景下的省域经济创新发展理论发展。本章分别从空间演化和空间融合两个方面分析泛长三角区域合作背景下江苏经济创新发展的理论及对策。

第一节　开放经济视角下产业集聚与城市规模增长:空间联系视角

城市经济是省域经济的重心。城市规模增长不仅是城镇化进程快速发展的直接结果，城市规模（人口城镇化的城市人口规模）分布更是体现城镇化质量的重要内容。城镇化进程中人口规模的迅速增长虽然为经济发展提供了丰富的劳动力资源，但是人口膨胀也不可避免地对土地资源、能源环境和公共服务带来前所未有的压力。与此相对的是，长三角地区一些中小城市却存在着人口增长缓慢的问题。因此，“合理促进城镇化进程人口规模的增长，协调城市规模分布，对于重构省域经济增长的长效机制和实现经济的可持续发展都具有十分重要的理论和现实意义”①。在此逻辑下，我们关注的是：什么因素和力量决定城市人口规模的增长和城市规模分布的演变？什么决定产业集聚与城市规模增长的空间联系对空间融合产生影响？

一、长三角地区城市规模增长及其分布特征

本节从长三角城市规模增长及其分布特征出发，分析、探寻城市规模增长及其分布演变的动力。在开放经济条件下，本地市场和国际市场共同驱动下的产业集聚是城市规模增长的直接动因，而且对外开放促使中小城市规模快速增长，增加了大城市和特大城市的数量，对城市规模分布及其演化有着重大意义。实证部分采用2001—2010年长三角16市（新增6城市的22城市“长三角”空间联系与16城市“长三角”空间联系有较大差异，我们在这时的分析，仍用16城市“长三角”内涵）的面板数据对城市规模增长的内在动力进行检验，比较国内外市场潜能对产业集聚和城市规模增长的作用。事实上，已有文献肯定了对外开放对工业集聚的积极意义（黄玖立、李坤望，2006；孙军，2009），在此基础上，进一步建立对外开放、产业集聚与城市规模的经济联系，揭示开放经济条件下城市规模增长及其分布

① 朱江丽．开放经济视角下产业集聚与城市规模增长——基于长三角城市的实证分析［J］．南大商学评论，2013（1）．

规律。

1. 相关研究文献综述

从国外文献来看，大多数跨国实证研究表明位序-规模法则描述了世界上绝大部分国家的城市规模分布现象（Rosen and Rensnick，1980；Soo，2005）。但是，对于城市规模为什么会呈现幂律的位序分布，西方学术界主要从随机增长的数理方法和经济理论两个方面尝试做出解释（Gabaix，1999）。以Simon为代表的随机增长学说有效地预测和解释了幂律，但遗憾的是模型中的假设不同程度地忽略了经济意义。因为，即使假设规模收益不变的前提在一些只有简单产业结构的城市可以实现，但城市经济增长率与城市人口规模完全无关也是不合情理的（Krugman，1999）。从经济理论对城市规模幂律分布的解释，具体可以分为城市系统理论（Henderson，1974；Fujita et al.，1999）、中心地理理论（Christaller，1933；Hsu，2008）、城市自组织理论（Axtell and Florida，2001；Duranton，2002，2006）以及自然优势理论（Krugman，1996），这些理论从不同角度提供了城市规模幂律分布的经济解释，但是都不一而同地缺乏与理论相对应的实证研究；理论模型或无法被实证检验，或不能一一解释不同类型的城市规模分布。

国内对城市规模的研究起步较晚，大部分研究侧重于对中国城市规模实际分布进行实证检验，尽管陈良文等（2007）指出中国城市规模呈现扁平化趋势，不符合位序-规模法则，大多数文献肯定了中国城市规模分布基本上符合位序-规模法则，但是高位次城市相对不足（同永涛、冯永春，2009；张应武，2009）。针对中国城市规模分布影响因素的研究数量较少，也是以实证为主。高鸿鹰和武康平（2007）强调了工业化、产业结构和运输能力的贡献，而张志强（2010）还指出对外贸易和政府支出也是城市规模增长的重要原因。随着集聚经济的发展，少数侧重于集聚经济与城市规模的实证研究也随之出现，不同程度地肯定了集聚效应对城市规模的积极意义。但是上述实证研究文献也存在一些不足：其一，都没有对城市规模增长的内在机理进行详细的阐释，譬如说已有的研究文献虽然肯定了对外贸易对城市规模的贡献，但缺乏对其传导机理的深刻分析；其二，中国城市规模增长在不同地区表现为不同的推动机制，已有研究文献在肯定城市规模增长影响因素的同时，没有区分出主要因素和次要因素，因而实证结果的针对性不强。

2. 长三角城市规模增长及其分布特征

长三角是以上海为龙头、南京与杭州城市经济为两翼，以外向型经济为主导的城市集群经济区。改革开放之前，上海已经是中国第一大城市，“一城独大”的现象明显。上海是改革开放的前沿阵地，在对外开放中获得了更加迅速的发展，对周围地区具有极强的辐射和带动效应。随着对外开放的深化，江浙两省城市规模快速增长，尤其是中小城市发展迅速。按照国家城市类型划分，50万人口以下的城市是小型城市。2001 年长三角所有城市均在 50 万人口以上，其中拥有 50 万~100 万人口的中等城市 7 座，拥有 100 万~300 万人口的大型城市 6 座，300 万以上人口的特大和巨大城市 3 座。截至 2010 年，长三角中等城市减少到 4 座，大型城市增加到 9 座。长三角 2001 年、2005 年和 2010 年城市规模分布的核密度图充分印证了这一点（见图 4-1）。从图 4-1 可见，不仅整体上城市规模都平行增长，而且从城市规模分布体系上看，100 万以上 500 万以下人口的城市规模增长迅速，大城市数量增加，城市规模分布众星拱月的现象得到改善。

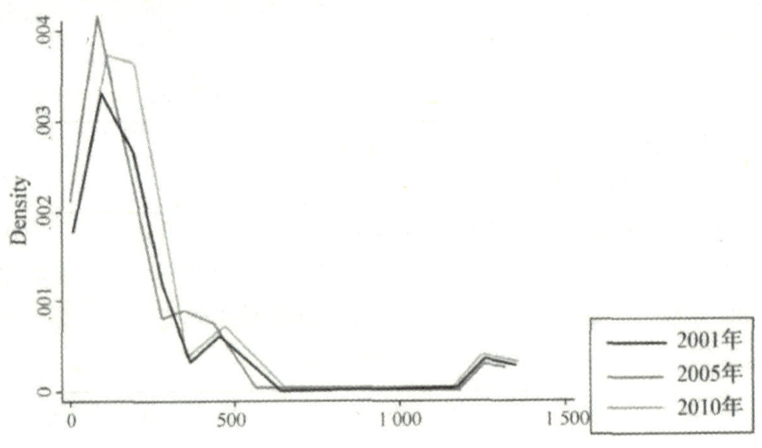

图 4-1　长三角 2001 年、2005 年和 2010 年城市规模分布的核密度图

准确地评价城市位序-规模分布离不开 Zipf 维数和城市规模分维值两个重要参数。Zipf 维数来自于下式（Rosen and Rensnick，1980；Gabaix，1999）：

$$P_i = P_1 R_i^{-q} \quad (1)$$

写成对数形式：

$$\log P_i = \log P_1 - q\log R_i \quad (2)$$

上式中，R_i 表示城市 i 的位序，P_i 表示第 R_i 座城市的人口规模，P_1 是理论上首位城市规模，q 表示 Zipf 维数。如果 $q=1$，城市规模分布满足 Zipf 定律。如果 $q<1$，说明城市分布分散；反之说明城市规模分布相对集中。同时，位序-规模法则还可以采用帕累托公式表示，即：

$$N = AP^{-D} \quad (3)$$

表示为双自然对数形式为：

$$\log N = \log A - D\log P \quad (4)$$

上式中，N 是大于特定城市规模的城市数量，P 是特定城市规模，D 是分维值。谈明洪和范存会（2004）根据中国的城市分布情况，指出 D 与 q 的乘积实际上等于判定系数 R^2，即：

$$D \times q = R^2 \quad (5)$$

采用长三角城市 2001—2010 年数据，结合公式（2）、（4）和（5）计算，各年估计值均在1%的置信区间上显著，判定系数均在0.95以上，趋近于1，说明城市分布符合位序-规模法则。结果归纳在表4-1中。

表4-1　　2001—2010年长三角城市位序-规模分布

年份	Zipf	分维值	判定系数	首位城市理论规模	首位城市理论与实际之比
2001	1.059	0.928	0.983	1 042.317	0.826
2002	1.054	0.927	0.977	1 183.042	0.931
2003	1.073	0.895	0.960	1 496.236	1.171
2004	1.057	0.926	0.979	1 221.800	0.948
2005	1.061	0.923	0.979	1 244.515	0.965
2006	1.063	0.921	0.979	1 264.736	0.974
2007	1.053	0.905	0.953	1 250.259	0.955
2008	1.040	0.918	0.955	1 244.515	0.942
2009	1.027	0.942	0.967	1 288.250	0.967
2010	1.028	0.941	0.967	1 300.170	0.968

注：表中数据根据公式（2）、（4）和（5）计算而来。城市规模采用城市年末人口总数。

从总体上看，长三角城市分布Zipf值略大于1，表明城市规模分布相对集中，高位次城市比较突出，需要积极发展中小城市。从变动趋势上看，Zipf值有着震荡减小的倾向，说明城市规模在整体增长的基础上逐步趋于均衡分布。再从首位城市规模上比较，上海的人口规模长期高于理论规模，不过近几年有接近于理论规模的趋势。这些结果说明，长三角城市规模分布相对集中度高，随着大型城市增多，均衡度也不断加强。

但是长三角城市规模分布状况明显区别于全国。根据闫永涛和冯永春（2009）的测算结果，2002年和2004年全国城市Zipf系数分别是0.7和0.76，相对于长三角而言，全国城市规模分布较为分散。余宇莹和余宇新（2012）也验证了相似的结论，东部地区城市规模分布更为集中。那么，是什么原因导致了东部地区尤其是长三角的城市规模分布有异于内地城市分布特征呢？

克鲁格曼等（Krugman and Livas，1996）曾指出，对外开放是一国城市规模分布从特大城市集中发展趋向于平均分布的重要原因。因此，我们大胆假设：对外开放极有可能作用于城市规模增长及其分布演变的规律。下面我们需要进一步剖析长三角城市规模增长及其分布演变的内在机理。

3. 开放经济条件下工业化、产业集聚与城市规模增长

城市规模扩大是城镇化进程的重要结果。探寻城市规模增长的内在动力，就要从城镇化的动力入手。工业化是城镇化的根本动力，工业化也决定并影响着城市规

模的增长机制。因此，我们从工业化出发，探寻开放经济条件下城市规模增长以及分布演变的规律。

（1）工业化水平是城市规模增长的根本动力。根据H. 钱纳里（Chenery H.，1975）等提出的多国发展模型，工业化与城镇化的关系经历着由紧密到松弛的演变过程。这就是说，工业化是城镇化的初始动力，受到工业化推动的城镇化将以快于工业化的速度向前发展，表现为工业化水平与城市规模呈现出阶段性特征。在城镇化发展的初期，农业社会向工业社会转型，随着工业的发展，提供丰富的满足城镇化需求的生产资料供给，同时大量农民转变为城市工人，城市规模随之增长，工业化水平与城市规模正相关。城镇化发展到一定程度，在工业带动下生产性服务业快速发展，为社会创造了更多的就业机会。虽然工业比重相对下降，城市规模仍然会不断增大。发达国家的经验数据也证实，在城镇化中后期，工业化水平和城市规模呈现负相关关系。

工业化水平与城市规模的关系不仅具有阶段性，而且也受到工业结构的影响。如果工业结构失衡。不但工业化发展受到制约，城市规模的增长也会减缓，甚至停滞。例如，一个城市凭借自然资源的优势（比如有丰富的矿产资源），高度集中了大量资源密集型工业，造成产业结构单一、环境污染严重。虽然城市工业比重很高，但是除了资源型产业，其他产业和服务业发展规模有限，产业间关联小，社会发展失衡，城市规模的增长受到了严重的制约。再举例说，一个城市的工业主要是在国家经济政策保护下建立的重工业，但是这些工业生产技术落后，效率低下，缺乏协调管理，没有产生产业规模经济效益。这种情况下，即使工业比重很高，城市规模也不会快速增长。

根据2000—2010年长三角16市的实际情况来看，由于各市工业发展处于不同阶段，加之工业结构和工业基础各不相同，工业化对城市规模增长的传导途径具有极大的个性特征（见图4-2）。一些城市处于工业化的发展阶段，或者属于以加工制造业为主的城市，城市规模随着工业比重上升而上升，譬如湖州、宁波、苏州、无锡等。而另一些城市，工业发展完善，城市综合功能显现，城市规模随着工业占比下降而不断增长，例如南京、上海等。还有一些城市，限于自然地理环境，工业发展缓慢，城市规模偏小，比如地处舟山群岛的舟山市。因此，在这个意义上，虽然工业化成为城市规模增长的根本动力，但是工业化水平不能直接反映出城市规模的大小。

（2）工业化、产业集聚与城市规模的增长机制。产业集聚是工业化的初始动力，也是工业化发展的结果。产业集聚在内涵上超越了工业范畴，包括更广意义上的劳动力和资本等生产要素在空间上的集中。通过产业集聚带动的人口集聚和经济活动集聚，城镇化过程不断加深，城市规模得以增长。

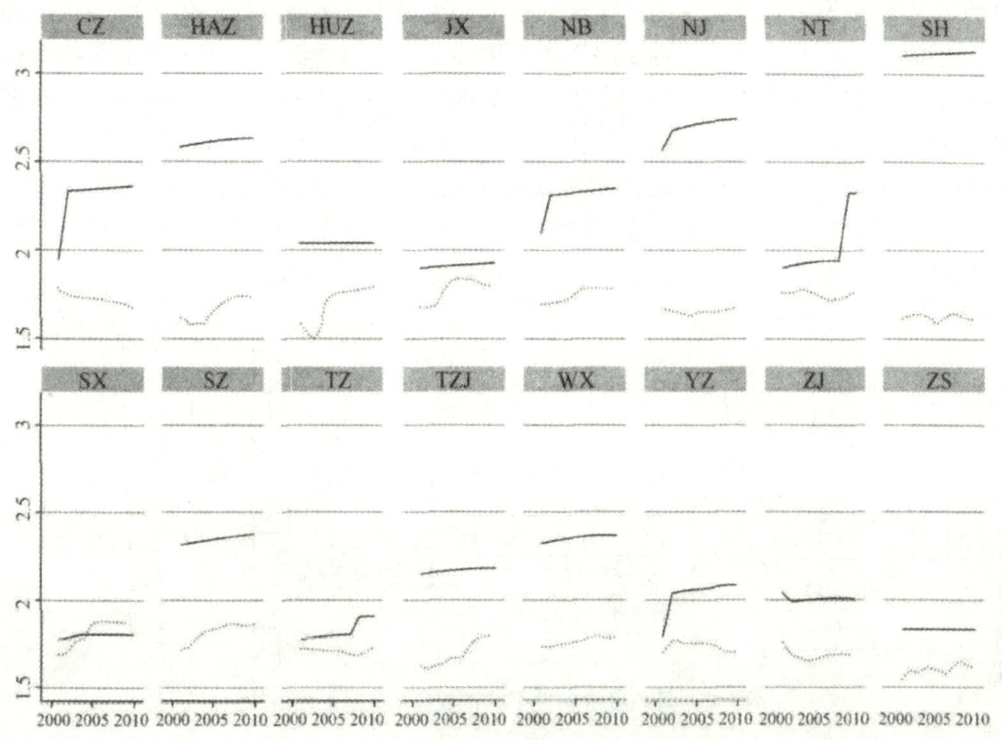

图 4-2　长三角城市规模与工业化的相关图

注：实线表示 Log（size），即城市规模的对数，虚线表示 Log（indr），是工业占比的对数。小图标题是城市名称的拼音首字母缩写，其中 HAZ 和 HUZ 分别表示杭州与湖州，TZJ 表示江苏泰州市，TZ 是浙江台州市。

工业化的发展首先带来制造业的繁荣，促进制造业内部分工细化，生产协作能力加强，形成了最初的工业集聚。根据马歇尔提出的集聚效应，工厂集中有利于从分享、匹配和学习中获得额外收益（Duraton and Puga，2002），于是从事制造业生产的企业逐步集中。同时，与这些企业具有前后向联系的产业也逐步发展起来，城市能够提供更多的中间产品，市场规模扩大了，大大降低了运输费用（Krugman，1991）。在集聚的循环累积因果效应下，城市大规模的生产集聚形成了。然而，生产集聚仅仅是产业集聚的一部分内容，产业集聚还包括生产集聚效应下服务业的繁荣，尤其是生产性服务业。比如，金融服务、物流服务、培训咨询等在工业空间聚集的基础上应运而生。工业集聚程度越高，生产性服务业发展越好，形成了服务业集聚的现象。随着城市中间产品市场和服务业的发展，城市交易集聚现象创造了更低的交易成本，也创造了更大的消费市场，刺激包括住宿、餐饮、娱乐、房地产等广义服务业快速发展。因此，产业集聚不仅提供了人口集聚的巨大吸引力，而且创造了大量人口聚集生活居住的承载能力。城市规模必然随着产业集聚程度提高而不断扩大。

开放经济条件不但为工业化发展提供了资本支持，而且也从扩大市场方面直接加速了产业集聚的发展，从而对城市规模增长提供了动力基础。具体来说，开放经济对沿海城市产业集聚的促进作用表现为增强了城市市场潜能，国内外企业纷纷在市场潜能极大的地点投资建厂，在雄厚的外国资本和广阔的国际市场补充下，城市集聚效应增强，规模增长。因此，在开放经济条件下，城市的产业集聚不仅仅受到本地市场潜能的影响，还与国外市场潜能密切相关。在两种市场潜能的共同作用下，城市产业集聚发展，实际工资提高，人口向提供较高实际工资的城市流动，城市规模随之增长。整个城市规模增长的内在机制见图 4-3 所示。

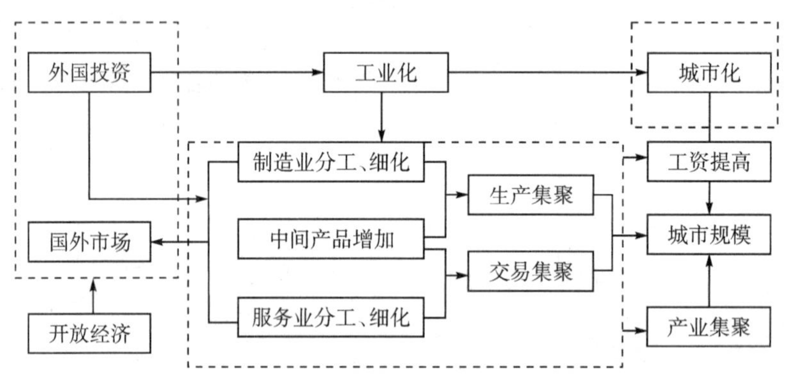

图 4-3 开放经济条件下城市规模增长机制示意图

当然，城市规模的增长也会对产业集聚产生反作用。一定的城市规模是消费市场的保障，也是形成较大市场潜能的基础条件。然而随着城市规模的扩大，拥塞成本上升，令企业利润下降，迫使一些企业迁出，产业向其他城市转移和分散，城市规模有所收缩。因而城市规模是产业集聚效应和拥塞成本引起的离心力之间权衡的结果。亨德森（Henderson，1974）指出，城市规模增长与集聚经济之间存在倒 U 形关系。正是因为这种倒 U 形关系的存在，城市规模分布不会一成不变。下面具体讨论开放条件下城市规模分布的演变。

4. 开放条件下产业集聚与城市规模分布的演变机制

如果对外开放影响了产业集聚的分布和形态，必然会影响到城市规模的分布状况。那么，开放经济条件是如何影响产业集聚与城市规模分布形态的呢？利用一个简单的模型加以佐证。假定世界由三座城市组成，分别是城市 1、城市 2 和城市 0。城市 0 表示外国，城市 1 和 2 分别表示国内的两座城市，城市间劳动力可以自由流动，三地之间可以自由贸易。劳动力是生产函数的唯一投入要素。那么三地的收入可以表示为：

$$Y_0 = L_0 \tag{6}$$

$$Y_1 = \gamma\omega_1 \tag{7}$$

$$Y_2 = (1-\gamma)\ \omega_2 \tag{8}$$

上式中，L_0 是国外劳动力数量，劳动力价格标准化为 1。假设国内劳动力为单位 1，城市 1 和城市 2 分别占有 γ 和 $1-\gamma$ 单位劳动力，并且劳动力名义工资分别为 ω_1 和 ω_2。城市 1 和城市 2 的实际工资水平以及国内经济的实际平均工资分别是：

$$\omega_1=\omega_1(1-\gamma)^{\delta}G_1^{-1} \tag{9}$$

$$\omega_2=\omega_2\gamma^{\delta}G_2^{-1} \tag{10}$$

$$\bar{\omega}=\gamma\omega_1+(1-\gamma)\omega_2 \tag{11}$$

从公式（9）和（10）可以看出，由于拥塞成本 $(1-\gamma)^{\delta}$ 和 γ^{δ} 造成的离心力，随着城市人口增加，实际工资会加速递减。当 $\gamma=1$ 或者 0 时，所有人口集聚在其中一个城市，该城市实际工资将下降为 0。在不考虑这种极端情况下，人口的流动取决于 ω_i 与 $\bar{\omega}$ 的关系。如果 ω_i 低于 $\bar{\omega}$，城市人口流出；反之，城市人口会不断增加。

在这里，市场潜能函数可以表示为：

$$\Omega=\omega_1/\omega_2 \tag{12}$$

市场潜能函数代表着产业集聚程度。如果在初始水平 Ω 大于 1，代表城市 1 产业集聚程度相对较高，城市 1 的实际工资也较高，促使人口流入，形成较大的城市规模。在封闭经济条件下，产业发展依赖于国内城市，人口流动带来更大的后向关联效应，增加了产业集聚的利益，因此不均衡的城市规模状态会持续下去。

再考虑国外贸易的情况。由于产品运输存在一定的冰山成本，即从任一城市运往国外的产品只有 $1/\tau_0$ 才能到达。那么，开放政策和开放程度将会通过影响运输成本进而影响到国内城市的产业集聚和城市规模。如果开放程度较高，运输成本 τ_0 降低，国内两座城市的价格指数降低，实际工资会相应提高。尤其是对于规模较小的城市，较低的运输成本使其获得接近国外市场的机会，增加了市场规模，提高实际工资。但是，对于规模较大的城市，由于对国外市场的依赖，城市劳动力集聚产生的后向联系效应减弱，人口和产业聚集产生的拥塞成本产生了更大的消极作用，拥塞成本造成的离心力使得城市实际工资下降，人口向规模较小的城市分散，一部分产业也转移到另一座城市。直到两座城市的实际工资相等，人口流动停止。这样一来，贸易自由化导致两座城市规模倾向于均等化。

二、开放经济视角下产业集聚与城市规模增长的实证分析

城市规模的增长及其演变与城市产业集聚发展密切相关，通过实证分析，理清产业集聚与城市规模增长的关系：城市规模随着工业占比的下降而增长，说明长三角进入了以工业为动力、带动服务业全面发展的阶段；国外市场需求拉动的产业集聚对城市规模增长有着积极意义，长三角受到国外市场需求拉动而形成产业集聚发展的现象十分明显，与长三角以加工贸易为主的贸易结构有着密切的关系；本地市场需求不足，严重制约了产业集聚和产业结构升级，不利于城市规模增长和竞争力

提升；政府支出、城市教育和城市卫生水平的发展对城市规模的扩大有着显著的促进作用。另外，对长三角的江苏省和浙江省辖城市的子样本分析显示，出口贸易驱动城市规模增长的现象在江苏省辖城市更为典型。

1. 模型、变量与数据

产业的发展离不开国内和国外市场的支撑。扩大城市出口开放程度，促进出口导向型的产业集聚是城市规模扩大的重要途径。同时也必须鼓励和扶持本土企业发展，坚持扩大内需，培育国内市场需求，推动产业集聚发展和结构升级，为实现城市规模增长和竞争力提高提供重要保障。最后，增加政府的财政支出，提高城市教育水平和医疗卫生条件也是提升城市品质，促进城市规模增长的重要手段。

（1）计量模型和变量设置

为了检验城市规模增长的内生动力机制，我们建立了一个静态面板回归模型。在控制其他变量的前提下，重点关注国外市场驱动的产业集聚、本地市场驱动的产业集聚和工业化水平对城市规模增长的影响。模型如下：

$$\ln pop_{it}=\beta_0+\beta_1\ln(\omega_i/\omega_0)\times ex_{it}+\beta_2\ln(\omega_i/\omega_0)\times hm_{it}+\beta_3\ln ind_{it}+\beta_4 Z_{it}+\varepsilon_{it} \quad (13)$$

上式中，下标 t 表示时间，i 表示城市；被解释变量 pop_{it} 表示城市人口规模；β_0 和 ε_{it} 分别是常数项和误差项。

(ω_i/ω_0) 是城市 i 与上海的相对工资率，反映城市 i 基于规模报酬递增的产业集聚程度。之所以选择上海作为参照值，是因为上海毫无疑问是长三角的中心城市和经济核心，也是区域内最大的港口城市，与国外市场联系紧密。从 2010 年的数据来说，上海市经济总量是 16 971.55 亿元，占长三角经济总量的 37.8%，超过三分之一；港口货物吞吐量为 65 339 万吨，是宁波舟山港的 1.6 倍、台州港的 13.9 倍，是中国内地的第一大港；出口总额为 1 807.84 亿美元，占长三角总出口的 30.5%。

ex 是城市出口开放程度，用以表示国外市场潜能。hm_{it} 表示城市本地市场潜能。使用 $\ln(\omega_i/\omega_0)\times ex_{it}$ 和 $\ln(\omega_i/\omega_0)\times hm_{it}$ 的交叉项是因为：从经济意义上说，通过国外市场潜能和本地市场潜能对相对工资率的控制，可以分别反映出口贸易驱动的产业集聚和本地市场驱动的产业集聚对城市规模的影响；从统计意义上说，不仅可以有效地排除两者的内生性问题，而且可以更好地揭示两者对因变量的共同影响。变量 ind_{it} 表示城市的工业比重。

此外，Z_{it} 是一系列控制变量，即政府财政支出（*fis*）、教育水平（*edu*）和卫生发展水平（*hop*）。其中，政府财政支出包括对城市各项公共服务、公共事业和社会保障等支出，体现政府行为对城镇化的影响。中国的城镇化进程很大程度上受到政府的干预，政府行为无疑是影响城镇化水平和城市规模的重要变量。教育水平反映了城市人力资本的素质高低，高素质的人力资源有利于城市产业升级和竞争力提升，对城市规模增长有深远意义。卫生发展水平是城市人民健康生活和城市规模增长的基本保障。为了降低数量级，全部变量取对数。变量的具体设置如表 4-2 所示。

表 4-2　　变量设置表

变量名称	变量定义	变时计算
pop	城市人口规模	采用城市市辖区人口数量（单位：万人）
ω_i/ω_0	相对工资率	城市 i 与上海辖区职工平均工资之比
ex	国外市场潜能	城市出口总额（单位：万元）
hm	本地市场潜能	市场潜能与地区生产总值成正比，与距离成反比。因此，$hm=Y/S$，其中 Y 表示地区生产总值，S 表示地区面积大小（单位：万元/平方公里）
ind	工业化水平	城市工业增加值占 GDP 的比重（单位:%）
fis	政府财政支出	地方政府市辖区财政支出（单位：万元）
edu	教育水平	城市高等院校专任教师人数（单位：人）
hop	卫生发展水平	城市医生总数（单位：人）

（2）数据的来源与描述

这里采用 2001—2010 年长三角城市群 16 市的面板数据。全部数据都是根据《中国城市统计年鉴》（2001—2011）、《江苏统计年鉴》（2001—2011）和《浙江统计年鉴》（2001—2011）和部分城市统计年鉴加以整理和计算所得。各个变量数据的描述性统计如表 4-3 所示。

表 4-3　　数据的描述性统计

	ln*pop*	ln*ωrex*	ln*ωrhm*	ln*ind*	ln*fis*	ln*edu*	ln*hop*
Mean	2. 153 1	6. 398 6	3. 533 9	1. 725 0	5. 728 5	3. 456 2	3. 549 0
Median	2. 069 8	6. 443 3	3. 552 1	1. 727 0	5. 689 7	3. 458 1	3. 467 9
Maximum	2. 739 1	7. 791 2	4. 099 1	1. 888 3	6. 770 4	4. 698 4	4. 288 1
Minimum	1. 777 6	4. 957 0	2. 677 6	1. 492 2	4. 805 6	2. 399 7	2. 985 0
Std. Dev.	0. 277 7	0. 598 5	0. 297 1	0. 078 2	0. 481 4	0. 502 9	0. 323 8
Observation	150	150	150	150	150	150	150

基于以上数据，我们分别绘制了城市工业水平和产业集聚程度与城市规模的散点关系图。图 4-4 通过比较长三角 10 年内城市工业化水平、产业集聚程度与城市规模的关系，证明了用相对工资率表示的产业集聚程度能够更好地反映城市规模的大小。

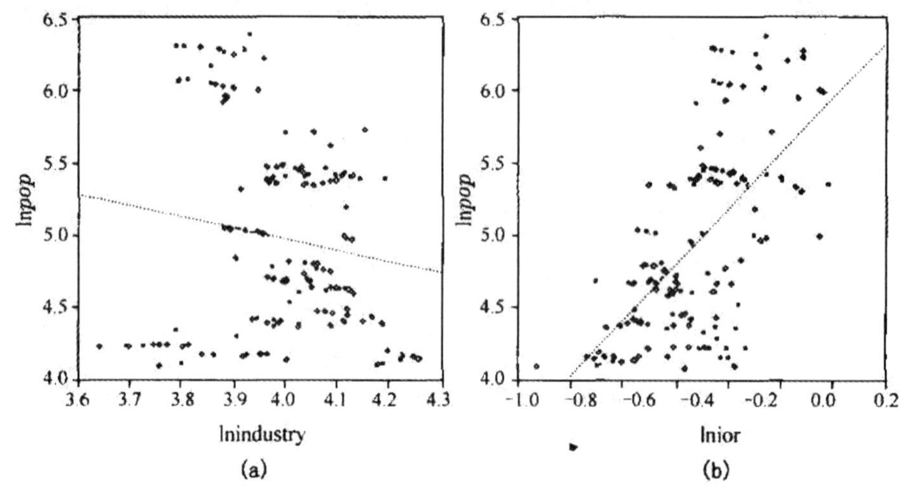

图 4-4　2001—2010 年城市工业比重、产业集聚度与城市规模的关系图

首先，图 4-4（a）通过 2001—2010 年长三角 160 个数据反映了城市工业化水平与城市规模呈现负相关，即虽然工业占比相对下降，但城市人口规模会继续增长。长三角市场化水平相对较高，工业发展均衡，工业化与城市规模的关系体现出长三角城镇化发展进入到与工业化的关系相对松弛的阶段，也就是以工业化为动力，带动服务业全面发展的时期。其次，图 4-4（b）反映了 10 年内长三角 15 座城市和上海的相对工资率与城市规模大小具有较为一致的正相关关系，这表明产业集聚效果越强，城市规模较大。但是在开放经济条件下，长三角城市规模增长的动力是依赖国内市场的产业集聚，还是在出口贸易带动下的产业集聚，还是两者的合力呢？这还需要后文的计量检验进一步予以分析。

2. 实证分析

从长三角城市规模分布的演变特征出发，探索开放经济条件下城市规模增长及其演变的规律，可以进行实证分析。通过构建分析城市规模增长机制的理论框架和开放经济城市规模变动的数理模型，提出在开放经济条件下，本地市场和国际市场共同驱动下的产业集聚是城市规模增长的直接动因。实证部分根据 2001—2010 年长三角 16 市的面板数据对城市规模增长的内在动力进行了检验，实证结果有力地支持了理论预测。

（1）静态面板模型

对各个变量平稳性检验发现，$\ln opo$，$\ln \frac{\omega_i}{\omega_0}\times ex$、$\ln \frac{\omega_i}{\omega_0}\times hm$、$\ln ind$、$\ln edu$ 和 $\ln hop$ 在 1%的显著水平上拒绝存在一个单位根的原假设，表明这些变量是平稳的。对于不平稳的变量 $\ln fis$ 进行一阶差分之后，均在 1%的显著水平上通过了平稳性检验。然后我们对模型进行协整检验，结果发现模型在1%的显著水平上通过了Kao检验；在Pedroni检验中，虽然有个别统计量没有通过检验，但是结合Kao检验结果，变量之间存在长期的稳定的协整关系。最后，使用面板最小二乘法估计进行计算。模型（1）和（2）是仅含有主要变量的固定效应和随机效应模型，主要目的是检验出口开放条件下受国外市场和本地市场影响的产业集聚与工业化水平对城市规模变动的效果。模型（3）和（4）是加入了控制变量的固定效应和随机效应模型。通过观察可见，控制了各个城市相关数据的差异之后，基本变量的符号并未改变，数值的改变也不大，说明了模型具有较好的稳健性。根据Hausman检验，固定效应明显优于随机效应检验，因此模型宜采用个体固定效应的面板回归。在固定效应模型（1）和（3）中，绝大多数估计结果通过了1%的显著性检验，基本与预期相符，模型拟合性良好，D. W值略微偏小。具体结果见表4-4。

表4-4　　全样本检验结果

	(1) FE	(2) RE	(3) FE	(4) RE
C	2. 050 2*** (16. 904 7)	2. 056 0*** (16. 361 5)	1. 597 6*** (10. 197 8)	1. 107 4*** (7. 969 0)
ln*ind*	-0. 302 4*** (-3. 836 2)	-0. 420 4*** (-9. 313 8)	-0. 338 6*** (-5. 220 7)	-0. 333 3*** (-5. 239 2)
ln*ωrex*	0. 332 6*** (12. 473 8)	-0. 336 1*** (-4. 296 1)	0. 099 5*** (2. 669 5)	0. 047 7 (1. 647 8)
ln*ωrhm*	-0. 425 5*** (-0. 922 7)	0. 338 0*** (13. 011 8)	-0. 403 0*** (-10. 254 5)	-0. 367 8*** (-9. 966 7)
ln*fis*			0. 175 0*** (4. 679 0)	0. 113 2*** (3. 258 2)
ln*edu*			0. 059 3 (1. 097 9)	0. 124 6*** (3. 453 6)
ln*hop*			0. 202 5*** (2. 883 2)	0. 432 9*** (7. 143 3)
R-*squared*	0. 978 8	0. 527 0	0. 986 5	0. 754 6
D. W	1. 244 4	0. 823 4	1. 392 9	1. 347 7

注：***、**、*分别表示1%、5%和10%的显著水平。括号内表示*t*-统计值。

从上述计量结果，我们发现：第一，城市工业化水平的系数为负，并通过1%的显著性水平检验，说明城市规模随着工业占比的下降而增长。在市场经济较为发达的长三角，这一现象说明该地区城镇化水平比较高，进入了以工业为动力、带动产业集聚综合发展的阶段。不过，根据发达国家的经验，随着城镇化水平的提高，工业比重下降，服务业会上升。对照此目标，长三角服务业的发展仍有一定差距。

第二，产业集聚程度与国外市场潜能的交叉项系数显著为正，说明出口贸易和城市产业集聚发展相互促进，两者共同推动了城市规模增长。这一现象与长三角以加工贸易为主的贸易结构有着密切的关系。盛行的加工贸易或者代工生产，是指跨国公司将一些简单的劳动密集型生产搬到长三角，生产的产品返销回国外。这种模式并不需要国内资本和市场需求为支撑，是国外资本榨取发展中国家廉价劳动力的投资生产行为。伴随着大量的国外资本投资和快速增长的出口贸易，长三角形成了大规模的以加工制造为主的产业集聚现象。加工制造业所需技术含量不高，属于劳动密集型生产，这为农村剩余劳动力提供了大量的就业机会，为加快城镇化进程和扩大城市规模做出了不小的贡献。但是，加工贸易在全球价值链中处于低端地位，对劳动者福利提高、城市产业升级和竞争力提升以及国家经济的长远发展都是不利的。

第三，产业集聚程度与城市本地市场潜能的交叉项在1%显著性水平上为负，即以本地市场为支撑的产业集聚对城市规模增长具有负效应。这一结果还反映出城市本地市场潜能的大小与城市产业集聚的发展变化并不一致，本地市场不是长三角城市产业集聚的主要原因。本地市场需求不足，不但不利于促进以本地市场为基础的产业集聚，而且还导致产业缺乏创新、生产技术发展缓慢、产品缺乏竞争力，是造成中国贸易结构只能长期以出口低端加工制成品为主的主要原因。在这一意义上，城市规模虽然随着出口贸易和制造业的发展而增长，但是出口贸易在国际贸易市场上处于劣势，城市的竞争能力和人民的福利水平并未得到有效提高。

第四，代表政府支出和城市卫生发展水平的控制变量显著为正，说明政府支出和城市卫生水平的发展对城市规模的扩大有着积极的意义。而反映教育水平的变量虽然也是正的，但不显著。

（2）动态面板估计

虽然静态面板采用了固定效应分析，有效地控制了个体效应，结果表现良好，但是由于城市规模变动与产业集聚有可能存在一定的因果关系，静态面板模型不能完全克服内生性问题。为了弥补这一不足，我们将根据差分GMM进一步检验动态面板数据结构下开放经济对产业集聚和城市规模变动的影响。差分GMM方法的主要思想是通过一阶差分以消除个体效应，再利用差分方程中一组变量的滞后项作为工具变量来解决内生性问题。动态计量模型设置为：

$$\mathrm{lm}pop_{it}=\beta_0+\beta_1\mathrm{lm}pop_{i,t-1}+\beta_2\mathrm{lm}\left(\omega_i/\omega_0\right)\times ex_{it}+\beta_3\mathrm{lm}\left(\omega_i/\omega_0\right)\times hm_{it}+\beta_4\mathrm{lm}ind_{it}+\beta_5 Z_{it}+\upsilon_{it}+\varepsilon_{it} \qquad (14)$$

上式中，$pop_{i,t-1}$是pop_{it}的滞后一期变量。主要结果反映在表4-5中。

表 4-5 动态面板估计结果

	(5) Diff-GMM	(6) Diff-GMM
ln*pop*	0. 645*** (0. 146)	0. 264*** (0. 099 8)
ln*ωrex*	0. 189*** (0. 051 3)	0. 070 0 (0. 047 2)
ln*ωrhm*	-0. 275*** (0. 084 8)	-0. 335*** (0. 059 6)
ln*ind*	0. 006 71 (0. 155)	-0. 204* (0. 106)
ln*fis*		0. 185*** (0. 039 3)
ln*edu*		-0. 072 0 (0. 069 3)
ln*hop*		0. 109 (0. 079 7)
Arellano-Bond test for AR (1)	0. 001	0. 005
Arellano-Bond test for AR (2)	0. 850	0. 470
Sargan test	0. 110	0. 078
Observations	120	120
Number of id	15	15

注：***、**、*分别表示 1%、5%和 10%的显著水平。括号内表示 *t*-统计值。

列（5）是将城市规模的滞后期、相对工资率、国内外市场潜能的交互项均视为内生变量，由 Diff-GMM 构成工具变量计算而得。列（6）引入一系列控制变量，并将这些控制变量视为严格外生变量进行估计。估计结果中 Arellano-Bond 二阶自相关检验 AR（2）表明不存在自相关，Sargan 检验显示在 5%的显著性水平上接受“所有工具变量有效”的原假设，即通过了过度识别检验，工具变量使用合理。

全部估计结果与静态面板一致，符合预期期望。国外市场潜能驱动的产业集聚对城市规模增长具有正效应，而本地市场潜能拉动下的产业集聚对城市规模增长的贡献不足，具有显著的负效应。工业化水平与城市规模增长也呈现负相关，财政支出对城市规模增长有着显著的积极意义。

（3）稳健性检验

长三角 16 市是由上海市和江浙两省的部分城市组成，江浙两省城市规模演变存在明显的差异（见表 4-6）。2001 年，江浙两省的城市规模分布比较相似。从整体上看，江苏省城市平均人口规模略大于浙江。江苏省的城市规模增长迅速，2005 年江苏省的长三角城市平均人口规模比浙江省多了近 40 万，这一差距在 2010 年进一步扩大为约 95 万人。2010 年，江苏省的长三角城市中，百万以上人口城市达到

7 座，比 2001 年增加了 3 座，而浙江省一直保持着 4 座百万以上人口的城市。

表 4-6　　江苏、浙江两省长三角城市规模演变比较

	2001		2005		2010	
	江苏	浙江	江苏	浙江	江苏	浙江
最大规模城市人口（年末市辖区：万人）	371.89	379.49	513.39	401.59	548.37	434.82
最小规模城市人口（年末市辖区：万人）	60.57	59.92	62.82	64.46	82.72	65.04
百万以上人口城市（个）	4	4	6	4	7	4
城市人口平均值（万人）	149.56	137.85	194.27	156.35	222.19	126.94
城市人口每五年平均增速（%）	—	—	35.91	13.10	25.98	2.94

同时，根据江苏、浙江两省的长三角城市出口贸易总额的统计，虽然 2009 年在全球金融危机的冲击下，两省的出口贸易都有一定程度的下滑，但是整体上看江苏省的长三角城市出口贸易总规模和增长速度都大于浙江省的长三角城市（见图 4-5）。基于两省城市规模变化和出口贸易的特征，下面将长三角城市分为江苏省城市和浙江省城市两个子样本，分别检验国内市场和国外市场带来的产业集聚对城市规模的影响。

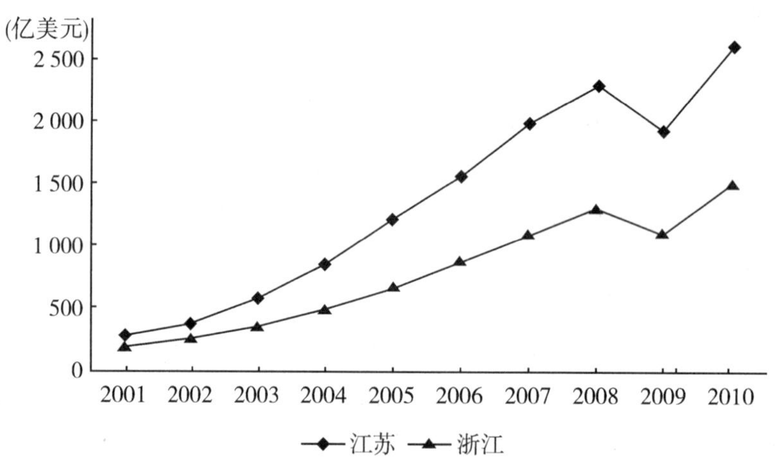

图 4-5　江苏和浙江省的长三角城市出口贸易额

表 4-7 报告了分属于江苏省和浙江省的长三角城市样本估计结果。模型（7）和模型（9）分别是江苏省和浙江省含有主要自变量的面板回归结果，模型（8）和模型（10）是增加了控制变量的固定效应模型。四个模型的拟合性较好，绝大部分的变量通过了显著性检验，估计系数的符号与全样本基本一致，不足的是部分控制变量没有通过显著性检验。

表 4-7　　分省份样本估计

	江苏省		浙江省	
	(7)	(8)	(9)	(10)
C	1.967 4*** (5.537 8)	0.719 4** (2.415 3)	1.873 6*** (23.334 1)	1.680 4*** (10.114)
ln*ind*	-0.253 6 (-1.241 9)	0.007 3 (0.051 6)	-0.037 5 (-0.547 4)	-0.096 9 (-1.338 6)
ln*ωrex*	0.416 7*** (11.653 3)	0.067 6 (1.383 3)	0.116 8*** (3.828 6)	0.049 6 (1.263 7)
ln*ωrhm*	-0.550 9*** (-0.839 0)	-0.493 9*** (-11.332 8)	-0.133 4** (-2.657 5)	-0.130 7** (-2.226 9)
ln*fis*		0.201 5*** (4.177 5)		0.032 6 (0.720 8)
ln*edu*		0.106 1 (1.565 9)		0.053 9 (0.901 4)
ln*hop*		0.353 3*** (3.733 8)		0.101 5 (1.253 3)
R-*squared*	0.973 5	0.988 3	0.992 3	0.993 3
D. W	0.948 2	1.115 9	1.302 4	1.706 8

注：城市用拼音首字母表示。拼音首字母雷同的杭州和湖州分别是 HAZ 和 HUZ，泰州和台州分别是 TZ 和 TAZ。***、**、*分别表示 1%、5%和 10%的显著水平。括号内表示 t-统计值。

值得注意的是，两种市场力量带动的产业集聚对城市规模的影响与长三角全样本高度一致，两省出口贸易驱动的产业集聚对城市规模增长具有正效应，而以本地市场为支撑的产业集聚程度与城市规模演变呈现显著的负相关关系。可是，出口贸易驱动城市规模增长的现象在江苏省更为典型。江苏省城市出口贸易带动的产业集聚对城市规模增长的贡献明显大于浙江省，江苏省的城市规模增长受到本地市场不足的负面影响也更加严重。造成这一现象的原因，正是两省出口贸易和产业结构的差异。改革开放以来，江苏省形成了以外商投资企业为主体、以加工制造品为主要出口构成的“大进大出”的贸易模式。依赖廉价劳动力的加工贸易，对江苏省产业发展、劳动力就业以及城市规模增长发挥了极为重要的作用，同时也在一定程度上抑制了本地市场的发展，以及基于本地市场需求推动的产业集聚和产业升级。浙江省同样是以机电制造等加工产品为主的出口大省，但是民企和私企的出口快速增长，与外资企业共同构成了浙江省的对外贸易主体。与外资企业“大进大出”模式不同，国内民企和私企的发展更有利于本地市场的培育。因此，虽然浙江省辖长三角城市的规模增长仍然依赖出口贸易带动的产业集聚，但是本地市场的积极作用相对好于江苏省辖长三角城市。

第二节　城市规模增长机理：空间融合视角

中国城镇化过程中明显存在着人口城镇化速度滞后于土地城镇化速度的问题。普遍认为，户籍制度和财政制度是造成这一现象的重要原因；但是很多研究文献却忽略了中国城镇化与对外开放的过程是相互影响、不可分离的。这里从城市人口规模扩展视角分析城镇化空间格局演化中的城市规模增长机理。

一、城市规模增长的传导机制

城市规模增长包括城市人口规模增长（人口城镇化空间扩展）和城市国土规模增长（国土城镇化空间扩展）。其中，城市人口规模增长是城市规模增长的主导因素。“在开放经济条件下，出口贸易结构通过促进地方产业集聚，影响产业结构演化和就业结构变动，对城市人口规模增长产生了重要影响，是城市人口规模增长的重要推动力。”①

1. 相关研究进展

已有文献对城市规模的研究大多局限于封闭经济的前提下。传统的城市经济学通常采用成本-收益分析法探究最优城市规模。阿隆索（Alonso，1971）提出利用城市区位的边际收益和边际成本计算最优城市规模。该模型被不断地补充发展，演化为平均收益和平均成本决定城市实际规模模型。随着“规模经济”概念的发展，理查森（Richardson，1973）和亨德森（Henderson，1974）等人认为，城市规模经济的外部性和土地租金分别是决定城市规模大小的向心力和制约力，受之影响城市规模的平均收益和平均成本分别呈倒U形和正U形。亨德森（1996）还指出，城市应该专业化生产，因为城市规模取决于专业化生产的规模经济外部性；城市体系中包含专业化生产不同产品的城市，高级城市体系中专业化生产大量高级产品的大城市密集，低级城市体系专业化生产初级产品的中小城市和乡镇密布。基于城市网络理论，卡佩罗和卡蒙里（Capello and Camgni，2000）认为用最优城市规模来研究城市规模并不恰当，应该使用建立在城市功能和城市网络基础上的有效城市规模；有效城市规模是基于社会、经济和自然环境三大因素的城市成本和城市收益权衡的结果。城市规模研究新的突破是，针对第三世界国家国情构建了贸易政策影响城市规模分布的模型（Krugman，1991，1993；Livas，1996），在出口贸易影响下，靠

---

① 朱江丽. 城市人口规模增长机理：出口开放视角——基于长三角城市的面板分析［J］. 财经科学，2013（9）.

近贸易边界的城市会逐步壮大，从而缓解内陆大城市膨胀的趋势。这一理论反映了国际贸易有助于改变第三世界国家城市规模分布规律。国内对城市规模的研究主要是对国外城市规模研究的理论拓展和基于中国国情的实证分析。一是利用成本-收益法对最优城市规模的实证。王小鲁和夏小林（1999）通过对城市规模收益和外部成本的分析，指出中国城市最优人口规模区间是50万~200万，优化城市规模有助于经济增长；金相郁（2004）通过聚集经济方法与最小成本方法度量的方法，比较了中国东部沿海地区三个超大城市的最优城市规模。二是基于新经济地理模型对城市规模的研究，这一方面的研究相对较少。安虎森和邹璇（2008）利用城市实际工资方程，探求城市最优规模和城市化道路，他们认为包括交易成本和制度成本在内的农产品贸易成本是影响最优城市规模的主要因素。这些研究考察了影响城市规模变动的经济因素，但是对开放经济助推城市规模增长的内在机制揭示不足。

2. 出口开放影响城市规模增长的传导机制

城市人口主要分布在工业部门和服务业部门，城市产业部门的发展带动就业机会增加和城市人口增长。在封闭经济条件下，产业发展带动城市规模增长具有两个阶段性特征。在第一阶段里，城市规模随着工业就业比重持续上升而增长。在农业经济向工业社会过渡时期，随着工业化水平提高，城市工业规模逐渐扩大，提供了充分的就业岗位，拉动城市化发展，促进城市人口规模增长。第二阶段是在工业发展到一定水平后，城市规模随着服务业就业比重上升而增长。这是因为工业发展拉动与工业相联系的生产性服务业快速发展，工业发挥出对就业机会创造的乘数效应。服务业发展大大提高了城市竞争力和城市品质，成为城市化和城市人口增长的后发动力。

与封闭经济不同，开放经济塑造了新的产业发展模式，促进城市从事出口贸易的工业集聚，形成新的产业空间格局，对城市规模增长既有“积极效应”，也有着“消极效应”。

出口开放的“积极效应”表现在出口开放促进城市工业及其前后向关联产业发展，产生工业集聚效应，推动城市规模增长。随着出口开放的优惠政策实施，国际资本进入中国城市空间生产，绝大部分聚集在沿海城市，使沿海城市与更广阔的国际市场密切相连，成为全球生产体系的重要组成部分。沿海开放城市的制造业工厂尤其是从事加工制造业的工厂不断增多，形成工业集聚区，就业机会大大增加，城市化进程加快，城市规模随之扩大。随着工业集聚发展，城市生产能力提高，能够提供丰富的消费产品，吸引更多消费者的迁入和劳动力集中，城市规模进一步扩大。

出口开放的“消极效应”表现在两个方面。第一，以代工和加工为特征的工业模式处于全球供应链的底端，以密集劳动力投入赚取微薄利润的城市规模扩大，是以出卖廉价劳动力为前提条件的，这一城市规模增长模式是粗放而低效率的。第二，国际分工的局限性不利于中国生产性服务业的发展，限制了城市规模的扩大。受国外市场影响和国际分工制约，中国沿海城市的工业主要从事劳动密集、技术简单的代工生产和加工制造，难以形成对金融、信息、通信、物流等现代生产性服务业的有效需求，以至于这些现代生产性服务业发展滞后，长期被国外资本垄断（江静、刘志彪，2010）。工业与服务业的联系被阻，工业创造更多现代服务业就业的乘数效应大为减弱，城市升级和城市规模增长受到影响。

由此可见，出口开放促进城市规模增长的传导机制可以描述为（见图 4-6）：在出口开放条件下，聚集而来的国际资本促进沿海城市工业集聚，推动了城市工业发展，有利于加快城市化进程和城市规模增长；但从长远来看，以加工和代工为特征的工业发展模式不利于城市规模持续有效增长，因为加工贸易背景下形成的工业集聚，不一定能够带来服务业尤其是生产性服务业的发展，甚至还会产生负面影响，服务业发展滞后不利于城市提高竞争力和吸引力，制约城市规模增长。

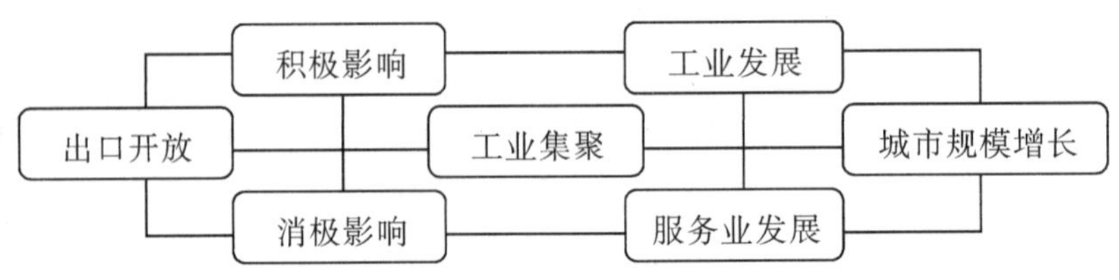

图 4-6　出口开放、工业集聚对城市规模的影响

二、城市规模扩展传导实证分析

城市规模扩展具有内在的传导机制。出口开放对中国沿海城市规模扩展具有积极效应和消极效应。出口开放凸显了沿海城市的地理优势，巨大的市场潜能有利于城市出口贸易关联工业发展。中国出口开放促进工业发展对城市规模的扩大既有着积极的影响，也有着不利的一面。造成不利影响的主要原因是开放条件下中国以加工和代工为特征的工业模式，不能形成对生产性服务业的有效需要，制约了服务业就业率提升，限制了城市规模扩展。

1. 变量模型与数据描述

依据城市经济学相关原理和上文分析，城市规模取决于工业就业和服务业就业的规模，出口开放通过影响工业和服务业发展而间接作用于城市规模变动。因此，建立计量模型如下：

$$SIZE_{it}=\beta_0+\beta_1 MF_{it}+\beta_2 SR_{it}+\beta_3 MF_{it}*EX_{it}+\beta_4 SR_{it}*EX_{it}+\beta_5 LC_{it}+\beta_6 X_{it}+\varepsilon_t \qquad (15)$$

上式中，下标 t 表示时间，i 表示城市。被解释变量 $SIZE$ 表示城市人口规模。β_0和 ε_{it}分别是常数项和误差项。MF 表示城市工业企业数量，反映城市工业就业情况。*SR* 表示城市服务业就业率，反映服务业就业的结构变动关系。*EX* 表示出口开放程度。模型采用工业企业数量和服务业就业率分别与出口总量的交叉项，用以检验出口贸易通过影响工业和服务业发展而作用于城市规模增长的传导关系。*LC* 表示劳动力成本。*X* 是一系列控制变量，包括政府财政支出 *FIS*，旅游接待人次 *TRV* 和建成区绿化覆盖率 *GRE* 等。变量的选取和设置如表 4-8 所示。

表 4-8　　　　变量设置表

变量名称	变量定义	变量计算
SIZE	城市人口规模	采用城市市辖区年末人口数量（单位：万人）
MF	工业企业数量	城市市辖区工业企业数量（单位：个）
SR	服务业就业率	服务业就业人数占城市总就业规模的比重（单位:%）
EX	出口开放	城市出口贸易总额（单位：万元）
LC	劳动力成本	城市工业企业的职工平均工资（单位：元）
FIS	政府财政支出	地方政府市辖区财政支出（单位：万元）
TRV	旅游业发展	城市每年接待的旅游人次（单位：万人次）
GRE	绿化水平	城市建成区绿化覆盖率（单位:%）

模型中被解释变量城市人口规模与解释变量城市企业数量和服务业就业率，以及这两个解释变量与其交叉项可能存在内生性关系，我们采取以其滞后一期的变量作为工具变量的两阶段最小二乘估计，以避免内生性造成估计结果的非一致和有偏差。为了降低数量级，全部变量取对数。我们采用了 2000—2011 年长三角相关城市的面板数据。全部数据都是根据《中国城市统计年鉴》(2001—2012)、《江苏统计年鉴》(2001—2012) 和《浙江统计年鉴》(2001—2012) 和部分城市统计年鉴加以整理和计算所得。各个变量数据的描述性统计如表 4-9 所示。

表 4-9　　　　主要数据的描述性统计

指标	*LSIZE*	*LMF*	*LSR*	*LMF* * *EX*	*LSR* * *EX*	*LLC*	*LFIS*	*LTRV*	*LGRE*
平均值	2.2044	3.1090	1.6527	8.9718	0.9829	4.4221	5.8546	3.2561	1.5704
最大值	3.1305	4.2666	1.8363	11.4953	1.1093	4.8873	7.5817	4.5713	1.6971
最小值	1.7290	2.1732	1.3549	6.7677	0.8627	3.9400	4.8336	2.4564	1.0453
方差	0.3563	0.4652	0.0988	1.0611	0.0466	0.1954	0.5871	0.3921	0.1003
样本数	192	192	192	192	192	192	192	192	192

基于已有数据，我们对以下几组关系进行带回归的散点图分析（见图 4-7）：一是城市工业和服务业就业规模与城市规模的关系；二是工业规模与城市工业就业规模、服务业就业率的关系；三是出口开放程度分别与城市工业就业规模、服务业就业率的直观关系。

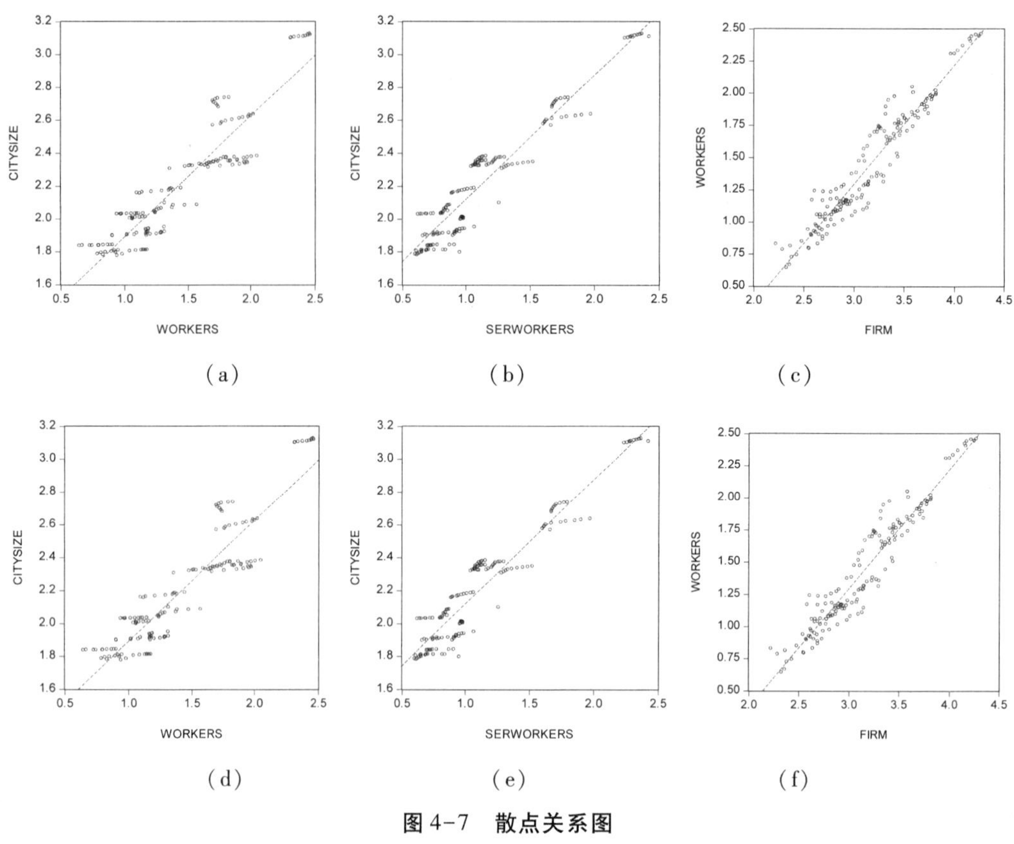

图 4-7　散点关系图

首先，图 4-7（a）和（b）反映了工业和服务业就业规模与城市规模呈现出向右上方倾斜的正相关关系，说明城市工业和服务业就业规模的扩大，有效促进了城市规模增长。观察两者的斜率还可以发现，服务业是随着工业的发展而兴起，发展到一定水平以后，增加服务业就业对城市规模增长发挥了更大的促进作用。其次，图 4-7（c）反映了工业规模与工业就业规模具有较一致的正向联系，肯定了工业发展对扩大工业就业的积极意义，但是图 4-7（d）显示工业发展没有带来服务业就业率的提高，相反有着轻微的负面影响。最后，图 4-7（e）反映出出口开放推动了工业就业规模的增长，但是如图 4-7（f）所示，出口开放与服务业就业率却呈现出相反的变动趋势。这几组关系的验证与本文对出口开放影响城市规模增长传导机制分析具有逻辑一致性。

2. 实证分析

对截面时间序列变量进行平稳性检验后发现，除了 LSR 外，所有变量均在 1%的显著水平上拒绝存在一个单位根的原假设，表明这些变量是平稳的。变量 LSR 在一次差分之后也在 1%的显著水平上通过了平稳性检验。对模型继续进行协整检验。通过 Kao 检验，模型在 5%的显著水平拒绝了不存在协整关系的原假设，变量之间存在长期而稳定的协整关系。

（1）面板估计结果。运用 Eviews 软件进行检验后，回归结果如表 4-10 所示。其中，列①和列②反映了 Pool OLS 回归模型的估计结果。列①没有加入控制变量，仅仅反映了工业规模、服务业就业率和出口开放条件等主要变量和被解释变量之间简单的线性关系。鉴于没有控制变量的加入，模型的估计结果可能存在一定的不一致和有偏差，因此列②呈现出加入了控制变量后的 Pool OLS 估计结果。新的估计结果纠正了工业规模对城市规模扩大的负效应，显示了扩大工业规模和提高服务业就业率对城市规模增长有着积极意义，而且劳动力成本是城市规模增长的制约因素。除此之外，政府支出和城市旅游业的发展都显著地正向作用于城市规模增长。历年的数据还表明城市建成区绿化面积的变化并没有对城市规模的扩大产生促进效果。但是，在这个模型中出口开放对城市规模的影响并不显著。列③和列④引入了个体效应的影响，分别提供了个体固定效应和个体随机效应的面板回归估计。随机效应模型的结论与固定效应模型估计系数的符号大体一致。不过，Hausman 检验结果表明，采用随机效应模型更为合适。在列④呈现的随机效应模型中，除了工业规模和旅游业发展变量不显著之外，其他变量显著性较好。模型肯定了服务业就业率与城市规模显著的正相关性，但显示出口开放与服务业就业率的交叉项系数为负，说明出口开放不利于服务业就业率提高，对城市规模增长有着负面影响；此外，出口开放影响下工业规模扩大和政府财政支出是城市规模扩大的显著的促进因子，劳动力成本和城市滞后的绿化占比对城市规模扩展发挥了显著的抑制作用，这些结果与理论预测相一致。

表 4-10　　面板回归结果

变量	① Pool OLS	② Pool OLS	③ FE	④ RE	⑤ FE+IV	⑥ RE+IV
LMF	-0.535** (0.212 0)	0.285** (0.144 0)	0.151 (0.127 0)	0.058 9 (0.120 0)	0.258 5 (0.209 3)	-0.152 9 (0.187 9)
LSR	4.379*** (0.831 0)	0.900* (0.541 0)	1.142*** (0.425 0)	1.440*** (0.407 0)	1.075 0* (0.587 6)	2.070 0*** (0.542 6)
LMF * EX	1.069*** (0.217 0)	0.008 5 (0.150 0)	0.091 5 (0.125 0)	0.195* (0.117 0)	0.047 8 (0.184 0)	0.321 9* (0.166 3)
LSR * EX	-11.29*** (3.642 0)	-1.010 (1.895 0)	-2.830** (1.417 0)	-3.514** (1.385 0)	-2.622 5 (1.829 7)	-4.906 3*** (1.765 2)
LLC	-0.454*** (0.096 8)	-0.845*** (0.060 7)	-0.408*** (0.129 0)	-0.638*** (0.085 5)	-0.083 5 (0.237 9)	-0.814 7*** (0.115 8)
LFIS		0.396*** (0.044 0)	0.475*** (0.072 6)	0.500*** (0.061 1)	0.099 6 (0.153 4)	0.446 6*** (0.108 8)
LGRE		-0.176** (0.078 4)	-0.136** (0.068 2)	-0.172*** (0.065 7)	-0.065 1 (0.094 3)	-0.095 0 (0.092 6)

表4-10(续)

变量	① Pool OLS	② Pool OLS	③ FE	④ RE	⑤ FE+IV	⑥ RE+IV
LTRV		0.343*** (0.051 1)	-0.012 0 (0.071 7)	0.070 0 (0.065 3)	0.183 4 (0.142 3)	0.296 0** (0.119 6)
C	0.149 (0.849 0)	1.322*** (0.280 7)	1.082*** (0.228 0)	1.287*** (0.214 0)	1.067 9* (0.334 6)	1.370 4*** (0.281 9)

注：***、**、*分别表示1%、5%和10%的显著水平；括号内的数字是标准差。

为了消除模型中变量的内生关系，选择工业企业数量和服务业就业率的滞后一期作为滞后变量，对原有模型进行两阶段最小二乘估计。带工具变量的固定效应和随机效应结果分别提供在列⑤和列⑥。Hausman 检验结果表明，更宜采用随机效应模型，而且带工具变量的随机效应模型估计结果中绝大部分变量在1%水平上显著。从经济意义上看，估计结果与理论预测基本相符。首先，城市服务业就业规模本身与城市规模高度显著地正相关，城市劳动力成本与城市规模高度显著地负相关；其次，出口开放促进工业规模扩大，对城市规模增长具有积极意义，但出口开放不利于提高服务业就业率，对城市规模增长有着消极影响；最后，政府支出和旅游业发展对城市规模扩大有着明显的促进作用，但绿化水平相对滞后对城市规模增长有着一定的制约作用。

（2）稳健性检验。对模型的稳健性检验分为两个部分。首先利用不同时期的子样本检验，看估计结果是否一致（见表4-11）；其次，利用FDI作为出口开放的变量，重新测验模型的稳定性（见表4-12）。

通过对不同时期的子样本进行估计，不仅可以完成稳健性检验，而且可以检验在不同环境下出口开放对城市规模的影响。现实数据的观测显示：2002—2007年是长三角出口贸易的快速上升期，2008—2011年长三角出口贸易在全球金融危机冲击下表现出巨大的波动。危机冲击极有可能会妨碍到研究结论的稳健性。因此，将全样本分为2002—2007年和2008—2011年两部分，分别进行面板OLS回归和TSLS回归分析，表4-11提供了估计结果。结果表明，2002—2007年的子样本模型表现更好，绝大部分变量显著，估计值的系数符号与理论预测完全一致，研究结论保持不变。但是采用2008—2011年样本的模型仅有劳动力成本和政府财政支出两项是显著的，其他变量均不显著。这是由于金融危机导致全球经济低迷、出口市场受阻而造成的负面影响，这与主要的研究结论并不冲突。

表 4-11　　　　　　　　　　不同时期子样本估计

变量	2002—2007 年		2008—2011 年	
	⑦FE	⑧RE+IV	⑨RE	⑩RE+IV
LMF	-0.129 4*** (0.027 4)	-0.255 7*** (0.035 6)	0.587 8 (0.557 2)	0.766 9 (0.699 6)
LSR	0.363 0*** (0.080 2)	0.763 2*** (0.096 8)	-1.274 9 (2.182 3)	-1.743 0 (2.868 3)
LMF * *EX*	0.126 0*** (0.025 7)	0.236 5*** (0.032 6)	-0.437 9 (0.562 4)	-0.563 5 (0.726 5)
LSR * *EX*	-1.281 8*** (0.268 0)	-2.318 8*** (0.318 4)	5.079 1 (8.021 0)	7.753 8 (10.684 2)
LLC	0.011 9 (0.028 2)	-0.123 3** (0.049 7)	-1.118 7*** (0.257 9)	-1.042 7*** (0.355 9)
LFIS	-0.009 2 (0.017 2)	0.093 9*** (0.030 2)	0.755 9*** (0.111 4)	0.624 3*** (0.163 5)
LTRV	0.026 0* (0.014 8)	0.005 6 (0.024 4)	0.118 1 (0.118 4)	0.156 8 (0.151 9)
LGRE	-0.011 3 (0.019 5)	-0.036 9 (0.030 1)	0.456 7 (0.599 4)	0.822 9 (0.777 5)
C	2.078 2*** (0.065 2)	1.939 5*** (0.105 1)	0.789 9 (1.501 9)	-0.792 4 (2.010 1)

注：***、**、*分别表示1%、5%和10%的显著水平；括号内是标准差。

出口开放的衡量指标，除了使用出口贸易量，还可以使用实际利用外资额。利用2000—2011年实际利用外资规模替代出口贸易总量，重新对模型进行估算。估计结果（见表4-12）显示，使用实际利用外资作为出口开放变量的模型，没有采用TSLS的模型中通过显著性检验的变量很少，而采用TSLS明显提高了模型的拟合度和变量的显著性。主要变量的弹性系数符号与之前的研究基本相同，符合理论预期。FDI影响下的工业企业规模扩大与城市规模显著正相关，而FDI影响下的服务业发展与城市规模负相关，劳动成本和绿化是城市规模扩大的阻力因素，而政府财政支出和旅游业发展与城市规模扩展高度正相关。

表 4-12　　　　　　　　　　采用 FDI 的稳健性检验

变量	⑦*RE*	⑧*RE+IV*
LMF	-73.198 4 (67.049 0)	-401.938 4* (233.314 1)
LSR	73.900 8 (67.053 0)	402.973 5* (233.328 9)
LMF * *FDI*	73.393 2 (67.046 9)	402.090 0* (233.313 9)

表4-12(续)

变量	⑦RE	⑧RE+IV
LSR * FDI	-73.419 1 (67.048 1)	-402.190 1* (233.311 7)
LLC	-0.724 4*** (0.080 6)	-0.903 3*** (0.108 8)
LFIS	0.477 8*** (0.058 6)	0.598 5*** (0.109 6)
LTRV	0.101 7 (0.071 4)	0.214 4* (0.116 7)
LGRE	-0.209 6*** (0.067 7)	-0.221 3** (0.097 3)
C	1.332 8*** (0.214 9)	1.054 3*** (0.279 7)

注：***、**、*”分别表示1%、5%和10%的显著水平；括号内的数字表示标准差。

这里的计量结果证实了理论预测，肯定了工业发展和服务业就业率对城市规模扩大有着显著的正向作用，劳动力成本提高与城市规模扩大负相关；出口开放扩大了工业规模，对城市规模发挥积极作用，却限制了服务业就业率提高，不利于城市规模持续增长。实证结果还显示，全球金融危机造成国外市场需求低迷，长三角出口下滑，减弱了出口贸易对城市规模增长的拉动作用。采用实际利用外资规模作为变量的模型再次验证了出口开放对城市规模增长的积极影响和消极作用。因此，实现城镇化空间格局优化，要积极扩大出口开放，促进中国城市工业发展和城市规模扩展；新型城镇化战略应更加注重贸易结构优化和出口贸易产业升级，促进服务业结构合理化，大力支持生产性服务业发展，提供更多的城市就业机会，促进城市规模优化扩展。

第三节　泛长三角空间联系及演化特征

非农业城市群集聚是城镇化发展的必然趋势。城市群集聚空间演化会影响泛长三角经济区空间演化及经济发展。泛经济区空间联系主要是城市群集聚空间联系。泛经济区空间联系受到区域资源、环境、城市、市场、人口、经济轴等因素影响，并随这些因素的变化而发生演化。分析泛长三角经济区空间演化特征，有助于泛长三角经济区空间结构优化和经济创新发展。

一、泛长三角空间联系及趋势

长三角经济快速发展，极化和辐射半径增大，尤其是长三角经济沿长江通道城市群集聚区连绵带和陆桥通道城市群连绵带[①]向长三角经济腹地的中、西部延伸极化辐射效应增强，使泛长三角空间联系与日俱增。尤其是“黑洞引力”与“近邻效应”空间联系机理引致泛长三角城市群集聚空间联系增强。

1. 长三角城市群与长江通道城市群集聚区连绵带空间联系增强

长三角城市群经济对长江通道城市群集聚区连绵带的极化与辐射效应增强。“长三角经济快速增长引致经济腹地扩大需求。长江黄金水道作为综合运输大通道，已经成为长江流域经济持续、快速发展的重要交通支撑。”[②]长三角城市群经济的极化和辐射半径增大，其沿长江通道城市群集聚区连绵带向中国的中、西部延伸极化与辐射力，是长三角城市群经济向周围区域扩散的内在要求，对周围区域产生正向的辐射和带动作用，从而使长三角城市群经济空间“引力”扩展。长三角城市群经济沿长江通道城市群集聚区连绵带向中、西部延伸极化与辐射，使泛长三角城市群空间联系与日俱增。长三角城市群与长江通道城市群集聚区连绵带之间的优势互补和一体化发展增强空间联系。长江上、中游地区经济欠发达但资源丰富，下游地区经济发达但资源相对匮乏，具有很强的互补性，是共同开发、共谋发展的客观需要。30 年来，靠近沿海的长江下游地区在获得迅速发展的同时，由于多年持续的资本积聚和积累，技术引进、消化与创新，其极化效应开始由强转弱，辐射扩散效应相对趋强，中、上游地区丰富的自然资源和低廉的经济要素迫切需要开发，客观上也使下游地区向上、中游地区的资本、技术转移逐渐加强，产业转移和扩散逐渐扩大。东部长三角与西部长三角经济腹地的经济联系增强。长江通道横跨中国的东、中、西部，对于东部长三角发展带动长三角经济腹地的中、西部发展具有举足轻重的作用。东部长三角发展是泛长三角协调发展的重要基础，其率先发展并沿长江通道辐射带动长三角经济腹地的中、西部发展，具有空间经济学的“黑洞引力”与“近邻效应”意义。长三角城市群经济沿着长江通道辐射，有利于增强其与长三角经济腹地的中、西部的空间联系，实现泛长三角经济区的东、中、西部经济一体化发展。

---

① 朱舜. 泛长三角及其经济腹地空间结构演化及“一极两带”城镇集聚和城市集群空间特征 [J]. 江苏师范大学学报：哲学社会科学版，2012 (2).

② 朱舜，高丽娜. 泛长三角经济区空间结构演化及特征 [J]. 徐州师范大学学报：哲学社会科学版，2008 (2).

2. 长三角城市群与陆桥通道城市群连绵带空间联系增强

长三角城市群经济对陆桥通道城市群连绵带的极化与辐射效应增强。在宁西铁路建成之前，新亚欧大陆桥中国段虽然在沟通中国和中亚国家的经济联系以及促进中国东、中、西部共同发展创造了有利的条件，但因桥头堡连云港市域经济总量小和沿线城市经济薄弱，没有发挥其应有的作用，没能把发达东部经济的能量有效辐射给中国的中、西部。宁西铁路建成后，陆桥通道使长三角城市群经济沿陆桥通道极化与辐射效应日益增强。

陆桥通道南桥头堡的上海港是世界级海港，在泛长三角城市集群发展中发挥着重要的作用，上海物资总量和上海口岸外贸进口物资的大部分都通过其周转。连云港港口是国际集装箱运输的枢纽港，是不可多得的靠海通陆桥的国际化大型商港。上海港口及连云港港口组成了规模大、综合实力强的新亚欧大陆桥的东方双桥头堡。长三角是中国东部经济发达区域，是中国经济发展和创新的牵引力。南陆桥在合肥以东通过沪宁、宁启、合肥经杭州至宁波铁路线，得天独厚地引导长三角城市群经济沿桥向中、西部的皖、豫、陕等省域经济板块极化与辐射，从而扩展了长三角经济腹地空间范围。长三角经济沿陆桥通道辐射，是带动中国东、中、西部经济一体化发展的黄金经济轴。陆桥通道的形成和发展，对长三角城市群经济向中国的中、西部极化与辐射具有重要的互补优势，从而增强空间联系。长三角城市群经济对陆桥通道城市群连绵带的资源优势互补。陆桥通道地处温带和亚热带地区，水、热条件组合较好，地形多是平原，是中国重要的粮棉油产区和著名的水产品及土特优产品产地；是重要的矿产资源区域，不仅种类多，分布广，而且集中有大型及特大型矿床。这些与长三角城市群经济发展的资源局限形成良性互补。长三角城市群经济对陆桥通道城市群连绵带经济发展优势互补。改革开放以来，遵循区域经济非均衡发展的客观规律，国家相继实施东部沿海经济发展战略、长江通道经济带发展战略、西部大开发战略，有力地推动了泛长三角经济的强劲增长和协调发展。长三角城市群经济沿陆桥通道极化与辐射符合国家区域经济协调发展战略，因而有利于增强长三角城市群经济和陆桥通道城市群连绵带空间联系。

3. 长三角与长三角经济腹地空间联系增强

长三角经济沿长江通道和陆桥通道极化与辐射，使长三角及其经济腹地的泛经济区空间联系与日俱增。通过以上分析可以看出，长三角经济沿长江通道和陆桥通道极化与辐射是必然的，并有力地推动长三角经济和长三角经济腹地经济融合发展。长江通道城市群集聚区连绵带和陆桥通道城市群连绵带的快速发展形成了有利的投资环境，使长三角产业向长江通道城市群集聚区连绵带和陆桥通道城市群连绵带扩散，继而通过“两带”长三角经济腹地的中、西部区域扩展。通过长江城市群集聚区连绵带和陆桥通道城市群连绵带联结东部长三角和中、西部长三角经济腹地，对于长三角与长三角经济腹地的泛空间联系增强是至关重要的。长三角经济沿长江城市群集聚区连绵带和陆桥通道城市群连绵带极化与辐射有利于增强其与长三角经济腹地的空间联系。一是长三角经济沿长江城市群集聚区连绵带和陆桥通道城市群连绵带极化与辐射促进长三角经济的地域合作和空间扩展，从而提高其空间融合程度。二是长三角经济的一些劳动密集型产业和资源密集型产业通过长江城市群集聚区连绵带和陆桥通道城市群连绵带向中、西部转移，有利于长三角产业经济与长三角经济腹地产业经济融合。三是通过长江城市群集聚区连绵带和陆桥通道城市群连绵带的极化与辐射通道，拓展泛长三角的人流、物流、资本流、信息流，引导长三角经济腹地的中、西部的人力、矿产等资源与长三角经济产业发展需求融合，从而为泛长三角经济发展提供新的空间融合机遇。因此，与日俱增的泛经济区空间联系使泛长三角经济区具有空间融合发展的内在要求和必然性。

二、泛长三角经济区空间演化阶段特点

经济空间演化得到较多学者的关注。经济空间结构一般受到两个方面的影响：区域经济的自然地理状态，尤其是资源条件；人类经济活动。例如，长三角南部的杭嘉湖平原地区，河网密布，人口稠密，地理条件相对均一，在明清时代就形成了以嘉兴市为中心的城镇密集分布区域空间结构，这种空间结构直到上海被辟为商港并得到迅速发展后才有了很大变化。泛长三角经济区空间演化也受到上述两个方面因素的影响。泛长三角经济区空间演化遵循市场经济条件下的演化规律演化。

1. 泛长三角经济空间演化模式

随着现代经济的快速发展，经济空间结构演化对自然地理状态的依赖性逐渐减弱，受人类经济活动的影响逐渐增强。对区域经济空间结构演化模式的研究是近年来的热点。经济空间结构模式随经济发展而不断变化。在泛长三角的城镇化初期，经济空间结构比较简单，多表现为单中心的增长和区域联系的加强，逐渐形成点-轴分布的空间结构。在经济发展水平较高时，则形成城镇体系的空间网络结构。泛长三角城市体系空间结构的演化，主要是随着区域开发的不断扩展，由最早开发的核心区域的城镇逐渐向外扩展，现代工业和交通体系的建设，使其空间网络更趋完善。[①]不少学者根据自己的研究提出了泛长三角经济区存在不同经济空间演化模式。这些研究成果为分析泛长三角经济区空间演化模式提供了理论借鉴。泛长三角经济空间演化有以下主要模式：

---

① 计算机模拟计算表明，如果经济活动的空间是均质的，无论最初城市分布如何，经济活动空间最终趋于克氏中心地结构。E. Tacffe 等对西非交通网络演变进行了研究，提出运输网络模型。他将全过程分为地方港口（城市）阶段、纵深线型发展阶段和高度联通阶段。经济空间结构演化模式受到学者关注。

核心-边缘空间演化模式。泛长三角的城市群多属于这类模式。核心-边缘空间演化模式被学界广泛关注，其主要特点是把增长极理论与地理空间理论联系起来。长江下游的长三角、长江中游的中长角、长江上游的双模经济区具有这类空间演化模型的内涵，遵循“经济增长引起的空间演化”的要求。

点-轴空间演化模式。陆桥通道经济带具有点-轴式空间演化模式特征。这种空间演化模式与泛经济区产业结构和空间结构发展阶段紧密联系，具有显著的空间集聚演化特点。在新亚欧大陆桥西安以东的点、轴开始形成阶段，区域局部有组织状态，由区域资源开发带动区域经济增长进入快速变动期，经济演变迅速，点-轴空间系统形成。

以海港为主导的空间演化模式。以上海港、连云港、宁波港为支撑的上海、连云港、宁波经济板块是以海港为主导的空间演化模式。改革开放以来，围绕长三角的港口、中间节点的铁路迅速发展，区域经济日趋发达，纵横交错的包括高铁的铁路系统联系在一起，上海、连云港、宁波等以海港为主导的经济板块经济空间演化具有以海港为主导的空间演化模式特点。

2. 泛长三角空间演化阶段特点

从经济空间形成与演化看，泛长三角经济区与长江通道和陆桥通道等重要交通束有紧密关系。泛长三角空间演化具有相对较强的结构性惯性，从而显示出演化趋势。因此，探寻泛长三角经济区空间演化“轨迹”具有重要的理论和实践意义。考虑到中国行政管理体制改革过程中行政区划变动较为频繁，以及研究所需数据的可获取性，我们对泛长三角经济区空间演化研究采取的基本研究单位是地级市域经济板块。地级市域经济板块所依存的行政区划在 20 世纪 80 年代到 90 年代变动较大。在地级市建制中，大致有三种情况：地区与市合并、县级市升格为地级市、新设的县改市升格为地级市。由于泛长三角区域较大，很难一一剔除行政区划改变所产生的影响。主要使用《中国城市统计年鉴》相应城市的相关统计数据，重点研究 1990 年之后的泛长三角经济区空间演化，即选择 1990 年、2000 年、2010 年为考察时间点（分别是“七五”“九五”及“十一五”计划的完结年份，具有时序代表性）。

（1）1990 年泛长三角空间结构及特征。对泛长三角经济区的城市（1990 年后国务院批准调整了部分地级市建制）综合实力进行科学评价，其具有的空间结构特征是：一是行政区域经济板块相对独立运行特征突出。从总体发展看，这一时期基本形成了以省行政中心——省城经济为经济核心区、逐渐向省行政中心边缘区扩散的空间演化趋势，分别形成以南京、杭州、武汉、郑州、西安、成都、长沙等城市为中心的组团式城市空间结构，与省城区位相近的地级城市经济也得到快速发展。二是长江通道经济带发展并成为泛长三角的经济带，其城市经济带区位优势显现。长江通道经济带是较早形成、综合实力较强的带状城市经济带。从这种意义上说，长江通道经济带是泛长三角经济区在这一时期得到快速发展的城镇密集区。从经济实力排位看，经济实力强的城市主要分布于长江通道，长江通道（黄金水道）在泛长三角空间演化中具有极为重要的空间演化牵引作用。三是空间结构相对均衡。在这一时期，泛长三角空间结构相对稳定、均衡。经济区的经济板块发展差距相对较小，比如江苏经济的区域差距不明显（泰州、宿迁还是县级市，分别隶属于扬州市和淮安市）。

（2）2000 年泛长三角空间结构及特征。至 2000 年，泛长三角经济区空间结构的显著特征是极核区一体化程度增强。泛长三角经济极核区在整个泛长三角经济区中的相对优势表现明显。从以上泛长三角经济区空间结构演化的过程看，1990—2000 年期间为泛长三角经济极核区的形成阶段。新亚欧大陆桥经济带中国段雏形显现，连云港、徐州、郑州、洛阳、西安、咸阳、宝鸡等城市经济发展的相对优势显现，区域一级增长极特点显现。

（3）2010 年泛长三角空间结构及特征。经过又一个十年空间演化，泛长三角经济区空间结构出现指向优化方向演化的特征：一是行政区域经济相对独立运行和创新发展特征较为突出，即省会城市一般发展为省域经济的极核区，形成了以南京、武汉、重庆、杭州、成都、西安、郑州、长沙、南昌、合肥等城市经济极核区。二是泛经济区的东、中、西部发展梯度性特征明显。在地域分布中，东部城市经济板块多，地域密集，经济发展水平高，极化力强；中部城市经济板块发展明显低于东部，西部城市经济板块密度低且总体上低于中部，这反映出泛长三角经济区显著的城市“东高西低”经济梯度分异。三是长三角经济区在泛长三角经济区的极核区地位已经形成。排名发展快的城市大多在长三角经济区。四是长江通道、陆桥通道城市集群发展，其经济发展空间极化特征明显。长江通道的上海、杭州、南京、武汉、长沙、南昌、重庆、成都等城市群经济空间快速扩展，长江下游“长三角+皖江城市带”城市群集聚区、长江中游“中三角”城市群集聚区、长江上游“双核”城市群集聚区一体化发展，指向城市群集聚区连绵带空间演化的特征明显；陆桥通道的上海、苏州、无锡、常州、镇江、南京、合肥、信阳、南阳、商洛、西安，连云港、徐州、郑州、洛阳、西安等城市快速发展，苏无常都市圈、南京都市圈、陇东海地区城市群、郑州城市群、西安城市群城镇密度增大且空间联系增强，其陆桥通道城市群连绵带空间特征亦显现。

第四节　泛长三角空间特征及演化趋向

长三角经济区是中国经济的城市和非农产业高度集聚区之一。长三角经济区及其长江通道经济带和陆桥通道经济带①极化和辐射区，形成泛长三角经济区。"长三角区域合作机制在区域内深化和向区域外扩展的两大趋势所产生的重大影响之一，是促进'泛长三角合作区域'的形成和发展，'泛长三角地区'也就必然会出现由'虚'向'实'的跨越，在区域发展的实践层面浮出水面"。②泛长三角经济区具有区域合作发展的内在要求和机制。随着快速交通束建设和经济要素的快速流动，泛长三角经济区的内在联系日益增强，区域合作和一体化发展特征日益显现。泛长三角区域合作和一体化发展，对具有独特区位优势的江苏经济产生重大影响，为江苏经济创新发展提供新的机遇。江苏省和浙江省未进入长三角 22 个城市群的苏北和浙西南的城市以及安徽省的芜湖、滁州、蚌埠等长三角周围城市，虽然在形式上未加入长三角 22 个城市群，但是从区域经济联系紧密的态势上，已经不同程度地与长三角 22 个城市群"联为一体"③。这一观点得到关注泛长三角经济区空间扩展问题的许多研究者的认同。

一、泛长三角及其空间演化的影响因素

关于泛长三角经济区的研究文献大都来源于网络和学术论坛，缺乏较系统、较完整的理论性文章或学术性专著。④ 从区域合作实践看，泛长三角经济区的理论研究落后于其实践发展。长三角经济区是中国经济的区域一体化快速发展的极化经济区。在长三角经济极化和辐射下，显著低于长三角经济发展水平的长三角经济腹地与长三角经济内在一体化发展联系增强，使泛长三角经济区空间性状显现。

1. 泛长三角经济区及其空间扩展的客观必然性

让长三角"跳出"地理范畴，促进泛长三角区域合作，已成为不少专家学者和地方政府官员热议的话题：泛长三角经济区具有区域合作的客观必然性和必要性，即原有的长三角经济区需要更大的经济腹地来满足其发展，长三角经济区也应该带动其经济腹地发展。但是，关于泛长三角经济区应该包括哪些地域范围的争论较多。近年来，研究泛长三角经济区及其区域合作发展的主要观点有：

（1）用区域经济学的"扩散效应"和总部经济理论解释长三角泛化的必然性。长三角的优势产业需要升级，原有的传统产业需要转移，这就要求长三角周围有一

---

① 关于陆桥通道经济带，参见朱舜、高丽娜等著《泛长三角经济区空间结构研究》第五章，西南财经大学出版社，2006 年版；《新亚欧大陆桥西安以东双桥经济带的构建及开发战略》，改革，2007 年第 2 期。

② 程必定. 泛长三角区域合作机制及政府管理创新 [J]. 安徽大学学报：哲学社会科学版，2009（5）.

③ 广义范围的长三角包括江苏省、浙江省和上海市，狭义范围的长三角是指由上海、江苏、浙江三个省（市）中 22 个地级以上城市组成的区域，包括上海、南京、苏州、无锡、常州、镇江、南通、扬州、泰州、盐城、淮安、杭州、宁波、嘉兴、湖州、绍兴、舟山、金华、衢州、台州、合肥和马鞍山。

④ 为泛长三角经济区发展营造良好的合作氛围，中国泛长三角合作与发展战略研究会成立。与此同时，大长三角经济论坛也于 2004 年 7 月在江苏省南京市成立，并开通了大长三角论坛网。

个成本更低的经济腹地（空间）。这就是区域经济学的扩散效应在发生作用。这个更大的经济腹地，需要有丰富的土地资源、低廉和丰富的劳动力资源、广阔的市场、良好的交通条件等。长三角经济腹地具有这些条件，因而长三角泛化具有必然性（赵弘，2005）。不应将长三角看成一个凝固的、封闭的概念，它应该是开放的。长三角品牌不是某一部分城市独有的，也不是某一个地区单独能够形成的。长三角品牌需要更多的周围城市来共同打造，这样才可能使其真正成为“世界第六都市圈”。长三角经济区需要解决的问题，最主要的是要调整经济结构，解决产业升级和转变发展方式的问题。原来那种粗放的、主要依靠廉价劳动力以实现经济增长的方式必须改变，“老路已经走到头了”。随着区域经济的转型，区域经济合作的形式也就要相应做出调整。比如，现在很多长三角的企业因为商务成本不断提高，正逐渐向成本较低的周围城市转移，这样一种趋势就要求长三角突破原来“半封闭”的状况，使其更加开放。区域经济合作的形式，应当与区域经济发展的内在趋势相适应（沈立人，2002）。

（2）泛长江三角经济区具有地理发育的延展性和范围的扩展性。一些专家在蓝鲸管理论坛（南京，2002）上提出泛长三角经济区概念，即“3+1”模式（“上海、江苏、浙江+安徽省域经济”）。长三角多指上海及江苏、浙江的部分城市，带有区域不稳定性、行政不对称性、目标不确定性，很难形成真正意义上的或是最高层次的区域经济一体化发展空间格局。泛长三角经济区则克服了前者的缺点，具有地理发育的延展性，产业结构的差异性和发展水平的梯度性，与美国太平洋沿岸经济区、巴西东南经济区等世界上的主要经济区的特点极为相似。长三角经济一体化发展不能停留在“15+1”的城市范畴。在首届长三角城乡一体化论坛（嘉兴，2004）上，把苏、浙、沪三省市和属于长江中下游地区的安徽、江西全部纳入“泛长三角”（张颢瀚，2004），长三角经济沿长江通道扩散等观点受到关注。泛长三角即长三角空间地域应包括延伸和拓展到山东、河南、湖北、江西、福建和陕西等省域经济板块，把泛长三角经济区和泛珠三角经济区以及环渤海经济区划分相衔接（孙红玲、2005；朱舜、2006）。

（3）泛珠三角模式实践给寻求合作与发展的长三角带来启示。“15+1”的狭义长三角概念应当逐步淡化，取而代之并应进一步强化的是将江、浙、沪三省市作为合作整体和更高行政级别的经济合作模式，可称之为“泛长三角”模式。应积极探索长三角与安徽省组建的区域战略联盟的现实可能性，通过与安徽省的全面合作，共同打造以申、苏、浙、皖三省一市合作的“泛长三角”，形成长江下游地区的整体联动发展新态势（徐长乐，2004）。泛长三角“15+n”也呼之欲出。江苏省的盐城、淮安，浙江省的金华、温州，安徽省的合肥、马鞍山 6 个城市不约而同地向长三角城市经济协调会正式递交入会申请，力陈各自成为长三角合作组织成员的合理性和必要性。不少学者、商人和地方政府官员对泛长三角经济区充满了期待，认为泛长三角的优势超过珠三角：具有交通优势，即安徽、江西到江苏、浙江、上海，高速公路、高速铁路（城际铁路）、铁路干线、公路（国道）等基础交通束已形成区域交通网络；拥有长江黄金水道，即长江的能力远大于几条铁路干线，将长三角经济的极化和辐射半径扩展到湖南、湖北、重庆和四川等省（市）成为现实。泛珠三角给长三角带来一定的冲击和启示，因而应将珠三角与长三角进行比较，构建泛长三角经济区；长三角应联合周边安徽、江西、福建等区域共同发展。[①]

（4）泛长三角经济区是一个递进和渐变的空间地域结构。泛长三角范围可界定为以上海为中心，上海和江苏、浙江三省（市）的一部分或者上海和南京、杭州三个特大城市所构成的长三角是泛长三角的第一层级；包括安徽和江西的一部分在内，是泛长三角的第二层级；山东、河南、湖北、江西和福建的一部分以及安徽的大部分或者全部，是泛长三角的第三层级；山东、河南、湖北、江西和福建的另一部分及其以外地区，包括重庆、四川等长江中、上游地区则构成泛长三角的第四层级或者外围空间层级。[②] 面对长三角以外的城市掀起的融入长三角的高潮，2005年9月召开的“沪苏浙协作部门联席会议第二次会议”上出台了首部《“长江三角洲城市经济协调会”城市入会规程（建议稿）》（简称《入会规程》）。《入会规程》中规定的两大类的7项具体评价指标成为长三角以外的城市跨入长三角的一道“门槛”。其中，两大指标类型分别属于“门槛”指标和“属性”指标，“门槛”指标包括是否在长三角城市圈范围，是否为地级以上城市；“属性”指标包括人口密度（不低于500人/平方公里）、城市化水平（不低于20%）、GDP相对上海比值（不低于5%）、人均GDP相对上海比值（不低于20%）、经济联系强度系数（不低于10）。《入会规程》借鉴发达国家城市圈发展规律及规模划定标准及国内外对长三角城市圈的研究成果，对长三角城市圈地域范围进行了重新定义。建议以上海为中心，以300公里为半径划定一扇形区域。在此基础上再向沿海南北和向西沿江3个方向延伸，延伸至距离上海半径400公里的范围内。按照这个方案，除了现有长三角城市之外，浙江省温州、安徽省马鞍山、芜湖、滁州、宣城、巢湖、铜陵等地级以上城市都被“包容”在长三角城市圈。

2. 泛长三角空间演化的影响因素

泛长三角经济区空间随着长三角经济区的快速发展，长江通道和陆桥通道基础交通束运力提升而演化。促进泛长三角经济区空间指向优化方向演化的重要因素是市场机制和政府推动体制。

（1）市场机制。区域经济合作有没有活力，归根结底取决于它的运行是否符合市场经济规律。长三角是中国经济增长的中心区域之一，其经济腹地融入泛长三角可以分享到圈体增长的要素资源和经济发展机会。但是，“可以分享”不等于

① 谈璐，李廉水，等. 长三角发展的思考——泛珠三角模式所感［J］. 现代管理科学，2004（11）.

② 嘉容. 论泛长江三角洲区域发展规划［J］. 中共四川省委机关党校学报，2005（1）.

"一定能分享"。长三角的经济腹地城市应找准定位，优势互补，通过实实在在的经济联系融入长三角（徐长乐，2004）。行政区划必须界定得很清楚，但经济区域却不必如此，因为区域的概念既是动态的，也是开放的，它的规模是由经济发展的内在要求，以及城市之间的经济联系来确定的。譬如，被纳入长三角城镇圈规划的马鞍山，虽然一直企求得到长三角名分而没有得到，但它在事实上已经成为南京经济圈乃至长三角城市圈的一个组成部分。应多从大长三角、泛长三角的视野观察长三角（宋林飞，2006）。在市场经济体制下，长三角经济整合的动力机制已发生根本性变化，目前整合的主导力量是市场力量，是市场作用的结果，政府推动已不是主要方面。政府推动应与市场推动协调，必须符合市场经济的规律。但在一些行政区域经济板块中，在跨行政区的经济联系与合作、招商引资方面，存在着过于强调政府主导的倾向，而企业这个市场主体却被"淡化"或"配角化"，市场推动机制常常被政府行政推动机制"挤出"，这种倾向不符合市场经济条件下新型区域经济关系的形成机理（王一鸣，2006）。泛长三角区域经济一体化发展中的市场是只无形之手，起决定作用。

（2）政府推动体制。区域主体是区域合作的主要力量。政府是重要的区域主体。政府推动主要是体制促进，就是要有适应区域合作的体制，即立足于建立统一、开放的区域市场体系和创造良好的投资环境，为企业发展创建平台，以形成健全的鼓励、支持和引导市场主体参与区域合作，不断地为区域合作注入新的活力。推动区域经济合作与发展的重要区域主体是省级政府，即省级政府推动体制要适应区域合作，即省级政府主动介入和强有力保障措施的体制对区域合作有直接的作用力。泛珠三角区域合作，在很大层面上得益于中央政府的大力支持，得益于9个省（区）政府和2个特别行政区政府的强有力的呼应和行动。因此，构建泛长三角经济区除了强调以市场主导的市场运行机制外，也要重视地方政府部门在其中的角色和作用。例如，发挥好如下作用：创造公平、开放的市场环境，促进经济要素的合理流动和优化组合；加强基础设施建设的协调，解决发展过程中相互关联的重大问题；动员和组织社会各界共同推进，逐步构筑泛长三角区域发展的品牌，增强区域的整体影响力；共同促进区域合作和区域发展；继续深化改革，转变政府职能，努力构建服务型政府。

3. 泛长三角空间结构及特征

长三角经济实力增强和极化与辐射半径扩大，长江通道经济带和陆桥通道经济带发展，是泛长三角经济区空间演化的必要条件。对泛长三角经济区空间结构及特征研究，首要的是对长三角经济区空间范围的界定，即界定长三角经济区的地域板块范围。对泛长三角经济区地域板块划分，采取行政区域经济板块（地级市域经济板块）划分方法。

（1）泛长三角经济区的地域板块构成。长三角经济腹地的北部边界以新亚欧大陆桥北桥经济带的影响范围（边界）为划分依据。关于新亚欧大陆桥西安以东双桥经济带的影响范围计算，主要是通过对沿线城市综合实力的评价，结合断裂点公式，对沿线主要城市的“势力场”分别进行计算（边界场强的确定使用临近主要城市断裂点场强的均值作为确定其影响范围的阈值）。新亚欧大陆桥西安以东双桥沿线城市的影响区大部分呈现交叉特点，具有陆桥经济带的明显特征。新亚欧大陆桥西安以西，由于经济实力相对较弱，存在较大的地理性因素约束，城市数量少且影响范围小，呈断裂式分布。本书将与长三角经济区有密切联系的新亚欧大陆桥中国段分为两个部分：西安以东的新亚欧大陆桥，即我们的研究中称为新亚欧大陆桥西安以东双桥；西安以西的新亚欧大陆桥。长三角经济沿新亚欧大陆桥西安以西的中国段和青藏铁路线的极化与辐射作用还不强，长三角经济对这部分的省（区）域经济发展的影响较弱；这样的区域经济板块为长三角经济的弱影响区。长三角经济的弱影响区发展有待于沿线城市经济实力壮大及泛长三角经济整体实力的提升。新亚欧大陆桥西安以东南北桥之间的区域，由于纵向交通体系如京广线、京九线、京沪铁路线及高速公路的纵向贯穿作用，与双陆桥“有机联系”在一起，是长三角经济腹地的快速发展部分。长三角经济腹地的西部、南部地域板块边界以长江水系边界，沿江高速交通束影响及沿江城市辐射范围为依据。一是以长江水运内在联系为基本依据（长江的主要支流，如赣江、湘江、嘉陵江、岷江属于长江水系）。二是以长江通道城市辐射区域为基本依据。由于长江通道宜宾以上难以承担重载航运任务，长江通道西端以宜宾为界，其西端的贵州、云南省长江水系区域为长三角经济的弱影响区。随着经济发展和技术进步，长江通道宜宾以西长江水系区域必将融入长三角经济的辐射区。综合以上分析，可以对泛长三角经济区的地域板块构成界定为由上海、重庆市，江苏省，山东省的枣庄市、临沂市和日照市，河南省，山西省的晋城、运城市，浙江省，安徽省，江西省的南昌、九江、抚州、鹰潭、上饶、新余、宜春、萍乡市，湖南省的长沙、株洲、湘潭、娄底、益阳、常德、岳阳市，湖北省，陕西省的西安、渭南、咸阳、铜川、商洛市，四川省的成都、德阳、眉山、乐山、自贡、内江、资阳、泸州、宜宾、遂宁、广安、南充、达州市域经济组成的经济区。

（2）泛长三角经济区的南北断裂点。通过以上分析，我们对泛长三角经济区的地域构成有了初步的界定。对泛长三角经济区主要城市及南北几大主要的城市辐射中心的辐射范围进行分析，可以明确泛长三角经济区的南北断裂线（点）。使用前述相同的分析方法可绘出泛长三角经济区的南北断裂线（点）（见图 4-8）。

泛长三角经济区主要城市的辐射范围呈现相互重叠的特征，东部区域尤为明显。如上海市与江苏省的南京、苏州、无锡等长三角城市的辐射范围高度重叠，说明这些区域的城市经济板块已经连片，这与经济发展的实际情况是相符的。借助于徐州、连云港等大、中等城市的经济辐射，苏北亦有与长三角经济融合趋势。实际上，苏北的地方政府表现出融入长三角经济发展的高度热情。鲁南的日照、临沂、枣庄与苏北经济联系紧密，日照港口也是新亚欧大陆桥的东桥头堡之一。长江上游地区尤其是川陕部分地区（如陕西南部、四川东北部等），由于自然环境如地形等因素的制约，城市数量较少，点辐射空白区较多。三峡地区的情况也相似。泛长三角经济区的北部、南部断裂线（点）明显。对泛长三角经济区北部的几个城市经济中心如济南、青岛、石家庄、太原等的辐射范围进行分析，如图 4-8 所展现的断裂线（点）是比较明显的，只是在山东东部出现一定范围的辐射交叉。利用相同的方法，对福州等城市辐射范围进行界定，其断裂线（点）在浙江省与福建省交界处。主要考虑省会城市长沙和南昌的辐射范围，并结合水系（长江水系与珠江水系分水岭）等特征，泛长三角经济区的南部（湖南、江西）断裂线（点）也是比较明显的。

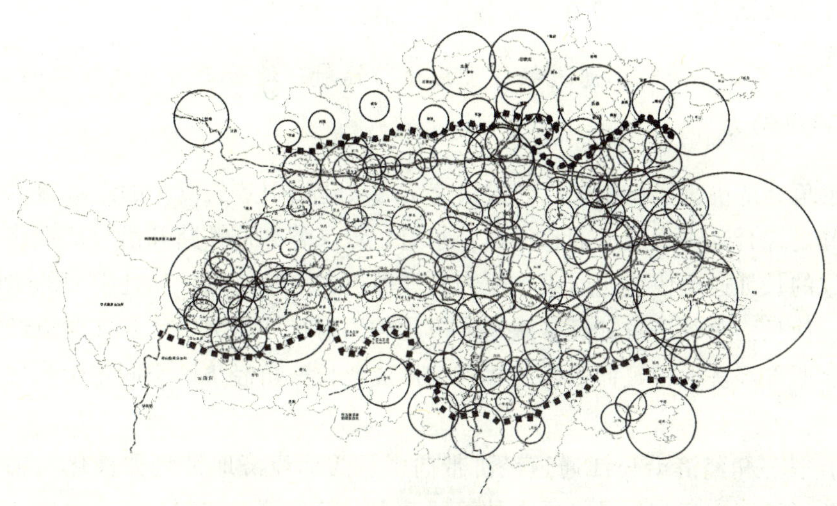

图 4-8　泛长三角的南北断裂线（点）

（3）泛长三角经济区空间结构的整体特征。泛长三角经济区空间结构的整体特征十分明晰。一是行政区域经济特征较为突出。从我们的分析中可以看出，泛长三角经济区空间结构的行政区域经济特征较为明显：省会城市一般为省域经济的区域中心城市，以南京、武汉、重庆、杭州、成都、西安、郑州、长沙、南昌、合肥等城市为区域中心的省域经济板块特征明显。二是东、中、西部梯度性特征明显。东部尤其是沪苏浙经济几乎是连为一片“经济极核”，而中、西部大多呈现出增长极（点）空间特征，很多区域还处于较为落后的发展阶段，这反映出泛长三角经济区显著的内部经济梯度分异。三是长江通道、陆桥通道经济带发展快。长江通道经济带的上海、南京、武汉、重庆、成都、宁波、扬州、长沙、南昌、合肥、南通、芜湖、马鞍山等城市的区域中心特征较为明显；陆桥通道经济带的上海、苏州、无锡、常州、镇江、南京、合肥、信阳、南阳、西安、洛阳、郑州、徐州、连云港等城市的区域中心特征亦明显。

二、泛长三角空间演化动力：长三角经济发展引致经济腹地扩展需求

长三角经济快速增长引致极化和辐射半径增大，“一极两带三轴”极化与辐射效应增强（尤其是长三角经济沿长江通道经济带和陆桥通道经济带向中国中、西部经济地带延伸极化和辐射效应增强），引致泛长三角空间演化。长三角“经济联动发展有着明显的社会内在动因和外在需求”。[①]改革开放为中国经济的长三角经济板块快速发展提供了难得的机遇，长三角经济快速发展也内在的产生扩展经济腹地的需求。长三角经济的快速发展具有向其周边区域（经济腹地）极化和扩散的内在要求。长三角对周边区域（经济腹地）产生极化和辐射作用，使泛长三角空间具有内在的演化（扩展）动力。

1. 长三角经济沿长江通道经济带极化与辐射：泛长三角空间演化的长江通道动力

长三角经济快速增长和长江通道快速交通束建设引致长三角的经济腹地需求扩大，尤其是综合运输大通道的长江黄金水道，沪汉蓉高速铁路和沿长江铁路、高速公路组成的长江通道快速交通束，成为长江通道经济带持续、快速发展的主要交通束支撑，使长三角经济对其经济腹地的极化和辐射半径增大，沿长江通道经济带向中国中、西部经济地带延伸极化与辐射，形成泛长三角经济区空间结构演化的重要动力。

（1）长三角经济沿长江通道经济带向中、西部经济地带延伸极化与辐射，使泛长三角经济区空间演化具有内在的扩展动力。随着消费结构从吃、穿向住、行的转化，中国经济出现以重化工业为突破口的新一轮工业化进程。长江通道经济带在这一进程中具有特殊地位。重化工业需要规模经济的支撑，需要具有强大配套能力的城市群和产业带的快速发展。在这些方面，长江通道经济带的优势最为明显。上海国际航运中心洋山深水港（上海洋山国际集装箱港）的建成和营运，使长三角和长江通道集装箱运量剧增。上海国际航运中心洋山深水港区位于杭州湾口、长江口外上海南汇芦潮港东南，距离南汇芦潮港27.5公里，距离国际航线仅104公里，是离上海最近的具备15米以上水深的合理港址。2006年，洋山深水港区一期码头正式运营。2013年洋山深水港连同上海港现有的泊位能力，集装箱吞吐量达3 350万标箱（其中，洋山深水港1 430万标箱），连续4年排位世界第一。在经济腹地扩展路径取向上，长三角经济必然选择长江通道为其向中、西部经济地带扩延的路径之一。

---

① 安树伟. 行政区边缘经济论［M］. 北京：中国经济出版社，2004：347.

（2）长三角经济沿长江通道经济带向中、西部经济地带延伸极化与辐射半径，对泛长三角经济区快速发展和空间演化具有重要意义。一是长江通道是非常重要的大容量和低成本交通束，有利于长江通道经济带优势互补，共同发展。长江通道上、中游区域经济欠发达但资源丰富，下游区域经济发达但资源相对匮乏，因而相互之间具有很强的互补性，具有共同开发和共谋发展的客观需求。近 30 年来，靠近沿海的长江下游区域在获得快速发展的同时，由于多年持续的资本积聚和积累，技术引进、消化与创新，其极化和辐射效应日益趋强，中、上游区域丰富的自然资源和低廉的生产要素的开发需求增强，客观上也使下游区域向上、中游区域的资本、技术转移逐渐加强，产业转移和扩散逐渐扩大，从而使泛长三角经济区的内在经济联系增强和一体化发展进程加快。二是有利于促进中、西部经济地带的快速开发和东、中、西部经济合作发展。长江通道横跨东、中、西部，其经济快速发展对促进东、中、西部经济地带的合作发展具有举足轻重的作用。东部经济发展是区域经济协调发展的重要基础和条件，在其率先快速发展的进程中沿长江通道极化和辐射，必将带动中、西部经济地带快速发展。因此，长三角经济沿着长江通道经济带极化和辐射，有利于促进中、西部经济地带快速发展，对东、中、西部经济地带的合作发展具有重要意义。

2. 长三角经济沿陆桥通道经济带极化与辐射：泛长三角空间演化的陆桥通道动力

新亚欧大陆桥中国段在促进中国东、中、西部经济地带合作发展方面创造了有利的条件。宁西铁路建成营运，为双陆桥经济带（简称“陆桥通道经济带”）构建创造了重要条件。长三角经济及其陆桥经济带的极化与辐射效应日益增强，推动着泛长三角经济区空间演化（见图 4-9）。

（1）陆桥桥头堡为长三角扩展经济腹地赢得竞争优势。新亚欧大陆桥形成以铁路为主轴，口岸为门户的运输方式相结合的交通网络。新亚欧大陆桥在中国西安以东的双桥及双桥头堡因其具有重要的基础交通束作用而具有竞争优势。上海港是世界级海港。长三角是中国东部经济发达区域，具有中国经济发展和创新的牵引力。陆桥南桥在合肥以东通过宁合、沪宁、宁启、宁杭（宁波）高铁，引导长三角经济沿陆桥向中国中、西部的皖、豫、陕等省域经济板块极化与辐射，从而扩展了长三角经济区的经济腹地范围。长三角经济沿陆桥极化和辐射，使新亚欧大陆桥成为带动中国东、中、西部经济地带快速发展的黄金经济带。

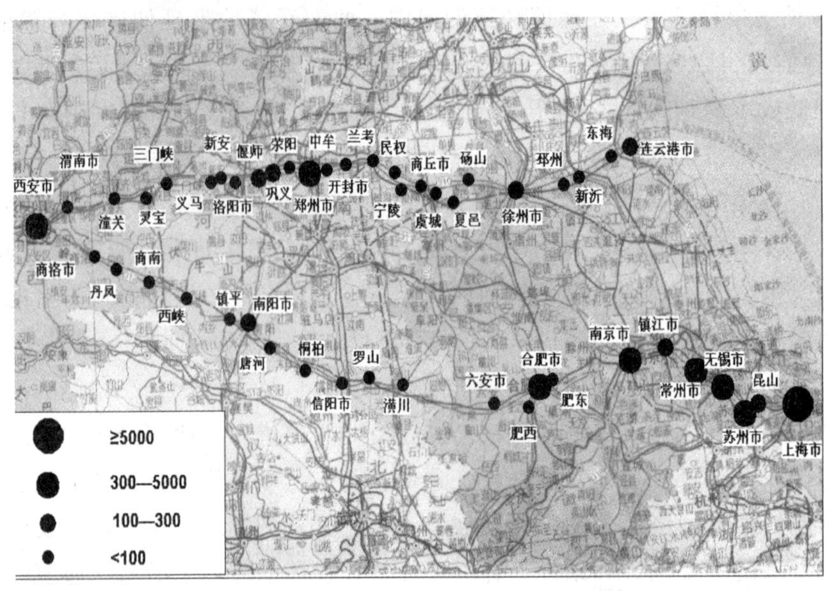

注：图中的市、县标识（圆点）按市、县 GDP（亿元）等级表示。

图 4-9　陆桥通道经济带（城市）空间结构示意图

（2）陆桥通道经济带的快速发展为长三角扩展经济腹地赢得互补优势。近年来，陆桥通道经济带得到快速发展，尤其是在长三角经济沿陆桥通道经济带向中国中、西部经济地带极化与辐射过程中，形成重要的区域互补优势。改革开放以来，遵循区域经济非均衡发展的客观规律，国家相继实施沿海经济发展战略、长江通道经济带发展战略、西部大开发战略和振兴东北老工业区发展战略，有力地推动了经济强劲增长和综合国力的大幅增强。长三角经济沿陆桥通道经济带极化与辐射，符合国家的区域综合发展政策，有利于形成区域政策互补优势。长三角经济区和陆桥通道经济带发展的互补优势，推动着泛长三角经济区空间演化。

（3）长三角经济沿陆桥通道经济带极化与辐射，对泛长三角空间演化具有重要的动力推动意义。通过以上分析可以看出，长三角经济沿陆桥通道经济带极化与辐射具有客观必然性。陆桥的构建形成了有利的投资环境，使长三角的产业向陆桥通道转移和扩散，继而向中国中、西部经济地带扩展。因此，通过陆桥通道与长三角和中、西部经济地带连接，无论对长三角发展还是对中、西部经济地带的开发都是至关重要的；这种空间结构优势有力地推动了长三角经济、陆桥通道经济带和泛长三角经济的快速发展。

3. 长三角经济腹地接受长三角经济极化和辐射的内在要求：泛长三角空间演化的经济腹地动力

泛长三角空间演化动力不仅来源于长三角经济发展对经济腹地扩展的需求，也来源于长三角经济腹地接受长三角经济极化和辐射从而实现快速发展的内在要求。

长三角经济腹地接受长三角经济极化和辐射的内在要求，也是泛长三角空间演化的重要动力来源。

一是长三角经济沿双陆桥经济带极化与辐射，促进着长三角经济与长三角经济腹地之间的区域合作，从而提高泛长三角经济区的综合竞争能力。从这种意义上说，长三角经济沿长江通道经济带和陆桥通道经济带极化与辐射，是长三角的经济腹地接受极化和辐射从而实现快速发展的内在要求。因此，泛长三角经济区空间演化的重要动力也来源于长三角的经济腹地接受长三角经济区极化和辐射的内在要求。

二是长三角的一些劳动密集型产业和资源密集型产业通过双陆桥经济带向中国中、西部经济地带转移，有利于长三角经济区和长三角经济腹地的产业结构和产业布局调整。长三角经济区的快速发展必然要求进行产业升级，实现产业结构优化和产业组织创新。从产业经济发展的整体上看，长三角的经济腹地与长三角经济区还不在一个发展阶段和层面上，因而相互之间存在产业调整对接的内在要求。因此，长三角及其经济腹地相互之间的产业调整对接的内在要求，为泛长三角经济区空间演化提供重要的动力来源。

三是长三角经济沿长江通道、双陆桥通道经济带极化与辐射，引导中国中、西部经济地带的人力、矿产等经济资源向东部流动，为长三角经济腹地的发展提供了新的机遇。长三角经济区的快速发展需要拓展长三角及其经济腹地的人流、物流、资本流、信息流和技术流，但在一定的发展阶段，经济腹地的人力资源、自然资源向经济极核区流动是有利于经济腹地发展的。

三、泛长三角经济指向城市群层级体系空间演化

泛长三角处于工业化和城镇化快速发展时期，面临着全球化、信息化与市场化的浪潮，尤其是城市群发展实践为经济空间理论研究提供了难得的案例。对泛长三角城市群空间格局及其经济要素空间态势，城市群层级体系及空间性状的研究，对于揭示经济资源空间配置过程和经济主体空间规律，促进泛长三角区域合作具有重要意义。

1. 中国“两横三纵”城市化战略格局下的泛长三角城市群层级体系

城市群集聚连绵区是中国城镇化的重要方向和城市群空间高级形态。城镇化是21世纪中国面临的第一大挑战，也孕育着类似于美国、英国、法国等发达国家的以大都市集群为主体内涵的城市群集聚连绵区。在市场经济机制的作用下，指向长江通道和陆桥通道城市群的经济流与日俱增，引致泛长三角城市群内在联系增强趋势和城市群集聚连绵区性状特征显现。在长江通道和陆桥通道快速交通束和货运网络“连接力”作用下，进入世界级城市群“方队”的长三角城市群快速发展引致

空间扩展，对长三角经济腹地城市群集聚连绵带形成和发展产生直接的增长极影响作用；长三角经济腹地城市相邻之间及城市群集聚连绵带与长三角城市群的交通带经济流联系增强，融入长三角城市群的泛经济区一体化发展趋势显现。城市集群发展引致泛长三角“一极两带三轴”空间特征的城市群集聚连绵区得以形成并内在要求空间协调。顺应城市群及城市群集聚连绵区发展趋势，《中华人民共和国国民经济和社会发展第十二个五年规划纲要》和《全国主体功能区规划——构建高效、协调、可持续的国土空间开发格局》确立了中国“两横三纵”城市化空间格局。这种空间格局为“两横三纵”城市化战略格局下的泛长三角城市群集聚连绵区空间协调提供了规划培育和优化发展的依据。

城市群集聚连绵区空间协调是城市化进程中城市集群发展的内在要求。《中华人民共和国国民经济和社会发展第十二个五年规划纲要》和《全国主体功能区规划——构建高效、协调、可持续的国土空间开发格局》在构建中国“两横三纵”为主体的城市化空间格局中，对泛长三角城市群集聚连绵区空间协调的规划导引，顺应了泛长三角城市集群发展的内在要求。随着国家城市化战略层面规划的实施，如同美国、英国、法国等发达国家城市群集聚连绵区强劲带动本国经济发展一样，泛长三角城市群集聚连绵区将成为带动中国经济发展和提升中国国家竞争力的巨型城市集群发展区。

长三角城市密集区是泛长三角经济区的核心区。长三角城市群经济在泛长三角经济区的重要地位，决定着长三角经济尤其产业结构优化和区域创新发展对泛长三角经济发展产生直接作用。长三角城市群空间演化影响泛长三角城镇经济创新发展。一是长三角产业结构优化对泛长三角产业结构合理化产生重要影响。随着长三角经济的持续增长，其产业结构也发生着显著变化，对泛长三角产业结构调整和生产力布局优化具有明显的示范与促进效应。长三角的第二、第三产业发展速度高于泛长三角平均水平。据有关资料显示，2012 年长三角三次产业比重指向产业结构合理化方向变化，第一产业比重低于全国平均水平。长三角的产业结构比例对泛长三角产业结构变化起着优化示范的作用。二是长三角是市场经济内向一体化和外向融合发展的核心区。市场经济内向一体化是基于经济区域内部各次级区域之间、各产业之间的专业化分工与合作而形成的市场经济一体化。随着泛长三角经济市场化进程的加快，长三角城市经济市场化程度进一步提高，区域内部的市场分割为统一的区域市场体系所取代。市场经济外向融合发展是区域市场体系融入全球市场体系的过程。泛长三角市场化进程的推进和对外开放程度的进一步提高，为长三角扩大对外开放提供了机遇和挑战。三是长三角是新型生产中心与制造业基地。随着全球经济结构调整和产业跨区域、跨国界转移，加之市场化进程的推进与对外开放水平的进一步提高，一些大型跨国公司把生产基地移入长三角以获得进入泛长三角市场的机会。另一方面，长三角逐渐成为泛长三角重要的生产中心和制造业基地。随着区域经济一体化进程的推进，新兴产业特别是高新技术产业的不断出现，整个长三角产业结构会得到进一步优化，产业结构高度化成为必然趋势。四是长三角是重要的制度与技术创新中心。创新是经济发展的主要动力，长三角作为中国改革开放的前沿和经济增长的核心区域，在形成各具特色的区域经济发展模式过程中，无论是国有企业改革，还是地方政府行政管理体制改革，市场管理方式及经济主体行为规范的改进和效率的提高，都对泛长三角经济产生影响。长三角聚集了大量实力雄厚的科研院所和大专院校，良好的人文积淀和雄厚的科研实力，使之成为泛长三角重要的新产品生产基地和新技术研发与扩散中心。长三角作为泛长三角对外开放前沿、重要的核心经济增长区域、生产中心与制造业基地、制度与技术创新中心，在泛长三角经济发展中具有不可替代的重要作用和关键性影响。

2. 泛长三角城市群空间联系增强引致泛长三角经济区空间演化

泛长三角城市群集聚连绵区具有以下内在联系：作为 22 个城市经济板块或"一市两省"含义的长三角经济区的内在经济联系日益紧密，是泛长三角城市群集聚连绵区的极核区；长三角经济的极化与辐射区的整体区域经济联系增强，并与长三角经济区构成极核区与经济腹地关系。其中，长江通道和陆桥通道经济带是影响长三角经济极化与辐射范围变化的空间动力带；长三角经济区快速发展引致长江通道和陆桥通道经济带"追赶"发展，从而使长三角经济腹地与长三角极核区快速融合，这种"一极两带"效应促进泛长三角城市群的内在经济联系日益深化，从而引致长三角经济空间指向城市集聚发展方向演化。

3. 泛长三角城镇化进程中的城市集群发展空间趋向

城市集群发展是引致泛长三角城市群集聚连绵区形成和发展的驱动力。长三角城市群是中国城市分布密度最大、地域范围最广、经济发展水平最高的世界级城市群集聚区，其沿长江通道、陆桥通道西延极化与辐射，产生"一极两带三轴"极化与辐射效应（长三角城市经济沿长江通道和陆桥通道向中西部扩展极化和辐射半径引致的城市群形成和发展效应），形成"一极两带三轴"城市集群区空间特征。

（1）长三角城市群空间扩展趋势显现。在"一极两带三轴"极化与辐射机制作用下，长三角经济区呈现由"16 城市"向"22 城市"空间结构扩展趋势，即包括上海市和江苏、浙江、安徽省域经济板块在内的城市集群发展具有必然趋势。浙江省的金华、衢州市，江苏省的盐城、淮安市，安徽省的马鞍山、合肥市于 2010 年进入长三角城市群，由此拓展了长三角城市经济空间，给长三角城市产业结构整体升级创建更大的平台。尤其是安徽省域经济板块与江苏、浙江省域经济板块空间无缝对接，同属"一极两带三轴"极化与辐射区域。2009 年 11 月，沪苏浙皖主要领导座谈会就一体化发展达成广泛共识。安徽省域经济东向融入长三角是承接长三角城市产业梯度转移的必然要求。2005 年，安徽省委、省政府做出东向发展、加速融入长三角的重大决策，明确了安徽省域经济区位指向的基本战略。与长三角的地理概念相对应，与以往的长三角经济区内涵相区别，将更大范围的长三角城市群引入长三角经济区具有理论和实践依据。“16 城市”向“22 城市”扩展的长三角城市群的形成和发展，对于促进泛长三角城市群空间协调具有重要意义。

（2）长三角经济腹地城市集群发展。随着经济极核区的经济实力不断攀升，在空间相互作用及距离衰减规律作用下，临近经济极核区的城市首先融入经济极核区发展，使经济极核区空间得到扩展。与长三角经济腹地区域中心城市相邻近的城市具有紧密融入区域中心城市趋势，成为长三角经济腹地城市群发展的重要组成部分。在经济全球化趋势背景下，依靠投资扩张、高消耗和粗放型的经济增长方式已经不再适应经济发展的新形势，面临资源瓶颈、土地瓶颈、产业能级瓶颈的严重约束，亟待进行产业重构和区域空间扩展，使长三角经济腹地区域中心城市具有空间扩展的内在需求。“地荒”是困扰区域中心城市发展的一个重要问题。城市集群发展有利于区域中心城市经济活动空间拓展。根据区际交通快速发展和区域中心城市发展面临的现实问题，长三角经济腹地的交通通达性好和资源互补性强的城市的经济联系强度增加，引致长三角经济腹地城市集群发展。

（3）泛长三角城市群空间指向集聚连绵带方向演化。快速发展的市场经济推动城市集群发展进程加快，使泛长三角城市群空间指向集聚连绵带方向演化的趋势增强。快速交通束和综合货运网络的日益完善，增强与长三角城市之间的空间经济联系，不断为具有区位优势的长三角经济腹地主要城镇经济轴线上的城市提供新的发展空间。对于长三角 22 个城市组成的城市经济板块来说，与其经济腹地城市之间经济联系的增强，为泛长三角产业结构调整与优化升级创造了条件，为城市经济创新发展提供了新空间。城市经济实力的提升，必然产生极化与辐射范围的扩展，出现相互之间经济腹地的重叠，引致泛长三角城市经济网络化。城市经济网络化程度与区域经济辐射源——城市经济快速增长紧密相关。泛长三角城市经济空间网络化程度提高，陆桥通道、长江通道经济带以及京广、京沪沿线城市极化和辐射范围相互叠加连片，泛长三角城市群集聚连绵区空间结构趋势明显。

城镇集聚和城市集群是泛长三角城镇化进程中的重要空间特征。泛长三角城镇集聚和城市集群空间结构具有两种模式：城镇集聚区（城镇密集区、城镇集聚轴）模式和城市集群区（城市群、城市带）模式。城镇集聚区的形成得益于快速交通束的导向作用及沿束城镇的快速发展，它呈现出沿快速交通束城镇和城市空间密集集聚的特征。泛长三角具有由单个城市增长极指向城市组团核心区空间演化的“一极两带三轴”特征。“一极两带三轴”城镇集聚和城市集群空间特征，是内在促进区域分工与合作发展及空间演化机理的城市群空间高级形态，对泛长三角“一极两带三轴”城市群合作发展具有重要意义。

第五节　泛长三角区域合作背景下的江苏经济空间融合

江苏经济创新发展是由其在泛长三角的独特区位优势所决定的。江苏经济具有与长江通道和陆桥通道经济带相融合的区位，由置身于长三角的江苏省8个市域经济板块组成的新苏南经济的创新活力，快速发展的苏北经济融入新苏南经济、上海经济以及整个长三角经济区的距离缩短；《江苏沿海地区发展规划》的实施，有力地推进江苏经济创新发展。在泛长三角区域合作背景下，江苏经济创新发展具有十分重要的意义。

一、泛长三角区域合作的空间融合动力

区域经济联系和区域合作与区域经济空间演化之间的内在联系，是区域经济板块形成和演化的基础动力。因此，从区域经济联系和区域合作视角分析区域经济空间演化，对促进泛长三角区域合作背景下江苏经济创新发展的空间结构优化具有重要意义。

1. 泛长三角经济空间演化的动力

区域经济空间结构优化，不但会产生资源空间配置效率提高效应，而且会引致以一体化为目标的空间结构优化和区域分工与区域合作趋势增强。泛长三角区域合作的空间演化的内在动力是：

（1）提升长三角经济腹地资源空间配置效率的内在推动力。空间结构优化和提高泛长三角经济资源空间配置效率，主要是通过资源空间再配置、资源共享过程来实现的。一是资源空间再配置提高资源空间配置效率。区域经济空间结构优化通过一定的空间组织形式实现分散化、地域化资源的有效配置。空间结构优化意味着资源空间配置组织形式的优化带来配置效率的提高。二是资源共享提高资源空间配置效率。区域经济空间结构优化能使经济活动的范围大幅度扩展，为经济主体带来更广阔的、突破地域限制的稀缺资源空间。泛长三角的行政区划空间结构限制了资源共享。一些行政区域经济板块的区域主体，一方面想从与长三角经济腹地发展中获得溢出效应，另一方面又出于自身区域利益的考虑，采取封闭性行动。空间结构优化为泛长三角经济要素市场的一体化提供有效的空间载体，降低经济要素在区域板块之间流动的交易成本。三是集聚经济效应提高资源空间配置效率。经济活动的空间集聚有利于提高效率。对于泛长三角来说，空间结构优化的重点是促进集聚经济发展，采取多种空间优化策略，如促进节点城市的发展、城市群的培育、城镇经济轴的形成等，通过集聚经济效应的发挥促进经济发展。

（2）促进泛长三角分工与合作的外部推动力。区域经济一体化是资源在空间上优化配置的过程和状态，取决于区域专业化分工水平的高低程度。在泛长三角空间结构优化过程中，强化区域经济板块之间的空间联系是关键。建立有效的空间经济联系，有利于形成高效的区域分工与合作模式，推进区域一体化进程。长三角的企业合作不断增加，交通一体化程度加深，地方政府对于开展区域之间合作的热情高涨。但是，在泛长三角经济一体化过程中，受到行政区域经济束缚，难以形成合理的区域专业化分工体系，产品和经济要素的一体化市场建设缓慢，区域之间协调机制难以建立，以区域中心城市为核心的空间等级体系难以形成。区域之间强烈竞争关系形成的经济原因使区域经济发展具有很强的相似性，没有形成合理的区域分工与合作体系。因此，空间结构优化能强化区域之间的空间经济联系，为经济要素、产业的空间重组提供空间环境，为促进区域分工与合作创造条件。

2. 泛长三角经济空间融合的动力

泛长三角具有明显的空间发展不平衡特征，带来诸多经济空间问题。促进泛长三角空间结构优化的动力成为学术界、决策者关注的焦点。泛长三角空间结构优化的动力，包括促进长三角向长三角经济腹地辐射的动力，促进泛长三角空间结构优化的动力。

一是长三角向长三角经济腹地辐射扩展机制的空间融合引力。长三角经济腹地接轨长三角的机制创新为先导动力机制。消除长三角经济腹地与长三角在制度、政策、服务方面的“落差”，为增强接轨长三角发展的内在动力提供条件。消除政策“落差”，即在户籍、就业、医疗、社会保障等方面，构建与长三角相配套的政策体系；在招商引资、土地出让，市场准入、税收优惠等方面进行改进、完善和创新，营造政策“洼地”，形成吸纳长三角产业、资本、技术转移的投资成本“落差”；提高行政效能，改善服务环境；加快政府职能转变，深入推行行政审批制度改革，精简行政审批程序，提高政府办事效率。这些创新为先导动力机制发生作用提供条件。

二是长三角经济腹地承接长三角产业转移的空间融合引力。长三角的纺织、石油化工、电子信息、生物医药、机械制造等优势产业，与长三角经济腹地的电子信息、能源化工、装备制造、现代医药、食品加工、纺织、建筑材料、有色冶金等工业支柱产业关联度高，有条件承接长三角的产业转移和技术辐射，有条件进行产业配套和产业整合，实现产业升级和产品升级。因此，长三角经济腹地内在要求加大横向联合和跨区域合作中承接长三角产业转移，通过承接产业转移，形成产业规模经济，实现产业错位发展。

三是“辐射通道”城市发展的空间融合引力。长三角经济腹地接轨长三角的“辐射通道”是快速交通束。经济辐射是以空间和产业转移为路径，以资源（主要是自然资源、资本、技术、劳动力等资源）的流动来完成的。促进辐射通道的城市发展，首要的是加快对接快速交通束建设。做好对接快速交通束建设应着力宁西铁路升级；全面打通省际高速公路，实现陆桥通道和长江通道经济带的干线公路高速化。其次是要促进辐射通道的城市发展。长三角城市与其经济腹地城市间存在产业梯度转移的“断层”，必须促进长三角和陆桥通道之间辐射通道的城市发展。在城市密度小、城市规模小的宁西铁路沿线引导人力、物力和财力集中发展城市经济。“辐射通道”城市发展为泛长三角区域合作提供空间融合载体，内在地增强空间融合引力。

二、泛长三角合作背景下江苏经济创新发展的空间融合理论框架

泛长三角空间融合背景下的江苏经济创新发展具有重大的战略意义。江苏经济具有的与长江通道经济带、陆桥通道经济带相连接和空间融合的区位改进，由置身于长三角极核区的江苏省8个（地级）市域经济板块组成的新苏南经济板块活力迸发，快速发展的苏北经济融入新苏南经济、上海经济的空间距离缩短，国家战略层面的江苏沿海开发，为江苏经济提供泛长三角区域合作背景下创新发展条件。江苏经济创新发展，应“跳”出江苏看江苏，“跳”出长三角看江苏，在泛长三角区域合作背景下：“东合西扩”（东向与“上海极核区”“长三角城市群”合作，西向沿长江通道、陆桥通道城市群连绵带扩展极化和辐射半径）区域合作、“南融北极”（苏南苏中经济融合为新苏南一体化发展，苏北经济极化轴发展）空间融合、“新苏南”经济区划调整、“环沪宁”城镇化格局优化、“创新推动”产业发展方式转变和“行政发展”区域治理创新。本书从以下几个方面研究泛长三角区域合作背景下的江苏经济创新发展：

1. 长三角空间融合与江苏经济创新发展空间选择

长三角及其经济腹地区域一体化发展问题涉及多个省市，在行政区划的刚性约束条件下，跨区域资源整合、市场一体化、政策协调等都存在诸多制约因素，成为一体化发展的障碍。一体化发展的目标是实现合理分工、优势互补、协调发展，系统内部实现资源的优化配置，最终目标是实现区域共同发展。因此，需要空间优化、产业一体化发展和协调机制完善。

（1）优化经济空间结构。区域经济发展是一个动态变化的过程，具有不同的发展阶段，形成不同的空间结构模式。而不同空间结构模式，对区域经济发展、区域开发的作用效果差异很大。空间结构优化为提高区际要素的流通速度及规模创造条件，进而提高经济的运行效率和速度，密切区间空间经济联系，形成合理的区间分工，最终推动区域经济一体化发展。长三角经济与其经济腹地涉及区域范围大，区内经济发展差异明显，在区域合作条件下，通过优化区域经济空间结构提升资源利用效率，创造经济协调发展条件是最佳的路径选择。泛长三角经济一体化发展的

空间结构总框架是形成以长三角经济为核心，沿海经济带、长江通道经济带、陆桥通道城市群为主节点的主骨架，形成多层次、网络型经济空间结构。长三角经济区（城市群）是极核区，其经济发展直接决定着泛长三角经济系统的活力和发展状况。长三角经济发展一方面能形成强大的经济辐射能力，对其经济腹地发展发挥扩散、带动作用；经济腹地经济的发展，为长三角产业的调整和升级提供了机会和条件，通过产业链的投入产出关联间接影响着长三角经济发展。经济腹地发展的空间战略选择，一个重要的侧重点在于城市群发展战略的实施，着重培育与建设武汉城市群、成都城市群、重庆城市群、长株潭城市群、环鄱阳湖城市群、郑州城市群、西安城市群及东陇海地区城市群等。在城市群建设过程中，着重增强横向、纵向经济轴对泛长三角城市群的空间连接功能，实现城市群空间一体化发展。

（2）有效实施产业区际转移。产业区际转移是推动经济一体化发展的重要渠道。通过产业区际转移，实现经济要素如劳动力、资本、技术等的区际流动，强化区际经济联系，加快区域融合进程。按照新经济地理学理论，一旦在某地形成了特定的产业集聚，在规模报酬递增的作用机理下，这种集聚会长期存在。直到产生诸如不可流动要素价格提高，导致产业分散的离心力超过了吸引产业集聚的向心力，扩散效应开始显现。这一过程也是区域之间实现产业梯度转移和分工协作的过程。长三角经济与其经济腹地产业结构普遍面临升级的要求。从整体上来看，相对发达的东部对外开放程度较高，参与国际化分工的程度较深，但出口构成仍以劳动密集型产品为主，如纺织等行业。当前，东部区域劳动密集型产业来自成本上升的压力越来越大，发展的相对优势逐步丧失。随着其产业集聚，出现土地、劳动力等生产要素成本、基础设施如水、电使用成本和环境保护政策成本等产业经营成本的上升。而中、西部的经济发展水平较低，生活指数较低，产业经营成本相对低，出现潜在的产业利益差。由于外来投入不足、技术条件相对落后，长期依赖自身的自然资源发展经济。区际产业转移对经济发展都有重要的作用。对长三角而言，通过衰退产业的对外转移，所集聚的土地、劳动力、资本等生产要素得以释放，为其他具有竞争优势的支柱产业、新兴产业提供生产要素，实现资源的重新配置、产业的优化升级。长三角经济腹地由于先进产业的移入带动资本、技术等生产要素的迅速积累，有助于区域新的主导产业的形成，从而推动产业比较优势的升级。

（3）完善区域协调机制。区域经济一体化受到多方面因素的影响和制约，有经济的、文化的、政治的，同时涉及不同等级、不同行政区划的跨区协调问题。在推动长三角与其经济腹地一体化发展的过程中，必然涉及跨行政区的大型基础设施建设、整体性资源战略开发及经济要素流通等方面的问题。在中国区域经济发展过程中，行政区域经济特征较为明显，一方面赋予各级地方政府经济发展的能动性，另一方面，使各级地方政府成为地方利益主体，在行政区利益最大化目标的驱使下，有可能对区域经济一体化进程产生消极作用。首先，区域经济一体化发展，不是均衡、均质的发展，而是强调内部分工与合作、具有自组织发展能力的经济系统。各区域经济发展水平的差异，产生经济要素收入的空间差异，进而形成要素在区间流动的动力。但是，有这种“势差”并不一定必然产生区间要素流，还要考虑流动的成本。流动成本包括：运输成本与制度成本。各地不同的用工制度、各项相关政策都直接关系着劳动力要素的进入门槛。这些都取决于地方政府行为导向。其次，在推进区域经济一体化发展过程中，不可能实施同时、全区域的开发战略，涉及一体化受益有先后、利益共享不均衡等诸多问题。从长三角地方政府来看，处于自身利益的考虑，也存在着一定的行为悖论。如在产业升级换代中，一方面认识到现有产业结构调整的必要性和紧迫性，同时又难以突破短期财政收入的桎梏。因此，组建跨行政区的区域经济发展协调机构，是泛长三角一体化发展的必然要求。该机构的主要职能是协调区际利益关系，负责协调跨行政区的大型基础设施建设和资源开发，协调地方政府在区域经济发展中的行为。例如，建立由经济中心城市和省、区牵头，组织本区域内省、市、区及主要网络城市主要领导人共同参加的定期联席会议制度，解决事关区域经济一体化发展的重大的实务问题，如区域发展规划、政策协调、资源共享等，进而避免各个地方政府在追求单个理性时，造成集体的“不理性”，带来整体效率损失，降低资源利用效率的伤害。

2. 长三角经济腹地空间融合与江苏经济创新发展空间选择

长三角经济腹地空间融合呈现出长江通道经济带和陆桥通道经济带的“两带”空间特征，因而以长江通道和陆桥通道为主骨架交通束的经济带空间融合，是江苏经济创新发展空间选择的重要内容。

一是陆桥通道空间融合中的江苏经济创新发展。长三角经济区辐射沿陆桥通道扩展，陆桥通道经济要素集聚和产业结构优化，必然引致长三角经济腹地空间指向优化方向演化，因而应选择适宜对策以着力促进陆桥通道空间优化。首先，通过发展增长极促进陆桥通道空间结构优化。陆桥城市经济的区际交通便捷，市场发育程度较高，投资环境较好，在陆桥通道发展中承担着重要的角色。北陆桥中的西安市、渭南、三门峡、洛阳、郑州、开封、商丘、徐州和连云港，以及南陆桥中的商洛、南阳、信阳、六安、合肥、南京、镇江、常州、无锡、苏州和上海，是陆桥通道中不同等级的增长极，通过扩散效应把经济动力与创新成果传导到周围区域，实现产业结构高度化和资源配置及空间结构优化。其次，通过发展经济轴促进陆桥通道空间结构优化。宁西铁路接轨长三角后，陆桥通道中众多城市对产业和人口的吸引力提升，导致产业和人口沿陆桥通道集聚，形成点-轴空间结构。逐渐成长的陆桥通道在长三角经济向外辐射过程中充分发挥了其“东合西扩”的“桥梁”作用，从而使长三角经济腹地点-轴空间结构形成。因此，应着力推动经济要素向陆桥通道流动，通过发展陆桥通道促进陆桥通道空间结构优化。最后，通过空间结构网络化促进陆桥通道空间结构优化。陆桥通道的增长极发展，对其周围区域产生较强的极化和辐射效应，形成经济要素和经济活动的域面。因此，通过空间结构网络的发展，促进多层次的极核式空间结构和点-轴空间结构演化，形成空间层面上的核心-外围结构，即通过极核区与外围区域的空间联系，实现陆桥通道空间结构优化。

二是长江通道空间融合中的江苏经济创新发展。长江通道经济带以其快速发展和特有区位优势，引致长三角经济极化和辐射西延，成为长三角经济腹地发展的动力带。首先，增强长江通道经济带承接长三角经济区产业转移的能力。随着长三角经济区的极化和辐射沿长江通道经济带扩展，长江通道经济带获得接轨长三角经济的特有区位优势。长江通道经济带发展对长三角经济腹地空间结构优化具有重要的动力作用（张春梅、朱舜，2009），增强了其承接长三角经济区产业转移的能力，这是长江通道经济带空间结构演化的直接动力。长江通道经济带发展使长三角及其经济腹地内在联系加强，区位条件改善，为长三角经济区发展提供了丰富的自然资源及充足的劳动力和商品市场，长三角经济区也为长江通道经济带的发展提供资本、技术和人才，二者相互促进，相互影响，实现协调发展，使长三角经济腹地经济联系增强，空间结构指向优化方向演化。因此，着力增强长江通道经济带承接长三角经济区产业转移能力具有重要意义。其次，促进长江通道经济带快速交通束发展。快速交通束是经济带形成和发展的最重要的空间载体。长江通道经济带是“典型的交通经济带”。经过长期建设，长江通道已形成水路、铁路、公路、航空、管道综合发展的现代化立体交通网。其中，长江水运、长江快速交通束（沿江高速公路、沪汉蓉快速铁路）的快速发展牵引着长江通道经济带空间结构演化。因此，要着力促进长江通道现代化主体交通网尤其是长江水运和沿江快速交通束发展。

三是构建泛长三角空间融合背景下江苏经济创新发展的跨区域协调发展机制。区域经济协调发展推动的重要主体是政府。例如，泛珠三角经济区的形成和发展，在很大层面上得益于中央政府的大力支持和9个省（区）级政府和2个特别行政区政府的强有力呼应。因此，构建协调发展除了强调以市场主导的运行机制外，还要重视地方政府的协调角色和作用。应着重加强长三角经济腹地的地方政府在区域协调发展方面的工作力度，创造公平、开放的市场环境，促进经济要素的合理流动和优化组合；加强基础设施建设的协调，解决发展过程中相互关联的重大问题。适时调整长三角经济腹地的行政区划。随着长三角经济腹地发展进程加快，其空间结构会发生变化，因而应适时调整长三角经济腹地的行政区划，使行政区划与长三角经济腹地空间结构的点、轴发展相适应。行政区划应该与区域经济发展相适应，而不是区域经济发展去适应行政区划。因此，应适时调整行政区划，以顺应长三角经济腹地的增长极或区域增长中心的极化作用要求，从而在促进泛长三角经济空间结构优化中实现江苏经济创新发展。

主要参考文献：

［1］汪海．构建江苏与西部联动发展的三大主轴［J］．现代经济探讨，2002（11）．

［2］陆大道．区域发展及其空间结构［M］．北京：科学出版社，1995．

［3］马洪．新的亚欧大陆桥［M］．北京：中国发展出版社，1993．

［4］黄润，傅先兰．从区域经济角度来看宁西铁路建设［J］．皖西学院学报，2001（2）．

［5］杨家栋．开辟新亚欧大陆桥南干桥研究［J］．经济地理，2004，24（4）．

［7］陈家海，王晓娟．泛长三角区域合作中的政府间协调机制研究［J］．上海经济研究，2008（11）．

［8］郭荣朝，顾朝林．宁西铁路沿线经济带构建研究［J］．地理科学，2004（8）．

［9］朱舜，高丽娜．泛长三角经济区空间结构演化及特征［J］．徐州师范大学学报：哲学社会科学版，2008（2）．

［10］程必定．泛长三角区域合作机制及政府管理创新［J］．安徽大学学报：哲学社会科学版，2009（5）．

［11］朱舜，高丽娜．泛长三角经济区空间结构研究［M］．成都：西南财经大学出版社，2006．

［12］张务栋．交通运输布局概论［M］．上海：华东师范大学出版社，1993．

［13］李忠民，等．中国关中—天水经济区发展报告［M］．北京：社会科学文献出版社，2010．

［14］田代贵，等．长江上游经济带协调发展研究［M］．重庆：重庆出版社，2006．

［15］张春梅，朱舜，等．略论陆桥干道发展与泛长三角经济区空间结构演化［J］．经济问题，2009（4）．

［16］聂华林，包国宪．区域经济板块引论［J］．甘肃社会科学，2002（3）．

［17］杨树珍，等．中国经济区划研究［M］．北京：中国展望出版社，1990．

［18］冯邦彦，段晋苑：腹地发展与区域合作关系研究——“泛珠三角”区域合作的思考［J］．地域开发与研究，2005（12）．

［19］张敦富．区域经济开发理论研究［M］．北京：中国轻工业出版社，1998．

［20］侯景新，尹卫红．区域经济分析方法［M］．北京：商务印书馆，2004．

［21］王洪庆，朱荣林．制度创新与区域经济一体化［J］．经济问题探索，2004（3）．

［22］孙红玲．区域经济发展新思路：由“三大部”到“三大块”的划分［J］．经济学动态，2005（3）．

［23］覃成林，等．区域经济空间组织原理［M］．武汉：湖北教育出版

社，1996.

［24］李靖，谷人旭. 长江经济带合作发展探讨［J］. 地理与地理信息科学，2003（1）.

［25］俞荣根，罗锐华. 建设长江经济带促进西部大开发［J］. 重庆大学学报：社会科学版，2000（4）.

［26］王留军，等. 以长江经济带开发和西部大开发为依托加快武汉产业结构调整［J］. 计划与市场，2002（7）.

［27］袁媛，杨廉，等. 以中心体系构建推动大城市边缘区空间融合——以南京市江宁区东山新市区中心体系规划为例［J］. 规划师，2012（2）.

［28］孟祥林. 新型城乡关系：城乡一体化目标下的城乡空间融合对策探索［J］. 环渤海经济瞭望，2011（4）.

［30］陈良文，杨开忠，等. 中国城市体系演化的实证研究［J］. 江苏社会科学，2007（1）.

［29］黄玖立，李坤望. 出口开放、地区市场规模和经济增长［J］. 经济研究，2006（6）.

［30］孙军. 地区市场潜能、出口开放与我国工业集聚效应研究［J］. 数量经济技术经济研究，2009（7）.

［31］谈明洪，范存会. Zipt 维数和城市规模分布的分维值的关系探讨［J］. 地理研究，2004（3）.

［32］Lopez-Bazo，E.，E. Vaya，and M. Artis. Regional externalities and growth：evidence from European regions［J］. Journal of Regional Science，2004，44（1）.

［33］Peri，G. & Bottazzi，L. The Dynamics of R&D and innovation in the long run and in the short run［R］. University of California at Davis，Department of Economics Working Papers，2003.

［34］Funke，M. & Niebuhr，A. Regional geographic research and development spillovers and economic growth：evidence from West Germany［J］. Regional Studies，2005，39（1）.

［35］Axtell R. I.，R. Florida. Emergent Cities；A Microeconomic Explanation of Zipf's Law［R］. Society for Computational Economics. Yale University，2001.

［36］Christaller W. Central Places in Southern Germany［M］. New Jersey：Prentice Hall，1993.

［37］Duranton G. Some Foundations for Zipf's Law：Product Proliferation and Local Spillovers［J］. Regional Science and Urban Economics，2006，36（4）.

［38］Fujita M.，P. Krugman，Anthony J. Venables. The Spatial Economy：Cities，Regions，and International Trade［M］. Cambridge，Massachusetts：MIT Press，1999.

［39］Hsu Wen-Tai. Central Place Theory and Zipf's Law［R］. Working Paper，University of Minnesota, 2008.

[40] Krugman. P. Increasing Returns and Economic Geography [J]. Journal of Political Economy, 1991, 99 (3).

[41] Krugman. P., Livas Eilondo R. grade policy and the Third World Metropolis. [J]. Journal of Development Economics, 1996, 49.

[42] Krugman I. Confronting the Mystery of Urban Hierarchy [J]. Journal of the Japanese and the International Economies, 1996, 10.

第五章

泛长三角区域合作与江苏经济创新发展：经济区划视角

经济区划既可以是经济描述和分析的空间体系，也可以是政策实施的空间框架。

姜玲

——《城市经济区划：理论、方法与应用》，北京大学出版社，2010年版。

从我国资源与人口的比例来看，我国国际化城市必须走紧凑型与集中型的城市空间结构道路。我国的城市化不可能先走美国式的城市蔓延式道路，再进行所谓的“精明增长”，进行空间收缩形成紧凑型的空间结构。

……

构建合理的制度安排，促进城市空间内部结构合理化，才能达到理想的城市空间布局状态，形成大集中、小分散的空间布局，促成生活与工作性活动集中、城市性活动分散的城市空间活动状态，形成产业与居住密度相对均衡的空间布局……

陈建华

——《信息化、产业发展与城市空间响应》，社会科学文献出版社，2010年版。

区域合作对泛长三角构成的省域经济创新发展产生重大影响。泛长三角区域合作背景下江苏经济创新发展的一个重要特征，是泛长三角区域合作背景下的江苏经济区划创新，包括长江通道区域合作背景下的苏南苏中经济融合发展和陆桥通道区域合作背景下的苏北经济极化发展。本章从经济区划视角分析泛长三角区域合作背景下江苏经济的区域创新发展走向及对策。

第一节 泛长三角通道城市群经济带空间演化

长三角是泛长三角的经济极核区。市场经济中的经济极核区都有与之存在内在经济联系的经济腹地。经济腹地是经济极核区的极化和辐射区域。泛长三角经济区有通道城市群经济带空间结构。一方面，通道城市群经济带空间结构在泛长三角经济极核区空间演化的影响下发生变化；另一方面，因长三角经济区极化和辐射和自身经济发展引致通道城市群经济带空间结构变化。江苏经济是泛长三角经济的重要组成部分，泛长三角通道城市群经济带空间演化对江苏区域创新发展产生着重要经济区划影响。

一、通道城市群经济带扩展背景下的泛长三角经济空间构成

通道城市群经济带区域联系与区域合作带来的区域空间演化是一个“热门”的实践问题。区域联系和区域合作与区域经济空间结构演化具有内在的经济联系，是区域经济板块形成和演化的基础动力。从通道城市群经济带区域联系和区域合作视角分析区域经济空间演化，从而认识泛长三角空间结构的形成及演化具有重要意义。确定通道城市群经济带空间范围是研究泛长三角经济区空间演化的重要内容，因而要先研究通道城市群经济带是如何形成和扩展的。

1. 长三角经济区快速发展与通道城市群经济带扩展

改革开放以来，长三角经济区融入经济全球化的步伐加快，经济增长速度高于中国经济的平均增长速度。长三角经济区作为中国经济的实力较强和改革开放受益最多的经济区，一方面正日益增强自己参与经济全球化竞争的能力，另一方面也向其周围区域加速极化和辐射，从而使通道城市群经济带空间发生演化。

（1）经济信息化带动的长三角经济区快速发展，引致通道城市群经济带空间发生演化。经济信息化使得以信息技术为代表的数字化革命成为新的经济增长点，也成为长三角经济区发展的新领域。毫无疑问，长三角经济在这一方面的快速发展，推进着工业化、城市化的快速发展，同时也推动着产业结构调整，从而对通道城市群经济带产生直接和间接影响。从这种视角来说，经济信息化为通道城市群经

济带空间演化提供了契机和现实选择。

（2）外资区位选择效应推动的长三角经济区快速发展，引致通道城市群经济带空间演化。在经济全球化背景下，外资大规模进入长三角且进入领域逐步拓宽，为其经济发展带来了机遇。外资的区位选择具有明显的趋利性，投入产出后的利润大小是决定其区位选择的主要因素。由于长三角经济区的区位优势，如资源的可获取性及成本、劳动力要素价格及其素质、地价要素成本，消费倾向及其偏好、市场规模等市场条件十分有利外资获利，近年来引致大量外资进入长三角经济区。但是，长三角经济区的空间资源的稀缺性也因此很快显现，从而通道城市群经济带的外资投放的区位差异的相对优势产生，因而相当多的外资投向通道城市群经济带。区位优势不是固定不变的，具有明显的相对性和渐变性。区位优势的相对变化对外资的区位选择指向具有明显的影响，从而成为推动通道城市群经济带空间演化的重要因素。

（3）全球产业结构调整促进长三角经济区快速发展，引致通道城市群经济带空间演化。经济全球化已经成为各国共识，各国经济发展也日益依赖经济全球化。全球化进程的不断深化推动了全球性的产业结构调整带来的产业区域转移，主要表现为发达国家与发展中国家之间的产业转移。长三角经济区的优势区位和经济基础为其获得全球产业结构调整中的外资大量进入的机遇。一方面，外资的进入使长三角经济得到前所未有的大发展；另一方面，外资的进入也为长三角经济的一些传统产业向其相邻区域转移提供了条件。这样的产业区域转移引致通道城市群经济带空间扩展。

2. 改革开放背景下的通道城市群经济带扩展

改革开放以来，国家经济政策的有效调控使得中国经济快速发展；中央区域经济政策目标选择的科学性为区域经济协调发展创造了前提条件。在支持东部快速发展的条件下，大力进行西部大开发，从而保证了东部极核区经济向西部长三角经济腹地有效辐射；经济要素空间配置模式转变，快速交通束的建设等方面的根本变化，推动了长三角经济区和通道城市群经济带的空间结构演化。改革开放背景下的宏观经济政策的有效实施为泛长三角经济区空间演化提供了有利条件。

（1）经济要素空间配置模式转变影响着通道城市群经济带空间扩展。改革开放以来，在计划经济向市场经济体制转轨中，由经济体制转换带来的经济要素空间配置模式转变引导了区域合作的深入展开。同时，由短缺经济向富有经济转型的市场环境变化，也要求由计划经济体制下形成的封闭、均衡型的空间结构模式向开放式、非均衡型空间合作模式转变。这些转变推动着长三角经济区的经济要素向长三角经济腹地流动，从而影响着通道城市群经济带空间变化。

（2）开放战略的有效实施影响着通道城市群经济带空间扩展。随着开放战略的实施，泛长三角经济日益成为全球经济整体的一个有机组成部分，与世界经济形成相互竞争和相互依存的关系，从而对泛长三角的多个方面产生重大影响。尤其是在市场结构、资源配置、生产分工以及产业配置的空间结构等方面与国际接轨，对泛长三角经济发展产生重要影响。一是长三角经济区这个作为泛长三角经济快速增长板块正日益成为世界经济的重要组成部分。二是资源配置和生产分工日益开放化，使得长三角经济区的生产资料既来源于国际市场又源于国内市场，尤其对通道城市群经济带的依赖度逐年提高。三是改革开放以来形成的包括长三角在内的沿海主导产业空间配置模式对通道城市群经济带空间演化产生重要影响。长三角城市产业群以及由它们带动的通道城市群经济带空间发生的前所未有的变化，对泛长三角经济区空间演化也产生着重要影响。

（3）基础交通束的快速建设和区域经济的快速发展影响着通道城市群经济带空间扩展。在经济快速发展形势下，以区域合作和协调发展为主导的新区域经济空间结构模式，如泛珠三角经济区、泛长三角经济区、泛环渤海经济区日益显示出区域经济空间结构优化的趋势。从这种意义上说，通道城市群经济带空间扩展是一种必然趋势。事实上，改革开放以来，基础交通束如高速公路、机场、港口等的快速建设，直接推动了长三角经济和通道城市群经济带的快速发展，从而促进了泛长三角经济区空间结构向着优化方向演化。

3. 通道城市群经济带的区域经济板块构成

对通道城市群经济带空间演化的基础性研究是界定通道城市群经济带的地域板块范围。确定通道城市群经济带的北部、西部及南部地域边界，应以长三角经济区的极化和辐射实际达到的状况和相应标准进行分析。①

（1）通道城市群经济带的北部地域边界的确定。泛长三角北部通道城市群经济带为陆桥通道城市群经济带。陆桥通道城市群经济带以北桥通道城市群经济带和南桥通道城市群经济带的影响范围为划分依据。关于陆桥通道城市群经济带的影响范围计算，使用临近主要城市断裂点场强的均值作为确定其影响范围的阈值。

陆桥通道城市群经济带沿桥城市经济板块，在西安以东为南北双桥城市群经济带的组成部分（因为沿桥城市的影响区大部分呈现交叉特点，为陆桥城市群经济带的明显特征）。在西安以西，由于区域经济实力相对较弱，而且存在较大的地理性因素约束，所以城市数量少且影响范围小并呈现断裂式分布。如前所述，在本书的研究中，与长三角经济区极化与辐射有关联关系的新亚欧大陆桥中国段分为两个部分：一是西安以东部分，即我们的研究中称为新亚欧大陆桥西安以东双桥（南、北桥）；二是西安以西部分，即新亚欧大陆桥中国段西安以西部分（西安以西的兰新铁路）。长三角经济沿新亚欧大陆桥中国段西安以西部分的极化与辐射作用较

① 朱舜. 行政区域经济结构与增长［M］. 北京：经济科学出版社，2002：12.

弱，因而长三角经济对新亚欧大陆桥中国段西安以西部分的省域经济板块的影响较弱。[①]另外，新亚欧大陆桥西安以东双桥即南北桥之间的区域，由于铁路纵向交通体系如京广线、京九线、京沪铁路线及高速公路等快速交通束的作用，事实上形成“有机联系”的纵向“三轴”城镇经济密集区。

在这样的分析基础上，我们以北陆桥城市经济板块的极化和辐射范围为依据，对长三角经济腹地通道城市群经济带的北部地域板块进行界定。长三角经济腹地通道城市群经济带的北部地域板块的范围为：由江苏省的盐城、连云港、淮安、宿迁、徐州市域经济，山东省的枣庄、临沂、日照市域经济，河南省（安阳市、濮阳市除外）的北陆桥沿桥的市域经济，山西省的晋城、运城市域经济，陕西省的西安、渭南、咸阳、铜川、商洛市域经济，安徽省的北陆桥沿桥市域经济组成的区域经济板块。

（2）通道城市群经济带的南部地域板块的界定。主要依据长江水系的特点和沿江城市经济板块的极化和辐射范围进行界定。

通道城市群经济带的南部地域板块的界定是以长江通道城市经济板块的极化和辐射区域为基本划分依据。由于长江的宜宾以上部分无法承担重载航运任务，我们对长江通道的地域板块界定以长江西端的宜宾城市经济板块为界。应该指出，作为中央直辖市的重庆市域经济，其经济的极化和辐射不可避免地会受到辐射媒介的约束。考虑到这些因素的影响，在表现其极化和辐射半径时需要进行一定的处理。以长江通道的内在经济联系为基本依据，长江的主要支流如赣江、湘江、嘉陵江、岷江被纳入长江流域。因此，长三角经济腹地通道城市群经济带的南部地域板块大致为：由安徽省的合肥、滁州、马鞍山、芜湖、巢湖、铜陵、宣城、池州、安庆、六安、淮南市域经济，江西省的南昌、九江、抚州、鹰潭、上饶、新余、宜春、萍乡市域经济，湖南省的长沙、株洲、湘潭、娄底、益阳、常德、岳阳市域经济，湖北省的武汉、鄂州、黄冈、黄石、孝感、荆州、荆门、宜昌、襄樊市域经济，四川省的成都、德阳、绵阳、广元、眉山、乐山、自贡、内江、资阳、泸州、宜宾、遂宁、广安、南充、达州市域经济，重庆市域经济组成的区域经济板块。

综合以上分析，我们可以对泛长三角经济区通道城市群经济带的地域构成进行界定，具体包括由上海、重庆中央直辖市域经济，江苏、安徽、河南（安阳、濮

---

① 我们将这样的区域经济板块界定为长三角经济的弱影响区（弱经济腹地）。长三角经济对长三角弱影响区的极化和辐射的增强，还有待于新亚欧大陆桥城市经济发展及对长三角经济极化和辐射传递力的增强。因篇幅所限，本书不研究长三角经济对长三角弱影响区（弱经济腹地）的影响。长三角经济弱影响区的发展对长三角经济腹地空间结构扩展有重要影响。上文对长三角经济腹地地域板块构成的界定是基于区域经济发展现状进行的。对长三角经济弱影响区的区域经济板块（如西藏、青海、新疆、甘肃等省域经济）来说，长三角经济区对其也是有影响的，只是其被极化和辐射的特征还不明显。但从区域经济发展的角度来看，这些长三角经济弱影响区的发展也会受到长三角经济区越来越多的极化与辐射，或者说，长三角经济弱影响区与长三角经济区两者之间存在着由“一极两带”联系起来的必然性，因此我们将长三角经济腹地以西的这些区域列为长三角经济的弱影响区。

阳市域经济除外）省域经济，山东省的枣庄、临沂、日照市域经济，山西的晋城、运城市域经济，浙江省的杭州、宁波、嘉兴、湖州、绍兴、舟山、台州、金华、丽水、衢州市域经济，江西省的南昌、九江、抚州、鹰潭、上饶、新余、宜春、萍乡市域经济，湖南省的长沙、株洲、湘潭、娄底、益阳、常德、岳阳市域经济，湖北省的武汉、鄂州、黄冈、黄石、孝感、荆州、荆门、宜昌、襄樊市域经济，陕西省的西安、渭南、咸阳、铜川、商洛、汉中、安康市域经济，四川省的成都、德阳、绵阳、广元、眉山、乐山、自贡、内江、资阳、泸州、宜宾、遂宁、广安、南充、达州、巴中等市域经济组成的区域经济板块。泛长三角的区域经济板块包括的不同种类行政区域经济板块的发展差异显著（见表5-1）。

表5-1　　　　泛长三角通道城市群经济带发展差异

城市	综合得分	城市	综合得分	城市	综合得分	城市	综合得分
上海	1 247.38	枣庄	45.75	新余	21.18	六安	4.65
杭州	336.14	株洲	44.39	衡阳	19.78	益阳	4.50
重庆	332.39	淮安	42.84	宜宾	19.51	滁州	4.09
南京	308.21	平顶山	41.24	丽水	18.53	阜阳	3.87
宁波	266.10	南阳	40.15	周口	18.40	内江	1.88
武汉	247.12	宝鸡	39.15	许昌	18.26	随州	0.71
苏州	246.80	舟山	38.64	衢州	17.48	孝感	0.19
成都	243.49	湘潭	36.75	商丘	17.06	遂宁	0.10
无锡	221.27	宜昌	36.41	开封	17.06	黄冈	-1.42
西安	198.87	盐城	35.56	黄山	17.00	铜川	-3.58
常州	160.56	濮阳	35.18	景德镇	15.32	广安	-4.54
郑州	156.87	安阳	32.44	乐山	14.85	巢湖	-4.88
长沙	156.86	襄樊	32.11	淮北	14.23	亳州	-4.90
洛阳	146.49	铜陵	30.49	安庆	14.16	抚州	-5.00
温州	125.23	湖州	30.20	德阳	13.34	池州	-5.50
合肥	118.93	蚌埠	29.78	驻马店	12.50	咸宁	-5.67
上饶	105.25	淮南	28.99	萍乡	11.89	达州	-6.01
马鞍山	104.96	绵阳	28.76	泸州	11.86	运城	-6.97
南昌	104.91	金华	28.56	信阳	11.81	资阳	-7.80
南通	86.58	日照	28.18	鹤壁	10.56	眉山	-7.96
绍兴	76.35	新乡	28.18	自贡	10.30	张家界	-7.98
徐州	74.81	连云港	27.66	南充	10.26	广元	-8.36

表5-1(续)

城市	综合得分	城市	综合得分	城市	综合得分	城市	综合得分
嘉兴	72.99	岳阳	27.15	荆州	9.92	汉中	-8.57
镇江	67.93	九江	27.00	娄底	9.55	渭南	-9.81
台州	62.80	十堰	25.66	荆门	9.00	宣城	-10.12
扬州	62.50	焦作	24.02	漯河	8.77	宜春	-10.36
晋城	57.12	咸阳	22.10	宿迁	8.18	巴中	-13.84
临沂	55.03	三门峡	21.24	鹰潭	7.01	安康	-14.73
泰州	49.41	常德	21.20	鄂州	6.74	商洛	-19.40
芜湖	47.51	黄石	21.19	宿州	5.63		

注：表中综合得分的计算，主要利用各城市市辖区主要经济指标，如年末总人口、单位从业人员、第二产业增加值、地方财政一般预算内收入、人均地方财政收入、地方财政一般预算内支出、人均地方财政支出、城乡居民储蓄年末余额、人均城乡居民储蓄年末余额、工业总产值、全社会固定资产投资总额、人均固定资产投资总额等，运用主成分分析方法计算得出。由于中国部分城市存在将周围县市并入市区的扩张方式，市辖区数据并不能完全反映城市经济的真实情况。利用建成区数据更具有可比性，但限于数据资料的局限，无法获取相应主要经济指标，所以部分城市的综合得分与实际有一定的数字出入。

数据来源：2012年相关城市统计年鉴。

二、通道城市群经济带空间演化

区域联系与区域合作的一个重要现象就是集聚与扩散。集聚与扩散是经济要素配置过程的空间分异产生的区域经济现象，是在收益最大化规律作用下的区域经济空间效应。空间本身是一种资源，具有相对的稀缺性。在经济要素集聚与扩散机制的不断作用下，泛长三角经济区通道城市群经济带空间演化具有客观性。

1. 集聚机制与通道城市群经济带空间演化

集聚是指经济要素和经济活动在空间上的相对集中倾向与过程。集聚的产生源于经济活动的内在要求，比如优势区位、产业关联效应、规模经济引致集聚。优势区位代表着相对优越的经济要素配置条件、市场组合条件等，相应地能带来最大化收益。同一产业链上的相关产业空间相对集中布局，具有很强的外部经济性，可以在较小的空间范围内获得关联产业发展，实现投入的最小化。由于集聚能够产生规模经济，具有规模经济特征的经济活动会趋向空间集聚。现代机器大工业对规模经济的要求日益突出。特定地域空间上的集聚力大小具有累积效应，先导企业的区位选择具有重要示范效应。先导企业空间选择在特定时空条件下具有一定的偶然性，取决于由某一或某几方面因素而形成的区位决策行为。但随着先导企业的落户及规模扩展，产业链条迅速延伸，该区位的集聚活动将呈链式扩展过程。泛长三角通道城市群经济带空间演化中的集聚机制引导其空间结构演化。

集聚机制对泛长三角通道城市群经济带空间演化的影响体现在以下几个方面：一是集聚机制引致泛长三角通道城市群经济带的增长极形成新的优势区位。新的集聚过程带来的经济要素、经济活动的空间集中必然促进新区位的形成。一般是新城镇出现从而形成区域经济空间的新节点或增长极，这个新节点或增长极对区域城镇体系结构和经济带等级结构演化形成新的推动力。通道城市群经济带就是在集聚机制作用下形成的。二是随着长三角经济区极化和辐射力的增强，通道城市群经济带在集聚机制作用下会得到快速发展。集聚机制引致长三角经济腹地的经济要素改变流向和流量，因而长三角经济腹地新的集聚过程带来的经济要素空间极化，必然对原有的经济要素流向和流量产生影响，从而在通道城市群经济带形成上加剧空间分异。长三角经济腹地新极化带来的通道城市群经济带增长极的出现，对生产力空间格局具有明显的重塑作用。新节点与其他区域产生空间相互作用必然形成新的通道城市群经济带增长极，引致长三角经济腹地发展。在集聚力牵引下，区域内核心-边缘的分化将会进一步加剧，长三角经济腹地的经济活动的空间分异亦会增强，从而引致泛长三角通道城市群经济带空间结构演化。

2. 扩散机制与通道城市群经济带空间演化

扩散是指经济要素和经济活动在空间上的相对分散倾向和过程。扩散的产生源于产业的区位要求，对规模不经济的规避和新空间集聚利益的追求。随着特定空间集聚过程的累积，地价上涨、劳动力成本和商务成本增加、市场竞争激烈等方面的原因产生规模不经济现象。对于附加值相对不高的产业，当企业运行成本超过收益时，必然产生新的空间区位选择行为，这就是扩散产生的区域经济空间演化的推动力。同时，由于技术进步带来的进入门槛不断降低，使得扩散更具有可能性。长三角经济区辐射，长江通道城市群经济带和陆桥通道城市群经济带辐射，就是一种扩散。泛长三角通道城市群经济带空间在扩散机制作用下演化，使长三角经济区更大范围的经济腹地扩展。

扩散机制对泛长三角通道城市群经济带空间演化的影响主要表现在两个方面：一是已有经济增长极和通道城市群经济带的功能转化、升级。长三角经济区的扩散效应突出表现为部分优势产业升级，原有的传统产业需要进行区域转移。从区位选择来看，具有明显的低成本、近距离、资源互补型的长三角经济腹地具有先天优势。例如，区位紧贴长三角的安徽省域经济，其煤、电、钢、铁、粮、棉等资源性产品，在华东占有较大优势，且交通成本低，人文习惯相近，就具有“先天”区位优势。据统计，为数不少的长三角企业把投资转到相邻的安徽经济。在长三角已经不具有发展优势的产业，扩散到安徽经济中又焕发出新的生机，从而带动长三角经济腹地发展，就是扩散机制作用的例证。二是促进泛经济区空间均衡。随着扩散效应的发挥，新的集聚亦会形成，从而对长三角经济腹地发展产生重要推动作用。长三角经济区在经济增长方式转换过程中，尤其是产业升级过程中必然存在淘汰机制。伴随着部分产业的迁出和新兴产业的进入，长三角经济区的产业升级过程必然是不断创新发展的过程，从这种意义上说，扩散推动着长三角经济区创新发展。从泛长三角经济区的资本流动方向看，浙商投资的资本已占安徽的外来资本的一半，占江西的三分之一。在苏北的外来资本中浙商投资也占据着绝对优势，在湖南、湖北、重庆和四川等长江通道城市经济板块中，浙商也占相当大的比重。强势的资本流加速推动着泛长三角通道城市群经济带一体化发展。

3. 经济要素互补机制与通道城市群经济带空间演化

经济要素的空间互补机制是产生区域之间空间联系、相互作用的基础机制。区域之间经济差异性和互补性是区域经济一体化发展的重要条件。经济要素流动的大小、速度、方向直接影响着区域经济集聚与扩散的速度、效率、基本空间格局。对泛长三角通道城市群经济带空间有重要影响的“经济要素流”主要是资源流、产品流、劳动力流、资本流和技术流。

（1）资源、产品流对泛长三角通道城市群经济带空间演化的影响。长三角农产品市场是其周围区域企业的竞争领域。长三角居民收入水平较高，是一个巨大的农产品消费市场。仅上海市每年农产品消费需求就高达 1 000 亿元，其中约有 800 亿元农产品要靠外地输入。长三角经济腹地的安徽农业，资源丰富，地处中国南北过渡带，动植物品种多，粮食、棉花、油料、肉类、茶叶、水产、蚕茧和蔬菜等主要农产品产量位居全国前列，且紧靠长三角，鲜活农产品销售半径小，运输成本低。这就使长三角与长三角经济腹地之间的资源、产品流成为可能。率先提出融入长三角的安徽省宣城市，70%以上的大宗农副产品销往长三角的苏浙沪城市就是例证。同时，上海、浙江等省、市逐步将农产品生产、加工基地向长三角经济腹地转移，目前仅浙江省就有许多企业在安徽省投资办农业企业。长三角经济腹地的资源、农产品流向长三角经济区，实际上是资源、农产品的区域合作，是泛长三角通道城市群经济带一体化发展的内在要求，从而推动着泛长三角通道城市群经济带空间演化。

（2）劳动力流对泛长三角通道城市群经济带空间演化的影响。劳动力的区际流动对区域空间结构演化产生多方面影响。随着劳动力的迁移，与之相关的非劳动力要素如技术、资本等也会发生相应迁移，从而引致迁出地和迁入地新的集聚与扩散格局形成。在长三角经济区的外来务工人员达 3 000 万人。随着经济的快速发展，长三角对劳动力的需求量也越来越大，每年需求增幅约在 70 万~100 万人。上海市目前外来务工人员主要来自安徽、江西等地，已达 400 余万人，超过上海市从业人员的三分之一。[①] 实际上，江西省已作为向长三角输出劳动力的重要基地，近几年来形成一批知名的劳动力品牌。各类培训机构运用订单培训模式开展一条龙服务，发挥地方人力资源的长处和优势，在省内建立省、市、县、乡四级劳动力市场及就业服务网络体系，140 多个劳务输出基地初具规模。长三角经济腹地的劳动力（农民工）向长三角经济区流动，在人力资源方面增强了长三角经济区与长三角经济腹之间的内在联系，从而对泛长三角通道城市群经济带空间演化产生重要影响。

（3）资本流对泛长三角通道城市群经济带空间演化的影响。资本是形成区域经济发展差异的核心经济要素之一，其空间流动是引致区域经济空间结构演化的关键因素之一。资本流动可以导致技术、劳动力等生产要素的流动和产业重组，形成新的产业集聚与扩散格局，引起区域经济空间演化。衢州市统计局企调队曾选择 40 家年销售收入超 5 000 万元的工业企业，开展与长三角经济关联度调查。调查结果显示，有近三成企业的原材料供应和生产线配置、近 60%的企业的上游企业、近 70%企业的下游企业主要分布在长三角经济区。据统计，江西省上饶、吉安、景德镇市的外来投资中有 70%以上，安徽省黄山市的外来资本中有 80%以上来自长三角经济区。[②]可见，资本流动增强了长三角经济区与长三角经济腹之间的内在联系，从而对泛长三角通道城市群经济带空间演化产生重要影响。

（4）技术流对泛长三角通道城市群经济带空间演化的影响。技术流动具有与资本、劳动力流动不同的特点。技术流动方向和强度取决于区域之间技术空间梯度的方向和大小。区域技术水平和创新能力的空间分异是形成技术空间梯度的主要原因。根据技术空间扩散的一般规律，经济区域所形成的空间体系若具有经济技术梯度，则十分有利于技术在空间体系内的扩散。因此，随着长三角经济区向外的辐射能力增强，其技术也会向长三角经济腹地扩散，从而带来长三角经济腹地新的产业集聚和产业升级；技术流动的区位选择过程即是泛长三角经济区发展的空间分异过程，从而技术流动影响着泛长三角通道城市群经济带空间演化。

三、通道城市群经济带空间演化的推力机制

区域经济空间演化与快速交通条件的改善是密不可分的，尤其是重要的经济带本身就是在主要快速交通束（高速公路或高速铁路）基础上形成的。区域经济空间结构还受政策导向的外在因素影响。因此，泛长三角通道城市群经济带空间演化也受到包括快速交通条件、政策导向等推力机制的作用。

---

① 参见《上海约三成劳动者为进城农民工》（新华网 http://www.agri.gov.cn/llzy/t20061124_728267.htm）。

② 参见汪江渔《“泛长三角”背景下的衢州机遇》（http://post.baidu.com/f? kz=90108797）。

1. 快速交通束与通道城市群经济带空间演化

长三角经济区的快速交通束密集，是中国交通密集度较高的区域之一。从长三角经济腹地快速交通束的空间分布形态看，其与长三角经济区空间结构具有较高程度的关联性。快速交通束建设对泛长三角通道城市群经济带空间演化具有重要的推动作用。

长三角经济区与长三角经济腹地的快速交通束的数量不断增加，为长三角及其经济腹地之间的空间联系和相互作用提供了“经济通道”。快速交通束数量不断增加为长三角经济腹地的发展提供了良好条件。尤其是，航空运输和远洋航运基础条件的改善，推动了长三角经济区与长三角经济腹地一体化发展。据统计，长三角经济区一级民用机场有上海虹桥机场、上海浦东国际机场、南京禄口国际机场、杭州萧山机场等，有数百条国际航线和国内航线，覆盖了中国及海外主要国家及城市。长三角远洋航运的发展也相当迅速，长三角区域中心城市上海近十年来大力发展远洋运输，基本建成了外高桥港区、大小洋山港，为长三角经济区增强极化和辐射创造了有利的条件。在上海港建设国际枢纽港的同时，以北仑港、苏州港、洋口港为主的江苏和浙江的远洋航运发展也很快。在国家大力发展长江黄金水道的战略下，以上海为龙头的长江运输得到长足发展。在“十五”期间，长江干线货运量就超过了欧洲的莱茵河和美国的密西西比河，跃居世界第一。①皖、豫、鄂、渝、川等欠发达区域加强与长三角经济区的经济联系，接受长三角港口群沿长江通道城市群经济带和陆桥通道城市群经济带辐射。长三角经济区与周围区域的交通网络也已具规模，如上海到安徽、江西的高速公路、铁路、快速铁路、国道等交通主干线达到20多条。区域交通网络的建设，优越的交通条件推动泛长三角通道城市群经济带空间演化。

2. 规划和政策导向与通道城市群经济带空间演化

长三角经济腹地的各级地方政府对实现地方经济对接长三角经济一体化发展表现出很大的积极性，并在制定相关发展规划方面加强相互协调。例如，由江苏和安徽省7个城市共同编制了《南京都市圈2006—2010五年建设规划纲要》，提出建设以超特大城市南京为核心，以扬州、镇江、淮安、马鞍山、巢湖、滁州、芜湖7个大城市为主体，以27个中等城市和一大批小城市为基础的南京城市圈，就是长三角向其周围区域扩散的“规划”导向的“产物”，就是长三角及其经济腹地一体化发展规划导向的结果。2006年9月，泛长三角“属地申报，口岸验放”区域通

---

① 苏州港、南京港早在2007年吞吐量就已分别突破亿吨大关。其中，外贸货物吞吐量年均递增22.0%，达7 800万吨；集装箱吞吐量年均递增30.4%，达260万标箱。长江在流域综合运输体系中的主骨架作用日趋凸显，成为沿江和外向型经济发展的有力支撑和保障的干线交通束。

关新模式正式启动，使上海、南京、杭州、宁波、合肥、武汉等城市从事外贸进出口业务的企业排除了因地处不同关区而造成物流的障碍。安徽省按照党中央、国务院促进中部崛起的战略部署，明确提出“推进东向发展，加速融入以上海为龙头的长三角经济圈”战略，并为安徽省域经济融入长三角经济区进行了规划安排。江苏省在加紧过江通道和沿江铁路、沿江高速公路建设的同时，完善区域内陆路、水运、航空交通网络体系，重点推进城市之间的快速交通束建设，并对与上海及浙、皖节点城市的交通接轨方面进行政策倾斜，从而为长三角经济向外扩散提供了硬件条件。同时，以促进现代科技日新月异，促进经济要素重组和产业转移，促进工业信息化、通信网络化、交通高速化为主要内容的经济发展政策，为长三角经济腹地与长三角经济区进行区域合作和一体化发展提供了政策导向，使长三角经济区增强向长三角经济腹地极化和辐射成为可能。泛长三角地方政府的规划和政策导向推动着泛长三角通道城市群经济带空间演化。

第二节　通道城市群经济带区域合作背景下的江苏经济空间演化及区划演变

中国经济区划是沿着作为匀质区的经济地带划分、作为功能区的城市经济区划分和作为可持续性相对一致的开发管制区划分三个方向推进的。但存在发展不平衡的问题，即城市经济区划和开发管制区划尚未形成统一的实际操作方案（姜玲，2010），泛长三角经济区和泛长三角区域合作背景下的江苏经济区划也存在类似的问题，需要加强研究和经济区划创新。

一、基于陆桥通道城市群经济带发展的江苏经济空间演化

随着2005年宁西铁路的全线通车，宁西铁路与京沪铁路沪宁段相连接，新亚欧大陆桥西安以东双桥通道形成。“双陆桥通道横贯江苏省的北部和南部。21世纪陆桥经济时代的到来，使江苏省的苏南、苏中和苏北三大经济板块结构将发生变化。”① 陆桥通道城市群经济带发展对江苏经济空间演化产生重要影响。

1. 陆桥通道城市群经济带发展

宁西铁路是中国又一条东西走向的铁路运输大动脉，东起南京，途经合肥、六安、信阳、南阳至西安，全长1 149公里，跨越江苏、安徽、河南、陕西4省，连

---

① 张春梅，朱舜. 基于双陆桥经济带的江苏区域经济板块变化及其划分探讨［J］. 淮海工学院学报：社会科学版，2006（3）.

接东、中、西部三个经济地带，被称为第二条“陇海线”。宁西铁路与京沪铁路沪宁段连接使陆桥城市群经济带西安以东发生分支：陇海铁路和沪宁—宁西铁路。

（1）双桥通道走向。北桥是西安以东部分的陇海铁路，从西安东进，横贯渭南、三门峡、洛阳、郑州、开封、商丘、徐州、连云港等市，全长1 067公里，连云港为桥头堡。南桥因宁西铁路与京沪铁路沪宁段连接得以构架，从西安东南方向东进，连接商洛、南阳、信阳、六安、合肥、南京、镇江、常州、无锡、苏州、上海等城市，全长1 452公里，上海是桥头堡。虽然南陆桥的运程较北陆桥长385公里，但是由于桥头堡上海市的经济发达，是国际经济贸易和金融中心，其港口是世界级大港口，使其成为新亚欧大陆桥西安以东最具运输活力的陆桥通道。

陆桥经济带具有城市群空间结构。依据交通经济带的特性及资料获取的方便，以陇海铁路和宁西—沪宁铁路通过的城市经济和县域经济作为双陆桥通道经济带组成基本单位分析。北桥通道经济带空间结构由西安、郑州2个省会城市，渭南、三门峡、洛阳、开封、商丘、徐州、连云港7个地级城市和潼关等23个县（市）行政区域经济板块组成。新亚欧大陆桥西安以东的东、西陇海线是复线，运输能力较强，以其为轴形成的北桥经济带发展较快，城市群空间结构优势已经显现。南桥经济带空间结构由上海直辖市和西安、合肥、南京3个省会城市以及商洛、南阳、信阳、六安、镇江、常州、无锡、苏州8个地级城市和12个县（市）行政区域经济板块组成。它比北桥经济带形成得晚，其沪宁段与宁西段发展的差异较大。同时，北、南支桥经济轴放大双桥通道经济带空间结构。北桥以北的日照（经临沂、济宁、菏泽、新乡、焦作）至洛阳铁路与相同走向的陇海铁路相距100公里以内，处于北桥通道经济带辐射半径内，因而日照—洛阳支桥经济轴为北桥通道经济带的组成部分。南桥以南的合肥（经巢湖、芜湖、宣城、湖州、杭州、绍兴）至宁波铁路和南桥以北的宁启铁路，与沪宁铁路南北平行，在南桥通道经济带辐射半径内。以合肥至宁波铁路和宁启铁路为轴线形成的合肥—宁波支桥经济轴和南京启东支桥经济轴是南桥通道经济带在合肥以东被“放大”的陆桥通道。

双桥通道经济带具有优势区位。一是双桥桥头堡的区位优势。双桥通道经济带的北桥桥头堡连云港港口群和南桥桥头堡上海港口群分别位于中国温带和亚热带地区，气候温和，自然条件优越，一年四季可以不间断作业。连云港、日照港和岚山港地处中国沿海中部的海州湾西海岸，两两相距50海里，具有天然的港口群区位。上海港及南翼宁波港和北翼南通港位于中国大陆海岸线的中心，处于长江通道与海上运输通道的交汇点，地理位置适中，集疏渠道区位优良。二是双桥通道经济带的经济区位优势。双桥通道尤其是南桥将长三角经济辐射力沿桥向中、西部延伸，是带动东、中、西部经济联动发展的黄金经济带。长三角是东部经济发达区域，是中国经济发展和创新的牵引力。双桥通道使中国经济双向接轨中亚、欧洲经济：中国的商品，劳动力西出，中国经济吸引中亚、欧洲资本东进。双桥通道是贯通中国东、中、西部经济的重要经济带。双桥通道经济带以其特有的连接长三角和横贯中国东、中、西部经济的区位优势及其一体化发展趋势，对沿桥省域经济发展和空间演化产生重大影响。

2. 江苏经济与陆桥通道城市群经济带的联动发展

双桥通道经济带横贯江苏省的北部和南部。北桥江苏段又称东陇海线，横贯徐州、那州、新沂、东海和连云港等市、县，连云港是北桥桥头堡。南桥江苏段为京沪铁路沪宁段，经过南京、镇江、丹徒、丹阳、常州、无锡、苏州等市县，东接南桥桥头堡上海市。双桥通道经济带贯通江苏省的区位直接影响苏南、苏中、苏北三大区域经济空间变化和经济区划选择。

（1）江苏经济在陆桥通道城市群经济带省域经济板块中的地位。陆桥通道城市群经济带的江苏经济是中国发达的长三角经济的重要组成部分。2012 年，江苏省实现地区生产总值 54 058 亿元，占长三角（“一市两省”内涵的长三角）的 49.6%。江苏经济的经济腹地广阔，发展潜力巨大，是外商投资的首选地之一。江苏省实际外商直接投资连续 5 年居长三角之首，2012 年实际外商直接投资 357.6 亿元，分别占长三角的 55.86%。江苏经济在陆桥通道城市群经济中占有十分重要的地位。江苏经济吸收上海的先进技术，积极发展技术密集型产业，并通过双桥向中、西部转移符合中、西部比较优势的产业，吸纳中、西部劳动力、资源，使其在双桥通道城市群经济带中具有独特的“东合西扩”的特殊地位和作用（见表 5-2）。

表 5-2　双桥通道城市群经济带江苏段与双桥通道城市群经济主要经济指标比较

	国内生产总值		地方财政收入		金融机构存款余额	
	总量/亿元	人均/元	总量/亿元	人均/元	总量/亿元	人均/元
苏北经济	814.39	11 228	41.04	566	674.6	9 300
北桥经济带	3 154.08	15 138	183.51	881	6 311.8	30 294
苏北经济占北桥经济比例(%)	25.82	—	22.36		10.69	—
苏南经济	4 879.49	38 001	362.41	2 822	5 971.86	46 508
南桥经济带	11 131.98	23 867	1 192.25	2 556	23 942.16	51 332
苏南经济占南桥经济比例(%)	43.8	—	30.4	—	24.9	—
江苏经济	54 058.22	28 174	403.43	2 008	6 646.45	33 077
双桥经济带	14 286.06	19 233	1 375.76	1 882	30 253.96	40 150
江苏经济占双桥经济比例(%)	39.63	—	29.32	—	21.97	—

数据来源：《江苏统计年鉴（2013）》。

（2）双桥通道城市群经济带在江苏经济发展中的作用。双桥通道城市群经济带有利于江苏经济的快速发展。双桥的贯通有利于加强江苏与其他省域经济之间“东合西扩”作用，从而实现快速发展。江苏经济东接上海西融中国中、西部经济，有利于吸收先进技术，实现产业结构升级，发展技术密集型产业，也有利于利用安徽、河南和陕西等省丰富的自然资源，发展低成本、高效益的资源开发产业。因此，双桥通道城市群经济带有利于江苏经济“上桥”实现快速发展。

一是双桥通道城市群经济带的开发将有力地促进江苏省对外开放和进出口贸易的发展。双桥的贯通使江苏省几乎所有的城市都不同程度地与双桥通道城市群经济带连接，实现全方位开放，为江苏经济开放发展提供了新的机遇。双桥通道城市群经济带的开发将给江苏开放产生深刻影响。江苏经济通过双桥通道城市群经济带实施“引进来”“走出去”战略，全面提高对内对外开放水平。

二是双桥通道城市群经济带的开发必将促使江苏省的产业升级，产业结构优化。双桥通道城市群经济带的开发极大刺激了江苏省外向型经济成分的增长，并使江苏省的产业向高新技术发展，而将一些劳动密集型产业向中西部转移。以中西部资源为基础的资源深加工工业和以沿桥中亚、东欧、俄罗斯等为市场的轻纺工业也获得发展条件。

三是双桥通道城市群经济带的开发将会使江苏省的产业布局趋于合理。双桥通道城市群经济带中的苏北、苏南市区、县域经济发展差距大，导致江苏省的非农产业主要集中布局在苏南，而苏北相对较少并且比较分散。解决这个问题的关键是形成开放市场。形成开放市场就要加大交通设施建设。双桥就是这样的交通设施，能满足开放市场和经济发展的需要。因此，双桥通道城市群经济带是江苏省苏北经济和苏南经济创新发展的重要通道平台。

二、江苏经济空间演化趋势

经济空间结构及其演化是流（经济要素和经济活动）空间表现形式，它反映经济要素和经济活动在空间的集聚程度、集聚状态及不同板块之间的相互关系。“流空间与网络相伴而生，网络的存在是流空间存在的重要证据。信息化时代，城市的物质空间（实体空间）逐渐趋于空间破碎化与网络区段化。这种破碎化的空间格局实际上是由新兴的、功能各异的城市空间成长单元出现所造成的，这些空间成长单元包括中央商务区（CBD）、高新技术区、城市综合体、大学城、空港区等，随着区域化、都市区化的大趋势，它们越来越成为城市发展的基本架构。在这些空间成长单元的背后，是复杂的产业空间网络与社会空间网络。产业承担了城市的生产功能，是城市成长的动力源泉，产业空间组织联系维系了物质空间各部分之间的联系；而人与社会则是城市存在的必然条件，即便是产业空间也被人和人群所操控，人与人之间的交流、社会群体与社会群体之间的交流，将城市的生产、生活编织在一起，使城市形成了一个完整的开放的网络结构。”①流空间只有与经济空间演化要求相适应，才能推动经济发展。江苏经济空间结构也是在经济流中逐渐形成

① 魏冶. 流空间视角的沈阳市空间结构研究［D］. 长春：东北师范大学，2013.

和演化的，具有显著的泛长三角区域合作特征。

1. 江苏经济的空间演化

新中国成立以后，江苏经济的空间结构主要以长江为界，分为苏南、苏北两大区域经济板块。苏南经济包括宁、镇、苏、锡、常五个市域经济板块，苏北经济包括徐、淮（含宿迁）、盐、连、扬（含泰州）、通六个市域经济板块。受国家经济发展政策的区域均衡发展战略的影响，苏南、苏北经济发展相对均衡，但均衡是以损失资源利用效率为代价的。改革开放后，江苏经济发展进入非均衡发展阶段。苏南经济板块成为江苏省重点发展的经济区，乡镇企业得以率先发展，从而拉大了其与苏北经济之间的区域差距。江苏区域共同发展的问题受到重视。1994 年江苏省确立了区域共同发展战略，把全省划分为苏南、苏中、苏北三大区域（见图5-1）：大致以淮河、长江为界，淮河以北为苏北，包括徐、淮、盐、连、宿五市；长江以南为苏南，包括宁、镇、苏、锡、常五市；长江和淮河之间为苏中，包括扬、通、

图 5-1　江苏省的苏南、苏中和苏北区域划分示意图

泰三市。这种划分方法既照顾了三大区域之间的自然条件等客观差异，也考虑了三大区域之间形成的经济空间差异。苏南、苏中、苏北经济板块成为江苏经济的空间格局。但是，这种划分方法受到梯度推移理论的影响，其借助发达地区经济优势的梯度转移来推动江苏区域协调发展也出现困境。江苏相继提出“两区五轴”“四沿”“三圈五轴”等经济空间结构模式，以实现江苏经济空间结构优化。

（1）“两区五轴”模式。“两区五轴”模式中的“两区”为沿江地区和淮海地区，“五轴”为宁沪铁路、东陇海铁路、长江、苏北大运河以及沿海公路（204 国道）五条发展轴。沿江地区包括宁、镇、苏、锡、常、扬、泰、通八个市域经济板块，淮海地区包括徐、淮、盐、连、宿五个市域经济板块。五条发展轴构成“井”字形的空间结构框架，逐步发展成为宁沪高新技术产业带、滨江基础工业带、东陇海重工业带、苏北大运河经济带和沿海经济带。

（2）“四沿”发展模式。“四沿”发展模式中的“四沿”即沿江、沿海、沿线（东陇海铁路线）、沿河（大运河）发展战略。该发展战略通过产业倾斜和区域倾斜相结合的优势互补政策，促进各区域发挥自己的比较优势，实现苏南、苏中、苏北经济共同发展。“四沿”发展模式空间结构具有明显的交通经济带特点（见图 5-2）。

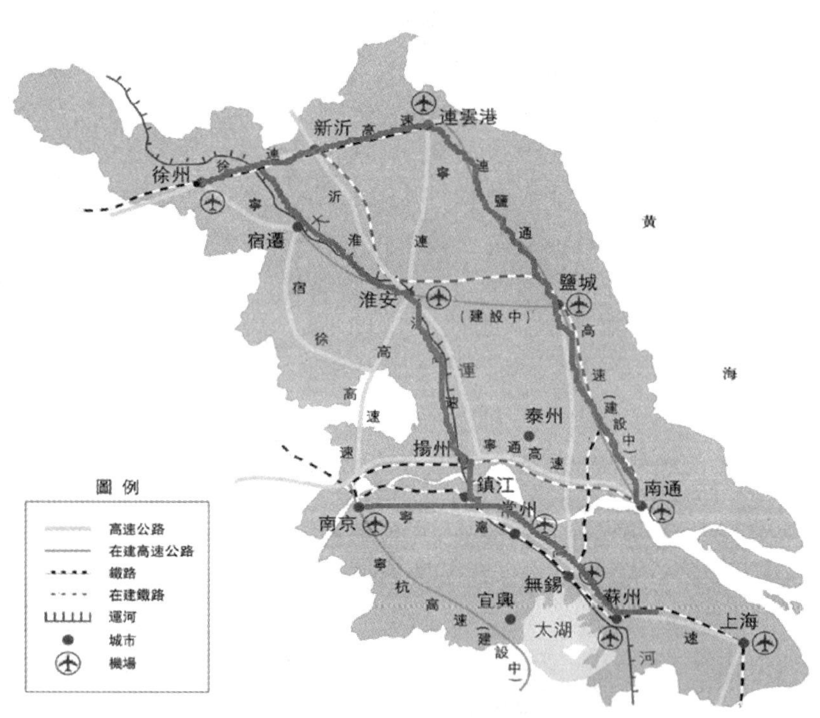

图 5-2　江苏省“四沿”发展模式示意图

（3）“三圈五轴”城镇空间结构。“三圈五轴”城镇空间结构的“三圈”是指三大都市圈，即南京都市圈、徐州都市圈和“苏锡常”都市圈。南京、徐州都市圈不是行政区划意义上的城市群概念。南京都市圈是以南京为中心，地跨江苏、安徽两省，由发达的交通网络紧密联系起来的城市经济区域。徐州都市圈以徐州为中心，主要包含接壤的省外城市和省内苏北城市，是实施江苏区域共同发展战略的重要区域。“苏锡常”都市圈是江苏经济基础雄厚，竞争优势明显的城市经济区域。“五轴”是指五大城镇聚合轴：即徐连（徐州—连云港）、宁通（南京—南通）、沪宁（上海—南京）、新宜（新沂—宜兴）和连通（连云港—南通）基础交通束沿线城镇聚合轴。“三圈五轴”城镇空间结构的区域中心城市和交通经济带特征明显（见图 5-3）。

图 5-3　江苏“三圈五轴”城镇空间结构示意图

从理论上讲，“三圈五轴”城镇模式兼顾了城市经济与农村经济之间的互动发展关系，然而在实际的区域经济发展过程中，都市圈经济对其经济腹地以及农村经济发展没有产生明显的促进作用。一是都市圈的地域范围既跨越省行政区边界，又将南通、盐城、泰州三市排除在外，不利于江苏经济创新发展。都市圈域经济之间的经济发展的联动性不强，增大了区域经济协调发展战略实施的难度，从而难以缩小江苏经济空间差异。二是由于行政区划的刚性约束，使得由江苏省政府直接调控包括跨省行政区的都市圈发展的操作性不强，同时都市圈产业结构趋同的问题也弱化了都市圈域经济板块内部的协调机制的作用。因此，江苏实施“区域经济共同发展”战略的关键是要弄清江苏经济空间结构的现状和特征，探寻其内在的经济联系，在此基础上寻求经济空间结构发展模式和创新经济区划。

2. 长三角区域合作背景下江苏经济空间演化趋势

江苏经济是泛长三角经济的重要部分。随着长三角经济区的极化和辐射半径沿陆桥通道和长江通道城市群经济带向中、西部延伸，江苏省域经济整体板块成为泛长三角经济的组成部分。陆桥通道横贯江苏经济板块的北部和南部。陆桥通道的北陆桥通道经济带江苏段由徐州、邳州、新沂、东海和连云港等市区经济、县域经济板块组成。陆桥通道的南陆桥通道经济带江苏段由南京、镇江、常州、无锡、苏州、扬州、泰州和南通等市域经济板块组成。长江通道城市群经济带江苏段由江苏经济板块的苏中经济和苏南经济组成，与陆桥通道的南陆桥通道城市群经济带江苏段重叠。随着环沪宁快速交通束经济带的快速发展和江苏沿江开发战略的实施，长三角经济区尤其是上海经济的极化和辐射半径沿陆桥通道城市群和长江通道城市群经济带向中、西部延伸，江苏经济板块的苏中经济和苏南经济融合发展为具有内在经济联系的新区域经济板块——包括苏州、无锡、常州、镇江、南京、扬州、泰州、南通市域经济在内的新苏南经济空间板块。

随着交通、市场、政策、机制等方面的无缝接轨，上海经济对江苏经济的极化和辐射半径延伸。尤其是，扬中长江大桥（1994 年）、江阴长江大桥（1999 年）、南京长江二桥（2001 年）、润杨大桥（2005 年）、长江三桥（2006 年）、苏通大桥（2008 年）建成通车，南京长江过江隧道、长江四桥、长江大胜关大桥、上海（过江隧道）崇明大桥、启崇（启东—崇明）大桥、海崇（海门—崇明）大桥立项建设，宁启铁路开通及电气化改建，[①] 沿江开发战略实施，将苏南经济与苏中经济板块之间的长江阻隔因素变为区域经济一体化发展纽带，从根本上促成江苏经济中的苏南经济与苏中经济板块融合，从而使江苏经济的区域经济板块结构演化为苏北经济和新苏南经济空间板块。

江苏经济的区域经济板块结构演化是其经济发展的内在规律所决定的。像包括苏州、无锡、常州市域经济在内的原苏南经济板块演化为包括苏州、无锡、常州、镇江、南京市域经济在内的现在的苏南经济板块一样，现在的包括苏州、无锡、常州、镇江、南京市域经济在内的苏南经济板块和包括扬州、泰州、南通市域经济在内的苏中经济板块必然会融入新的苏南经济板块，这是由长三角区域合作背景下江苏区域经济板块结构演化的内在规律所决定的，是长三角区域合作背景下通道经济带引致江苏经济空间演化的必然趋势。

应该说，在陆桥通道形成之前，江苏区域经济的苏北、苏中和苏南三个区域板块结构具有积极意义。在陆桥通道形成和快速发展以后，苏北经济板块结构受到泛长三角区域合作的直接影响并发生重大演化。江苏经济的苏北经济和新苏南经济的

---

① “宁启铁路是沿江铁路通道的重要组成部分……特别是通过复线及电气化改造，宁启铁路客车运行时速将达到 200 公里，并与沪宁城际铁路、宁杭客运专线等快速铁路有效衔接，构成区域快速客运网络，大大缩短沿线城市与长三角地区各中心城市的时空距离。”（张道平. 宁启铁路复线电气化工程开工［N］. 中国县域经济报，2009-07-20）

区域经济板块空间结构，符合长三角区域合作中的江苏区域经济创新发展的实际情况和空间结构演化趋势，具有重大的实践意义。

根据陆桥通道城市群经济带地域范围划分的要求，新亚欧大陆桥经过的城市经济和县域经济板块组成陆桥经济带的极核区。①新亚欧大陆桥经济带的极核区两侧100公里左右（其中上海、苏州、无锡市域经济总量大，发展强劲，其影响距离可达150~200公里）的县域经济和城市经济板块组成陆桥城市群经济带的影响区。由于陆桥城市群经济带发展的影响，江苏经济可分为陆桥通道城市群经济带苏北经济板块和陆桥通道城市群经济带苏南经济板块（新苏南经济）（见图5-4）。

（1）陆桥通道城市群经济带苏北经济板块。粗略地说，陆桥通道城市群经济带苏北经济板块由行政区域经济板块（城市市区经济和县域经济或县级市域经济板块）组成。苏北经济的极核区（点-轴经济）由徐州、连云港市区经济和邳州市、新沂市、东海县域经济板块组成。苏北经济极核区的影响区由淮安、宿迁、盐城市域经济和丰县、沛县、睢宁、赣榆、灌云、灌南、宿豫、沭阳、泗洪、泗阳、涟水、响水、滨海、阜宁、射阳、建湖等县域经济板块组成。

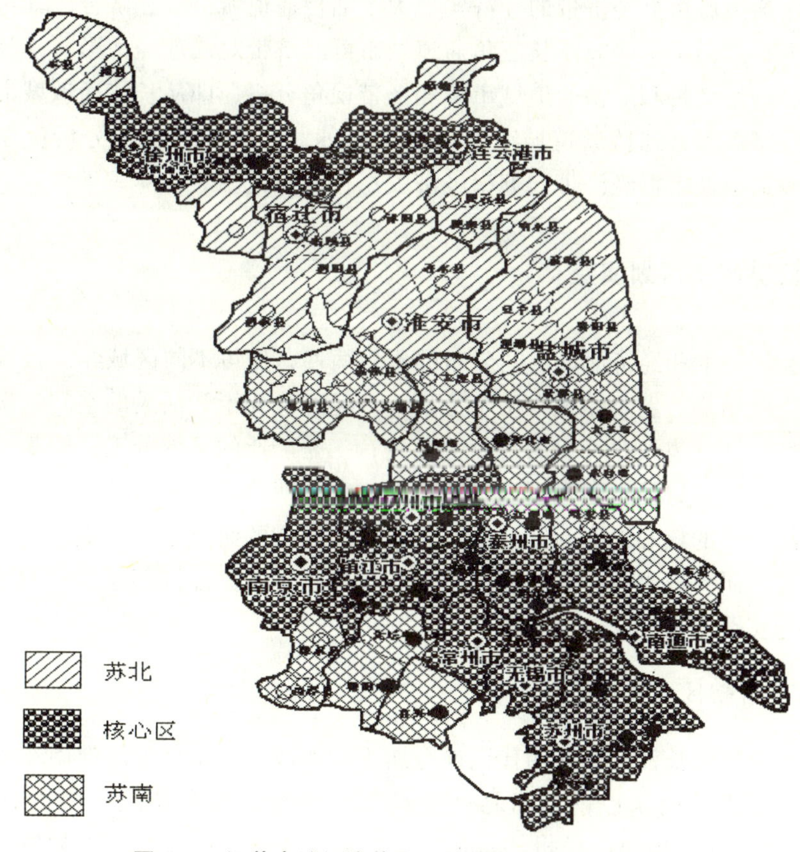

图5-4　江苏省域经济苏北、新苏南经济核心区划分

① 考虑到江苏省政府的沿江开发战略和自然地理因素，通道城市群经济带苏南经济板块的极核区有所调整。

（2）陆桥通道城市群经济带苏南经济板块（新苏南经济）。粗略地说，陆桥通道城市群经济带苏南经济板块就是前面所述的新苏南经济。新苏南经济由行政区域经济板块（城市市域经济和县域经济或县级市域经济板块）组成。新苏南经济的极核区（点-轴经济）由南京、镇江、常州、无锡、苏州、扬州、泰州、南通市区经济和句容市、丹阳市、扬中市、江阴市、吴江市、张家港市、太仓市、常熟市、昆山市、仪征市、江都市、靖江市、泰兴市、如皋市、通州市、海门市、启东等市域经济板块组成。新苏南经济极核区的影响区由溧水县、高淳县、金坛市、溧阳市、宜兴市、高邮市、姜堰市、兴化市、海安县、如东县、东台市、宝应县、洪泽县、盱眙县、金湖县、盐都等县域经济板块组成。

如果从长江通道城市群经济带与江苏经济的空间关系看，陆桥通道城市群经济带新苏南经济也是长江通道城市群经济带苏南经济；在空间联系上两者是重合的。从这种意义上说，江苏经济可分为陆桥通道城市群经济带苏北经济板块和长江通道城市群经济带苏南经济（新苏南经济，显现通道城市群集聚连绵带空间特征）。实际上，长江通道城市群经济带的经济实力大于陆桥通道城市群经济带，其对江苏经济影响更大；因而本书研究泛长三角通道城市群经济带对江苏经济影响，分别从长江通道城市群经济带和陆桥通道城市群经济带视角分析，即从长江通道城市群经济带与苏南经济关系，陆桥通道城市群经济带与苏北经济关系进行分析；在较多时候，对南桥通道城市群经济带与苏南经济关系存而不论。

三、江苏经济区划演变

由于经济要素和经济活动空间分布的不均衡性，使得不同区域经济板块具有不同特征的空间结构。主要体现在两个方面：一是经济要素和活动的空间集聚，即经济要素和经济活动集聚在特定的空间范围内；二是产业的区域分工，即某一类产业往往集中在一个特定的空间范围内，从而形成区域间分工。对这种空间结构的研究正是区域经济学的核心内容。区域经济学对空间结构的研究已经产生了大量有价值的成果，这些研究成果对研究长三角区域合作背景下江苏经济创新发展的区划创新具有重要的实践意义。

1. 江苏省辖区由来

江苏省辖区的长江两岸在明代以前分属不同的政区。宋代分属淮南东路和江南东路、两浙西路。南宋以前，苏北一直是繁华区域。如春秋战国时的彭城（徐州）、汉代的淮阴、隋唐的扬州。苏北在南宋黄河夺淮以后洪水灾害频发，经济文化发展开始落后于江南。元代分属河南江北行省、江浙行省。明代一同划归南直隶。明清时，徐州由于地处京杭运河的节点上，与淮安和扬州一度十分繁荣。清代江苏建省后，曾有数次以长江为界南北分治。江南4府1州属于驻扎苏州的江苏布政使管辖，江北3府2州和江宁府（南京）属于驻扎南京的江宁布政使管辖。清末一度在清江浦（淮安）设立江淮巡抚，管辖江宁布政使所辖区域，与驻扎苏州的江苏巡抚并立。民国时期，江苏省不再南北分治。省会设在南京（1912—1929年）或镇江（1929—1949年）。民国汪伪政权时期，江苏省省会迁往苏州，其实际管辖区域限于长江以南。苏北南半部设立以泰州为中心的苏北行署区，北半部成立以徐州为中心的淮海省。通过兴修导淮入江、苏北灌溉总渠等水利工程，苏北成为重要的农业区。

2. 江苏经济区划演变

新中国成立后，苏北包括江苏长江以北的所有区域，即现在的盐城、南通、扬州、徐州、连云港、宿迁、淮安、泰州8个省辖市区域。1949—1952年，中央在华东大区下分别设立苏南行署区（驻无锡）和苏北行署区（驻扬州）。为制定经济发展政策的需要，原先广泛意义上的苏北被一分为二，苏北包括江苏省北部的徐州、连云港、宿迁、淮安、盐城5个省辖市。苏北拥有广袤的平原，辖江临海，扼淮控湖。苏南经历了包含“苏锡常”3市和“苏锡常镇扬”5市的沿革。扬州、泰州、南通从苏北分离为苏中。

推行江苏沿海开发战略，加快苏北沿海发展。江苏沿海开发对于长三角产业优化升级和整体实力提升，完善中国沿海地区生产力布局，促进中、西部地区发展，加强中国与中亚、欧洲和东北亚国家的交流与合作具有重要意义。苏北沿海开发使其成为江苏未来经济发展的新起点，并肩负着孕育东部经济新增长极的重任。2012年，苏南、苏中、苏北（GDP）生产总值分别增长10.8%、12%和13%，苏北增长最快。增长速度比全省平均高2.9个百分点。江苏提出未来发展仍然是调结构促转型，缩小苏南苏北差距的目标，江苏经济空间格局新演化趋势显现。在江苏各市公布的2012年经济数据中，徐州市的GDP达4 016亿元，将苏南常州市挤出前五。江苏省沿海开发上升为国家发展战略和苏北5市明确划入长三角等重大历史新机遇，省委、省政府高度重视苏北发展，陆续出台了一系列加快苏北发展的政策措施，这些政策措施在扶持苏北产业发展、促进对内对外开放、加快科技教育事业发展、增加苏北基础设施建设投入、推动苏南苏北合作等方面发挥了重要作用。

第三节　通道城市群经济带区域合作背景下的江苏经济区划及城镇经济空间分异

长三角有多种内涵。长三角主要由上海、江苏和浙江三省市组成。[①]国务院

① 刘志彪，等. 长三角托起的中国制造［M］. 北京：中国人民大学出版社，2006：3.

《关于进一步推进长江三角洲改革开放和经济社会发展的指导意见》中对长三角的界定是上海、江苏、浙江一市两省全部行政区域。从长三角22个城市经济板块组成长三角的含义来看，江苏的苏南5个、苏中3个和苏北2个市域经济板块共10个市域经济板块是长三角经济区的重要组成部分。泛长三角通道城市群经济带区域合作背景下的江苏经济空间具有“二大”（苏北、苏南）空间层级、“三大都市圈”（“苏锡常”、南京、徐州都市圈）、“三大城镇经济轴”（苏南环沪宁城镇经济轴、苏北“◁”形城镇经济轴、沿运河城镇经济轴）和48个县域（含24个县级市）经济板块的空间层级特点。

一、通道城市群经济带区域合作背景下的江苏经济区划

市场经济条件下区域合作的经济区划创新，是泛长三角通道经济带区域合作背景下的江苏经济创新发展的重要选择。影响经济区划的因素在本质上就是影响经济空间板块相互作用的因素，这些因素推动着经济空间演化。通道城市群经济带是影响经济空间演化的重要因素。长江通道和陆桥通道城市群经济带与江苏经济空间板块的特殊经济区位，影响着江苏经济南北经济空间演化。

1. 基于通道城市群经济带发展影响的江苏经济的空间划分

根据辐射地域的实际状况，通道城市群经济带可以划分为核心区和影响区。铁路线经过的县、市行政区域经济板块为通道城市群经济带核心区，距核心区两侧100公里左右的县、市行政区域为通道城市群经济带的影响区。

通道城市群经济带横贯江苏省南北区域后，引致江苏原苏南、苏中和苏北三大经济板块结构发生变化。宁启铁路开通，沿江开发战略实施，长江二桥、长江三桥、润扬大桥、江阴大桥、苏通大桥、上海崇明（过江隧道）大桥及启（启东）崇（崇明）大桥建设，使原苏南与苏中之间的长江阻隔因素变为经济一体化发展纽带；长江通道通行能力提升及通道城市群经济带快速发展，从根本上促成苏南与苏中经济板块空间融合。这种区域经济板块变化，像包括苏、锡、常三市的苏南经济板块发展引致包括苏、锡、常、镇、南五市的苏南经济板块形成一样，是通道城市群经济带发展影响的必然结果。根据已变化的江苏经济的实际情况和按通道城市群经济带核心区和影响区进行划分，江苏经济原苏南、苏中、苏北三大区域经济板块宜重新进行经济区划，即划分为苏北经济和苏南经济（或称新苏南经济）两大区域经济板块。应该说，在通道城市群经济带形成前，江苏经济的苏北、苏中和苏南三大区域结构及其划分有积极意义。但是，在通道城市群经济带形成后，江苏经济空间结构受到直接影响并发生重大变化，相应地江苏经济空间结构应有新的经济区划。江苏经济苏北经济和苏南经济的新经济区划，符合通道城市群经济带区域合作背景下的江苏经济空间结构实际情况，有重要的经济区划创新意义。

（1）陆桥通道城市群经济带区域合作背景下苏北经济的行政区域经济板块组成。陆桥通道城市群经济带苏北核心区：徐州市区、邢州市、新沂市、东海县、连云港市区等市、县行政区域经济。陆桥通道城市群经济带苏北影响区，包括丰县、沛县、睢宁县、赣榆县、灌云县、灌南县、宿迁市区、宿豫县、沭阳县、泗洪县、泗阳县、淮安市区、涟水县、响水县、滨海县、阜宁县、射阳县、建湖县等市、县行政区域经济。

（2）长江（南桥）通道城市群经济带区域合作背景下苏南经济的行政区域经济板块组成。长江（南桥）通道城市群经济带苏南核心区：南京市区、镇江市区、句容市、丹阳市、扬中市、江阴市、常州市区、无锡市区、张家港市、苏州市区、昆山市、仪征市、江都市、扬州市区、泰州市区、靖江市、泰兴市、南通市区、通州市、海门市、启东市等市、县行政区域经济。长江、陆桥通道城市群经济带苏南影响区：溧水县、高淳县、金坛市、溧阳市、宜兴市、太仓市、常熟市、高邮市、洪泽县、盱眙县、金湖县、姜堰市、兴化市、盐城市区、如皋市、海安县、如东县、大丰市、东台市、宝应县、盐都县等市、县行政区域经济。

2. 通道城市群经济带区域合作背景下的江苏经济区划:南北两区

通道城市群经济带横贯江苏经济板块,引致江苏经济区划的“南北两区”重新划分：苏北、苏南。苏北、苏南两大经济区划板块在人口、GDP、地方财政收入等方面仍存在很大的差距。这种新两大经济板块相对于江苏三大经济板块区划来说，原有的三大经济板块划分只是江苏省基于自身省域的一种划分，而两大新经济板块是借助于通道城市群经济带区域合作背景及影响进行的经济区划，是跳出江苏对江苏所进行的经济区划。这样就把江苏经济融入整个泛长三角通道城市群经济带发展，从而借助通道城市群经济带优势推动江苏经济创新发展（见表5-3、表5-4）。

表5-3　新经济区划的苏南经济在江苏经济中的地位

名称	土地面积（平方公里）	户籍/常住人口	地区生产总值（亿元）		公共财政预算收入（亿元）		城镇人均可支配收入（元）		农村人均纯收入（元）	
			总量	占苏北/江苏比重	总量	占苏北/江苏比重	总量	占苏北/江苏比重	总量	占苏北/江苏比重
苏州市	8 488	645.1/1 054.9	12 011.7	98.6/22.2	1 204.3	94.1/20.6	39 079	1.87/1.32	19 396	1.85/1.59
无锡市	4 627	469.0/646.6	7 568.2	62.1/14.0	658.0	51.4/11.2	35 663	1.71/1.20	18 509	1.76/1.52
常州市	4 372	363.8/468.7	3 969.9	32.6/7.3	379.0	29.6/6.5	33 326	1.60/1.12	16 737	1.59/1.37
南京市	6 587	637.4/816.1	7 201.6	59.1/13.3	733.0	57.3/12.5	35 092	1.69/1.18	14 786	1.41/1.21
镇江市	3 847	271.6/315.5	2 630.4	21.6/4.9	215.5	16.8/3.7	30 045	1.44/1.01	14 518	1.38/1.19
扬州市	6 591	459.2/446.7	2 933.2	24.1/5.4	225.0	17.6/3.8	25 712	1.23/0.87	12 686	1.21/1.04
泰州市	5 787	506.7/463.0	2 701.7	22.2/5.0	223.6	17.5/3.8	26 574	1.28/0.90	12 493	1.19/1.02
南通市	8 001	765.0/729.7	4 558.7	37.4/8.4	419.7	32.8/7.2	28 292	1.36/0.95	13 231	1.26/1.09

表5-3(续)

名称	土地面积（平方公里）	户籍/常住人口	地区生产总值（亿元）		公共财政预算收入（亿元）		城镇人均可支配收入（元）		农村人均纯收入（元）	
			总量	占苏北/江苏比重	总量	占苏北/江苏比重	总量	占苏北/江苏比重	总量	占苏北/江苏比重
合计	48 300	4 118/4 941.2	43 575.2	3.58/0.81	4 058.2	3.17/0.69	27 095* 35 827**	0.91 1.21	12 877* 17 160**	1.06 1.41
苏南占江苏的比重	47.0	54.7/62.4								

注：*为原苏中的相关数据，**为原苏南的相关数据。江苏省地区生产总值54 058.22亿元，公共财政预算收入5 860.7亿元，城镇居民人均可支配收入29 677元，农村居民人均纯收入12 202元。

数据来源：《江苏统计年鉴（2013）》。

表5-4　　　　新经济区划的苏北经济在江苏经济中的地位

名称	土地面积	户籍/常住人口	地区生产总值（亿元）		公共财政预算收入（亿元）		城镇人均可支配收入（元）		农村人均纯收入（元）	
			总量	占苏北/江苏比重	总量	占苏北/江苏比重	总量	占苏北/江苏比重	总量	占苏北/江苏比重
徐州市	11 259	983.6/856.4	4 016.6	33.0/7.4	366.8	28.7/6.3	21 716	1.04/0.73	10 762	1.03/0.88
盐城市	16 972	821.6/721.6	3 120.0	25.6/5.8	158.1	24.4/5.3	21 941	1.05/0.74	11 898	1.13/0.98
淮安市	10 072	545.0/480.3	1 920.9	15.8/3.6	233.6	18.2/4.0	20 950	1.01/0.71	9 838	0.94/0.81
连云港市	7 615	508.1/440.7	1 603.4	13.2/3.0	208.9	16.3/3.6	20 816	1.00/0.70	9 589	0.91/0.79
宿迁市	8 555	557.7/479.8	1 522.0	12.5/2.8	158.1	12.3/2.7	16 991	0.82/0.57	9 495	0.90/0.78
合计	54 473	3 416/2 978.8	12 182.9		1 280.2		20 822		10 502	
苏北占江苏的比重	53.0	45.3/37.6	22.54			21.8		70.2		86.1

注：因各市生产总值加总后大于全省总额，故苏北、苏南与全省的比例加总大于100%。2012年，江苏省地区生产总值54 058.22亿元，公共财政预算收入5 860.7亿元，江苏省土地面积10.26万平方公里，户籍人口7 534万人，常住人口7 919.98万人。

数据来源：《江苏统计年鉴（2013）》。

二、长江（南桥）通道城市群经济带区域合作背景下苏南经济空间分异："二圈一区二轴"城镇密集区

长江（南桥）通道城市群经济带区域合作背景下的苏南经济出现指向"二圈一区二轴"城镇经济板块空间优化方向演化："苏锡常""宁镇扬"都市圈，"南泰海"城镇密集区，环沪宁快速交通束城镇经济轴和沿运河城镇经济轴。长江（南桥）通道城市群经济带区域合作背景下的苏南经济创新发展，宜在区域经济空间结构优化的视角下，从整体上通过三大城镇经济轴扩展，把不同经济空间板块有机地联系起来，推动苏南城市经济创新发展。

1. “二圈一区”城市化空间格局：“苏锡常”“宁镇扬”都市圈和“南泰海”城镇密集区

江苏经济是泛长三角经济的省域经济板块之一。随着环沪宁快速交通束城镇经济轴的快速发展和江苏沿江、沿海开发战略的实施，长三角经济区尤其是上海经济的辐射半径沿陆桥通道和长江通道向中、西部延伸，江苏经济的苏中经济和苏南经济融合发展为具有内在经济联系的新苏南经济。在新苏南经济板块中具有“苏锡常”、南京都市圈和“南泰海”城镇密集区。①南京都市圈、“苏锡常”都市圈和“南泰海”城镇密集区是江苏城镇化进程中出现的城市化空间格局。② 大力推动南京都市圈、“苏锡常”都市圈和“南泰海”城镇密集区发展，对于泛长三角区域合作背景下的江苏经济空间优化具有重要的经济区划推动意义。

南京（“宁镇扬”）都市圈。南京都市圈是江苏经济的核心城市密集区，具有较强经济辐射能力和区域分工特点。作为特大城市，南京具有较强的极化和扩散效应。南京都市圈的地理范围包括南京、镇江、扬州市区及市辖中、小城市和安徽经济板块的马鞍山、滁州市区及市辖中、小城市。南京都市圈的城市规模不等，层次分明，结构合理。建设南京都市圈能够充分发挥其区位优势，促进江苏经济创新发展。

“苏锡常”都市圈。“苏锡常”都市圈是江苏经济一体化发展程度较高的城市经济板块，具有强的区域竞争力和影响力。“苏锡常”都市圈包括苏州、无锡、常州市域经济的城市城镇密集区。它地处长江三角洲平原，是中国两大国家级生产力布局的经济带交汇处，以仅占江苏省 17%左右的面积，创造出占全省 40%以上的 GDP 总量。“苏锡常”都市圈是带动江苏经济创新发展的先导区。“苏锡常”都市圈应在泛长三角区域合作背景下，在突出自己特色和强化区域竞争优势的同时，优化产业结构，形成产业优势，优化城市和城镇之间的垂直与水平分工；着眼于国际竞争，利用全球化机遇加速建立高新技术的创新体系，实现经济创新发展。

“南泰海”城镇密集区。沪通城际铁路和苏通公路大桥、崇启大桥、崇海大桥等过江交通设施修建，快速提升环沪宁和江苏沿海快速交通束营运能力，使临近上海的南通、泰州、海安等城镇经济板块的经济要素和经济活动获得优势区位，相互之间联系增强，一体化发展趋势显现，形成“南泰海”城镇密集区。随着上海、苏州、无锡经济跨江辐射力增强，“南泰海”城镇密集区与上海、苏州、吴锡经济融合发展，“南泰海”城镇密集区的空间性状得以形成和显现，具有指向都市圈空间性状的空间演化趋向。

---

① 刘荣增．城镇密集区及其相关概念研究的回顾与再思考［J］．人文地理，2003（3）．

② 都市圈为城镇密集区的空间高级形态。

2. "二轴"城镇密集区：环沪宁城镇密集轴和沿运河城镇经济轴

环沪宁快速交通束城镇密集轴包括环沪宁快速交通束的南京、镇江、常州、无锡、苏州、扬州、泰州、南通市域经济的城市、城镇经济板块，其产业发展方向为移动和卫星通信、光纤和光电子、微电子、计算机及网络设备、软件等五大产业链。在接受国际产业转移的同时，着力点放在技术创新和区域创新方面。环沪宁快速交通束城镇密集轴包括沿江城镇密集轴。沿江城镇密集轴开发涉及南京、镇江、常州、无锡、苏州、扬州、泰州、南通等市域经济板块的沿江城市、城镇经济板块发展，其开发的目标是要把400公里的长江两岸建设成具有强大竞争力的国际制造业集聚板块，带动江苏的长江南、北两岸经济融合发展。

沪通快速交通束是环沪宁快速交通束城镇密集轴发展的关键交通条件。沪通快速交通束包括跨越长江的苏通大桥、崇海大桥、崇启大桥和上海长江隧道-长江大桥的高速公路以及沪通城际铁路。①其中，沪通城际铁路对江苏经济空间结构优化具有重要的战略意义。连接南通和上海的沪通铁路是中国沿海铁路的重要组成部分，它北起宁启铁路南通东站，向南跨通启公路和通启运河，在张芝山跨新江海河，在新江海河下游跨越长江，再经常熟的东张至归庄，然后分叉：一条沿沪太路西侧向南，经浏河、曹王、罗店至杨行，接浦东铁路；另一条经太仓、葛隆、安亭接京沪铁路。沪通铁路建成后，将形成经新长线、宁启线到上海的又一条南北大通道，为加强南通与上海、浙江以及东南沿海地区，上海与苏北、新亚欧大陆桥、中西部以及东北沿海地区的经济活动提供便捷、高效的运输通道。从泛长三角区域合作来看，沪通铁路的建成，不仅使通过沪通城际铁路连接宁启铁路的新沪宁线（沪宁北线）的城际快速交通束形成，而且使上海和南京之间的沪宁线（或沪宁南线）和新沪宁线形成环状快速交通束（环沪宁快速交通束）。因此，快速建设沪通快速交通束，对于推动环沪宁快速交通束城镇密集轴，以及苏北"◸"形快速交通束城镇轴发展具有重要的意义。

沪通铁路快速束城镇密集轴对江苏经济板块演化和空间结构优化产生重大而深

---

① 沪通铁路全长137.277公里，其中江苏境内119.54公里、上海境内17.74公里，按照国铁Ⅰ级双线标准设计，设计时速200公里。随着铁路"十一五"规划的全面实施，包括沪通铁路、沪宁城际、沪杭甬客专、宁杭客专、宁安城际等一大批铁路项目建设营运：一是2008年长三角及其周围区域开工建设6条铁路：京沪高速铁路（沪宁段）；沪宁城际铁路，全长296公里；沪杭甬客运专线，其中杭甬段154公里，沪杭段160公里；宁杭客运专线，全长252公里；合蚌客运专线，全长132公里；宁安城际铁路，全长257公里。二是新建安徽宿州到江苏淮安的宿淮铁路，安徽阜阳到六安的阜六铁路，江苏海安到洋口港的海洋铁路等。从上海到南京形成高速铁路、城际铁路、既有线并存的局面，从上海到杭州客运专线、磁浮线、既有线三种出行选择。三是京九铁路、宁启铁路电化，阜淮、淮南、水蚌线电化等既有铁路改造。四是加快虹桥综合交通枢纽建设，在枢纽内初步形成5个方向（南京、杭州、南通、湖州、张家港）10条铁路（京沪、沪昆线沪杭段、京沪高速、沪宁城际、沪通、浦东、沪乍嘉湖、沪镇铁路、沪杭甬客运专线、沪杭磁悬浮交通线）的环形枢纽格局。五是长三角将基本形成以上海、杭州、南京为中心的"1~2小时交通圈"城际轨道交通网络，长三角"同城"效应进一步显现。

远的影响。一是沪通铁路不仅彻底改变了南通市“南不通”的尴尬交通格局，从而对南通经济发展具有区域创新的战略意义，而且使新亚欧大陆桥、苏北经济接轨和融入长三角经济尤其是上海经济获得新的战略通道，为江苏经济创新发展提供新的战略机遇。因此，对江苏经济创新发展来说，着力发展包括沪通铁路在内的沪通快速交通束城镇密集轴，具有区域经济板块演化和空间结构优化的重大战略意义。二是沪通铁路为环沪宁快速交通束建设和江苏实施沿江开发战略提供重要的基础交通条件。由于沪通铁路建设，再加上多条过江公路通道的建设，长江天堑的阻隔效应大大减弱，长江以北的扬州、泰州、南通 3 个市域经济板块的发展进入快速轨道，加速与长江以南的苏州、无锡、常州、镇江、南京等苏南 5 个市域经济板块的空间融合。显然，环沪宁快速交通束城镇密集轴的快速发展，为苏南、苏中经济融合发展为更大空间的新苏南经济板块增添了强大“动力”。因此，着力建设沪通铁路城镇密集轴，对于实施适应新苏南经济与苏北经济合作发展内在要求的区域经济战略（替代江苏原有的苏南经济、苏中经济与苏北经济的三大区域经济板块发展的区域经济政策），推动江苏经济空间结构优化，实现江苏经济创新发展具有十分重要的实践意义。

3. 运河城镇经济轴

运河城镇经济轴。它主要包括沿京杭运河江苏段城镇经济轴。京杭运河从北至南贯通江苏，有其经济联系的历史基础，也有现代经济发展的动力需求。京杭运河江苏段全长约 690 公里，北接山东，南连浙江，并通过淮河和苏申外港线沟通安徽和上海。其中，京杭大运河苏北段 404 公里，年货运量和货物周转量相当于 3 条铁路运输量；京杭大运河苏南段长约 208 公里，起自镇江谏壁口，止于苏浙交界的鸭子坝，贯穿江苏省产业经济最为活跃的镇江、常州、无锡、苏州市域经济板块，沟通长江、太湖水系，连接苏申外港线、长湖申线等省际航道，可直达上海、杭州。京杭大运河苏南段的年货运量连年增长，通航效益十分显著。改革开放以来，沿运河城镇经济轴迅速崛起。[①]因此，着力推动沿运河城镇经济轴扩展，对于沟通江苏南北经济板块有机联系，实现新苏南经济和苏北经济合作发展具有重要的意义。

---

① 京杭大运河全长 1 782 公里，始建于春秋时期，完成于隋代，繁荣于唐宋，最终在元代成为沟通海河、黄河、淮河、长江、钱塘江五大水系、纵贯南北的水上交通要道。在两千多年的历史进程中，大运河为中国经济发展、国家统一、社会进步和文化繁荣做出了重要贡献。它是世界上开凿最早、里程最长的人工运河，也是最古老的运河之一，显示了中国古代水利航运工程技术领先于世界的卓越成就，留下了丰富的历史文化遗存，孕育了一座座璀璨明珠般的名城古镇，积淀了深厚悠久的文化底蕴，凝聚了中国政治、经济、文化、社会诸多领域的庞大信息，是一条具有鲜明特色的文化长廊。它与万里长城齐名，并称为中国古代最重要的两大工程奇迹，闻名于世界。

三、陆桥通道城市群经济带区域合作背景下的苏北经济空间分异："一圈一特"城市密集区和"◁"形城镇密集轴

苏北经济空间因快速交通束建设滞后而难以与苏南经济空间对接。苏北经济要素主要向其区域中心城市和快速交通束城镇密集轴空间集聚，形成"一圈一特"和"◁"形运河城市城镇密集板块：徐州都市圈、淮安特大城市和"◁"形运河城镇密集轴。

1."一圈一特"城市密集区：徐州都市圈和淮安特大城市

徐州都市圈。徐州城市已被江苏省规划为徐州都市圈的核心层城市。徐州城市在苏北发展中的增长极区位严重西向偏移，缺失苏北区域（腹地）中心城市区位。江苏省规划为徐州都市圈的周围城市多跨省级行政区而难以协调发展，苏北的其他城市在空间上偏离徐州城市。在一定程度上，徐州都市圈受到区位和行政区划的刚性约束而难以实现规划发展目标。但是，徐州城市的特大城市地位为其快速发展赢得机会，因而江苏省应着力推动徐州"都市"的发展。

淮安特大城市。淮安地处苏北"几何"中心，江苏省委、省政府赋予淮安苏北重要区域中心城市的战略定位，是对淮安城市发展历史的肯定和现实的擢升。① 淮安区域中心城市发展的规划龙头导引作用显现：淮安规划构建"一区两片四轴"总体空间格局，即"一区"为淮安都市区，"两片"为市域南部与北部产业城镇集聚片，"四轴"为依托高速公路、铁路、航道等主要交通干线形成的南、北、东、西四条联系轴，即南向联系对接长三角一体化、苏南现代化建设示范区两大国家级战略和沿江开发省级战略发展区，东向和北向联系对接国家沿海开发战略和北桥城市城镇经济轴，西向联系淮河生态经济走廊战略，为淮安城市未来发展提供了有力的支撑。淮安市县城和重点中心镇支撑作用显现：按照"一县一特"思路高起点规划建设四个县城，将涟水县打造成空港物流基地和新兴工业城市，盱眙县打造成"龙虾之都"和山水文化旅游城市，洪泽县打造成新兴产业基地和魅力湖滨新城，金湖县打造成高端装备制造业基地和水乡生态园林城市。小城镇大发展：积极稳妥推进撤乡并镇，重点培育 4 个县域次中心镇、8 个重点中心镇、20 个特色镇，形成 4 个镇区人口规模 5 万以上的小城市、28 个镇区人口规模 2 万~5 万的区域重点镇

---

① "把淮安打造成一流的现代产业高地、综合交通枢纽、区域要素市场、特色服务基地、文旅商贸中心、美丽幸福家园"（参见姚晓东．提升标杆　矢志突破　奋力推动淮安新起点上新跨越［EB/OL］．http://ghj.huaian.gov.cn/bjdt/content/ff8080813f7e03a7013f9e14e6e909ae.html）。

或特色镇。①

2. “◸” 形城镇密集轴

根据苏北区域经济发展的阶段特点，“◸”形快速交通束城镇经济轴的空间格局，为实现与苏南、上海经济空间对接，培育经济后发优势提供城镇集聚条件。东陇海铁路、连盐通高速公路、徐宿淮盐高速公路、新长铁路以及宿（州）淮（安）铁路、连盐铁路、淮扬镇铁路是苏北“◸”形快速交通束城镇经济轴空间格局的主要交通依托，亦是推动苏北经济创新发展的动力轴。城镇化的直接结果是城市、城镇扩大和城市经济、城镇经济发展速度显著快于农村经济。苏北城镇化的推进，引致苏北经济空间结构呈现“◸”形快速交通束城镇经济轴。苏北“◸”形快速交通束城镇经济轴包括沿东陇海线城镇经济轴（东陇海线铁路及徐连高速公路等快速交通束连接的城镇经济轴，它横贯于苏北北部，是东西走向的苏北“◸”形快速交通束城镇经济轴）、徐宿淮盐城镇经济轴［由徐宿淮盐高速公路、徐宿淮盐铁路（客运专线）② 和新长铁路淮安盐城段沿线的徐州、宿迁、淮安、盐城市区经济，睢宁、泗阳、建湖、射阳等县市的城镇经济板块构成，是贯穿苏北腹地重要的非农产业聚集轴和东南走向的苏北“◸”形快速交通束城镇经济轴］、连盐东西走向（由连盐高速公路和连盐铁路沿线的连云港、盐城市区经济，灌云、响水、灌南、滨海、阜宁、大丰、东台等县市的城镇经济板块构成，是苏北“◸”形快速交通束经济轴的沿海城镇经济轴）。

---

① 淮安城镇密集区空间发展规划：极化中心城市，强化区域服务职能，提升区域辐射和带动能力；拓展“一轴两翼”，注重区域协调发展。一轴：打造具有区域竞争力的淮安中心城市，中心城市向北发展空港新区，带动涟水县城发展；向南发展盐化工业区，带动洪泽县城发展。形成涟水—淮安—洪泽的规划区城镇空间发展主轴。两翼：由京沪高速以东、徐宿淮盐高速公路以南的城镇乡村构成东部发展翼；由宁连高速公路以北、以西的城镇乡村构成西部发展翼。东部发展翼重点发展车桥镇，强化培育钦工、范集等重点镇的综合功能和朱桥、平桥等镇的特色职能。西部发展翼重点发展徐溜镇，强化培育渔沟、南陈集等重点镇的综合功能和码头、赵集等镇的特色职能。淮安市域形成“一主四副多点网络化”的城镇体系空间结构，推动“多节点-网络化”空间结构的形成：一主，即淮安中心城市，通过聚合区域高端职能，辐射带动市域发展；四副，即涟水县城、洪泽县城、盱眙县城和金湖县城四个市域次中心城市；多点，即其他城镇；网络化，以高速公路、一级公路和铁路等交通设施为骨架，以市县城中心城市和重点镇为节点，构建开放的网络化空间格局。城镇形成四级等级规模结构：市域中心城市即淮安中心城市，规划城市人口 220 万人；市域次中心城市：包括涟水县城、洪泽县城、盱眙县城和金湖县城，规划城市人口 20 万~30 万人；重点镇：共 13 座，规划城镇人口 2 万~7 万人；一般镇：共 40 座，规划城镇人口 0.5 万~2 万人（资料来源：《淮安市城市总体规划（2009—2030 年）》）。

② 徐宿淮盐铁路（客运专线）313 公里，时速 250 公里/小时，为江苏省规划建设的“三纵四横”高速铁路网中的横跨苏北腹地“一横”，也是京沪通道徐州—上海段的第二通道。

第四节　长江通道城市群经济带区域合作与苏南经济创新发展

随着消费结构从吃、穿向住、行的转化，中国经济出现了以重化工业发展为突破口的新工业化进程。长江通道城市群经济带在这一进程中的地位得到确立。重化工业需要规模经济的支撑，需要城市圈、产业带和强大的配套能力为主要载体，更需要中心城市的现代服务业的支持。对应所有这些条件，长江通道城市群经济带的优势最为明显。江苏经济与长江通道城市群经济带连接的独特区位，使其获得经济创新发展的条件。

一、长江通道城市群经济带开发与快速发展

长江流域横贯中国东、中、西部三大经济地带，是联系沿海与内地的水运大动脉。长江流域已成为中国农业、工业、商业、文化教育和科学技术等方面最发达的区域之一。以长江干流为轴线的长江通道城市群经济带是泛长三角经济空间演化的重要“动力带”。[①]根据研究的需要，本书关于长江通道城市群经济带的界定，是在对沿江主要城市辐射范围界定的基础上进行划分的。[②]

1. 长江通道城市群经济带研究文献述评

由于长江通道城市群经济带的特殊地位和作用，国家在不同的发展时期做出相应的开发战略决策，从而促进了长江通道城市群经济带的快速发展。不少学者对长江通道城市群经济带在中国经济发展中具有的重要作用和发展进行了大量的研究。

（1）重视长江流域经济带开发。对长江流域经济带的战略地位，经济发展的综合优势，产业结构的变化及调整政策，投资环境和未来发展趋势进行全面研究，

---

① 对长江流域有多种划分：一是指长三角和沿江地区；二是指沿江各省市；三是指长江水系自然流域。长江一般划分为以上海为中心（包括上海、江苏、安徽）的长江下游（东部地区），以武汉为中心（包括江西、湖北、湖南、河南）的长江中游（中部地区），以重庆为中心（包括重庆、四川大部分地区）的长江上游（西部地区）。长江通道城市群经济带具有得天独厚的综合优势：一是交通便捷，具有明显的区位优势。它横贯中国腹心地带，经济腹地广阔，不仅把东、中、西部三大经济地带连接起来，而且还与京沪、京九、京广、皖赣、焦柳等南北铁路干线交汇，承东启西，接南济北，通江达海。二是资源优势。首先是具有极其丰沛的淡水资源，大农业的基础地位也居全国首位。其次是拥有储量大、种类多的矿产资源，此外还拥有闻名遐迩的众多旅游资源和丰富的农业生物资源，开发潜力巨大。三是产业优势。它是中国最重要的工业走廊之一，中国钢铁、汽车、电子、石化等现代工业的大部分企业汇集于此，集中了一大批大运量、高科技的工业行业和特大型企业。四是人力资源优势。它是中华民族的文化摇篮之一，人才荟萃，科教事业较发达。但是，长江通道城市群经济带由东至西呈现典型的梯度差异性和发展不平衡性。

② 朱舜，高丽娜，等. 泛长三角经济区空间结构研究［M］. 成都：西南财经大学出版社，2006：226-227.

并在此基础上探讨了21世纪的长江流域经济带在中国经济新格局的形成及国际经济一体化过程中的战略意义和发展潜力（沈玉芳、殷为华，1998）。长江流域水资源的开发利用是一个紧迫的重大课题，最重要的是要解决资源的合理开发和有效利用。长江上游建设成中国水能发电基地已完全具备条件。长江经济带建设要重视市场手段。长江流域经济带应把产业发展放在第一位（辛文，2001）。长江中上游各省份发展一直不快的重要原因之一，就是大流域内资源配置不合理，大城市不“强”，小城市不“特”，资源分配“撒胡椒面”，城市之间过度竞争与各自为政的局面共存。沿江建设长三角、大武汉、成渝三个大城市圈，将有助于这些问题的解决，使大城市真正大起来，发挥中心辐射作用，使各个小城市形成各自的特色和优势，只有这样，长江流域经济带才能真正大起来、强起来（伍新木、杨莹，2004）。运用空间相互作用理论分析长江经济带的产业空间结构的形成与演化，即在互补性、通达性及介入机会三大要素的长期共同作用下，在长江流域经济带内由生产力发展水平所决定的区域发展阶段差异和产业结构差异是空间互补的前提，网络发展水平决定区域间的通达性，空间竞争与介入机会成正比。要通过城市体系的空间结构优化和空间通道建设，才能实现长江流域经济带空间结构的优化（陈修颖、陆林，2004）。

（2）推动长江流域经济带可持续发展。根据长江中游的综合比较优势，应强化以武汉为中心的长江中游经济区的战略支点作用，加快长江中游经济区协调发展（冯之浚，2003）。在长江流域经济带开发中，重庆应进行体制和机制创新，加强与长江流域经济带其他省市的联合与协作，依托三峡库区开发，积极参与建设长江高科技产业走廊以提升产业结构层次，并加快城市化进程，发展大商贸，搞好大流通，发挥大型企业集团在长江流域经济带开发中的主体作用（乔晶，2004）。在新一轮经济结构调整中，长江流域经济带担当起拉动全国经济持续快速增长和加快中、西部地区发展的双重重任。长江上游经济带应立足自身产业发展优势，主动吸引长三角产业向长江上游经济带转移（丁瑶，2005）。新中国成立以来长江流域发展取得了巨大成就，但也存在一些矛盾和问题。其中一些最前沿的矛盾和问题对实现长江流域经济带可持续发展的影响尤深（吴淑凤，2001）。长江流域所孕育的经济带地位和可持续发展面临的突出问题——生态环境问题和流域协调发展问题，长江流域可持续发展应采用建设长江防护林带，建立完善的交通基础设施体系，建立一个具有权威性的流域直辖市管理机构等对策（陈南岳，2001）。行政区划分割影响长江流域经济带发展，应采取建立跨行政区的权威管理机构，开展跨行政区规划，加强经济合作，推进经济一体化进程（苗丽娜，2004年）。一些文献研究了长江流域经济带的航运及港口问题。长江流域经济带在上海集装箱枢纽港形成中发挥着促进作用。上海港的发展方向是腹地型，而非中转型的集装箱枢纽港。长江流域经济带对上海港的贡献通过长江干流港口转口量占上海港吞吐量的比重得到说明，通过比较上海和香港两港的集装箱吞吐量发展历史及腹地情况，上海枢纽港因有长江流域经济带强大的腹地经济作依托而有广阔的发展空间（冯湛清，2006）。

（3）通过合作发展缩小长江流域经济带发展差异。分析长江流域经济带内部三大地区及41个地级市之间的区域经济差异，在此基础上提出缩小区域差异，促进可持续发展的政策建议（刘伟，2006）。从提高区域竞争力和区域合作角度出发，借鉴国外流域开发成功的范例，探讨长江流域经济带的合作基础、合作领域，并论述了具体的措施、方案（李靖、谷人旭，2003）。长江流域具有良好的自然条件和经济基础，加快建设长江流域经济带是中国现代化建设“三步走”的客观要求，是实现东、西部协调发展，促进西部大开发的必然选择。沿江联动，应加强沪、渝合作（俞荣根、罗锐华，2000）。长江流域经济带开发开放处在由点状开发向轴线联动推进的转换时期。充分利用这一机遇，在长江流域经济带开发开放和西部大开发的结合上做足文章，加快武汉在长江流域经济带发展，增强武汉在21世纪全国经济发展格局中的竞争（王留军等，2002）。长江流域经济带的中、西部各省（市）地区资源禀赋相似和经济发展、生产技术水平差距不大，应从中、西部合作的制度方面入手，为建立一个统一的区域市场提供制度保证；加强交通建设，为商品和要素自由流动提供基础设施条件（唐路元，2006）。

2. 长江通道城市群经济带的开发

开发长江通道城市群经济带具有重要的战略意义，因而大力开发长江通道城市群经济带得到中央政府和地方政府的高度重视。长江通道城市群经济带的开发主要是在国家开发战略层面和地方政府合作层面进行的。

（1）长江通道城市群经济带的国家开发战略。新中国成立以后，特别是改革开放以来，长江通道城市群经济带获得了长足的发展。长江通道城市群经济带的建设和发展，不仅有利于促进长江沿岸区域经济的发展，而且有利于引导并带动泛长三角区域合作。

长江通道城市群经济带成为继中国沿海地区快速增长后的又一个发展带。2006年3月，全国人大十届四次会议批准通过了“十一五”国民经济和社会发展规划，其中将长江通道城市群经济带的生产力发展问题列入了规划。

（2）长江通道城市群经济带开发的地方政府合作。改革开放以来，长江通道城市群经济带的开发得到沿江城市的重视。1985年12月底，成立开放型的流域性经济协调组织——长江沿岸中心城市经济协调会。长江沿岸中心城市经济协调会由沪、宁、汉、渝4市轮流担任协调会主席方。协调会成员有攀枝花、宜宾、泸州、重庆、宜昌、荆州、石首、岳阳、咸宁、武汉、鄂州、黄石、黄冈、九江、巢湖、池州、安庆、铜陵、芜湖、合肥、滁州、马鞍山、泰州、扬州、镇江、南京、南通、上海、宁波、舟山等城市。但是，近年来长江沿岸中心城市经济协调会活动较少。

3. 长江通道城市群经济带竞争实力增强

长江通道城市群经济带基础交通束快速发展，已经成为最具活力的通道城市群经济带。长江沿江两岸城市集聚、产业集聚和港口集聚，成为拉动长江流域经济增长的龙头。长江黄金水道作为综合运输大通道，支撑着长江通道城市群经济带快速发展。

（1）综合交通运输体系逐步形成。长江通道城市群经济带的水运通航里程达2 800多公里，拥有万吨级以上的海轮泊位近300个，内河泊位近6 000个，货运量占全国内河运量的80%，承担了沿江大型企业生产所需80%的铁矿石、72%的原油和83%的电煤运输。现有铁路营运里程16 400多公里。国家干线公路通车里程约5.7万公里，高速公路1万公里以上。长江沿江初步建立了“九纵一横”铁路干线（“九纵”为京广、京沪、京九、焦柳、浙赣—湘黔、成昆、内昆、襄渝—川黔、合九—南浔、淮南—皖赣铁路，“一横”为沿江铁路）。沪汉蓉高速铁路、沿长江铁路快速建设提升长江流域快速交通束运营水平。①沿江铁路与长江“比翼齐飞”，连接大上海、大武汉与大西部。沿江铁路西起重庆，经万州、宜昌、荆门、长江埠、武汉、九江、铜陵、芜湖、南京，终点为上海，全长2 400公里。该线的万州—宜昌、荆门—长江埠段建成营运。沿江铁路建成后，将填补中国陇海铁路、浙赣铁路之间700公里无横向铁路的空白，与京广线构成中国铁路基本十字形骨架，并与纵向7条跨长江铁路、沿海铁路、进藏铁路接轨。沿江铁路将缩短沿江一些大中城市之间的“运距”。包括航空和管道运输方式在内的长江通道城市群经济带的综合交通运输体系已经形成。与沿海和其他经济带相比，长江通道城市群经济带拥有中国最广阔的腹地和发展空间，是中国经济增长潜力最大的区域。②

（2）长江通道城市群经济带竞争实力增强。国家开发战略的实施和地方政府的合作，长江通道城市群经济带得到快速发展，其得天独厚的综合优势得以显现。一是综合实力增强。改革开放以来特别是1992年以来，沿江七省一市连续多年经济发展速度平均在9%以上，不仅上海、浙江、江苏的经济增长速度持续位居全国前列，安徽、江西、湖北、湖南、重庆等省、市的发展势头也十分迅猛。二是产业集聚发展。利用长江沿江地区廉价便利的水运，丰富的矿产和水资源，以及较为充裕的用地条件，国家在一些沿江地区集中布局了钢铁、石化、能源、汽车、机电、轻纺、建材等一批竞争优势企业。产业集聚发展迅猛，上海、杭州、苏州等地形成了以汽车、钢铁、医药、石化、丝绸、机电为主体的产业集聚，有力地推动了沿江产业的竞争和融合。三是高新技术产业和经济技术合作快速发展。上海、南京、苏

---

① 沪汉蓉高速铁路是上海至成都距离最短的线路。该铁路线由沪宁高速铁路、宁合高速铁路、合武高速铁路、汉宜高速铁路、万宜高速铁路、渝利高速铁路、成渝高速铁路组成。

② 长江通道城市群经济带已经成为中国最重要的一条高密度经济走廊。据专家预测，在新世纪的战略机遇期内，中国经济的总体增速将保持在8%左右，而长江通道城市群经济带未来的经济增长速度将超过全国经济的平均增速，到2020年前后长江通道城市群经济带的经济总量将达到全国的50%。

州、无锡、常州、合肥、南昌、武汉、长沙、重庆、成都等城市的高新技术产业获得长足发展，形成了一大批市场竞争力较强、拥有自主知识产权的高新技术产品。江苏的电脑鼠标和小屏液晶显示器产量分别占世界总量的65%和70%。武汉“中国光谷”成为中国最大的光电子信息产业基地。

二、长江通道城市群经济带：苏南经济空间演化的“动力带”

长三角经济“在长江流域乃至全国经济的主导地位”决定其对长江通道城市群经济带发展产生重要影响。①长三角经济沿长江通道城市群经济带极化与辐射，对长江通道城市群经济带空间结构演化产生重要影响。经济空间结构的形成与演化有其内在的规律。对长江通道城市群经济带空间结构特征及演化路径进行分析，有助于正确认识泛长三角区域合作背景下江苏经济空间结构的演化趋势。

1. 长三角经济沿长江通道城市群经济带极化与辐射

经济极核区的快速发展引致其经济辐射半径扩展，因而经济极核区也需要扩展经济腹地。长三角经济区的极化和辐射增强有力地扩展其经济腹地，其辐射半径沿着长江通道城市群经济带的发达下游地区向发展中的中、上游地区梯度扩展，即长三角经济区沿长江通道城市群经济带自东向西扩张经济腹地。

（1）上海港的发展推动着长三角经济腹地扩展。上海港是中国第一大港，其国际集装箱运输业近年来发展迅速。上海港之所以有如此大的吞吐量，是与长江通道城市群经济带发展密不可分的。整个长江通道城市群经济带是上海港的重要经济腹地。长江通道城市群经济带作为上海港的辽阔的经济腹地，市场需求之大为当今世界上的港口所少有。上海洋山国际集装箱港的建成，使上海港具有广大经济腹地型集装箱枢纽港区位。上海枢纽港的建设有长江通道城市群经济带强大的经济腹地为依托，发展空间十分广阔。

（2）长江通道城市群经济带的快速发展为长三角经济区扩展经济腹地提供基础条件。长江通道城市群经济带有上海宝钢、湖北武钢、安徽马钢、四川攀钢等大型钢铁基地，工业种类齐全、基础雄厚，在钢铁、汽车、电子、石油化工、机械等领域拥有一大批一流大型骨干企业，还有新材料、生物工程、微电子、通信设备等新兴产业迅速崛起。长江通道城市群经济带是继沿海开放地区之后的另一个开发潜力最大的区域。长三角经济区的崛起和经济繁荣，得益于长江通道城市群经济带发展的支撑。长三角经济区的发展，加速了长江通道城市群经济带的城市化进程和发展速度。不断发展的长江通道城市群经济带也不断地给长三角经济区输送大量资源。随着长江通道城市群经济带的综合开发步伐的加快，长江通道城市群经济带对

① 杨万钟，等. 上海及长江流域地区经济协调发展［M］. 上海：华东师范大学出版社，2001：97.

长三角经济区的贡献将更加巨大。长三角经济区是重要的物流区，这导致长三角经济区比以往任何时候都迫切地需要扩大经济腹地。长江通道城市群经济带是重要的物流交通束，因而在长三角经济区扩展经济腹地的取向上，必然以长江通道城市群经济带为扩展区域。

（3）长三角经济区沿长江通道城市群经济带产业转移引致其经济腹地扩展。长三角经济区形成了现代服务业、高新技术和装备工业为主体，高档次轻工产业为补充的发展格局。长三角经济区的困惑主要在于逐步失去劳动力和土地低成本优势，部分传统产业仍占相当比重，装备工业仍缺乏国际竞争力，面临城市环境容量的有限性和重化工业的矛盾。在新的劳动地域分工，新的资源组合和优化配置面前，长三角经济区要加快产业升级，从而把一部分技术含量和附加值相对偏低以及超过当地环境承载能力的产业转移出来，以便发展具有国际竞争力的高新技术产业，提升本区域的整体竞争力。从这种意义上说，长三角经济区沿长江通道城市群经济带进行产业转移的过程实质上就是其扩展经济腹地的过程。从长三角经济区的整体产业结构优化来看，长三角经济区产业沿长江通道城市群经济带转移引致其经济腹地扩展。

2. 长江通道城市群经济带：江苏经济空间演化的动力带

长江通道城市群经济带空间结构的形成是多种因素综合作用的结果。具有特殊区位的江苏经济沿长江通道城市群经济带极化与辐射，对长江通道城市群经济带空间结构演化产生重要影响。同时，长江通道城市群经济带的快速发展对江苏经济空间结构演化也产生重要作用。从一定意义上说，长江通道城市群经济带是江苏经济空间演化的动力带。

（1）长江通道城市群经济带空间演化的通道空间特征显现。从长江流域主要城市辐射半径分析入手，可以认识长江通道城市群经济带的地域构成，进而分析其空间结构特征。长江流域主要城市辐射半径的计算方法与前述方法相同，计算结果如图 5-5 所示。

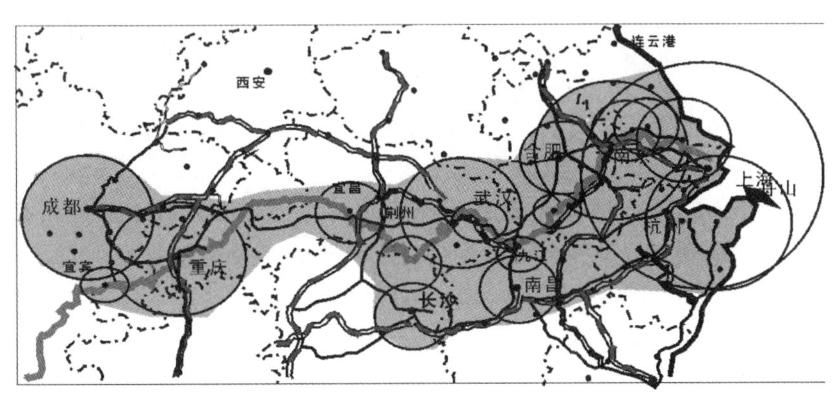

图 5-5　长江通道城市群经济带主要城市辐射示意图

从图5-5可以看出，长江通道城市群经济带空间结构的特征是：①呈现出明显的东、中、西区域分异，即形成以上海为中心的长江下游、以武汉、长沙、南昌为中心的长江中游、以成都、重庆为中心的长江上游三大经济空间板块，且从东至西区域一体化发展的内在联系程度逐渐降低。②由于自然地理条件和城市综合实力相对较弱，长江流域的上、中游之间出现较为明显的空间不连贯特点，虽然有武汉、成都、南昌等城市群，但相互之间有较大辐射空白区。③长江下游主要城市辐射半径的相互叠加，已形成一条重要的带动长江流域经济发展的重要“动力带”。④长江中上游城市经济实力提升缺失沿江快速交通束支撑，从而使长江通道城市群经济带一体化发展的空间演化缓慢。

（2）长江通道城市群经济带的快速发展影响江苏经济空间演化。长江通道城市群经济带的快速发展，一方面增强了自己的极化和辐射力，延长了辐射半径，从而引致长三角腹地经济空间演化；另一方面与自己有特殊区位的江苏经济的联系更加紧密，从而影响着江苏经济空间演化。

长江通道城市群经济带的快速发展引致长三角腹地经济空间演化，从而对江苏经济发展和空间演化产生重要影响。国家实施长江流域开发战略，推动着长江通道城市群经济带的快速发展。长江的下游横贯江苏经济，是江苏经济的苏南经济与苏中经济板块的“分界江”。江苏实施沿江开发战略，建设跨江大桥，长江对江苏经济板块的“分界江”作用弱化，苏南经济与苏中经济融合发展成为新苏南经济板块的趋势显现。从这种意义来说，苏南经济与苏中经济融合发展成为新苏南经济板块，是长江通道城市群经济带发展引致的江苏经济空间结构演化。江苏新苏南经济发展是长江通道城市群经济带这条泛长三角经济区重要经济带的优势互补，区域协调发展的例证。

长江流域的上、中、下游经济空间板块的互补性促进长江通道城市群经济带的快速发展，引致江苏经济发展和空间演化。长江上、中游地区经济欠发达但资源丰富，地处下游的江苏新苏南经济发达但资源相对缺乏，相互之间具有很强的互补性。改革开放以来，靠近沿海的长江下游的江苏经济在获得迅速发展的同时，由于多年持续的资本积聚和积累，技术引进、消化与创新，其发生极化效应的同时辐射效应也日益增强。长江中、上游丰富的自然资源和低廉的经济要素的开发需求，客观上使长江下游向上中游的资本、技术转移逐渐增多，产业转移和扩散已经开始并逐渐扩大。尤其是随着浦东的加速开发开放，长江三峡工程的建成，带动了长江流域物质资源、技术资源和信息资源沿江的流动，为长江通道城市群经济带的建筑业、材料工业、机械电子业、电力业、信息业、旅游业及运输业等提供了良好的发展条件和广阔的市场。因此，江苏经济沿长江通道城市群经济带极化和辐射，既促进长江通道城市群经济带发展，又引致自己经济空间结构指向优化方向演化。

长江通道城市群经济带的快速发展有利于江苏经济在东、中、西部经济协调发展中得到发展。长江通道横跨中国的东、中、西部，长江流域的发展对促进东、中、西部经济协调发展具有举足轻重的作用。改革开放以来，中国经济经过快速发展，但是广大的中、西部经济的发展一直是全国经济发展的短板，除了少数几个省会城市刚刚步入工业化中期外，整个中、西部仍处于工业化的初期阶段，经济增长以粗放外延型为主。在经济结构、产业结构调整中，无论从区位条件还是从已有基础来看，长江通道城市群经济带担当着拉动中国经济持续快速增长和加快中、西部经济发展的重任。因此，长江通道城市群经济带的快速发展有利于地处长江下游的江苏经济在东、中、西部经济协调发展中发挥自己的优势。

第五节　陆桥通道城市群经济带区域合作与苏北经济创新发展

在长三角经济区极化和辐射沿陆桥通道，陆桥通道接轨上海经济，接轨长三角经济区的条件下，陆桥通道无论是在运营能力提升方面，还是在城市经济发展及其区域辐射方面发生质的飞跃，成为泛长三角经济区空间演化的“动力带”，并对江苏经济创新发展产生重要影响。

一、陆桥通道城市群经济带区域合作对江苏经济创新发展的意义

随着新亚欧大陆桥对中国经济发展的地位提升，陆桥通道城市群经济带得到快速发展。北桥通道城市群经济带发展速度快，大陆桥通道城市群经济带特征明显。南桥通道城市群经济带宁西段的发展潜力也初步显现。陆桥通道城市群经济带发展对江苏经济创新发展具有十分重要的意义。

1. 陆桥通道发展趋势

现代交通运输方式分为铁路、公路、内河水路、航空、航海、管道运输等。其中，管道运输是运输石油、天然气等特殊物品的专用设施，航海运输主要是国际之间贸易物品的运输方式。就铁路、公路、内河水路、航空这四种运输方式而言，航空运输运速很快，但运量较小，且运输费用较大，不适合大宗货物的运输；水路运输适于长途运输，运量比较大，运输费用比较便宜，但速度很慢且受自然条件影响较难及时到达目的地；公路运输适于短途运输，运速较快，但运量较小且运费较贵；铁路运输各项指标都趋于中间，最适于大区域经济板块之间的中、长途运输。陆桥的运输特点使其成为长三角及其经济腹地的中、西部部分连接的基本交通运输方式。①

---

① 宁西铁路和沪汉蓉高速铁路都在合肥接轨合肥至南京高速铁路，但宁西铁路主要连接的是长三角、河南、陕西及西北各省（区），而沪汉蓉高速铁路主要联系的是长三角、湖北、重庆、四川及西南各省（区）。

陆桥的运输能力和运量得到快速提升。洋山港建成之前的上海港基本上属于长江入海口港口，吃水较浅，因而进入上海港的大型货轮只能装半船的货物或先在周边港口卸货后才能进港，集装箱码头吞吐能力也严重不足。洋山深水集装箱码头的建设正好填补上海港集装箱15米深水泊位的空白，适应了国际航运市场发展趋势的需要。吃水深的洋山港建成营运，使陆桥吸引更多的货运量，从而使世界各国贸易运输路线因陆桥运能增加而发生新变化。从发展前景看，日本、韩国、中国台湾和中国香港，以及东南亚各国都将是陆桥的货源地。陆桥与长三角经济区连接，使充分地合理利用泛长三角经济区资源成为现实。近年来，中央和地方政府对陆桥的改造和建设进行了巨额投入。北桥的郑州至宝鸡线为电气化铁路（其他部分也在进行电气化改造），徐州—郑州—西安快速客运专用线即将贯通营运。南桥随着陆桥通道与长三角经济区的对接，因其运输量加大而需要提高运输能力和营运等级。在国家大力扶持下，陆桥尤其是北桥的运营能力得到快速提升，其对长三角经济区尤其是江苏经济创新发展的重要意义得到进一步展现。

陆桥的建成营运极大地改善了长三角经济区及其西北部经济腹地的交通状况，使长三角经济与中、西部经济紧密地联系起来。陆桥缩短了泛长三角经济区主要城市之间的时空距离，尤其是加强了与江苏城市经济之间的联系，形成了有利的投资环境，在江苏经济空间演化过程中发挥了极其重要的作用。

2. 陆桥通道发展对江苏经济创新发展的意义

随着长三角经济区的极化和辐射半径延伸，陆桥通道得到快速发展。陆桥通道连接长三角经济区主要是与江苏经济板块的连接，即其北桥城市群经济带与苏北经济板块连接，南桥城市群经济带和长江通道城市群经济带江苏段“叠加”与新苏南经济板块连接。陆桥通道凭借其特有的区位优势得到快速发展，从而对江苏经济创新发展具有重要意义。

第一，陆桥通道发展使江苏经济对外联系加强，区位条件改善。陆桥通道没有得到发展以前，陕西、河南、安徽经济受到交通落后和不沿海区位的影响发展较慢。虽然陆桥通道开通后交通有了较大改善，陆桥通道东陇海段贯穿苏北经济板块，但由于与长三角经济区的区位偏离决定了其发展缓慢。双陆桥的建成尤其是南桥的开通不仅改变了陕西、河南、安徽经济的区位，使其与长三角经济、江苏经济以及沿海港口的联系有了实质性的对接，从而缩短了与长三角经济区、江苏经济区以及沿海港口的空间距离。因此，陆桥通道的发展促进着江苏经济与长三角经济腹地之间的经济联系，推动着江苏经济创新发展。

第二，陆桥通道发展促进江苏城镇经济轴扩展。交通线是经济带形成的最重要的空间载体。双陆桥的北桥和南桥分别横贯陕、豫、皖、苏的北部和南部，所经之地土壤肥沃，水源充沛，资源丰富，人口众多，经济发展具有一定的基础，因而双陆桥成为这四省最主要的经济发展交通轴。在泛长三角经济极核区辐射沿陆桥通道扩展和陆桥通道接轨泛长三角经济极核区的共同作用下，双陆桥城市群经济带将得到不断地发展并促进江苏城镇经济轴扩展。

第三，陆桥通道发展促进江苏经济与陆桥通道的增长极发展。双陆桥经过的城市、城镇因与长三角经济区尤其是江苏经济对接而得到发展。这就要求陆桥通道的城市、城镇在人口规模、城市综合经济实力、城市对外服务能力等方面有更快增长，以便更好地承接长三角经济区和江苏经济对其辐射。陕西、河南、安徽经济的丰富资源会因便捷的双陆桥而得到开发，长三角经济区和江苏经济的一些传统产业及部分高新技术产业也会因交通通达性好而落户陆桥通道的增长极。陆桥通道使长三角经济区和江苏经济与中、西部经济地带物资流通加快，改变了原有的靠汽车或火车绕道运输的状况，从而促进江苏经济与沿陆桥通道城市经济发展。

二、陆桥通道城市群经济带区域合作背景下的江苏经济创新发展

随着长三角经济极化和辐射力的增强，陆桥通道城市群经济带得到快速发展。快速发展的陆桥通道城市群经济带直接影响着江苏经济的创新发展，具有对江苏经济空间演化的牵引作用。

1. 陆桥通道城市群经济带发展对江苏经济空间演化的牵引作用

在市场机制配置资源条件下，经济要素和经济活动向陆桥通道集聚。这种经济要素和经济活动的集聚，对于推动陆桥通道城市群经济带的经济增长，获取集聚规模经济效益，提高核心竞争力具有重要作用。陆桥通道城市群经济带的快速发展，必将强力“牵引”与陆桥通道城市群经济带有特殊区位的江苏经济空间演化。

（1）陆桥通道城市群经济带发展带动城市经济发展，从而“牵引”着江苏经济空间演化。一是陆桥通道城市群经济带发展使该经济带的城市联系增强并得到快速发展（见表5-5），从而使这些城市具有承接长三角经济区转移的产业能力，实现产业结构合理化，进而使陆桥通道城市群经济带空间优化。二是江苏经济本身就是陆桥通道城市群经济带的组成部分，陆桥通道城市群经济带的江苏城市经济发展而壮大和产业结构合理化，逐渐发展成为竞争力较强的增长极，在区域分工中占有一席之地，这本身就是“牵引”江苏经济空间结构优化。通过衡量交通贡献率指标来定量分析北桥通道城市群经济带通车对苏北经济的影响。具体可用交通贡献率指标进行测算。[①]可以看出，通过这一指标进行的测算，北桥对苏北沿线经济具有明显的经济溢出效应。三是陆桥通道城市群经济带发展为江苏经济发展提供了丰富的资源、充足的劳动力和广阔的市场，江苏经济也为陆桥通道城市群经济带发展提

---

① 交通贡献率=（沿线地区通车后10年GDP年均增长率/沿线地区通车前10年GDP年均增长率）/（区域通车后10年GDP年均增长率/区域通车前10年GDP年均增长率）。

供了资本、技术和人才支持，相互促进，相互影响，实现共赢。在这个相互发展过程中江苏经济空间结构指向优化方向演化。

表 5-5　　通道城市群经济带的江苏城市经济板块联系强度

	南京	无锡	徐州	常州	苏州	南通	连云港	淮安	盐城	扬州	镇江	泰州	宿迁
南京	—	17.9	1.99	22.6	8.3	2.37	1.01	7.02	1.45	15	34.6	2.9	1.98
无锡	17.9	—	0.61	149	102	3.98	0.24	2.02	1.78	4.68	7.41	2.25	0.44
徐州	1.99	0.61	—	0.56	0.38	0.11	0.45	1	0.24	0.31	0.3	0.13	1.45
常州	22.64	149.3	0.56	—	18.8	4.06	0.33	2.12	1.75	8.74	9.53	3.02	0.43
苏州	8.3	101.7	0.38	18.8	—	7.03	0.22	1.12	0.97	2	2.42	1.41	0.27
南通	2.37	3.98	0.11	4.06	7.03	—	0.07	0.39	0.44	0.57	0.55	0.56	0.08
连云港	1.01	0.24	0.45	0.33	0.22	0.07	—	1.13	0.35	0.18	0.17	0.1	0.5
淮安	7.02	2.02	1	2.12	1.12	0.39	1.13	—	2.62	2.03	1.53	0.89	6.58
盐城	1.45	1.78	0.24	1.75	0.97	0.44	0.35	2.62	—	1	0.8	0.9	0.26
扬州	15.03	4.68	0.31	8.74	2	0.57	0.19	2.03	1	—	19.54	2.7	0.3
镇江	34.6	7.41	0.3	9.53	2.42	0.55	0.17	1.53	0.8	19.5	—	1.71	0.26
泰州	2.9	2.25	0.13	3.02	1.41	0.56	0.1	0.89	0.9	2.7	1.71	—	0.12
宿迁	1.98	0.44	1.45	0.43	0.27	0.08	0.5	6.58	0.26	0.3	0.26	0.12	—

（2）陆桥通道城市群经济带发展缓解江苏经济尤其是苏南经济发展的资源和环境压力，从而“牵引”着江苏经济空间演化。应该看到，长三角经济区和江苏经济的资源和环境压力日益突出，其承载能力越来越受限，发展潜力受到很大限制。对江苏经济尤其是苏南经济而言，必须大力推进产业升级，把一般性加工制造业转移出去，以腾出精力把有限的资源和环境集中用于发展高新技术产业和高端制造业，从而缓解资源和环境压力。陆桥通道城市群经济带凭借其便利的交通运输、优越的区位条件、丰富的资源，正在承接江苏经济尤其是苏南经济中的一般性加工制造业转移，从而以缓解江苏经济尤其是苏南经济的资源和环境压力。这个过程实质上就是江苏经济空间结构的演化过程，其趋势是江苏经济与陆桥通道城市群经济带在空间上融合，进而引致泛长三角经济区空间结构优化。

（3）陆桥通道城市群经济带发展牵引着江苏经济在融入东、中、西部经济过程中实现经济空间结构优化。改革开放以来，在市场机制作用下，陆桥通道城市群经济带的中、西部经济的各种经济要素向东部及沿海区域高度集中，导致经济活动分布出现“过密”与“过疏”问题。其结果是东部及沿海区域经济发达，人民生活富裕，而广大的中、西部难以充分地分享东部工业化带来的利益。区域差距的扩大，不利于陆桥通道城市群经济带发挥中、西部劳动力和资源丰富的优势，造成加工制造能力与资源、能源产地脱节，就业岗位与劳动力所在地脱节，加剧了交通运输紧张以及资源和能源供需矛盾。大力发展陆桥通道城市群经济带，有利于缩小东、中、西部经济发展差距，增强长三角经济区和江苏经济与中、西部经济的紧密联系通道，在融入东、中、西部经济过程中牵引江苏经济实现空间结构优化。

2. 陆桥通道城市群经济带区域合作背景下的江苏新经济区划导引空间协调

长三角经济区极化和辐射沿陆桥通道城市群经济带扩展，推动陆桥通道城市群经济带经济要素聚集和产业结构变化，提高陆桥通道城市群经济带竞争力并增强其与长三角经济的联系，也促进着江苏新经济区划引致空间结构优化。

（1）通过发展陆桥通道城市群经济带增长极导引江苏新经济区划空间优化。在陆桥通道城市群经济带中，苏南经济中的城市经济的基础较雄厚，交通较便捷，市场发育程度较高，投资环境较好，在整个泛长三角经济区的区域分工中承担重要的角色。在陆桥通道城市群经济带中，长三角经济腹地的增长极因其具有的区位优势，在长三角经济腹地中优先不断地承接长三角经济区的资本、技术、信息和人才流入。陆桥通道城市群经济带的这些增长极的优势使其经济实力不断壮大。通过扩散效应，陆桥通道城市群经济带的苏南经济的增长极把经济动力与创新成果传导到陆桥通道城市群经济带的长三角经济腹地的增长极，不仅推动陆桥通道城市群经济带的增长极发展，而且引致江苏经济区空间结构优化。

（2）通过发展陆桥通道城市群经济带导引江苏新经济区划空间优化。陆桥通道城市群经济带是一个既有区域分工又有区域合作的有机整体，其自身经济实力进一步增强对周围腹地的经济发展的带动作用也不断地增强。随着陆桥通道城市群经济带的发展，其对产业和人口产生巨大的吸引力，导致产业和人口在陆桥通道城市群经济带聚集，形成更多新的点和经济轴。北桥通道城市群经济带的徐州、连云港城市经济板块和沿东陇海经济带，既是苏北经济的增长极和经济带，也是陆桥通道城市群经济带的增长极。发展陆桥通道城市群经济带，扩展陆桥通道城市群经济带的极化与辐射，直接引致江苏经济空间结构优化。

（3）通过陆桥通道城市群经济带空间结构网络化导引江苏新经济区划空间优化。当陆桥通道城市群经济带的增长极发展到一定水平后，会对其周围区域产生较强的辐射效应。周围区域在受到陆桥通道城市群经济带的增长极辐射后，运输能力和通信技术不断改善，经济要素和经济活动不断聚集，逐渐在陆桥通道城市群经济带两侧形成更宽的经济要素和经济活动聚集的“域面”。在这个“域面”内，经济要素和经济活动集聚的节点与节点之间逐渐形成物流、人流、资本流、技术流、信息流。从区域经济联系的角度看，随着距离的阻隔作用日益削弱，陆桥通道城市群经济带具有发展成为网络化空间结构趋势。通过陆桥通道城市群经济带空间网络化演化，也直接引致江苏经济空间结构优化，从而促进江苏区域经济创新发展。

（4）通过发展苏北“◺”形城镇经济轴导引江苏新经济区划空间优化。快速交通束推动着苏北“◺”形快速交通束城镇经济轴空间结构优势形成。但是，“◺”形快速交通束城镇经济轴的城市、城镇发展速度不快，从而制约着“◺”形快速交通束城镇经济轴空间结构优势发挥。因此，充分发挥苏北“◁”形快速交通束城镇经济轴空间结构优势，必须实施城市、城镇带建设工程，快速推进“◁”形快速交通束城镇经济轴的城市、城镇发展。一是着力推动沿东陇海线城镇经济轴扩展。它主要涉及东陇海铁路的沿线产业带，包括徐州、连云港两个城市市区和邳州、新沂、东海等县市域经济板块。沿东陇海线产业带的影响区域包括徐州、连云港城市市区以外的全部县市域经济和宿迁城市市区及部分县域经济板块。该城镇经济轴处于工业化中期的初始阶段，加速发展的特征明显，发展潜力较大，是苏北经济发展的重要区域。沿东陇海线城镇经济轴建设正日益成为苏北经济创新发展的新增长点，经济总量和增长速度大幅提升。建设沿东陇海线城镇经济轴是增强苏北经济实力的重大决策，是实施区域共同发展战略、加快苏北振兴的重要举措。通过建设沿东陇海线城镇经济轴，可以促进苏北经济总量的扩大，资源开发效率的提高，经济结构的优化，产业竞争力的提升。东陇海铁路和徐连高速公路沿线的徐州、邳州、新沂、东海、连云港城市、城镇具有特殊的城市、城镇发展区位和城市、城镇规模扩大的优势条件。顺应城市化的要求，应在未来10年通过着力推动城市和城市经济发展，使沿东陇海线城镇经济轴的城市、城镇人口有较大增长。需要指出的是，由于新沂市区的特有交通区位和位居沿东陇海线城镇经济轴的中心位置，因而推动新沂市区经济快速扩大，对于建设沿东陇海线城镇经济轴具有重要意义。二是以超常速度发展徐宿淮盐快速交通束城镇经济轴的城市、城镇。徐宿淮盐快速交通束城镇经济轴的城市、城镇东西贯穿苏北腹地，具有十分重要的增长极作用。目前除徐州、淮安城市为特大城市、大城市，盐城将进入大城市序列外，徐宿淮盐快速交通束经济带的其他城镇都是县市的城关镇，其规模不大，扩展速度不快，与其应有的增长极辐射半径不相称。因此，以超常速度发展徐宿淮盐快速交通束城镇经济轴的城市、城镇，是苏北经济创新发展的重大举措。

扶持连盐快速交通束城镇经济轴的城市、城镇发展。连盐快速交通束城镇经济轴是江苏沿海城镇经济轴（它主要涉及南通、盐城和连云港3个市域经济板块，沿海城镇经济轴是苏北经济发展较快而且潜力较大的城镇经济轴，尤其是随着苏通大桥、上海跨江大桥和海底隧道的建成，该城镇经济轴承接上海经济辐射具有强大的区位优势，对于苏北经济创新发展具有深远意义）开发的重要部分。从苏北经济发展进程看，连盐快速交通束城镇经济轴形成缓慢，但其形成后对苏北沿海发展的经济聚集力是不能低估的。因此，扶持连盐快速交通束城镇经济轴的城市、城镇扩展对苏北经济创新发展具有战略意义。

主要参考文献：

［1］尹虹潘. 对城市吸引区范围界定的理论分析［J］. 财经研究，2005（11）.

［2］周敏倩. 江苏长江两岸联动发展的基础和问题探讨［J］. 东南大学学报：哲学社会科学版，2004（1）.

［3］何奕，童牧. 长江三角洲空间结构研究［J］. 生产力研究，2006（1）.

［4］洪银兴，刘志彪. 长江三角洲地区经济发展的模式和机制［M］. 北京：清华大学出版社，2003.

［5］朱晓磊. 构筑“泛长江三角洲”地区一体化交通运输通道的设想［J］. 现代交通技术，2005（2）.

［6］樊烨，姜华，马国强. 基于交通因子视角的区域空间结构演变研究——以长三角地区为例［J］. 河南科学，2006（4）.

［7］韩增林，尤飞，张小军. 高速公路经济带形成演化机制与布局规划方法探讨［J］. 地理研究，2001（4）.

［8］姚士谋，王成新. 区域“板块”形成演变规律及其动力源探究［J］. 地域研究与开发，2004（2）.

［9］管卫华. 区域空间结构的调整与协调发展——以江苏省为例［J］. 人文地理，2003（6）.

［10］陈修颖，陆林. 长江经济带空间结构形成基础及优化研究［J］. 经济地理，2004（3）.

［11］唐路元. 长江经济带中西部地区合作问题研究［J］. 重庆工商大学学报，2006（2）.

［12］鲍睿，朱舜. 长三角经济沿长江流域经济带辐射研究［J］. 市场周刊，2006（8）.

［13］沈玉芳，殷为华. 论长江经济带的区域经济发展和变化趋势［J］. 世界地理研究，1998（12）.

［14］冯湛清，李秀昊. 论长江经济带对上海集装箱枢纽港形成的促进作用［J］. 集装箱化，2001（9）.

［15］孙海鸣，赵晓雷. 中国区域经济发展报告——长江经济带区域统筹发展及“黄金水道”建设［M］. 上海：上海财经大学出版社，2006.

［16］乔晶，胡兵，赖景生. 长江经济带开发与重庆市经济发展［J］. 重庆工商大学学报，2004（1）.

［17］陆大道. 区域发展及其空间结构［M］. 北京：科学出版社，1995.

［18］左大培，杨春学. 经济增长理论模型的内生化历程［M］. 北京：中国经济出版社，2007.

［19］陆玉麒. 区域发展中的空间结构研究［M］. 南京：南京师范大学出版社，1998.

[20] López Bazo, E., E. Vayá, and A. J. Mora. Regional economic dynamics and convergence in the European Union [J]. The Annals of Regional Science, 1999, 33 (3).

[21] Brueckner, J. K. Welfare reform and the race to the bottom: theory and evidence [J]. Southern Economic Journal, 2000, 66 (1).

[22] Case, Anne C. & Rosen, HarveyS. & Hines, James Jr. Budget spillovers and fiscal policy interdependence : Evidence from the states [J]. Journal of Public Economics, 1993, 52 (3).

[23] Ramirez, M. T. &Loboguerrero, A. M Spatial dependence and economic growth : Evidence from a panel of countries [R]. Borradores de Economia Working Paper, 2002.

第六章

泛长三角区域合作与江苏城镇化路径：空间格局优化视角

江苏经济发展模式经历了“政府推动+市场取向+集体产权”为特征的苏南模式到外向型经济发展模式，城市化则呈现大城市化拉动型城市化、外向型城市化和内发型城市化协调发展的路径演进格局。江苏省主要以发展小城镇为特征的农村城市化起步，主要依靠非农产业的农村人口的集聚形成新的城镇，实现农村内发型城市化。……到了21世纪初，江苏省又提出发展中小城市，择优培育重点中心镇，全面提高城镇发展质量，实现城市现代化、农村城市化、城乡一体化的发展战略构想。

杨上广

——《长三角经济空间组织的演化》，上海人民出版社，2011年版。

在市场经济条件下，通过市场集聚与扩散效应，经济要素集聚到极核区——城市群；借助产业链条扩展功能，城市群经济能量扩散，形成相互影响、相互作用的泛经济区城镇化空间格局。受市场经济规律作用，泛长三角极核区——长三角城市群对周围区域经济发展具有强大的极化和辐射作用，形成泛长三角区域合作背景下相互影响、相互作用的城镇化发展关系和城镇化空间格局。区域合作引致省域经济间相互影响、相互作用的泛经济区创新发展的空间特征。优化江苏城镇化空间格局，是促进泛长三角区域合作背景下的江苏经济创新发展的城镇化路径。

第一节　资本全球性空间生产背景下的新型城镇化道路选择

20 世纪 60 年代，面对越来越多的城镇问题和社会矛盾，新马克思主义提出空间的生产理论，将资本主义生产方式放进“空间的容器”，解析资本空间生产的逻辑，分析资本全球性空间生产及世界城镇化之间的内在关系。借助空间的生产理论来研究城镇化，有助于厘清资本空间生产与发展中国家城镇化的内在逻辑，认识资本全球性空间生产背景下新型城镇化道路的特点及本质。

一、资本全球性空间生产与世界城镇化的内在矛盾

近两个世纪以来，空间的生产更多地表现出资本的生产逻辑；城镇化表现出与资本的空间生产逻辑一致的特征。以资本积累为动因，技术进步为重要媒介的资本全球性空间生产助推了世界城镇化进程。资本全球性空间生产与世界城镇化共同表现为现代空间的历史地理特征。

1. 资本的空间生产加快世界城镇化进程

空间生产和城镇化是历史发展进程的产物。根据新马克思主义空间理论，“生产力自身的成长，以及知识在物质生产中的直接介入”①，是人类由“空间中物的生产”转向“空间本身的生产”的根本原因。在奴隶社会和封建社会中，迫于生产力水平的限制，人们仅能够在空间中进行物的生产，以满足基本的生存需求，空间生产难以实现，或仅仅限于狭小的范围和有限的水平。直至 1800 年工业革命前期，世界城镇化率仅在 3%左右。马克思认为资本主义的出现确定了城市相对于乡村的主导地位，为城镇化提供了先决条件。随着资本主义“创立了巨大的城市，

① Lefebvre, Henri, “Space: Social Product and Use Value”, in Freiberg, J. W. (ed.), Critical Sociology: European Perspective. New York: Irvington., 1979, p. 285.

使城市人口比农村人口大大增加”①，社会生产力的进步和知识应用大大增强了人类对空间环境的改造能力，从空间环境适应跨进了更广范围和更高水平空间改造、空间生产的新时代。资本的空间生产改变了空间的地理和历史属性，催生了现代城市，加快了世界城镇化进程。

新马克思主义空间理论的代表人物哈维，根据资本周转时间和投资领域提出三级资本循环理论，揭示了资本催生城镇化进程的内在机理。三级资本循环理论描述了资本用于普通商品的生产，固定资产和消费基金项目，以及科学技术发展和社会项目的资本层次递进扩张路径。资本总是在过度积累和贬值的危机下不断地向更高一级资本循环转移。当商品生产部门的资本过度积累引发经济危机的时候，剩余资本转入第二级循环之中——扩大对城市建筑环境的固定投资。“无论在哪里全球性剩余资本的形成和实现在工业部门出现下降，那么在房地产倒卖、建筑地产开发中的比重就会上升。”② 当资本转入第二级循环之后，资本在“空间中的生产”便演化为资本的“空间的生产”，即包括城市土地、道路、桥梁、工厂等生产性固定资产生产和住宅等消费性固定资产生产。前者通过生产性固定资产投资，不仅可以从投资所有权中获益，还能够提供更多的生产机会和提高劳动生产效率，增加资本积累；后者在住宅和商业区建设的投资，为劳动再生产提供了消费性资料，是资本扩大再生产的重要保障。这是资本空间生产的进步性。资本空间生产的进步性与城镇化发展的内在需求相一致，构成城镇化进程的动力机制，加速推动了城镇化发展。当资本在空间生产中仍然出现过剩时，资本转入第三级循环，投入到科学技术发展和社会公共事业，进一步参与社会生活的组织和重构，促进新的社会生活空间产生。在资本空间循环过程中，现代城市的面貌和功能日臻完善。

最先兴起于发达资本主义国家的资本空间生产构成了世界城镇化层次推进的基本动力。卡斯泰尔斯认为，资本的空间生产在发达资本主义国家主要体现为以国家为主导的“集体消费”。“集体消费”存在着不可克服的基本矛盾。“一方面集体消费手段（以城市为基础）为资本所需要，以实现足够的劳动力再生产，而同时也被大众所需要；另一方面，集体消费手段在资本主义生产中普遍的没有利润可图”，“西方国家普遍存在的城市财政危机实际上反映了福利国家的危机”③。为了转嫁危机，资本空间的生产不再限于一国之内，而是以资本全球化为媒介，将整个世界的空间都纳入到资本空间生产，服从于资本肆意的改造、整合和征服，资本“按照自己（资产阶级）的面貌为自己创造出一个世界”④，世界城镇化进程不可阻挡，并由此而加快。

---

① 马克思，恩格斯．马克思恩格斯选集：第 1 卷 [M]．北京：人民出版社，1995：276.

② Harvey David，“Social Justice and the City”，Baltimore ：Johns Hopkins University Press，1973，p. 312.

③ Castells Manuel，“City，Class and Power”，London：Macmillan，1978，p. 42.

④ 马克思，恩格斯．马克思恩格斯选集：第 1 卷 [M]．北京：人民出版社，1995：276.

2. 资本全球性空间生产助推世界城镇化的基本逻辑

在世界城镇化进程中，“空间的生产”逻辑屈服于资本逻辑，即资本追逐最大利润的内在要求。“城市建构环境的生产和创建过程是资本控制和作用下的结果，是资本本身的发展需要创建一种适应其生产目的的人文物质景观的后果”①。伴随着资本的全球流动，资本的空间生产逻辑按照自身利益影响和决定空间生产秩序。作为资本后现代特征的“时空压缩”“弹性积累”和资本全球化助推世界城镇化进程，构成资本全球性空间生产的基本逻辑。

“时空压缩”是资本依靠交通和通信技术的进步，建立更快速方便的空间联系，减少流通时间，加快周转速度，以促进资本增殖的空间生产方式。“强大的发明潮流，集中聚焦在加快和快速的周转时间上。决策的时间泛域（现在已经是国际金融市场上分秒必争）缩短了，而且生活方式的风尚变换迅速。这一切伴随了空间关系的激烈重组、空间障碍的进一步消除，以及一个资本主义发展的新地理形势的浮现。”“这些事件，引发了强烈的时空压缩的感受，影响了文化和政治生活的每个面向。整片的地景必须摧毁，以便腾出空间来创造新地景。”②“时空压缩”缩短了落后国家追赶先进国家的时间和距离，使发展中国家也出现了世界城市和较高的城镇化速度。

“弹性积累”是依托信息和通信技术，细分劳动力市场和消费市场而形成的具有更高流动性和灵活性的资本空间生产方式。这种资本空间生产方式最大限度地整合土地、劳动力和资本在同一空间内，为实现以消费为导向的弹性生产提供了可能性。跨国公司是弹性积累空间生产方式的集中体现。20 世纪 70 年代强调小批量和弹性生产的丰田制出现，标志着跨国公司快速兴起，从此以不同区域间的内部分工或者水平分工形式，逐步替代发达地区与不发达地区的垂直分工模式。“弹性积累”更加注重空间差异，充分利用空间的禀赋进行空间的生产，在更高的专业化生产和更合理的分工中获利。随着跨国公司遍布全球，更多国家和地区被资本卷入到世界市场，城市空间发生重大的改变，助推世界城镇化进程。

资本全球性空间生产还表现为发达资本主义国家的跨国公司对外投资，即资本全球化。资本全球化决定了资本空间生产及世界城镇化的空间演化路径。获得资本投资越多的国家和地区，城镇化进程越快。世界不同收入组国家的城镇化进程和实际利用外资的规模（见图 6-1 和图 6-2）清晰地反映出资本全球化推动世界城镇化进程的空间层次格局。随着资本流动，资本全球性空间生产选择性地推动世界城镇化分层发展。低收入国家因为资本存量不足，经济基础较差，吸收不到国外投资，城镇化处于低水平缓慢发展的状态，即资本空间生产的动力不足。相比之下，高收入国家资本充足，具有较高城镇化水平，相对于低收入国家在城镇化水平上保持

① Harvey David, “The Urbanization of Capital”, Baltimore: Jones Hopkins University Press, 1985, p. 15～16.

② Harvey David, “Between Space and Time: Reflections on the Geographical Imagination”, Annals of the Association of American Geographers, 1990, 80 (3), p. 418～434.

着绝对的优势。20 世纪 90 年代初，随着冷战结束，资本克服时空的限制不断扩张，掀起了经济全球化浪潮。在这一背景下，拥有较好的基础设施和经济基础的中高收入国家由于资本回报率相对较高，大量外资涌入，促使城镇化率快速上升，使这些国家在 1989 年超过了世界平均水平。随着信息通信技术的进步和交通运输的发展，国际贸易和国际投资深化，资本"力求用时间去更多地消灭空间"①，将资本空间的生产推向中等收入国家，中等收入国家城镇化率也大幅提升。截至 2011 年，在资本全球性空间生产的推动下，世界城镇化水平总体上普遍提高，尽管南北差距仍然显著。

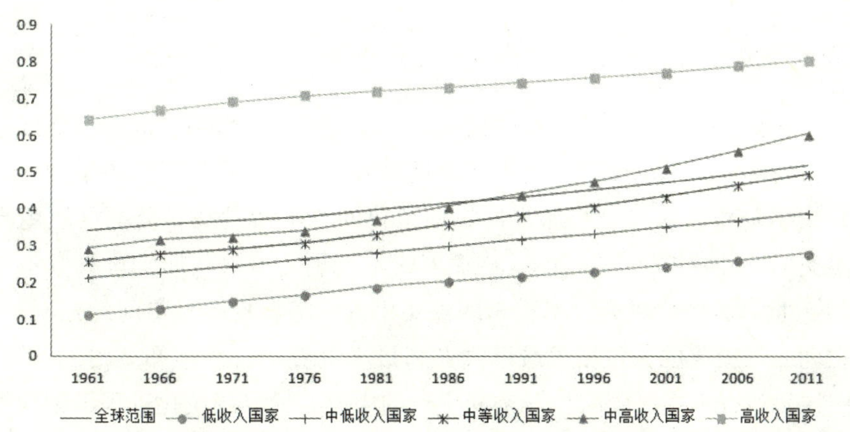

数据来源：根据世界银行提供数据整理而得。

图 6-1　世界不同收入组国家城镇化进程（1961—2011）

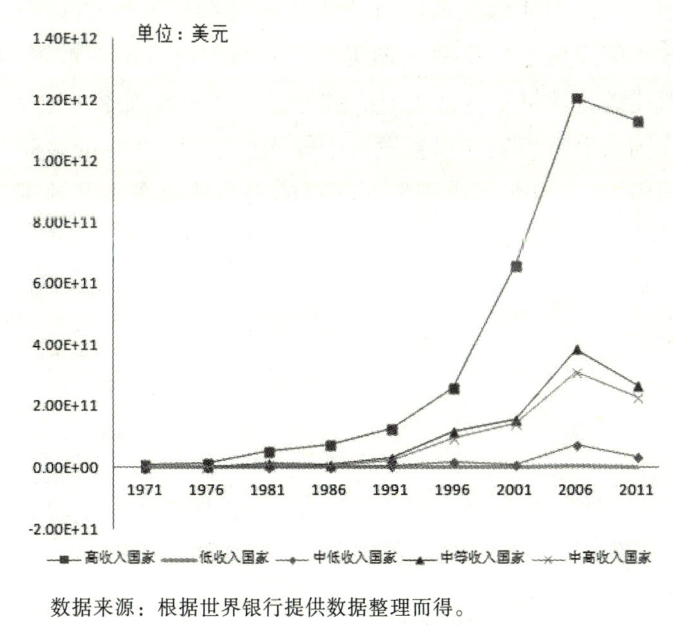

数据来源：根据世界银行提供数据整理而得。

图 6-2　世界不同收入组国家利用外资规模（1971—2011）

① 马克思，恩格斯. 马克思恩格斯全集：第 46 卷（下）[M]. 北京：人民出版社，1980：33.

值得注意的是，在资本全球性空间生产的逻辑中，城市群成为世界城镇化进程中新的空间形态。“时空压缩”“弹性积累”和资本全球化加速了资本全球性空间生产，促进了世界城镇化进程；同时也打破了原有的空间秩序——空间地理位置决定空间垄断竞争优势。新的空间秩序更加讲求空间竞争效率，即在开放经济条件下通过空间比较竞争优势，形成集聚经济，发挥空间生产的集聚效应，产生更高的经济效率。在此背景下，以城市为单元的空间竞争演化成为以大规模城市群为单元的空间竞争，城市群成为世界城镇化进程中最具实力的空间竞争单元和空间竞争的重要形态。

3. 资本全球性空间生产与世界城镇化的内在矛盾

资本全球性空间生产对世界城镇化发挥着重要的助推作用，但其负面效应也日益显现。这是由于资本全球性空间生产与世界城镇化的内在矛盾所决定的。

（1）资本全球性空间生产加剧世界城镇化的不平衡发展。资本空间生产的逐利性本质支配世界城镇化空间重置。“循着资本过剩去追寻从属于过剩资本的吸收或贬值”[①]，世界城镇化成为资本积累的重要手段。随着资本对空间的控制和重塑，世界“空间是等级化的，包括了最卑贱者和最高贵者、马前卒和统治者。”[②] 在空间体系中，发达资本主义国家处于空间生产的中心。世界城镇化进程深刻地演绎成为发达资本主义国家资本加深对发展中国家“财富掠夺”的历史过程。

发展中国家在吸收国际资本的同时忽略了社会、经济与环境的和谐发展，在城镇化进程中付出了高昂的社会经济代价。从图 6-3 和图 6-4 可以看出，随着中等收入和中高等收入国家城镇化率的快速提高，其与高收入国家的人均 GDP 差距急剧扩大，而二氧化碳排放量却急速上升，并超过了高收入国家。这是资本全球性空间生产促进发达国家财富积累和损害发展中国家根本利益的例证。造成世界城镇化不平衡发展的原因，“不仅仅是由于资源禀赋的不均衡分布以及地理位置的优劣所造成的，更为重要的是，它是由于财富和权力本身通过非对称交换，日益高度集中于某些地区所造成的”[③]。

---

① Harvey David, “In What Ways Is ‘The New Imperialism’ Really New?”, Historical Materialism, 2007, 15 (3), p. 68~70.

② Lefebvre Henri, “The Production of Space”, Oxford: Blackwell, 1991, p. 282.

③ 大卫·哈维. 新帝国主义［M］. 初立忠，沈晓雷，译. 北京：中国社会科学出版社，2009：28.

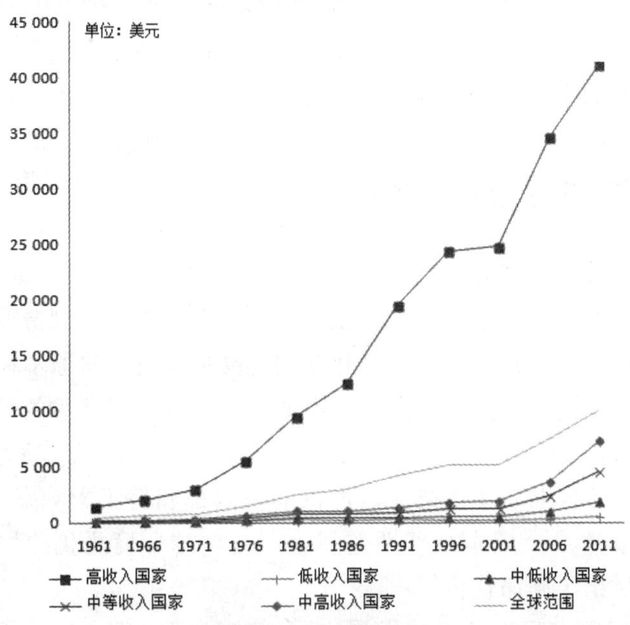

数据来源：根据世界银行提供数据整理而得。

图 6-3 世界不同收入国家人均 GDP 情况（1961—2011）

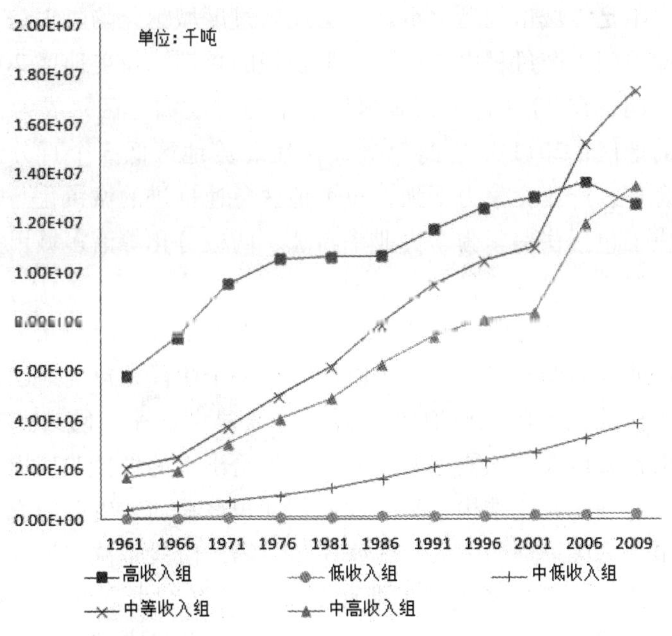

图 6-4 世界不同收入国家二氧化碳排放量（1961—2009）

伴随着“弹性积累”体制的建立，资本的空间生产通过跨国公司全球供应链模式以实现资本积累。通过资本的流动，“将贬值的剩余资本投入到最薄弱和脆弱的领土和人群中去"[①]，资本在发展中国家进行空间生产，建立生产基地，构建产业分工的新格局。被开拓的新的城市空间实际上仅仅从事供应链附加值最低端或者对资源环境消耗大的生产工作，赚取极不对称的微薄收益；资本投资国却通过跨国公司非对称性地占取了更大比例的财富，扩大了发达国家与发展中国家的收入差距，加剧了世界城镇化发展的不平衡性。

随着资本空间生产粗放地开发挖掘，以及资本全球化带来的重污染产业转移，发展中国家自然环境也不断恶化。资本流入劳动力低廉的国家，建立工厂、仓库、道路、桥梁和码头，将这一地区改造为工厂林立的劳动密集型制造业生产基地；资本流入矿产丰富的国家，建立矿区，修建铁路等交通工具，将原本树林茂密的自然景观改造为烟囱高耸的原料开采基地……粗放的开发导致了严重的环境破坏和资源浪费，发展中国家饱受酸雨，沙尘暴，水污染等自然灾害之苦。马克思主义生态学家福斯特指出："资本主义往往把任何危机的原因都归咎于影响资本扩张的障碍，而不是资本扩张本身。"[②] 资本全球性空间生产是全球环境恶化的根源，使发展中国家城镇化进程付出了高昂代价。

（2）资本全球性空间生产引致发展中国家的过度城镇化。不管是传统的垂直国际分工，还是在"时空压缩"和"弹性积累"推动下的全球价值链分工，发展中国家的产业发展始终处于附属地位。产业结构不合理，工业化相对滞后，必然会导致城镇化动力不足，城市问题重重。拉美地区过度城镇化陷阱正是发展中国家在承接资本全球性空间生产过程中产业结构不合理的教训。拉美地区 20 世纪 50 年代进入城镇化加速期，在 90 年代中期城镇化水平超过欧洲地区，成为世界城镇化水平仅次于北美的地区，2011 年达到 79%，仅比北美地区低 3 个百分点。但是，由于产业结构不合理，产业竞争力不强，拉美地区急速推进的城镇化与人民收入水平极不相称，造成了包括住房紧张、失业率高涨、两极分化等诸多城市病，扭曲了拉美地区社会经济健康发展的路径。

拉美地区过度城镇化与资本全球性空间生产引致不合理的产业结构有着直接关系。拉美地区产业战略调整经历了四个阶段。第一个阶段是拉美地区国家积极参与垂直国际分工。拉美地区国家政府不惜大量举债建设铁路、码头、港口等交通设施，交通发展引致城市人口急剧上升；同时，供给出口的种植业挤压国内生存农业发展，形成了不合理的农业结构，引致农业长期积贫积弱，更多的农民被挤出农业部门，涌入城市，形成早期的大城市膨胀现象。第二阶段是拉美地区国家脱离国际贸易体系，实施片面的进口替代型工业化战略。国家工业化提供了农民进城的动力，但受国内市场需求不足制约，进口替代工业模式并没有带来经济持续增长，逐渐暴露出城市规模过大弊端。第三阶段始于 20 世纪 80 年代，债务危机促使拉美国

① 大卫·哈维. 新帝国主义［M］. 初立忠，沈晓雷，译. 北京：中国社会科学出版社，2009：149.

② 张树华，杨雁斌. 当代国外学术论丛［M］. 北京：社会科学文献出版社，2009：561.

家重新建立与世界市场相适应的工业体系。但是，由于人力资本素质较低，越来越多的失业人口进入低门槛的传统服务业和落后的生产性服务业，更加恶化了产业结构，削弱了城镇化的产业基础，过度城镇化问题更加严重。在第四个阶段，20世纪90年代的拉美国家纷纷进行私有化改革，外资利用大幅上升，经济萧条局面有所改变，但仍没有跳出过度城镇化陷阱。在资本全球性空间生产过程中，拉美国家没有建立起健全的经济体制，没有形成有竞争力的产业结构，没有构建有效的社会保障制度，在吸收国际流动资本时，一味地追求生产发展速度，放大了资本空间生产的负面影响，阻碍了城镇化的健康发展。

（3）资本全球性空间生产造成发展中国家城镇化对以人为本宗旨的背离。城镇化的价值取向是人的自由平等，是人的全面发展和城市生活、城市秩序以及城市正义的协调发展。但是，资本全球性空间生产造就的城市空间，以及人口从农村到城市的转移，严重忽略了人的基本权益和发展要求。这就决定了城镇化进程中必然充斥着资本全球性空间生产与世界城镇化不可调和的内在矛盾。

在世界城镇化进程中，人的生活水平和精神文化生活都面临着严峻的威胁。其一，逐利的资本空间生产忽略人的基本生活要求。城市空间的拓展不是为了创造更多人民栖息生活的空间，失地的农民源源不断地涌入城市，为城市空间生产做出贡献，却由于低微的收入难以公平享受城市空间，密集寄居在城市的低矮破房中，形成了城市中的贫民窟。新创造的城市空间是生产和投资的空间，城市的生活功能和公共设施建设相对滞后，交通拥堵、房屋密集、环境污染等“城市病”严重困扰着城市居民和城市发展。其二，多样化的世界民族文化面临着严重的同质化。发达资本主义国家利用资本以自己的面貌形塑着发展中国家，否定了由于自然、历史、文化、种族等因素造成的空间差异性，利用物质生产同一化、去民族化。钢筋水泥所到之处，既覆盖了原有的地质景观和自然环境，也重构了千篇一律的社会面貌和生活方式。城市中的人们逐步丧失了思考能力和独特个性，以至于E. 弗洛姆（Erich Fromm，1955）大声疾呼“20世纪的问题是人死了”①。因此，“没有什么东西比‘城镇化’特别是设计者在卓有成效地拥护资本主义和资本主义国家的过程中所起的作用更为矛盾重重的了”②。

二、资本全球性空间生产对新型城镇化的“双刃剑”效应

自改革开放以来，中国利用外资规模快速增长，成为世界最具吸引力的投资东道国。对国际资本的利用是中国城市大规模扩张的重要路径。但是，如同资本全球性空间生产助推世界城镇化一样，资本全球性空间生产对新型城镇化同样产生了“双刃剑”效应。

---

① E. 弗洛姆. 健全的社会［M］. 孙恺祥，译. 贵阳：贵州人民出版社，1994：370.

② Lefebvre Henri，“Reflections on the politics of space”，Antipode，1976，8（2），p. 30~37.

1. 资本全球性空间生产对新型城镇化的促进作用

中国的城镇化是“权力、资本与空间相互作用的产物”①。在1949—1978年之间，无疑是政府计划权力占上风，是以政府为主导的城镇化。自1978年中国实行改革开放以来，人口向城市流动表现为“市场的流动”②，资本全球性空间生产愈来愈深刻地影响到中国城镇化进程，在中国城镇化进程中发挥了越来越重要的促进作用。从城镇化的速度上看，1949—1978年30年城镇化率仅提高了7.28%，1979—2008年第二个30年城镇化率提高了27.69%，2012年中国城镇化率达到了52.57%。改革开放后的城镇化增长率是新中国成立前30年的近4倍。

资本全球性空间生产对中国城镇化的促进效果主要集中表现在经济基础较好的东部沿海大城市及城市群发展两个方面。由于资本全球化主要表现为跨国公司直接投资的形式，城市实际利用外资情况则可以反映资本全球性空间生产在中国的作用范围。对中国直辖市、副省级城市和全部地级市在内的354座城市实际利用外资的统计分析，我们发现2001年中国城市实际利用外资额排序前十位城市约占利用外资总额的1/2，且全部为东部城市；前二十位城市约占3/4。这一不均衡分布规律在2001年以后逐步发生了一些变化，到2010年，吸引外资规模前十位的城市利用外资占比下降了11%，前五十位的城市占比下降了5%；中西部大城市武汉、重庆和成都吸引外资能力提高，挤入吸引外资前十位的城市排名（见表6-1）。

表6-1　中国城市实际利用外资额的城市排名及统计

实际利用外资排名	2001	2005	2010
1	上海市	上海市	上海市
2	北京市	北京市	天津市
3	天津市	天津市	大连市
4	广州市	深圳市	北京市
5	深圳市	大连市	沈阳市
6	惠州市	苏州市	重庆市
7	大连市	广州市	深圳市
8	苏州市	沈阳市	成都市
9	东莞市	武汉市	杭州市
10	青岛市	宁波市	广州市
前十位城市占全国利用外资比例	0.58	0.48	0.47
前二十位城市占全国利用外资比例	0.76	0.67	0.65
前五十位城市占全国利用外资比例	0.90	0.87	0.85

数据来源：根据《中国城市统计年鉴》（2001年、2005年和2010年）中相关数据整理而得。

① 杨宇振. 权力、资本与空间：中国城镇化（1908—2008年）[J]. 城市规划学刊，2009（1）.

② 杨黎源. 从先赋到后致：新中国60年社会流动机制嬗变［J]. 浙江社会科学，2009（11）.

在吸收国际资本和参与全球供应链生产中，利用外资的地区形成了巨大规模的产业集群和依托产业群发展的城市群，比如长三角城市群、珠三角城市群和环渤海城市群，成了牵引中国经济高速增长的重要力量和中国城镇化发展的火车头。显然，城市群是资本全球性空间生产背景下的经济核心区，是承接国际产业转移、吸引国际资本和参与国际分工的地域单元，在经济发展中发挥着经济发展战略支撑点和核心节点的作用。资本全球性空间生产对中国城镇化进程中城市群快速发展发挥着重要的促进作用。

2. 资本全球性空间生产对新型城镇化进程的负面影响

资本全球性空间生产在新型城镇化进程中发挥重要助推作用的同时，也暴露出诸多问题，集中体现在区域发展不均衡，产业结构不合理与城市生活质量不高。

第一，资本全球性空间生产加剧了区域发展的不均衡，扩大了区域差异和城乡差异。资本超越空间障碍，自由流向能够产生最大利益的地区，必然引致空间断裂和零碎化。资本青睐于交通便利、设施齐全、经济基础相对发达的城市，从而导致沿海地区优于内陆地区，城市快于乡村的空间分化。资本全球性空间生产加剧中国东、中、西部城市发展以及城乡发展的不均衡性。随着长三角、珠三角和环渤海城市参与国际分工的深化，这种不均衡程度加深。值得注意的是，近些年随着东部沿海城市生产成本上升，东西部之间交通的快速发展，一些东部沿海城市的外资工厂向内陆城市迁移，对内陆城市发展产生重要影响。但是，如果不加以合理引导，国际资本仍然会在内陆城市再次按照赢利大小进行空间选择，从而加剧内陆城市建设和城乡发展的不均衡性。

第二，资本全球性空间生产造成了城市产业结构的不合理，埋下了过度城镇化的隐忧。资本全球性空间生产的发展是以逐利为目的的。国际资本以“弹性积累”为手段，将生产线引入中国，把中国市场纳入全球市场，并使之处于全球价值链的底端，这就造成了中国城市产业结构存在不合理性。以国际资本投资的加工制造业为引擎的城镇化，具有以出卖廉价劳动力和牺牲自然环境为代价的资本空间生产的重要特征。城市虽然能够获得利益，但制造业缺乏创新能力。最终，产业结构失去竞争活力，成为制约中国城镇化发展的瓶颈。在这样的产业结构拉动下出现的大规模农村人口进城，给经济实力和容纳能力有限的城市空间造成了极大的压力，譬如住房紧张、就业形势严峻、收入差距扩大、劳动者权益难以保障等，结果是进城农村人口难以真正享有城市居民的待遇，埋下了类似于拉美过度城镇化的隐患。

第三，资本全球性空间生产导致了城市生活质量不高，忽略了城镇化以人为本的内在要求。资本空间生产的利益与地方政府急于城镇化的目标相结合，盲目促成城市空间扩张。一方面，城镇化与地方政府政绩密切相关，急功近利地编制城市发展规划，为城市用地扩张提供依据；地方政府“供地融资”模式成为地方政府重要的财政来源和城市空间扩张的经济动力。另一方面，对于资本全球性空间生产来说，推动城市空间扩张是极具吸引力的利益空间。这样一来，中国城市空间扩张成为“权力和资本增长联盟的产物”①。这种产物漠视了人民群众生存和生活的客观需求，加剧了人与人之间、人与自然之间的紧张关系，破坏了经济发展的公平性与生态环境的平衡性。首先表现在城市房价高涨。在高住房价格压力下，城镇化进程中的两极分化加剧，城市低收入人群尤其是农村进城务工的农民，无力承担高昂的住房成本，没有城市住宅的进城农民或成为城市贫民，或最终返乡。其次是公平发展机制和社会保障制度滞后于城镇化速度，城市低收入人群的就业机会和生活状态堪忧。还有千篇一律的钢筋水泥城市建筑，千城一面的城市规划，使城市空间不能够提供城市居民舒适的生活空间，城市功能表现出“去生活化”的特征。更严重的是，资本全球性空间生产不顾自然资源的可持续发展，围湖造地，排放污水、废气等，城市居民面临着种种环境污染和生态破坏的生存环境。

三、资本全球性空间生产背景下的新型城镇化道路探索：泛长三角视角

资本全球性空间生产背景下的泛长三角城镇化正处于快速发展时期，具有开放经济条件下城市集群发展和与农村产业紧密联系的城镇发展并存的空间形态。因此，根据泛长三角区情，发挥资本全球性空间生产的助推作用，规避其负面影响，走出一条城市群和城镇两种城镇化主体形态空间协调发展，以人为本的泛长三角新型城镇化道路，具有十分重大的意义。

1. 坚持城市群和城镇两种城镇化主体形态空间协调发展

坚持城市群和城镇两种城镇化主体形态空间协调发展，既是泛长三角区情所决定的，又是对资本全球性空间生产扬利避害的必然选择。首先，扬资本全球性空间生产的“利”，大力促进城市群发展。资本全球性空间生产助推泛长三角城镇化进程的一个重要方面，就是促进了泛长三角城市集群发展。城市集群区是世界城镇化进程中的城市高级空间形态，也是泛长三角城镇化进程中城市空间形态的必然选择。改革开放以来，资本全球性空间生产助推泛长三角尤其是其东部长三角城市集群发展。泛长三角已经发育形成了“一极两带”城市群格局，即长江三角洲城市群、长江通道城市群连绵带（皖江城市带、环鄱阳湖城市群、长株潭城市群、武汉城市群、重庆城市群、成都城市群）、陆桥通道城市群连绵带（东陇海地区城市群、郑州城市群、西安城市群等）。国家“十二五”国民经济和社会发展规划、全国主体功能区规划确立“两横三纵”城镇化战略格局并对城市群发展进行了科学规划。其中，长三角城镇化进程的城市高级空间形态，必将对泛长三角城镇化战略格局空间产生重大影响。因此，扬资本全球性空间生产的“利”，促进城市集群发

① 陈锋．城市规划理想主义与理性主义之辨［J］．城市规划，2007（2）．

展，是泛长三角新型城镇化道路的重要特征。

其次，弃资本全球性空间生产的“弊”，积极推进城镇发展。资本全球性空间生产加剧泛长三角城镇化进程中大城市与城镇、乡村发展失衡，是资本全球性空间生产对泛长三角城镇化进程的“弊”。一方面，资本空间生产造就了大城市规模经济效应下的人口膨胀，交通拥挤，住房紧张，资源紧缺等大城市病；另一方面，与广大的农村相联系的城镇发展缓慢，成为泛长三角经济发展的“洼地”。不发展广大的城镇和农村，城镇化道路必然走不快，也走不远，这是由泛长三角基本区情决定的。因此，促进与农村产业相联系的城镇发展，是泛长三角城镇化进程中弃资本全球性空间生产的“弊”的城镇化空间形态优化的重要内容。按照土地城镇化和人口城镇化协调统一，人口城镇化与自然资源承载能力协调统一，城镇化速度和人民群众生活水平提高协调统一的内在要求，大力发展与农村产业相联系的城镇，促进城镇空间协调发展，是泛长三角新型城镇化道路的又一重要特征。

2. 坚持以人为本的新型城镇化方向

空间生产是服务于人民对空间的基本使用权利，服从于人类自由和全面发展的理想。马克思认为，消灭私有制、建立以公有制为基础的社会主义生产关系是社会进步的方向。空间作为一种生产要素，应该属于劳动者共同所有。资本全球性空间生产的趋利性应该让位于社会主义空间生产以人为本的宗旨。从这种意义上说，“社会主义空间的生产，意味了私有财产，以及国家对空间之政治性支配的终结”①。在社会主义社会，空间不再受到资本特权的支配，任何人有平等地获得并使用空间生产产品的权力。空间的生产是为了满足人民群众的使用需求而服务，强调“将取用置于支配之上，将需要置于命令之上，将使用置于交换之上”②。因此，社会主义空间的生产不再是为了资本追逐最大利润，而是以人为本，以满足人民群众的空间使用需求为宗旨。这是社会主义空间生产与资本主义空间生产的根本区别，也是泛长三角新型城镇化道路的基本特征。

作为社会主义空间生产的中国特色城镇化道路探索，必须坚持以人为本的社会主义内在要求和满足人民群众的空间使用需求。以社会主义为根本方向的泛长三角新型城镇化，应将以人为本作为统筹城市集群发展和城镇发展的最高宗旨。这里有两层含义。第一，要以以人为本的宗旨统筹城市集群和城镇发展的空间协调，既扬资本全球性空间生产的“利”，促进城市集群以人为本发展，又弃资本全球性空间生产的“弊”，推动城镇以人为本发展。第二，要以以人为本的宗旨统筹城乡一体

① Lefebvre Henri, “Space: Social Product and Use Value”, in Freiberg, J. W. (ed), Critical Sociology: European Perspective, 1979, p. 291.

② Lefebvre Henri, “Space: Social Product and Use Value”, in Freiberg, J. W. (ed), Critical Sociology: European Perspective, 1979, p. 291.

化发展，走出泛长三角的新型城镇化道路。具体而言，应着力抓好以下几个方面：一是促进城市产业结构调整和产业升级，提高创新能力，增强城市经济实力，为以人为本的中国城镇化提供产业空间协调的城市经济基础。二是深化土地制度改革，发展农村经济，处理好城市居民与农村农民之间、民生与地方政府收益之间以及地方政府之间的土地利益关系，为以人为本的泛长三角新型城镇化提供共同富裕的民生基础。三是遵循市场经济的规律，发挥宏观调控作用，实现城乡优势互补，为以人为本的泛长三角新型城镇化奠定城乡一体化发展的空间基础。四是节约资源，保护环境，鼓励发展集约高效、绿色低碳的经济模式，为以人为本的泛长三角新型城镇化提供资源和环境基础。五是促进医疗卫生、教育、社会保障等基本社会服务均等化，注重城镇化过程中城乡劳动者权益得到全面保护，人民生活水平得到全面提升，为以人为本的泛长三角新型城镇化提供公平共享的民权基础。

第二节　泛长三角区域合作背景下的江苏城镇化空间格局演化①

改革开放后的江苏经济进入区域非均衡发展阶段，城镇化空间分异特征显现。大致以淮河、长江为界，江苏经济形成苏南、苏中、苏北经济板块：淮河以北为苏北经济板块，由徐州、淮安、盐城、连云港、宿迁市域经济板块构成；长江以南为苏南经济板块，由南京、镇江、苏州、无锡、常州市域经济板块构成；② 长江和淮

---

① 根据《江苏省城镇体系规划（2012—2030）》，全省要建成“一带两轴、三圈一极”的格局。南京都市圈、徐州都市圈和“苏锡常”都市圈是主要的城镇集聚空间。城市（组群）发展定位：南京——国家主要的科教基地、综合性产业基地、交通枢纽和历史文化名城、长三角地区重要的科技创新中心；无锡——国家高新技术产业基地、先进制造业基地和风景旅游城市、长三角区域中心城市、“苏锡常”都市圈核心城市；徐州——全国重要的综合性交通枢纽、长三角区域中心城市、淮海经济区商贸物流中心、徐州都市圈核心城市；常州——国家先进制造业基地、长三角地区重要的物流基地、文化旅游名城、“苏锡常”都市圈核心城市；苏州——国家高新技术产业基地、创新型城市和风景旅游城市、长三角区域中心城市、“苏锡常”都市圈核心城市；南通——国家历史文化名城、江海交汇的现代化国际港口城市、长三角北翼的经济中心和门户城市；连云港—赣榆——我国沿海中部沟通东西、连接南北的区域性中心城市、现代化的港口工业城市和海滨旅游城市；淮安——国家历史文化名城和生态旅游城市、长三角北部地区交通枢纽和先进制造业基地、苏北重要中心城市；盐城—大丰——东北亚特色物流转运基地、长三角新兴的工商业城市、沿海湿地生态旅游城市；扬州——国家历史文化名城、长三角旅游休闲与生态宜居城市；镇江——国家历史文化名城、长三角重要的港口、风景旅游城市；泰州—姜堰——中国医药名城和长三角先进制造业基地、滨江生态旅游城市；宿迁——以轻型工业为主导、现代旅游休闲服务业为特色的生态园林城市；江阴——长江下游滨江新兴中心城市、历史文化名城；宜兴——著名陶都、长三角生态旅游城市、苏浙皖三省交界地区重要的工贸城市；常熟——国家历史文化名城、山水生态城市与文化旅游城市、长三角先进制造业基地和商贸中心；昆山—太仓——国际知名的先进产业基地、上海国际航运中心集装箱干线港的重要组成部分、重要的旅游休闲基地；阜宁—滨海——沿海新兴工贸城市和港口城市、沿海城镇轴（连云港和盐城之间）的次级中心；东台——沿海现代化工商业城市、沿海城市轴（盐城和南通之间）的次级中心；丹阳——沪宁线上新兴的地区中心城市、重要的商品流通中心和新兴的先进制造业基地。

② 也有人认为南京不属于苏南，即南京是个例外，既不属于苏南，也不属于苏北。

河之间为苏中经济板块，由扬州、南通、泰州市域经济板块构成。江苏实施沿江开发战略以来，跨长江通道增多，“宁镇扬”同城化发展，长江南岸的南京、镇江、常州、无锡、苏州和长江北岸的扬州、泰州、南通市域经济板块一体化发展，推动着“新苏南经济”①板块发展。城镇发展轴是以重要的交通线为依托，以综合实力强的城镇为节点，辐射带动周围区域，促进经济能量的空间集聚和扩散，从空间演化指向看，形成以苏北“◁”形和新苏南“曰”形城镇密集空间为主要内容的江苏城镇化空间格局，是泛长三角区域合作背景下江苏经济空间演化的必然趋向。

一、长三角核心城市经济辐射半径

以上海为极核的长三角是泛长三角经济的举足轻重的区域。该地域城市群以占全国1%的土地创造了占全国21%的GDP，是中国的经济、产业、人口、城镇集聚程度最高的区域之一，经济发展自组织性、系统性不断提升，对周围区域的辐射作用日益增强，形成了强大的向心引力。长三角周围区域也认识到只有积极向极核区靠拢、主动接受其辐射才是最理性的发展战略选择。正是在这种认识推动下，江苏省盐城、淮安，浙江省衢州、金华、安徽省合肥、马鞍山等市域经济被接受为长三角城市群成员城市。这就促使人们思考：长三角辐射半径即长三角影响区究竟有多大？如何界定长三角城市群的影响区？②

1. 长三角城市与上海城市之间的经济联系强度

这里以长三角城市经济协调会的16个成员城市作为研究对象。首先根据城市、城市异速生长关系，利用上海、南京、杭州等城市1989—2004年工业总产值数据，采用单向回归技术，作为衡量各城市基于工业发展的空间分享能力的相对数值，进而在此基础上分别计算不同城市辐射的衰减因子。运用主成分分析方法，得到各城市相对综合实力因子。利用威尔逊、断裂点模型，计算出中心城市的辐射半径。

（1）长三角15个城市与上海之间的经济联系强度。15个城市与上海之间的经济联系表现在很多方面，资本、技术、人才、信息等，最终体现为经济发展之间的高度相关性。利用工业总产值指标对15个城市与上海之间工业发展的分享能力进行衡量，使用1989—2012年的数据进行一元线性回归分析，得出各城市与上海之间联系强度的相对指标（见表6-2）。

① 新苏南经济板块由原苏南经济与苏中经济板块组成（参见朱舜，高丽娜，等. 泛长三角区域合作背景下的江苏经济创新发展［M］. 成都：西南财经大学出版社，2008：62）。

② 高丽娜. 泛长三角核心区中心城市经济辐射半径的界定［J］. 市场周刊·理论研究，2006（3）.

表 6-2　　长三角 15 个城市与上海经济联系强度

城市	与上海经济联系强度	R^2	城市	与上海经济联系强度	R^2
南京	0. 223	0. 994	杭州	0. 276	0. 956
无锡	0. 182	0. 970	宁波	0. 171	0. 964
常州	0. 123	0. 963	嘉兴	0. 022	0. 799
苏州	0. 201	0. 970	湖州	0. 026	0. 528
南通	0. 036	0. 988	绍兴	0. 031	0. 986
扬州	0. 037	0. 981	舟山	0. 013	0. 974
镇江	0. 037	0. 981	台州	0. 007	0. 027
泰州	0. 028	0. 953 1			

由以上分析结果可以看出，长三角 15 个城市的工业增长与上海之间关系密切，大部分 R^2都在 0. 9 以上，拟合效果很好。江苏省的城市在接轨上海的过程中具有相对优势，而浙江城市除杭州外在接受上海辐射方面与江苏省的城市有较大差距。城市接受上海经济辐射的能力由很多因素共同决定，其中一个重要因素是距离因素，这是一个相对比较客观的因素。江苏省、浙江省内的城市与上海之间的联系强度的变化基本符合距离衰减规律。

（2）长三角城市经济综合实力评估。通过构建比较科学的综合指标体系，利用主成分分析方法确定影响城市综合经济实力的主要因子，用来解释城市间经济实力的差异。按照构建城市经济综合实力指标体系的原则并结合长三角城市的实际情况和数据搜集状况，选定年末总人口、年末就业人员数、工业总产值、GDP、城镇固定资产投资、地方财政预算内收入、社会消费品零售总额、第二产业增加值、第三产业增加值、进出口总额、实际利用外资额、地方财政预算内支出、存款余额、贷款余额 14 个具有代表性的指标，应用主成分分析方法，把长三角 22 个城市的 14 个特征参数值建立一个 22×14 的原始矩阵，得出相关系数矩阵，并且通过 KMO 检验值为 0. 781，提取公因子的累积贡献率为 98. 12%，说明比较适合进行主成分分析，而且效果较为显著。提取出一个公因子，命名为城市总量因子，通过对各城市在主成分因子上的得分情况结合贡献率进行城市经济综合得分的计算。计算结果如表 6-3 所示。

表 6-3　　长三角 22 个城市综合实力得分

城市	综合得分	城市	综合得分
上海	3. 487	泰州	-0. 510
南京	0. 386	杭州	0. 386
无锡	-0. 019	宁波	0. 018
常州	-0. 220	嘉兴	-0. 457
苏州	0. 078	湖州	-0. 455

表6-3(续)

城市	综合得分	城市	综合得分
南通	-0.441	绍兴	-0.469
扬州	-0.430	舟山	-0.519
镇江	-0.441	盐城	-0.441
淮安	-0.441	衢州	-0.441
金华	-0.441	合肥	-0.441
马鞍山	-0.441	台州	-0.394

2. 中心城市辐射半径的计算

(1) 衰减因子的计算。根据威尔逊模型，区域 j 对区域 k 的资源吸引的能力可以用下面的公式表示：

$T_{jk}=KO_jP_k\exp(-\beta_j r_{jk})$

上式中，T_{jk}是区域 j 从区域 k 吸引到的资源数；O_j 是区域 j 的资源强度；P_k 是区域 k 的资源总量；r_{jk}是两区域间的距离；β_j 是衰减因子，决定了区域影响力衰减速度的快慢；K 是一个系数。

由公式可知，影响城市接受辐射能力的主要因素是距离和衰减因子，我们采用逆过程来计算β值，并且认为各城市间β值是存在差异的。由此我们可以得出：$\beta=(P_k/T_{jk})/r_{jk}$。为了使数据具有可比性，不能使用地图上两城市间的直线距离计算，必须考虑通达性因素，我们使用公路里程。另外，各城市从上海吸引到的资源比例用其接受上海辐射的相对强度替代。根据以上计算公式，得出长三角 21 个城市的衰减因子（如表 6-4 所示）。

表 6-4　　长三角城市β值

城市	衰减因子	城市	衰减因子
南京	0.004 3	杭州	0.006 0
无锡	0.009 8	宁波	0.004 3
常州	0.009 6	嘉兴	0.031 0
苏州	0.013 8	湖州	0.023 1
南通	0.021 9	绍兴	0.012 8
扬州	0.011 3	舟山	0.009 2
镇江	0.011 8	台州	0.009 5
盐城	0.011 8	淮安	0.009 5
衢州	0.011 8	金华	0.009 5
合肥	0.011 8	马鞍山	0.009 5
泰州	0.013 0		

（2）中心城市的辐射范围。由以上推导可知，中心城市的辐射能力可以表示为 $P_k\exp(-\beta r_{jk})$，这个公式能反映中心城市的经济能量随距离衰减的经济学原理。如果确定一个阈值 γ，认为当中心城市辐射强度衰减到这个值以下时就近似于没有辐射能力了。令：$\gamma = P_k\exp(-\beta r_{jk})$，$r = 1/\beta * \ln(P_k/\gamma)$，就可以计算出城市的辐射半径 r（见表 6-5）。

表 6-5　　主要城市经济辐射半径

城市	综合得分	经济辐射半径（公里）
上海	3.487	457.360
南京	0.386	285.410
杭州	0.386	285.410
苏州	0.078	160.478
宁波	0.018	45.921

通过综合实力的计算，可以得出排名前 5 的城市综合因子得分大于 0，这几个城市在长三角具有经济辐射的功能。我们重点讨论上海、杭州、南京、苏州、宁波的辐射半径。将综合得分视为中心城市资源强度，各个城市衰减因子值有差异，将 22 个城市衰减因子值加总求平均值，得分为 0.012 8。考察排名第五的宁波，其综合得分 0.018 的数量级在百分之一，所以我们设 0.01 为阈值。如果将计算结果在地图中标示出来，那么长三角城市群已经连成一体，尤其是上海市的辐射半径几乎覆盖了长三角的绝大部分城市。南京、杭州辐射力影响达到安徽省部分县、市。长三角城市的特殊区位条件决定了其经济能量会沿着主要的交通束辐射（如长江通道、陆桥通道等），最终形成经济上相互联系、相互影响的泛经济区。

二、江苏城镇化空间格局演化

江苏省坚持“协调推进城市化，区域发展差别化，建设模式集约化，城乡发展一体化”的新型城市化道路，规划总体目标为城市化与工业化、信息化、农业现代化同步发展，建成经济高效、空间集约、环境优美、具有较强国际竞争力的城市群区，城乡发展一体化的示范区，率先基本实现现代化的先行区，将沿江城市带建成长三角世界级城市群的北翼核心区。

1.“一带两轴、三圈一极”城镇经济空间格局

根据《江苏省城镇体系规划（2012—2030）》规划，到 2030 年，江苏省城市化水平达到 80%，形成“一带两轴、三圈一极”的紧凑型城镇化空间格局。其中“一带”即沿江城市带，将其建设成为以特大、大城市为主体，以产业提升和现代

服务业发展为重点，空间集约高效利用的都市连绵带；“两轴”即沿海城镇轴和沿东陇海城镇轴，将其建设成为以中心城市为主题，以推动新型工业化为重点，实现快速发展的新兴城镇化地区；“三圈”即南京、徐州和“苏锡常”都市圈；“一级”即淮安增长极。

规划到2015年全省形成11个人口超百万特大城市、8个大城市、35个中等城市、7个小城市、730个镇构成的等级规模体系。到2030年，盐城、镇江、泰州、宿迁、常熟、张家港将跻身特大城市行列，总数达到17个。

全省规划区域过江通道20处，南京境内8处，扬镇段2处，泰常段2处，澄张靖段3处，沪苏通段5处，其中公路方式过江通道10处，铁路方式过江通道6处。

江苏沿江地区是指拥有长江岸线的地区，包括宁镇扬泰通和常州6个市、15个县（市）。沿江地区以占全省约1/3的人口、1/4的土地，创造了江苏省约1/2的国内生产总值，在全省发展大局中具有举足轻重的地位。《江苏省沿江城市带规划》是引导沿江地区整体、协调、健康发展的重要规划。按照省委、省政府制定的沿江地区发展目标，规划依据沿江城市带的基本情况、发展机遇和挑战、存在的问题，在对产业、资源、环境、交通、能源等进行定量分析的基础上，提出全面协调、可持续发展的总体发展目标，明确资源、环境、交通、空间、就业等方面的发展策略和要求，重点对生态环境保护与建设、长江岸线利用、基础设施布局、文化建设与风景旅游、城镇空间布局等提出了管制原则和要求，确定包括投资与效益门槛在内的区域发展和环境保护政策。按城镇、工业区、岸线及过江通道两侧、生态景观等用地类型对沿江城市带的空间发展进行分类指导。在区域空间发展上，以江苏沿江城市为骨干，以“苏锡常”都市圈、南京都市圈为主体，规划形成南京、扬（州）镇（江）、常（州）泰（州）、澄（江阴）张（家港）靖（江）如（皋）跨江城市片区，着力构筑功能互补、特色鲜明的城镇空间发展新格局。围绕构筑中心城市1小时通勤圈、沿江开发地区3小时通行带的要求，提出要建设开放式、快速化、多式集成的城际交通网络。

2. 江苏省区域共同发展战略

随着农村改革的不断深入，苏南乡镇集体经济迅速发展，苏北与苏南的差距越来越大。1984年江苏省提出“积极提高苏南、加快发展苏北”的江苏区域共同发展战略。1994年江苏省进一步明确规定将“区域共同发展”作为未来江苏现代化建设的五大发展战略之一。“区域共同发展”作为一个全省发展战略正式形成和实施。

江苏每年有关于区域发展重大政策措施出台，其重点在于逐步引导苏北打破相对封闭的状态，加强与苏中、苏南的经济交流，区域政策渐成体系。经过上下共同努力，区域平衡发展政策成效显著，政策预期目标逐次实现，江苏区域差距开始缩小。但是，随着改革开放30多年后市场经济体制逐步趋向完善，苏南发达市场和高度开放外向型经济对市场要素产生巨大的极化效应，使资本、技术、信息、人力资源大量涌向这一区域，导致苏南发展更快，江苏南北差距也因此重新拉大。针对新的区域发展态势，江苏提出缩小区域差距的新思路、新方针："提升苏南发展水平，促进苏中快速崛起，发挥苏北后发优势"。江苏着眼江苏"两个率先"的大局，对促进南北协调发展做出了一系列重要决策，采取了一系列包括建设"苏锡常"、南京、徐州三大都市圈等在内的战略措施，成立了苏北发展协调小组，举全省之力实施振兴苏北战略，确定苏南5市与苏北5市建立相对紧密型的对口帮扶合作关系；加大南北干部交流的力度，加大向苏北财政转移支付力度，加大产业由南向北梯度转移的力度，特别是重点鼓励苏南开发区与苏北开发区紧密挂钩，以更大的力度推进产业转移；南北挂钩共建苏北开发区，既促进了苏北"筑巢引凤"，也促进了苏南"腾笼换鸟"，加快了产业升级。苏北已经形成航空、港口、铁路、公路交通体系，省级财政对苏北的转移支付和专项补助逐年增加；"北输南接"机制还推动了劳动力区域转移，苏北主要经济指标增幅继续高于全省平均水平。

2000年江苏省决策要强化三大都市圈的功能，更好地带动全省城镇快速发展。2002年徐州都市圈规划通过省政府的正式批准，并由此确定了徐州作为江苏省三大都市圈核心城市之一的发展目标。2007年江苏从提升徐州在淮海经济区中的地位和作用，培育江苏新的经济增长点，带动苏北振兴，促进区域共同发展的战略高度，又做出振兴徐州老工业基地的重大战略部署。江苏省提出要像中央支持东北老工业基地振兴那样，把徐州作为江苏的老工业基地，出台特殊政策、措施支持徐州振兴。振兴徐州老工业基地既是江苏实施均衡发展战略的一个重要步骤，也是把徐州作为苏北龙头，带动苏北振兴的非均衡发展的一个重要步骤。徐州都市圈发展与徐州老工业基地振兴，体现着非均衡发展和均衡发展的辩证统一。

第三节　泛长三角区域合作背景下的江苏城镇经济轴

实施江苏城镇经济轴发展规划，是推进江苏经济创新发展的重大而紧迫的任务。江苏省城镇化水平逐年提高，农村人口城镇化空间扩展是江苏城镇化水平提高的重要内容。江苏省农村人口城镇化空间扩展是多层次的：一部分进入"三大都市圈"，一部分进入城市，一部分进入城镇。据测算，进入城镇的农村人口占比较大，因而泛长三角区域合作背景下的江苏城镇经济轴发展对于江苏经济创新发展具有十分重要的意义。江苏城镇经济轴受江苏南北经济板块空间性状影响，呈现出苏南"曰"形城镇经济轴、苏北"◁"形城镇经济轴和沿海城镇经济轴的空间特征。

一、泛长三角区域合作背景下的新苏南“曰”形城镇经济轴

交通网络发达，沿铁路、高速公路城镇经济板块集聚，形成新苏南城镇化空间格局。沪宁快速交通束城镇经济轴是新苏南形成和经济实力最强的城镇经济轴。沪通铁路、上海过江通道（隧道）及上海长江大桥、崇启大桥、海门大桥以及苏通大桥的建设，形成由长江北岸的沪宁快速交通束和长江南岸的沪宁快速交通束组成环沪宁快速交通束，从而快速增加长三角尤其是上海经济对江苏长江北岸区域的辐射强度。“区域交通与其他经济部门一起共同构成了区域经济系统。”“交通干线的建设和运营对沿线地区最重要的影响是提高沿线各个地区、城市的可达性，使其经济地理位置，尤其是交通地理位置变化，从而改变区域或地点的区位优势，促进区域发展。”① 环沪宁快速交通束城镇经济轴是经济要素和经济活动沿长江南、北岸沪宁快速交通束集聚的城镇经济轴（简称“环沪宁城镇轴”），包括南沪宁快速交通束城镇经济轴和北沪宁快速交通束城镇经济轴。新苏南经济板块的沪宁快速交通束城镇经济轴、环沪宁快速交通束城镇经济轴空间结构特征显现。

1. 沪宁快速交通束城镇经济轴

沪宁快速交通束是泛长三角快速交通束在长三角经济区的主要组成部分，包括沪宁高速公路，沪宁铁路、京沪高速铁路沪宁段、沪宁城际铁路、沿江铁路（镇南铁路、常苏嘉城际铁路）和机场。城市城镇经济板块沿沪宁快速交通束集聚，形成沪宁快速交通束城镇经济轴，它在江苏经济创新发展中具有举足轻重的地位，因而沪宁快速交通束城镇经济轴的发展直接关系到江苏经济创新发展的全局。

（1）沪宁快速铁路通道城镇经济轴。作为长三角主要交通线的沪宁铁路通道，有京沪既有线（沪宁铁路）、沪宁城际和京沪高速铁路沪宁段；沪宁铁路通道形成六线格局，其中四线为客运专线，京沪线以货运为主。作为南京、镇江、无锡、常州、苏州、上海城区连接线的沪宁铁路交通束，主要解决沪宁沿线大中城市之间及对外长途客货运输。沿沪宁铁路通道集聚的城镇经济轴对江苏经济创新发展具有重要意义。

沪宁快速铁路城镇经济轴。一是沪宁铁路（始建于1898年的上海至南京之间的铁路）是中国最早建设的重要铁路干线，在全国的铁路网中沪宁之间的铁路亦是最紧张、最繁忙的干线。对其进行改扩建，使之达到快速铁路运营能力。二是沪宁城际铁路和京沪高速铁路沪宁段运能效率提升。沿沪宁铁路、沪宁城际铁路和京沪铁路沪宁段集聚的城镇经济板块密集，铁路城镇经济轴空间特征明显。

长江南岸沿江城际铁路城镇经济轴。沪宁铁路通道外围的句容、金坛、江阴、

① 张文尝，金凤君，樊杰，等．交通经济带［M］．北京：科学出版社，2002：129-130.

张家港、常熟、太仓等中小城市（其中江阴、张家港、常熟、太仓等县市位居全国百强县市前列），产业和城镇密集，经济实力强，人口密度大，城际客运需求旺盛，仅有的公路难以满足客运需求。长江南岸沿江城际铁路（规划）起于拟建的沪通铁路太仓站，利用沪通铁路太仓至安亭段线，[①]是长三角核心区城际铁路网的路网作用突出的重要组成部分；是促进长三角经济一体化发展，引导通道内中小城市向南京都市圈、“苏锡常”都市圈和上海都市圈聚集的需要；是强化沪宁通道客运能力，缓解公路运输压力，满足沿线城际客运交流的需要；是提升浦东地位，促进建设上海（大浦东）目标实现的需要；是长三角构建（两型）和谐社会，促进区域可持续发展的需要，对沿线经济发展具有重要意义（解振全，2011）。以长江南岸沿江城际铁路交通干线为集聚轴的城镇经济快速发展，形成的长江南岸沿江城际铁路城镇经济轴为苏南经济创新发展提供空间路径。

（2）沪宁高速公路城镇经济轴。江苏省高速公路网规划的“横三”（南京经泰州至启东，340公里）、“横四”（南京经南通至启东，380公里，支线10公里）、“横五”（南京至上海，310公里）、“横六”（南京至上海复线，310公里）、“横七”（溧水至太仓，260公里）、“横八”（高淳至太仓，300公里，支线30公里），构成沪宁高速公路束。以“横五”为主体、“横七”（沿江高速公路）为北翼、横六（沪宁高速公路复线）为南翼的高速公路通道，是沪宁高速公路束的核心通道，这三条高速公路具有不同的路网功能和服务区域，相互补充、相互促进，在沪宁之间提供快捷的高速公路通行服务，这种路网流量分配特征从已建成的沿江高速公路常州至太仓段的运营实践中得到验证。从江苏经济创新发展趋势看，沪宁高速公路的核心通道应扩大为8~10车道，[②] 以提升其快速交通束服务功能。以沪宁高速公路交通干线为集聚轴的城镇经济快速发展，形成的沪宁高速公路城镇经济轴为苏南经济空间集聚扩大了交通经济轴空间。

2. 环沪宁快速交通束城镇经济轴

环沪宁快速交通束城镇经济轴在江苏经济中具有加密新苏南城镇化空间的战略地位。新苏南经济是江苏经济的高度城镇化区域，有“苏锡常”都市圈和南京都市圈；环沪宁快速交通束城镇经济轴是在沪宁快速交通城镇经济轴南、北两侧“均匀”连接这两大都市圈的快速交通轴，其快速交通束城镇经济轴在江苏经济的重心地位是毋庸置疑的。因此，环沪宁快速交通束城镇经济轴的发展直接关系到江苏经济创新发展的全局。

---

① 解振全. 江苏沿江城际铁路路网作用和功能定位研究［J］. 铁道标准设计，2011（10）.（沿江铁路规划西起南京，途经镇江、常州、江阴、张家港、常熟、太仓，与沪通铁路连接，线路全长227公里，江苏境内208公里）

② 中国第一条10车道高速公路——水官高速公路（全长20.14公里）2009年改扩建为10车道。

（1）北沪宁快速交通束城镇经济轴。在较长时期，江苏经济的发展重点是长江南岸快速交通束区域——沪宁快速交通束城镇经济轴。长江北岸经济板块虽然也是长三角经济区的组成部分，但是由于“天堑”长江的天然阻隔作用，使长江北岸经济板块未能直接融入上海经济辐射圈。随着沿江快速交通束及多个过江通道工程的建设，为长江北岸经济真正融入上海经济圈创造了条件，长江南北岸的地域差异对经济发展的影响正在减弱。北沪宁快速交通束城镇经济轴对沿江经济崛起具有战略意义。北沪宁快速交通束城镇经济轴是环沪宁快速交通束城镇经济轴的长江北岸部分，在长三角经济区具有十分重要的区位，发展潜力很大。北沪宁快速交通束城镇经济轴以沪通城际铁路、宁启铁路、沿长江北岸走向的扬通铁路（规划）及其相邻高速公路、机场、港口等快速交通束为支撑的城镇经济轴，包括扬州、泰州、南通市区经济和仪征、江都、姜堰、海安、如皋、通州、泰兴、靖江、海门、启东等城镇经济板块。需要说明的是，与江苏省政府制定的沿江开发区域涉及的城市经济和城镇经济构成相比较，北沪宁快速交通束城镇经济轴增加海安和姜堰两个城镇经济板块是适宜的。

（2）南沪宁快速交通束城镇经济轴。它因沪杭快速交通束建设晚而发展滞后，由宁杭宁湖段—湖州—上海高速公路，宁杭宁湖段—湖州—上海高速铁路等快速交通束的城镇经济板块构成。南沪宁快速交通束城镇经济轴主要包括南京市区、湖州市区、上海经济及溧水、溧阳、宜兴等县（市）的城镇经济板块，是苏南经济发展的潜力区域。南沪宁快速交通束城镇经济轴的快速发展，有利于江苏经济与上海经济和杭州经济合作发展。

二、泛长三角区域合作背景下的苏北“◸”形城镇经济轴

中国城镇化的现代空间特征表现为散状的城市、镇和集聚的城镇密集区（城镇轴、都市圈、城市群、城市群集聚区、城市群集聚连绵带）两类空间形态。城镇轴是城镇化进程中的城市、镇集群发展轴状空间高级形态（方创琳等，2007）。城镇化进程加速和城镇集群化趋势构成世界城镇化发展前景。美国学者斯蒂格利茨（2001）把中国的城镇化与美国为首的新技术革命并列为影响 21 世纪人类发展进程的两大关键因素，并认为城镇化是新世纪对中国的第一大挑战。城镇轴是苏北城镇化进程中国土空间演化高级形态和空间开发格局的优先开发区域。促进苏北城镇经济轴空间协调，对于优化苏北国土开发空间格局具有十分重要的意义。

1. 苏北城镇经济轴：城镇化进程的城市、镇集群空间高级形态。

在经济资源约束尤其是土地约束越来越突出的背景下，城市、镇集群空间容纳大量的人口、生产大量的经济剩余（地均产出和人均产出实现高效率），实现人口、经济和生态空间协调发展是一种必然趋势。城镇集群区是工业化和城镇化推进

的产物。城镇集群区是在特定的地域范围内具有相当数量，不同性质、不同类型和等级规模的城市、镇，“依托一定的自然环境条件，以一个或多个特大或大城市作为经济空间核心，借助于综合运输网的通达性，发生与发展着纯属个体之间的内在联系，共同构成一个相对完整的城市、镇集合体”；[①] 是由若干个中心城市在各自的基础设施和具有个性的经济结构方面，“发挥特有的经济社会功能，而形成一个社会、经济、技术一体化的具有亲和力的有机网络”。[②] 世界城镇化的一个显著特点表现为大城市连绵带发展的趋势明显，其结果不仅使人口和财富进一步向交通发达区域急剧增加，而且在快速交通束沿线出现大城市、大都市区和城镇轴的连绵带等新型城市城镇密集空间组织形式。城镇密集区是城市和城镇的密集区。在城镇集群结构体系中，每个城镇密集区作为一个整体，是多个城市和城镇的集合，类似城镇集群结构体系中的一个“独立城市”[③] 经济要素不断发生地理变迁，其空间重构表现为密度、距离和分割三个变量的改变，高密度（经济要素高度集聚）、近距离（经济要素移动和专业化）、浅分割（经济区域一体化）的巨型功能地域体不断涌现和发育，并开始形成以大城市为核心，有着主次序列、分工协作的城镇群体。从这种意义上说，苏北城镇轴就是“以大城市为核心，有着主次序列、分工协作的城市城镇群体”[④]。城镇集群发展是苏北城镇化空间协调的内在动力。苏北是中国东部发达省域经济板块的发展中区域，改革开放以来城镇化进程加快，高速公路、铁路等交通干线沿线城市、镇集群发展，国土开发指向优化方向演化的空间特征显现。苏北城镇密集区空间结构演化趋势在苏北城镇化和快速交通束沿线得到显现。城镇化和快速交通束建设使苏北经济空间结构呈现快速交通束经济轴特征：东陇海快速交通束城镇经济轴（横贯于苏北北部东西走向的快速交通束城镇经济轴），徐宿淮盐快速交通束城镇经济轴（贯穿苏北腹地呈东南走向的快速交通束城镇经济轴），连盐快速交通束城镇经济轴（苏北沿海南北走向的快速交通束城镇经济轴）。快速交通束城镇经济轴无论在地理空间还是在经济空间上都“均匀”分布于苏北国土空间，极化着苏北经济要素和经济活动，是苏北有后发优势的经济空间结构，是苏北城镇化进程的城市、镇集群空间高级形态。从优化国土开发空间格局视角看，推动苏北快速交通束城镇经济轴空间结构优化，对于苏北城镇化空间协调具有十分重要的空间优化意义。实施国家“两横三纵”城市化战略格局规划为苏北城镇经济空间协调发展提供了重大战略机遇。区域竞争突出反映为城镇集群区竞争。中国形成了长三角、珠三角、环渤海三大城镇集群区，其中，长三角城镇集群区名列世界第六大城市群（简·戈特曼，1972）。受市场机制、快速交通束和政府推动

---

① 姚士谋，王成新．区域“板块”形成演变规律及其动力源探究［J］．地域研究与开发，2004（2）．

② 顾朝林，张敏．长江三角洲城市连绵区性状特征与形成机制研究［J］．地理科学，2001（3）．

③ 方创琳，姚士谋，刘盛和，等．2010 中国城市群发展报告［M］．北京：科学出版社，2011．

④ 刘传明，曾菊新．区域空间供需模型与空间结构优化途径选择——功能区建设的科学基础［J］．经济地理，2009（1）．

等因素影响，长三角城镇集群区与长江通道经济带和陆桥通道经济带城镇集群区内在经济联系（极化与辐射）与日俱增，因而国家规划“构建以陆桥通道、沿长江通道为两条横轴……以轴线上若干城市群为依托、其他城市化地区和城市为重要组成部分的城市化战略格局”（“两横三纵”城市化战略格局———引者注）①；东陇海地区（江苏、山东、河南、安徽省接壤区域）城镇集群发展也被列入国家“两横三纵”城市化战略格局规划。但是，有数据表明，苏北是长三角城镇集群发展区的“洼地”。一方面，城市、城镇经济快速增长引致城镇集群快速发展及空间结构演化；另一方面，城镇集群发展出现的问题增加，城镇集群区紧凑度整体偏低和空间差异性大。城镇集群空间协调发展已成为世界各国拓展国土更大发展空间的战略选择。经济空间结构是经济要素和经济活动区域化的空间表现。跨行政区的城镇集群空间结构协调，是内在空间联系比较紧密的系统工程，应有相应的组织、制度推动。因此，加强对苏北城镇集群发展的空间协调研究具有国家战略实施的应用价值。

2. 苏北城镇经济轴空间性状特征：国土空间演化视角

城镇化是工业化的伴随物，是区域经济增长的直接推动力。快速交通束建设是城镇化的必然选择，是城镇经济发展的基础条件。② 苏北城镇化和快速交通束建设，促进着苏北城镇经济轴创新发展。促进苏北经济创新发展是江苏省全面建设小康社会，率先基本实现现代化的内在要求。苏北经济创新发展的出路在于寻找到适应其经济发展阶段和与苏南经济空间融合的空间组织形式。苏北经济要素的城镇空间优化配置是苏北经济和江苏经济创新发展的内在要求，具有显著的城镇经济轴空间性状特征。③ 苏北城镇经济轴空间性状特征是：苏北经济空间结构演化处于极核式集聚发展阶段向点-轴式集聚过渡的阶段，城镇经济轴空间特征初显。城镇经济空间形态是经济空间的重要组织形式，发展城镇经济是实现经济空间协调的重要途径。发展苏北经济必然要强化其与上海经济和苏南经济的空间联系。江苏沿海交通条件的改善（沿海高速公路、高速铁路、苏通大桥、崇启大桥、崇海大桥、上海过江隧道及大桥、沪通铁路建设），对苏北经济空间协调具有重要引导意义。经济空间演化的一般规律是遵循点-轴-网络演化路径。在由点到网络的演化进程中，轴的延伸与扩展方向和点的开发次序的选择直接影响到空间结构协调路径。苏北经济空间演化处于由极核式集聚发展阶段向点-轴经济过渡阶段，徐州、连云港、盐城、淮安、宿迁等市区经济综合实力不断提升，初步形成沿东陇海线、沿徐宿淮盐

---

① 参见《中华人民共和国国民经济和社会发展第十二个五年规划纲要》。

② 李玉江，陈培安，等. 城市群形成动力机制及综合竞争力提升研究［M］. 北京：科学出版社，2009.

③ 朱舜，等. 促进长三角及其经济腹地协调发展的理论与对策研究［M］. 北京：经济科学出版社，2011.

高速公路（铁路）和连盐通高速公路（铁路）城镇经济发展动力轴，尤其是沿连盐通高速公路（连盐铁路，新长铁路盐通段）城镇经济（沿海城镇经济轴）受上海、苏南经济辐射作用逐年增强，呈现出经济综合实力快速增长的城镇集聚经济板块。苏北快速交通束城镇经济轴空间性状显现。从交通基础设施支撑来看，苏北快速形成以徐连、连盐、连淮、淮盐、盐通、徐宿淮等高速公路，东陇海、新长、宿（宿州）宿（宿迁）淮（淮安）铁路、连盐（立项建设）、淮扬镇铁路（规划）、徐连铁路客运专线（规划）为主体的快速交通束，引致形成城镇经济轴空间结构。尤其是淮安—连云港铁路和南京—淮安铁路规划建设，对增强淮安城市与苏北苏南的快速交通联系，推动城镇经济快速发展具有重要意义。快速交通束建设和完善，使苏北城镇经济轴空间协调发展条件得到较大改善。城镇化推动苏北经济空间结构指向城镇经济轴优化方向演化。改革开放以来，苏北城镇非农业人口增长和城镇规模扩大的速度加快，从而推动城镇经济快速发展。徐州城市进入特大城市序列后，对徐州都市圈的形成和发展发挥着极其重要的极化和辐射作用。淮安城市的快速发展为其获得苏北经济发展的增长极优势区位。城镇化对苏北经济空间结构指向城镇经济轴优化发生着直接推动作用。[①] 在苏北城镇化进程中，城镇经济占比增大，农村经济占比下降，城镇经济与农村经济的二元结构指向一元经济演化。城镇化推动苏北经济空间结构向城镇经济比重增大方向演进，推动苏北经济的增长极发展，从而使苏北经济空间结构指向城镇经济轴优化方向演进。经济实力的快速增长推动苏北快速交通束建设进程加快。东陇海、新长铁路、徐连铁路客运专线和宁靖盐、宁宿徐、徐宿淮盐、徐连、汾灌高速公路构架出的苏北快速交通束，为苏北快速交通束城镇经济发展提供交通基础条件。推动城镇化和建设快速交通束的直接结果是沿快速交通束的城市、城镇规模（空间）扩大，从而使城镇经济发展的速度显著高于农村经济。苏北城镇化的推进和快速交通束的建设，使苏北城镇化呈现以快速交通束城镇经济轴为空间性状特征的城镇经济空间指向优化方向演进。但是，苏北城市之间的经济联系较弱，极核区城市发展缓慢。城市之间经济联系强度是经济一体化发展的重要表征，也是区域经济发展水平的重要“指向标”。参照引力模型对江苏省地级城市之间的经济联系强度进行定量计算，其结果显示苏北城市相互之间经济联系强度比苏南城市相互之间经济联系强度低。苏北区域中心城市尚需培育。虽然从经济实力、交通区位方面看，徐州城市具有较好的相对优势，但其受苏北经济空间中心区位缺失的影响，从而对苏北经济发展的带动作用较弱。淮安城市与苏北其他城市在经济联系上的苏北经济空间中心区位优势明显，着力推动淮安城市经济快速发展，使其成为苏北经济空间中心城市具有重要的苏北国土空间优化意义。

---

① 朱舜，等. 苏北“◁”形城市经济带实证研究［J］. 现代经济探讨，2003（12）.

三、沿海城镇经济轴

江苏省实施的沿海开发的“沿海”不是沿海岸线，而是以中心城市为依托，沿快速交通束展开，与重点港口连通，形成“五极一轴”的沿海空间开发格局:①连云港、滨海、盐城、海安、南通市区“五极”，沿海城镇经济轴“一轴”。“五极一轴”是江苏沿海开发战略的重点，也是南北区域合作的关键。

1. 沿海城镇经济轴连接江苏沿海南北城镇经济

沿海城镇经济轴是苏北“◁”形快速交通束城镇经济轴与环沪宁快速交通束城镇经济轴的衔接经济轴。苏北“◁”形快速交通束城镇经济轴与环沪宁快速交通束城镇经济轴空间连接，具有空间通道联系作用和经济由南向北扩散辐射的重要功能，从而对江苏南北城镇经济合作发挥重要作用。依据江苏沿海城镇轴在全国“两横三纵”城市化格局中所处的位置、承担的功能、依托的腹地、服务的半径，紧紧围绕江苏经济创新发展目标，明确开发的战略方向，确定港口、城市、产业的发展定位，把江苏沿海城镇经济轴建设成为面向国际、依托上海、连通长江、带动苏北的江苏城镇化新增长区域。

2. 沿海城镇经济轴对江苏沿海“塌陷地”崛起具有重要意义

江苏经济的沿海城镇经济轴包括连云港、盐城、南通城区和拟培育的滨海、海安市区经济，赣榆、灌云、灌南、响水、阜宁、射阳、东台、大丰、如东、海门、通州、启东等县（市）的中心镇经济板块。江苏经济发展的重点是沪宁城镇经济轴和沿江区域。江苏沿海 1 000 多公里海岸线的城镇经济轴是中国沿海经济带中的“塌陷地”。江苏海洋产业经济总产值在中国沿海省域经济板块中排名为倒数第三位，沿海三个市域经济板块的人均地区生产总值低于江苏省平均水平，每平方公里地区生产总值只是广东的1/6，山东的1/5，浙江的1/4，中国万里沿海经济带在江苏出现“断裂”或“塌陷地”。区域不平衡发展是江苏经济创新发展的“困境”。江苏沿海城镇经济轴发展的关键问题是区域中心城市发展缓慢和偏少。一方面是连云港、盐城和南通区域中心城市功能不强；另一方面是区域中心城市偏少，没有形成合理的城镇等级规模体系。城镇规模等级体系的层次与区域经济发展的阶段特征具有对应关系，因而应在加快工业化进程中，着力发展区域中心城市，促进江苏沿海“塌陷地”崛起和培育江苏经济创新发展核心竞争力。

---

① 参见《科学规划是第一要素》，http://jsnews.jschina.com.cn。

第四节　泛长三角区域合作背景下的江苏三大都市圈城市经济板块

都市圈经济是泛经济区发展的“黑洞”。都市圈是一个或多个核心城市以及与之具有紧密经济空间联系的周围中小城市构成的城镇密集区。泛长三角区域合作背景下的江苏省三大都市圈城市经济板块，是江苏经济创新发展的“黑洞”，是泛长三角区域合作背景下江苏城镇化空间格局优化的动力源。

一、“苏锡常”都市圈

“苏锡常”即苏州、无锡和常州市，地处平原，开发历史悠久，城乡经济发展水平较高，城镇密集且空间“均匀”；“苏锡常”都市圈是紧邻上海的长三角城市群的江苏经济核心城市城镇密集区。改革开放以来，“苏锡常”经济快速发展，城镇化水平快速提高，城市城镇体系发生了显著变化。1980 年，“苏锡常”城镇人口主要集中在苏州、无锡 2 个大城市和常州中等城市。到 1995 年，随着“苏锡常”的部分撤县设市，城市数由 3 个增加到 15 个，其中“苏锡常”的市区非农业人口均超过 50 万，约占全部城镇人口的一半；常熟、江阴、宜兴、锡山、溧阳市非农业人口在 20 万~50 万之间，进入中等城市行列；张家港、昆山、太仓、吴江、金坛市非农业人口在 20 万以下，属于小城市。到 2012 年，苏州、无锡、常州市区非农业人口规模均超过 150 万，进入特大城市行列；常熟、宜兴市区非农业人口超过 50 万，进入大城市行列；张家港、昆山、吴江、江阴、溧阳属于中等城市行列；太仓、金坛属于小城市，城市等级规模结构表现为两头小、中间大空间格局。

1.“苏锡常”都市圈发展进程

“苏锡常”在历史上是苏南中心城市，在 1980 年以后进入发展快车道。1984—2012 年，苏州市区人口从 61 万增加到 250 万，无锡市区从 69 万人增加到 243 万人，常州市区从 45 万人增加到 227 万人。随着“苏锡常”市区人口的快速增长、中心城市人口和经济实力的增长，以及工业化进程的加快，对周围区域辐射和扩散作用日益显著，为都市圈发展奠定了空间基础。随着“苏锡常”城市人口的增长和用地的扩张，城市空间结构发生显著变化，表现为沿交通干线城镇经济轴由团块状向带状转变。如苏州老城区与工业园区、高新区连在一起，使苏州市区范围向东西两侧获得扩展，形成明显的东西向带状结构。无锡市老城区沿沪宁铁路向东南向大幅度延伸。常州市区空间沿着沪宁铁路扩展，表现出非常明显的轴状空间特征。

随着经济快速发展和城市空间快速扩张，原来相邻的地级市和县级市空间连接，比如无锡市和锡山市、苏州市和吴县市、常州市和武进市。为了适应城市空间扩展需要及时进行行政区划调整，锡山市、吴县市和武进市均撤市设区，无锡市区、苏州市区和常州市区范围成倍扩展，推动城镇化和生产力的合理空间布局，促进了都市圈发展。

根据交通干线和沿线城镇经济发展程度，“苏锡常”都市圈的城镇经济轴分为一级城镇经济轴和二级城镇经济轴。一级城镇经济为沪宁城镇经济轴，二级城镇经济轴包括沿江城镇经济轴、澄锡宜城镇经济轴、苏嘉杭城镇经济轴、常金溧城镇经济轴、锡张城镇经济轴和宁杭城镇经济轴，形成“四纵三横”网络状空间结构。

2.“苏锡常”都市圈创新发展路径

苏锡常都市圈规划强调“苏锡常”的整体协调发展。《江苏省城镇体系规划（2012—2030）》对“苏锡常”城镇空间发展、基础设施建设、生态环境保护等进行了具体的规划。规划重视“苏锡常”都市圈与上海经济关系的把握和对苏中、苏北经济极化和辐射的导引。“苏锡常”都市圈的紧凑型城市、开敞型区域、网络化发展空间形态，增强苏南经济创新发展的“黑洞”效应。促进“苏锡常”都市圈创新发展路径是：

（1）完善“苏锡常”都市圈轨道交通网络。“苏锡常”都市圈轨道交通规划于2003年完成网络规划和建设、运营、管理模式研究报告。根据规划，通过二三十年的努力，“苏锡常”都市圈将建成以沪宁城镇经济轴为主轴、沿江城镇经济轴为辅轴，连接都市圈各中心城市和重要城镇、园区的轨道交通网络，实现“苏锡常”主城之间1小时互通、主城与卫星城之间半小时互通、三大中心城市与县级城市之间40分钟互通；达到三个有机衔接，即城际轨道线网与“苏锡常”市内轨道线网有机衔接，通过换乘枢纽与“苏锡常”市内公共交通、铁路和公路等客运方式有机衔接，“苏锡常”都市圈轨道线路与上海、南京都市圈、苏中、浙北四大区域轨道有机衔接。

（2）进行“苏锡常”都市圈空间管治。科学确定“苏锡常”都市圈空间管治原则、范围、内容和措施，加强对“苏锡常”都市圈内沿沪宁线、环太湖、长江沿岸、沿沪接壤区和宜溧金丘陵区等五个重点区域空间开发利用的空间管治，优化不同区域的功能。加强对“苏锡常”都市圈生态环境和人文环境的保护，落实生态环境建设措施，严格控制生态环境脆弱区的开发和建设，防止对资源的过度开发和破坏。推进“苏锡常”都市圈一体化发展，提升都市圈整体竞争力。

二、南京都市圈

南京都市圈是长江下游城市群集聚区的江苏经济核心城市城镇密集区。以南京为中心城市的南京都市圈，地跨苏皖两省，自2006年首次发布都市圈评价指数至今，南京都市圈综合竞争力排名均居全国前五。都市圈成员城市为南京、镇江、扬州、淮安、马鞍山、滁州、芜湖、宣城八市，总面积6.3万平方公里。

1. 南京都市圈发展进程

南京都市圈是国家级五大都市圈之一（列上海、广州、北京、杭州都市圈之后），是江苏省着力建设的三大都市圈之一。南京都市圈发展的战略定位是：辐射中西部的国际性重要门户，国际先进制造业中心和现代服务业基地，泛长三角转型与合作发展示范区，具有较强竞争力的国家级都市圈。①

南京都市圈不是行政区划意义上的城市群概念，而是被发达的交通网络紧密联系起来的城市群落，是一个地跨苏皖两省的行政区城市群。南京都市圈的安徽省东部城市在地缘、人文、方言以及经济联系上和南京有很大的关联度。南京都市圈具有较强竞争力的国家级都市圈，形成一个核心、两个圈层、一带一轴三通道的空间结构。一个核心：包括南京主城和以主城为核心、半径约30公里范围的城镇及潜在的城镇发展地区，是南京城市功能重组和集聚新兴城市功能的重点区域。两个圈层：包括核心圈层和紧密圈层。核心圈层是与核心城市联系紧密、接受核心城市强烈辐射，城市间相互作用最强、最广泛的区域；规划范围包括核心城市和距核心城市中心约50公里范围内的城市和城镇，包括南京市、马鞍山市、仪征市、句容市、滁州市区、来安县、全椒县。紧密圈层是与核心城市联系密切，接受核心城市的辐射，圈层地带节点城市具有相当的发展规模，且相互之间具有较强的经济社会联系的功能城市和城镇；规划范围为核心圈层外围、距核心城市中心约100公里范围内的城市和城镇，包括扬州市、镇江市、芜湖市、滁州市的北部、淮安市的南部。一带一轴三通道：沿江城市带，即包括南京、扬州、镇江、马鞍山、芜湖等5个设区市以及仪征、江都、当涂、和县等县（市）；城镇经济轴，即北从金湖、盱眙开始，经天长、南京、溧水至高淳；三条通道城镇经济轴，即南京至句容并延伸到“苏锡常”都市圈环太湖地区、宜（兴）溧（阳）金（坛）丘陵区通道，南京至滁州、明光、凤阳通道，南京至全椒、合肥通道城镇经济轴。

南京与都市圈城市全部实现高速公路连通，快速干线公路覆盖所有县级城市，以沿江通道作为主通道，以沪宁合、淮宁宣、滁宁杭、淮扬镇、巢马溧、宁盐高速公路作为辅通道，构成“ 主五辅”的综合交通骨架。规划建成江六、南京绕越、溧马、芜太等高速公路，全面完成宁镇、宁滁、宁杭、宁宣、浦泗、淮江等干线公路改造，“十二五”开工建设宁巢、宁宣高速。2012年南京长江四桥建成通车，纬三路过江隧道、溧芜高速、溧马高速、江六高速等重点项目加快推进，都市圈高速

① 南京都市圈规划（2002—2020）：近期（2002—2005年）总人口2 600万人，城镇化水平达到52%左右（江苏省内58%），城市人均住房建筑面积18平方米（江苏省内20平方米），人均公共绿地8平方米（江苏省内12平方米）；远期（2006—2020年）总人口3 200万人，城镇化水平达到66%左右（江苏省内74%）。

公路骨干网络加快形成。122省道宁句公路、104国道江宁段、江北段、宁滁快速通道、扬滁公路南京段等城际高等级公路建设加快推进。

《南京都市圈规划（2002—2020）》对南京都市圈按四个空间分区：沿江地区、沿轴线地区、沿通道地区和其他地区。沿江地区为城市化促进区，是都市圈城镇经济发展主要空间；沿轴线地区为都市圈仅次于沿江地区的城镇经济发展空间，促进沿轴线城镇集聚发展；沿通道地区引导城镇经济点状布局，控制沿交通线无序蔓延；其他地区要特别重视保护农业生产空间和生态环境，发挥对都市圈空间的生态支撑的作用。①

2. 南京都市圈创新发展路径

南京都市圈积极推动都市圈一体化发展，并在很多领域取得了长足进展，达成了卓有成效的共识。进入“十二五”后，在国家区域战略格局中，南京都市圈“承东启西、承南接北”的重要地位不断凸显，其地处中国重要的沿海和沿江城镇经济轴的交汇点，是东部与中西部经济发展的转换地带、南方与北方经济发展的交融区域，具有战略性的枢纽地位。尤其是在南京门户城市、交通枢纽城市、科技创新城市等城市功能的新定位下，南京都市圈的重要地位进一步被放大，开辟了南京城市发展新路径。对南京都市圈创新力总体评估及优劣势分析，在国内外关于都市圈竞争力研究基础上，“构建包括21个基础指标，10个分项指标和3个方面指标构成的都市圈创新力指标体系。对指标体系数据计算分析后，对南京都市圈创新力进行全方位的剖析”②。南京都市圈创新力总体得分位居第二。从都市圈科技创新力总体得分情况看，与位居第一的杭州都市圈相比，南京都市圈的总得分与之相差23.8。与位居第三名的青岛都市圈相比，南京都市圈总得分仅比其多2.3。从分项指标和总体排名看，南京都市圈在生态环境、创新载体、创新产出、区域发展水平等分项上排名均居第二，与总体排名相符，在这些分项上南京都市圈具有相对比较

---

① 沿江地区：空间利用以城镇布局为主，重点发展先进制造业和现代服务业。保障自然风景区、森林公园、防护绿带的合理布局，积极引导非农产业向沿江地区集聚，省内结合沪宁城镇发展轴、宁通城镇发展轴的建设，形成制造业、服务业高度集聚，经济发达，城市空间与生态空间有机结合的高度发达的城市化地区。综合考虑沿江地区城镇发展趋势和产业布局、环境协作、交通组织等的发展要求，加强镇江与扬州段、南京段、沿江上游区域等分段空间管治与协调。沿轴线地区：重点依托高速公路、铁路，引导非农产业、城镇沿轴线集聚发展，强化都市圈南北向经济联系；在加强核心城市南北向辐射通道建设的基础上，以多种交通方式来加强核心城市与轴线地区城镇以及沿线城镇之间快速、便捷的联系，增强核心城市对轴线地区的辐射带动作用。沿通道地区：保障沿线交通的高速、便捷、安全，重视通道地区的生态环境功能、旅游休闲功能和农业功能，选择适当区域作为城镇与非农产业的集聚发展点，严格限制规划城镇建设区域以外的建设活动。其他地区：都市圈主要的农业生产空间、生态开敞空间，承担都市圈农副产品生产和生态环境调节功能。要加强网络状的联系，提高这些区域的交通可达性和对外经济联系强度；集聚发展城镇和工业区，服务于广大农村地域（参见《南京都市圈规划（2002—2020）》）。

② 参见致公党南京市委员会《关于提升南京都市圈创新力的对策建议》(http://www.njdaily.cn/2012/0110/70285.shtml)。

优势。而在基础设施、对外开放、创新投入等分项上排名第三，与总体排名有一些差距，在这些分项上南京都市圈具有发展潜力。在区域产业支撑、政府支持力度分项上分别位居倒数第二和第一，在这些分项上南京都市圈具有一定的相对劣势。

（1）提升南京都市圈创新力。南京都市圈创新力包括基础设施、对外开放、生态环境、创新载体、创新投入、创新产出、区域发展水平、区域文化支撑、区域产业支撑、政府支持力度 10 个方面。要采取差异化发展措施，整体提升都市圈创新力。一是保持优势，夯实南京都市圈创新力基础。发挥生态环境、创新载体、创新产出、区域发展水平、区域文化支撑等方面比较优势。二是挖掘南京都市圈潜在优势。做好基础设施、对外开放、创新投入方面的工作。三是在区域产业支撑、政府支持力度等方面采取着实有力的政策促进其创新力提升。

（2）促进南京都市圈产业转型升级。促进区域中心城市与周边城市产业一体化发展。一方面南京城市要把产业转移出去，周边城市承接被产业转移；另一方面南京城市需要培育战略性新兴产业，实现产业升级。南京都市圈推动产业错位发展，强化都市圈内部的产业联动。以产业集群建设为重点，打造具有国际影响的石化产业群。支持南京都市圈城市汽车生产企业积极开展产业合作，发展产业配套，形成轿车、卡车、改装车、零部件、研发等门类齐全的汽车产业集群。充分利用马鞍山的钢铁工业基础、淮安的特种钢生产基地和芜湖的建材工业基础，与南京合作共建具有全国影响的钢铁、建材产业群。整合南京、镇江、芜湖、滁州等城市的优势家电产品生产企业，打造家电制造产业集群。创新都市圈合作模式，强化政府引导作用。南京都市圈是中国唯一的跨省界、跨行政区划的区域合作的城镇密集区。要实施南京都市圈区域一体化规划。要建立板块化、多元化的合作模式，即构建“宁镇扬”区域创新板块，建立宁滁蔬菜和农副产品合作示范区。

（3）构建“一核、一带、一区、四片”城市功能区。发展“一核”，即发展南京市区为都市圈核心引擎区。促进“一带”城市城镇密集发展，即促进沿江城镇经济轴，促进南京、镇江、扬州、马鞍山、芜湖等沿江城市集聚发展。助推“一区”同城化，即发展“宁镇扬”同城化先行区。提升“四片”竞争力，即提升江南产业转型提升片（南京、芜湖、马鞍山）、江北承接转移与转型融合片（南京、芜湖、马鞍山的江北地区）、江南产业转移承接片（宣城市）、江北产业转移承接片（滁州、淮安、扬州北部地区）的功能和竞争力。

三、徐州都市圈

徐州都市圈也称作徐州城市群，是以徐州为中心城市的城市城镇密集区，地跨苏鲁豫皖四省，包括江苏省徐州市、连云港市、宿迁市，安徽省宿州市、淮北市，山东省枣庄市和济宁市的微山县，河南省商丘市的永城市等 8 个地级市。徐州都市圈是江苏省规划发展的三大都市圈之一。

1. 徐州都市圈发展进程

根据已经出台的《徐州都市圈规划纲要（2001—2020）》，徐州都市圈强化徐州市的中心城市功能，形成以徐州主城区为经济空间核心、沿陇海线轴线构成点-轴空间结构。重点发展产品深加工、物流信息、旅游、特色名优食品制造、纺织、中医药开发和制造、信息制造业，重化工、钢铁、重型机械，现代服务业等产业群，建成苏北首位的经济增长极和实施江苏省区域共同发展战略的重要区域。

徐州都市圈空间核心层以 50 公里为半径，包括徐州市区、邳州市和沛县；紧密层以 100 公里为半径，包括徐州市睢宁、丰县、新沂，宿迁市区，商丘市的永城市，安徽的宿州市区和淮北市区，山东的枣庄市区和济宁市的微山县。从地理位置上看，徐州市区拥有作为大都市的独特条件：南至南京市区 350 公里，北至济南市区 320 公里，西至郑州市区 380 公里，东至连云港市区 230 公里，与最近地级市淮安市区的距离也有 220 公里。徐州周边方圆 200 公里范围内没有大城市。这就使徐州都市圈的发展具有了经济地理基础。

徐州都市圈的中心城市是江苏省徐州市区。徐州市古称“彭城”，是淮海经济区、东陇海线和苏北的第一大城市，江苏省的“北大门”城市。徐州市区有国家级重要的交通枢纽，是苏鲁豫皖四省接壤区的教育、科技、文化、交通、旅游、医疗、会展中心，有“中国工程机械之都”和“亚洲硅都”美誉，是新亚欧大陆桥中国段五大中心城市之一，2012 年实现 GDP 总量 4 016 亿元。国务院发布的《长江三角洲地区区域规划》中明确定位徐州是建设以工程机械为主的装备制造业基地、能源工业基地、现代农业基地和商贸物流中心、旅游中心，是淮海经济区的中心城市。

2. 徐州都市圈创新发展路径

徐州都市圈建设起步较早，目标明确，政策有力，成效显著，但是从总体上说也面临一些问题。比如，发展目标的一致性与各个区域约束条件差异性的矛盾、发展战略多元化容易导致发展重点模糊的矛盾。这些矛盾在省域、市域、县域等不同级别和层次的行政区内都不同程度地存在。徐州都市圈建设距离江苏区域协调发展的目标要求还有不小的差距。徐州都市圈地跨苏鲁豫皖四省行政区划，不可能靠行政手段来推动。有效突破行政区划限制，探索建立适应徐州都市圈发展需要的经济合作形式和区域政府，对于徐州的都市圈发展尤其重要。

（1）促进空间协调。徐州都市圈的规划面积 4.8 万平方公里（其中江苏省内 2.7 万平方公里）。根据规划纲要，都市圈将强化徐州市区功能，形成以一个核心（徐州市区）、一条轴线（沿陇海线）所构成的点-轴空间结构；2010—2020 年，形成以一个核心、六个重要节点（包括江苏省的新沂市、连云港市、宿迁市以及山东省、安徽省的接壤城市）、三条轴线（沿陇海线、沿京福线、沿徐宿线）所构成的“单核心多节点放射状”圈域空间结构。促进徐州都市圈空间协调要创新多极联动体制，以保证各功能区、各行政区、各大小经济区发展相互借力，相互助力，融合共生，整体推进，促进经济要素的合理配置、流动；做大做强徐州市区，提高其集聚、辐射能力；加强包括建立区域金融、旅游、交通、环保、会展、能源等在内的重点领域的合作；确立“跳出徐州看徐州”理念，拓展区域协调发展的空间。

（2）促进产业发展和加快城镇化进程。徐州都市圈处于工业化中后期阶段。已经形成以机电、化工为主导产业，逐步形成机电、建材、食品、医药化工为主的优势产业集群。徐州都市圈规划按照功能培育、推进发展、加强协调的总体思路，以促进徐州都市圈整体协调发展为目标，加强徐州都市圈与省内外不同区域相互关系和都市圈功能定位、发展战略研究，加强徐州都市圈内部城镇、产业功能的培育，以及交通网络、区域基础设施和社会公共设施、旅游资源开发利用、生态环境保护等重大问题研究。徐州都市圈规划确定的“培育、发展、协调”三个重点中，“培育”是重中之重，即提高市场经济条件下劳动力的发展能力；发展“三高一优”农业，形成名特优农产品群；发展以农业为基础的二、三产业等。在此基础上，建立起制造业、旅游业、服务业等发展机制，着力产业发展、基础设施建设、生态环境建设，促进国土城镇化、人口城镇化、经济城镇化协调发展。

（3）通过区域合作促进产业转移、升级。进一步参与长三角经济区区域合作，在更大范围内参与分工，分享利益。把真正融入长三角作为事关徐州都市圈发展的长远大计，全方位推动与上海、苏南经济合作，接受辐射带动以实现互利共赢。创新区域行政体制。区域行政主要表现为一定区域内的两个或两个以上地方政府，为了促进徐州都市圈发展，实现经济资源的合理配置与利用。对公共事务进行综合治理是一种行政管理活动与制度安排。区域行政的实现形式可以划分为两大类型。一类是比较刚性的制度化“行政性”体制，是凌驾于地方政府之上的具有某种行政权威的组织，由上级政府授权，自上而下对相关组织进行协调；另一类是柔性的非制度化的“系统性”协商体制，是区域内地方政府间通过倡导方式成立的松散性协调组织。这些区域行政体制创新徐州都市圈发展新体制支撑。

第五节　泛长三角区域合作与江苏城镇化格局优化的对策

城镇化空间格局演化既体现经济空间板块之间的自然条件等客观差异，也反映经济空间板块城镇化差异及变化。城镇化格局优化为江苏经济创新发展提供城镇化引力。泛长三角区域合作对江苏城镇化格局产生重要影响。促进泛长三角区域合作背景下江苏经济创新发展，内在需要促进江苏城镇化格局优化。

一、促进苏南“曰”形城镇化格局优化的对策

苏南“曰”形城镇化格局空间是非农经济要素和经济活动沿沪宁高速交通束

两侧的长江北岸和苏南南部沪宁快速交通束集聚空间，它包括沪宁快速交通束城镇化格局、南沪宁快速交通束城镇化格局和北沪宁快速交通束城镇化格局。在新苏南经济板块的形成过程中，苏南"曰"形快速交通束城镇化格局特征显现。促进泛长三角区域合作背景下的江苏经济创新发展，应着力促进苏南"曰"形快速交通束城镇化格局优化。

1. 促进沪宁快速交通束城镇化格局优化的对策

沪宁快速交通束城镇经济轴既是长三角经济区的主要组成部分，又是江苏经济创新发展的核心区，其经济总量、产业层次、创新能力等创新发展要素都处于泛长三角领先水平。城镇化格局直接关联城镇化水平和经济创新发展，因而着力优化城镇化格局是提升沪宁快速交通束城镇经济轴城镇化水平和江苏经济创新发展的内在要求。

（1）沪宁快速交通束城镇经济轴的城镇化特征。沪宁快速交通束城镇经济轴是由沿沪宁高速公路，沪宁铁路、京沪高速铁路沪宁段、沪宁城际铁路、沿江铁路（镇南铁路、常苏嘉城际铁路）和机场等快速交通束的城镇经济板块构成的经济轴。沪宁快速交通束城镇经济轴的发展直接关系到江苏经济创新发展的全局，具有举足轻重的地位。

一是沪宁快速交通束城镇经济板块主要包括南京市区、镇江市区、无锡市区、常州市区、苏州市区经济及丹阳、扬中、句容、金坛、江阴、常熟、张家港、昆山、太仓等县（市）域经济板块。南沪宁快速交通束城镇经济轴由5个特大城市、5个中等城市及4个小城市经济（城镇经济）板块构成。沪宁快速交通束城镇经济是江苏城乡一体化程度最高，城乡发展差距较小的城镇经济板块。这主要归因于早期乡镇企业的发展为农村第二、第三产业经济繁荣打下了坚实的产业基础。因此，沪宁快速交通束城镇经济轴是比较成熟的城镇经济轴。

二是沪宁快速交通束城镇经济轴在江苏经济中具有举足轻重的地位。通过对江苏三大主要城市经济板块主要经济指标的比较可以看出，沪宁快速交通束城镇经济轴处于领先地位。沪宁快速交通束城镇经济轴在江苏经济的重心地位是毋庸置疑的。因此，沪宁快速交通束城镇经济轴的发展直接关系到江苏经济创新发展的全局。

（2）促进沪宁快速交通束城镇化格局优化的对策。沪宁快速交通束城镇经济轴发展面临的突出矛盾是土地、资源承载力的"硬约束"影响发展。解决这些矛盾和实现城镇经济空间创新发展，是促进沪宁快速交通束城镇经济轴城镇化格局优化面临的重要任务。

2. 促进环沪宁快速交通束城镇化格局优化

促进环沪宁快速交通束城镇化格局优化，需要关注海安城镇经济的区位和发展问题。随着新长铁路的通车、沿线高速公路建设和洋口港的开发，海安已经成为重要的交通枢纽。海安是江苏实施沿海经济发展战略规划的重要节点镇，无论是从沿江开发，还是从沿海开发看，海安城镇经济的空间区位优势已经显现。因此，从区域经济发展战略来讲，海安城镇经济的快速发展能发挥关键性的“触点”效应。

（1）促进环沪宁快速交通束城镇化格局优化的意义。区域经济学视角下的城镇经济发展的重要特点是沿快速交通束城镇经济快速发展，因而快速交通束为沿“束”城镇经济发展增加空间结构优化动力。因此，着力促进环沪宁快速交通束城镇化格局优化，具有重要的实践意义。

一是加快发展环沪宁快速交通束城镇经济轴，有利于促进环沪宁快速交通束城镇化格局优化。江苏经济发展的重点一直放在长江南部沿快速交通束区域。长江北岸经济板块虽然也是长三角经济区的组成部分，但是由于“天堑”长江的天然阻隔作用，使长江北岸经济板块难以直接融入上海经济辐射圈。随着区域经济的发展，呈现出大河、大江沿岸经济发展滞后而沿海区域经济发展的特征（全球经济重心集中于各大洲的沿海经济区，沿江经济发展出现没落迹象）。沿江、沿海交汇的上海经济在改革开放尤其是浦东开发以后快速发展起来，成为中国的经济中心、金融中心、航运中心，对周围区域形成强烈的辐射作用。在承接上海经济辐射方面，同样是紧邻上海的南通和苏州，发展差异十分显著。其主要原因是一个位于江北，一个位于江南，长江的阻隔形成了经济发展机遇的先后次序，进而形成经济发展上的巨大差别。江苏长江北岸经济逐渐滞后于长江南部经济的发展。随着沿江快速交通束及多个过江通道工程的建设，为长江北岸经济真正融入上海经济圈创造了条件，长江南北的地域差异对经济发展的影响正在减弱。为了更好地接受长江南部经济辐射，江苏省积极推进南北联动开发，突破行政区界限，展开多种形式的经济合作，积极致力于打通南北经济联系大通道。尤其是沪通城际铁路的建设，长江北岸经济直接与上海经济接轨，突破天堑的阻隔，带来新的重大历史发展机遇。因此，加快发展环沪宁快速交通束城镇经济轴对沿江经济的崛起具有战略意义。

二是加快发展环沪宁快速交通束城镇经济轴，对于苏北经济发展具有城镇化格局优化意义。北沪宁快速交通束城镇经济轴本身作为陆桥通道的重要组成部分，在长三角及其经济腹地实力提升中具有重要意义，对于江苏经济尤其是苏北经济创新发展也具有重大意义。北沪宁快速交通束城镇经济轴是苏北“◁”形快速交通束城镇经济轴与苏南经济联系的空间纽带。北沪宁快速交通束城镇经济轴实力提升，有利于增强苏南及上海经济向苏北辐射扩散的“二传手”作用，为苏北经济融入长三角经济区和实现空间对接更具有实践意义。

三是加快发展环沪宁快速交通束城镇经济轴，对于南沪宁快速交通束城镇化格局优化具有重大支撑作用。对于北沪宁快速交通束城镇经济轴发展来说，一方面，北沪宁快速交通束城镇经济轴发展离不开南沪宁快速交通束城镇经济轴的经济辐射，通过加强与南沪宁快速交通束城镇经济联系，实现合理的分工与合作，尤其是在产业发展上实现优势互补，就能推动北沪宁快速交通束城镇经济轴整体实力的提升；另一方面，北沪宁快速交通束城镇经济轴对于南沪宁快速交通束城镇经济轴的发展也具有重要的支撑作用，在南北区域之间进行优势资源共同开发，能在一定程度上缓解南沪宁快速交通束城镇经济轴的生产成本上升和环境压力，从而使苏南的企业在尽可能小的空间距离下实现生产成本的降低和环境“优化”。因此，北沪宁快速交通束城镇经济轴与南沪宁快速交通束城镇经济轴能在互动发展中实现共同发展。

（2）促进环沪宁快速交通束城镇化格局优化的路径。环沪宁快速交通束城镇经济轴在长三角经济区具有十分重要的区位，发展潜力很大。发展环沪宁快速交通束城镇经济轴，应着重抓好基础设施建设、节点城市发展、江南与江北的区域合作。

一是加快快速交通束和港口等基础设施建设。北沪宁快速交通束包括以宁启高速公路、沿江铁路、宁启铁路、沪通城际铁路为主骨架，江阴、润扬、泰州、苏通、南京二桥、南京三桥等过江大桥为纽带，共同构成“东西贯通、水陆并举、通江达海”的长江北岸区域运输（公路、水运）网络。作为上海经济向整个长江以北辐射的桥头堡，长江北岸区域开发必须以接受上海经济辐射，构筑长三角快速交通束城镇轴为战略目标。因此，打通长江北部区域与上海的快速交通束是北沪宁快速交通束城镇经济轴发展的先导工程。苏通大桥的建成打通了苏沪跨江快速交通束建设的第一个通道，建成了沪苏之间最直、最短的跨江通道。上海过江隧道和大桥、崇海（崇明—海门）大桥、崇启（崇明—启东）大桥、沪通城际铁路及过江铁路、公路大桥已立项建设。树立基础设施共享理念，对沿江综合交通束、港口、能源基地和环保设施统一规划和统筹建设，促进资源合理配置。应该把洋口港提高到江苏经济创新发展战略高度进行建设。“长三角与珠三角相比，其发展空间更大，已引起整个世界的关注，尤其是铸造业、制造业等跨国公司纷纷来长三角找商机。作为长三角一员的江苏，虽然发展中心在苏南，但由于土地已成为制约其经济快速发展的主要瓶颈，所以，今后进一步发展的潜力在苏北，苏北的潜力在沿海，沿海的潜力在1 000多公里的海岸线。洋口港的开发建设，已成为苏北1 000多公里海岸线中间的支撑点，使人们找到了苏北快速发展的突破口。洋口港的经济价值很高，最大的好处是把沿江开发与沿海开发有机地联系起来，形成强有力的江海联动，带动长江口北翼、苏北1 000多公里海岸线的快速发展。”①因此，快速建设洋口港是江苏经济创新发展，接纳产业转移，发展临港工业，实施沿海开发战略的需要。

二是推动节点城市发展。区域开发有先后次序，优先选择的区域是以开发效率为目标的。北沪宁快速交通束城镇经济轴在空间取向上主要是发展沿宁启铁路、宁启高速公路城镇经济轴，在快速交通束经过区域的城市、城镇发展产业集聚区，充分吸引资本、技术和信息进入，加快节点城市经济发展。

从表6-6可以看出，北沪宁快速交通束的城市城镇规模普遍偏低，与南沪宁快

---

① 参见《洋口港得天独厚的优势》（http://news.jschina.com.cn 2006-7-13）。

速交通束城市城镇的差距明显，尤其是缺少特大城市。由于缺乏特大城市经济辐射和带动，使北沪宁快速交通束城镇经济轴发展水平远低于南沪宁快速交通束城镇经济轴。因此，要将培育特大城市经济板块作为北沪宁快速交通束城镇经济轴的重点工程来抓，要优先发展南通、扬州、泰州城市经济，尤其要优先重点发展南通城市经济板块。通过特大城市经济发展，形成北沪宁快速交通束城镇经济轴的关键节点城市，对整个北沪宁快速交通束城镇经济轴发展具有重要意义。同时，也要注重中小节点城市的发展，形成合理的节点城市等级体系。要发展海安城市经济板块。海安具有沿海区域开发的交通枢纽和发展潜力的区域中心城市区位。随着洋口港口经济的快速发展，其区域增长极城市地位显现，应加大培育力度推动其经济快速发展。

表 6-6　　　　　　　北沪宁快速交通束城市、城镇规模结构

	特大城市	大城市	拟建大城市	中等城市	小城市
人口	>100 万	50 万~100 万	50 万~100 万	20 万~50 万	<20 万
数量	2	3	1	1	8
名称	上海、南京	扬州、南通、泰州	海安	泰兴	仪征、姜堰、靖江、如皋、海门、启东等

注：人口数据来源于《江苏统计年鉴（2012）》。

三是推动江南与江北区域合作。推动江南江北区域合作是实施跨江发展战略，促进长江南北区域经济一体化和发展融合为新苏南经济板块的需要。支持江南江北区域的城市和企业开展多种形式的合作和经济联系，以整体增强沿江区域的综合经济实力。谋求区域经济的共同发展，形成长江通道经济带新“增长轴”——江苏沿江城镇经济轴。应该说，江阴与靖江市的合作发展是成功的案例。江阴与靖江市在中国率先建立跨行政区域的工业园区，并取得“投资、管理以江阴为主，土地、劳动力和环境配套以靖江为主”的行政“混血”方式管理的经验。“江阴靖江区域合作模式”不但在政府管理体制层面实现突破，而且引导着微观经济主体的经济合作行为。因此，推动包括江南与江北区域合作，有利于北沪宁快速交通束城镇经济轴的快速发展。

二、促进苏北“◸”形城镇化格局优化的对策

苏北城镇化格局是苏北城镇经济区域化的表现。苏北“◸”形快速交通束城镇经济轴空间结构演化趋势显现苏北城镇化格局。快速交通束使苏北经济空间呈现“◸”形快速交通束城镇化格局：东陇海线城镇经济轴（横贯于苏北北部的东西走向的快速交通束城镇经济轴，即“◸”形的上边），徐宿淮盐城镇经济轴（贯穿苏北腹地的呈东南走向的快速交通束城镇经济轴，即“◸”形的斜边），连盐城镇经

济轴（沿海南北走向的快速交通束城镇经济轴，即“◸”形的竖边）。“◸”形快速交通束城镇经济轴不仅在地理空间还是在经济空间上都“均匀”分布于苏北，极化着苏北经济要素和经济活动，是有后发优势的城镇化格局。

快速交通束推动着苏北“◸”形城市化格局形成。但是，“◸”形城市化格局中的城市、城镇发展速度不快，从而制约了“◸”形城市化格局优势的发挥。充分发挥苏北“◸”形城市化格局优势，必须实施城市、城镇经济轴建设工程，快速推进“◸”形城市化格局的城市、城镇发展。

（1）用江苏经济增长之力引导做大、做强位于苏北“◸”形城市化格局的“一点三角”城市。“一点”即位于徐—宿—淮—盐城市经济轴的淮安城市，“‘三角’即位于‘◸’形快速交通束城镇经济轴的三个‘角’上的徐州、连云港、盐城城市。”①做大、做强淮安城市对培育苏北城市化格局优势具有特别重大的意义。做大、做强淮安城市是做大、做强“一点三角”城市的重大工程。徐州城市已被江苏省规划为徐州都市圈核心层城市，但其在苏北发展中的增长极区位西移，缺失苏北中心城市区位。从苏北经济和苏北经济接受上海、苏南经济辐射的区位看，地处苏北快速交通束主骨架枢纽点的淮安城市优于徐州城市，这就决定了淮安城市拥有苏北最具发展潜力的特大城市区位。将淮安城市建成苏北的又一个“徐州”，是苏北城镇化格局优化的基本战略举措。制定淮安城市发展战略目标和基本措施，应重视自己的现实基础，但通过高校群发展带动非农产业发展和城市扩大是重要的选择。

（2）推动东陇海线城镇经济轴的城市、城镇规模发展。东陇海地区城市群发展已列入国家“十二五”规划，东陇海线城镇经济轴核心区东西走向横贯苏北北部。东陇海线城镇经济轴由徐州、连云港市区经济和丰县、沛县、邳州、新沂、东海、郯城县等县（市）域的沿轴城关镇和中心镇经济板块构成。徐荷铁路建成通车后的沛县、丰县沿线的城关镇和中心镇经济板块融入东陇海线城镇经济轴。东陇海线城镇经济轴具有特殊的发展区位，具有城市、城镇规模扩大和城镇化提升的优势条件。顺应苏北“◸”形城镇化格局优化的要求，应在未来的20年着力促进东陇海线城镇经济轴的人口城镇化有序增长，土地城镇化有效益扩大，经济城镇化快速发展。新沂市区的特有“+”形交通区位和位居东陇海线的中间点位置，具有内在的扩大为中等城市的动力机制。邳州市、东海县的城关镇（运河镇、牛山镇）的东陇海线经济轴区位有利于其城镇化产业集群和人口集聚并分别融入徐州、连云港市区经济（行政区划改设邳州区、东海区）。推动东陇海线城镇经济轴城镇化格局优化，应科学规划和着力促进新沂市区、邳州市、东海县城关镇的城市层级提升和城市规模发展，提升东陇海线城镇经济轴核心区发展水平。

---

① 朱舜，等. 苏北后发优势及其培育路径［J］. 江苏社会科学，2004（2）.

（3）以超常速度发展徐宿淮盐城镇经济轴的城市、城镇。徐宿淮盐城镇经济轴由沿徐淮盐高速公路、新长铁路淮安盐城段、宿宿淮铁路的徐州、宿迁、淮安、盐城城市经济，睢宁、泗阳、建湖、射阳等县的沿轴城镇经济板块构成。徐宿淮盐城镇经济轴已进入形成时期。徐宿淮盐快速交通束联结上海的物流、人流、资本流、技术流，从根本上促进着沿徐宿淮盐快速交通束的城市城镇扩大和城镇经济发展。徐宿淮盐城市经济轴的快速发展趋势，使其成为贯穿苏北重要的城镇产业聚集区，从而对苏北城镇化格局优势的形成具有举足轻重的影响。徐宿淮盐城市经济轴的10座城市、城镇东西走向贯穿苏北，具有十分重要的增长极作用。徐宿淮盐城镇经济轴的县（含县级市）城关镇，其规模不大，与其应有的增长极辐射半径不相称。促进徐宿淮盐城市经济轴的城市、城镇人口在未来20年平均增长1倍，其中，淮安、盐城城市发展为特大城市。

（4）扶持连盐城镇经济轴的城市、城镇发展。连盐城市经济轴由沿连盐高速公路（国家沿海大通道的连盐段）和立项兴建的连盐铁路的连云港、盐城城市经济，灌云、响水、灌南、滨海、阜宁、大丰、东台等县（市）的沿轴城镇经济板块构成。连盐城镇经济轴建设对于协调江苏南北经济合作具有重要意义。区域开发是一项系统工程，涉及不同区域利益主体，需要协调经济建设与环境保护的关系。沿海开发不是江苏沿海地区都进行港口、工业建设，而是根据区域经济条件，实行不同的开发战略。连盐城镇经济轴建设处于形成初期，但是其在江苏沿海开发和连盐铁路（立项建设）建成运营后的发展潜力巨大，是苏北“◸”形城镇化格局的沿海经济轴。从苏北经济发展进程看，由于连盐高速公路和连盐铁路建设较晚，连盐城镇经济轴形成缓慢。扶持连盐城镇经济轴的城市、城镇扩展有利于对优化苏北城镇化格局。

（5）做大新淮城镇经济轴的城市、城镇。新淮城镇经济轴由沿京沪高速公路和新长铁路新沂至淮安段的淮安城市经济，新沂、沭阳县的沿轴城镇经济板块构成。新淮城镇经济轴因新长铁路和高速公路建成营运而形成，是沿东陇海线城镇经济轴向苏北腹地延伸的重要经济轴。新淮城镇经济轴似苏北“◸”形城镇化格局的“中位线”，呈南北走向贯穿苏北。新淮城镇经济轴是沿淮扬镇铁路的城镇经济轴向北延伸的部分，其潜在发展趋势明显。从苏北和苏北接受上海、苏南经济辐射的区位看，淮安城市拥有苏北最具发展潜力的特大城市区位。因此，做大、做强淮安城市对培育城镇化格局优势具有重要的实践意义。

三、促进沿海城镇经济轴发展的对策

江苏沿海开发是全国沿海整体发展战略中的重要一环。“连通沿海大通道，形成沿海经济流”，是立足全局谋划江苏沿海开发的总体定位和战略选择。江苏实施的沿海开发不是沿海岸线，而是沿海快速交通束经济轴开发，即以区域中心城市为依托，沿快速交通束展开，与重点港口连通，形成“五极一轴多节点”的沿海开发格局。①“五极”指连云港、滨海（规划地级城市）、盐城、海安（规划地级城市）、南通城市。沿海城镇经济轴的优先发展，是沿海开发战略的重要战略，也是沿海城镇化格局优化的关键。沿海城镇经济轴直接与苏北与苏南空间对接。从这种意义上说，促进沿海城镇经济发展是促进沿海城镇化格局优化的需要。

1. 促进沿海中心城市发展

经济一体化发展态势表明，区域之间的竞争在很大程度上演化为中心城市发展的竞争。中心城市是在区域经济发展中起带动作用和辐射作用的城市。江苏沿海中心城市规模偏小、产业支撑不够强、集聚和辐射能力较弱等问题直接制约着沿海城镇化格局优化。这就要求抓住机遇，不失时机地把发展壮大中心城市放在更加重要的位置。根据江苏沿海经济发展现状，应构建以南通、海安、盐城、滨海、连云港城市为主导的功能完善、布局合理、规模协调的城市体系，使南通、盐城、连云港城市成长为在沿海经济中居核心地位并在周边区域中具有较强竞争力和辐射力的中心城市。

（1）促进南通城市创新发展。南通城市具有江、海相交的区位，是中国沿海经济带与长江流域经济带的“交汇处”。100 年前的民族实业家张謇在南通创办企业并推动城市改造，南通由此被誉为“中国近代第一城”。但是，由于缺乏过江通道，沿海高速公路与沿海铁路使南通“南向不通”（坐摆渡船或者长途汽车需要近 4 个小时），无法直接与一江之隔的中国最大经济极核区城市——上海实现对接，经济发展受到极大制约。1984 年，南通经济实力比宁波经济高 25%，港口吞吐量是宁波的 2 倍多，而 30 多年以后，宁波经济实力比南通经济高 76%，港口吞吐量是南通的 2 倍多。南通经济发展是江苏沿海经济发展滞后的“缩影”。苏通大桥通车、沪通城际铁路建设为南通经济发展的环境改善提供了有利条件。快速交通束建成以后，南通应充分发挥紧邻上海的优越区位条件，承接上海经济辐射北延，快速成为江苏沿海城镇经济轴的极核区城市。

（2）促进盐城城市快速发展。从现实基础和条件看，盐城发展具备两大比较优势。一是交通运输的区位条件优势显现，有望成为江苏新的港口圈城市：沿海高速公路等多条高速公路的建成以及新长铁路的运营，改善了盐城城市的基础设施配套条件。二是大丰港、射阳港、滨海港、陈家港均具备建设深水良港的条件，射阳港已建成千吨级码头 5 座和 3 000 吨级集装箱码头 1 座，被国家批准为二类开放口

---

① 参见《科学规划是第一要素》（http://jsnews.jschina.com.cn）。

岸，与日本、韩国、新加坡以及国内 20 多个港口通航。大丰港被列入国家“十五”对外开放一类口岸。[①]应通过交通区位优势发展优势产业，推动盐城城市发展。

（3）促进连云港城市规模扩展和港口经济创新发展。连云港是新亚欧大陆桥的东桥头堡，是江苏唯一的沿海大港城市，区位条件优势明显。港口资源是连云港沿海开发最具特色和优势的战略性资源。但连云港的发展落后于其他沿海开放城市。从港口的发展来看，连云港与同时开放的沿海近邻青岛相比较，早在 2009 年青岛的 GDP 总量就突破 3 000 亿元，连云港只有 527 亿元，约是青岛的 1/6。城市经济实力较弱，工业化程度低，支柱产业和高附加值产品，产业规模偏小，是制约连云港港口经济发展的主要因素。连云港城市经济实力的提升源于港口经济的快速发展。要大力发展临港型产业，实现连云港的港口经济与城市经济创新发展。

（4）促进滨海、海安城市规模扩展。江苏沿海经济发展的一个重要支撑条件就是城镇体系的完善。根据沿海经济发展的需要，着力培育滨海、海安两个次级节点城市发展，对江苏城镇化格局优化具有重要的空间结构优化意义。将南通、盐城、连云港城市建设为一级区域中心城市，并在这三个城市之间建设“两海”（滨海、海安）次级区域中心城市（发挥空间连接纽带作用），有利于沿海经济板块有效衔接和空间协调。建设海安城市是因为“洋口港的经济价值很高”；洋口港经济区具有沿江开发与沿海开发有机地联系的优势区位，建设海安城市有利于形成强有力的江海联动区域创新优势。建设滨海城市是因为开发盐城与连云港沿海区域的需要，是响水、阜宁、滨海城镇密集发展的内在要求；建设滨海城市有利于形成江苏沿海城镇轴北段创新优势。促进滨海、海安城市规模扩展，需要进行行政区划的适当调整，[②]使行政区划边界不再是沿海城镇经济轴创新发展的行政体制障碍因素，即推动滨海、海安城市规模扩展，应在条件成熟时及时进行行政区划调整，将滨海、海安升格为省辖地级城市。

2. 促进中心镇发展

在推动南通、盐城、连云港三个沿海经济轴一级区域中心城市发展的同时，要有效地实施产业集聚和城镇发展工程。江苏沿海已有一批在产业发展中形成的一定特色城镇经济。“比较有代表性的是赣榆县的海头镇、盐都区的大冈镇、东台市的琼港镇等城镇经济板块。海头镇是渔港产业专业镇，是江苏首批沿海经济技术开发区重点工业卫星镇。大冈镇鞋机产业发展起步早，是国家三大鞋机生产基地。琼港

---

① 盐城海岸线绵延 582 公里，占江苏沿海的 56%；滩涂面积 680 多万亩，占全省的 75%，且每年以 2 万亩左右的成陆速度向大海淤长；沿海矿产资源丰富，已探明天然气储量达 230 亿立方米；沿海和近海还有 10 万平方公里的黄海储油沉积盆地，居全国海洋油气沉积盆地第二位，为发展天然气化工、天然气发电以及大型石化工业提供了良好的资源条件（参见《盐城海洋经济跨越发展的战略思考》，http://www.ssfcn.com/wenzhang.detail.asp? ID=30456@ sPage=1）。

② 关于滨海、海安行政区划调整参见本书第十五章相关内容。

镇是生态产业专业镇，其生态经济也得到快速发展。”① “完善城市、城镇之间的基础设施是经济要素和产业集聚的物质载体，是经济发展的重要依托。”② 因此，要加快建设南通、盐城与连云港城市之间的城际快速交通束，强化沿海城市之间的经济联系，促进沿海城镇化格局优化。

（1）全面建设中心镇。重点建设区位优越、交通便捷、经济基础较好、对其周围区域具有较强辐射能力的中心镇，才能使其成为推动沿海城镇化格局优化的“增长点”。加大对中心镇建设的支持力度，必须解决沿海中心镇建设中的体制约束、资本限制、人口与产业规模集度不高、产业结构的升级缓慢等深层次矛盾问题。探索与市场经济体制相适应的中心镇建设与发展棋式，一是应根据中心镇与周围乡镇间的经济联系状况，适时、合理地进行行政区划调整，使行政管理职能区域与其经济辐射区域相一致；二是应改革户籍管理体制，消除农村人口转移的体制障碍；三是在规划范围内探索乡村集体土地以作价入股的方式参与中心镇开发，既保证农民的长期收益，又降低中心镇开发的土地使用成本。

（2）大力发展乡镇企业。一般说来，作为中心镇经济基础的乡镇企业发展了，中心镇的建设与发展才有动力。大力发展乡镇企业是江苏沿海中心镇建设的内在要求。农业产业化经营改变传统农业经营模式，极大提高了农业生产率，对农业剩余劳动力产生外推力；中心镇拥有的经济基础，对农业剩余劳动力产生向心拉力。大力发展乡镇企业能有力地推动中心镇建设。中心镇应改变过去与大中城市产业结构相同现象，发挥农业资源的潜在优势，围绕“农业产业化”发展乡镇企业和推动中心镇建设。同时，要完善中心镇的社会支撑体系。重点解决中心镇范围内居民所必需的福利设施或机构，如教育机构、文体科技、医疗保健、事业服务等建设中存在的问题。优化和完善中心镇的社会支撑体系，为入镇农民、乡镇企业提供较好的社会服务，使农民在实现由农业户口向城镇户口转变的同时，也能逐步实现生活方式的城镇化转变。

（3）提高中心镇人口集聚度。人口随乡镇企业在中心镇的合理集聚，一方面能扩大生产规模，实现各种资源的优化配置；另一方面，实现公共资源共享，能使外部正效应得以强化。大力促进人口向中心镇集聚，一是对进镇农民的原宅基地可以按一定比例置换城镇建设用地，从而降低进镇农民的住房迁移成本，从而使他们安心进镇从事非农产业经济活动。二是允许经济要素跨区、跨所有制、跨行业合理流动，消除乡镇企业进中心镇的行政区划“边界”影响。三是建立特色非农产业区。通过建立非农产业区引导乡镇企业聚集发展。注意产业特色化，因地制宜地确定非农产业区发展的方向，培育主导产业和特色产品，从而使乡镇企业能够在区域分工格局中占有一席之地。

---

① 谢波，黄健. 构建第四增长极——江苏沿海开发研究［M］. 南京：江苏人民出版社，2006.

② 高丽娜. 建设中心城镇 带动区域发展［J］. 江苏农村经济，2002（6）.

主要参考文献：

[1] 王小鲁，夏小林. 优化城市规模 推动经济增长 [J]. 经济研究，1999 (9).

[2] 金相郁. 最佳城市规模理论与实证分析：以中国三大直辖市为例 [J]. 上海经济研究，2004 (7).

[3] 安虎森，邹璇. 最优城市规模选择与农产品贸易成本 [J]. 财经研究，2008 (7).

[4] 江静，刘志彪. 世界工厂的定位能促进中国生产性服务业发展吗？[J]. 经济理论与经济管理，2010 (3).

[5] 方创琳，等. 区域规划与空间管治论 [M]. 北京：商务印书馆，2007.

[6] 姚士谋，王成新. 区域"板块"形成演变规律及其动力源探究 [J]. 地域研究与开发，2004 (2).

[7] 顾朝林，张敏. 长江三角洲城市连绵区性状特征与形成机制研究 [J]. 地理科学，2001 (3).

[8] 方创琳，姚士谋，刘盛和，等. 2010 中国城市群发展报告 [M]. 北京：科学出版社，2011.

[9] 刘传明，曾菊新. 区域空间供需模型与空间结构优化途径选择——功能区建设的科学基础 [J]. 经济地理，2009 (1).

[10] 李玉江，陈培安，等. 城市群形成动力机制及综合竞争力提升研究 [M]. 北京：科学出版社，2009.

[11] 朱舜，等. 促进长三角及其经济腹地协调发展的理论与对策研究 [M]. 北京：经济科学出版社，2011.

[12] 张春梅，朱舜. 新亚欧大陆桥西安以东双桥经济带构建及其开发意义 [J]. 上海经济研究，2005 (10).

[13] 朱舜，高丽娜. 新亚欧大陆桥西安以东双桥经济带构建研究 [J]. 徐州师范大学学报：哲学社会科学版，2006 (6).

[14] 朱舜，等. 苏北"◁"形城市经济带实证研究 [J]. 现代经济探讨，2003 (12).

[15] 朱舜，蒋昭侠，高丽娜. 发挥苏北后发优势的制度创新 [J]. 现代经济探讨，2004 (6).

[16] 朱舜，等. 发挥苏北后发优势的政策选择 [J]. 徐州师范大学学报：哲学社会科学版，2004 (5).

[17] 朱舜，等. 苏北后发优势及其培育路径 [J]. 江苏社会科学，2004 (2).

[18] 魏文杰. 亚欧大陆桥的新起点 [J]. 扬州大学学报：人文社会科学版，2001 (3).

[19] 戴先杰. 苏北生产力空间结构研究 [J]. 江苏社会科学, 2002 (1).

[20] 沈山. 江苏省经济地域划分与空间组织研究 [J]. 工业技术经济, 2005 (3).

[21] 朱江丽. 城市人口规模增长机理: 出口开放视角——基于长三角城市的面板分析 [J]. 财经科学, 2013 (7).

[22] 朱江丽. 资本全球性空间生产与中国城市化道路探索 [J]. 马克思主义研究, 2013 (11).

[23] 高鉴国. 新马克思主义城市理论 [M]. 北京: 商务印书馆, 2006.

[24] 方创琳, 姚士谋, 刘盛和, 等. 2010 中国城市群发展报告 [M]. 北京: 科学出版社, 2011.

[25] 胡大平. 马克思主义与空间理论 [J]. 哲学动态, 2011 (11).

[26] 张凤超. 新马克思主义批判视阈下的空间命运 [J]. 马克思主义研究, 2012 (1).

[27] 宋宪萍, 孙茂竹. 资本逻辑视阈中的全球性空间生产研究 [J]. 马克思主义研究, 2012 (6).

[28] 包亚明. 现代性与空间的生产 [M]. 上海: 上海教育出版社, 2003.

[29] Alonso, W. The Economics of Urban Size [J]. Papers of the Regional Science Association, 1971.

[30] Richardson, H. W. The Economics of Urban Size [M]. Lexington: Lexington Books, 1973.

[31] Henderson, J. V. The Sizes and Types of Cities [J]. American Economic Review, 1974, 64.

[32] Henderson, J. V. Ways to Think about Urban Concentration: Neoclassical Urban Systems versus the New Economic Geography [J]. International Regional Science Review, 1996, 19.

[33] Capello, R. and Camagni, R. Beyond Optimal City Size: an Evaluation of Alternative Urban Growth Patterns [J]. Urban Studies, 2000 (9).

[34] Krugman, P. Increasing Returns and Economic Geography [J]. Journal of Political Economy, 1991, 99.

[35] Krugman, P. On the Number and Location of Cities [J]. European Economic Review, 1993, 37.

[36] Krugman, P. and Livas Eilzondo, R. Trade Policy and the Third World Metropolis [J]. Journal of Development Economics, 1996, 49.

第七章

泛长三角区域合作背景下的江苏快速交通束建设

交通经济带是产业空间布局的一种典型形式。

……

交通经济带是以交通基础设施为轴线的经济密集带，而不包括其他多种基础设施——供水、电力等内容。在考察国内外大量经济带之后发现，确实有不少经济带是以多种基础设施束为主轴，但是也有一些交通经济带轴线附近没有并行的其他基础设施。这正是交通经济带与“点轴”系统的区别所在，点轴系统的轴线则是多种基础设施所构成的。

……

没有良好的交通运输系统作保证，大规模的开发很难成功。区域交通运输系统功能的强弱，直接关系到区域对投资的吸引力，从而影响到区域经济的进一步发展。

张文尝、金凤君、樊杰等

——《交通经济带》，科学出版社，2006 年版。

泛长三角区域合作背景下的江苏城镇化空间格局以快速交通束空间布局相关联。快速交通束不仅推进城市群内部城市空间利用效率提高，而且促进城镇体系的完善和城乡一体化发展（王新涛、李永鑫，2011）。经济空间演化过程的交通成本与资本外部性的相对规模、劳动力的可移动性共同决定经济要素和经济活动的空间整合过程。“随着学术界和政府对经济地域活动线性规律认识程度的加深，开始在国土规划、产业布局调整等重大决策中运用‘轴线开发’理论，推动区域均衡发展。”“线性运动规律是经济地域运动表现形式之一。沿大型交通运输干线、大型河谷和天然走廊等狭长空间地域，各种生产要素的运动表现出线性特点，这种线性运动及其地域表现具有规模和流量巨大、跨越范围广阔和能向落后地域纵深突破的优点。”①快速交通束不仅能降低交通成本，而且对劳动力的空间流动、资本外部性的相对规模扩展产生积极作用。构建泛长三角区域合作背景下的江苏快速交通束，是发挥由经济要素集聚向产业升级转变的江苏城镇化空间格局优化的内在要求。

第一节　泛长三角区域合作与江苏外接“长江通道和陆桥通道”内连“苏南‘曰’形和苏北‘◁’形”快速交通束建设

长江通道和陆桥通道是泛长三角区域合作的重要交通干道。②江苏经济与“长江通道和陆桥通道”的特殊区位关系决定其与泛长三角的内在区域合作关系。“已有的有机疏散理论是在以小汽车为交通工具的基础上建立并发展起来的，在现行快速交通运输技术日益成熟的情况下，以此为基础对特大城市有机疏散进行研究，可以从根本上改变人口和产业过度集中在特大城市内部地域空间的局面，有效遏制摊大饼式的城市形态发展格局。”③江苏“苏南‘曰’形和苏北‘◁’形”快速交通束空间特征显现。江苏外接“长江通道和陆桥通道”内连“苏南‘曰’形和苏北‘◁’形”快速交通束建设，是泛长三角区域合作背景下江苏经济创新发展的交通驱动力的基础工程，具有交通带经济集聚的线性特点和区域创新意义。

---

① 张文尝，金凤君，樊杰，等．交通经济带［M］．北京：科学出版社，2006：37.

② “长江通道—陆桥通道”交通带即“长江交通带和新亚欧大陆桥”交通带（参见朱舜，高丽娜，等．泛长三角经济区空间结构研究［M］．成都：西南财经大学出版社，2006）。

③ 王新涛，李永鑫．快速交通导向下我国特大城市有机疏散的响应机制与路径［J］．地域研究与开发，2011（6）．（该文阐述了有机疏散理论。有机疏散理论是1917年芬兰著名规划师沙里宁提出的：城市是一步一步逐渐离散的，新城不是“跳离”母城，而是“有机”地进行着分离运动，即不把城市所有功能集中在市中心区，应实现城市功能“有机疏散”，多中心地发展郊区卫星城，把城市人口和就业岗位分散到可供合理发展的地域，特别是把轻重工业疏散到城市边缘区，使人们居住在一个兼具城乡优点的环境中，从而实现居住与就业的平衡。）

一、快速交通束对经济创新发展的影响机理

快速交通束是区域经济创新发展的“动脉”。快速交通束是以现代化交通的快速化、体系化为特征，实现经济要素流低成本、快速流动为目标的快速交通线路，它采用高速铁路、城际铁路、高速公路、集装箱化的港口、航空运输等为主体的交通方式，包括各类快速交通方式的组合配置与网络化体系。快速交通束与区域经济和城镇经济创新发展之间的内在机理发生作用的程度，直接影响到经济创新发展的程度。

1. 交通发展与交通城镇经济集聚

国内外学者对交通与经济发展的关系进行了专门的研究。英国经济学家安德森（Anderson）和斯特龙奎斯特（Stromquist）认为欧洲经济体制的所有重大转变，均伴随着（或起始于）运输与通信基础设施的重大变化。13 世纪水上运输体系的出现，16 世纪航海和海洋运输的巨大发展，19 世纪铁路作为崭新运输方式的出现以及 20 世纪 70 年代以后信息与运输相结合的即时供货系统都分别引起了运输与经济发展革命。20 世纪由于汽车的普及对经济发展所产生的推动作用，比当年铁路对经济发展的影响更大。公路网的密度大大高于铁路，特别是高速公路、集装箱和多种运输方式及其联运使经济得到快速发展。

阿斯彻（Aschauer，1989）运用新古典经济增长模型，将基础设施投资下降与随后生产率下降放在一起进行经济计量研究，得出了交通基础设施对经济增长有重要作用的结论。罗斯托（Walt Whitman Rostow，1959）也将基础设施视为社会先行资本，认为基础设施发展是实现经济起飞的一个重要前提条件。纳克斯（Ragnar Nurkse，1953）发展了保罗・罗森斯坦・罗丹（Paul Rosenstein-Rodan，1943）的理论，认为基础设施投资是政府的责任，私人企业是不可能有动力对具有初始投资不可分和强外部性特征的基础设施进行投资的。郝茨-艾肯（Holtz - Eakin，1998）将基础设施投资从总资本中分离出来，单独估计基础设施资本对经济增长的影响。瑞尔威特（Rietveld）、尼基坎普（Nijkamp，2000）分别从当地、区域和国家三个层次分析基础设施投资对经济的影响。巴顿（2002）认为交通基础设施对经济发展有正的效应，并可细分为直接运输投入效应和包括乘数效应在内的间接效应。随着新经济地理学的兴起，藤田（Fujita）、克鲁格曼（Krugman）和威纳鲍斯（Venables，1999）、欧坦威亚（Ottaviano）、特布什（Tabuchi）、斯兹（Thisse）（2002）从空间聚集经济的角度，分析了交通基础设施对新企业的诞生，企业分布与产业布局的影响，认为交通改善将改变区域离心力和向心力之间的平衡，因而可能会对不同区域企业的诞生产生相反的影响。克肯尼（Kilkenny，1998）则强调，当运输成

本下降时，运输成本相对较高的企业可能会选择集中，而运输成本相对降低的企业可能会向外围地区扩散，以利用外围地区劳动力成本较低的优势。①

国内学者对交通与经济增长关系的研究主要集中在交通基础设施投资与经济增长的因果关系（高峰，2005；王辰，1995；唐建新，1998）、交通基础设施的经济效益（刘南，2003）等方面。另外，杨荫凯、韩增林（1999），张文尝、金凤君、樊杰（2002）等学者提出了交通运输沿线经济带理论。② 张学良（2008）运用协整理论和格兰杰因果关系检验方法，选取中国改革开放以来的时间序列数据为样本，分析交通基础设施与经济增长的长期稳定关系，并探讨短期波动对二者长期均衡的影响，找出交通与经济增长的因果关系及因果变化方向。

特大城市依托快速交通进行的有机疏散，不仅可以推进特大城市内部地域空间利用效率的提高，而且可以促进城镇体系的完善和城乡一体化的发展。“特大城市作为复杂的巨系统，凭借其优越的地理位置、雄厚的经济实力和良好的社会环境获得优先发展，并在吸引各种生产要素向其聚集的同时，又通过扩散作用带动周边地区的发展，功能集中体现为资源配置、经济辐射、科技创新、文化引领和综合服务。由此，往往在距离中心城区 100 公里甚至更大的地域范围内形成强烈的引力场，成为区域城镇体系和城市-区域系统的中心。这种城市-区域系统可以按照点、线、面三个要素来划分，即点-增长极开发模式（表现为中心城市）、线-沿轴开发模式（表现为流域经济和通道经济）、面-网络开发模式（表现为板块或协作区经济）。中心城市、广大腹地和经济联系通道是最为重要的三个组成要素。”③经济要素沿快速交通束流动，显现出快速交通发展过程中产生的时空收敛效应、产生人口迁往效应以引致节点城镇有机生长和空间轴线发展，促进城镇经济板块发展。

2. 快速交通条件下的城镇经济创新发展机理

国外学者研究了交通发展与城市空间形态相互作用关系。波兰鲍·马利（Boleslaw Malisz，1963）提出门槛理论：当城市发展到较大规模并需要跨越更高的“门槛”时，可以在普及小汽车和建设快速通道的基础上，选择较低“门槛”的方式实现城市空间扩展和人口聚集（在 50~100 公里通勤半径上建设卫星城或新城）。快速交通导向下的有机疏散是大都市人口郊区化的最重要动力，伴随着交通网络和交通工具的改善，大城市城郊化和城镇体系进程加快，推动大都市区和城市群形成。国内学者对快速交通导向下大城市有机疏散的研究是：城市及城市群空间结构与交通系统空间布局之间有对应关系（杨荫凯等，1999）；城市土地使用形态

① 张学良，孙海鸥. 交通基础设施、空间集聚与中国经济增长［J］. 经济经纬，2008（2）.

② 张文尝，金凤君，樊杰. 交通经济带［M］. 2 版. 北京：科学出版社，2006：1.

③ 王新涛，李永鑫. 快速交通导向下我国特大城市有机疏散的响应机制与路径［J］. 地域研究与开发，2011，30（6）.

与城市交通发展关系（陈长伟、吴小根，等，2011）；快速轨道交通和小汽车的载客量、行车的自由度等方面相差悬殊带来两种完全不同的城市扩展空间模式，即大城市有机疏散过程引致日本轨道交通带大都市卫星城模式和美国汽车引导城市郊区化低密度都市区模式（姜怀宇，2006）。

在有机疏散过程中相关交通运输发展与城镇经济集聚发展之间具有相互影响和相互促进关系。城镇经济板块通过交通运输联系在一起，因而交通运输是城镇经济板块之间空间经济联系的必要基础物质条件。交通基础设施的密度、等级、延展空间取向等因素决定着城镇经济板块之间的资源空间配置，如经济联系数量、强度、速度及旅客与货物的流向。从微观经济角度看，企业空间区位选择与交通基础设施相伴而生。企业在进行选址时必须考虑与市场和资源的接近程度及由此产生的生产成本与运输成本大小等诸多因素，尤其是信息传递的快捷性、产业聚集效应等新经济地理因素成为企业区位决策的关键性因素。这就必须具体考虑资本、信息、人才、物资等经济要素的可进入性，必须考虑企业的运行成本、物流配送仓储体系、产品与消费市场或下游市场的接近程度等，这就使其与交通运输关系密切起来。从宏观经济角度看，交通设施项目的兴建带动交通沿线运输网络的完善，可提高对资源利用的广度和深度，使原来难以开发的资源得到发掘，扩大优化资源配置的范围，从而提高交通设施项目“前向联系”和“后向联系”的外部效果，提高交通设施项目的直接和间接经济效益。美国128公路吸引工业的主要原因是新兴工业希望避开市内交通而获得便捷的运输条件。重要交通干线和沿线不断完善的束状运输设施尤其以快速交通束为典型代表的交通运输，是引导并决定企业区位决策和城镇经济集聚的关键因素之一。

交通与城镇经济发展之间具有的相互影响和相互促进关系，主要表现在城镇经济板块之间的重要交通干线和沿线不断完善的束状运输设施（快速交通束）的超前发展。从一定意义上说，没有快速交通束就没有城镇经济快速发展；快速交通束的建设是城镇经济创新发展的基础工程。

快速交通束的建设提高区域和区际之间经济要素流动的速度、广度和深度，不但降低经济要素流动的交易成本，更为重要的是拉近空间距离，改变区域要素禀赋条件。以高速公路、高速铁路和集装箱港口为代表的现代快速交通体系的建设和运营，为交通运输沿线城镇经济的发展提供了优越条件，诱发各类产业的崛起和产业聚集，促使新的经济增长点、经济带以及经济区的形成和发展，为城镇经济创新发展提供了契机。人口、产业、信息、城镇的极化，初期表现为向区位条件优越的区域汇集，形成城市及交通运输沿线经济带发展。经济要素通过高速公路、高速铁路和集装箱港口为代表的现代快速交通体系调整、集聚与优化。集聚规模达到一定水平后，集聚机制的积极作用可能逐渐减弱，集聚区产业及经济要素对外扩散效应逐步占据主导地位，这对于城市周围区域及其经济腹地具有重大意义。区域经济发展不平衡是一个普遍规律。中国东、中、西部三大经济地带发展差异和江苏苏南、苏北发展差距十分明显。这些经济要素空间分布与经济活动空间的明显错位，形成区域之间互补式发展空间。这就需要经济要素自由流动。经济要素自由流动的条件是快速交通束发展。因此，快速交通束构建和运营是实现泛长三角区域合作背景下省域经济创新发展的重要物质基础条件。

二、建设江苏外接“长江通道和陆桥通道”内连“苏南‘曰’形和苏北‘◁’形”快速交通束：省域经济创新发展的交通驱动力视角

在泛长三角经济区有特殊区位的江苏经济创新发展，对泛长三角区域合作具有重要引导作用。对江苏经济创新发展来说，建设外接“长江通道和陆桥通道”内连“苏南‘曰’形和苏北‘◁’形”快速交通束，包括两方面的内容：江苏经济连接苏南、苏北的省域快速交通束；江苏经济连接泛长三角经济区的省际快速交通束。建设江苏外接“长江通道和陆桥通道”内连“苏南‘曰’形和苏北‘◁’形”快速交通束，是增强江苏经济创新发展交通驱动力的基础工程。

1. 江苏快速交通束建设的问题和进展

江苏经济是中国东部的发达省域经济，快速交通束建设起步早且成效显著。1978 年底江苏省仅有公路 17 721 公里，与经济发展的需求远不适应。改革开放以后，江苏交通迈入加快发展的新阶段。20 世纪 90 年代初，加快建设沪宁高速公路江苏段，宁连、宁通一级公路，南京禄口国际机场及机场高速公路，江阴长江公路大桥等交通重点工程。“九五”期间着力苏北高速公路建设，相继开工广靖、锡澄高速公路和淮江、连徐高速公路先导试验段，形成苏北大交通主骨架雏形。加快建设沂淮、连徐、宁宿徐、宁靖盐高速公路、南京二桥、润扬大桥，京杭运河船闸扩建工程和太仓港、大丰港等跨世纪交通重点工程，基本实现江苏省高速公路联网畅通，公路、铁路、水路、航空、管道等多种运输方式协调配套，基本形成现代化综合交通运输体系主骨架。① “十五”时期，江苏省新增高速公路近 1 800 公里，通车总里程居全国第三，密度居全国第一，“四纵四横四联”高速公路网络主骨架基本形成。从江苏铁路与高速公路里程对照来看，高速公路里程增长迅速。从 605 公里（1999）增加到 4 371 公里（2012），增加七倍多。铁路营业里程由 713 公里（1985）增加到 2 348 公里（2012）。

与实现江苏经济的快速发展和区域经济协调发展的要求来看，江苏快速交通束

① 进入 21 世纪，交通建设投资连年攀升，2001 年首次突破 200 亿元，居全国第二位；2002 年完成投资 224 亿元，跃升全国第一位；2003 年完成 280 亿元，2004 年完成 438 亿元，2005 年完成 485 亿元，居全国第一位。

建设也存在需要解决的问题。一是快速交通束对区域共同发展的支撑不够。江苏经济一直保持较快增长速度，对具有交通容量大、耗时短的快速交通束的需求大大增加。需要指出的是，快速交通束建设滞后制约着江苏区域经济共同发展。江苏经济发展必须振兴苏北经济，苏北经济发展靠其自组织力有限，苏北经济发展程度取决于其与苏南经济的联系或融合状况。苏南苏北经济融合最直接的限制因素是连接南北区域的快速交通束建设滞后。从区域交通建设看，苏南网络化、密集化程度远高于苏北；除东陇海线交通束特征较明显外，不论是在高速公路、铁路、还是城际铁路建设，苏北都明显滞后于苏南。二是快速交通束建设不适应江苏经济国际化的要求。改革开放以来，江苏省的对外贸易发展突飞猛进，实际利用外资总量在全国处于前列。江苏虽然具有紧邻上海港、宁波港的区位优势，但跨省级行政区进出口的交易成本增大。江苏沿海港口及其快速交通束建设一直乏力，尤其是连接连云港快速交通束建设滞后。无论是对于江苏外向型经济的发展，还是江苏沿海经济的崛起，都应将沿海港口及其快速交通建设提到战略高度。满足江苏外向型经济发展的需要，建设现代化沿海港口及其快速交通束建设，对江苏经济创新发展具有重要意义。三是快速交通束建设与泛长三角区域合作不相适应。加强江苏经济与其他省域经济的经济联系，对泛长三角区域合作背景下江苏经济创新发展具有重要意义。从江苏交通总体来看，省际通道数量、对外通道能力、路网开放度不足。在注重省内交通网络建设的同时，对于连接省际交通的重视度不够。以江苏与近邻的安徽省之间的交通状况来说，除京沪铁路干线外，只有宁马芜和宁合高速铁路相连接。安徽省北部区域与江苏北部区域之间，没有高等级的交通干线相连。长江北岸的扬州、泰州、南通等城市之间虽通了铁路，但缺乏与上海之间的高速铁路连接。由于不通铁路，江苏沿海地区虽然有众多海港资源和海洋资源但没有得到有效开发。江苏利用长三角经济区和长三角经济腹地的各种资源和市场，在外接“长江通道和陆桥通道”内连“苏南‘曰’形和苏北‘◸’形”快速交通束建设方面“欠账”较多。

近年来，外接“长江通道和陆桥通道”内连“苏南‘曰’形和苏北‘◸’形”快速交通束建设提速，为促进泛长三角区域合作提供了快速交通条件。一是长三角快速交通束发展。长三角快速交通束形成了高速公路的网络化布局，强化了长三角节点城市之间的经济联系（如沿江高速、沪宁高速、沪杭甬高速、宁杭高速等骨干线路的建成，多个过江通道、跨海通道的建设，沿海大型、现代化集装箱码头的建成等），京沪高铁（沪宁段），沪宁、沪杭、宁杭城际铁路的修建营运进一步强化了长三角快速交通网络，形成高速、密集、高效的联系通道。二是长江通道和陆桥通道快速交通束发展提速。基本形成以沪汉蓉高速铁路、沿江铁路（宁安城际铁路）、沿江高速公路、长江快速通道、航空为主骨架的快速交通束。陆桥通道包括新亚欧大陆桥西安以东的陇海铁路、宁西铁路及宁启、沪宁铁路和沿桥快速交通束。[①] 长江的航运能力得到大幅提升，已经成为长江通道综合交通运输体系的主骨架。

2. 建设外接"长江通道和陆桥通道"内连"苏南'曰'形和苏北'◸'形"快速交通束对江苏经济创新发展的重要作用

泛长三角发展水平的空间差异十分明显。从泛长三角看，江苏经济相对发达，但其发展的瓶颈也日益显现，如资源约束，高消耗、高增长的发展模式面临转型压力。通过充分利用长三角经济腹地的丰富资源，开拓广大腹地市场，加快自身产业升级和产业转移，为江苏经济创新发展提供新的机遇和空间。外接"长江通道和陆桥通道"内连"苏南'曰'形和苏北'◸'形"快速交通束，对泛长三角区域合作中经济要素利用效率的提高和经济创新发展具有不可忽视的作用。

（1）建设外接"长江通道和陆桥通道"内连"苏南'曰'形和苏北'◸'形"快速交通束，可以使东部的江苏经济和中、西部省域经济有机联系起来，实现优势互补。高速公路、高速铁路、长江通道等快速交通具有量大、速度快等优势，对于实现东、中、西部经济要素共享，充分发挥东部的资本、管理、人才的优势和中、西部资源的优势，实现泛长三角区域合作具有重要作用。据测算，2010年江苏省一次性能源总需求达到2.15亿吨标准煤，大部分需要从省外、境外调入，其中经由铁路调入的煤炭达9 100万吨。江苏既有的铁路运力缺口约为3.5亿吨，铁路"瓶颈"制约矛盾非常突出，加快铁路建设步伐意义重大。江苏在全国客运量、货运量及货运周转量都占有重要地位。经济越发达，其与周围区域的经济联系也越多、越紧密，各种商品流、经济要素流越畅通，快速交通束对经济空间联系的作用也就越强。因此，加强连接外接"长江通道和陆桥通道"内连"苏南'曰'形和苏北'◸'形"快速交通束建设，对于江苏经济创新发展具有重要的推动作用。

（2）建设外接"长江通道和陆桥通道"内连"苏南'曰'形和苏北'◸'形"快速交通束，有助于江苏经济与长三角经济和长三角经济腹地有效区域合作。建设快速交通束可以增加区位相对优势。快速交通束使经济腹地与经济极核区的联系强化，从而对经济发展产生重要影响，对生产力布局具有重要的重塑作用，使为一些原来相对封闭落后区域带来区位优势效应和产业带效应。快速交通束的这种作用在经济欠发达区域表现得尤为明显。建设连接外接"长江通道和陆桥通道"内连"苏南'曰'形和苏北'◸'形"快速交通束建设，对于江苏统筹区域发展来

① 郑万（郑州—万州）客运专线项目预可研报告获得国家发改委批准。郑合（郑州—合肥）高铁、商合杭（商丘—合肥—杭州）客运专线上行连接徐兰客运专线、中端连接京沪高速铁路、下行将与长三角（宁杭、沪杭甬线）客运专线形成互通，和黄山—杭州客运专线一起，将皖南、皖北纳入长三角快速交通圈。该线已列入国家铁路网中长期规划，前期工作已启动。畅通昌九交通大动脉，南昌和九江之间建城际快速通道，昌九高速实施"四改八"改造（http://henan.sina.com.cn/nanyang/focus/2014-03-05/08336905.html）。

说意义重大。例如，进一步加强苏北快速交通束建设，对于苏北经济创新发展有重大的交通经济轴导引意义。

（3）建设外接“长江通道和陆桥通道”内连“苏南‘曰’形和苏北‘◁’形”快速交通束建设，有助于江苏城镇经济空间结构优化。泛长三角空间结构存在一些需要解决的问题，如长三角与其经济腹地相联系的快速交通束较少，交通条件的限制作用比较大，直接制约着泛长三角区域合作进程。陆桥通道与长三角空间对接的主要通道是京沪铁路和宁西铁路。京沪铁路建设比较早，经济带作用强。陆桥南桥的宁西铁路缩短了与长三角的空间距离，但宁西铁路建设时间较晚，承担泛长三角经济联系是“优势有余，能力不足”。加快宁西快速交通束建设，对于江苏经济创新发展具有重要意义。长江通道发挥着承担区际联系的重要功能。国家致力于长江通道建设，如沪汉蓉高铁、沿江高速公路、沿江铁路等项目，提升了长江通道在泛长三角的地位。快速交通束已不仅是传统意义上的长江水系运输，而是包括高速公路、高速铁路、长江水上快速通道和航空等现代快速交通束。江苏经济与长三角和长三角经济腹地相连接的特殊区位，决定着江苏经济空间演化受泛长三角空间演化影响。建设外接“长江通道和陆桥通道”内连“苏南‘曰’形和苏北‘◁’形”快速交通束，有利于江苏经济在空间结构优化基础上的创新发展。

三、建设外接“长江通道和陆桥通道”内连“苏南‘曰’形和苏北‘◁’形”快速交通束的对策

江苏建设外接“长江通道和陆桥通道”，内连“苏南‘曰’形、苏北‘◁’形”快速交通束，要准确把握快速交通束的功能定位，以发挥快速交通束对江苏经济创新发展的推动作用。建设外接“长江通道和陆桥通道”内连“苏南‘曰’形和苏北‘◁’形”快速交通束，要科学规划中长期建设项目，要引导和优化快速交通束产业布局，提升节点城市的交通枢纽作用。其中，铁路建设一直是江苏经济发展的“短板”，应在铁路建设中有所突破。

1. 科学规划中、长期快速交通建设项目

建设外接“长江通道和陆桥通道”内连“苏南‘曰’形和苏北‘◁’形”快速交通束要进行科学规划，尤其要做好中、长期规划。进行快速交通束规划应遵循适度超前的原则，即适度超前经济发展建设。对于欠发达的苏北来说，尤其是要切实贯彻交通先行的理念，在坚持综合运输体系协调发展，促进现代综合运输体系的建立和完善的基础上构筑快速交通束。

（1）建设沿海快速交通束。一是加快建设沪通城际铁路，从根本上解决束缚南通经济发展的交通“向南不通”问题，释放其紧邻上海经济的区位优势能量。二是加快建设连盐铁路，为培育连云港经灌云、灌南、响水、滨海至盐城的沿海城

镇经济轴增添快速交通束。三是将新长铁路盐城至海安段和宁启铁路海安至南通段改建和提升为时速250公里的城际铁路等级（沪通城际铁路北延线），使其成为苏北经济融入长三角、上海经济的最直接快速通道。四是提升海洋（海安—洋口港）铁路运能。①

（2）建设南北“中轴”快速交通束。连接苏南、苏北城市距离最短的淮扬镇（淮安—扬州—镇江）铁路（城际铁路）是江苏经济的纵向交通“中轴线”。淮扬镇铁路北起淮安，沿京杭运河南下经扬州过长江至镇江，与宁启铁路、沪宁铁路（环沪宁快速交通束）连接，是苏北与苏南和长三角经济联系的最短和快速通道。加快建设淮扬镇铁路对于苏北经济南向接受长三角辐射具有重要意义。

（3）建设外接“长江通道和陆桥通道”的省际快速交通束。一是建设宁安（南京—安庆）城际铁路。宁安城际铁路是在宁合城际铁路之外并沿长江走向的又一条苏皖快速通道，应提升其快速交通营运能力。二是建设宿宿淮（宿州—宿迁—淮安）铁路，②打通宿州至淮安连接新长铁路通道。三是营运好宁杭（南京—杭州）城际铁路，提升南京与杭州两个长三角特大城市之间快速交通束效能。四是提升沪宁快速交通束效能（沪宁高速公路、沪宁城际铁路、京沪高速铁路沪宁段）和建设包括南沪宁快速交通束和北沪宁（宁启高速公路、沪通城际铁路与宁启铁路南京至南通段）快速交通束在内的环沪宁快速交通束。五是建设包括沿长江南岸走向的镇南（镇江—南翔）铁路和沿长江北岸走向的扬通（扬州—泰兴—南通）铁路的沿江铁路。③ 沿江城际铁路的建成和运营对于长江南北两岸经济融合发展成为新苏南经济板块具有重要的意义。六是建设常苏嘉（常州—苏州—嘉兴）城际铁路。

（4）建设出海快速通道。一是加快连云港港口建设。通过港口建设，拉动连云港城市经济发展，使其与徐州经济成为沿东陇海线经济带的（沿海-内陆）“双核城镇经济轴”的重要组成部分。连云港港口建设不仅仅是对港口本身进行深度挖掘扩能，还应包括港口产业的配套发展，以形成港口经济区。二是加快南通港建设。加快南通港建设，对于形成江苏的快速出海口具有重大意义。与连云港相比，南通港紧邻苏南经济，货源充足，应与上海港群、宁波港群进行功能错位发展。三

① 海洋铁路西起海安，经过李堡、栟茶、小洋口至洋口港临港工业区，全长77公里，是华东铁路网连接江苏中南部沿海港口的重要通道，对于促进江苏沿海开发战略的实施，推动长三角北翼区域的经济发展具有十分重要的意义。

② 宿宿淮铁路已立项建设，全长203公里，江苏境内92公里，该铁路建设标准为国铁Ⅰ级，以货运为主，客运为辅。设计行车速度120公里/小时，并预留电气化建设条件。

③ 镇沪铁路在规划时称为镇南（沿江）铁路，沿长江南岸地区，走向与长江基本一致，线路长226.9公里。镇南铁路自镇江引出，经常州、江阴、张家港、常熟、太仓市至上海嘉定区在南翔编组站接轨，串接长江南岸几个主要的港口，以货运为主。镇南（沿江）铁路是一条沟通苏南沿江主要港口，以客运为主，兼顾货运的城际快速铁路。该线作为上海集装箱运输中心的运输通道，向西连接西安南京铁路，形成自上海到西安的东西部大通道，有利于完善长三角的交通运输体系，加速沿江经济的发展，增强上海对江苏省的经济辐射，同时有助于进一步加强东、中、西部地区和沿海地区的经济交流与合作。扬通铁路自宁启铁路江都站引出，经高港、泰兴、靖江至南通接轨沪通城际铁路。

是加快建设洋口港。[①]洋口港的建设是江苏实施沿江沿海开发战略的喜人硕果，是对江苏沿海开发上升为国家战略的强力呼应，应使其成为江苏沿海融入长三角快速发展的重要支点。

（5）建设苏北城市连接南京铁路工程。一是建设淮连（淮安—连云港）铁路。适时建设淮连铁路对苏北经济发展、沿海经济带建设具有现实意义。二是建设徐淮盐（徐州—淮安—盐城）城际铁路，尽快对接沿海高速铁路。三是建设宁淮（南京—淮安）铁路。宁淮铁路沿宁淮高速公路走向，是淮连铁路向南的连接线，是南京都市圈经济向苏北辐射的快速铁路通道，有力支撑淮安具有苏北快速交通束枢纽城区位。四是建设丰沛（丰县—沛县）铁路（徐州—菏泽铁路在江苏境内的丰沛段），促进徐州都市圈快速发展。

2. 加快建设外接“长江通道和陆桥通道”内连“苏南‘曰’形和苏北‘◁’形”快速交通束的江苏快速交通束政策选择

建设快速交通束是优化江苏城镇化格局和经济创新发展的关键。建设快速交通束首要的是要在科学规划的基础上推进重点项目建设和政策创新。

（1）重点推进铁路建设。一是着力实施好铁路建设规划。江苏省以客运专线和对外通道建设为重点，规划建成“三纵五横”的铁路网：京沪铁路徐州至南京段，新沂至淮安至扬州至镇江，连云港至盐城至海安至南通至上海（沿海铁路）；徐州—连云港，宿州—宿迁—淮安—盐城，南京—扬州—泰州—海安—南通—启东，南京—上海（沪宁城际），马鞍山—南京—宜兴—杭州。2010—2020 年，江苏规划新建铁路里程 519 公里，增建复线 876 公里，形成 8 条省际对外铁路通道：陇海铁路、京沪铁路、新长铁路、宁芜铁路，沿海铁路、宿淮铁路、合宁铁路、宁杭铁路。但是，沿海铁路建设缓慢，部分铁路运能有待提高。二是重点建设快速铁路。应着力规划好江苏高速铁路发展规划，推进重点建设项目，尽快形成江苏高速铁路网即“苏南‘曰’形和苏北‘◁’形”高速铁路及苏南苏北高速铁路连接线的运营能力。应尽快建设淮扬镇（淮安—扬州—镇江）城际铁路、沿海城际铁路，

① 1983 年，国家交通部水运规划设计院专家在如东普查海洋资源，在洋口港外 10 多公里处发现了一条水深达-17 米以上直通太平洋的潮汐通道。经过专家 20 多年的科学论证，这里 3 万年前曾是古长江的入海口，不仅是江苏沿海难得的深水大港港址，也是中国东部沿海罕见的国际性天然深水海港港址，可建 5 万吨至 30 万吨级泊位 62 个。2003 年 11 月 18 日洋口港开工奠基，随后香港保华集团率先投入巨资，上马 4 个重大基础设施工程，在荒滩匡围一期 10 平方公里临港工业区；中交二航局在茫茫大海上相继建成长达 12.6 公里的黄海大桥、1.44 平方公里的太阳岛、1 万吨重件码头。由铁道部和地方政府投资达 18.3 亿元建设海洋铁路。由于看好深水大港洋口港巨大的发展潜质，中石油在石油天然气接收项目的基础上，计划再投资 20.8 亿元建设洋口港油品和化学品物流中心项目；中石化投资 37 亿元建设洋口港至仪征原油管道及油码头等配套工程。中国化工集团投资 16 亿元，建设 DCC 渣油裂解项目。当前已有一批国家能源基础项目落户洋口港，包括中石油集团等联合投资 160 亿元人民币的天然气接收站，一期工程可年接收进口天然气 350 万吨；新加坡金鹰集团投资 110 亿元建设特种溶解浆和差别化化学纤维一体化项目。

构建苏北经济融入苏南经济创新发展的快速交通束。三是建设城际铁路，[①]引导城镇围绕快速轨道枢纽集聚发展。规划建设“三横三纵”城际铁路：北沿江城际铁路—宁安城际铁路、南沿江城际铁路、沪宁城际铁路；盐城—泰州—常州城际铁路、靖江—无锡—宜兴城际铁路、通苏嘉城际铁路。

（2）完善江苏南北区域综合运输体系。系统整合和优化配置南北区域交通资源是江苏区域合作发展的内在要求。竞争与互补性共存是现代区域综合运输发展的基本特性。构建现代区域综合运输体系，首先要加强各种运输方式之间的衔接与协调发展，充分发挥各种运输方式的技术经济优势，实现各种运输方式协调发展。要促进快速交通束与城乡交通和区域交通一体化发展，充分考虑快速交通束同其他运输方式之间的有效衔接，促进运输站场资源的共享利用，推进共用型综合运输站场建设，充分发挥江苏快速交通束的使用效率和效益。

（3）创新快速交通束建设和运营管理体制。要对苏北快速交通束建设在经费投入体制上进行政策创新。以高速公路、高速铁路为典型代表的快速交通束建设，由于资金投入规模大，各项工程因采取阶段性建设路径而出现先后次序建设顺次，这就使苏北快速交通束建设滞后。从江苏区域经济统筹发展角度看，在快速交通束建设过程中，江苏省要对苏北实行适度倾斜政策，不搞建设费比例分担的“一刀切”。更为重要的是，要创新交通管理体制，为构建现代综合运输体系创造良好的体制环境。长期以来，受行业分割管理等因素制约，各运输方式的运输站场建设基本上是以自我为中心，各自规划、各自建设、自成体系，严重制约综合运输体系整体效能发挥和效率、效益水平提高。因此，公路、铁路、水运等运输管理要实行“大交通”管理体制，统筹快速交通束发展和营运。

（4）构建吸引民营资本建设快速交通束新体制。根据规划，江苏铁路“扩大运能、完善网络、创新体制、全国争先”的总体思路，要投资3 500亿元。资金问题是困扰和制约快速交通束发展的突出问题。钱从哪里来？要在坚持“政府主导，

---

① 《江苏省轨道交通“十二五”及中长期发展规划》项目（建设年限）：沪通铁路江苏段（含南通—张家港过江通道，2012—2016），连盐铁路（含港口支线和联络线，2012—2016），新长铁路盐城至海安段扩能改造（2013—2016），连淮扬镇铁路（含五峰山过江通道，2014—2018），通苏嘉城际铁路江苏段（2014—2018），沿江城际铁路（常州至张家港段，2014—2017），新长铁路新沂至盐城段扩能改造（2014—2017），新长铁路海安至长兴段扩能改造（含靖锡宜城际及过江通道，2014—2017），徐宿淮盐铁路徐州至宿迁段（2015—2018），东陇海铁路中云至连云段扩能改造（2016—2018），宿淮铁路扩能改造（2016—2017），海洋铁路扩能改造（2016—2017），徐连高速铁路（2016—2019），沿江城际铁路（南京至常州，2016—2019），徐宿淮盐铁路宿迁至盐城段（2019—2022），宁淮城际铁路（2019—2022），镇江至高淳铁路（2019—2022），常州至泰州城际铁路（2018—2022），沪泰宁城际铁路南京至靖江段（2018—2022），盐泰城际铁路（2018—2021），南京至合肥货运铁路（2019—2021），沿江城际铁路张家港至太仓段（2020—2023），京沪高速铁路江苏段（2008—2011），南京铁路枢纽（2007—2012），苏州车站（2007—2012），宁杭铁路客运专线江苏段（2008—2012），宁安城际铁路江苏段（2008—2012），海安至洋口港铁路（2008—2011），宿淮铁路（2009—2011），丰沛铁路（2009—2011），宁启铁路复线电化改造（2009—2012），郑徐客运专线江苏段（2012—2015），青连铁路江苏段（2012—2015）等。

市场化运作，多元化投资”多种途径中创新筹措建设资金思路。建设快速交通束需要大量资金，仅由政府出资是不现实的，也是做不到的。对预期效益较好的高速铁路和城际铁路项目，应加大多元化融资的力度，允许社会资本和境外投资者进入，采取建设-经营-转让（BOT）、项目收益债券、业主招标等方法，吸收社会资本和境外资本投资快速交通束建设和营运。

第二节　促进苏南经济创新发展的快速交通束建设

苏南经济板块和苏中经济板块融合发展形成具有一体化发展特征的经济区域经济板块——新苏南经济板块，是源于新苏南快速交通束尤其是环沪宁高速铁路的建设和运营引致的经济空间演化的必然趋向。由沪宁交通束连接的上海大都市、“苏锡常”都市圈、南京都市圈成为世界第六大城市群的极核区，是长三角最有经济实力的快速交通束城镇密集区组成部分。从这种意义上说，人口密度大、产业聚集度高、城镇密集和交通需求旺盛的新苏南交通束建设和运营，对苏南经济创新发展具有特别的快速交通带动区域创新发展意义。

一、促进环沪宁快速交通束建设

作为长三角主要交通线的沪宁通道的主要功能是解决沪宁沿线大中城市之间城际及对外长途客货运输需求，难以满足苏南与苏中经济融合区——新苏南经济对快速交通需求，因而建设环沪宁快速交通束是满足新苏南经济创新发展的内在需求。

1. 着力建设环沪宁快速交通束

环沪宁快速交通束包括北环沪宁高速铁路和南环沪宁高速铁路，即新苏南江北（原苏中）的沪通城际铁路、宁启铁路、沿长江北岸走向的扬通铁路（规划）和原苏南的宁杭城际铁路、湖苏沪城际铁路及其高速公路、机场、港口。[①] 由于“天堑”长江的天然阻隔作用，同样是紧邻上海的南通和苏州市域经济发展差异十分显著。其主要原因是长江的阻隔形成了经济发展机遇的先后次序，进而形成经济发展上的巨大差别。较长时期，江苏省交通建设重点一直放在长江南岸区域，因而长江北岸区域交通发展缓慢。随着江阴大桥、润扬大桥、泰州大桥、苏通大桥等过江

---

① 以纽约、东京、巴黎等为中心的城市群，均建有铁路网络系统，如大阪至京都、东京至名古屋为十二线布局，大阪至神户、纽约至华盛顿为八线布局；珠三角的广深（港）通道正形成广深四线、广深港客运专线、穗莞深城际等八线格局，环渤海湾、中原城市群、武汉“1+8”等城市群的主要通道都规划形成六线格局。沪宁通道作为全国城镇和产业密集、人口稠密的经济走廊之一，应规划建设八线铁路通道（解振全，2011）。

通道工程及沿江快速交通束的建设，长江南北两岸区域差异正在缩小。尤其是沪通城际铁路建设，为长江北岸区域直接与上海大都市接轨突破了“天堑”阻隔，带来新苏南经济一体化发展的重大历史机遇。

（1）加快建设北环沪宁高速铁路建设。北环沪宁快速交通束有利于增强苏南及上海经济向苏北辐射扩散的“二传手”功能。加快建设北环沪宁快速交通束，对于缓解沪宁快速交通束运能压力有重大作用。一方面，北环沪宁快速交通束发展是沪宁快速交通束的重要组成部分，与沪宁快速交通束合理的分工与合作，能综合提升北环沪宁快速交通束运力；另一方面，北环沪宁快速交通束对于沪宁快速交通束具有重要的支撑作用，在一定程度上缓解沪宁快速交通束运力压力。北环沪宁快速交通束是环沪宁快速交通束的长江北岸区的组成部分，在长三角快速交通束中具有十分重要的交通区位，应加快建设进程并尽快形成运能。

（2）完善南环沪宁高速铁路运力。沪宁快速交通束以南的市（县）域经济板块多年来因交通建设滞后而发展缓慢，因而特别需要快速交通束带动。宁杭高速铁路开通营运对沿线的句容、溧阳、宜兴、长兴等苏南南部市（县）域经济发展发挥着良好的交通轴带动作用。尽快建设湖苏沪（湖州—苏州—上海）高速铁路，将宁杭高速铁路自湖州经苏州延伸至上海，形成南环沪宁高速铁路运能。南环沪宁高速铁路是环沪宁高速铁路的长江南岸的组成部分，既缓解沪宁高速铁路压力又带动苏南南部市（县）域经济发展，在江苏经济创新发展中具有十分重要的交通区位，应重点推进建设和尽快提升南环沪宁高速铁路运力。

（3）重点建设沪通城际铁路。沪通铁路衔接南通、上海，它的建成将成为苏中、苏北地区与上海之间连接的以客运为主、兼顾货运的最便捷客货运输通道，也是沿海铁路通道和长三角城际轨道交通网的重要组成部分。沪通铁路建成后，将为加强上海与江苏沿海地区、上海与中西部地区交流提供便捷、高效的运输通道，可在上海至徐州、上海至南京间形成新的通道，有利于东部路网运输组织的灵活调节，同时也能缓解东部过江能力紧张的局面，特别是缓解京沪铁路的运输紧张状况具有积极作用。[①]沪通铁路建设可极大地缩短上海与南通及苏北的时空距离，有利于增强上海向南通及苏北乃至北部沿海地区的辐射功能，对江苏以沿江开发为突破口，实现沿江两岸产业联动发展，形成南北呼应，促进苏北经济发展，全面建设小康社会具有重要意义，为南通充分发挥“靠江、靠海、紧邻上海、连通南北”的

① 沪通铁路北接南通，南连上海，线路从宁启铁路拟建平东段平东站引出铁道后，经南通市九圩港上游 2 公里处，跨长江天生港水道接南岸的张家港十三圩。至张家港市乐余镇区附近越过新 204 国道后，沿新 204 国道东侧往南丰、塘桥、凤凰，跨过沿江高速公路后进入常熟，再经常熟的东张至归庄，在太仓后分成两条线路：一条经葛隆、安亭接京沪铁路；另一条沿沪太路西侧向南，经浏河、曹王、罗店至杨行，接浦东铁路，全长 248.9 公里。2014 年 3 月，沪通铁路长江大桥正式开工，建设工期为 5 年半，沪通铁路按国铁 I 级、设计速度 200 公里/小时建设。一期工程南通至安亭段长 137.28 公里。沪通铁路一期工程中的长江大桥按铁路四线、公路六车道设计。沪通铁路长江大桥设计长 11 公里。正桥采用两塔五跨斜拉桥方案，主跨 1 092 米，比苏通长江公路大桥主跨还长 4 米，建成后将成为世界上最大跨度的公铁两用斜拉桥。

区位优势和特有的资源优势，与上海、苏南实现优势互补，大力发展新兴产业，加快发展现代服务业提供了有利条件。

2. 建设环沪宁支线交通束

苏中与苏南融合发展为新苏南经济板块是江苏经济创新发展的经济空间演化机制作用的必然趋向，也必然要求交通相应发展。建设环沪宁支线交通束既是新苏南经济发展的要求，也是分解环沪宁快速交通束运能的需要，应统筹规划，协同发展。

（1）建设沿江铁路。[①] 沪泰宁城际铁路是江苏沿江铁路的长江北岸快速交通束。沪泰宁城际铁路是正在编制的长三角轨道交通网的线路，加上宁启铁路复线，沿线城市将真正融入上海都市圈和南京都市圈。沪泰宁城际铁路将基本确立沿线城市未来铁路运输通道格局框架。沪泰宁城际铁路为2020年前实施的中期项目，起点南京，终点上海，途经仪征、扬州、泰州、泰兴、靖江、南通，江苏省境内里程约250公里，双线Ⅰ级铁路，设计时速250公里，是连接南京、上海的江北快速通道。南沿江城际铁路（镇南铁路、常苏嘉城际铁路）是规划建设的连接南京、上海的长江南岸快速通道，是江苏沿长江城镇密集带发展的交通轴，应推动其快速建设。沿江城际铁路为近中期实施项目，起点南京，终点上海，途经句容、金坛、常州、江阴、常熟、张家港、太仓。江阴、张家港、常熟、太仓等县市位居全国百强县市前列，城镇密集，经济实力强，人口密度大，城际客运需求旺盛。[②] 沿江城际铁路是长三角核心区城际铁路网的重要组成，路网作用突出，是促进长三角经济和交通一体化，引导通道内中小城市向南京都市圈、“苏锡常”都市圈和上海大都市聚集的需要；是强化沪宁通道客运能力，缓解公路运输压力，满足沿线城际客运交流的需要；是提升浦东地位，促进建设上海（大浦东）目标实现的需要；是长三角构建（两型）和谐社会，促进区域可持续发展的需要，对沿线和区域社会经济发展具有重要意义（解振全，2011）。

（2）提升海洋铁路运能。海洋铁路即海安至洋口港铁路，位于江苏省东部，长江北岸，南通市北郊海安县、如皋市和如东县境内，[③] 2014年1月正式开通客运。洋口港经济发展引致海安市区在北沪宁快速交通束和江苏沿海快速交通束中的

---

① 西起南京，途经镇江、常州、江阴、张家港、常熟、太仓，与沪通铁路连接，线路全长227公里，江苏境内208公里，为双线Ⅰ级铁路，设计时速为250公里。

② 解振全. 江苏沿江城际铁路路网作用和功能定位研究［J］. 铁道标准设计，2011（10）.（沿江铁路规划西起南京，途经镇江、常州、江阴、张家港、常熟、太仓，与沪通铁路连接，线路全长227公里，江苏境内208公里）

③ 线路基本呈东西走向。本线西起新长线海安站，途经海安城东镇、西场镇、李堡镇，如皋柴湾镇，如东袁庄镇、河口镇、栟茶镇、洋口镇、丰利镇、苴镇和长沙镇。东止于洋口港西太阳岛，全长98.1公里，为国家二级铁路，由铁道部和江苏省共同出资建设。其中，一期工程海安至洋口港临港工业区线路长约77公里，总投资20.11亿元；二期上岛工程陆岛通道长约19公里，计划总投资约14.6亿元。

区位提升和经济快速发展，需要通过行政区划调整成立地级海安市（见本书第十五章第三节）。提升海洋铁路运能是地级海安市发展洋口港经济的交通“抓手”和海洋铁路沿线城镇经济的交通轴路径，应科学谋划和加快海洋铁路二期工程建设。

（3）建设环沪宁高速公路。在江苏省“五纵九横五联”的高速公路基本构架基础上，扩建新苏南北部环沪宁高速公路，即上海经崇启大桥、崇海大桥的沿长江北岸的沪宁高速公路；苏南南部环沪宁高速公路，即沿宁杭城际铁路、湖苏沪城际铁路走向的沪宁高速公路，与环沪宁高速铁路共同构成环沪宁快速交通束。

二、提高沪宁快速交通束营运效能

沪宁快速交通束是长三角快速交通束的重要组成部分，是长三角沪宁城镇密集轴的主要交通通道，包括沪宁高速公路，沪宁铁路、京沪高速铁路沪宁段、沪宁城际铁路。沪宁快速交通束各类线路都已投入营运，整合沪宁快速交通束运能和提高综合营运效能，对于沪宁城镇密集轴、苏南经济乃至江苏经济创新发展具有重要的交通引领作用。

1. 提升沪宁铁路营运效能

沪宁铁路沪宁段（京沪既有线）、沪宁城际铁路和京沪高速铁路沪宁段组成的沪宁铁路通道已形成六线格局，其中四线为客运专线，京沪铁路沪宁段以货运为主。沪宁铁路通道六线均为南京、镇江、无锡、常州、苏州和上海市区连接线的沪宁交通线，主要解决沪宁城市群之间及对外长途客货运输。沪宁城际铁路和京沪高速铁路沪宁段组成的沪宁快速交通束，直接关系到苏南乃至江苏经济创新发展的全局，具有提高“人空间流”速度的重要作用。

着力提升京沪铁路沪宁段运能。上海至南京之间的沪宁铁路全长约 300 公里，是中国最早建设（始建于 1898 年）的重要铁路干线之一。1908 年单线沪宁铁路建成通车，当时的列车最高运行时速不到 40 公里；1933 年在南京下关与浦口之间的长江建成火车轮渡，开通了从上海直达北平的列车；20 世纪 50~60 年代起沪宁线开始复线改造，到 1980 年沪宁全线复线贯通；1984 年沪宁线全线实现自动闭塞和内燃牵引；2006 年 7 月沪宁线电气化改造完成。1997—2007 年间沪宁线共进行了 6 次提速改造，全线允许列车以每小时 160 公里以上速度运行，其中 1/2 以上的区段可以 200 公里时速运行，部分区段线路运行条件达到每小时 250 公里的技术标准。京沪铁路沪宁段沿线共设有各类客货运车站 42 个，其中客站 15 个，另有编组站两个。2006 年京沪铁路沪宁段平均运输密度达到 13 336 万换算吨，是全国最繁忙的铁路区段；其中平均客运密度达到 6 753 万人，比全路平均客运密度高出 5.75 倍；平均货运密度达到 6 583 万吨，也比全路平均货运密度高出 1 倍，其下行重车方向货运密度达到 5 434 万吨。在京沪铁路沪宁段开行各类列车达到 136 对，其中旅客列车 103 对（2007），最小行车间隔只有 5 分钟。既有京沪铁路沪宁段运输能力长期来一直处于饱和状态，不能满足沿线经济发展的对运输的需求。既有京沪铁路沪宁段、京沪高铁沪宁段和沪宁城际“三线”建成营运缓解了沪宁之间运输供需矛盾。这“三线”之间的分工是，既有京沪铁路沪宁段以货运为主并兼营部分慢速客车，京沪高铁沪宁段和沪宁城际均为客运专线，分别负责长距离高速客运和区域性城际客运。为有效满足沪宁之间运输需求，应对“三线”进行科学定位、合理分工，发挥各条线路优势，实现整个快速交通束的效益最大化，“构筑‘快速、便捷、大运能、低能耗、环保型’的快速交通网络系统”①，以提升沪宁高速铁路通道的运营能力。近期应提升京沪高速铁路沪宁段、沪宁城际铁路运能效率，并提高服务质量。

2. 提升沪宁高速公路核心通道效能

沪宁（上海—南京）高速公路，起自上海，途经安亭、昆山、苏州、无锡、常州、镇江，终于南京东郊的马群，全长 275 公里，其中上海段 26 公里，江苏段 249 公里。②沪宁高速公路的建设与发展，是苏南经济和长三角在改革开放以来发展的一个缩影。由于长三角经济的快速发展，原来的四车道沪宁高速公路远不能满足江苏和上海两地车流量的需求。2003 年 5 月，江苏省政府决定对沪宁路进行八车道扩建，于 2006 年 1 月通车，沪宁高速扩建工程自开工以来，在没有中断交通的情况下，仅用了两年时间就实现了全线贯通，在中国高速公路建设史上尚属首次。但是，苏南经济的快速发展，扩建后的沪宁高速公路仍不能满足沿线车流量增长的需求。

前文已提到，江苏省高速公路网规划建设沪宁高速公路为“横五”（南京至上海，310 公里）、“横六”（南京至上海复线，310 公里）、“横七”（溧水至太仓，260 公里），即以“横五”为主体的、“横七”（沿江高速公路）为北翼、横六（沪宁高速公路复线）为南翼的高速公路通道是沪宁高速公路的核心通道，这三条高速公路具有不同的路网功能和服务区域，相互补充、相互促进，在沪宁之间提供快捷的高速公路通行服务。

第二节　促进苏北经济创新发展的快速交通束建设

苏北“◁”形快速交通束建设，是江苏经济创新发展的外接“长江通道和陆

---

① 赵峻，叶玉玲. 沪宁铁路运输通道线路的合理分工研究［J］. 城市轨道交通研究，2010（3）.

② 沪宁高速公路是江苏省第一条高速公路。沪宁高速公路是当时国家重点建设的交通基础设施工程，1991 年 4 月江苏省成立了沪宁高速公路建设领导小组和建设指挥部。1992 年 6 月 14 日正式开工，1992 年 8 月，成立了宁沪高速公路有限公司。1996 年 2 月全线贯通，9 月 15 日建成营运，11 月 28 日正式通车。

桥通道”内连“苏南‘曰’形和苏北‘◁’形”快速交通束的交通驱动力的基础工程。长期的规划不到位和建设资金投入不足，苏北“◁”形快速交通束建设“欠账”多。对于苏北经济创新发展来说，首要的任务是倾力补还“欠账”；在此基础上，要重点建设苏北“◁”形城际快速交通连接线和“◁”形与“曰”形之间快速交通连接线。

一、苏北“◁”形快速交通束及特征

城市化是工业化的伴随物，是区域经济创新发展的直接推动力。快速交通束建设是城市化的必然选择，是城市经济发展的基础条件。苏北经济发展中的城市化和快速交通束建设，促进着苏北“◁”形快速交通束发展。苏北高速公路骨架网已经形成。到2013年年底，高速公路通车总里程达到1 539公里，占全省总长度的41.4%。

1. 苏北“◁”形快速交通束

苏北经济创新发展的出路在于寻找到适应其经济发展阶段和与苏南经济相联系的空间组织形式。只有优化苏北经济要素的空间配置，才能促进苏北经济与江苏经济创新发展。苏北主要城市之间空间联系及辐射范围，引致苏北形成“◁”形快速交通束空间。

（1）沿东陇海线快速交通束，即以铁路东陇海线及沿线高速公路为主体的沿东陇海线快速交通线，连接徐州市区、邳州、新沂、东海及连云港等城市（城镇、集镇），具体包括徐州市区，邳州市的运河、炮车、港上、官湖、碾庄、邳城、岱河、八义集、土山、议堂，新沂市的新安、北沟、瓦窑、草桥，东海县的牛山、桃林、温泉、石榴、白塔埠、浦南镇和连云港市区。

（2）徐宿淮盐快速交通束，即以徐宿淮盐城市（连接）高速公路、新长铁路淮盐段、宿宿淮铁路宿淮段及规划建设的徐宿淮盐高铁为主体的快速交通束，连接徐州、睢宁、宿迁、泗阳、淮安、建湖、盐城等城市（城镇、集镇），具体包括徐州市区，睢宁县的双沟、王集、睢城、梁集、宋楼、沙集、凌城，宿迁市区，泗阳县的众兴、卢集，淮安市区，建湖县的建阳、近湖、庆丰，射阳县的陈洋、临海、兴桥、黄尖、合德、千秋、通洋镇和盐城市区。

（3）连盐快速交通束，即以连盐高速公路、连盐铁路为主体的快速交通线，连接连云港、灌云、响水、灌南、滨海、阜宁、盐城、大丰及东台等城市（城镇、集镇），具体包括连云港市区，响水县的小尖、响水、陈家港，滨海县的通榆，阜宁县的阜城、新沟、沟墩、施庄，盐城市区，大丰市的三龙、新丰、裕华、南阳、大中、大桥、西团，东台市的五烈、东台、梁垛、安丰、富安、四灶、台南镇和盐城市区。

2. 苏北“◹”形快速交通束的特征

苏北“◹”形快速交通束空间演化趋势是苏北城市化空间联系发展决定的。城市化和快速交通束使苏北城市空间呈现“◹”形快速交通束特征。推动苏北“◹”形快速交通束建设，对于实现苏北经济创新发展具有十分重要的战略意义。苏北“◹”形快速交通束特征是：

（1）“◹”形快速交通束空间结构基本形成。从交通基础设施支撑来看，苏北已形成以徐连、连盐、连淮、淮盐、盐通、徐宿淮等高速公路，东陇海、新长、宿（宿州）宿（宿迁）淮（淮安）铁路项目（立项建设）、连盐（立项建设）、淮扬镇铁路（规划）为主体的快速交通束，“◹”形的快速交通束空间结构基本形成。尤其是淮安市规划“十二五”期间新建淮安—连云港铁路和南京—淮安铁路，对增强淮安城市与苏北苏南的快速交通束联系，推动城市经济快速发展具有重要意义。快速交通束的建设和完善，使苏北“◹”形快速交通束发展条件得到较大改善。

（2）城市化推动苏北“◹”形快速交通束建设提速。改革开放以来，苏北城市非农业人口增长和城市规模扩大的速度加快，从而推动城市经济快速发展。徐州城市进入特大城市序列后，对徐州都市圈的形成和发展发挥着极其重要的作用。淮安城市的快速发展为淮安城市获得苏北经济发展的增长极优势区位。城市化对苏北“◹”形快速交通束空间结构优化发生着直接推动作用。在苏北城市化进程中，城市经济占比增大，农村经济占比下降，城市化推动苏北经济空间结构向城市经济比重增大方向演进，推动苏北经济的增长极发展，从而使苏北“◹”形快速交通束空间结构指向优化方向演进。经济实力的快速增长推动苏北基础设施建设进程加快和快速交通束的初步形成。田湾核电站，淮河入海水道，沂沭泗洪水东调南下，连云港港口扩建等重点建设项目，尤其是东陇海、新长铁路和宁靖盐、宁宿徐、徐宿淮盐、徐连、汾灌高速公路构架出的苏北快速交通束，为苏北“◹”形快速交通束发展提供基础条件。

二、建设苏北“◹”形快速交通束的对策

快速交通束推动着苏北“◹”形城镇密集轴空间的形成。但是，“◹”形快速交通束的城市、城镇发展速度不快，从而制约着“◹”形城镇密集轴经济空间优势的发挥。充分发挥苏北“◹”形城镇密集轴空间的优势，必须快速推进“◹”形快速交通束建设。

1. 建设连接“一点三角”城市快速交通束

东陇海地区城市群的核心区——苏北“一点三角”城市空间特征显现。“一点

三角”城市之间快速交通束是其沿线城市、中心镇快速交通连接线，是其城镇化进程中的城镇经济联系的快速交通束。

用江苏经济增长之力建设连接“一点三角”城市的苏北“◁”形快速交通束。发展“一点三角”城市，需要建设“一点三角”城市快速交通束。建设连接“一点三角”城市的苏北“◁”形快速交通束具有特别重大的意义，是做大、做强“一点三角”城市的重点工程。徐州城市已被江苏省规划为徐州都市圈核心层城市，但其在苏北发展中的增长极区位严重西移，缺失苏北区域（腹地）中心城市区位。从苏北经济和苏北经济接受上海、苏南经济辐射的区位看，地处苏北快速交通束主骨架枢纽点的淮安城市优于徐州城市，这就决定了淮安城市拥有苏北区域（腹地）最具发展潜力的特大城市区位。因此，快速将淮安城市建成苏北腹地的又一个“徐州”[①]，必须增强“一点三角”城市群的经济联系，更需要建设“一点三角”城市群之间的快速交通束。

2. 重点构建淮安市域铁路网

随着徐宿淮盐、连淮扬镇两条高速铁路在淮安市区“十字”交叉，淮安融入国家高速铁路网，区域铁路枢纽的区位得以确立。淮安市必须加快铁路建设，发挥铁路大动脉作用，尤其要加强与安徽省的紧密联系，建成煤炭快速运输通道，以缓解淮安以及苏北能源运输紧张的局面。淮安市特有的苏北核心区位需要加快建设南北向联系的铁路，加强同连云港及苏南的联系，接受连云港港口的辐射，实现与省会城市南京的互通，进而以南京为桥梁实现出省南向紧密联系，形成便捷的运输联络通道，为促进淮安经济的快速发展培育交通优势。

淮安市远期铁路网将形成衔接徐州、新沂、连云港、长兴、扬州、南京、宿州方向，以徐淮盐、新长、宿宿淮、淮扬镇、宁淮连辐射状铁路为主骨架、若干铁路专用线为补充的环形铁路网络体系；市区客运系统形成以淮安北站为主客站，淮安东站为辅助客站的“一主一辅”的客站格局，规划预留新淮安东区段站。货运系统形成淮安站、淮安东站、新淮安东站、袁北站和朱桥站五大站布局，同时预留淮安西站、淮安南站等货运站。

着力推进淮安铁路建设，尽快新建淮宿（淮安—宿州）铁路、淮连（淮安—连云港）铁路、蚌盐（蚌埠—盐城）铁路等3条铁路和徐宿淮盐（徐州—宿迁—淮安—盐城）、连淮扬镇（连云港—淮安—扬州—镇江）2条城际铁路客运专线。[②]完成新长铁路既有线电气化改造和复线改造。

---

① 制定淮安城市发展战略目标和基本措施，应重视自己的现实基础，但通过高校群发展带动非农产业发展和城市扩大是重要的选择。

② 规划建设京沪高速铁路客运专线徐淮沪支线。徐宿淮盐、连淮扬镇2条高速铁路将在淮安城区交汇，同站贯通，形成徐宿淮扬镇段，与沪宁城际铁路共同构成京沪高铁徐州至上海段的第二通道。

第四节　促进江苏经济创新发展的“苏南‘曰’形和苏北‘ㄱ’形”快速交通束连接线建设

从苏南经济和苏北经济发展历史看，苏南与苏北的经济联系不密切，苏南经济增长对苏北的带动力较弱。其原因除了长江天堑的分割外，还因为两区域的封闭发展。因此，促进江苏经济创新发展的“苏南‘曰’形和苏北‘ㄱ’形”快速交通束连接线建设，有利于苏南经济和苏北经济融合发展。

一、建设江苏南北区域合作发展的南北快速交通束连接线

改革开放后，苏南以上海为中心并成为上海的外围和腹地获得快速发展。一方面，苏南发展不依赖于苏北；另一方面，苏南发展不带动苏北发展。“根据在部分苏北地区的调查，迄今为止对苏北经济起带动作用的中心与其说是苏南不如说是上海”。①因此，提升苏北区域经济自组织发展能力，寻求促进江苏南北区域合作发展新路径，必须建设江苏区域南北向快速交通束。

1. 江苏经济创新发展的南北快速交通束缺失

近几年来，江苏加大区域统筹发展力度，苏北的快速交通束建设得到关注，新长铁路，徐宿淮高速、宁连高速、淮盐高速、连盐高速相继建成，使得苏北的交通状况得到很大改善。但是总体来看，苏北交通的发展状况尤其是快速交通的建设与苏南的差距还很大（见表7-1）。

表7-1　　苏南、苏北高速公路拥有量比较

年份	区域名称	人口（万）	土地面积（平方公里）	高速公路		
				里程（公里）	高速公路密度	万人拥有量
2012	苏南	2 392.52	27 921	1 765	0.063	0.738
	苏北	3 430.99	54 473	1 738	0.032	0.507
2011	苏南	2 381.38	27 921	1 645	0.059	0.691
	苏北	3 400.82	54 473	1 668	0.031	0.490
2010	苏南	2 368.14	27 921	1 616	0.058	0.682
	苏北	3 371.76	54 358	1 655	0.030	0.491

① 洪银兴.“苏北大发展”与南北经济一体化［J］.现代经济探讨，2001（6）.

表7-1(续)

年份	区域名称	人口 （万）	土地面积 （平方公里）	高速公路		
				里程(公里)	高速公路密度	万人拥有量
2009	苏南	2 358.41	28 089	1 534	0.055	0.650
	苏北	3 335.39	54 357	1 534	0.028	0.460
2008	苏南	2 345.92	28 089	1 503	0.054	0.641
	苏北	3 318.31	54 357	1 548	0.028	0.467
2007	苏南	2 329.50	28 090	1 405	0.050	0.603
	苏北	3 298.49	54 357	1 496	0.028	0.454
2006	苏南	2 304.57	28 080	1 253	0.045	0.544
	苏北	3 281.12	54 357	1 444	0.027	0.440
2005	苏南	2 275.19	28 081	1 154	0.041	0.507
	苏北	3 248.47	54 358	1 076	0.020	0.331
2004	苏南	2 245.81	28 081	978	0.035	0.435
	苏北	3 229.39	52 368	869	0.017	0.269
2003	苏南	2 219.14	28 081	702	0.025	0.316
	苏北	3 210.18	52 368	869	0.017	0.271

数据来源：根据《江苏统计年鉴》（2004—2013）相关数据整理。

由表 7-1 可以看出，即使通过最近几年的超速发展，苏北高速公路密度仅为苏南的一半左右。苏北与苏南在高速公路密度、万人拥有高速公路里程的指标上，苏北占苏南的比例从 2003 年开始先缩小后略微扩大。从铁路拥有量来看，在苏北广大地域上，仅有东陇海、新长铁路。总体来看，一方面，苏北的交通发展落后于苏南；另一方面，更为重要的是，苏北的南向交通一直未得到发展。从南向交通联系来看，新长铁路虽从苏北中部穿越，但因其基本曲线走向而使苏北与苏南经济联系的作用难以有效发挥。[①]新长铁路对推动江苏区域经济协调发展作用不明显的主要原因是缺失快速交通束功能和向南直线走向。苏北经济发展滞后，主要是南北交通条件差距，缺失苏北与苏南、苏北与上海的快速交通束。因此，建设南北快速交通束，发挥南北快速交通束优势，必将使江苏区域经济发生重大变化，引导江苏经济发展由南向北梯度发展。

① 新长铁路全线原设计为国家一级铁路，是北接东陇海铁路、南连宣杭铁路的一条南北铁路干线，由东陇海铁路的新沂站引出，线路向南经淮安、盐城、海安、靖江（含海安至南通），过长江到江阴，南行到无锡锡山与沪宁线在石塘湾交会，终止于浙江宣杭铁路长兴车站。

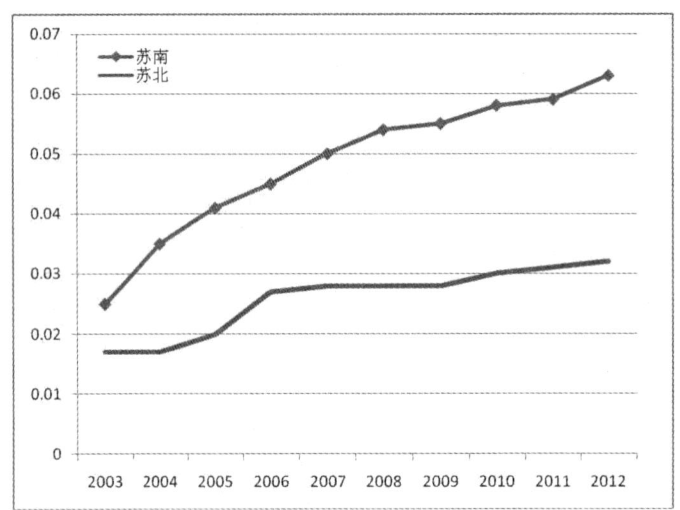

图 7-1　苏南、苏北高速公路密度变化比较

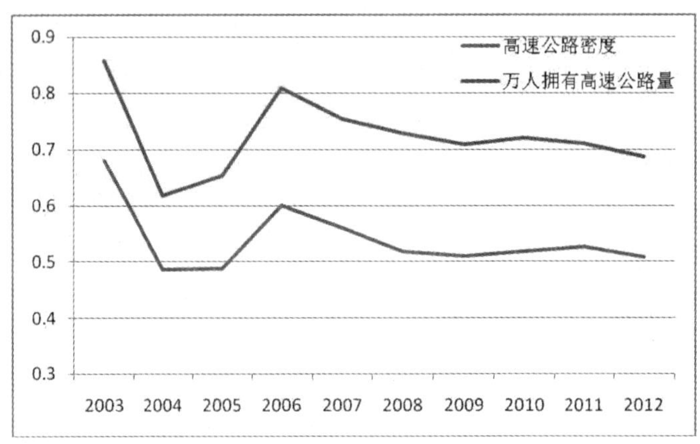

图 7-2　苏南、苏北万人拥有高速公路量比较

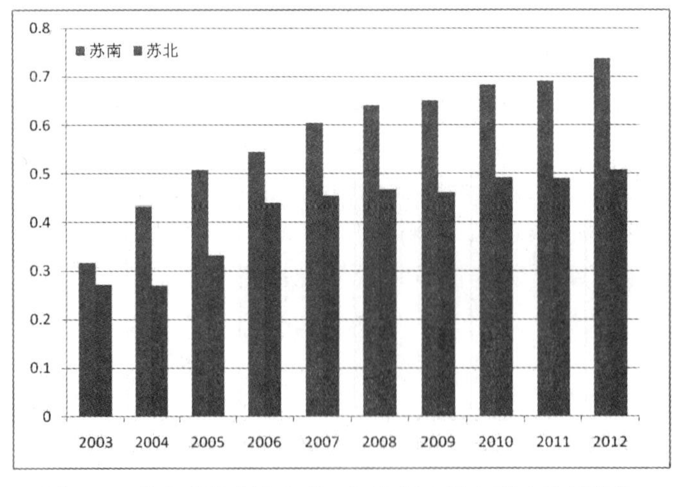

图 7-3　苏北高速公路密度、万人拥有量占苏南比例变化

2. 南北快速交通束：苏南苏北区域合作发展的基础工程

区域经济一体化发展的前提之一是经济要素的自由流动，经济要素自由流动为区域经济一体化创造条件。经济要素流动的自由程度，一方面取决于市场开放条件，另一方面则受到交通条件的限制从而影响其流动范围、方向和程度。快速交通束是江苏区域经济创新发展的必不可少的交通要素。推动苏南苏北区域合作，必须加快实施南北快速交通束工程。

（1）南北快速交通束建设为江苏南北经济要素流动创造条件。近年来，由于基础交通条件的改善，苏北区位相对优势逐步显现，苏南因产业拥挤出现的规模不经济、能源瓶颈、环境污染等情况日趋加剧，苏南投资开始流向苏北（企业趋利特性使其具有流动性，产生空间选择行为）。在市场机制作用下，劳动密集型产业逐步向苏北扩散，苏南苏北企业联系开始紧密，苏南对苏北经济的带动作用增强。因此，建设南北快速交通束为江苏南北经济要素流动创造条件。

（2）南北快速交通束的建设为加强江苏南北企业联系创造条件。作为经济的细胞和最基本的运行单位，企业是区域经济发展过程的行为主体和区域经济活力所在。区域经济是否发展直接取决于企业发展程度，因而企业的发展和扩张是区域经济发展的动力来源。企业系统投入产出联系对区域经济发展必将产生强大的带动作用。苏南苏北区域合作和经济一体化发展的关键就在于南北企业之间的经济联系程度。企业利润最大化目标的实现，直接与生产成本大小、与市场距离远近等因素相关。对于企业来说，苏南企业接近市场，尤其是有便利的出口配套设施、集聚经济的作用，间接降低了企业的运营成本。南北快速交通束的建设，能充分发挥苏北低生产成本的优势，缩短其与长三角市场的空间距离，必将推动南北企业开展多种形式的合作，进而促进江苏南北产业转移的实现。

（3）南北快速交通束的建设为沿快速交通束城镇经济发展创造条件。现代经济发展取决于现代产业的发展，而现代产业发展的载体是城镇经济。城镇经济是现代产业发展的聚集体。南北快速交通束的建设必将促进沿线城镇经济板块的快速发展和城镇经济实力的综合提升。因此，建设南北快速交通束是苏北经济创新发展的必然选择。

3. 建设南北快速交通束的地方政府行为协调

地方政府与经济活动有关的行为，对区域经济发展产生多方面影响。加快建设南北快速交通束，投入资金的来源问题是关键所在。依赖于市场机制拓展资金来源，并在以后的管理上实行较为灵活的体制，有利于南北快速交通束的建设。不同地方政府与区域经济联系存在行为差异。不同的地方政府之间经济利益的协调问题是江苏南北经济一体化发展的重要制约因素。因此，应重视协调各级地方政府在建设南北快速交通束中的行为。

江苏省政府是建设南北快速交通束的重要的决策主体，应担当南北快速交通束建设规划和调控职责。一是协调区域之间的快速交通束发展次序。在资金不足的条件下，快速交通束发展次序主导着政府投入的方向，间接引导着民间资本的投入方向。实施合理的区域发展政策，对建设南北快速交通束给予投资、信贷、财政等政策倾斜。二是设立区域性的协调机构，充分发挥区域政府的作用，进行区域之间的南北快速交通束建设的协调。①

发挥南北快速交通束沿线市、县级政府在建设南北快速交通束中的重要作用。南北快速交通束是改善区域交通条件，进而改善区域发展环境的重大项目，得到各级地方政府的大力支持。但是，南北快速交通束的建设是一项系统工程，需要各方面的配合，如涉及拆迁问题，就需要动员各级地方政府的力量来协调。因此，在南北快速交通束建设过程中，在省、市、县级政府之间，要有明确的职能和事权界定，避免出现相互之间的扯皮现象，从而确保工程质量和建设速度。

二、“苏南‘曰’形和苏北‘◁’形”之间快速交通连接线的过江通道的建设

多年来的苏南苏北快速交通束发展是相对独立的。江苏交通体系基本是以上海为导向的，以沪宁或围绕长江南北两岸交通为建设重点。其结果是苏南交通条件得到改善，苏南与上海经济一体化程度不断提高，接受上海经济发展的辐射能力增强，但苏北快速交通建设滞后从而影响经济快速发展。因此，应着力解决江苏交通发展的“苏南‘曰’形和苏北‘◁’形”之间快速交通连接线的过江通道建设滞后的问题。

1. 加快过江通道的先导工程建设

建设“苏南‘曰’形和苏北‘◁’形”之间快速交通连接线的关键是贯通北沪宁快速交通束。北沪宁快速交通束包括以宁启高速公路、沿江铁路、宁启铁路、沪通城际铁路为主骨架，江阴、润扬、泰州、苏通、南京二桥、南京三桥等过江大桥为纽带，共同构成“东西贯通、水陆并举、通江达海”的长江北岸区域运输（公路、水运）网络。北沪宁快速交通束的先导工程是过江通道建设。苏通大桥、上海过江隧道和大桥、崇海（崇明—海门）大桥、崇启（崇明—启东）大桥、沪通城际铁路及过江公路大桥建设，是打通苏沪跨江快速交通束建设的过江通道，应科学布局过江通道。根据未来过江交通需求，应在高速公路网总体布局的基础上，统筹规划，重点推进建设（见表7-2）。

---

① 王新驰. 苏南苏中苏北互动协调发展中的问题与对策［J］. 扬州大学学报：人文社会科学版，2003（3）.

表 7-2　　　　　　　　　　**江苏省过江交通设施布局**

编号	设施名称	过江方式	技术等级	建设情况
1	南京大胜关铁路桥	京沪高速铁路、沪汉蓉高速铁路等	高速铁路、城市轨道	已建
2	南京长江三桥	公路	六车道高速公路	已建
3	南京长江五桥	公路	六车道高速公路	规划
4	南京长江大桥	京沪铁路、公路	双线Ⅰ、电气化铁路、四车道国道	已建
5	南京长江二桥	公路	六车道高速公路	已建
6	南京长江四桥	公路	六车道高速公路	在建
7	南京上元门过江通道	铁路	双线Ⅰ、电气化铁路	规划
8	南京龙潭—仪征通道	公路、北沿江城际铁路、城市圈轨道	干线铁路、城际铁路、城市圈轨道 六车道高速公路	规划
9	润扬长江大桥	公路	六车道高速公路	已建
10	五峰山过江通道	公路、铁路	六车道高速，双线Ⅰ、电气化铁路	规划
11	泰州过江通道	公路	六车道高速公路	建成
12	泰常过江通道	公路、盐城—泰州—常州城际铁路	六车道高速公路、城际铁路	规划
13	江阴大桥	公路	六车道高速公路	已建
14	新长铁路通道	新长铁路、靖江—无锡—宜兴城际铁路	双线Ⅰ、电气化铁路、城际铁路	规划
15	如皋—张家港通道	公路	六车道高速公路	规划
16	锡通过江通道	公路、沪通铁路、通苏嘉城际铁路	六车道高速，城际铁路	规划
17	苏通大桥	公路	六车道高速公路	已建
18	沿海客运专线通道	沿海高速铁路	高速铁路	规划
19	崇海长江大桥	公路、北沿江城际铁路	六车道高速公路、城际铁路	规划
20	崇启长江大桥	公路	六车道高速公路	已建

2. 加快港口等基础设施建设

树立基础设施共享理念，要对沿江综合交通束、港口、能源基地和环保设施统一规划和统筹建设，促进港口资源合理配置。应该把洋口港提高到江苏经济创新发展战略高度进行建设。“长三角与珠三角相比，其发展空间更大，已引起整个世界的关注，尤其是铸造业、制造业等跨国公司纷纷来长三角找商机。作为长三角一员的江苏，虽然发展中心在苏南，但由于土地已成为制约其经济快速发展的主要瓶颈。”“进一步发展的潜力在苏北，苏北的潜力在沿海，沿海的潜力在 1 000 多公里的海岸线。洋口港的开发建设，已成为苏北 1 000 多公里海岸线中间的支撑点，使人们找到了苏北快速发展的突破口。洋口港的经济价值很高，最大的好处是把沿江开发与沿海开发有机地联系起来，形成强有力的江海联动，带动长江口北翼、苏北

1 000 多公里海岸线的快速发展。”[①]快速建设洋口港是江苏经济创新发展，接纳产业转移，发展临港工业，实施沿海开发战略的需要。

主要教参文献：

［1］王新涛，李永鑫. 快速交通导向下我国特大城市有机疏散的响应机制与路径［J］. 地域研究与开发，2011（6）.

［2］杨荫凯. 交通技术创新与城市空间形态的演化［J］. 城市问题，1999（2）.

［3］陈长伟，吴小根. 基于有机疏散理论的城市旅游用地研究［J］. 江西农业学报，2011（23）.

［4］姜怀宇. 大都市区地域空间结构演化的微观动力研究［D］. 长春：东北师范大学，2006.

［5］张敦富，覃成林. 中国区域经济差异与协调发展［M］. 北京：中国轻工业出版社，2001.

［6］荣跃明. 区域整合与经济增长［M］. 上海：上海人民出版社，2005.

［7］冯邦彦，段晋苑. 腹地发展与区域合作关系研究——“泛珠三角”区域合作的思考［J］. 地域开发与研究，2005（12）.

［8］胡序威，周一星，顾朝林. 中国沿海城镇密集地区空间集聚与扩散研究［M］. 北京：科学出版社，2000.

［9］洪银兴，刘志彪. 长江三角洲地区经济发展的模式和机制［M］. 北京：清华大学出版社，2003.

［10］张祥建，等. 长江三角洲城市圈空间结构演化的产业机理［J］. 经济理论与经济管理，2003（10）.

［11］段七零. 江苏省区域空间结构的演化研究［J］. 江苏经济探讨，2007（11）.

［12］段进军，等. 江苏省区域发展空间结构研究［J］. 地域研究与开发，2007（8）.

［13］张文尝，金凤君，樊杰. 交通经济带［M］. 北京：科学出版社，2002.

［14］姚士谋，朱英明，陈振光. 中国城市群［M］. 合肥：中国科学技术大学出版社，2001.

［15］朱舜，等. 苏北后发优势及其培育路径［J］. 江苏社会科学，2004（2）.

［16］王安平. 南京都市圈建设中的合作与博弈分析［J］. 城市问题，2013

① 参见《洋口港得天独厚的优势》（http://news.jschina.com.cn，2006-7-13）。

(5).

[17] 张晓兰. 东京与纽约都市圈经济发展的比较研究 [D]. 长春：吉林大学，2013.

[18] 陶希东. 跨省都市圈的行政区经济分析及其整合研究——以徐州都市圈为例 [D]. 上海：华东师范大学，2004.

[19] 赵今朝，闫少华. 基于因子分析与引力模型的徐州都市圈发展研究 [J]. 城市观察，2010 (5).

[20] 谢守红. 苏锡常都市圈空间发展及动力机制分析 [J]. 经济地理，2011 (11).

[21] 陈婧. 江苏沿海城市群建设与政府治理模式创新——从“行政区行政”到“区域公共治理”[J]. 城市发展研究，2010 (11).

[22] 洪爱梅. 江苏沿海地区港口与城市经济关系研究 [J]. 科技与产业，2013 (11).

[23] 徐敏. 东陇海地区开发和城市群建设 [J]. 产业与科技论坛，2012 (9).

[24] 徐敏. “沿东陇海线产业带”与“沿江城市带”之比较及其发展战略 [J]. 前沿，2008 (4).

[25] 孙雨，朱舜. 东陇海地区城市群空间结构及空间差异——“两横三纵”城市化战略格局视角 [J]. 市场周刊，2013 (12).

第八章

泛长三角区域合作与江苏城镇经济创新发展

马克思提出的“现代的历史是乡村城市化”的灼见，完全建立在对大工业生产实践给人类生存空间带来城市化形塑这一历史事实的基础上。大机器工业生产力，“建立了现代的大工业城市——它们的出现如雨后春笋——来代替自然形成的城市……它使城市最终战胜乡村”。机器大工业对生产资料、工人和资本的工厂制集中，对人财物流通的市场集中，对交通枢纽建构的地理集中，对信息生产、传播与利用的群体集中，最终使所有这些要素的城市化空间集中，造成了农村政治经济文化要素、活力大量流失与向新旧城市聚焦。……世界性的造城立市运动伴随大机器工业生产力的发展不断推进，农村集镇化，集镇城市化，城市都会化。

胡潇

——《空间的社会逻辑——关于马克思恩格斯空间理论的思考》，中国社会科学，2013 年第 1 期。

泛长三角区域合作与快速交通束发展相互影响并带动城镇经济创新发展。城镇是生产力发展的产物，也是经济集聚中心、创新发展动力中心。快速交通束（包括交通干线）沿线城镇相对于其他城镇来说，具有区位优势。快速交通束引致其沿线城镇之间经济要素流和经济联系增强，形成快速交通束城镇经济密集区。泛长三角区域合作背景下的江苏城镇经济具有苏南、苏北经济板块的不同特征，其创新发展也有苏南和苏北经济创新的路径。

第一节 长三角城镇经济发展及对江苏城镇经济创新发展的影响

长三角是中国经济中最具发展活力的极化经济区，在中国经济中占据着领先发展的地位并拉动其经济腹地快速发展。陆桥通道城镇经济和长江通道城镇经济在泛长三角经济中具有区域创新的引领作用。江苏城镇经济快速发展首先与长三角经济区崛起密切相关，尤其是上海浦东开发战略的实施为江苏城镇经济加速发展提供了先期发展机遇，进而对江苏经济空间演化引致的区域创新产生十分明显的作用。①

一、长三角城镇经济的城市圈层和城镇经济轴空间结构

经济空间的城镇形成和演化不是偶然的，它受到区域资源、环境、市场、城市、人口等因素影响，并随这些因素的变化而发生空间演化。对长三角城镇经济空间演化特征进行深入分析，有助于把握区域合作和区域城镇经济发展的相互影响。长三角城镇经济集聚发展的空间特征主要体现在城市圈层和城镇经济轴扩展两个方面。

1. 长三角城镇经济的城镇圈层空间结构

一般来说，经济空间演化受到两个方面的影响。一是经济的自然地理状态，尤其是资源条件的影响，二是以人类经济活动为主的人类活动的影响。例如，长三角南侧的杭嘉湖平原地区，河网密布，人口稠密，在明清时代，以嘉兴市为中心的地区则形成了良好的城镇中心地域分布。随着现代技术的发展，上海被辟为商港并迅

① 如何在资源和环境约束日益增强的情况下，走一条资源节约和区域合作的发展之路具有重要的意义：有利于长三角作为全国综合实力最强的区域，在新的历史条件下创造新优势、获得新发展；进一步提升长三角综合实力，有利于实施西部大开发、振兴东北老工业基地、促进中部地区崛起和东部地区率先发展这四大板块构成的区域协调发展战略；加快长三角发展有利于提升对外开放水平，改进和完善外贸增长方式，提高抗御国际金融风险的能力。本书的“长三角”主要是指长三角 22 个城市经济板块。长三角 22 个城市经济板块以外的江苏、浙江省其他城市经济板块是长三角最紧密的经济腹地。

速发展，经济聚集对自然条件的依赖性逐渐减弱（对于中国中、西部经济地带来说，自然条件仍具有较强的约束力，并成为影响经济发展的重要因素）。以上海经济为核心的长三角具有雄踞长江的“龙头位置”。长三角城市群是中国国民经济中的实力最强、产业规模最大、人口数量最多的城市城镇分布密集区，呈现城市圈层空间特征。

改革开放以来的长三角城镇圈层呈现梯度递降扩展特征。“对长三角县级城市经济板块进行实力综合分析，其结果显示：在长三角中，随着城市经济板块与上海市区的空间距离延长，呈现出较为明显的城镇圈层扩展的梯度递降特征”；[①] 尤其是，邻近上海市区的城市经济板块的乡镇企业经济发展快，城乡一体化进程不断深化，城乡差异日益缩小，其城镇经济板块的圈层特征十分明显。从总体上来看，以上海城市为极核区，其周围城市大致形成两大圈层：

长三角城市圈层的第一圈层城镇主要包括苏州、无锡、南通、常州、镇江、南京、嘉兴、杭州、绍兴、宁波、舟山市城区和丹阳，绍兴、上虞、诸暨、余姚等中心镇（小城市）。

长三角城市圈层的第二圈层主要包括扬州、泰州、台州市城区和南京市，镇江市所辖句容，常州市所辖金坛、溧阳，杭州市所辖县（市）、嵊州、新昌、奉化、象山、宁海等中心镇（小城市）。

随着改革开放的不断深入，长三角城市圈层整体上呈现的由上海城市为中心并由近及远的梯度递降特征也发生较大变化：上海城市的极核区地位增强，“苏锡常”都市圈、南京都市圈、杭州都市圈快速发展；围绕多极城镇密集区的圈层整体特征显现。

2. 长三角城镇经济的轴空间结构

城镇经济沿快速交通束空间集聚是世界城镇化空间格局的重要特征。长三角城镇经济集聚与发展是由其内在的城镇经济联系决定的。[②] 长三角城镇经济空间演化显示出城镇经济集聚与发展的“之”形快速交通束城镇经济轴趋势。

（1）城镇经济指向“之”形快速交通束经济轴发展。在长三角的特大城市、大城市周围及两两特大城市之间快速交通走廊沿线的城镇迅速崛起。在上海与南京和上海与杭州、宁波等城市之间形成“之”字形快速交通束（上海与南京快速交通束经济轴为“之”字形的北翼，上海与杭州、宁波快速交通束经济轴为“之”字形的南翼）。由于快速交通束沿线区位优势明显，交通便捷，大量城镇快速发展，一些城镇发展速度甚至超过大城市、特大城市，如昆山、萧山等近年来得到快

---

① 朱舜，高丽娜，等. 泛长三角经济区空间结构研究［M］. 成都：西南财经大学出版社，2006.

② 莫建备，徐之顺，曾骅，等. 区域一体化发展：拓展和深化——长江三角洲区域经济社会协调发展研究［M］. 上海：上海人民出版社，2007.

速发展，其城市经济板块特征显现。长三角城镇经济指向“之”形快速交通束经济轴集聚为特征：“之”形快速交通束经济轴的人口占长三角近 50%，国内生产总值、地方财政收入、实际利用外资指标均超过 65%以上（见表 8-1）。

表 8-1　　长三角“之”形城镇经济轴主要城镇经济发展比较（2012 年）

城市名称		GDP（亿元）	人口（万人）	地方财政收入（亿元）	实际利用外资（亿美元）
上海市		20 181.72	2 380.43	3 743.71	151.85
北翼	昆山市	2 725.32	73.76	189.82	17.54
	苏州市区	12 011.65	647.81	1 023.88	91.65
	无锡市区	7 568.15	470.07	658.03	40.10
	常州市区	3 969.87	364.77	378.99	33.61
	丹阳市	830.51	81.17	50.09	4.76
	镇江市区	2 630.42	271.40	215.48	22.14
	南京市区	7 201.57	638.48	733.02	41.30
南翼	嘉善县	345.36	38.6	24.32	3.29
	嘉兴市区	2 884.9	84.28	77.35	5.09
	桐乡市	526.87	67.99	36.29	2.02
	海宁市	581.25	66.61	38.82	2.77
	杭州市区	7 804.0	440.34	682.28	40.54
	绍兴县	1 014.77	72.72	63.77	1.50
	绍兴市区	3 620	65.26	59.22	1.44
	上虞市	577.46	77.85	35.52	1.50
	余姚市	709.07	83.45	55.02	3.50
	宁波市区	6 524.7	224.74	457.63	18.40
城镇轴合计		81 707.59	3 769.3	8 523.24	331.15
长三角合计		108 765.9	15 777.1	12 775.6	640.2
城镇轴占长三角比重(%)		75.12	23.89	66.71	51.73

数据来源：《上海统计年鉴（2013）》《江苏统计年鉴（2013）》《浙江统计年鉴（2013）》。

（2）长三角城镇经济轴快速扩展。由于长三角城市、快速交通束和城镇经济快速发展等影响因素变化，长三角城镇经济轴空间演化指向发生“重组”变化——由“之”形向网络化演化。长三角主要城镇经济轴及发展趋向：

——一级城镇经济轴。长三角的一级城镇经济轴主要是以上海为中心分别沿沪宁快速交通束和沪杭甬快速交通束的城镇经济板块组成的城镇经济密集轴。主要有：沪宁城镇经济轴，由沪宁快速交通束城镇经济板块构成，包括上海、苏州、无锡、常州、镇江、南京等市区经济和昆山、常熟、张家港、江阴、金坛、丹阳等中心镇经济板块；沪杭甬经济轴，由沪杭甬快速交通束城镇经济板块构成，包括上海、杭州市、嘉兴、绍兴、宁波、舟山等市区经济和嘉善、桐乡、海宁、平湖、绍兴、上虞、余姚、慈溪等中心镇经济板块。一级城镇经济轴的经济实力增强，沿线城镇经济板块联系紧密。

——二级城镇经济轴。长三角的二级城镇经济轴主要是分别沿宁杭、宁启、通沪甬、新长（苏中苏南段）、通苏嘉快速交通束城镇经济板块组成的城镇经济密集轴。主要有：宁杭城镇经济轴，由宁杭快速交通束城镇经济板块构成，包括南京、湖州、杭州等市区经济和句容、金坛、宜兴、长兴、德清等中心镇经济板块构成；宁启城镇经济轴，主要由宁启快速交通束城镇经济板块构成，包括南京、扬州、泰州、南通等市区经济和仪征、江都、泰兴、靖江、通州、海门、启东等中心镇经济板块；通沪甬城镇经济轴，由通沪甬快速交通束城镇经济板块构成，包括南通、上海、宁波、台州等市区经济和海安、如皋、通州、海门、启东、崇明、嘉善、平湖、海盐、慈溪、余姚、奉化、宁海、三门、临海等中心镇经济板块；新长铁路（苏中苏南段）城镇经济轴，由新长铁路沿线城镇经济板块构成，包括无锡、湖州等市区经济和海安、如皋、靖江、江阴、宜兴、长兴等中心镇经济板块；通苏嘉城镇经济轴，由通苏嘉快速交通束城镇经济板块构成，包括南通、苏州、嘉兴等市区经济和通州、常熟、昆山、嘉善等中心镇经济板块。随着长三角经济快速发展，二级城镇经济轴增多，一级二级城镇经济板块整合发展，使长三角城镇经济轴空间指向由“之”形向网络化方向演化。

二、长三角极核城市发展对江苏城镇经济创新发展的影响

泛长三角极核区的上海经济在改革开放以来得到快速发展，“到 2020 年上海要基本建成国际经济、金融、贸易、航运中心之一和社会主义现代化国际大都市”①。邻近效应使上海经济对江苏经济产生直接影响。由于江苏经济的各个不同市域经济板块与上海的区位不同，上海经济对江苏不同市域经济板块的影响也不完全相同。上海经济对苏南经济尤其是苏南乡镇企业经济发展产生直接影响。从一定意义上说，改革开放以来的苏南经济是上海经济发展直接带动而得到快速发展的。

1. 上海经济与江苏城镇经济板块联系强度

上海经济对江苏经济影响的一个重要方面，是上海经济与江苏主要城镇经济板块的联系在不断增强，尤其是与空间区位优势明显的苏州、无锡、常州、南通等城市经济板块的联系不断增强。

（1）上海经济与江苏城市经济板块联系强度的时间序列分析。江苏城市经济概况见表 8-2。考虑到选取样本年的经济学意义，我们以 1990 年浦东开始开发时

① 王志平，等. 上海——迈向国际经济中心城市［M］. 上海：上海人民出版社，2007：9.

为基础比较年，每相隔 5 年选一个样本年，即分别选择 1990 年、1995 年、2000 年、2005 年、2010 年为样本年，利用引力模型对上海经济与江苏城市经济板块联系强度进行分析。分析结果如表 8-3 所示。

表 8-2　　江苏城市经济概况（2012）

市（县）	年末户籍人口（万人）	年末常住人口（万人）	地区生产总值（亿元）	三次产业占 GDP 比重（%）			公共财政预算收入占 GDP 比重（%）	人均地区生产总值（按常住人口计算，元）	外贸依存度（%）
				第一产业	第二产业	第三产业			
南京市	638.48	816.10	7 201.57	2.6	44.0	53.4	10.2	3 845.73	48.4
无锡市	470.07	646.55	7 568.15	1.8	53.0	45.2	8.7	3 418.90	59.0
徐州市	990.53	856.41	4 016.58	9.5	49.0	41.5	9.1	1 665.60	13.1
常州市	364.77	468.68	3 969.87	3.2	52.9	43.9	9.5	1 742.74	46.2
苏州市	647.81	1 054.91	12 011.65	1.6	54.1	44.2	10.0	5 314.32	160.7
南通市	765.20	729.73	4 558.67	7.0	53.0	40.0	9.2	1 825.47	36.4
连云港市	510.99	440.69	1 603.42	14.5	45.9	39.6	13.0	634.88	31.5
淮安市	546.81	480.30	1 920.91	12.9	46.3	40.8	12.2	783.73	13.9
盐城市	822.40	721.63	3 120.00	14.6	47.2	38.2	10.0	1 191.00	11.6
扬州市	458.42	446.72	2 933.20	7.0	53.0	40.0	7.7	1 173.55	21.9
镇江市	271.40	315.48	2 630.42	4.4	54.0	41.6	8.2	1 095.11	27.4
泰州市	506.35	462.98	2 701.67	7.1	53.1	39.8	8.3	1 075.39	24.2
宿迁市	560.26	479.80	1 522.03	14.9	47.1	38.0	10.4	578.38	11.6

数据来源：《长三角年鉴（2013 年）》。

表 8-3　　江苏省地级市域经济板块与上海经济联系强度分析

名称	1990	1995	2000	2005	2010	名称	1990	1995	2000	2005	2010
南京市	1.07	5.21	13.27	35.1	73.08	淮安市	0.05	0.23	0.65	3.88	8.55
无锡市	2.02	10.46	33.05	85.48	171.49	盐城市	0.15	0.69	0.94	3.08	6.56
徐州市	0.06	0.43	0.91	1.44	3.16	扬州市	0.2	1.09	2.89	4.78	10.21
常州市	0.99	4.7	12.76	40.46	85.26	镇江市	0.27	1.5	4.09	5.96	12.51
苏州市	3.08	15.49	48.63	109.45	231.11	泰州市		0.64	2.02	3.23	6.93
南通市	1.6	8.37	15.77	20.06	42.06	宿迁市		0.13	0.14	0.9	2.10
连云港市	0.05	0.22	0.53	0.8	1.84						

从对江苏省地级市域经济板块与上海经济联系强度的分析中可以看出，地理位置离上海市越近或有快速交通束连接的江苏省的市域经济板块与上海经济的联系越紧密，如苏州、无锡、常州、南京、南通市域经济板块，其2005年的经济联系强度系数在20以上；苏州、无锡、常州、南京市域经济板块2010年的经济联系强度系数在42以上；除南通外，长江以北的地级市域经济板块与上海经济联系比较弱，其2005年的经济联系强度系数仍在5以下，2010年的经济联系强度系数在13以下，其中的连云港和宿迁市域经济板块与上海经济联系在2.1以下。显然，缺少快速交通束连接是一个重要的原因。

（2）南京城市经济（副省级市域经济）板块与江苏省其他地级市城市经济板块的联系强度对比分析（见表8-4）。南京作为江苏省省会城市，由于自身经济实力与上海市存在一定差距，因而在对省内其他城市经济板块的吸引强度方面明显弱于上海市，尤其是对苏南经济发展影响力上，上海市经济的辐射作用明显大于南京市。这一结论可从苏南城市经济板块的实力梯度变化得以证明。

表8-4　　南京市与江苏地级城市经济板块联系强度分析

名称	1990	1995	2000	2005	2010	名称	1990	1995	2000	2005	2010
无锡市	0.34	1.33	2.65	16.61	46.25	淮安市	0.06	0.2	0.41	4.72	37.63
徐州市	0.04	0.19	0.35	1.25	3.81	盐城市	0.04	0.14	0.12	0.82	16.37
常州市	0.38	1.4	2.64	21.1	61.71	扬州市	0.22	0.9	1.69	9.85	89.67
苏州市	0.1	0.4	0.85	6.03	17.67	镇江市	0.68	2.85	5.61	26.56	163.88
南通市	0.05	0.18	0.35	1.41	4.10	泰州市		0.16	0.57	1.88	10.19
连云港市	0.03	0.08	0.17	0.6	1.91	宿迁市		0.15	0.08	1.18	7.57

从对南京市域经济板块与江苏省其他地级城市经济板块的联系强度的分析中可以看出，地理位置离南京市越近或有快速交通束连接的江苏省市域经济板块与南京经济的联系越紧密，如镇江、常州、无锡、苏州、扬州市域经济板块，在2005年的经济联系强度系数在9以上，2010年的经济联系强度系数在17.89以上，除扬州、淮安外，长江以北的地级市域经济板块与南京市经济联系比较弱，在2005年的经济联系强度系数仍在2以下，2010年盐城、泰州与南京经济联系加强，其他城市与南京经济联系强度系数仍在8以下，其中的连云港与南京市经济联系在2以下。造成这种情况的重要原因是苏北与南京市之间缺失快速交通束连接。

2. 上海经济影响下的苏南乡镇企业经济发展

苏南乡镇企业大发展从而形成的苏南模式（包括苏、锡、常三个市域经济板块的苏南经济模式），曾经是中国其他区域争相仿效的经济发展模式。苏南乡镇企业大发展，具有几个方面的特殊优势，但其与上海经济发展带动关系是第一位的优势。

苏南位于长三角中部，农业生产条件得天独厚，毗邻发达的上海大工业城市和市场，水陆交通便利。早在1958年人民公社化时期，苏南各地在集体副业基础上办起了一批社队企业，主要为本地农民提供简单的生产资料和生活资料。到20世纪70年代，这些小型社队企业逐渐发展成为农机具厂，为集体制造一些农机具。党的十一届三中全会后，社队企业进入了大发展阶段。它们利用工业基础比较薄弱的特点，抓住市场空隙，迅速壮大起来，即充分利用上海大量技术工人在节假日到苏州、无锡等地工作以及充实的信息、技术和管理经验的优越条件而得到快速发展。接受上海经济辐射为苏南工业化的起步创造了良好的条件，而当时的短缺经济，以及20世纪80年代中期的信用扩张等一些因素，对苏南工业化的发展也起到了推动作用。至1989年，苏南乡镇企业创造的价值在其农村社会总产值中达到60%。20世纪90年代苏南乡镇企业全面改制，地方政府（主要是乡镇政府）从乡镇企业“全面退出”，苏南模式具有新的内涵，乡镇企业经济得到快速发展。①

苏南乡镇企业经济发展启动农村工业化和城镇化进程，创造了市场化和工业化的苏南模式。其主要特征是利用集体资本办企业，乡镇政府积极参与办企业，允许先富并追求集体富裕。苏南模式“主要有两个方面的创新：首先是启动了农村工业化和城镇化的进程。其特色是：依靠集体积累和私人积累的结合发展乡镇企业，推进农村工业化，建设小城镇，自己解决向城镇转移问题，从而开启了以非农化和城镇化的途径富裕农民的进程。其次是突破计划经济的束缚，乡镇企业面向市场求发展，建立起了解适应市场经济的经营体制。应该说，苏南模式产生的积极效应是非常明显的，乡镇企业如火如荼，农村小城镇星罗棋布，工业产值三分天下有其二，农民迅速脱贫”②。“苏南正处在人均GDP从5 000美元向10 000美元迈进的发展新阶段，他们按照中央指明的方向，加快实现由‘又快又好’向‘又好又快’发展模式的提升转变……这种提升和转变，将促进以全面协调可持续为特征的‘新苏南模式’的进一步探索和完善。”③ 在新苏南模式和上海经济增长的带动下，苏南乡镇企业经济具有进一步创新发展的内在动力。

三、长三角城镇经济发展对江苏城镇经济创新发展的影响

长三角城镇经济快速增长对江苏城镇经济创新发展影响力增强。江苏南北城镇经济发展差异大，尤其是苏北不属于长三角22个城市经济板块的城镇经济中发展相对缓慢。其重要的原因之一是长三角城镇经济发展对江苏南北城镇经济创新发展的不同程度影响所致。

---

① 杨卫泽，洪银兴. 创新苏南模式——无锡的实践与探索［M］. 北京：经济科学出版社，2007.
② 杨卫泽，洪银兴，等. 创新苏南模式——无锡的实践与探索［M］. 北京：经济科学出版社，2007：4.
③ 李源潮. 创新苏南模式——无锡的实践与探索［M］. 北京：经济科学出版社，2007：4.

1. 长三角城镇经济发展的影响作用①

江苏经济创新发展受长三角城镇经济轴空间扩展影响。江苏城镇经济发展引致各种经济要素沿长三角城镇经济轴向江苏流动，从而促进江苏经济创新发展。长三角城镇经济轴的这种作用明显体现在苏南经济与苏中经济融合为新苏南经济板块演化方面。

（1）长三角港口群合作的世界级大港功能增强长三角经济极化作用。②2008 年国务院《关于进一步推进长江三角洲地区改革开放和经济社会发展的指导意见》，要求加快以上海国际航运中心和国际金融中心为主的现代服务业发展，即进一步整合港口资源，加强港口基础设施建设，加快发展现代航运服务体系，努力提高管理水平和综合服务能力，尽快建成以上海为中心、以江苏和浙江港口为两翼的国际航运中心。在长三角港口群中，上海港和宁波港作为中国两个吞吐规模最大的港口，货物吞吐量分别位居世界第一和第四，两港在功能定位、腹地范围等方面就一直存在竞争关系。国务院提出以上海港为中心，以江苏和浙江港口为两翼的上海国际航运中心建设框架，使各方分清了功能定位，明确了发展方向，有利于长三角港口在互补中谋求共赢。长三角港口群集装箱运输布局以上海、宁波、洋口港为干线港，由南京、镇江、南通、苏州等长江下游港口共同组成国际航运中心集装箱运输系统，相应布局连云港、嘉兴、温州、台州等港口为支线和喂给港口；进口石油、天然气中转储运系统将以上海、南通、宁波、舟山港为主，相应布局南京等港口；进口铁矿石中转运输系统以宁波、舟山、连云港港为主，相应布局上海、苏州、南通、镇江、南京等港口。竞争和合作能催生世界级功能大港。总体来看，长三角各地港口的合作多为行政区域内部的整合，如苏州把太仓、常熟、张家港港口加以组合；跨区域港口间码头公司的合作经营，如上港集团在长江流域各港的控股。港口基础设施建设转向港口功能建设，港口合作向更深层次拓展，增强了长三角经济发展动力。

（2）江苏城镇经济受长三角经济影响日益增强。江苏经济发展差异可用时间序列分析方法进行分析。为了了解江苏城镇经济发展差异，以江苏县域经济板块（城镇经济为县域经济的快速增长板块）作为分析对象，分别计算 1989—2012 年，县域经济人均国内生产总值的标准偏差，计算结果如图 8-1 所示。从图 8-1 可以看出，从总体上来说是呈递增趋势，这说明江苏县域经济发展整体上呈离散状态，

---

① 王红霞. 企业集聚与城市发展的制度分析——长江三角洲地区城市发展的路径探究［M］. 上海：复旦大学出版社，2005.

② 中国东部又一深水海港洋口港于 2008 年 10 月 28 日通航，长三角“一体两翼”港口群增添了新的成员。洋口港是长三角北翼最佳的深水港，可通行 30 万吨巨轮。洋口港与天津港、连云港等港口相比，是距离太平洋主航道最近的一个港口。洋口港产业定位为发展大型临港石化、能源、冶金及现代物流产业，可以优化长三角的港口布局，改变长三角的港口经济南强北弱的格局。

且离散程度加剧。

对 1989—2012 年江苏县域经济人均 GDP 排位后十位与排位前十位的比值变化的分析结果如图 8-2 所示：县域人均 GDP 均值排位后十位与前十位的比值总体上呈现下降趋势，尤其是 2000 年以来，下降速度更快。2012 年人均 GDP 前十位县域经济板块为昆山、张家港、江阴、太仓、常熟、吴江、扬中、宜兴、丹阳和金坛县域经济板块，全部为苏南的县域经济板块；排在后十位的是泗阳、东海、泗洪、滨海、灌南、沭阳、涟水、丰县、灌云和睢宁县域经济板块，全部为苏北的县域经济板块。显然，在长三角经济快速发展过程中，江苏城镇经济发展受长三角影响日益增强。

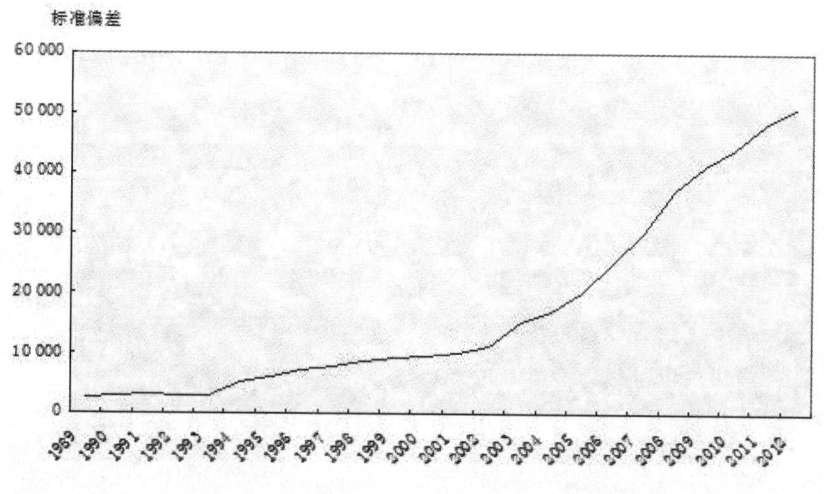

图 8-1　江苏县域人均 GDP 标准偏差年度变化

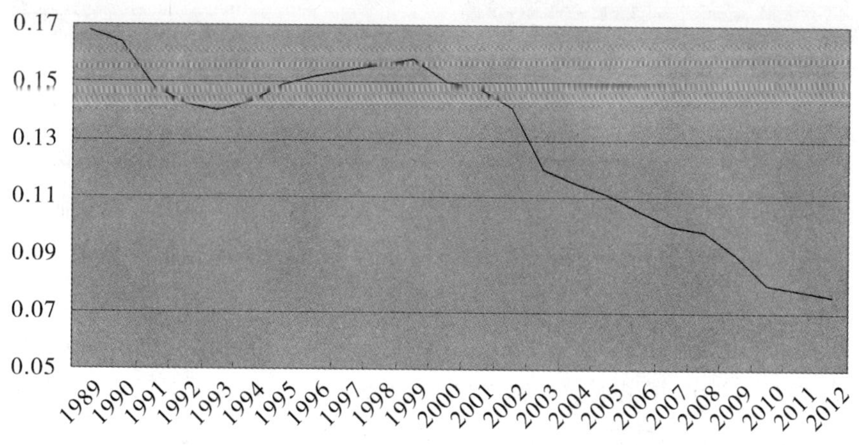

图 8-2　江苏后十位县域人均 GDP 占前十位的比重

2. 长三角城镇经济发展中的江苏城镇经济占比增长

从整体上来说，长三角在中国经济发展中的重要地位是逐年增强的，但在1991年以前，其占比呈现下降趋势。改革开放以后，珠三角经济实力迅速提升。长三角在改革开放后有较大发展但不如珠三角发展快，直至1990年上海浦东开发战略的实施，长三角的发展获得新的机遇，得到快速发展。

江苏城镇经济随着长三角经济发展而增长，但在不同时间阶段中其占比不一样。通过对江苏苏南、苏中8个（南京、苏州、无锡、常州、镇江、南通、扬州、泰州）市域经济板块的经济总量在长三角经济中的比重进行分析，可以对江苏城镇经济在长三角经济中的地位进行测定。以国内生产总值的比重为指标，1988—2012年期间的江苏8个市域经济板块的国内生产总值在长三角经济区内的比重变化如图8-3所示。

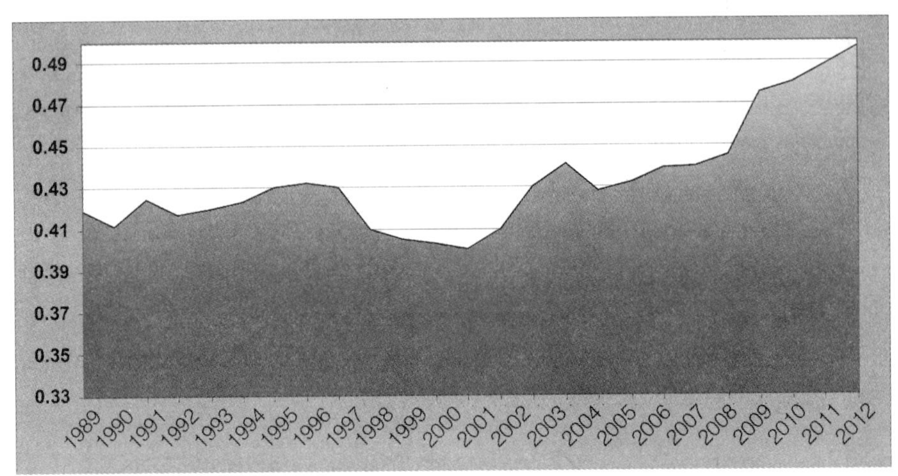

图8-3　江苏省长三角城市GDP在长三角经济中的比重变化示意图

从图8-3可以看出，江苏省的长三角10个市域经济板块国内生产总值在长三角中的比重变化呈现一定的波动：一是1994—2012年呈现较小幅度下降。这在一定程度上说与20世纪90年代之后原来对苏南城镇经济发展做出重要贡献的乡镇企业发展遇到障碍，以及上海经济实力随着浦东开发逐步提升的影响有关。苏南乡镇企业暴露出发展速度居高不下和经济效益相对下降的矛盾。到1996年，苏南乡镇企业销售收入的增幅降到了10%以下，其中苏州和常州两市的利润额出现了负增长。二是2000—2006年呈现较大幅度增长趋势。这主要是苏南模式转型和外向型经济比重增加，使苏南城镇经济重新焕发出强大的生命力所致。

3. 长三角经济发展对江苏城镇经济发展差异的影响

城镇经济板块是区域经济内在联系的重要载体，其经济实力又直接决定着区域经济的整体水平。城镇经济板块的经济水平是区域经济发展的方向标。对江苏城镇经济空间演化的分析还需要从城镇经济发展差异和县域经济空间演化两个方面进行，才能对江苏城镇经济发展差异有深入的认识。城镇体系对区域经济空间结构模式选择具有很强的关联性。在一定的区域经济板块中，由于区位条件、历史因素、经济基础以及制度等因素的差异，各个城镇经济板块形成了相对复杂的空间结构，其中，城镇之间在经济发展上形成的经济联系是空间结构得以形成和演化的重要条件。运用区域经济模型和以江苏的城市之间经济联系强度进行定量分析，可以对江苏省城镇体系进行划分。

（1）江苏的城镇体系划分。借助区域经济学和地理学的引力模型，对江苏省城市之间的经济联系强度进行测算，可以划分江苏城镇体系。使用的数据来源于《江苏统计年鉴（2013）》。在衡量引力系数时，选择的指标为市区人口占市域人口的比例、城市非农产值比重及交通运输边界程度（采取市区单位面积的公路里程作为衡量城市与其他区域经济板块联系便捷程度的描述指标）。根据引力模型，计算出江苏省 13 个省辖城市之间的经济联系强度，其计算结果如表 8-5 所示。

表 8-5　　江苏省省辖城市之间的经济联系强度

名称	南京	无锡	徐州	常州	苏州	南通	连云港	淮安	盐城	扬州	镇江	泰州	宿迁
南京	–	102	36	102	94	42	21	64	44	244	322	103	30
无锡	102	–	14	1 419	1 873	332	10	22	53	101	104	133	11
徐州	36	14	–	10	17	11	36	43	23	15	11	14	128
常州	102	1 419	10	–	388	216	6	17	31	122	144	85	8
苏州	94	1 873	17	388	–	532	11	22	57	68	75	84	12
南通	42	332	11	216	532	–	11	18	81	58	47	110	10
连云港	21	10	36	6	11	11	–	62	38	12	8	11	28
淮安	64	22	43	17	22	18	62	–	97	40	23	33	101
盐城	44	53	23	31	57	81	38	97		54	30	62	29
扬州	244	101	15	122	68	58	12	40	54	–	1 568	502	15
镇江	322	104	11	144	75	47	8	23	30	1 568	–	167	10
泰州	103	133	14	85	84	110	11	33	62	502	167	–	13
宿迁	30	11	128	8	12	10	28	101	29	15	10	13	—

从表 8-5 的计算结果看，在苏南经济中，苏州与无锡之间的城市经济联系强度最强（超过 1 800），南京、无锡、常州、镇江的城市经济联系较强；在苏北经济中，城市之间的经济联系强度较弱。这主要是由于苏南城市经济实力较强，尤其是南京和无锡，其强大的经济规模使得空间影响范围远大于苏北城市。这些城市都位于长三角“之”形快速交通束上，交通因素对区位优势的提升，经济快速发展增加自身经济质量，从而进一步加强与其相邻城市的经济联系和一体化发展趋势。这

里有三类城市情况：一是苏州与南京的经济联系相对较弱，这与经济发展的实际情况较吻合。苏州经济发展受到上海的影响较大，与上海的经济联系也较强。这固然是苏州由于与南京之间的距离相隔较远（达238公里），更主要的原因是来自于强大的上海经济的辐射。二是镇江与扬州之间的经济联系强度以及它们与南京之间的经济联系都较强，呈一体化发展趋势。三是南通、泰州与苏州、无锡之间的经济联系相比较其他城市来说也较强。随着苏通大桥、沪通城际铁路的建设，长江这一天堑所形成的空间阻隔影响将逐步弱化，扬州、泰州、南通经济将逐步与苏州、无锡、常州经济一体化融合发展。

从苏北城市经济综合实力分析结果看，徐州的经济实力较强，但其与苏北其他城市的经济联系却较弱。这种情况可以通过对徐州城市的区位分析来解释。徐州所处空间位置“偏居”江苏的西北角，虽然交通条件较优越，但在与其他城市经济的联系上反而不如区位条件“居中”的淮安市，即使是同处于东陇海产业带上的连云港与徐州之间的经济联系也较弱，说明徐州城市在苏北经济发展中难以承担区域发展中心城市的极化和辐射职能。对于淮安城市来说，虽然交通区位不如徐州城市，但通过最近几年的建设，高速公路网的日益完善，使得其与苏北的连云港、盐城、宿迁联系较为紧密，而且随着铁路交通规划的实施，其交通区位条件不断优化，有可能成为苏北经济发展的一级增长极，并成为接受上海经济、苏南经济辐射的具有“二传手”作用的苏北区域中心城市，对苏北城镇经济快速发展具有重要意义。

根据以上对城市之间经济联系强度分析，可以对江苏城市体系进行初步划分。江苏城市发展中的三大城市群为：苏南经济板块中城市群，即以南京为中心的城市群和以无锡为中心的城市群；①苏北经济板块中的城市群，即以淮安为中心的城市群。苏南与苏北经济板块中的城市群的发展差距较大：苏南城市群的内部经济联系强度较大且一体化程度较高，而苏北城市群仅是徐州都市圈和东陇海地区城市群的组成部分，其内部经济联系强度较弱，仍处于发育初期，中心城市地位不突出。江苏城市群发展中的三大城市群构成情况如表8-6所示。

表8-6　　江苏的三大城市群构成情况

城市群	核心城市	城市群发展载体	城市群组成范围
南京城市群	南京	沪宁、津浦、宁连、宁通等高速公路及沪宁铁路	南京、镇江、扬州市的部分城市
“苏锡常”城市群	无锡	沿江交通走廊，沪宁、新长铁路、苏嘉杭高速公路	常州、无锡、苏州、泰州、南通市的部分城市
淮安城市群	淮安	淮盐、宿淮、宁连、连盐、沂淮江高速公路，新长、淮扬镇、宿宿淮铁路	淮安、盐城、宿迁、连云港、徐州市的部分城市

① 江苏省规划发展的三大城市圈为南京城市圈、“苏锡常”城市圈和徐州城市圈，近年来部署发展淮安城市群。

（2）江苏省城镇经济发展差异。江苏城镇经济综合实力具有明显的区域特征。为了对江苏城镇经济综合实力进行科学的评价，我们选择 2012 年江苏的城市经济数据作为样本数据，运用主成分分析方法进行综合评价。分析结果如表 8-7、表 8-8 所示。

表 8-7 KMO and Bartlett's Test

Kaiser-Meyer-Olkin Measure of Sampling Adequacy.		.766
Bartlett's Test of Sphericity	Approx. Chi-Square	410.247
	df	66
	Sig.	0

通过计算，其累积贡献率达到 90%。

表 8-8 江苏的城市（地级市）经济综合实力评价

城市名称	因子得分	综合得分	排序	城市名称	因子得分	综合得分	排序
南京市区	2.00	2.34	1	镇江市区	-0.47	-0.55	8
苏州市区	1.81	2.12	2	淮安市区	-0.56	-0.66	9
无锡市区	0.84	0.99	3	连云港市区	-0.73	-0.85	10
常州市区	0.46	0.53	4	泰州市区	-0.74	-0.87	11
徐州市区	-0.15	-0.17	5	盐城市区	-0.91	-1.06	12
南通市区	-0.23	-0.27	6	宿迁市区	-1.10	-1.28	13
扬州市区	-0.24	-0.28	7				

从分析结果可以看出，江苏的城市经济具有明显的区域分异。从总体上来说，除徐州市域经济板块外，苏北经济中的其他城市经济板块属于江苏经济中的弱发展区域。江苏经济中的南北经济板块差异明显。得分最高的南京市域经济与得分最低的宿迁市域经济的绝对分值差 3.62。非常明显，统筹江苏南北经济协调发展的任务十分艰巨。

苏通大桥、沪通铁路、上海过江通道（隧道）及上海长江大桥、崇启大桥、海门大桥的建设，使苏南环沪宁快速交通束形成，从而快速增加长三角尤其是上海经济对江苏长江以北区域的辐射强度。江苏实施的沿江开发战略涉及长江南岸的南京、镇江、常州、无锡、苏州和长江北岸的扬州、泰州、南通等八个城市经济板块，是江苏推进长江南北沿岸经济一体化发展的战略举措，也推动着新苏南经济板块的形成和发展。无论是区域经济发展的总量特征，还是均量特征，江苏长江南、北沿岸区域经济板块的发展差距显著，而且区域经济空间结构特征、外向型经济发展状况等都存在较大差异。虽然同为长三角的组成部分，但是在长三角经济一体化进程中的受益程度差异明显，从而导致经济空间差异较大。

四、泛长三角区域合作与江苏城镇化及城镇经济创新发展

泛长三角区域合作引致江苏城镇化进程加快。伴随城镇化进程加快，城镇经济增长速度加快。“随着城镇经济的增长，乡村农业人口比重不断减少，城镇人口比重不断增加。城镇经济得到快速增长”。① 城镇化使江苏城镇经济增长获得历史性发展机遇。城镇化既为乡村农业剩余劳动力转移提供了最现实途径，又使城镇经济发展获得宝贵的人力资源。城镇化增强城镇经济的极化作用，从而推动城镇经济快速增长。

1. 影响江苏城镇化的因素

不失时机地实施城镇化战略，促进城镇经济创新发展是江苏经济创新发展的必然要求。推进城镇化必须重视城镇化进程中各种因素的作用。一般说来，影响城镇化进程及程度的因素主要有：县域经济空间结构模式、乡村农业剩余劳动力和地方政府的经济职能等。

（1）经济空间结构模式对城镇化有着直接影响作用。在极核式经济空间结构模式中，极核区产生的极化效应涉及整个经济腹地，经济要素程度不同地向极核区集中，极核区经济增长快，对乡村农业剩余劳动力的吸引力增大。极核式空间结构模式中的城镇化水平较高、推进速度较快。在点轴式经济空间结构模式中，受到重点开发的点、轴的极化作用，经济要素会向点、轴集中，尤其是点、轴对周围乡村农业剩余劳动力的非农经济活动的吸引力较强。在网络式经济空间结构模式中，由于缺少极核区和重点开发的点、轴，第二、第三产业经济活动分布于较多的城镇、集镇，城镇经济和集镇经济的极化作用较弱，乡村农业剩余劳动力较多地“离土不离家”，不是城镇的居住户，因而在这种空间结构模式中的城镇化具有明显的特点：非农经济增长快，城镇规模扩大的速度慢。一般来说，推进城镇化，应优化经济空间结构，选择有助于城镇化推进的经济空间结构模式。

（2）乡村农业剩余劳动力是城镇化的一个重要因素。这主要是从乡村农业剩余劳动力的数量和质量上看其对城镇化的影响。一方面，乡村农业剩余劳动力的数量影响着城镇化进程。城镇化就是要把乡村农业剩余劳动力转变为城镇人口。乡村农业剩余劳动力数量决定于乡村农业生产力和人均耕地面积数量。乡村农业生产力越高和人均耕地面积越小，乡村农业剩余劳动力数量就越大；乡村农业剩余劳动力数量越大，要求离开土地进入城镇从事非农经济活动的人数就越多。另一方面，乡村农业剩余劳动力的质量影响着城镇化程度。乡村农业剩余劳动力质量决定于其受教育的程度。一般说来，受过较多教育的农民比受过较少教育的农民的素质要高，

---

① 朱舜. 我国县域经济中的城镇化与城镇经济增长［J］. 乡镇经济，2002（1）.

能较好地适应城镇化的要求，在城镇经济中能较快地寻求到发展机会。因此，教育对乡村农业剩余劳动力质量的影响也是城镇化的一个重要因素。要推进城镇化，必须办好教育，提高乡村农业劳动力质量。

（3）政府对经济运行的调控也是影响城镇化的一个重要因素。较长时期以来，城镇化滞后的一个重要原因就是政府所制定的限制城镇发展政策及其措施，如在户籍、住房、粮食、副食品、医疗、就业、社会保障等方面的政策，将城镇人口与乡村人口严格区分开，从而阻止乡村人口向城镇人口转变。随着改革的深入，阻止乡村人口向城镇人口转变的政策得到改变，但相应地引导乡村人口向城镇人口转变的政策及其措施还不完善。因此，推进城镇化，政府必须制定正确的政策及其措施，给予调控和引导。

2. 推进江苏城镇化和城镇经济创新发展的措施

积极稳妥地推进城镇化是江苏经济创新发展的重要内容，也是江苏城镇经济创新发展的重要条件。推进城镇化战略必须切实制定推进措施。尤其是苏北经济发展水平和市场化程度差异大的区情决定了，要走一条能推动城镇经济创新发展的城镇化道路。

（1）引导乡镇企业向城镇合理集聚。乡镇企业在吸收乡村农业剩余劳动力、扩大城镇规模等方面发挥着十分重要的作用。农村出现了经济要素流动和重新组合的新趋势：一是农业经济要素向非农产业流动和集聚，众多农民兴办乡镇企业，促成了乡镇企业“异军突起”；二是农业经济要素向城镇流动和集聚，许多农民进入城镇务工经商导致农村人口减少，从而需要“撤乡建镇”，以适应乡村人口转移和城镇扩大要求。但是，从总体上看，江苏区域城镇化不平衡，苏北乡镇企业仍呈分散布局状态，在乡镇企业就业的大量乡村农民“离土不离家”。这就使城镇化严重滞后于工业化，城镇规模扩大受到制约，城镇规模效应也难以形成和发挥。乡镇企业的这种状况既不利于产业结构高度化规律的要求，也不利于其长远发展。因此，应在大力发展乡镇企业的同时，制定正确的政策及其措施，引导乡镇企业向城镇合理集聚。

（2）深化城乡分离的户籍制度改革。现存的城乡分离户籍制度是计划经济的产物。它与市场经济的内在要求相悖，也严重地制约着城镇化过程中乡村人口向城镇转移。现存的城乡分离的户籍制度的弊端是有目共睹的，必须深化户籍制度改革。当然，城乡户籍制度的改革涉及城乡利益关系的一次大调整，应采取渐进方式分阶段改革。可先行乡村人口进入城镇务工的农民工“市民化”管理改革。

（3）优先发展中心镇。优先发展县域的中心镇是推进城镇化的重要途径。从县域经济空间结构看，乡村经济是基础，任何时候都应巩固和加强其基础地位，确保乡村经济在提高整体效益的基础上持续、稳定发展。集镇经济是乡镇经济非农业经济活动的基本集聚体，它与乡村经济有着密切联系，但其规模不大，一般只能成为县域经济空间结构的一个点，难以成为县域经济的增长极，中心镇经济是县域经济的增长极。要使中心镇经济快速增长，必须适度优先发展中心镇。中心镇是城镇经济的载体，没有中心镇规模的扩大，就没有中心镇经济的快速增长。中心镇发展必然结果是经济要素空间优化集聚。优先发展中心镇必须做好中心镇建设的规划。对于人口密度大，经济实力强的县，可以建设2~3个基础条件好、能形成城市功能、有发展潜力的中心镇，避免中心镇“遍地开花”。建立充分发挥市场机制作用的中心镇建设新体制，广辟投资渠道，鼓励企业和城乡居民投资中心镇建设。

第二节　长三角区域合作与苏南“曰”形城镇经济创新发展

长三角区域合作引致苏南经济与苏中经济融合为新苏南经济板块，新苏南城镇经济空间指向沪宁“曰”形快速交通束城镇经济轴方向演化，沪宁“曰”形快速交通束城镇经济轴包括沪宁快速交通束城镇经济轴和环沪宁快速交通束城镇经济轴（南沪宁快速交通束城镇经济轴和北沪宁快速交通束城镇经济轴）。在新苏南经济板块中，沪宁快速交通束城镇经济发展对江苏经济创新发展产生重大影响。

一、北沪宁快速交通束城镇经济创新发展的理论与路径

城镇经济发展的空间演化特点是沿快速交通束城镇经济的快速发展。城镇经济轴是快速交通束沿线经济协调发展的空间载体，快速交通束为沿“束”城镇经济发展奠定了空间演化物质基础。着力发展北沪宁快速交通束城镇经济，对于实施沿江开发战略，促进新苏南经济创新发展具有重要的实践意义。

1. 交通束城镇经济发展理论演进

法国地理学家戈特曼（Jean Gottmann，1961）对城市经济轴（带）的定义是，由多核心的都市区紧密相连组成的高度城镇化与城乡一体化的地域。戈特曼认为城市经济轴的城市之间以经济活动的分工与合作为内容，通过网络化的城市之间交通运输及通信进行关联是最重要的。因此，城市经济轴对区域经济发展具有重要意义。《牛津地理辞典》（Mayhew：Oxford Dictionary of Geography）对城镇经济轴的定义为具有多个核心，由多个城市构成，总人口超过1 000万，由相对离散的聚落覆盖全区，具有明确的经济分工和密切的网络化关联，具有上述特征的城镇经济地域实体即是城镇经济轴。在总结现代城镇经济轴特征的基础上，提出城镇经济轴有五方面标准：至少具有两个以上人口超过100万的特大城市作为发展极，其中至少一个城市具有相对较高的对外开放度，即有国际城市的某些特征；有相当规模和技术水平领先的大型海港和空港并有多条国际航线运营；区域内拥有多种现代运输方式

叠加形成的综合交通走廊，区内各级发展极与走廊之间有便捷的联系手段；区内有较多的中小城市且多个城市沿交通走廊相连，总人口规模达到 2 500 万人，人口密度达到 200 人/ 平方公里；组成连绵区的各个都市区之间、都市区内部中心城市与外围县之间存在密切的社会经济联系（胡序威，1998）。城镇经济轴是经济地域通过劳动地域分工和经济地域运动综合作用而形成的一种经济地域形态，具有经济地带和城市地域系统的双重特征。从运动过程看，它是区域核心城市—区域多中心城市—区域城市圈—区域城市经济轴—区域城市性经济地带的一个发展阶段（陈才，1991）。城镇经济轴是在某个特定区域范围内，依托某交通束干线，服从于某种地理的划分，以一个或两个以上的超大城市为核心，联合附近其他相邻城市和城镇，逐渐形成区域城市间和产业间频繁的人流、物流、资本流、信息流、技术流交互作用，同时又有独具特色的狭长的带状城市圈体（杨凤、秦书生，2007）。中国的城镇化战略需要致力于建造 30 个拥有 2 000 万居民的大都会，变农村人口为都市居民是国家现代化的唯一途径（谢国忠，2009）。城镇经济轴具有的重要功能：

一是城镇经济轴具有集聚功能。城镇经济轴能够吸引人口和其他经济要素。相对于远离快速交通束的城镇或区域来说，快速交通束城镇轴提供了优越的区位条件，对经济要素产生吸引力，成为区域经济要素的高度聚集区。快速交通束因交通线等级的提高和系统化配置而大大降低交通运输成本，可以较好地满足现代产业降低成本、接近市场的要求。对于发达区域来说，快速交通束城镇轴成为高新技术聚集区，如沪宁沿线集中了江宁经济开发区、无锡高科技园区、苏州高科技园区等以高科技产业为主体的现代产业园区。现代产业园区快速发展大大加速了快速交通束城镇产业升级换代。对于欠发达区域来说，快速交通束城镇轴可以成为承接发达区域产业转移的重要载体，因而快速交通束城镇轴发展有利于产业转移和产业结构升级。

二是城镇经济轴具有扩散和创新功能。城镇经济轴对其周围区域产生强烈的经济辐射作用。依赖于快速交通束，城镇经济轴在自己经济整体实力提升的同时形成较强的扩散能力，成为一定区域的经济要素、商品的集散中心，并借助于经济要素流动和经济联系对周围区域经济发展发生辐射作用。尤其是对于欠发达区域来说，通过城镇经济轴建设，以非均衡发展模式形成区域经济自组织、自我发展能力，以推动经济快速发展。城镇经济轴经济要素的高度集聚、扩散与频繁交流，形成持续的知识与技术创新力，具有区域创新带动功能。快速交通束城镇经济轴的发展，成为经济要素流动性快、交流频繁的重要区域，新的技术、管理经验、知识等得到快速传播，并为酝酿新的知识、技术提供创新氛围、“土壤”和创新动力源，对区域经济创新具有动力源意义。

2. 发展北沪宁快速交通束城镇经济的意义

北沪宁快速交通束城镇经济以沪通城际铁路、宁启铁路、沿长江北岸走向的扬通铁路及其相邻高速公路等快速交通束为支撑，包括南京、扬州、泰州、南通和上海市区经济和仪征、江都、姜堰、海安、如皋、通州、泰兴、靖江、海门、启东等城镇经济板块（在江苏省政府确定的沿江开发区域涉及的城镇经济板块增加了姜堰和海安城镇经济板块）。这里需要讨论海安城镇经济板块的区位和发展问题。随着新长铁路的通车、沿线高速公路建设和洋口港的开发，海安已经成为重要的交通枢纽。海安是江苏实施沿海经济轴发展战略规划的重要节点镇，无论是从沿江开发，还是从沿海经济轴发展看，海安城镇经济板块的空间区位优势已经显现。从区域经济发展战略来讲，海安城镇经济板块的快速发展将发挥关键性的“触点”效应。

表 8-9　　北沪宁快速交通束城镇经济板块主要指标（2012）

名称	土地面积（平方公里）	总人口（万人）	GDP（亿元）	人均GDP（元）	工业总产值（亿元）	财政预算收入（亿元）	财政预算支出（亿元）	进出口总额（亿美元）	实际利用外资（亿美元）	居民储蓄存款（亿元）
南京	6 587	638.48	7 201.57	88 525	11 437.80	733.02	769.66	522.35	41.30	4 465.37
扬州	6 591	458.42	2 933.20	65 691	7 198.48	225.00	284.80	101.73	21.38	1 697.51
南通	8 488	765.20	4 558.67	62 506	9 890.12	419.72	513.01	263.01	22.05	3 588.06
泰州	5 787	506.26	2 701.67	58 378	7 127.29	223.62	300.90	103.67	14.50	1 546.53
仪征	857	56.24	370.27	65 842	1 049.86	24.66	26.44	9.32	3.52	194.23
江都	1 330	106.92	639.06	59 770	1 761.24	34.54	40.66	12.19	2.29	306
姜堰	928	79.31	405.86	55 635	800.41	23.54	34.95	7.71	1.12	254.23
泰兴	1 170	119.83	543.55	50 537	1 429.71	32.61	50.58	20.36	2.52	294.54
靖江	656	66.66	600.85	87 639	1 726.63	44.01	47.77	35.10	2.61	314.65
海安	939	93.87	480.14	55 443	1 257.50	37.53	55.30	14.99	2.52	426.65
如皋	1 492	142.50	590.17	46 801	1 360.88	53.60	71.08	35.88	2.14	436.10
海门	939	99.97	663.10	73 437	1 425.03	51.61	55.96	16.92	1.22	481.84
启东	1 208	112.38	589.14	61 127	1 156.90	52.21	59.59	20.28	2.39	481.71
上海	6 340.5	2 380.43	20 181.72	85 373	7 097.76	3 743.71	4 184.02	4 367.58	151.85	20 247.24
经济轴合计	43 312.5	5 626.47	42 458.97	75 463	47 621.85	1 955.67	2 310.7	1 163.51	271.41	34 734.66

注：南京、扬州、泰州、南通为市辖区指标数据，县（市）城镇经济数据为县（市）域经济数据。

二、长三角区域合作与长江以南沪宁快速交通束城镇经济创新发展

长江以南沪宁快速交通束城镇经济包括沪宁快速交通束城镇经济和南沪宁快速

交通束城镇经济。长江以南沪宁快速交通束城镇经济既是长三角经济的主要组成部分，又是江苏经济发展的重心，其经济总量、产业技术层次、创新能力等都处于领先水平，其经济发展程度直接关系着江苏区域经济创新发展的大局。

1. 长江以南沪宁快速交通束城镇经济的构成和地位

长江以南沪宁快速交通束城镇经济区是指沪宁高速公路、沪宁铁路、京沪高速铁路沪宁段、沪宁城际铁路、沿江铁路（镇南铁路、常苏嘉城际铁路）、南沪宁快速交通束等快速交通束沿线的城镇经济板块密集区，主要包括沪宁快速交通束城镇经济和南沪宁快速交通束城镇经济板块。长江以南沪宁快速交通束城镇经济发展在江苏经济创新发展中具有举足轻重的地位。

（1）沪宁快速交通束城镇经济主要包括南京、镇江、无锡、常州、苏州、上海市区经济及丹阳、扬中、句容、金坛、江阴、常熟、张家港、昆山、吴江、太仓等城镇经济板块，土地面积 25 487 平方公里，2012 年的总人口 3 108 万、GDP 46 339 亿元、人均 GDP 149 058 元，各项主要经济指标远高于江苏其他区域经济板块（见表 8-10）。

表 8-10　　沪宁快速交通束城镇经济板块主要指标（2012）

	土地面积（平方公里）	总人口（万人）	GDP（亿元）	人均GDP（亿元）	工业总产值（亿元）	地方财政预算内收入（亿元）	地方财政预算内支出（亿元）	社会消费品零售总额（亿元）	进出口总额（亿美元）	实际利用外资（亿美元）	居民储蓄存款（亿元）
南京	4 723	638.48	7 201.57	88 525	11 437.80	733.02	769.66	3 103.82	551.35	41.30	4 465.37
无锡	1 623	470.7	7 568.15	117 357	14 446.85	658.03	648.61	2 443.24	707.72	40.10	3 731.83
常州	1 872	364.77	3 969.87	85 040	8 970.30	378.99	391.22	1 413.33	290.28	33.61	2 473.27
苏州	1 650	674.81	12 011.65	114 029	28 745.54	1 204.33	1 113.47	3 240.97	3 056.92	91.65	5 787.75
镇江	1 082	271.40	2 603.42	83 651	6 105.69	215.48	235.25	766.46	114.13	22.14	1 301.36
丹阳	1 047	81.17	830.51	85 549	1 931.79	50.09	54.31	202.38	26.5	14.76	372.35
扬中	331	28.00	360.20	106 260	877.53	22.57	25.36	90.32	4.81	1.67	198.60
句容	1 387	58.84	336.86	54 275	896.48	25.02	35.86	93.31	6.11	4.26	176.17
江阴	988	121.26	2 535.38	156 471	5 915.23	167.19	154.00	515.48	192.65	7.98	792.49
常熟	1 094	106.78	1 870.19	123 882	3 369.21	128.15	128.27	499.54	197.49	9.56	907.18
张家港	772	91.02	2 050.58	164 441	4 700.56	149.61	142.92	370.73	319.62	9.52	746.76
昆山	865	73.76	2 725.32	165 291	7 686.82	220.28	195.15	493.62	865.68	17.54	787.13
吴江	1 093	80.49	1 321	164 119	2 986	119.32	108.85	308.04	227.12	9.52	555.66
太仓	620	47.26	955.12	134 439	1 831.88	90.15	86.16	195.07	126.21	8.11	377.17
上海	6 340	2 380.43	20 181.72	85 373	7 097.76	3 743.71	4 184.02	7 412.30	4 367.58	151.85	20 247.24
经济轴合计	25 487	3 108.83	46 339	149 058	99 901	4 162.23	4 089	13 736	6 686.6	301.72	22 673

注：南京、无锡、常州、苏州、镇江的指标数为市辖区数据。

沪宁快速交通束城镇经济由5个特大城市、5个中等城市及4个小城市经济（县城关中心镇经济）板块构成（见表8-11）。沪宁快速交通束城镇经济是江苏城乡一体化程度最高、城乡发展差距较小的城镇经济板块密集区。这主要归因于早期乡镇企业的发展为农村第二、第三产业经济繁荣打下了坚实的产业基础。沪宁快速交通束城镇经济是比较成熟的城镇经济板块，其空间带状特征十分明显。

表8-11　　沪宁快速交通束城镇规模构成

	特大城市	大城市	中等城市	小城市
人口	>100万	50万~100万	20万~50万	<20万
数量	5	0	5	4
名称	南京、无锡、常州、苏州、镇江		江阴、常熟、张家港、吴江、太仓	丹阳、扬中、句容、昆山

注：表中人口数据来源于《江苏统计年鉴（2012）》，皆为城镇辖区人口数。

（2）南沪宁快速交通束城镇经济主要包括南京、上海市区和溧阳、宜兴等城镇经济板块，土地面积为19 551平方公里，2012年的总人口3 371万、GDP 31 083亿元、人均GDP 92 201元，各项主要经济指标高于苏北区域经济板块（见表8-12）。

表8-12　　南沪宁快速交通束城镇经济板块主要指标（2012）

	土地面积（平方公里）	总人口（万人）	GDP（亿元）	人均GDP（亿元）	工业总产值（亿元）	地方财政预算内收入（亿元）	地方财政预算内支出（亿元）	社会消费品零售总额（亿元）	进出口总额（亿美元）	实际利用外资（亿美元）	居民储蓄存款（亿元）
南京	6 587	638.48	7 201.57	88 525	3 170.78	733.02	769.66	3 103.82	552.35	41.30	4 465.37
溧水	1 064	41.88	369.38	88 168	222.11	29.20	34.97	103.18	3.37	1.51	111.20
高淳	790	43.26	365.27	87 135	193.31	22.00	31.73	120.07	3.38	0.81	100.58
溧阳	1 535	78.99	559.20	73 768	306.58	40.50	45.84	198.26	11.29	4.05	332.54
宜兴	1 997	107.73	1 085.98	87 168	581.22	78.38	82.52	371.28	49.59	4.70	648.64
吴江	1 238	80.49	1 321	164 119	2 986	119.32	108.85	308.04	227.12	9.52	555.66
上海	6 340	2 380.43	20 181	85 373	7 097.76	3 743.71	4 184.02	7 412.30	4 367.58	151.85	20 247
经济轴合计	19 551	3 371.26	31 083.4	92 201	7 460	1 022.42	1 073.57	4 204.65	847.1	213.74	26 460

注：南京指标数为市辖区数据；吴江为苏州市的市辖区。

沪宁快速交通束城镇经济在江苏经济中具有举足轻重的地位。通过对江苏主要城镇经济板块主要经济指标的比较可以看出，沪宁快速交通束城镇经济处于领先地位，人均GDP是江苏省平均水平的2.4倍，GDP占江苏省的60.2%，工业总产值占江苏省的64.7%，地方财政预算内收入占江苏省的59.8%，也是外向型经济的中心区，进出口总额、实际利用外资分别占江苏省的90.2%、64%。从各个方面来看，沪宁快速交通束城镇经济都是江苏经济的重心区（见表8-13）。

表 8-13　　江苏主要城镇经济轴主要经济指标比较（2012）

名称		土地面积（平方公里）	总人口（万人）	GDP（亿元）	人均GDP（亿元）	工业总产值（亿元）	地方财政预算内收入（亿元）	地方财政预算内支出（亿元）	社会消费品零售总额（亿元）	进出口总额（亿美元）	实际利用外资（亿美元）	居民储蓄存款（亿元）
苏北“◁”形	总量	26 479	2 040.21	7 408.55	36 313	17 506.37	728.21	1 071.23	2 309.43	190.38	30.4	3 172.81
	占全省比重（%）	25.81	25.76	10.84	53.13	73.22	9.83	12.06	9.96	2.75	8.50	8.36
北沪宁	总量	43 312.5	5 626.47	42 458.97	75 462.89	47 621.85	1 955.67	2 310.7	3 454.36	1 163.51	271.41	34 734.66
	占全省比重（%）	42.21	71.04	62.12	110.41	199.18	26.39	26.01	14.90	16.79	75.90	91.53
沪宁	总量	25 487	3 108.83	46 339	149 058	99 901	4 162.23	4 089	13 736	6 686.6	301.72	22 673
	占全省比重（%）	24.84	39.25	67.80	218.09	417.85	56.17	46.02	59.27	96.49	84.37	59.74
南沪宁	总量	19 551	3 371.26	31 083.4	92 201	7 460	1 022.42	1 073.57	4 204.65	847.1	213.74	26 460
	占全省比重（%）	19.06	42.57	45.48	134.90	31.20	13.80	12.08	18.14	12.22	59.77	69.72
江　苏		102 600	7 919.98	68 347	68 347	23 908.47	7 410	8 885	23 177	6 930	357.6	37 951

数据来源：《江苏统计年鉴（2013）》。

2. 促进长江以南沪宁快速交通束城镇经济发展的路径

长江以南沪宁快速交通束城镇经济包括沪宁快速交通束和南沪宁快速交通束城镇经济，是江苏原苏南经济创新发展的“领头羊”，在改革开放以来担当着经济创新发展的重要角色。长江以南沪宁快速交通束，尤其是沪宁快速交通束城镇经济发展面临土地紧缺的突出矛盾，资源承载力的硬约束影响日益加大。如何解决这些矛盾和实现经济创新发展，是长江以南沪宁快速交通束城镇经济发展面临的重要任务。

（1）在区域合作发展中实现经济增长方式转型。经济增长方式转型首先要促使产业转型，提高产品科技含量，推动传统产业区域转移，引入现代高科技产业，实现有限资源利用效益最大化。长三角重化工业已经发展到了增长的极限，如无锡的城市工业中重化工业的比例已达到 73.5%。长江以南沪宁快速交通束城市经济要使“长三角制造”逐渐向“长三角服务”转型，不仅现代服务业要更快发展，本地的制造业也要向“2.5 产业”（生产型服务业）方向发展。①长江以南沪宁快速交通束城镇经济的企业跨江北上，既要为苏北产业升级提供支撑，也要着力拓展自身发展空间，在与苏北区域合作发展中实现经济增长方式转型。②

（2）在进行管理体制创新中实现城镇经济创新发展。在区域经济增长方式转型时期，地方政府管理体制发挥着重要的影响作用。长江以南沪宁快速交通束城市经济发展，需要处理好当前经济利益与长远经济利益，本区域与其他区域的经济利

① 参见《硬约束逼出“转轨”长三角》（http://www.sdpc.gov.cn/xxfw/qyyb/t20070516_135425.htm）。

② 参见《江苏南北合作加快产业跨江转移》（http://tieba.baidu.com/f? kz=371539899）。

益等重要关系。地方政府作为区域经济主体，其经济决策直接对微观经济主体行为起到引导作用。地方政府要突破阻碍城镇经济长期、持续发展的体制障碍，从长远角度考虑行政区域经济的利益得失。在长江以南沪宁快速交通束城镇经济的合作发展中，各个行政区域经济板块的发展战略、追求目标及发展重点可能不同，从而使地方政府之间的协调显得尤为重要。长江以南沪宁快速交通束城镇经济的地方政府要进行管理体制创新，避免行政区划在区域合作发展中的消极影响，走城镇经济利益最大化之路，实现各个城镇经济板块共赢。

第三节 陆桥通道区域合作与苏北“◹”形城镇经济创新发展

苏北“◹”形快速交通束城镇经济空间优化趋势在苏北城镇化和快速交通束建设中得到显现。“◹”形快速交通束城镇经济极化着苏北的经济要素和经济活动，这是有后发优势的区域经济空间结构。推动苏北“◹”形快速交通束城镇经济空间结构优化，对于实现苏北经济创新发展具有十分重要的战略意义。

一、苏北“◹”形快速交通束城镇经济发展

城镇化是区域经济创新发展的直接推动力。苏北经济发展中的城镇化和快速交通束建设，促进着苏北“◹”形快速交通束城镇经济发展。实现苏北经济创新发展是江苏省全面建设小康社会，率先基本实现现代化的内在要求。

1. 苏北城镇经济发展的空间特征

江苏促进苏北城镇经济发展的政策实施效果并不明显。城镇经济是区域经济重要的空间形式，发展城镇经济是实现区域经济创新发展的重要手段和途径。

（1）苏北经济空间演化处于极核式集聚发展阶段向点-轴形成期过渡的阶段，“◹”形快速交通束城镇经济特征初显。发展城镇经济是实现区域经济创新发展的重要路径。发展苏北经济必然要强化其与上海经济的联系。江苏沿海交通条件的改善，对苏北城镇经济创新发展具有重要意义。苏北城镇经济空间演化处于由极核式集聚发展阶段向点-轴经济过渡阶段，徐州、连云港、盐城、淮安、宿迁等城市综合实力不断提升，初步形成东陇海线、连盐通快速交通束城市经济板块，尤其是沿连盐通高速公路及新长铁路盐通段的城镇经济受到上海、苏南经济辐射作用逐年增强，成为综合实力快速增长的城镇经济密集区。

我们在苏北“◹”形城镇经济轴三条轴线地域构成的界定上，结合断裂点公式及距离衰减的负指数模型，对沿线城镇的辐射范围进行定量分析，在此基础上确定苏北“◹”形城镇经济轴的空间构成（见图8-4）。利用各城镇国内生产总值指

标，以徐州与连云港之间断裂点场强为边界场强，进行各城镇经济辐射半径的估算。计算结果如表 8-14 所示。

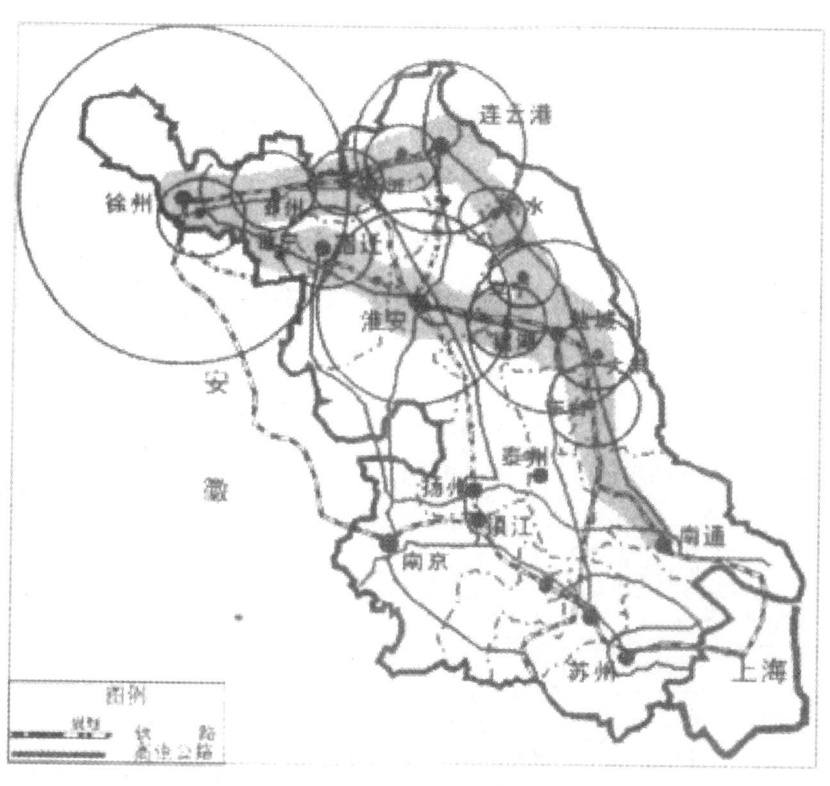

图 8-4　苏北“◁”形城镇经济空间示意图

表 8-14　苏北“◁”形沿线城镇辐射半径　单位：公里

城镇	辐射半径	城镇	辐射半径	城镇	辐射半径
徐州	119.99	新沂	41.94	建湖	47.97
连云港	70.01	邳州	52.97	东台	61.50
淮安	89.79	东海	41.94	大丰	53.63
盐城	79.17	响水	32.39	泗阳	36.64
宿迁	56.71	滨海	42.51	睢宁	37.51
铜山	55.91	阜宁	43.82		

（2）城市之间的经济联系较弱，区域中心城市发展较慢。城市之间经济联系强度是区域经济创新发展的重要表征，也是区域经济发展水平的重要“指向标”。参照引力模型对江苏省 13 个城市之间的经济联系强度进行定量计算，计算公式为：

$$F_{ij} = k\frac{\sqrt{p_i v_i}\sqrt{p_j v_j}}{d_{ij}^2}$$

上式中，F_{ij}表示城市 i，j 间的经济联系强度；P_iv_i 和 p_jv_j 描述两个城市 i 和 j 各自的经济规模（质量）；p_i，p_j 分别表示 i 城市和 j 城市的总人口；v_i，v_j 代表的是两个城市的 GDP；d_{ij}表示两个城市之间的直线距离；k 是引力系数，也称为介质系数，表示两个城市之间的交通便捷程度。计算结果如表 8-15 所示。

表 8-15　　苏北城镇化与城镇经济增长情况

市名	年份	市域年末总人口（万人）	非农人口（万人）	市区年末总人口（万人）	非农人口（万人）	市域 GDP（亿元）	市区经济（亿元）		
							GDP	固定资产投资	地方财政收入
徐州市	1996	859.43	176.54	147.34	100.21	500.04	210.23	58.65	7.82
	2002	904.44	250.31	164.55	121.09	791.44	355.02	140.50	20.12
	2007	940.95		182.93		1 679.56	897.6	358.87	60.61
	2012	990.53		320.86		4 016.58	4 016.58	1 448.50	202.34
连云港市	1996	432.96	80.5	58.17	42.69	210.2	67.06	25.87	4.48
	2002	464.03	127.08	64.74	53.62	350.15	128.48	112.08	11.09
	2007	482.23		71.56		618.16	274.64	197.86	27.51
	2012	510.99		96.65		1 603.42	1 603.42	561.71	100.81
淮安市	1991	1 004.21	115.07	44.29	24.67	91.07	14.21	5.19	2.5
	1996	489.63	82.3	48.68	28.93	173.23	99.14	—	—
	2002	517.68	132.96	266.58	74.79	375.02	213.39	65.45	12.51
	2007	534.00		276.52		765.23	476.56	245.95	38.26
	2012	546.81		282.83		1 920.91			
盐城市	1996	786.12	143.93	56.93	29.31	381.2	47.8	20.47	2.89
	2002	795.66	237.10	64.97	41.92	673.26	84.44	31.07	6.55
	2007	809.79		158.65		1 371.26	387.89	217.81	25.59
	2012	822.40		166.80		3 120.00	3 120.00	1 940.89	312.78
宿迁市	1996	480.83	48.36	24.71	11.39	124.88	9.54	0.86	-
	2002	513.00	147.19	26.00	23.57	247.03	24.56	23.63	2.16
	2007	531.53		156.73		542.00	205.16	119.96	16.27
	2012	560.26		164.39		1 522.03	1 522.03	1 025.56	158.13

数据来源：《江苏统计年鉴（2013）》。2007 年以后相关统计年鉴不再公布非农业人口数据。

从计算结果可以发现，与苏南城市之间相对较高的一体化程度相比，苏北城市相互之间经济联系强度较低。苏北核心城市尚待培育。虽然从经济实力、交通区位看，徐州市具有一定相对优势，但其受区位空间中心地位缺失的影响，对苏北区域经济发展的带动作用较弱。淮安与苏北其他城市经济联系上的区位优势明显，通过培育能够成为苏北区域经济增长的最佳区域核心城市，着力推动淮安城市经济快速发展，使其成为苏北中心城市具有重要的区域创新意义。

（3）城镇化推动苏北经济空间指向优化方向演化。改革开放以来，苏北城镇非农业人口增长和城镇规模扩大的速度加快，从而推动城镇经济快速发展。徐州城市进入特大城市序列后，对徐州都市圈的形成和发展发挥着极其重要的作用。淮安城市的快速发展为其获得苏北经济发展的增长极优势区位。城镇化对苏北经济空间优化发生着直接推动作用。在苏北城镇化进程中，城镇经济占比增大，农村经济占比下降。城镇化推动苏北经济空间向城市经济空间增大方向演进，推动苏北经济的增长极发展，从而使苏北经济空间指向优化方向演进。经济实力的快速增长推动苏北基础设施建设进程加快和快速交通束的初步形成，为苏北“◸”形快速交通束城镇经济发展提供基础条件。推动城镇化和建设快速交通束的直接结果是城市扩大，城镇经济发展速度显著高于农村经济。

2. 快速交通束发展引致苏北“◸”形快速交通束城镇经济集聚

根据区域经济发展的阶段特点，苏北通过“◸”形快速交通束城镇经济空间优化，实现其与苏南、上海经济的对接，进而实现南北区域经济的合作发展。东陇海铁路、连盐通高速公路、徐宿淮盐高速公路、新长铁路，以及规划中的宿（宿州）宿（宿迁）淮（淮安）、淮扬镇铁路是苏北“◸”形快速交通束城镇经济空间结构的主要构建依托，亦是推动苏北经济创新发展的着力点。因此，苏北城镇化的推进，使苏北经济空间结构呈现“◸”形快速交通束城镇经济密集区。

（1）沿东陇海线城镇经济。东陇海线城镇经济是沿东陇海铁路及徐连高速公路等快速交通束的城镇经济。它横贯苏北北部，是东西走向的苏北“◸”形快速交通束城镇经济的组成部分。沿东陇海线城镇经济具体包括徐州、连云港市区经济，邳州市的运河、炮车、港上、官湖、碾庄、邳城、岱河、八义集、土山、议堂，新沂市的新安、北沟、瓦窑、草桥，东海县的牛山、桃林、温泉、石榴、白塔埠、浦南等城镇经济板块（见表8-16、表8-17）。徐沛丰（徐州—沛县—丰县）铁路建成通车后的沛县、丰县沿线城镇经济将融入沿东陇海线城镇经济。

表8-16　沿东陇海线城镇经济的城镇规模结构

人口	特大城市	大城市	中等城市	小城市
	>100万	50万~100万	20万~50万	<20万
数量	1	1	2	2
名称	徐州	连云港	邳州、新沂	东海

表 8-17　　　　　　沿东陇海线城镇经济板块主要经济指标（2012）

	土地面积（平方公里）	户籍总人口（万人）	GDP（亿元）	人均GDP（元）	工业总产值（亿元）	公共财政预算内收入（亿元）	公共财政预算内支出（亿元）	社会消费品零售总额（亿元）	进出口总额（亿美元）	实际外商直接投资（亿美元）	居民储蓄存款（亿元）
连云港市区	1 200	96.65	564.00	52 392	1 312.88	100.81	127.96	226.62	69.41	3.87	331.15
徐州市区	2 937	302.40	2 402.93	37 185	1 533.89	202.35	251.31	340.34	18.57	3.61	468.57
邳州	2 088	179.86	513.49	35 737	1 502.86	42.12	68.22	114.06	14.43	1.80	167.76
新沂	1 571	107.15	350.16	38 443	878.41	32.85	52.83	83.06	4.30	1.85	124.10
东海	2 037	118.02	277.30	29 233	481.20	27.46	48.00	107.89	2.76	1.39	121.83
经济带合计	9 833	804.08	4 107.88	35 252	5 709.24	405.59	548.32	871.97	109.47	12.52	1 224.99
苏北经济合计	54 357	3 430.97	12 182.94	35 509	24 050.91	1 280.22	1 928.34	3 932.66	291.14	71.18	10 297.12
经济轴占苏北经济的比重	18.1	23.4	33.7	99.3	23.7	31.7	28.4	22.8	37.6	17.6	11.9

注：人均 GDP 按常住人口计算。

数据来源：《江苏统计年鉴（2013）》。

徐州、连云港市区经济板块和邳州、新沂、东海等县（市）的县城及中心镇经济板块经济水平（人均 GDP）高于沿东陇海线城镇经济两侧的丰县、睢宁、沭阳、灌云等县的县城及中心镇经济板块，其城镇经济集聚特征显现（见表 8-18）。

表 8-18　沿东陇海线城镇经济与其两侧的行政区域经济板块发展差异（2012）

		沿东陇海线城镇经济板块							两侧城镇经济板块			
		徐州市区	连云港市区	沛县	邳州	新沂	东海	赣榆	睢宁	沭阳	灌云	丰县
GDP	总额（亿元）	1 123.60	564.00	431.30	513.49	350.16	277.30	331.36	302.45	480.50	220.29	228.73
	人均（元）	76 923	52 392	38 633	35 737	38 443	29 233	34 996	29 414	31 000	27 401	24 021
公共财政预算收入	总额（亿元）	202.35	100.82	38.96	42.12	32.85	27.46	29.21	25.56	48.79	25.86	24.92
	人均（元）	6 692	10 432	3 028	2 342	32 066	2 327	2 527	1 860	2 612	2 535	2 137
居民储蓄存款	总额（亿元）	1 029.23	331.15	191.81	167.76	124.10	121.83	121.39	152.56	183.96	87.16	129.26
	人均（元）	34 035	34 263	14 907	9 328	11 582	10 323	10 503	11 106	9 847	8 544	11 084

（2）徐宿淮盐快速交通束城镇经济。徐宿淮盐快速交通束城镇经济包括徐州、宿迁、淮安、盐城市区经济，铜山区的郑集、柳新、刘集、三堡、棠张、汉王，睢宁县的双沟、王集、睢城、梁集、宋楼、沙集、凌城，泗阳县的众兴、卢集，建湖县的建阳、近湖、庆丰，射阳县的陈洋、临海、兴桥、黄尖、合德、千秋、通洋等城镇经济板块（见表 8-19）。

表 8-19　　徐宿淮盐城镇经济轴的城镇规模结构

	特大城市	大城市	中等城市	小城市
人口	>100 万	50 万～100 万	20 万～50 万	<20 万
数量	4	0	1	3
城市名称	徐州、淮安、盐城	宿迁	泗阳	睢宁、建湖、射阳

注：由于统计年鉴的口径不同，淮安、盐城的城市规模包括部分市区农村人口。

徐宿淮盐城快速交通束镇经济已进入形成时期，2012 年的总人口为 1 185 万人，GDP 总额 2 445 亿元，其与徐宿淮盐快速交通束城镇经济两侧的城镇经济板块的差异显现（见表 8-20）。徐宿淮盐快速交通束联结上海的物流、人流、资本流、技术流，从根本上促进着沿徐宿淮盐快速交通束的城市扩大和城镇经济发展。徐宿淮盐城镇经济轴的快速发展趋势，使其成为贯穿苏北腹地的重要的非农产业聚集区，成为东南走向的苏北“◁”形快速交通束城镇经济的组成部分，从而对苏北经济空间结构优势的形成和经济发展具有举足轻重的地位。

表 8-20　　徐宿淮盐快速交通束城镇经济板块主要经济指标（2012）

	土地面积（平方公里）	户籍总人口（万人）	GDP（亿元）	人均 GDP（元）	工业总产值（亿元）	公共财政预算内收入（亿元）	公共财政预算内支出（亿元）	社会消费品零售总额（亿元）	进出口总额（亿美元）	实际外商直接投资（亿美元）	居民储蓄存款（亿元）
徐州市区	3 038	320.87	2 402.93	76 923	4 611.08	202.34	251.32	837.16	51.85	9.67	1 029.23
宿迁市区	2 108	164.39	549.18	37 491	840.89	67.81	107.78	151.08	13.13	2.24	216.06
淮安市区	3 110	282.83	1 172.91	44 250	2 363.01	156.39	202.18	391.62	29.87	12.05	487.05
盐城市区	1 862	166.80	855.10	53 039	1 945.22	105.21	127.68	343.74	30.48	7.20	412.37
睢宁	33.46	127.36	302.45	29 414	559.86	25.56	48.62	85.22	7.2	1.29	215.10
泗阳	26.78	103.60	273.74	32 357	377.88	21.76	42.00	63.58	5.93	0.64	206.28
建湖	30.99	80.41	324.47	43 916	529.69	32.94	53.29	108.32	3.22	1.60	231.59
射阳	32.26	96.66	320.31	35 841	465.14	20.80	43.83	100.00	2.45	1.60	204.49
经济轴合计	15 501	1 352.91	5 939.17	43 899	11 692.77	632.81	881.70	2 090.72	144.15	36.29	3 002.07
苏北经济合计	54 357	3 430.97	12 182.94	35 509	24 050.91	1 280.22	1 928.34	3 932.66	291.14	71.18	10 297.12
经济轴占苏北经济比重	28.5	39.4	48.8	1 236	48.6	49.4	45.8	53.2	49.5	50.9	29.2

注：徐州、宿迁、淮安、盐城为市区的统计数据；人均 GDP 按常住人口计算。

（3）连盐快速交通束城镇经济。连盐快速交通束城镇经济具体包括连云港、盐城市区经济，响水县的小尖、响水、陈家港，滨海县的通榆镇，阜宁县的阜城、新沟、沟墩、施庄，大丰市的三龙、新丰、裕华、南阳、大中、大桥、西团，东台市的五烈、东台、梁垛、安丰、富安、四灶、台南等城镇经济板块（见表 8-21）。

表 8-21　　　　　　连盐快速交通束城镇经济的城镇规模结构

	特大城市	大城市	中等城市	小城市
名称	盐城	连云港	滨海、阜宁、东台	灌云、灌南、响水、大丰
人口	>100 万	50 万～100 万	20 万～50 万	<20 万
数量	1	1	3	4

注：由于统计年鉴的口径不同，部分城市规模包括市区农村人口。

连盐快速交通束城镇经济处于形成初期，2012 年的总人口 885 万人，GDP 总额 1 482 亿元，但是其在江苏沿海开发和连盐铁路（立项建设）建成运营后的发展潜力巨大，是苏北“◁”形快速交通束城镇经济的沿海经济组成部分（见表 8-22）。

表 8-22　连盐快速交通束城镇经济的城市、城镇经济板块主要经济指标（2012）

	土地面积（平方公里）	户籍总人口（万人）	GDP（亿元）	人均GDP（元）	工业总产值（亿元）	公共财政预算内收入（亿元）	公共财政预算内支出（亿元）	社会消费品零售总额（亿元）	进出口总额（亿美元）	实际外商直接投资（亿美元）	居民储蓄存款（亿元）
连云港市区	1 200	96.65	564.00	32 392	1 312.88	100.81	127.96	226.62	69.41	3.87	331.15
盐城市区	1 862	166.80	855.10	52 039	1 945.22	105.21	127.68	343.74	30.48	7.20	412.37
灌云	1 852	102.01	220.29	27 401	392.11	25.86	41.02	78.69	2.35	0.55	143.28
灌南	1 027	78.73	210.47	33 914	410.99	25.29	41.88	54.08	1.62	0.23	88.23
响水	1 461	61.48	181.35	35 908	438.23	19.73	35.86	42.18	4.56	1.32	99.66
滨海	1 915	120.05	267.69	28 245	426.55	24.94	48.09	69.98	2.14	1.50	158.33
阜宁	1 439	110.88	274.99	32 731	43.90	25.48	46.55	82.09	1.69	1.68	202.08
大丰	3 059	72.53	393.36	56 014	564.17	40.01	55.42	108.80	8.46	3.10	321.76
东台	3 221	113.59	506.89	51 342	748.45	43.67	62.75	158.09	4.63	3.10	442.73
经济带合计	17 036	922.72	3 473.94	37 649	6 675.50	411.30	587.21	1 261.29	125.34	22.55	2 199.59
苏北经济合计	54 357	3 430.99	12 182.94	35 509	24 050.91	1 280.22	1 928.34	3 932.66	291.14	71.18	10 297.12
占苏北经济比重	31.4	26.9	28.5	106.0	27.8	32.1	30.1	32.1	43.1	31.7	21.4

注：人均 GDP 按常住人口计算。

（4）新淮快速交通束城镇经济。新淮快速交通束城镇经济由沿新长铁路新沂至淮安段和高速公路的淮安市区经济，新沂、沭阳县的城镇经济板块构成。2012

年总人口552万人，GDP总额729亿元。新淮快速交通束城镇经济发展水平低于东陇海线城镇经济，但它是东陇海线城镇经济向苏北腹地延伸的重要城镇经济，是沿新长铁路新沂至淮安段连接淮扬镇铁路的城镇经济向北延伸的苏北部分，其潜在发展趋势明显（见表8-23）。

表8-23　新淮快速交通束城镇经济的城市、城镇经济板块主要经济指标（2012）

	土地面积（平方公里）	户籍总人口（万人）	GDP（亿元）	人均GDP（亿元）	工业总产值（亿元）	公共财政预算内收入（亿元）	公共财政预算内支出（亿元）	社会消费品零售总额（亿元）	进出口总额（亿美元）	实际外商直接投资（亿美元）	居民储蓄存款（亿元）
淮安市区	3 110	282.83	1 172.91	44 250	2 363.01	156.39	202.18	391.62	29.87	12.05	487.05
新沂	1 571	107.15	350.16	384 43	878.41	32.85	52.83	83.06	4.30	1.85	180.01
沭阳	2 298	186.82	480.50	31 000	683.82	48.79	78.20	108.34	5.29	1.01	280.00
经济轴合计	6 979	576.8	2 003.57	34 735	3 924.24	238.03	333.21	583.02	39.46	14.91	947.06
苏北经济合计	54 357	3 430.99	12 182.94	35 509	24 050.91	1 280.22	1 928.34	3 932.66	291.14	71.18	10 297.12
经济轴占苏北经济比重	12.84	16.81	9.9	97.8	16.3	18.6	17.3	14.8	13.6	21.0	9.2

注：人均GDP按常住人口计算。

徐州、宿迁、连云港、淮安、盐城市区经济板块系苏北“◹”形快速交通束城镇经济的一级增长区域，沛县、邳州、新沂、东海、赣榆、沭阳、睢宁、宿豫、泗阳、建湖、盐都、大丰、东台等小城市（城关镇）经济板块为二级增长区域，“◹”形快速交通束城镇经济的高速公路经过的非县（市）政府驻地的城镇经济板块，如双沟、洋河、高流、唐沟、大庙、三堡、议堂、北沟、曲阳、锦屏、南城、小伊、王兴、南马厂、席桥等城镇经济板块是三级增长区域。可见，“◹”形快速交通束城镇经济无论是在地理空间上还是在经济空间上都“均匀”分布于苏北，极化着苏北的经济要素和经济活动，其相对区位优势显现。虽然现阶段的“◹”形快速交通束城镇经济的发展较为滞后，但随着淮安市快速交通体系的完善，尤其是规划建设的淮扬镇铁路的建成运营，淮安城市经济具有承接苏南经济辐射的“二传手”区位后，“◹”形快速交通束城镇经济将获得快速发展并对苏北经济创新发展产生强大带动的作用。

二、促进苏北“◹”形城镇经济创新发展的路径

苏北“◹”形快速交通束城镇经济的城市、城镇发展速度不快，制约了“◹”形快速交通束城镇经济空间结构优势的发挥。因此，充分发挥苏北“◹”形快速交通束城镇经济空间结构优势，必须推进“◹”形快速交通束城镇经济发展。

1. 促进苏北城镇经济空间协调发展

苏北城镇规模扩展和质量提升速度不快，从而制约了国土开发空间格局优化的进程。促进苏北城镇经济空间协调发展，必须实施城镇建设工程，推进快速交通束城镇经济发展。

推动沿东陇海线城镇规模扩大和内涵提升。东陇海地区城镇集群发展已列入国家第十二个五年国民经济和社会发展规划。沿东陇海线城镇是东陇海地区城镇集群区的重要组成部分。东陇海铁路沿线的徐州、连云港城市和邳州、新沂、东海县（市）的镇具有特殊的发展区位。为使城镇规模扩大和内涵提升，应适时进行行政区划调整，为邳州市改设徐州市邳州区创造更多的条件。顺应城镇化的要求，着力推动沿东陇海线的城镇产业结构高度化和人口有较大幅度增长。由于新沂市区的特有交通区位和位居东陇海线的中间点位置，创新区域政策推动新沂市区快速扩大和镇经济快速发展，对于发展沿东陇海线城镇经济具有重要意义。连云港市区规模和质量的提升，对于新亚欧大陆桥“东方桥头堡”经济功能具有重要意义，应着力推动其又好又快发展。在国家“两横三纵”城市化战略格局导引下，推进东陇海地区城镇集群发展，并适时进行行政区划调整，推动徐州市和连云港市经济融合，为适应新亚欧大陆桥东方桥头堡对超大城市发展的要求创造发展条件。

促进徐宿淮盐快速交通束城镇以超常速度发展。徐宿淮盐快速交通束城镇的快速发展，使其成为贯穿苏北腹地的重要城镇产业聚集区，成为东南走向的苏北快速交通束城镇经济的组成部分。促进其快速发展，对苏北经济空间结构优化具有举足轻重的影响。徐宿淮盐快速交通束城市、镇东西走向贯穿苏北腹地，具有重要的增长极作用。除徐州城市为特大城市外，淮安、盐城城市快速发展进入特大城市序列。但是，徐宿淮盐快速交通束的其他镇都是县（含县级市）辖镇，其规模不大，发展速度不快，与其应有的增长极辐射半径不相称。因此，以超常速度发展徐宿淮盐快速交通束市、镇，是苏北城镇经济空间协调的重大举措；应着力推动淮安、盐城城市发展为特大城市，着力促进徐宿淮盐快速交通束城镇的非农产业集聚与人口城镇化和国土城镇化同步增长。

促进连盐快速交通束城镇发展。江苏沿海开发已上升为国家发展战略，连盐快速交通束城镇发展是江苏沿海开发的重要组成部分。连盐快速交通束城镇是苏北快速交通束城镇带的沿海部分，处于形成初期，但其在江苏沿海开发的发展潜力巨大。从苏北经济发展进程看，由于连盐高速公路和连盐铁路建设较晚，连盐快速交通束城镇密集区形成缓慢，但其形成后对苏北经济发展的聚集力不容小觑。因此，扶持连盐快速交通束城镇扩展对苏北经济空间协调具有战略意义。

2. 促进“◁”形快速交通束城镇发展的政策和制度创新

促进苏北“◁”形快速交通束城镇经济发展的基础是发展城镇。城镇发展的一个重要因素是城镇规划和城镇经营。因此，制定切实可行的规划城镇和经营城镇的政策和创新体制是十分必要的。

（1）对“◁”形快速交通束城市、城镇发展给予政策倾斜。首先要科学规划“◁”形快速交通束城镇，尤其要对“◁”形快速交通束城镇发展进行中长期规划。规划是发展资源。对城镇规划是发展苏北“◁”形快速交通束城镇经济的基础条件，应由江苏省苏北协调发展办公室牵头组织，并根据不平衡发展理论制定相关实施政策报省委、省政府审批。其次要有“◁”形快速交通束城镇发展的倾斜政策，如对县（市）政府驻地城镇的发展应在苏北五市的发展规划中按城市的区对待即“计划单列”，优先安排苏南对苏北城镇对口支援项目，建立省级财政专项城镇发展扶持基金。

（2）经营城镇的政策。经营城镇首要的是经营城镇发展用地，即制定相应政策以规范和实行城镇发展用地的统一征用和经营。经营城镇的政策主要包括：根据城镇发展规划由土地储备中心预征用地，并根据城镇规划在二级市场招标拍卖或挂牌出卖，积极快速筹措城镇建设资本；减免城镇土地储备中心土地经营赢利的有关地方税费，积累经营城镇所需资本；减半上缴行业（如城市治污费）统筹费用；对城镇拥挤性公共物品实行现代企业的资本运营体制，并给予一定时间减半征收有关地方税费；规范地方政府行政、执法行为，全方位实施城镇创新发展政策。

（3）建设淮安城市的扶持政策。淮安城市是发展苏北“◁”形快速交通束城镇经济的至关重要的区位“关节点”，是苏北腹地的中心城市，其快速发展应列为江苏省“重点城市发展”规划予以政策扶持。一是支持淮安城市“中心极化，择优发展”规划的政策，着力扶持淮安城市快速建成科技发达，经济强人，近期（2020年内）100万人，远期（2030年内）150万人的超特大城市。二是引导苏南五市的工业、服务业的龙头企业，在淮安城市建设并以企业名称命名的路、街、园区，充实淮安城市的现代经济内涵。三是省级财政以其年1%~3%的增长额支持淮安城市基础设施建设，并扩大淮安城市土地储备中心经营权，以筹集城市建设资金。

（4）促进苏北“◁”形快速交通束城镇产业集聚。发展东陇海线、徐宿淮盐及连盐通城镇经济，通过政策引导，促进新兴产业及苏南转移的产业向“◁”形快速交通束城镇经济集聚。东陇海线城镇经济轴现有实力相对较强，基础较好，是江苏省政府确立的带动苏北经济增长的一级重要区域。连盐通高速交通束属于国家沿海通道建设的一部分，高速公路已经建成，而且连（云港）盐（城）铁路建设已列入国家铁路“十二五”规划纲要。尤其是作为“◹”形快速交通束城镇经济接受上海经济辐射的一个“二传手”城市——盐城城市的发展作用增强尤为关键。随着沪通城际铁路的建设和营运，连盐通快速交通束将成为苏北经济接轨上海经济的最佳通道，对苏北经济创新发展具有重大促进作用。徐宿淮盐城镇经济位居苏北腹地，其超常发展强力支撑苏北经济创新发展。

（5）强化城市分工与合作。切实进行产业结构调整，实施城市化与工业化互动推进战略。一方面，形成梯度化产业链，推动错位发展。大中小城市确立不同的产业发展重点，进行合理的产业发展分工。另一方面，要促进优势产业的区域集聚，培育出具有竞争优势的产业集聚区。要加强苏北地方政府之间的协调，建立统一的政策协调机制。由省政府的苏北经济发展协调小组加强各城市的政府之间经济政策的协调和衔接，消除地方保护主义等妨碍苏北区域合作的政策和体制障碍。要加强发展规划上的衔接，重视联动发展。

（6）培育和发展城镇经济的制度创新。“◹”形快速交通束城镇空间结构是苏北经济快速发展的重要后发优势。影响城镇发展的因素很多，但进行制度创新是首要的。要建立“◹”形快速交通束各类城市、城镇共同发展的协调机制。“◹”形城市、城镇共同发展是发挥苏北“◹”形快速交通束城镇空间结构优势的内在要求。沿苏北“◹”形快速交通束主骨架的特大城市、大中小城市和城镇发展快，已形成密集的带状城市、城镇群。交通带状城市、城镇群是苏北经济发展的重要城镇轴。一方面，徐州城市及规划连云港、淮安、盐城城市发展为特大城市具有很强的聚集力，必将成为苏北重要的一级增长极。另一方面，这些特大城市又具有扩散效应，带动着“◹”形快速交通束大中小城市和城镇发展，一些中小城市和城镇会发展成为特大城市的组成部分。因此，苏北“◹”形快速交通束特大城市、大中小城市和城镇共同发展具有战略意义，应建立共同发展协调机制。“◹”形快速交通束城市、城镇共同发展协调机制的主要内容是：建立东陇海线、徐宿淮盐、连盐快速交通束城镇共同发展协调机构，规划城镇发展；确立徐州、连云港、淮安、盐城城市的政府在协调城镇发展中的主体地位，协调特大城市、大中小城市和城镇发展与快速交通束建设之间的关系。要建立城镇经营体制。在市场经济条件下，城镇发展必须建立在经营城镇基础上。经营城镇必须进行城镇管理体制创新——建立城镇经营体制。城镇经营体制的核心内容是除部分公共物品外的所有城镇建设项目及其营运都要市场化。政府是城镇经营体制中的重要行为主体，要通过“规划发展用地储备制度，经营城市、城镇发展用地，以获得大量城市、城镇建设资金”，“运用市场机制和经营好城市、城镇发展用地”①。

---

① 高丽娜．苏北城市经济带的构建与发展对策［J］．市场周刊·理论研究，2007（6）．

第四节 南北区域合作与江苏城镇经济创新发展

推动江苏区域合作发展，采取多种区域政策，建立多种合作机制，如创建苏南苏北“一对一”帮扶体制（苏南一个城市帮扶苏北一个城市发展），从总体效果看对苏北经济创新发展产生了重要的推动作用。

一、区域合作与江苏南北城镇经济创新发展

从经济空间集聚看，无论是作为苏北经济中心的徐州、还是东陇海线城镇经济，都不具有区域经济极核区空间区位。苏北经济创新发展空间选择的南向融合至关重要。这就需要在南北城镇经济一体化发展中寻找创新发展路径。

1. 江苏南北共建开发区

从2001年起，江苏把苏南与苏北对口帮扶作为重大举措之一，全方位、多层次、宽领域地加强南北区域合作，是江苏城镇经济创新发展的必然选择。“苏南苏北区域合作发展是实现苏北城镇经济创新发展的必要路径。”① 徐州是苏北经济实力相对较强的城市，东陇海线城镇经济是苏北经济发展较快的部分，但整体经济实力不强。从经济空间演化看，徐州经济和东陇海城镇经济区位“偏移”于苏北北端，难以带动整个苏北城镇经济发展。苏南城镇经济快速发展为苏北城镇经济“起飞”提供了条件。一方面，苏南丰富的资本、技术、人力资本等经济要素正是苏北城镇经济发展的稀缺资源。通过苏南苏北区域合作，为这些稀缺资源在区域之间的流动创造条件。另一方面，以项目合作为载体的苏南苏北区域合作，为苏北产业结构调整和优化提供条件。不论是南北城市共建开发区还是产业项目对接，都优于简单的财政补贴或转移支付效果。苏南苏北区域合作也是实现苏南城镇经济创新发展的必然要求。苏南城镇经济是江苏经济的核心板块。苏南城镇经济的快速发展，需要相邻外围相应拓展。

对于苏南城镇经济创新发展来说，南北经济一体化发展具有重要意义。一方面，苏南城镇经济发展与资源承载力之间的矛盾日益突出，如土地资源相对狭小、矿产资源贫乏（在计划经济时期，依赖于苏北矿产资源低价格的计划性调拨）等。另一方面，对外经济环境的变化压力。2000年以来苏南对外贸的依存度上升，但国际市场环境的变化给苏南外贸经济的发展带来较大影响。这决定了苏南与苏北区

① 杜宇. 关于江苏南北共建开发区体制机制创新的调查与思考［J］. 经济研究导刊，2011（21）.

域合作的必要性。因此，苏南苏北区域合作有利于苏北城镇经济和苏南城镇经济共同发展。

江苏根据南北经济发展梯级差异明显的省情，提出了“苏南提升、苏中崛起、苏北振兴”的区域协调发展战略，2006年又依据这一战略做出支持南北挂钩共建苏北开发区的重大决策，开始了南北共建开发区的创新实践。南北挂钩共建开发区是振兴苏北的一项重大决策。南北挂钩共建开发区是在苏北省级开发区内，单独划出一块土地，由苏南苏北开发区合作共建。在共建土地上由南北双方共同出资成立开发公司经营管理（苏南的开发区负责规划、招商等工作），共建收益按照双方的股本构成分配。此举旨在推动苏北学习借鉴苏南开发区的管理经验，利用苏南在招商引资、资本和人才等方面的优势，加快苏北工业化和城镇经济发展进程。2009年4月底，苏南苏北共建开发园区已由最初的10家达到了20家。2010年江苏进一步深化南北合作，再次新批南北共建园区7个。得益于南北共建园区不断发展，除机电、纺织、化工外，一批新能源、新材料、电子信息项目相继落户苏北。南北挂钩共建园区，带动苏北的发展理念、思维习惯、招商思路、服务方式等发生根本改变，加快了苏北城镇经济发展步伐。

要进一步完善南北共建模式，拓展共建园区的空间，提升共建园区的水平。把扶持与苏北结对的苏南开发区政策的适用范围扩大，普惠至所有属于共建范畴的开发区，而不是仅适用于赴苏北结对的苏南开发区。建立更加紧密的利益共享、合作共赢和政策激励机制。实行“行政托管”创新体制。[①]“行政托管”的根本特点在于，被托管区域的行政隶属关系不变，行政空间的层级结构不变，现行行政版图不变，名义上的行政“所有权”不变，改变的只是被托管区域行政“经营权”，由受托方以新的理念和机制对被委托区域进行运作管理。“行政托管”实现了“所有权”和行政“经营权”的分离，其目的是要产生在原有行政区划框架内无法产生的行政效率、市场效能、经济效益。[②]

2. 完善南北挂钩帮扶体制

“九五”至“十一五”期间，江苏对苏北经济薄弱县实行挂钩帮扶，按照优势互补、注重实效、共同发展、实现双赢的要求，加大南北区域挂钩合作的力度，对

---

① 所谓“行政托管”，是由发展较慢地区作为委托方，把隶属的某一行政区域委托给受托方（发展较快地区）在一定的时间内全权进行管理，从而实现托管区域从管理理念到管理模式的“脱胎换骨”式的改变，充分发挥受托方的资源集聚能力、产业带动能力以及要素辐射能力，加快区域发展步伐，缩小区域发展差距。

② 2005年8月徐州市进行的行政区划调整，将原属铜山县的大黄山镇、大庙镇划归鼓楼区行政管辖，两镇的人、财、物整建制交由徐州经济开发区管理。“交由管理”即为托管。徐州的“交由管理”是一种有实无名的“行政托管”。安徽省黄山市则鲜明亮出“行政托管”的旗帜。2009年1月起，黄山市将黄山经济开发区规划范围内的一社区两村交由黄山经济开发区托管，黄山经济开发区党工委、管委会统一领导和管理托管村（社区）的党务、行政、经济和社会事务工作，

带动苏北城镇经济创新发展发挥了重要作用。在泛长三角区域合作背景下，江苏实施南北区域合作，完善南北挂钩帮扶体制，要在提高合作效率、合作层次和水平上下功夫。

一是完善南北挂钩合作的运行机制，推动苏北城镇经济创新发展。建立在行政推动基础上的南北合作机制，是不能长久也不可能有高效率的，因而必须尊重市场主体利益之间的合作伙伴关系，才能有效推动苏北城镇经济创新发展。市场主体的利益关系可以通过政府部门来协调。非国有投资主体在南北合作中具有重要作用。促进南北挂钩合作，要创新机制引导南北企业在做大做强淮安以及徐州城市经济的同时，依靠多核扩散方式，在核心城市周围形成一批卫星城镇经济板块，扩大和提升城镇要素集聚和扩散功能，促进南北挂钩合作推动下的苏北城镇经济快速发展。

二是推进苏南产业向苏北转移。实现苏南产业向苏北转移，一方面，苏南要进行自身产业结构调整，向更高层次的高新技术产业升级，将部分资源加工型、劳动密集型等传统产业向苏北转移。鼓励和引导苏南企业到苏北经商办厂、投资兴业，这既能为苏南发展技术、资本密集型产业腾出空间，又能带动和推进苏北工业化进程，从而实现南北优势互补、资源共享和区域共同发展。另一方面，苏北主动承接苏南转移的产业，增强自己的竞争能力。苏南要把招商渠道推荐给苏北，帮助挂钩区域引进外资项目。要进一步深化改革，从建立现代企业制度入手，深化投资体制改革。制定科学有效的产业政策，引导和推动产业结构的调整。市场机制不是万能的，为弥补市场机制的不足。政府要从战略上确定苏北产业结构调整的方向和重点，合理制定产业政策，避免南北产业结构趋同性。

三是加强南北区域在农村劳动力转移方面的合作。苏南苏北应建立长期稳定的农村劳动力供求关系。可考虑增大促进苏北农村劳动力转移的省级财政资金支持力度，主要用于补贴苏北农村劳动力职业技能培训和劳务服务机构的运行。依托长江两岸的岸线资源，着力推进沿江两岸的联动开发和苏南的跨江开发，促进苏中经济板块融入苏南经济板块；进一步打破行政区划的界限，建立起更加统一、开放的市场体系，合理布局生产力，重点发展沿江经济，推动初级制造业向苏北转移，形成优势互补、合理分工的产业分工格局。要继续坚持和完善省级机关、科研院所、企事业单位、苏南苏北挂钩帮扶体制，在政策和资金扶持方面推动苏北农村劳动力转移的区域合作。

四是推动南北企业合作发展。长三角经济模式是典型的“两头在外”（资源在外和市场在外）模式。长三角资源的消耗90%以上靠外地调入。苏北拥有矿产资源、海洋资源、土地资源等较为丰富的自然资源。这就为江苏南北经济尤其是企业提供了合作基础。例如，粮食主产区和主销区南北挂钩合作显著。苏州市政府与盐城市签订建立优质粮食生产基地的协议，盐城成为苏州在苏北最重要的“粮仓”。沪、浙、苏南的民营企业携手在苏北“相亲”，既拓展自身的发展空间，同时也助推苏北工业化进程，实现区域共赢。苏北正处于工业化、城镇化发展的新阶段，加快苏北发展最现实、最根本的出路在于承接产业转移。仅 2004 年江苏省委组织部、省发改委及省工商联在连云港市、徐州市等地先后举办了“苏南企业家赴东陇海线投资考察和洽谈活动”，来自苏南 52 家企业的 60 位企业家和东陇海沿线的 400 余家企业进行了投资洽谈活动，该活动共签订了 48 个投资项目，协议资金总额达 48.5 亿元，东陇海沿线各地引进苏南资金 27.38 亿元。因此，江苏南北企业合作发展取得很大成效，是苏北经济创新发展的重要路径，应进行制度创新和政策创新，着力推动南北企业合作发展。

二、区域合作与江苏沿海城镇经济创新发展核心竞争力培育

城市发展是在市场条件下企业和个人追求自身利益或效用最大化的结果，是市场经济主体相互之间发生作用的自我组织过程（藤田、克鲁格曼，1999）。城市体系是一定区域内空间要素的特定组合形态，是由一个或数个中心城市和一定数量的城镇结点、交通道路及网络、经济腹地组成的地域单元，能够通过中心城市形成区域经济活动的自组织功能。城市体系中具有较高潜势的中心城市，随着人口规模的扩大，功能趋向多样化，形成吸引人口聚集的新动力，并导致空间竞争，形成相对稳定的城市等级体系。区域中心城市是城市体系自组织机制的枢纽和关键。①江苏沿海开发不是孤立的局部开发，而是全国沿海整体发展战略中的重要一环。“连通沿海大通道，形成沿海经济流”，是立足全局谋划江苏沿海城镇经济开发的总体定位和战略选择。

1. 促进沿海城镇经济创新发展

区域中心城市在区域经济发展中具有带动作用和辐射作用。顺应区域经济发展规律，不失时机地把发展区域中心城市放在更加重要的位置，增强其综合竞争力，是提升沿海城镇经济整体竞争力的基本路径。根据江苏沿海经济发展现状，应形成以南通、盐城、连云港城市为主导的功能完善、布局合理、规模协调的城市体系，使南通、盐城、连云港城市成长为在沿海经济中居核心地位并在周边区域中具有较强竞争力和辐射力的区域中心城市，使滨海、海安城镇（县城）成为与三大城市连接互动，在经济区中充分发挥承接、传导作用，共同促进沿海经济创新发展的大城市。

一是推动南通、盐城、连云港城市发展为区域中心城市。南通城市具有江海相交的区位，是沿海经济与长江经济的“交汇处”。由于缺乏过江通道，沿海高速公

① 程开明. 长三角城市体系分布结构及演化机制探析［J］. 商业经济与管理，2007（8）.

路与沿海铁路在南通出现断头，无法直接与一江之隔的上海实现对接。从经济总量看，1984 年南通比宁波多 25%，港口吞吐量是宁波的 2 倍多；2012 年宁波市比南通市多 76%，港口吞吐量是南通的 2 倍多。南通市经济是江苏沿海经济滞后的“缩影”。南通快速交通束建成使南通经济拥有紧邻上海的优势区位，要努力将南通城市发展为江苏南北区域合作发展的“关联”区域中心城市。盐城交通运输的区位条件逐步显现，大丰港、射阳港、滨海港、陈家港均具备建设深水良港的条件，有望成为苏东沿海新的港口圈。盐城海岸线绵延 582 公里，占全省 56%；滩涂面积 680 多万亩，分别占全省 75% 和全国 14.3%，是全省最大的后备土地资源；沿海矿产资源丰富，已探明天然气储量达 230 亿立方米，沿海和近海还有 10 万平方公里的黄海储油沉积盆地，居全国海洋油气沉积盆地第 2 位。要通过发展港口和天然气化工、天然气发电以及大型石化工业为盐城城市发展提供良好的产业支撑。连云港是新亚欧大陆桥的东桥头堡，是东西交通大动脉与南北沿海高速交通束“T”形交接点城市，港口资源是沿海开发最具特色和优势的战略性资源，但产业规模偏小制约连云港港口经济发展。因此，连云港城市实力的提升决定于港口经济的充分挖掘。大力发展临港型产业，是促进连云港城市发展的关键。

二是扶持滨海、海安市区发展为大城市。江苏沿海城镇经济发展需要完善城镇体系。根据沿海城镇经济发展的需要，着力培育滨海、海安两个次级节点城市发展。将南通、盐城、连云港城市建设为一级区域中心城市，并在这三个区域中心城市之间建设滨海、海安两个次级城市（发挥空间连接纽带作用），有利于沿海城镇经济创新发展。进行行政区划的适当调整，使行政区划边界不再成为沿海城镇经济创新发展的体制障碍因素。推动滨海、海安城市发展，应在管理体制上给予政策支持并赋予更大的发展权限。

2. 促进沿海临港产业发展

江苏沿海主要港口的资源条件见表 8-24 所示。扶持支撑区域中心城市产业发展的港口建设，是促进沿海临港产业发展的基础设施保障条件。完善的基础设施是区域中心城市人口、经济要素和产业集聚的物质载体，是城市经济发展的重要依托。沿海城镇经济发展的关键支撑在于港口建设。江苏沿海城镇经济的发展既有机遇，也面临着较大的挑战。一方面，要注重港口自然条件的充分挖掘，科学规划港口布局，加强连云港、洋口港等深水港建设，提高港口吞吐能力，促进临港产业发展。另一方面，要加强港口与腹地的互动，重点整合和提升连云港枢纽功能，完善集疏运体系，大力发展中转业务，增强港口整体竞争能力。将洋口深水港开发建设作为实施沿海开发战略的重点，打通江苏南部出海大通道，更高层次上地融入长三角经济区。要加快建设南通、盐城与连云港城市之间的城际快速交通束，强化沿海城市之间的经济联系。

表 8-24　　　　　　　　**江苏沿海主要港口资源条件比较**

港口	位置	地基条件	水深条件	开发前景
连云港	连云港	基岩海岸	锚地深-6~-16 米，外航道水深-8 米	综合性大港和国际枢纽港
平岛港	连云港	基岩海岛	水深-24 米	可建 10 万~30 万吨级泊位
滨海港	滨海县	侵蚀海岸	岸线距-10 米等深线最近处 2.7 千米	可建 5 万~10 万吨级泊位
大丰港	大丰市	岸线微淤	西洋大于-10 米深槽通外海	可建 5 万~10 万吨级泊位
洋口港	如东县	岸线微淤	烂沙洋-17 米以上深槽通外海	可建 10 万~20 万吨级泊位
吕四港	启东市	岸线稳定	小庙洪水道-10 米以上深水槽 11 千米	可建 5 万~10 万吨级泊位

资料来源：黄健，谢波. 构建第四增长极——江苏沿海开发研究［M］. 南京：江苏人民出版社，2006：119-120.

主要参考文献：

［1］张祥建，等. 长江三角洲城市圈空间结构演化的产业机理［J］. 经济理论与经济管理，2003（1）.

［2］张善信，李武武. 淮海经济区与新亚欧大陆桥［J］. 江苏社会科学，1996（6）.

［3］陈国生. “新亚欧大陆桥”与西安经济发展战略［J］. 人文地理，1997（4）.

［4］魏文杰. 亚欧大陆桥的新起点［J］. 扬州大学学报，2001（3）.

［5］徐国弟，等. 21 世纪长江经济带综合开发［M］. 北京：中国计划出版社，1999.

［6］赵喜仓. 江苏经济区域的划分及共同发展对策［J］. 科技进步与对策，2001（12）.

［7］汪海. 构建江苏与西部联动发展的三大主轴［J］. 现代经济探讨，2002（11）.

［8］董力新，等. 河南新的经济增长点——宁西经济带呼之欲出［J］. 决策探索，2001（5）.

［9］高更和. 宁西铁路沿线（南阳段）产业布局研究［J］. 经济地理，2001（11）.

［10］胡子平. 浅析沿江铁路建设在西部开发中的地位和作用［J］. 铁道工程

学报，2001（11）.

［11］丁德科，等. 对接长三角：西部经济跨越式发展的战略选择［J］. 西安交通大学学报：社会科学版，2004（6）.

［12］陆玉麒. 区域发展中的空间结构研究［M］. 南京：南京师范大学出版社，1998.

［13］郭荣朝，顾朝林. 宁西铁路沿线经济带构建研究［J］. 地理科学，2004（8）.

［14］陈修颖，陆林. 长江经济带空间结构形成基础及优化研究［J］. 经济地理，2004（5）.

［15］管卫华，赵媛，林振山. 改革开放以来江苏省区域空间结构变化［J］. 地理研究，2004（7）.

［16］杨家栋. 开辟新亚欧大陆桥的南干线［J］. 扬州大学学报：人文社会科学版，2004（5）.

［17］孙福庆，等. 上海产业发展——基于长三角、珠三角、环渤海三大经济圈比较的视角［M］. 上海：格致出版社，上海人民出版社，2008.

［18］朱舜. 行政区域经济结构与增长［M］. 北京：经济科学出版社，2002.

［19］朱舜. 行政区域经济：种类、特征与演化［J］. 经济学动态，2004（5）.

［20］朱舜. 苏北“◁”形城市经济带实证研究［J］. 现代经济探讨，2004（6）.

［21］朱舜. 苏北后发优势及其培育路径［J］. 江苏社会科学，2004（2）.

［22］朱舜，高丽娜. 泛长三角经济区空间结构研究［M］. 成都：西南财经大学出版社，2006.

［23］朱舜，王作峰，等. 社会主义新农村建设与苏北发展［M］. 北京：新华出版社，2007.

［24］朱舜. 缩小“东西差距”：内涵及政策目标选择［J］. 经济学动态，2007（6）.

［25］蒲英霞，马荣华，等. 江苏省区域经济趋同的空间特征与成因［J］. 现代经济探讨，2005（7）.

第九章

泛长三角区域合作与江苏农村经济创新发展

蓬勃发展的农村工业化，再一次带来了农业生产率和农村报酬提高的机会。可以说，农村工业的发展，主要得益于土地的无偿使用。10 年来，江苏共约 160 万亩耕地，大部分都无偿地用在了乡镇企业的发展上。这个机会使江苏农业大体上已经摆脱了传统农业以劳动密集型投入的形式，即增加总产量时，存在着边际劳动生产率和边际报酬递减的“内卷化”趋势，在粮食亩产逐步提高的前提下，单位投入的劳动力越来越少。

……

农村经济的发展，新农村的建设，农民的增收，建设现代农业等需要依靠更多的资本和人力资本投入。因此，我们应积极培训农民使用新技术，改变农村劳动力“结构性剩余”的状况，发展人力资本，进行技术创新。同时，政府还要进一步改革，实行农业大部委制，提供产供销一条龙服务，提升组织和制度效率。

王永作

——《江苏农村改革三十年回顾与前景——1978 至 2008 年江苏农村经济发展分析与出路》，南京社会科学，2008 年第 5 期。

加快发展农村经济尤其是欠发达的苏北农村经济是解决“三农”问题、建设社会主义新农村和江苏经济创新发展的必然要求。江苏农村经济主要以县域经济为运行单元，遵循县域经济发展规律。县域经济的基本运行主体是以农业为主的村域集体经济组织和农民，因而促进江苏农村经济创新发展，其核心内容是解决“三农”问题和实现农业现代化。

第一节　长三角区域合作背景下的江苏县域经济创新发展

从县域经济的基本特征看，农村经济是县域经济的重要组成部分。2012 年，江苏省有 48 个县（含县级市）域经济板块，占市辖区经济板块总量的 86%；人口 5 083.72 万，是市辖区的 79%。尽管城镇经济占县域经济的比重较大，但县域经济的基本部分属于农村经济。由于县级市主要是由县整体改设为市的，其农村经济仍占有很大部分，本书仍将县级市域经济归类为县域经济。江苏经济创新发展包括县域经济创新发展，因而促进县域经济创新发展是促进泛长三角区域合作背景下的江苏经济创新的重要内容。

一、江苏县域经济空间演化

县域经济包含农村经济和城镇经济，具有农村经济“面”和城镇经济“点”的空间特征。农村经济“面”的空间特征主要是由农业的土地属性决定的，没有土地就没有农村经济的“面”。城镇经济“点”的空间特征主要是由非农产业的城镇集聚决定的，非农产业的城镇集聚具有空间扩展趋向。江苏县域经济空间具有指向城镇扩大方向演化趋势。

1. 影响县域经济发展的因素：苏北视角

县域经济是苏北经济的重要组成部分。苏北经济由城市城镇经济和农村经济组成。一般来说，苏北经济中的城市经济是省辖市区经济，农村经济是县域经济；县域经济由城镇经济和乡村经济组成。改革开放以来，苏北经济得到快速发展，但由于历史和区位劣势（距离长三角经济区和省会城市经济板块较远）的原因，苏北经济的整体水平还比较低，尤其是县域经济实力弱，从而制约着苏北经济的快速发展。

苏北有 23 个县（包括县级市，因县级市主要是由县整体改为市，其农村经济比重变化不大），县的数量占全省县总数的近 1/2，县域土地面积 4.51 万平方公里，2012 年，人口 2 452.11 万，分别占整个苏北的 82.99%和 74.34%，占全省县域的 57.5%和 50%（沭阳人口 177 万，东台市面积 3 221 平方公里，分别为江苏省人口最多和面积最大的县）。与人口和面积规模不相称的是，苏北县域 GDP 和地方财政一般预算收入及其人均数量所占比重较低。2012 年苏北县域 GDP 总量为 2 797.99 亿元，人均 GDP 为 11 410.53 元，分别占全省县域 GDP 的总量和人均的 21.01%和 42.02%（最低的金湖县仅为 54.33 亿元，人均 GDP 最低的睢宁县仅为 6 331 元）；地方财政一般预算收入总量为 130.68 亿元，人均地方财政一般预算收入为 532.93 元，分别占全省县域地方财政一般预算收入的总量和人均的 33.12%和 29.66%。可见，县域经济是苏北经济的“大局”，只有县域经济发展取得突破，苏北经济才有可能实现跨越式发展。

苏北县域经济发展受多种因素共同影响且在不同时期的主要影响因素也不完全相同。影响苏北县域经济发展的因素往往交织融合在一起，发挥着“合力”的影响；但是，不同时期的县域经济运行有其自身特点，因而需要结合各个时期的经济发展特征，分阶段研究不同时期的主要影响因素。我们将苏北县域经济 1990—2010 年期间的发展划分为五年跨度的三个阶段，分别进行发展特征分析。具体的方法是：

选择苏北县域经济发展的变量。首先在庞杂的影响因素中寻找到具有解释力的变量，为此先要通过简单相关系数的初步变量筛选，计算各个经济变量和 GDP 的相关系数，从中选择相关系数最大的 5 个指标进行回归分析。

建立苏北县域经济发展的模型。设因变量苏北各农村经济 GDP Y_i与自变量 x_1，x_2，…，x_p的多元线性回归模型为：

$$Y_i = a_0 + a_1 x_{i1} + a_2 x_{i2} + a_3 x_{i3} + a_4 x_{i4} + \cdots + a_p x_{iP} + \varepsilon_i$$

方程未知参数的估计采用最小二乘法估计。求出线性回归方程后，需对其进行显著性检验。在具体处理时，主要运用逐步回归法挑选对 GDP 有显著影响的因素。

（1）1990—1995 年期间：在这个时期，固定资产投资完成额、财政支出、实际利用外资、工业总产值、农业总产值对于 GDP 的影响都很大。因此，设定如下变量：X_1为固定资产投资完成额，X_2为财政支出，X_3为实际利用外资，X_4为工业总产值，X_5为农业总产值。调整后得到的标准化回归方程为：

$$Y = 82\ 427.88 + 0.287X_4 + 0.437X_5$$

上式中，X_4为工业总产值，X_5为农业总产值。回归方程的显著性检验和回归系数的显著性检验都被通过，而且通过残差图分析发现也没有出现异方差问题。

从模型分析来看，各个变量的系数都是正的，这说明工业总产值、农业总产值是当期影响 GDP 的最主要因素，而且呈现正相关关系。这与 20 世纪 90 年代初期的中国经济发展背景一致。比较标准化后的变量系数，可以发现这个时期农业的发展对苏北经济的贡献十分显著。

（2）1996—2000 年期间：从相关分析的结果来看，影响 GDP 的因素比较复杂。运用逐步回归法选用 4 个变量：X_1为财政支出，X_2为工业总产值，X_3为年末金融机构贷款余额，X_4为农业总产值。标准化回归方程为：

$$Y=-38\ 321.2+4.615X_1+0.64X_2+0.239X_3+0.134X_4$$

比较标准化后的变量系数，发现影响度按大小依次排列为财政支出、工业总产值、年末金融机构贷款余额、农业总产值。这表明：在这个时期的财政支出所代表的现期投入对于GDP影响显著，而工业总产值对经济发展的贡献率超过了农业总产值，但是贡献率与财政投资相比差距较大。年末金融机构贷款余额因素对经济发展的贡献开始显现。这说明驱动经济增长的“三驾马车”之一的投资的作用对苏北县域经济发展具有决定性影响。

（3）2000年至今。利用以上的逐步回归方法建模，标准化回归方程为：

$$Y=-35.02+11.73X_1+1.11X_2$$

上式中，X_1为财政支出，X_2为年末金融机构贷款余额。这表明：最近几年影响苏北农村经济发展的主要因素发生了重大改变，最突出的两个因素为财政支出和年末金融机构贷款余额。因而这一时期苏北县域经济发展的主要贡献因素是投资，而且政府财政投入贡献最为突出。

从以上实证分析可以看出，支撑苏北县域经济增长的主导因素为投资，符合相对落后区域经济发展的普遍特征。但从分析结果也可以看出，投资是以财政投资为主，外资和民资的比重不大且重要作用还没有体现出来。而发达区域如苏南、浙东北的发展经验是充分调动民间资本的投资，并积极吸引外资进入，从而激活区域经济发展动力。2007年，苏北23个县实际利用外资总额合计为12.11亿美元，而苏州、无锡、常州的9个县实际利用外资总额合计为51.79亿美元；2012年，徐宿淮盐城镇快速交通束城市和县域经济实际利用外资总额为23.5亿美元，而北沪宁快速交通束的城市和县域经济实际利用外资总额合计为271.41亿美元。在外资引进及对经济发展贡献方面，苏南县域经济和苏北县域经济之间的差距是非常大的。

2. 江苏县域经济空间特征

县域经济占比决定其在江苏经济创新发展中的重要地位。不同县域经济板块在接受城市经济极化和辐射时具有不同的区位，其空间演化也具有不同层次和阶段性特征。2012年，江苏城市和县域经济的概况见表9-1。

表9-1　江苏经济的城市和县域经济概况（2012年）

市（县）	年末户籍人口（万人）	年末常住人口（万人）	地区生产总值（亿元）	三次产业占GDP比重（%）			公共财政预算收入占GDP比重(%)	人均地区生产总值(按常住人口计算，元)	外贸依存度（%）
				第一产业	第二产业	第三产业			
溧水县	41.88	41.86	369.38	7.9	60.1	31.9	7.9	88 168	5.8
高淳县	43.26	41.91	365.27	8.3	52.9	38.8	6.0	87 135	5.8
江阴市	121.26	162.43	2 535.38	1.9	57.0	41.2	6.6	156 471	48.0

表9-1(续)

市（县）	年末户籍人口（万人）	年末常住人口（万人）	地区生产总值（亿元）	三次产业占 GDP 比重（%）			公共财政预算收入占 GDP 比重(%)	人均地区生产总值(按常住人口计算，元)	外贸依存度（%）
				第一产业	第二产业	第三产业			
宜兴市	107.73	124.80	1 085.98	4.4	53.5	42.1	7.2	87 168	28.8
丰　县	116.62	94.93	228.73	20.3	45.4	34.3	10.9	24 021	4.7
沛　县	128.67	111.31	431.30	15.7	47.3	37.0	9.0	38 633	5.5
睢宁县	137.36	102.49	302.45	18.9	43.8	37.3	8.5	29 414	15.1
新沂市	107.15	90.83	350.16	13.7	42.7	43.6	9.4	38 443	7.8
邳州市	179.86	143.36	513.49	15.4	43.6	41.0	8.2	35 737	17.7
溧阳市	78.99	76.03	559.20	7.0	54.8	38.2	7.2	73 768	12.7
金坛市	55.31	55.84	373.81	7.4	52.9	39.7	6.2	67 129	27.1
常熟市	106.78	150.71	1 870.19	2.0	53.3	44.7	6.9	123 882	66.7
张家港市	91.02	124.18	2 050.58	1.3	57.4	41.3	7.3	16 441	98.4
昆山市	73.76	163.89	2 725.32	0.9	59.9	39.2	8.1	165 291	200.5
太仓市	47.26	70.68	955.12	3.5	54.5	42.0	9.4	134 439	83.4
海安县	93.87	86.60	480.14	9.9	51.3	38.8	7.8	55 443	19.7
如东县	104.60	98.60	478.00	11.8	50.8	37.3	6.7	48 364	16.9
启东市	112.38	96.00	589.14	10.4	52.0	37.6	8.9	61 127	21.7
如皋市	142.50	126.00	590.17	8.9	54.0	37.1	9.1	46 801	38.4
海门市	99.97	90.23	663.10	7.0	56.9	36.0	7.8	73 473	16.1
赣榆县	115.58	94.81	331.36	15.2	50.1	34.7	8.8	34 996	7.4
东海县	118.02	94.96	277.30	18.4	45.9	35.7	9.9	29 233	6.3
灌云县	102.01	78.99	220.29	22.9	46.4	30.7	11.7	27 401	6.7
灌南县	78.73	62.19	210.47	18.7	50.0	31.3	12.2	33 914	4.8
涟水县	111.39	83.78	228.64	19.7	41.0	39.4	9.5	27 138	9.1
洪泽县	38.59	33.27	155.09	16.2	43.1	40.6	11.0	46 707	7.8
盱眙县	78.30	64.30	221.88	18.2	43.5	38.3	10.4	34 267	12.0
金湖县	35.71	33.13	142.39	16.1	41.0	42.9	10.8	43 077	13.7
响水县	61.48	50.33	181.35	19.6	49.5	30.8	10.9	35 908	15.9
滨海县	120.05	94.48	267.69	18.6	44.0	37.4	9.3	28 245	5.1
阜宁县	110.88	83.96	274.99	16.9	47.9	35.3	9.3	32 731	3.9
射阳县	96.66	89.22	320.31	21.7	40.4	37.9	6.5	35 841	4.8
建湖县	80.41	73.77	324.47	13.0	47.6	39.4	10.2	43 916	6.3
东台市	113.59	98.59	506.69	15.5	45.8	38.8	8.6	51 342	5.6
大丰市	72.53	70.12	393.36	16.1	44.2	39.7	10.2	56 014	13.6
宝应县	90.31	75.11	323.03	17.2	47.0	35.8	6.4	42 981	12.1

表9-1（续）

市（县）	年末户籍人口（万人）	年末常住人口（万人）	地区生产总值（亿元）	三次产业占 GDP 比重（%）			公共财政预算收入占 GDP 比重（%）	人均地区生产总值（按常住人口计算，元）	外贸依存度（%）
				第一产业	第二产业	第三产业			
仪征市	56.24	56.27	370.27	5.2	57.5	37.3	6.7	65 842	15.9
高邮市	81.74	73.90	336.00	16.7	46.4	36.9	6.5	45 435	6.1
丹阳市	81.17	97.40	830.51	5.4	53.9	40.7	6.0	85 549	20.2
扬中市	28.09	34.01	360.20	3.2	56.3	40.5	6.3	106 269	8.4
句容市	58.84	62.22	336.86	9.4	52.8	37.8	7.4	54 275	11.5
兴化市	157.28	125.40	512.36	15.9	43.4	40.7	5.8	40 853	7.2
靖江市	66.66	68.58	600.85	3.1	55.9	41.0	7.3	87 639	36.9
泰兴市	119.83	107.60	543.55	7.9	53.6	38.6	6.0	50 537	23.6
姜堰市	79.31	72.92	405.86	7.8	51.9	40.3	5.8	55 635	12.0
沭阳县	186.82	155.30	480.50	14.9	45.9	39.2	10.2	31 000	7.0
泗阳县	103.60	84.90	273.74	16.9	50.4	32.7	8.0	32 537	13.7
泗洪县	105.45	92.30	264.63	18.6	42.0	39.4	7.5	28 780	8.5

数据来源：《江苏统计年鉴（2013）》。

（1）江苏县域经济空间结构。通过选取江苏县域经济多项经济指标构建县域经济发展水平综合评价指标体系，利用主成分分析法可以对江苏县域经济空间结构进行分析。所使用的数据为2012年县域经济的多项指标数据（见表9-2）。

表9-2　　江苏县域经济发展水平综合评价指标体系

指标	变　量
总量指标	在岗职工数、GDP、地方财政一般预算收入占 GDP 比重（%）、工业总产值、社会消费品零售额、地方一般预算内财政收入、地方一般预算内财政支出、年末金融机构存款余额、年末金融机构贷款余额
均量指标	人均 GDP、在岗职工平均工资、农村居民人均纯收入、农村居民人均生活消费支出
结构指标	第二产业从业人员数、第三产业从业人员数、第二产业增加值、第三产业增加值

经过检验 KMO 值达到 0.873，两个公因子累计贡献率达到 90.07%，这说明比较适合做主成分分析，而且效果较好。相关分析结果见表9-3：

表9-3　　江苏县域经济发展水平综合评价

名称	总量因子	第三产业发展	综合得分	排序	名称	总量因子	第三产业发展	综合得分	排序
昆山市	3.07	0.82	242.23	1	高邮市	-0.19	-0.48	-22.88	25
江阴市	2.60	2.35	235.17	2	兴化市	-0.58	0.84	-28.07	26

表9-3(续)

名称	总量因子	第三产业发展	综合得分	排序	名称	总量因子	第三产业发展	综合得分	排序
张家港	2.75	0.61	214.84	3	沛　县	-0.44	0.07	-31.73	27
常熟市	2.17	1.51	188.27	4	宝应县	-0.46	-0.05	-34.84	28
太仓市	1.61	-1.58	90.77	5	建湖县	-0.46	-0.23	-38.29	29
宜兴市	1.07	0.38	85.75	6	邳州市	-0.85	1.28	-39.65	30
丹阳市	0.70	-0.68	39.78	7	射阳县	-0.42	-0.54	-40.65	31
溧阳市	0.49	-0.61	25.63	8	赣榆县	-0.60	0.01	-44.43	32
海门市	0.24	0.32	23.33	9	东海县	-0.68	0.18	-46.90	33
金坛市	0.62	-1.46	20.02	10	阜宁县	-0.61	-0.15	-48.23	34
扬中市	0.64	-2.26	7.28	11	金湖县	-0.39	-1.17	-49.67	35
靖江市	0.22	-0.63	4.70	12	新沂市	-0.66	-0.06	-50.39	36
启东市	-0.24	1.14	2.51	13	洪泽县	-0.46	-1.02	-52.70	37
海安县	-0.02	0.21	1.93	14	滨海县	-0.73	-0.06	-55.21	38
高淳县	0.39	-1.86	-4.74	15	沭阳县	-1.39	2.65	-55.71	39
如东县	-0.31	0.75	-9.24	16	丰　县	-0.63	-0.53	-56.45	40
溧水县	0.32	-1.83	-9.40	17	泗阳县	-0.85	0.24	-58.34	41
仪征市	0.02	-0.71	-11.37	18	泗洪县	-0.76	-0.18	-59.24	42
如皋市	-0.49	1.38	-11.57	19	盱眙县	-0.89	0.34	-59.80	43
泰兴市	-0.42	1.08	-11.89	20	灌南县	-0.68	-0.54	-60.54	44
姜堰市	-0.20	0.03	-14.18	21	灌云县	-0.85	0.05	-62.05	45
句容市	0.12	-1.29	-14.68	22	睢宁县	-1.09	1.01	-62.49	46
东台市	-0.31	0.16	-20.32	23	响水县	-0.69	-0.72	-64.12	47
大丰市	-0.12	-0.73	-21.84	24	涟水县	-1.11	0.94	-65.55	48

数据来源:《江苏统计年鉴(2013)》。

对上述分析结果使用层次聚类方法进一步进行聚类分析，可以看出江苏县域经济发展呈现出较为明显的空间特征。从图 9-1 可以看出，江苏县域经济发展呈现出较为明显的梯度性：从整体上呈现南高北低的梯度递减空间特征；苏北经济中靠近苏南经济板块的大丰、东台经济发展状况较好，其经济水平列入新苏南经济板块“方阵”；新苏南经济板块的宝应县域经济发展水平比较低，其经济水平列入苏北经济板块“方阵”。显然，从县域经济空间结构看，一定要从加强新苏南、苏北经济板块的经济联系上寻找空间结构优化的路径，以顺应长三角尤其是上海经济扩展经济腹地的要求，从而实现苏北县域经济创新发展。

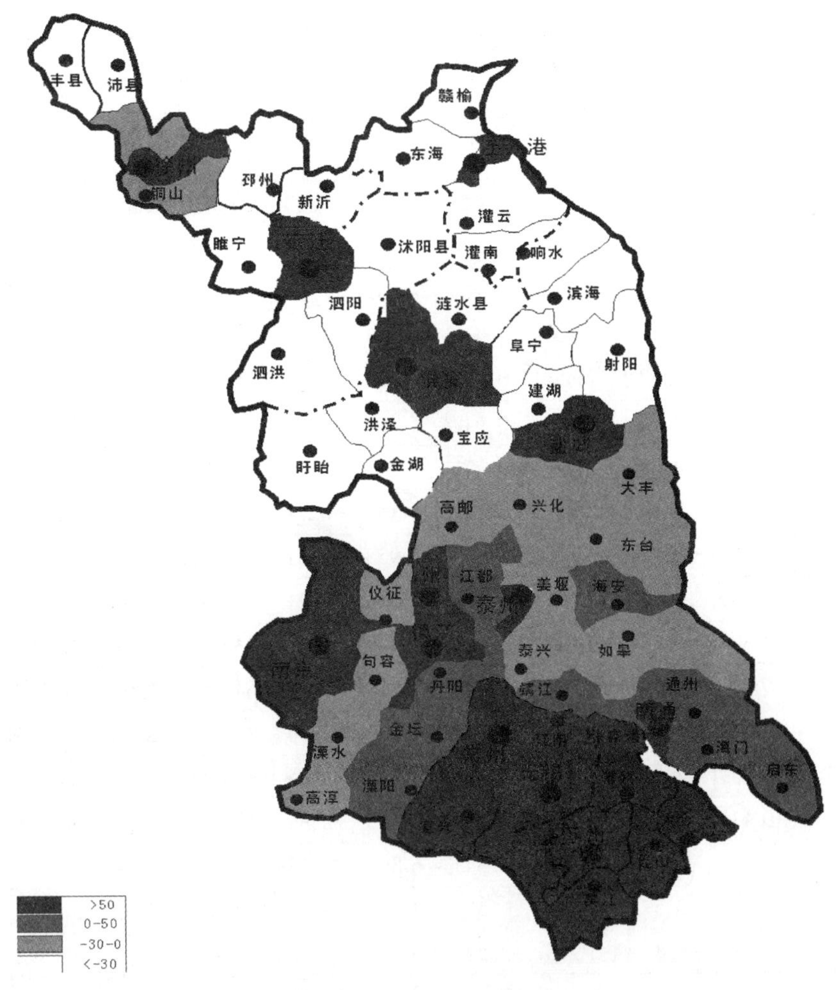

图 9-1　江苏县域经济发展空间差异（2012）

3. 江苏县域经济空间演化

研究江苏县域经济空间结构演化，主要选取江苏县域经济人均国内生产总值指标和运用聚类方法进行空间结构演化特征分析。先将人均国内生产总值指标进行处理，通过计算标准 Z 分数，来描述江苏县域经济人均国内生产总值的分布特征，在此基础上进行聚类分析。分别选择 1990 年、1995 年、2000 年、2005 年和 2010 年的人均国内生产总值作为分析的样本数据，正好分别是“七五”“八五”“九五”“十五”“十一五”规划的完成年。计算结果见表 9-4：

表 9-4　　江苏县域经济人均国内生产总值标准化处理

名称	1990		1995		2000		2005		2010	
	人均GDP（元）	标准Z分数	人均GDP（元）	标准Z分数	人均GDP（元）	标准Z分数	人均GDP（元）	标准Z分数	人均GDP（元）	标准Z分数
溧水	2 322	-0.47	5 916	-0.08	9 480	-0.06	20 588	-0.01	59 667	0.47
高淳	2 137	-0.54	4 698	-0.32	8 727	-0.15	22 108	0.06	58 286	0.42
江阴	9 981	2.24	17 894	2.28	28 552	2.29	66 670	2.11	126 532	2.68
宜兴	7 522	1.37	11 939	1.1	16 741	0.83	34 315	0.62	64 214	0.62
丰县	1 752	-0.67	2 654	-0.73	3 663	-0.77	5 224	-0.71	15 414	-1.00
沛县	1 894	-0.62	3 228	-0.61	5 294	-0.57	10 306	-0.48	26 727	-0.62
睢宁	1 430	-0.79	2 447	-0.77	2 917	-0.87	4 704	-0.74	18 498	-0.89
邳州	1 790	-0.66	3 185	-0.62	4 195	-0.71	7 630	-0.6	25 186	-0.67
新沂	2 388	-0.45	3 577	-0.54	4 958	-0.61	8 023	-0.58	26 360	-0.63
金坛	4 699	0.37	7 612	0.25	11 648	0.21	27 507	0.31	56 127	0.35
溧阳	4 394	0.26	7 912	0.31	10 346	0.05	23 054	0.11	56 784	0.37
常熟	9 822	2.18	15 157	1.74	24 820	1.83	64 930	2.03	96 518	1.69
张家港	12 352	3.08	22 483	3.18	31 594	2.66	80 682	2.75	129 535	2.78
太仓	10 589	2.45	18 943	2.48	34 790	3.05	64 679	2.02	104 413	1.95
昆山	10 476	2.41	17 287	2.16	33 936	2.95	113 025	4.24	142 185	3.20
海安	2 815	-0.3	4 597	-0.34	6 891	-0.38	15 566	-0.24	41 374	-0.14
如皋	2 046	-0.57	3 437	-0.57	4 902	-0.62	10 585	-0.47	34 296	-0.37
如东	2 789	-0.31	5 215	-0.22	6 904	-0.38	13 545	-0.33	35 592	-0.33
海门	3 042	-0.22	6 541	0.04	11 543	0.19	20 928	0.01	55 634	0.33
启东	3 259	-0.14	6 873	0.11	10 348	0.05	17 680	-0.14	44 745	-0.03
赣榆	2 122	-0.54	4 024	-0.46	5 945	-0.49	6 965	-0.63	23 199	-0.74
东海	1 841	-0.64	3 464	-0.57	5 147	-0.59	6 776	-0.64	20 696	-0.82
灌云	1 881	-0.63	2 784	-0.7	4 622	-0.66	4 379	-0.75	17 765	-0.92
灌南	1 307	-0.83	1 950	-0.86	3 158	-0.84	5 433	-0.7	22 472	-0.76
涟水	1 878	-0.63	1 823	-0.89	3 922	-0.74	5 934	-0.68	18 445	-0.90
洪泽	2 654	-0.35	3 005	-0.66	4 925	-0.62	10 449	-0.47	31 643	-0.46
盱眙	2 121	-0.54	2 596	-0.74	5 647	-0.53	8 532	-0.56	23 926	-0.71
金湖	3 175	-0.17	4 501	-0.36	8 069	-0.23	10 867	-0.45	30 212	-0.51
响水	1 523	-0.76	2 631	-0.73	3 739	-0.76	8 049	-0.58	26 502	-0.63
滨海	1 221	-0.86	1 900	-0.87	3 807	-0.76	7 344	-0.61	20 668	-0.82
阜宁	1 500	-0.76	2 553	-0.75	4 836	-0.63	7 964	-0.59	23 024	-0.74

表9-4(续)

名称	1990		1995		2000		2005		2010	
	人均GDP（元）	标准Z分数	人均GDP（元）	标准Z分数	人均GDP（元）	标准Z分数	人均GDP（元）	标准Z分数	人均GDP（元）	标准Z分数
射阳	2 289	-0.48	4 197	-0.42	6 611	-0.41	11 665	-0.42	27 070	-0.61
建湖	2 516	-0.4	3 720	-0.52	7 185	-0.34	12 692	-0.37	32 849	-0.42
大丰	3 277	-0.13	6 135	-0.04	10 288	0.04	17 364	-0.15	41 913	-0.12
东台	3 326	-0.12	5 331	-0.2	7 920	-0.25	14 453	-0.29	36 616	-0.30
仪征	2 275	-0.49	—	—	10 167	0.03	18 010	-0.12	50 278	0.16
高邮	2 931	-0.26	4 218	-0.42	6 577	-0.42	12 671	-0.37	34 227	-0.37
宝应	1 741	-0.68	3 644	-0.53	5 766	-0.52	10 703	-0.46	30 924	-0.48
丹阳	6 924	1.16	10 046	0.73	17 222	0.89	31 791	0.51	63 881	0.61
句容	3 486	-0.06	7 024	0.14	10 237	0.03	18 212	-0.12	39 366	-0.20
扬中	8 429	1.69	13 969	1.5	21 003	1.36	39 652	0.87	74 132	0.95
兴化	2 481	-0.42	3 234	-0.61	4 829	-0.63	9 744	-0.5	30 025	-0.51
靖江	4 123	0.17	8 506	0.43	10 231	0.03	20 018	-0.03	65 752	0.67
泰兴	3 070	-0.21	5 361	-0.19	7 166	-0.34	13 594	-0.33	36 994	-0.28
姜堰	2 831	-0.29	4 544	-0.35	6 416	-0.44	14 911	-0.27	41 606	-0.13
泗阳	1 470	-0.77	2 247	-0.81	3 354	-0.81	6 252	-0.66	22 732	-0.75
泗洪	1 381	-0.81	2 919	-0.67	4 283	-0.7	6 814	-0.64	19 991	-0.85
沭阳	1 495	-0.77	1 823	-0.89	3 643	-0.78	5 962	-0.68	20 024	-0.84

数据来源：《江苏统计年鉴（1991—2013）》。

对江苏县域经济1990—2010年人均GDP指标的标准Z分数进行聚类分析，江苏的县域经济板块分为四大类。具体分类结果如图9-2所示。可以看出，从总体上看，江苏县域经济具有从南至北明显的梯度等级渐降性空间特征。具体来说，经济发达的县域经济板块空间范围呈现扩展态势：1990年之前，经济发达的县域经济板块还主要是沿江的太仓、常熟、张家港和江阴市域经济；1995年，上海经济的扩散作用较为明显，昆山加入经济发达的县域经济板块；2010年，经济发达的县域经济板块的空间范围进一步扩大，苏州、无锡及常州的大部分县域经济加入经济发达的县域经济板块“方阵”；第四类即经济落后的县域经济板块的数量在最近几年有所缩小，但苏北大部分县域经济仍为第四类；第二、三类县域经济的空间范围在整体上是呈圈层扩展的。

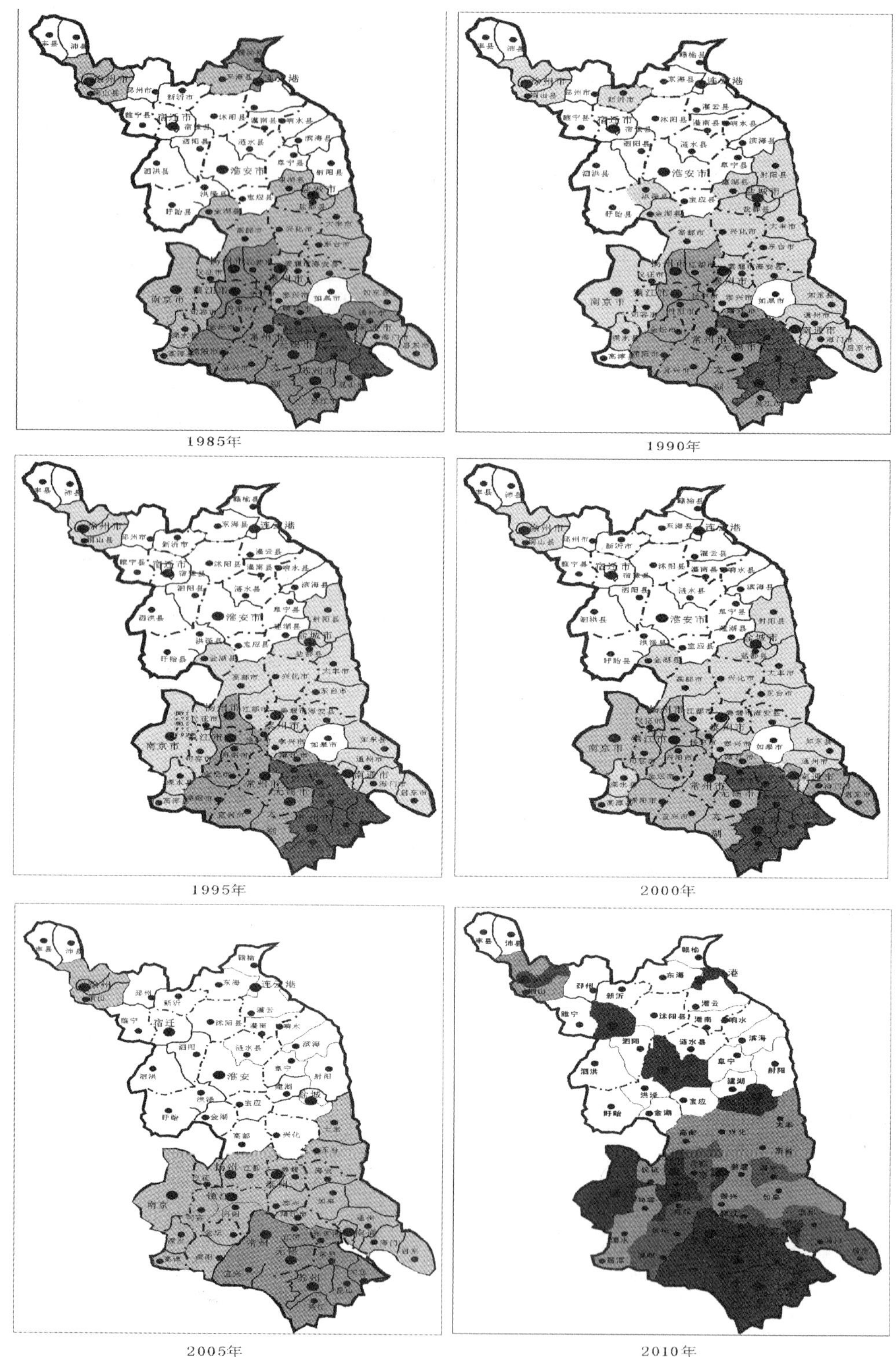

图 9-2　江苏省县域经济空间结构演化示意图

二、江苏县域经济的综合实力和创新发展路径

为了有针对性地分析江苏县域经济创新发展路径，有必要对江苏县域经济发展情况进行分区域分析。由于苏州和无锡市域经济的一体化程度较高，且县域经济发展水平在江苏经济中的优势明显，不宜再做单独分析。本书对县域经济发展综合实力的聚类分析以苏北、南京、镇江和常州市域经济板块中的县域经济进行分析。

1. 县域经济发展综合实力的聚类分析

根据发展特征的相似性，江苏县域经济宜划分为两部分进行分析，其中徐州、连云港、宿迁、盐城和淮安市域经济中的县域经济为一部分，新苏南经济中的南京、常州、镇江、扬州、泰州、南通市域经济中的县域经济为另一部分。分析的思路是分别进行聚类分析，找出其区域差异，并分析形成原因，从而寻求江苏县域经济创新发展路径。

（1）对徐州、连云港、宿迁、盐城和淮安市域经济中的县域经济发展综合实力的聚类分析。苏北经济中共有23个县域经济板块，对它们进行综合实力聚类分析的结果如表9-5所示。

表9-5　　苏北县域经济发展综合实力聚类分析结果

序号	县市	综合得分	3类结果	序号	县市	综合得分	3类结果
1	东台市	-20.32	1	13	滨海县	-55.21	2
2	大丰市	-21.84	1	14	沭阳县	-55.71	3
3	沛　县	-31.73	1	15	丰　县	-56.45	3
4	建湖县	-38.29	1	16	泗阳县	-58.34	3
5	邳州市	-39.65	1	17	泗洪县	-59.24	3
6	射阳县	-40.65	1	18	盱眙县	-59.80	3
7	赣榆县	-44.43	1	19	灌南县	-60.54	3
8	东海县	-46.90	2	20	灌云县	-62.05	3
9	阜宁县	-48.23	2	21	睢宁县	-62.49	3
10	金湖县	-49.67	2	22	响水县	-64.12	3
11	新沂市	-50.39	2	23	涟水县	-65.55	3
12	洪泽县	-52.70	2				

从苏北县域经济综合得分情况进行聚类分析的结果可以看出，发展水平较高的县域经济板块主要位于东陇海线和沿海区域，第二类的县域经济板块主要位于运河沿线。

（2）对南京、常州、镇江、扬州、泰州、南通市的县域经济发展综合实力的聚类分析。新苏南经济的这6个市共有21个县域经济板块，对它们进行综合实力聚类分析的结果如表9-6所示。从聚类分析结果可以看出县域经济板块分为三类。相对较强的县域经济板块的区位特征为：随着与上海经济的距离扩大呈阶梯状下降趋势；相对较强的县域经济板块多数与沿江和苏州、无锡和常州市区经济板块相邻；运河沿线的县域经济板块发展较快。

表9-6　　　　新苏南县域经济发展综合实力聚类分析结果

序号	县市	综合得分	3类结果	序号	县市	综合得分	3类结果
1	丹阳市	39.78	1	11	溧水县	-9.40	2
2	溧阳市	25.63	1	12	仪征市	-11.37	3
3	海门市	23.33	1	13	如皋市	-11.57	3
4	金坛市	20.02	1	14	泰兴市	-11.89	3
5	扬中市	7.28	2	15	姜堰市	-14.18	3
6	靖江市	4.70	2	16	句容市	-14.68	3
7	启东市	2.51	2	17	高邮市	-22.88	3
8	海安县	1.93	2	18	兴化市	-28.07	3
9	高淳县	-4.74	2	19	宝应县	-34.84	3
10	如东县	-9.24	2				

数据来源：《江苏统计年鉴（2013）》。

从以上分析可以看出，江苏县域经济空间特征为：沿海县域经济板块随着南通市域经济区位改善获得发展空间；沿运河县域经济板块的空间梯度特征较为明显；沪宁快速交通束及沿江县域经济板块发展水平较高；沿陆桥通道（东陇海线）县域经济板块的发展优势开始显现。

2. 江苏县域经济创新发展路径：经济增长方式转型视角

经济创新发展包含经济增长方式转型。江苏县域经济增长有两种基本类型：粗放型增长和集约型增长。产业组织创新是实现粗放型向集约型增长方式转变的重要动力，直接关系到江苏县域经济增长效益。从总体情况看，江苏县域经济增长仍属于高消耗、低收入、低效益的粗放型增长，经济增长效益不高；但一些产业的产业组织发生有利于增长方式转型的变化，经济增长效益得到提高。产业组织创新的本质特征是提高经济增长效益。“实现江苏县域经济增长方式转型，必须进行有益于经济效益提高的县域产业组织创新。”①

① 朱舜，孙雨．产业组织创新与苏北县域经济增长方式转型路径选择［J］．市场周刊·理论研究，2007（12）．

（1）产业组织创新。江苏县域经济增长方式转型的重要动力。江苏县域经济产业组织的重要特征是龙头企业不多，专业合作组织经济实力不强，生产集中度不高。江苏县域经济增长方式转型与其产业发展的阶段相适应，受到诸多客观因素制约，但是产业组织创新是实现江苏县域经济增长方式转型的重要因素。

第一，培育龙头企业的产业组织创新，有利于增强县域经济增长方式转型的牵引力。一般说来，江苏不同县域经济板块的资源禀赋是不同的，资源较为稀少的县域经济板块比资源较为丰富的县域经济板块更加紧迫地要求实现增长方式转型，更注重发展技术进步基础上的龙头企业。而资源较为丰富的县域经济板块中的企业往往凭借资源优势也能占有同类商品一定比例的市场，但由于缺乏技术进步难以做大。这是江苏县域经济增长方式转型时期较长的重要原因。也正是这个原因，由于存在丰富和廉价的农村劳动力，依赖劳动力数量增加来扩大生产规模的江苏县域企业，能够在相当长的时期内生存和发展。因此，从县域经济增长方式转型看，没有龙头企业的发展就没有企业的适度集中度，也就难以实现县域经济增长方式转型，因而发展技术进步基础上的龙头企业是江苏县域经济产业组织创新的重要内容。

第二，壮大农村专业合作组织的产业组织创新，有利于加快县域经济增长方式转型进程。江苏县域经济发展不平衡，增长差异大。一般说来，苏南经济板块中的农村专业合作组织积累了大量资本、科学技术和管理水平也有较大的提高，在走集约增长道路上进行有益的探索，从而引导县域经济增长方式转型；苏北县域经济板块中的农村专业合作组织，不仅在资本、科学技术和管理水平上，而且在对外开放方面明显地落后于苏南，因而采用粗放型经济增长方式的农村专业合作组织的比重很大，其经济增长方式由粗放型向集约型转变的困难较大、时间较长。从这种意义上说，没有农村专业合作组织的壮大就没有农业产业组织创新，也就没有江苏县域经济的产业组织创新。因此，要实现江苏县域经济增长方式转型，必须壮大农村专业合作组织的产业组织创新。

第三，适度提高集中度的产业组织创新，有利于提高县域经济增长方式转型的经济效益。在市场经济体制下，县域经济的生产力水平得到提高，商品相对过剩，企业竞争加剧，经济增长方式向集约型转变。在市场经济体制下，县域经济增长不仅要求企业自主经营，通过内部的挖潜改造，提高工艺水平，减少成本，实现利润最大化，而且要求提高产业的生产集中度，减少弱小企业数量，增强龙头企业竞争力。实现县域经济增长方式由粗放型向集约型转变，必须进行适度提高集中度的产业组织创新，从而从根本上提高县域经济增长的经济效益。实现县域经济增长方式转型，从根本上说，就是县域经济增长应由粗放型增长转变为低消耗、高效益的集约型增长。因此，实现江苏县域经济增长方式转型，必须落实在提高县域经济增长效益上。没有效益提高的江苏县域经济增长，不是集约型经济增长。应该指出，县域经济产业组织创新，实现增长方式转型是一个长期的渐进过程。产业组织和增长方式同县域经济发展阶段密切相关，一定的县域经济产业组织和增长方式同特定的县域经济发展阶段相适应。改革开放以来，江苏县域经济生产力水平有了较大提高，但相当一部分县域经济生产力水平还是比较低的，因而想在短期内超越客观制约因素而实现产业组织创新和增长方式的急速转变是不可能的，也是有害的。当然，县域经济产业组织创新和增长方式转型有其产业特点。从三次产业看，第一产业和第三产业比第二产业集约化的程度低，且以劳动密集型为主，但不排除第三产业的某些领域所具有的高度技术密集型和知识密集型特征。因此，对于江苏县域经济的不同产业来说，其产业组织创新和增长方式转型的方向、模式、重点、途径、措施，都需要根据不同产业特点进行合理的选择。

（2）江苏县域经济增长方式转型实现产业组织创新的可选择路径有：

首先，通过企业选择集约型增长方式推动产业组织创新。企业选择集约型增长方式，是实现县域经济产业组织创新和增长方式转型的内在动力。企业是以商品生产者和经营者身份进行自主经营，独立核算的具有法人资格的经济组织。企业生产经营目标是利润最大化，因而企业的全部经济活动都是建立在成本和收益的比较基础上的。为了实现利润最大化，企业扩大再生产是采用粗放型还是采用集约型增长方式，则构成企业行为创新的重要特征。在江苏县域经济中，从企业基本经济行为看，应更多地进行技术进步的外延扩大再生产和内含扩大再生产，选择产业组织创新的集约型增长方式。一是从企业投入劳动量与企业利润的关系看，劳动投入量增加对于企业利润增长的重要性逐步下降。因为劳动投入量的增加，如果不是伴随着生产率的提高，那么由此引致的仅是利润总量的增长，而不是人均利润的增长。从这种意义上说，企业不倾向于通过增加劳动投入量来增长利润。二是从企业资本投入量与企业利润的关系看，资本投入量增加对于企业利润增长具有十分重要的意义。单从资本供给的角度看，经济增长就是资本投入数量和资本投资效率综合作用的结果。设投资效率为一定，经济增长将在很大程度上直接决定于投资增量的大小。在科学技术进步作用下增加投资量的人均产出率是增加的，因而企业增加资本投入量会推动着增长方式转型。三是从科学技术进步与企业利润的关系看，科学技术进步是企业利润增长的不竭来源。科学技术使生产具有一种不限于它的一定量为转移的扩张能力。一方面，科学技术可以提高劳动者素质，从而提高劳动效率。另一方面，科学技术可以改良劳动资料和劳动对象，进而提高生产效率。从这种意义上说，企业采用科学技术进步成果必然推动增长方式转型。可见，企业选择集约型增长方式是江苏县域经济增长方式转型的基本路径。

其次，通过完善市场经济体制推动产业组织创新。市场经济体制引导产业组织创新，是实现江苏县域经济增长方式转型的制度保障。市场经济体制是经济集约型增长的制度要素，具有十分重要的功能。市场经济体制内含着激励企业选择集约型经济增长方式的机制。由于竞争制度的形成和产权的充分界定，更有效率的经济组织和质量控制方法降低了交易费用，产权的有效界定不仅提高了技术创新的收益率，而且降低了创新成本，经济增长方式转型也就是是非常自然的事。改革开放后，县域经济的市场经济体制建设的任务还很重。因此，对于江苏县域经济来说，要实现经济增长方式转型，必须深化改革，通过市场经济体制建设，推动产业组织创新。

最后，通过行政发展引导产业组织创新。江苏地方政府推动产业组织创新，是实现县域经济增长方式转型的外部动力。推动县域经济增长方式转型是地方政府重要的经济职能。在市场经济体制下，地方政府推动县域经济增长方式转型，主要是以发展规划和政策推动为主要内容的行政发展来实现的。江苏县域经济增长方式由粗放型向集约型转变，是其现代化社会大生产和市场经济属性的内在规律，是经济持续快速增长的根本途径。因此，地方政府制定适应江苏县域经济区情的发展规划和政策并有效地实施，对于县域经济增长方式转变有着直接的推动作用。一是进行科学的区域发展规划。区域发展规划最主要的是县域经济发展战略的制定。一般来说，江苏县域经济发展战略中包括县域经济增长方式转型战略，地方政府要根据自己的经济职能“对区域经济增长方式转变进行指导、协调、扶持和推广，对不同类型的地区经济增长转变，要实行分类、分层次加以指导”（谷书堂，2000）。二是地方政府要制定促进江苏县域经济集约型增长政策。地方政府是县域经济的重要行为主体，其制定的政策对县域经济运行和发展具有十分直接的作用。实践证明，地方政府为了推动县域经济增长方式转型，制定相应的政策并组织实施的效果是非常明显的。当然，地方政府为推动经济增长方式转变而采取的政策必须得当，必须符合江苏县域经济的客观实际情况，不能超越县域经济发展阶段和经济增长方式转型所需要的条件。

三、城镇化进程中的江苏县域经济空间模式选择：苏北视角

苏北县域经济在江苏经济中具有举足轻重的地位，但其基础薄弱，发展较慢。随着江苏经济创新发展，苏北县域经济发挥后发优势，实现创新发展具有现实可能性。实现苏北县域经济跨越式发展，一个非常重要的方面就是进行县域经济空间结构模式选择。

1. 苏北县域经济空间结构模式类型

县域经济空间结构是县域经济要素和经济活动的相对区位关系和空间分布状态，它反映了县域经济要素和经济活动的区位特点及其在地域空间中的相互关系。“县域经济空间结构是从单一的传统农业经济演化而来的。在县域经济空间结构演化过程中，城镇经济、集镇经济、乡村经济等经济板块的不同比例组合和不同空间联结状态，形成不同的县域经济空间结构模式。”① 一般说来，在县域经济要素和

① 朱舜. 西部县域经济空间结构模式选择与跨越式发展 [J]. 农村经济，2001 (12).

经济活动区位选择的长期累积和演化过程中，形成了县域经济空间结构的三种基本模式。

（1）极核式县域经济空间结构模式。在县域经济中，城镇经济是相对乡村经济而独立运行的经济板块或小范围区域经济，呈点状分布，是县域经济空间结构的增长点。在一些苏北县域经济中的这种“点”仅有一个，近年来中心镇经济板块发展较快，这种“点”有所增加。城镇经济在县域经济中得到快速增长，发展成为县域经济的非农产业集聚区——极核区。具有极核区的县域经济空间结构模式是极核式县域经济空间结构模式。极核区必然产生极化效应，引导县域经济的资本、劳动力等经济要素以及各种自然和人文资源向极核区集聚和产生回流效应，极核区的经济发展规模和水平一般高于县域经济的其他经济板块。极核区也同时有扩散作用，即极核区的信息、资本、产品、技术等向县域经济其他经济板块流动，从而产生涓滴效应。但是在市场经济条件下，回流效应总是大于涓滴效应，极核区经济比县域经济的其他经济板块发展得快，从而对县域经济发展具有主导作用。

（2）点-轴式县域经济空间结构模式。除了极核区外，一些县域经济要素和经济活动在另外的一个或数个城镇集聚，形成县域经济的增长“点”。这些增长点一方面受县域经济的极核区极化，另一方面又向自己周围极化。随着县域经济的发展，这些增长点的联系更加紧密，使连接它们的各种交通线路、通信线路、供电线路等基础设施得到建设，形成超过一般集镇之间基础设施规模的线状基础设施束。由于这些线状基础设施束的区位条件得到改善，经济要素和经济活动向线状基础设施束集中，形成县域经济的“轴”。具有“点”及其连接它们的轴的县域经济空间结构是点-轴式县域经济空间结构模式。点-轴式县域经济空间结构模式是江苏县域经济的较为普遍的空间结构模式。

（3）网络式县域经济空间结构模式。在县域经济发展过程中，县域经济空间结构的板块之间的交通、通信、动力供给等多路径的联系通道得以形成。一方面，多路径的联系通道使县域经济空间结构的非农产业集聚集区及其连接它们的轴的极化和扩散作用得到加强。另一方面，多路径的联系通道也使县域经济中的集镇经济之间的空间距离缩短，相互联系加强，乡镇企业聚集形成县域经济的次级轴。次级轴的区位优势和集聚效应对其附近乡村经济产生极化作用，从而比附近乡村经济发展快。县域经济活动以不同等级的点、轴分布与组合形成的空间结构是网络式县域经济空间结构模式。网络式县域经济空间结构模式依托其经济网络，能够把县域经济中分散分布的资源极化到经济网络上，从而增强经济网络的规模经济效应和集聚经济效应。

2. 苏北县域经济空间结构模式选择

县域经济发展是一个自然历史过程，但并不排除某个时期县域经济的跨越式发展。实现经济跨越式发展的主导进程是其经济创新发展，或者说，经济创新发展引导经济跨越式发展。经济跨越式发展受多种因素制约，经济空间结构是一个基本的因素，实现经济空间结构优化是苏北县域经济跨越式发展的基础条件。

应该指出，苏北县域经济发展较慢是江苏县域经济发展的重要特点。苏北县域经济发展较慢导致其空间结构演化进程落后于江苏县域经济空间结构演化进程。苏北大多数县域经济中的城镇化程度低，城镇经济在县域经济中的比重小，增长慢，制约着县域经济空间结构“点”的形成和扩大。苏北县域经济的城镇经济不能快速增长的一个重要原因是县域第二、三产业发展滞后，即是因为乡村传统农业经济长期处于滞后发展状态。应该指出，苏北一些县域的土地面积大（例如，东台市3 221 平方公里），相应的经济空间结构不具有苏南县域经济空间结构点、轴的明显特征，但经济空间结构也是这些县域经济的重要结构。应重视研究这些县域经济空间结构中存在的问题，通过调整经济空间结构推动这些县域经济跨越式发展。

适合县情的经济空间结构模式是苏北县域经济跨越式发展的基本因素。要缩小苏北县域经济与苏南县域经济发展的差距，唯一可行的办法是促进苏北县域经济跨越式发展。要实现苏北县域经济跨越式发展，必须优化县域经济空间结构，选择适合县情的经济空间结构模式。如果做到这一点，县域经济的资源、资本、劳动力、技术等要素受极化作用形成合理流向，就能促进县域经济增长点形成和扩大。增长点扩展是县域经济跨越式发展的基本推动力。从一定意义上说，实现苏北县域经济跨越式发展，就是要适度超前推动增长点发展，建立适合县情的经济空间结构模式。

实现苏北县域经济跨越式发展，必须顺应县域经济空间结构演化规律要求，确定适合县情的县域经济空间结构模式。县域经济空间结构演化的一般趋势是，一元的传统乡村农业经济向二元结构，即现代非农业经济与传统乡村农业经济并存演化，再由二元结构向现代一元经济演化。苏北县域经济空间结构一般处于二元结构初期阶段，现代城镇非农业经济发展较慢。随着苏北县域经济发展，县域经济的二元结构会更加明显。这是苏北县域经济空间结构演化的必经阶段。从苏北县域经济发展的现状看，多数县域经济空间结构的点、轴特征不明显，缺少城镇经济增长点。实现苏北县域经济跨越式发展，应在县域经济中优先适度发展城镇经济，培育城镇现代非农业经济增长点，也就是必须优先发展县域经济中的城镇化，有重点地培育、发展数个（2~3 个）中心镇经济增长点；应撤并规模小、经济要素流出多的乡行政建制。应该指出，推动苏北县域经济的城镇化，绝不是搞现有乡镇规模扩大化，而是推动经济空间结构的点、轴发展。只有这样，才能为实现县域经济跨越式发展创造基础条件。选择适合的县域经济空间结构模式，是苏北县域经济跨越式发展的重要环节。一般说来，选择县域经济空间结构模式应该遵循的基本原则是：

第一，遵循经济空间结构演化规律。随着县域经济发展，县域经济中的城镇经济、集镇经济、乡村经济等板块经济或小范围区域经济之间的比例和空间联结状态必然发生变化。城镇经济发展成为县域经济空间结构的点；集镇经济在发展过程中出现两极分化现象，一些集镇经济发展为城镇经济，一些集镇经济衰退；乡村经济因乡镇企业崛起而得到发展，但其在县域经济中的比重下降。不同的县情决定县域经济空间结构模式的差别。必须顺应县域经济空间结构演化要求，优化县域经济空间结构和选择适合县情的县域经济空间结构模式。

第二，坚持区位指向原则。所谓区位指向，是指经济活动在选择区位时所表现出的尽量趋近于特定或邻近区域的趋向。县域经济空间结构模式选择首先应充分考虑城镇经济、集镇经济、乡村经济及其连接它们的轴的区位指向。例如，具有自然资源指向的城镇经济可能成为增长点；具有市场指向的经济活动，因其生产经营的产品或服务受市场影响大而较多集聚在城镇经济中。因此，必须透彻分析县域经济中各类经济活动的区位指向，根据区位指向确定县域经济空间结构的点、轴，选择最适宜的县域经济空间开发模式。

第三，坚持点、轴极化效果优先的原则。县域经济空间结构中的点、轴具有极化作用，会使县域经济的其他经济板块的企业、资源、经济要素、人口向点、轴流动，从而促进点、轴经济的较快发展。但是，县域经济空间结构的点、轴是呈不同等级状态的，因而它们的极化效果是不同的。一般说来，点、轴的极化效果越强，规模经济效应和集聚经济效应越大，其成为增长点、轴的趋势就越强。因此，弄清楚点、轴的极化效果对于要重点发展的城镇经济、集镇经济及其联结它们之间的经济轴，对于选择适用的县域经济空间结构模式有十分重要的意义。

第四，坚持不平衡发展原则。城镇经济、集镇经济、乡村经济的生产力水平存在的差异，决定着它们的发展规模和发展速度存在差异。选择县域经济空间结构模式必须遵循不平衡发展原则，优先发展有增长潜力和趋势的点、轴。比如在推进农村非农业化和城镇化过程中，因势利导，使县域经济空间结构中的增长点、轴得到超常发展。从这种意义上说，极核式县域经济空间结构模式和点轴式县域经济空间结构模式能够推动县域经济通过不平衡发展而得到快速发展。

第五，坚持政府规划、引导的原则。县域经济是苏北经济中相对独立运行的行政区域经济。县级政府具有的一个重要经济职能是调控县域经济运行。从苏南县域经济空间结构优化过程看，县级政府对县域经济空间结构中的点、轴的形成和发展具有十分重要的作用。因此，苏北县级政府应顺应县域经济空间结构演化要求，科学规划，制定政策和措施，引导县域经济要素和经济活动向点、轴流动，适时撤并集镇经济衰退的乡、镇行政区划建制，以形成适合县情的县域经济空间结构模式。

第二节　促进江苏农村经济创新发展的路径

由于集体经济组织是行政村域的基本所有制经济组织，集体经济就成为行政村域的主导企业经济组织。以家庭承包经营为基础、统分结合的双层经营体制使乡村农民及其家庭成为相对独立的商品生产经营者。这是对农村经济传统的集中劳动、统一分配经营体制的根本变革，从而使集体经济组织的农民及其家庭走向市场经济。实践证明，在农村经济中实行以家庭承包经营为基础、统分结合的双层经营体制，使江苏农村经济取得了前所未有的发展。

一、推进江苏农村经济创新发展的路径：经营体制视角

农村经济增长方式转型的本质特征是提高经济增长效益。创新乡村经济经营体制是实现粗放型向集约型增长方式转变的重要动力。自改革开放以来，农村经济实行以家庭承包经营为基础、统分结合的双层经营体制，取得了举世瞩目的成就。从农村经济运行的现状和趋势看，以家庭承包经营为基础、统分结合的双层经营体制具有旺盛的生命力。因此，长期稳定农村经济经营体制具有重要的现实意义。

1. 长期稳定以家庭承包经营为基础、统分结合的双层经营体制

以集体经营与农民家庭分散经营相结合的双层经营体制的主要特点是在集体经济组织进行必要的统一经营的同时，以分散的农民家庭经营为主。集体经济组织经营体制的统一经营和分散经营，是不可分割的两个方面：“统”，是为了发挥集体经济的优越性，是分散经营基础上的统一经营，它不会妨碍农民家庭经营积极性的发挥；“分”，是为了发挥农民家庭经营的积极性，是集体统一经营指导下的分散经营，它不会影响集体经济的性质和优越性的发挥。因此，这种经营体制既能适应乡村农业生产力的状况，又能适应乡村第二、第三产业发展的需要；既可以充分发挥集体经济的优越性，又能极大地调动广大农民家庭发展乡村经济的积极性，是一种生命力很强的促进乡村经济发展的经营体制。当然，应该看到农民家庭承包经营毕竟是在乡村农业生产力水平较低，经济上自给为主的历史背景下，为解决农民温饱问题和激励其生产经营积极性而实施的一种变革措施，它的历史局限性在于经济要素尤其是耕地的使用平均化，小规模土地经营，既提高了经营成本，又阻碍了农民家庭经营规模发展；劳动力被紧紧束缚于平均的“口粮田”，既延缓了乡村农业剩余劳动力的转移，也不利于劳动力的合理流动。尽管以家庭承包经营为基础、统分结合双层经营体制具有历史局限性，但在相当长的历史时期内不可能有更能促进乡村经济发展的经营体制。因此，必须长期稳定乡村经济以家庭承包经营为基础、统分结合的双层经营体制。

首先，长期稳定乡村经济双层经营体制是稳定农村农民、农业、农村大局的需要。农村集体经济组织的所有权与经营权的分离，采取统分结合的双层经营体制，极大地稳定着乡村农民、农业、农村。事实上，乡村农民、农业、农村在这种经营体制中得到实惠，较快“小康”起来。农村农民、农业、农村是国民经济的基础和大局，要稳定这个基础和大局，就必须长期稳定以家庭承包经营为基础、统分结

合的双层经营体制。

其次，长期稳定乡村经济双层经营体制是保证农村经济持续、快速增长的需要。从目前看，农村经济的生产力水平有所提高，但仍处于较低水平，这就说明以家庭承包经营为基础、统分结合的双层经营体制仍然具有适应农村经济自身的特点，仍然是调动农民及其家庭生产经营积极性的基本经营方式。

第三，长期稳定乡村经济双层经营体制是培育农村经济的市场主体的需要。在实施家庭承包经营过程中，农民家庭除使用集体的生产资料按合同规定进行承包经营外，还自购生产资料发展农民家庭经营经济。家庭经营经济是以家庭作为经营实体进行生产、流通、分配与消费的一种经济形式，这就使集体经济组织的农民及其家庭成为农村经济的独立的基本单位和市场主体。要使这类市场主体能够在市场中独立地从事生产经营活动，必须长期稳定以家庭承包经营为基础、统分结合的双层经营体制。

2. 优先发展农村经济中的农民家庭经营经济

长期稳定农村经济经营体制，必须优先发展农村经济中的农民家庭经营经济。农村经济的农民家庭经营经济主要由两个部分构成：农民家庭对集体经济的承包经营经济和农民家庭自营经济。家庭自营经济在家庭经营经济中的比重不断提高，家庭承包经营经济不仅在家庭经营经济中而且在农村经济中的比重逐步缩小。

优先发展农村经济中的农民家庭经营经济，是长期稳定农村经济经营体制的内在要求。从农村经济发展看，应在鼓励农民家庭搞好承包经营经济的基础上，进行家庭生产性积累，将家庭自营经济做大、做强。具体说来，应抓好几个方面：一是千方百计为农民家庭用好集体经济组织的土地、大中型水利设施等农业基本生产资料的经营权创造条件，千方百计保证农民家庭承包经营收入应归农民家庭所有，拒绝不合理负担，以使农民家庭承包经营经济得到快速发展。二是积极鼓励农民家庭作为商品生产经营者直接进入市场，将农民家庭商品经营活动做大。三是允许农民家庭将通过承包获得的集体经济组织的土地使用权进入流转市场，为一部分农民家庭扩大经营规模创造条件。

应该指出，农村经济的农民家庭经营经济不同于生产资料个体所有制的家庭经济，它是建立在土地、大中型水利设施等农业基本生产资料集体所有基础上的农民家庭经营经济，由对集体经济的承包经营经济和自营经济构成。专业户和重点户是农民家庭经营经济的一种重要形式。一般说来，专业户是指主要从事某一至数项商品生产经营活动的农户。重点户是指所从事的某一项商品生产经营额的比重很大的农户。专业户和重点户主要从事一至数项商品的生产经营活动，其目的是为了集中其经济优势，提高劳动生产率。专业户和重点户推动着乡村的自给性生产向商品性生产的转化。因此，优先发展家庭经营经济，应该大力支持专业户和重点户发展。应该看到，优先发展家庭经营经济，必然导致更多的专业户和重点户出现和发展。

这是农村集体经济组织的家庭经营经济发展的必然趋势，从根本上有利于长期稳定农村经济经营体制。农村集体经济组织的农民家庭经营经济以户为单位分散经营，有其局限性。这种量小零散的土地经营规模在一定程度上限制了农民家庭对大中型农业机械的购置，影响了农业基础设施的建设。同时，单个的农民家庭往往会遇到许多办不了、办不好、办起来在经济上不合算但又需要办的事情，因其经营规模和经济实力较小而不能办，从而影响了农村经济的应有发展。这是优先发展农民家庭经营经济时应该进行探索的问题。

3. 大力发展乡村经济中的集体经营经济

长期稳定农村经济经营体制，必须大力发展农村经济中的村集体经营经济。在农村经济中实行统分结合双层经营体制，既推动农民家庭经济的发展，又增强了集体经济的实力。大多数村集体经济组织集体经营经济的实力还比较薄弱。因此，村集体经济组织的集体经营经济还需要大力发展。农村经济中的村集体经营经济的发展是农村经济发展的重要条件。大力发展农村经济中的集体经营经济，主要包括以下几个方面：

（1）促进村集体经济组织所有的乡镇企业发展，一方面使村的自然资源和经济资源得到合理地利用，另一方面为村集体经济发展，尤其是为村农业基本建设积累资金。乡镇企业包括提供农业社会化服务。村集体经济组织为农民家庭农业生产经营活动提供服务，如机耕、排灌、植保、种子、化肥、畜禽防疫等。村集体经济组织为农民家庭的生产经营活动提供服务方面，还有很大的发展空间，应着力挖掘潜力。

（2）加强对农民家庭承包农村集体所有的土地经营管理。农民家庭承包集体所有的土地从事农业生产经营活动，只拥有其承包土地的使用权。随着“农民工”的大量进城镇，其承包土地使用权向专业户、重点户和家庭农场再流转，有一个土地经营管理问题。这是农村经济中集体经营经济的重要内容。应该指出，农村集体经济组织与农民家庭签订土地承包经营合同，并对其进行的管理不是行政管理，而是集体经济组织对其所有的资产进行的经营管理，因而这种管理活动属于集体经营经济的重要组成部分。一些村允许农民家庭将承包中获得的集体土地经营权通过流转市场转入专业户和重点户，是乡村集体经济组织对其所有的资产进行经营管理的探索，也是集体经营经济的一个发展方向。农村集体所有的土地经营管理还包括对未承包的荒山、村建设用地的经营管理，应强化管理使其增值。

（3）从事农业基本建设项目的立项、实施和管理。村农业基本建设的主要内容是兴修水利和农田基本建设。虽然村集体经济组织实行统分结合的经营体制，但由于农业土地所有权属于集体所有，农民家庭只能承包集体所有的农业土地的使用权，这就使农民家庭一般不愿意也不可能单独投资于较大规模的农业基础设施建设。因此，进行村农业基础设施建设成为乡村集体经济组织的重要经营活动，应加强管理，提高其促进农业增收效益的能力。

二、推进江苏农村经济创新发展的路径：农业产业化视角

农业是江苏农村经济的基础产业。农业产业化是农村经济创新发展的基本途径。具体来说，产业化就是产加销一体化。农业产业化的实质是农户与市场的连接，而企业（龙头企业）、农民专业协会等组织是农户与市场连接的中介，所以农业产业化的基础形式是“市场+中介+农户”。江苏农村经济创新发展有许多问题需要解决，但推进农业产业化经营，增加投资，提高经济效益，是急切需要解决的重要问题。

1. 大力推进农业产业化经营

在市场经济条件下，将农业生产的产前、产中、产后诸多环节整合为一个完整的产业系统，实行“种养加”“产供销”“贸工农”一体化经营，能够大幅度提高农村农业的比较效益，促进农村经济创新发展。在农村经济中大力推进农业产业化经营，应抓好的重点是：

（1）建立农产品生产、加工、销售有机结合、相互促进的新机制。以龙头企业带动农户为主要形式的农业产业化经营，突破了产业、所有制和乡村的界限，使农产品生产、加工、销售等环节联成一体，把市场信息、技术服务、销售渠道带给农民，能有效地解决农民千家万户直接进入市场销售农产品和增加农民收入问题。因此，在农村经济中，要大力推动农业产业化经营，必须完善农业产业化经营中的农产品加工、销售相互促进机制。

（2）大力发展龙头企业。推进农业产业化，首要的是要高度重视龙头企业发展及其带动作用。要解决农户家庭经营与大市场的矛盾，发展龙头企业至关重要。在农村经济中，要采取各种切实措施，使龙头企业发展壮大，以推动农村经济创新发展。一方面，要采取灵活多样的农业产业化经营组织形式，比如龙头企业+农户、龙头企业+基地+农户，采用多种企业制度形式，如合作制、股份制、股份合作制；另一方面，地方政府应按照谁有能力谁牵头，谁当“龙头”扶持谁的原则。集中财政支农资金、扶贫资金、国家拨给的农业综合开发资金，重点支持具有大（规模大、带动大）、高（技术水平高、附加值高）、外（外向型）、新（新产品）特点的龙头企业快速发展。应该说，发展龙头企业大有文章可做。做好这篇文章，对于江苏农村经济创新发展有十分重大的意义。

（3）正确处理龙头企业与农户的利益关系，尤其是要确保农产品加工、流通环节的一部分利润返还或留给农户。农村经济中的农民家庭经营的经济实力还很弱，在推进农业产业化经营过程中，不管是哪一种农业产业化经营形式，都要协调好龙头企业和农户的利益关系，尤其是要保护竞争力较弱农户的利益。农业产业化

经营的一个突出特征是一体化经营，最基本的是经济利益的一体化。推动农业产业化经营，必须在农村经济中建立一个好的农业产业化企业与农户之间的利益共享、风险共担的经营机制。

2. 增加农业产业化经营的投入

经济发展是投资增长的结果。投资是乡村经济发展的基本推动力。在农村农业比较利益较低和国家对乡村经济投资有限的情况下，怎样才能使农村经济的投资增长呢？至关重要的是要理顺对农村经济的投资关系，建立与市场经济相适应的农村经济多元投资机制。

（1）增加农村集体经济组织和农民家庭经营实体对农村经济发展的投资。一般说来，农村农民家庭经营实体对乡村第二、第三产业投资，主要是通过兴办乡镇企业的形式进行的。鼓励农民家庭经营实体兴办乡镇企业，实质上就是引导农民家庭经营实体投资于乡村第二、第三产业经济。因此，要发展乡镇企业，必须努力改善投资环境，尤其是在为农民的经营活动保驾护航、减轻负担等管理办法得到完善的前提下，制定切实可行的政策和措施，引导农民家庭经营实体兴办乡镇企业。同时，也要积极引导农民家庭经营实体提高对乡村农业的投资率。要做到这一点，首要的是要长期坚持和稳定农民家庭承包经营体制；在此基础上引导农村农业土地规模经营，探索土地规模经营大承包形式，即在家庭承包体制基础上鼓励农民家庭再转包给农业能手或农业大户实行规模经营。通过规模经营的方式，提高农村农业投资效益，从而增加对农村农业的投资。

（2）营造良好投资环境，出让一部分利益，吸引来自农村以外的国内外资本。这是增加对农村经济投资或乡镇企业吸引农村以外资本的重要途径。吸引农村以外资本投入农村经济的关键，是其投资回报率的问题。只有在投入农村经济的资本回报率较高的条件下，农村经济的引资才会成功。因此，应改善农村经济投资环境，建立良好的市场秩序，拓展市场空间，让资本有利。只要这样，就能吸引更多的农村以外资本投入农村经济，从而推动农村经济创新发展。

（3）省和苏北的市、县、镇（乡）等地方政府应增加对农村经济的投资。农村农田水利基本建设项目投资大，仅靠农村自己投资是不可能的，因而各级地方政府应对农村经济中的基础性、公共性项目给予必要的投资。当然，即使这类项目也不可能全由各级地方政府投资，其项目的附属工程投资或后续投资可由农村集体和农民家庭承担。同时，各级地方政府应完善对农村经济的投资方式，比如可以对农村经济的一些基本建设项目提供鼓励性的财政补贴或贷款贴息，这实际上也是各级地方政府对农村经济的投资。

（4）运用经济手段调控农村信用资金流向。农村信用合作社是吸纳农民存款的银行，对其信用资金流向农村经济的部分应给予政策优惠，以激励农村信用合作社的资金“务农”。同时，应加强对农业信用资金流向控制，以减少农村信用资金从农村流入城市、城镇的数量，从而使更多的农村信贷资金能流入农村经济。运用经济手段，使农村信用资金投入农村经济，实际上增加了对农村经济的资本投入。这是在农村经济投入不足情况下，增加对农村经济投入的一项重要措施。

3. 提高农业产业化经营的经济效益

农村经济效益比较低。提高农村经济效益，对于弥补农村经济投入不足和推动农村经济增长具有特别的意义。

（1）建立与市场经济相适应的经营体制，推动农村经济增长方式从粗放型向集约型转变。一方面，农村经济是行政村域各种经济组织和实体及其经济活动的有机体，是行政村域经济，属于小范围区域经济；另一方面，由于村域社区性集体所有制经济组织是行政村域的基本所有制经济组织，它是农业集体所有制经济，属于企业经济。要提高农村经济效益，必须在农村经济中建立与市场经济相适应的经营体制，创新村集体经济运行机制，使农村经济统分结合双层经营更具活力；要使农村经济增长方式从粗放型向集约型转变，从根本上推动先进科学技术和先进技术设备的广泛运用；要充分重视农村经济的经营体制创新，积极探索适应区情的农村经济运行新机制，积极探索农村经济增长方式从粗放型向集约转变新路径。

（2）立足本地资源，发挥农村经济后发优势。不同农村经济拥有的人口规模及其素质、地理位置分布、自然资源和经济资源状况不尽相同，不同的农村经济具有不同的优势，比如靠近城市和交通沿线的农村，就具有区位优势；劳动力素质高且有较多剩余劳动力的农村，就具有劳动力优势；拥有丰富塘库水面的农村，就具有渔业生产的资源优势。在一定条件下，经济优势可以转化为经济效益。因此，从农村经济的实际出发，充分发挥农村经济后发优势，努力降低成本，提高产品市场占有率，是提高农村经济效益的重要条件。

（3）办好农村普通教育和成人教育，提高农村劳动者素质。科教兴村，教育是基础。农村经济增长和发展所需要的人才或高素质的劳动者，在相当长的时期内主要还得由农村自己培养。这就要求加大对农村教育的投入，努力办好农村教育。这是提高农村经济效益，推动农村经济增长的重要战略措施。应当指出，农村教育不仅指农村的幼儿园、普通小学教育，它还包括成人教育、职业技术教育以及中等、高等教育（如开办电大、农业广播学校教学班等）。因此，应在加大国家对农村基础教育和成人职业技术教育投入的同时，调整农村教育政策，大力吸引社会力量，广开农村办学门路，有条件的可以探索创办财政出资、社会捐资的免学费农民高等职业技术学院和农民中等职业技术学校，并制定优惠政策让学员毕业后可以获得一定数量的财政贴息支农专项信用贷款。采用这种方式可以培育一批新型农民。办好农村教育，提高农村劳动者素质，这是农村经济效益得以提高的根本保证。

三、推进江苏农村经济创新发展的对策：苏北视角

苏北农村经济快速发展对苏北经济创新发展具有十分重要的意义。2012 年，江苏省县域人口占全省总人口的 65.54%。苏北县域总人口占全省县域总人口的 49.67%，而苏北县域 GDP 占全省县域 GDP 总值的 22.86%。苏北农村经济发展的滞后十分明显。实现苏北农村经济创新发展对江苏经济创新发展至关重要。

1. 苏北农村经济发展的不平衡性

采用主成分分析方法可以分析苏北农村经济发展的不平衡性。选取 2012 年数据为样本数据，以江苏 48 个县（市）为分析对象，选用 29 项经济指标建立评价指标体系，运用 SPSS 统计分析软件，采用主成分分析方法对江苏农村经济发展总体水平进行综合评分，并进行分区域排序。

通过检验，所选 29 项经济指标构建的指标体系的 KMO 值为 0.89，而且归纳出的三个公因子累积贡献率达到 88.16%，说明运用主成分分析法效果显著，且可靠度较高。对各项指标在三个公因子的载荷矩阵进行正交旋转，并结合其反映的主要经济内涵，分别定义为总量因子、基础条件因子、结构与效益因子。[①] 在此基础上计算出江苏农村经济发展水平的综合得分并进行排序。结果如表 9-7 所示。

表 9-7　　江苏农村经济发展水平综合得分及排序（2012）

县市	总量因子	基础条件因子	结构与效益因子	综合得分	县市	总量因子	基础条件因子	结构与效益因子	综合得分
昆山市	5.02	-1.00	0.46	190.65	大丰市	0.09	-0.91	-0.06	-20.74
江阴市	2.33	2.77	0.37	173.52	高邮市	-0.15	-0.67	0.05	-21.72
张家港	2.23	1.52	0.68	144.66	建湖县	-0.37	-0.57	0.32	-22.51
常熟市	0.89	2.51	0.91	119.95	射阳县	0.02	0.75	-0.23	-22.95
宜兴市	-0.06	1.26	1.00	51.20	邳州市	-0.23	0.60	-1.30	-23.12
太仓市	0.46	-0.32	1.82	50.87	宝应县	-0.18	-0.32	-0.35	-23.33
丹阳市	-0.70	0.87	0.94	13.95	沛县	-0.41	0.38	-0.73	-23.53
溧阳市	-0.74	0.56	1.17	9.39	沭阳县	-0.11	0.56	-1.75	-29.09
海门市	-0.84	1.35	0.37	7.82	赣榆县	-0.18	0.11	-1.13	-29.36
江都市	-0.79	1.08	0.43	4.32	阜宁县	-0.10	-0.65	-0.44	-30.02
金坛市	-0.70	-0.22	1.57	0.18	东海县	0.10	-0.17	-1.36	-30.09
仪征市	-0.69	-0.36	1.69	0.05	新沂市	-0.04	-0.43	-0.81	-30.26
靖江市	-0.64	-0.09	1.23	-1.13	滨海县	-0.24	-0.41	-0.53	-32.12

① 高丽娜，朱舜. 苏北农村经济发展影响因素及对策探讨［J］. 市场周刊·理论研究，2006（11）.

表9-7(续)

县市	总量因子	基础条件因子	结构与效益因子	综合得分	县市	总量因子	基础条件因子	结构与效益因子	综合得分
泰兴市	-0.60	0.83	0.06	-2.07	睢宁县	-0.15	0.22	-1.50	-33.56
启东市	-0.49	1.26	-0.64	-2.41	盱眙县	0.15	-1.31	-0.34	-34.35
扬中市	-0.87	-0.65	1.98	-8.48	金湖县	0.00	-1.57	0.23	-34.55
如东县	-0.25	0.54	-0.53	-8.50	丰　县	-0.05	0.05	-1.55	-35.06
如皋市	-0.71	1.26	-0.51	-8.84	灌云县	0.22	-0.50	-1.44	-35.06
海安县	-0.62	0.65	-0.02	-9.31	泗阳县	0.01	-0.70	-0.84	-35.66
姜堰市	-0.72	0.19	0.66	-10.05	灌南县	0.08	-0.75	-0.93	-36.01
东台市	-0.19	-0.01	-0.28	-13.87	洪泽县	0.08	-1.75	0.21	-36.42
句容市	-0.19	-0.01	-0.28	-13.87	响水县	0.14	-1.58	-0.10	-36.50
兴化市	-0.04	0.28	-1.00	-16.48	涟水县	0.17	-0.66	-1.28	-37.63
高淳县	-0.67	-1.03	1.67	-16.54	泗洪县	0.30	-0.81	-1.38	-38.49
溧水县	-0.43	-1.51	1.63	-19.58					

数据来源：《江苏统计年鉴（2013）》。

从以上分析可以看出，江苏农村经济南北差异显著，综合得分值的标准偏差为56.472。从整体水平上分析，苏南县域经济板块排序靠前，而苏北县域经济板块靠后，只有几个经济发展相对较好的县域经济板块跻身于中等发展水平之列，如盐城的东台市等，大部分县域经济板块位置靠后。可以得出的基本结论是：苏北农村经济滞后，且与苏南农村经济的差距显著。

2. 促进苏北农村经济创新发展的对策

苏北农村经济创新发展受多种因素共同作用，但在不同时期的不同影响因素所起作用程度有所变化。苏北农村经济中的发展观念、引资方式等方面落后于苏南，是苏北农村经济创新的不利因素。促进苏北农村经济创新发展要下决心寻求创新发展路径。

（1）加大对资本投入。支撑苏北农村经济创新发展的主导因素是投资。根据苏南、浙东北发展经验，充分调动民间资本的投资积极性，积极吸引外资，才能激活经济。一是加大税收优惠力度。对苏北的外商投资企业和民营企业实行税收优惠政策。二是扩大外商投资的领域。鼓励、引导外商投资于农业、林业、水利、环保等基础产业或基础设施建设。外部资本对苏北农村经济创新发展的作用不可低估，而解决苏北资本短缺问题的重要内生因素——苏北储蓄本地转化为投资更加具有现实意义。支持苏北农村信用合作社发展，运用经济杠杆实现苏北农村储蓄信贷本地最大化，即通过有效机制来缩小苏北储蓄转化为苏北农村资本的差额，从而为苏北农村经济创新发展筹集更多资本。

（2）提高财政重点投资效益。抓住苏北发展契机，将财政支农资金重点投入到区位条件、经济基础、辐射带动作用较好的镇、村。在投资项目选择上，注重改善农业投资环境。鼓励通过财政投资倾斜诱导民间资本、外资进入苏北农村，并在税收和贷款政策上给予优惠。发展苏北农村经济急需重视开发农村人力资源，着重在农民培训上下功夫，提高农民文化素质和技术，使其在农业产业化、城镇化进程中发挥带动作用。

（3）推进苏南苏北农村合作发展。采取有力措施促进江苏南北农村协作。在协作层次上将简单的“移植嫁接”提升为互利合作。以项目合作为主线，以引入农业先进技术、管理经验为核心，使南北信息、人才的交流更加经常化、规模化。苏南不少企业有向苏北投资的意愿。省级政府部门要为苏南苏北农村“牵手”合作进行协调。苏北农村要优化投资环境承接来自苏南的资本转移，构建农村经济创新发展的新体制。

第三节　农村经济创新发展中的农民减少与收入增长

江苏农民向城镇转移的问题主要集中在苏北农村。苏南农民向城镇转移走的是乡镇企业发展之路，从而带动苏南城镇快速发展。苏北农村经济发展和工业化进程滞后于苏南，其农民向城镇转移缓慢。江苏农村经济发展最为艰巨的任务是农民收入增长。促进江苏农村经济创新发展，必须关注农村农民问题，重点研究产业政策创新视角下农民减少与收入增长机制。

一、构建农户减少与农民收入增长长效机制

“三农”问题的实质是农民问题。农民问题有两个基本层次的内容：农户减少；农民增收。“农村经济发展的主要体现就是农民的收入增长，农民生活富裕的主要体现就是农民的‘市民待遇’问题。”① 关于农民生活富裕方面的“市民待遇”问题，从长远看是农民人均收入水平基本达到或达到城镇居民人均收入水平。

1. 创建农户减少长效机制

近年来江苏农民人均收入增长速度达到或超过城镇居民人均收入增长速度。但是，苏北社会主义新农村建设面临的基本问题是农民减少缓慢和收入的绝对值低于城镇居民绝对值的幅差仍呈扩大趋势；农民依赖经营土地的收入的绝对值和增长速

① 朱舜，高丽娜，孙雨，等. 产业政策创新视角下的农民减少与收入增长机制研究［J］. 市场周刊·理论研究，2007（1）.

度是很低的。这就是发展苏北农村经济面临的基本问题。

（1）存在缺失农民减少长效机制的制度障碍。随着城镇化进程加快，农村人口的减少是无须质疑的。在西方发达国家中，现代化往往是通过两个方面来减少农村人口的：一是农民通过自由流动进城“务工”改变身份从而变成城市、城镇人口；一是出卖自己所有的土地从而携带土地收入进城镇置业变成城市、城镇人口。在城乡二元户籍制度下，农民可以进城打工，但很难进城落户；土地集体所有的性质决定了农民可以承包集体土地经营，但农民不能出售集体土地获得货币收入。显然，上述减少农村人口的两种形式是不适宜中国国情的。现阶段苏北农民离土进城市、城镇主要是在市场机制作用下的农民自觉行为，缺失城市政府引导的长效机制，因而农村人口虽然相对比重减少但其绝对数量仍增长。邳州、沛县、丰县农村人口实情说明，在苏北农民减少缺失长效机制时，农村人口的缓慢减少（农业剩余人口）从根本上决定着农民收入的缓慢增长，从而阻碍着社会主义新农村建设进程。

（2）创新农民减少长效机制的制度创新。在坚持集体所有制和实行农民联产承包责任制的前提下，应创建离土农民的流转土地使用权和进城镇就业岗位变换的双向受益的长效保障机制。这种长效保障机制具有的功能是：守土农民通过获得流转土地使用权增量的规模经济路径，实现收入增长；离土农民通过双向受益的制度保障实现就业岗位保障和收入增长。要创新离土农民流转土地使用权的经营制度。农民联产承包责任制的经营制度推动着苏北农村经济的快速发展。但是其释放出解放农业生产力和促进农业生产力发展的制度功效已经接近或达到最大值。从世界经济发展史看，随着城镇化进程加快，离土农民逐年增多是一种必然趋势。在这种必然趋势中，怎样引导离土农民向集体经济组织交回承包土地使用权，集体经济组织再将流转的土地使用权发包给守土农民的经营制度创新，就具有十分重要的现实意义。在市场经济体制下，市场机制应在这种经营制度创新中发挥基础作用：一是离土农民将承包的土地使用权交回集体经济组织，但离土农民继续享受国家对其交回集体经济组织的土地耕种直补金 5 年（可用于其缴纳进城镇失业保险金）；二是集体经济组织将收回的土地使用权集中承包给守土且有耕种和经营能力的农民（从第 6 年起享受新承包土地耕种的国家直补金），以提高耕种大户的农业规模经济效益。创新离土农民进城镇就业岗位保障的制度。市场经济下的现有城镇房价制度和现存的农民联产承包责任制经营制度，既为离土农民进城镇就业岗位保障设置了很高的门槛，又使数以亿计的农民工拥有两个工作岗位：在城镇务工的岗位和承包经营农村土地的岗位。这不是一种理性资源配置的制度选择。一方面，农民工虽然从事着城镇非农业工作，但因城镇房价高而“假居”农村。丰县一农民称其为在城镇“务工”的“回家过年户”。另一方面，守土农民因离土农民未向集体经济组织交回承包土地使用权，而难以获得土地耕种规模经济要求的承包土地数量，也就从根本上难以依靠土地耕种增加收入。显然，对离土农民进城镇就业岗位保障的制度进行创新，具有十分重要的意义。这种制度创新的框架为：通过土地使用权置换方式，由政府为连续（比如5年及以上）进城镇务工且向集体经济组织交回承包耕地的离土农民提供城镇“零地价”住宅土地使用权，或者由政府为其提供廉租的过渡经济住房（例如，10年为限，租金逐年递增）；离土农民的原农村住宅置换给农民工所在城市的地方政府，该地方政府将其无偿转给集体经济组织使用。这种制度的基本功效为：让离土农民在其家庭劳动者进城镇变换就业岗位后，与其原承包农业耕地分离，与其占有的两个工作岗位分开。实行这种制度，城市地方政府宜在进行远期城市用地储备规划中预留为离土农民提供“零地价”住宅土地。城市地方政府的这种对农民工的转移支付是一种根本、长效、具有战略意义的扶农举措。

2. 创建农民收入增长长效机制

农民生活富裕是社会主义新农村建设的重要目标。实现农民生活富裕的目标，一是如前面所述农村人口要减少（农村人口减少了，即使在劳动生产率没有较多提高时，农民人均收入也会有较多增长）；二是要使农民收入增长（农民收入增长了，即使在农村人口减少速度较低时，农民人均收入也会有较多增长）。因此，发展农村经济，要在创建推动农村人口减少长效机制的同时，必须创建促进农民收入增长的长效机制。

（1）创新促进农民收入增长的家庭联产承包经营体制。农民家庭联产承包经营体制是农村集体经济组织所有权与经营权分离的一种基本形式，对推动农村经济创新发展发挥了极其重要的作用。从这种意义上说，必须长期坚持家庭联产承包责任制。但也应该看到，家庭联产承包责任制也具有历史局限性：生产要素尤其是土地的使用平均化；按人口平均的小规模土地经营，既提高了经营成本，又阻碍了集体农场和家庭经营农场的发展；劳动力被紧紧束缚在平均的“口粮田”中，既延缓了隐蔽性农业剩余劳动力的转移，也不利于劳动力的合理流动。因此，既要坚持家庭联产承包责任制，又要减少其局限性，就必须对家庭联产承包经营制度进行创新。对家庭联产承包经营制度创新的基本思路是：通过经济手段引导部分农民离土进城镇，将离土农民交回集体经济组织的承包耕地集中承包给掌握农业科技能力的守土农民，使其以规模经济路径增加收入。这一思路的基本着眼点是：以经济手段将在城镇务工农民承包的土地收回集体经济组织；集体经济组织将收回的承包土地集中承包给少数种田能手，以期实现家庭联产承包经营制度的创新。

（2）创新促进农民收入增长的产业组织。市场经济中的单个农民进行农产品的生产和经营活动缺失核心竞争力优势。邳州市港上镇农民与银杏有限公司的“农民+公司”产业组织模式，为分散的农民寻求有较好效益的银杏叶市场，为公司建立稳定的生产“车间”，增强了港上镇银杏产业的竞争实力，使农民收入得到稳定的增长。选择产业组织模式，对于农民收入增长具有十分重要的意义。进行农民收入增长的产业组织创新，一是要有产业发展规划，镇、村要有自己的主导产业和特色产业。二是要推进农业产业化经营的组织创新，要在推进龙头企业发展的同时，建立农民收入支持保护体系，让农民通过龙头企业出售农产品和购进农用生产资料时获得较为稳定的收益。进行产业组织创新可以区别情况选择“农民+公司”的产业组织模式，也可以创新农民生产经营活动的产业规模（单一业主制的规模经营组织形式）。邳州、沛县、丰县农民收入增长的产业组织有许多模式，但其创新应有好的开端。例如，山东“寿光蔬菜”产业发展及其产业组织模式有借鉴意义。

（3）创新促进农民收入增长的科学技术运用路径。科学技术运用对于农民收入增长的意义是不可低估的。农业中的杂交水稻、良种小麦种植的推广所获得的巨大经济效益就是例证。但是，农民有墨守成规的特点。一是文化素质不高，导致思想保守。二是经济脆弱，经受不了经济损失。三是缺失农民科学技术的风险防范制度保障，降低了农民运用科学技术的积极性。

一是加大财政投入力度，推进和办好农村十二年制义务教育。十二年制义务教育是提高农民文化素质的长远举措。没有十二年制义务教育的发展，就不可能有农民文化素质的提高。办好十二年制义务教育的关键是建设好师资队伍。苏北十二年制义务教育的师资质量不高。江苏省财政应继续加大转移支付力度，提高苏北十二年制义务教育师资工资待遇。江苏省教育厅应出台更加优惠的政策吸引本科生、研究生毕业生支援农村十二年制义务教育，支持从事农村十二年义务教育的教师进修。

二是建立农民职业技术教育体系，提高农民劳动技能。加强职业技术教育是提高农民收入增长的根本举措，政府投入是其所需资金的主渠道。农民职业技术教育体系主要包括两大内容：一是对守土农民进行涉农科学技术运用的技能培训，为其科学务农提供必要的技能；二是对离土农民进行非农业的职业技能培训，为其进入城镇寻找工作提供必要的技能。大力支持职业高中和农民职业技术教育学校发展，使其成为农民职业技术教育的主阵地。

三是加大对农产品生产技术、市场营销开发的财政扶持力度，培育优良品牌，开拓市场广度，提高农民收入。丰县的牛蒡的加工科技含量低，导致其产业链延伸困难和产品附加值不高。农民的生产技术、市场营销开发是农民运用科学技术的重要领域，加大财政对其重要项目扶持力度，有利于带动良种繁育、农资供应、农业科技服务体系和农产品加工流通服务体系的建立。

3. 创建政府扶农的长效机制

发展农村经济的主体是农村广大的农民，因而必须发动农民广泛参与和必须充分调动农民的积极性。江苏省各级地方政府对发展农村经济有主要的组织职能。在市场经济体制下，地方政府的这种组织职能不应是传统政府职能内涵，而应是传统政府职能转变，要创新政府扶农的长效机制。政府扶农的长效机制的基本内容主要包括规划、引导和投入。

（1）对农村经济创新发展进行整体规划。规划农村经济创新发展的一个重点是规划社会主义新农村建设。以“生产发展、生活富裕、乡村文明、村容整洁、管理民主”为主要内容的社会主义新农村建设，在不同的区域不同市、县、镇（乡），不同村因具体情况不同而有不同的特点，必须切合其实际情况进行整体规划。一是整体规划苏北社会主义新农村建设的阶段及其不同阶段的主要内容，不同阶段应达到的具体目标及其衡量的指标体系。社会主义新农村建设是一项长期的历史任务，不可能一蹴而就。政府进行整体规划时，必须根据不同阶段对新农民、新社区、新组织、新设施、新风貌赋予科学内涵，既能具体实施又能适时更新、提高。二是具体规划农民居住区和村容整洁。规划农民居住区和村容整洁的阶段目标和具体内容是社会主义新农村建设规划的重要部分。政府帮助规划，提供协调服务，能够提高规划的科学性和可操作性。当然，政府在帮助规划时，要遵循农民减少趋势对农民集中居住社区的影响。要吸取韩国曾经进行的新村建设教训，避免强制行政命令，避免“千房一面”，避免出现“空心村”。

（2）对社会主义新农村建设进行科学引导。在邳州、沛县、丰县的调研中，许多农民和村、镇干部对建设社会主义新农村表现出极大的热情，但也对社会主义新农村建设的内涵模糊不清，一些人甚至认为社会主义新农村就是水泥路、新房子。这反映出农民对社会主义新农村建设的阶段性认识状况。建设社会主义新农村，严重的问题是教育农民的问题，是对农民的科学引导问题。

（3）规范政府对社会主义新农村建设扶持的经济行为，加大财政投入力度。在经济发展到一定阶段时，农民应该同城镇居民一样享受“市民待遇”（享受相同的劳动、工资、教育等权利），农村应该同城镇一样享受“区域待遇”（享受相同的经济社会发展规划、政策、投资等）。从这种意义上说，政府在苏北社会主义新农村建设中具有提供公共物品的经济行为，具有加大财政投入力度的职责。

二、促进城镇化进程中的农民增收：苏北视角

当前苏北农民增收缓慢，推进城镇化未能与农民增收有机结合。现阶段苏北新型城镇化的紧迫问题，是千方百计保持苏北农民人均纯收入年增长率持续高于全省平均水平、缩小苏北与苏南农民年人均收入绝对值差额日益扩大的问题。有效路径包括：以工业化支撑城镇化，加快发展城镇非农产业经济，增加“转岗型”农民工资性收入；加快土地使用权流转制度改革，提高农民农业规模化经营收入；增加财政转移性支出，提高综合使用效应，提高农民财政转移性收入；加快农村建设用地市场化改革，放开农村不动产资产市场，增加农民财产性收入；增强集体经济“造血”功能，提高农民基本公共服务福利性收入和贫困农户温饱性收入。2013 年经济欠发达的苏北农村居民人均纯收入 11 537 元，比上年（10 502 元）增长 9.9%。如何使苏北农民收入增长更多一些？如何围绕城镇化带动农民增收？对这

些针对性较强的问题提出政策建议，具有现实意义。

1. 苏北农民增收问题的主要特点

近年来，苏北城镇化进程加速，2007—2012 年城镇人口占比由 41.7%提高到 54.7%，年均增长 2.6%，高于同期苏中 1.94%和苏南 1.04%的年均增长率。但苏北农民收入增速相对缓慢，增长速度赶不上全省农民年人均增长水平。城镇化并没有带来农民生活的显著改善。

（1）苏北与苏南农民收入增长率差距虽有所缩小，但绝对值差额扩大趋势未能遏止。2007—2012 年，苏北农民人均纯收入由 5 352 元增长到 10 502 元，但与苏南 9 293 元增长到 17 160 元相比，增长绝对值差额不降反增，由 3 941 元增至 6 658 元，差额扩大 68.9%。

（2）农户农业经营性收入对增收的带动力较弱。苏北绝大多数农户农业经营性收入主要来自传统农业。盐城市东台市许河镇许南村农户主要收入来源于玉米、小麦、菜籽、大豆等粮食，种桑养蚕及家禽养殖等传统农业（摘桑养蚕收入 700~8 000 元/年，家禽养殖收入 3 万~6 万元/年，粮食种植年收入 2 000 元/亩左右）和部分大棚蔬菜种植（收入 2 万~3 万元/亩）。由于传统农业比重大，苏北农户农业经营和农村资源开发等家庭经营性收入由 2008 年的 48.21%下降到 2012 年的 43.1%；年均下降 1.28%；这种占比快速下降显示家庭经营经济对农户收入增长的带动力减弱，与其工资性收入相比呈反向变化。

（3）农户财产性收入增长空间狭小。苏北农户家庭财产性收入增速较快但绝对值占比较小。从 2009—2012 年人均住房面积看，苏北苏南分别由 35 平方米增至 44 平方米和 58.2 平方米增至 63.1 平方米，年均增长 6.4%和 2.1%；但苏北的绝对值仅是苏南的 69.7%。2012 年苏北农民人均财产性收入占人均纯收入比例不到 1.76%，仅为苏南 5.19%的 34%，其财产性收入增长对人均纯收入增长的贡献很小。

（4）农民财政转移性收入增长率偏低。2010—2012 年期间，农民人均财政转移性收入增长，苏北由 313 元增至 568 元，苏南由 795 元增至 1 220 元，分别年均增长 18.4%和 21.7%；农民人均财政转移性收入占其人均纯收入比重，苏北增至 5.4%，苏南增至 7.1%。两相比较的增率和比重，苏北均低于苏南。财政转移性资金对苏北农民增收的支持相对较弱。

（5）贫困农户温饱性收入水平较低。徐州市黄河故道沿线纳入帮扶对象的建档立卡低收入户数 6.7 万户（其中享受低保和五保的无劳动能力户数近 2 万户），占总户数近 20%。2007 年以来，徐州市投入帮扶资金 38.05 亿元，建档立卡贫困农民人均收入由 2007 年 1 403 元增长到 2011 年的 3 213 元，虽增长 2.29 倍，但仅是苏北人均纯收入 9 246 元的 34.8%，是苏南人均纯收入 15 213 元的 21.1%。人均投入帮扶资金增长对提升“贫困农户”温饱性收入水平的作用并不大。

2. 城镇化未能带动农民增收的原因

苏北农民增收缓慢，既受其经济发展总体水平及区位的影响，也有城镇化未能与农民增收有机结合，片面追求城镇化率的因素。

（1）城镇化缺少工业化支撑，农民工资性收入难以增长。苏北农民源自城镇打工收入的占比由 2008 年的 47.04%上升到 2012 年的 49.7%，但年均仅增长 0.67%，是其年均人口城镇化率的 25.8%。苏北城镇化进程，没有形成非农产业集聚支撑，难以提升城镇扩张规模和质量，难以满足农村剩余劳动力进城镇打工获取工资性收入的需求。与苏南城镇化相比，苏北城镇化进程缺少非农产业主导的乡镇企业发展，直接导致非农产业城镇集聚滞后和城镇集群发展缓慢。

（2）农地使用权流转缓慢，造成现代农业发展困难，农民农业经营性规模收入难以提高。宿迁市泗阳县南刘集乡的农民说：水稻、小麦和玉米等传统农产品占比大，价格低，加工附加值小。虽然一亩地财政补贴 80 元，“一年下来扣除化肥农药后落不下几个钱——‘白忙活’”。虽然以设施（大棚）农业为代表的现代农业效益较高，但因缺少技术、资金、品牌，特别是土地规模经营，导致从事设施（大棚）农业种植农户占比不大。据调查，苏北土地使用权流转规模化经营面积仅占 16.1%，广袤的农地难以进行有效成片整治。

（3）产权模糊和产权市场缺失，农民财产性收入难以增加。住宅产权模糊，使农民难以对所拥有的住宅以市场价出售进行合法流转。农村建设用地市场缺失，集体经济组织的被占地拆房所得的低补偿费机制，导致农民财产性收入增长出现“建设用地产权流转困境”。

（4）财政体制改革滞后，农民财政转移性收入难以提升。目前江苏省财政支农转移性支出逐年增长，但苏北许多县、镇（乡）因相对较弱财力难以对上级政府财政支农转移性支出进行足额资金配套。财政支农转移性支出的多头管理体制，高标准农田建设的“农业综合开发”“小型农田水利重点县”“国土治理”“新增粮食产能”等项目分属不同政府部门管理，导致财政转移性支出“综合示范效应缺失”和“低效益困境”，未能发挥财政支农转移性支出“四两拨千斤”的作用。

（5）集体经济薄弱，农民福利性和贫困农户救助性收入难以增长。总体上看，苏北社会保障财政支出用于农民的偏少。“新农合”政策虽然缓解了农民看病难、看病贵状况，但仍有部分农民因病致贫。2008 年以来，徐州市村均集体收入由 2008 年 2.81 万元增长到 8.88 万元，但经济总量仍然弱小。较弱的集体经济不能培育贫困农户自我发展能力，不能消除贫困农户因病、因灾、因学、因市场波动所致的返贫现象。

3. 新型城镇化带动农民增收的路径

实施新型城镇化战略，有力带动经济欠发达地区农民增收，是江苏省加快苏北全面小康社会建设和实现居民七年收入倍增计划的重要突破口。新型城镇化战略的“新”，很重要的就是把改善民生特别是提高农民收入作为内涵和目标。

（1）加快中心镇集聚发展，提高非农产业经济集聚效益，增加“转岗型”农民工资性收入。借鉴苏南“三集中”有效经验，加快推动非农产业向中心镇和园区集聚，做大做强中心城镇的产业基础。要科学划分镇、乡行政区（农业区）和中心镇非农产业空间集聚区，加大中心镇经济、文化和社会基础设施建设力度，引导非农产业和人口向中心镇集中，增强中心镇非农产业空间集聚效益和吸纳10万以上“转移”农民的能力。加大政策扶持力度，引进外地资本重点发展乡镇企业，培育农村实用拔尖人才和乡村创业带头人，鼓励中心镇非农企业增加“留守”农民兼职打工的工资性收入。借鉴重庆市简化“农转非”条件的户籍制度改革政策（在中心镇务工经商的农村户籍居民可转为中心镇居民户口），推动在城镇常年打工的“转移型”农民融入中心镇，提高其工资性收入。

（2）加快土地使用权流转制度改革，提高农民农业规模化经营收入。要加快构建农民承包地使用权有序流转机制，破解“产权流转困境”，鼓励种植大户、农民专业合作社和家庭经营农场进行规模化经营，积极试点为农民收益托底的股田制经营模式。要赋予农民对承包地占有、使用、收益、流转及承包经营权抵押、担保权能，拓宽农业贷款担保抵押范围，发展农民合作金融，夯实提高农民增收能力的金融基础。大力发展设施农业，提升产品品质、增加规模产量、深度加工开发及扩展市场份额，促进设施农业经营收入持续增长。推进高标准农田建设和土地管理机制创新，建设黄河故道沿线现代农业示范带，扶持农业技术创新，提高农民高效农业收入。

（3）切实增加财政转移性支出比重，提高财政转移性资金综合使用效应。要增强农民增收不可或缺的“财政转移性政策牵引力”。对种植大户和家庭经营农场农产品深度加工及品牌建设，给予财政转移性支出政策倾斜，新增农业保险险种，生产经营风险救助等一些财政转移性支出政策试点。对农民购置大型机械农具和改善农田基础设施，应加大财政转移性支出的支持力度，增加农村人力资本开发的财政转移性支出比重，支持传统农民向职业农民发展。未来若干年内，省级财政按不低于苏南水平列支苏北“三农”转移性支出，缩小苏北与苏南农民人均财政转移性收入差距。

（4）加快农村建设用地市场化改革，放开农村不动产资产市场，增加农民财产性收入。要深化农村房屋产权制度改革，建立农村集体建设用地指标储备制度，盘活农村集体建设用地，让“死资产”具有市场价值，进而成为农民获得财产性收入的“活资本”。促进产权流转和产权管理政策创新，完善“增减挂钩”（复垦地置换建设用地指标）土地使用权收益分配政策，让农民（包括“转移农民”和“留守农民”）拥有财产性收入权。积极开发盘活集体荒山、荒滩、荒田及被置换的宅基地等资源，增加集体经济组织收入。

（5）增强集体经济“造血”功能，提高农民基本公共服务福利性收入和贫困农户温饱性收入。发展集体经济是新型城镇化的重要目标。要明晰集体经济所有权与经营权收益，完善市场导向的企业管理模式，有效开发村、镇集体经济资源，增加农民集体经济资源性收入。省市级财政要联起手来，加大政策扶贫开发力度，增强集体经济组织和贫困农户的“造血”功能。要重点帮扶、集中连片开发苏北西南岗地区、成子湖周边地区、黄墩湖滞洪区、石梁河库区、刘老庄地区、灌溉总渠以北地区等农民增收的“短板片区”。总结推广徐州市黄河故道沿线扶贫开发经验，确保建档立卡中有劳动能力的低收入农户至少有1项稳定增收项目。增加省级财政支持集体经济扶贫专项资金，用好省财政脱贫人口奖补资金和经济薄弱村补助资金，确保建档立卡中无劳动能力的低收入农户收入增长不低于苏北农户收入平均水平。

第四节　建设社会主义新农村与农村经济创新发展：以苏北为例

社会主义新农村建设是江苏经济尤其是苏北经济创新发展的“大局”。苏南社会主义新农村建设远走在苏北前面，苏北社会主义新农村建设是江苏社会主义新农村建设的难点，因而我们专节研究苏北社会主义新农村建设。没有苏北社会主义新农村快速发展，就没有苏北经济创新发展。苏北社会主义新农村建设显现出“农民主动，城乡联动，政府推动，进程缓慢”特点。[①] 在经济发展水平上，苏北农村显著低于苏南农村，从而决定着苏北社会主义新农村建设任重道远，既不能超越发展阶段“模仿”“苏南农村模式”，也不是任其自然发展。苏北社会主义新农村建设需要在江苏省统筹协调发展中分阶段促进苏北快速“走近”苏南，选择具有江苏特点的实现路径。

一、社会主义新农村建设的指标体系及发展目标

江苏小康阶段的社会主义新农村建设要重视苏北农村发展特点。苏北是江苏省远离上海及长三角，缺失发达区域城市的辖区面积最大和人口最多，经济发展水平较低的区域板块。“欠发达”是苏北农村发展的基本特点。在经济发展水平差异上，苏北农村与苏南农村的差异大于中国东西部的差异；在与上海的区位，生活宽裕程度等方面，苏北农村也显著次于苏南农村。这也是江苏社会主义新农村建设的基本省情。

---

① 朱舜，王作峰，等. 苏北发展研究报告（2007）：社会主义新农村建设与苏北发展［M］. 北京：新华出版社，2007.

1. 小康阶段的社会主义新农村建设的阶段性

江苏社会主义新农村建设的基本省情决定苏北社会主义新农村建设具有区域和阶段性特点。苏北社会主义新农村建设进程具有初步小康阶段的社会主义新农村建设和全面小康阶段的社会主义新农村建设两个阶段。

（1）初步小康阶段的社会主义新农村建设。从整体看，苏北社会主义新农村建设进入初步小康阶段。改革开放以来的快速发展，使农村经济进入初步小康水平阶段。但是农村初步小康阶段的社会主义新农村建设是低水平、不全面和不平衡的。在这一阶段，农民物质生活得到改善，精神生活得到充实，个人消费水平得到提高，社会福利和劳动环境得到改善，但因较低的农村经济发展水平使农民收入增长速度不快和绝对值仍较低，恩格尔系数较大（苏北农民的恩格尔系数2007年为42.1%，刚刚迈入小康），各项娱乐服务文化消费支出较少。经济发展是追求富裕生活的历史，是消灭贫困，解决温饱，实现小康，最终达到富裕的发展过程。因此，农民初步小康阶段的社会主义新农村建设追求的主要目标是“生存性发展”，是通过经济增长实现农民生活水平高于温饱，达到丰衣足食、安居乐业、生活便利、精神健康充实的“生存性发展”。据测算，初步小康阶段的苏北社会主义新农村建设将持续到“十二五”末。

（2）全面小康阶段的社会主义新农村建设。全面小康阶段的社会主义新农村建设相对于初步小康阶段的社会主义新农村建设，其内容是“更高水平”“更全面”和“更平衡”的社会主义新农村建设，是苏北农民物质生活宽裕、精神生活宽裕和人的发展宽裕（人的发展是农民生活宽裕的深层次内涵）。全面小康阶段的社会主义新农村建设主要发展指标最显著的特征是：生产快速发展，生活更加富裕，乡风更加文明，村容更加整洁，管理更加民主；在消费方面从以数量扩张为主逐渐向以提高生活质量为主转变，在基本生存资料得到满足后拓宽消费领域，优化消费结构，改善消费环境，满足多样化的物质和精神文化生活需求。

全面小康阶段的社会主义新农村建设受其经济发展水平较低的制约，实现其发展目标也具有不同于苏南农村的特点：除苏北农民奋发努力和县、镇（乡）政府直接引导、推动外，江苏省的全省推动尤其是省、市财政支持是必不可少的。与苏北农村经济发展阶段性相适应的苏北社会主义新农村建设具有“个性区域板块”特征，即在阶段目标、推进方式、动力机制、政府作用、制度创新、政策选择等方面与苏南社会主义新农村建设有明显的“个性区域板块”差异。苏北社会主义新农村建设不可避免地带有与苏北农村经济落后发展现阶段相适宜的特点，依据实情有先有后，把握轻重缓急，尤其不能“超越发展阶段”，也不能简单复制苏南社会主义新农村建设模式。

2. 全面小康阶段苏北社会主义新农村建设的指标体系及发展目标

全面小康阶段社会主义新农村建设是初步小康阶段社会主义新农村建设的必然发展阶段，其主要内容及指标体系是江苏省实现“两个率先”在农村的具体任务和体现。明确全面小康阶段社会主义新农村建设的主要指标的发展目标，是推动全面小康阶段社会主义新农村建设不可或缺的重要内容。全面小康阶段社会主义新农村建设指标体系及主要指标的发展目标，应遵循苏北农村经济发展水平、苏南农村示范效应及全省公共财政扶持力度（转移支付）的原则确定，其社会主义新农村建设主要指标的发展目标不低于中国东部农村同时期社会主义新农村建设的平均水平（2003 年苏北人均 GDP 超过 1 000 美元，首次赶上全国平均水平，但苏北农村低于东部农村；2012 年苏北人均 GDP 超过全国水平，但苏北农村仍处于较低水平）。全面小康阶段社会主义新农村建设包括的基本内容是：由农业比重大的产业结构向农村工业比重快速增长的产业结构高度化演进；由“丰衣足食，安居从业”向“富衣善食，宽居创业”，全面社会保障和促进人的全面发展演进；由“散、乱、差”村容向具有现代生活内涵的村容整洁演进；由初步小康文化生活向乡风文明演进；由管理体制改革向管理民主演进。

生产发展——创新家庭承包经营体制，培育农民家庭经营农场，提高农业经济效率，依靠延伸产业链来提高农业效益；推动农村产业结构高度化，大力发展农村第二、第三产业，依靠非农产业快速发展来致富农村；推动农村工业产业聚集，建设城镇非农企业园区，依靠工业化来致富农民；创新农民务工机制，依靠城镇化来有序减少农村人口（农户），有效提高（户籍在村）农民经济收入。

生活宽裕——提高物质生活宽裕程度，即实现“富衣善食，宽居创业”和全面完善农民社会保障制度；提高精神生活宽裕程度，即实现“文化与休闲生活更有档次和乐趣”，乡村文化和身心健康的层次进一步提高；提高人的发展宽裕程度，即突出教育的主体地位，通过教育资源“同省待遇”途径全面有效提升苏北十二年义务教育水平和高等、中等教育质量，推动农村人力资源向人力资本转变。

乡风文明——深化理想信念教育，引导农民坚定走社会主义新农村建设信念，增强对加快改革发展的信心，增强对党和政府的信任；开展“知荣辱、树新风、促和谐”活动，加强思想政治教育、法制教育和形势政策教育、社会主义荣辱观和理想信念教育，培育社会主义“四有”农民；努力发展社会事业，着力建设乡风文明支撑“平台”；创新开展各类文明创建活动形式，着力推动建设文明户建设。

村容整洁——科学编制农村（及示范村）发展和村容整洁规划；全面改造住宅设施，整治村容；适当推动（有经济条件的村）农民集中居住（示范）区建设；清洁饮用水入户，使用清洁能源（沼气、天然气），集中处理垃圾，改善居住环境，实现村庄“四化”（亮化、美化、净化、绿化）；加大宣传力度，养成良好生活习惯。

管理民主——推行村务公开，实现“一公开、四民主”和“五规范、一满意”；选拔和委派大学毕业生进村做“官”，创新村级领导干部队伍建设机制；推进村级事务民主决策，完善民主决策机制，保障村民的决策权；强化村务管理的监督制约机制，保障农民的参与权和监督权；推进“管理民主示范村”建设。

江苏全面小康阶段社会主义新农村建设主要指标的目标设计见表 9-8：

表 9-8　　江苏全面小康阶段社会主义新农村建设主要指标的目标设计（以村为单位）

	考核项目	考核指标	目标设计	2005 年实现值	
				苏南	苏北
生产发展	产业发展	人均 GDP（元）	不低于 24 000	46 300	8 172
		第二、三产业增加值占 GDP 的比重	>92	97.6	82.3
	就业结构	农村劳动力从事非农产业比重(%)	不低于 80	79	62.6
	基层组织经济实力	人均村级财力（元）	不低于 500		
生活宽裕	收入及消费	农民人均纯收入（元）	不低于 8 000	8 221	4 733
		恩格尔系数	<40	37.1	43.8
		人均生活费支出（元）	不低于 6 000	6 233	3 046
	居民住房	人均钢筋、砖木结构住房(平方米)	不低于 40	56.1	30.2
	社会保障	基本养老保险参保率(%)	>80		
		新型农村合作医疗参保率(%)	100	>80	
		最低生活保障覆盖率(%)	100	100	100
		五保户集中供养率(%)	>80	70	55
		村民平均预期寿命	72		
	农民信息化普及程度	百户家庭电话拥有量	>200	199.3	96
		百户家庭电脑拥有量	>40		0.57
	村民生活设施配套程度	村里拥有综合服务超市	1 个以上		
		人均年电力消耗量（千瓦）	1 800	1 702.3	1 409.6
	村民娱乐生活丰富程度	农民文教娱乐服务支出占家庭消费支出的比重(%)	>18		16.3
		广播、电视入户率(%)	100	100	100

表9-8(续)

	考核项目	考核指标	目标设计	2005年实现值	
				苏南	苏北
乡风文明	人口素质	初中毕业升学率（%）	>95	99	17
		幼儿入园率（%）	90	>85	<70
		农村人口平均受教育年限（年）	>9	9	6
	社会事业建设	有线电视入户率（%）	>60		
		自来水普及率（%）	>95	95	80
		计划生育率（%）	>98		
	社会治安	万人刑事案件数（件）	<33		27
		群众对社会治安的满意率（%）	>90		
村容整洁	村整体规划	拥有科学合理的村规划（%）	100		
	饮水安全性	饮用水水质达标率（%）	100	95	99
	居住环境	林木覆盖率（%）	20	14	17
		垃圾集中收集、运输、处理率(%)	100		
		卫生户厕普及率（%）	85	66.3	9.84
		公共厕所（个）	1个		
		住宅与畜禽舍分离率（%）	100		
	干道硬化指标	全部硬化（%）	100	100	100
	能源使用	清洁能源使用普及率（%）	50		
	水利设施	村外沟、渠、路标准林网控制率（%）	不低于85		
管理民主	依法自治	村委会依法自治达标率（%）	>95		
		重大村务决策事项村民参与率(%)	不低于90		
	基层干部素质	基层领导干部受教育水平	大专及以上		
	村务决策民主	按季村务公开率（%）	100		
		村民对民主管理满意率（%）	不低于90		

二、根据区情探索全面小康阶段社会主义新农村建设之路

中共中央十六届五中全会提出推进社会主义新农村建设以来，社会主义新农村建设热潮高涨，成效初显。但是，随着社会主义新农村建设的深入推进，一些发展中的困难和问题也显现出来。不少农村基层干部和农民对推进社会主义新农村建设提出了很有见地的建议。因此，依据省情走创新之路，对建设社会主义新农村有十分重大的意义。

1. 创建加快生产发展进程的长效机制，持续增加农民收入

提高农业生产规模效益，加快农村工业发展进程，是农村生产快速发展的“重头戏”，是农民经济收入持续提高的基本途径。加快生产发展进程的着力点是：推动农村产业结构高度化。农村产业结构高度化的核心是农产品的工业产业“链条”化。发展农村工业不应“村村点火，户户冒烟”，应走农村工业园区产业集聚之路。发展农业种植业应借鉴“寿光模式”，培育“大规模、大品牌、大市场”农业（生产）区域与农业（产品）市场。发展农业服务（产前、产中、产后的产业服务业）的重点是引导组建和扶持发展农村龙头企业。

建立土地承包经营权流转机制，创新家庭承包经营体制。土地经营制度创新是发展苏北现代农业的前提。通过调研发现，农业是多数农民的副业。农业从业劳动力现状是：弱劳动力在家务农，强劳动力外出打工；即使在家务农的劳动力也是部分时间打理农田。出现这种状况的症结是城镇化过程缺失农民土地承包经营权流转机制。为解决这一难题，培育农业专业大户和家庭经营农场，对于创新家庭承包经营机制，促进农业生产发展来说具有实践指导意义。推动土地承包经营权向农业专业种植大户集中，培育家庭经营农场，能持久有效提高种植业规模经济效益，持久有效增加务农农户经济收入水平，应鼓励继续探索并扩大范围。

创新农业社会化服务业发展机制。从总体上说，农业社会化服务业发展滞后。要建立政府支持现代农业社会化服务体系，创新支持专业化服务公司为农业提供标准化的专业性服务体系。

创建社会资金筹措机制，广辟社会主义新农村建设资金筹措渠道。有效地解决资金来源是推进社会主义新农村建设的基本条件。建立村集体和农户自筹为主、政府财政补助为辅、社会各方支持的多渠道筹集资金的有效机制。要探索融资渠道，鼓励社会资金进入发展农业、农村产业。

2. 推动农村劳动力队伍稳定发展，创新农村劳动力队伍建设机制

农民队伍现状很不适应农村生产发展。一是农村劳动力进城镇打工流动使农业种植基本上是由“3860（妇女和老人）”人员承担，但这种劳动力配置结构很难完成社会主义新农村建设的生产发展使命。二是农村劳动力流动并没有多少农民离土（带走户籍）成为市民，仅是具有“双岗”（在农村承包并经营农地和在城市务工）的“打工族”（对于“打工族”，农业岗位是他们的“副业”，他们常年在城镇打工；工商业岗位不是他们的“正业”，他们是农民）。对于农村较好的劳动力转移结构是：一定数量的较高素质的劳动力转移至非农产业，一定数量的高素质劳动力从事农业。农村劳动力的流向及其结构变化是社会主义新农村建设是否成功的一个重要指标。因此，建设稳定和高素质的农村劳动力队伍是社会主义新农村建设的一项重要任务。

创建农村劳动力分流机制，引导农民（带走户籍）进入苏南（长三角）和城镇成为市民，增加（户籍在村）农民经济收入。农民（农村人口）相对于农村生产力需求的剩余量是显著的（约为40%），且其剩余量随着生产力发展具有增长趋势（生产力发达的美国的农民约为国民的3%）。农民减少需要创建城镇化新机制，即建立江苏省“两个率先”过程中农民离土进入苏南（长三角）和城镇成为市民的城乡贯通的城镇化制度。其主要内容是：有序实施“离土”进入苏南（长三角）和城镇的农民（户）“农村土地承包经营权‘置换’城镇住宅土地使用权”办法，即农民退回承包农地（承包土地经营权交回集体），政府给在城（镇）连续打工3~5年的农民有序划拨城镇住宅土地使用权（或政府仅收“初次征地费”）；给予农民工市民“身份”，让其享受城镇市民所有待遇；有序实施“离土农民（户）农村住宅使用权量换（在村）农民（户）新住宅（生产工具房）修建权”办法，即政府（用扶农基金）和村集体共同购买离土农民（户）农村住宅，用作农民（户）周转住宅，并零费用或低成本租借给需新建住宅（或工具房）的农民（户）使用，以减少农地住宅新占用地和避免农民（户）减少过程中出现空壳村（如韩国新村建设中的农民住宅闲置情况）。

3. 创建持续开发农村人力资源的长效机制，推进人力资源向人力资本转变

推动农村人力资源转化为人力资本的重点应是提高十二年义务教育水平，强化对新增加农民的职业教育和原有农民的岗位培训。

（1）提高十二年义务教育水平。提高农村十二年义务教育水平的关键是实现江苏教育资源的合理配置。一是定向招收自愿到农村任教（任教期3~6年）的免费师范生，从根本上解决农村师资来源问题；二是实行优秀教师援助（轮换）农村教育办法，从制度上解决农村优秀教育资源不足问题；三是实行农村教育（江苏省级财政）津贴制度，通过提高收入待遇稳定农村师资队伍。

（2）发展高等、中等教育，建设开发农村人力资源平台。人力资源的开发依赖于苏北高等、中等教育的发展。要创建苏北高等、中等教育服务于苏北农村发展的专业设置、科研、学生实习与就业的内在机制。要在高等、中等专业学校设置农村培训学院（校），招收农村高等、中等学校录取线下考生进行职业培训，学制2~3年，办学经费以省、市财政拨款为主（参照国家对中等专业和技工学校办学经费投入办法），实现农村每年新增受过高等、中等职业教育的劳动力。对农村新增劳动者进行高等、中等职业教育，是一项利在农村、功在江苏全省的具有重大战略意义的基础工程。这项基础工程可以使农村劳动者在城镇化过程中具有人力资源向人力资本转换的特征。

（3）加大对农民岗位培训的力度。一是整合教育资源，建立多元投资机制，新建或改造农村成人教育中心、农业职业技术学校、农村广播电视学校等各类学校，大规模地进行技能培训，使农民具有一技之长。二是加大对向非农业转移的农

民进行“转岗”培训力度，推动这部分农民成功“转岗”。三是实施劳动力培训再输出工程及农民工回乡创业激励工程。提高农民素质是促进农民创业增收的主攻点。现阶段增加农民收入虽然需要通过调节分配关系，继续减轻农民经济负担，但更要靠农民自身素质的提高，增强就业、创业竞争能力，提高从事农业生产的科技水平和经营能力。城乡之间、地区之间的劳动力市场已经放开，农民要扩大非农就业机会，增加收入，就是要靠自身的技能和素质，通过市场竞争谋取收入高的就业岗位。因此，着重培育农民的创业增收能力十分重要。要以培养有文化、懂技术、会经营的新型农民为目标，建立政府扶助、面向市场、多元办学的教育培训机制，使每个农村青壮年基本掌握1~2门农业实用技术或务工技能，提高农民科学种养和转产转岗创业就业能力。同时，以优质资源、产业产品项目招商，以对农民工创业者产生吸引力。苏北的丰县、沛县、睢宁、泗洪等县因地制宜，发挥优势，规划先行，做优特色经济，然后对加工龙头企业的项目进行可行性论证，绘制项目成册，在农民工集中的地方召开招商引资恳谈会，说明投资效益，诚邀有投资意向者回乡实地考察，连续搞了几年，获得成效。因此，要大力推进农民工回乡创业激励工程。

4. 创建持续提升农民生活质量的长效机制，引领农民生活宽裕上“层次”

提升农民生活宽裕质量是一个过程。现阶段最重要的是创新低保、医保、养老制度，规划、引导农民走进新生活。

（1）完善和创新农民低保、医保、养老保障制度。低保是保证苏北农民生活宽裕的最低生活保障。享受低保的人数比例不大，宜“应保必保”并逐年提高其保障金。医保是苏北农民生活宽裕质量不会因病降低的基本保障制度。昆山市实行城乡居民统一的基本医疗保险（包括统筹的城乡居民医疗住院、大病补充医疗保险和特困医疗救助）的制度框架是苏北农村医保制度的完善和创新方向，缴费和报销经费可在现有经济发展水平基础上逐年提高。苏北农村养老保险人员基数大，宜对从事种植业农民（户）和从事非农业（企业）农村人口实行不同内容的养老保障类型，即政府对从事种植业农民（户）给予养老保险经费补助，从事非农业（企业）职工的农村人口实行城镇职工养老保险制度。

（2）规划、引导农民走进新生活。新生活是苏北农民生活宽裕的与时俱进的物质生活和文化（精神）生活。从物质生活内容看，现代物质用品齐备（如电视、电冰箱、空调、太阳能、汽车等）是农民新生活的物质条件，应逐年提高苏北农民物质用品的齐备率。从文化（精神）生活上看，应依据苏北农村的特点，丰富村、镇文化内容，推进社会主义新农村文化的思想、理念的潜移默化，创新文化消费。

（3）持续推动苏北农民全面小康阶段生活宽裕模式多样化和质量顺次梯度演进。创新不同区域、不同层次的“个性”“特色”农民生活宽裕模式。推进城乡生活融合。推进苏北与苏南及长三角农村生活方式融合。

5. 创建乡风文明长效机制，培育社会主义文明村

进一步繁荣农村经济，激发农民参建热情，提高农民科学文化素质，改善农民生活方式，加快培育新型农民，塑造具有农民特征、时代特点和区域特色的农村新风尚，是创建社会主义乡风文明长效机制的需要。建设苏北农村乡风文明，关键是培养和造就现代新型农民和培育社会主义文明村。

（1）加强对农民乡风文明素质教育。按照科学化、规范化、系统化、标准化的要求，着重培养新型农民。强化农村实用技术、专业职业技能、投资创业、法律法规、思想道德等培训，大力实施农村普法教育示范工程、农民绿色证书示范工程。建立农民学习考核评估机制，对群众文化学习工作抓得好，农民群众性学习氛围浓厚的村，给予政策倾斜。

（2）创新宣传教育机制，激发和提高农民创建乡风文明热情。根据乡风文明建设内容，制订中长期宣传计划，广泛运用广播电视、网络媒体、橱窗广告及培训班、党员干部巡回宣讲、编排文艺节目等形式，进行广泛宣传。要培养和树立集体和个人先进典型，宣传典型先进经验。通过各种形式，大力培育崇尚学习、诚实守信、热心公益、健康娱乐、传统美德等优良风气，推动乡风文明村建设。

（3）构建资源共享机制，建设硬件载体。规划农民居住区的文体设施建设，重点规划建设好与新村开发配套的文体设施，把乡风文明建设纳入新村规划和建设。加强乡镇综合文化站，村文化活动室、阅览室、体育活动室等设施建设。在有条件的村分别实施“硬件载体建设工程”，即建设好达标文化站，农村文化设施，农村文化工作队伍，文化信息资源共享工程网点，村级电影放映队，建立起县、乡、村、组文化信息互动网络，持续开展送戏、送电影、送图书到村活动。

（4）建立和完善激励机制，有序开展创建活动。开展以讲文明、讲科学、讲卫生，树新风为主要内容的“三讲一树”活动。开展创建各种形式的文明户，文明村、文明企业、文明市场、文明村活动，开展创建和谐家庭、和谐村活动，深入开展移风易俗活动。引导农民树立文明意识、健康意识、卫生意识、节俭意识，逐步形成良好的生活方式，促进农村形成健康文明新风尚。推广徐州市马庄村文化生活模式。

（5）建立和完善长效管理机制，激发内生动力。乡风文明建设是一项经常性的工作，必须抓好规章制度建设，制定较为完备的制度体系，用制度来约束人、管理人，做到有章可循、有据可依，实现乡风文明的长期发展。同时，要及时总结乡风文明建设的先进经验，不断完善常规程序，与新农村建设紧密结合起来，做到步调一致，相得益彰。

6. 创建村容整洁机制，加快整洁村庄建设进程

注重在完善原有设施功能上推进新农村村容整洁工作。注重在村容整洁规划基础上适度推进村民集中居住区建设。

（1）重点整治村容村貌，美化环境。加大教育力度，提高农民的环保意识。建立规章制度，强化污染监督和管理。整治村庄的重点是老房屋改建、道路改造、河道治理、污水处理、垃圾集中处理、卫生清理及公共设施建设。力争整治后的村庄村容村貌整洁优美，路面硬化、饮用水质达到标准，厕所卫生符合要求，排水沟渠明暗有序，垃圾收集和转运场所无害化处理，农村住宅安全经济美观、富有乡村特色。

（2）使用清洁能源，推动村容整洁。倡导兴建有机肥料厂，解决畜禽粪便污染问题。大力发展沼气能源，通过普及使用沼气能源，改变村容村貌和农民的生产和生活方式。

（3）完善规章制度，建立长效监管机制。实行村民“门前三包”、村干部责任到人制度。建立村容整洁长效机制，充分发挥党组织和党员的先锋模范作用。引导农民清洁家园，促进村环境的优美整洁。通过宣传教育，制定文明生活公约，让农民自觉遵守、自我约束、自我提高，养成科学文明的生活方式。

7. 创新运行机制，实现管理民主

必须切实维护好农民的民主权利。健全村党组织领导的充满活力的村民自治机制，坚持和完善民主选举、民主决策、民主管理和民主监督，让农民真正享有知情权、参与权、选择权和监督权。

（1）创新村务公开和民主管理工作的领导机制。推进村务公开和民主管理是关系农村发展的大事，应创新对村务公开和民主管理工作的领导机制，常抓不懈。

（2）创新村务公开和村务管理监督制度。把“一公开、四民主”和“五规范、一满意”的要求落实到实处。完善、丰富和拓展村务公开的内容。规范村务公开的形式、时间和基本程序。设立村务公开监督小组，多种渠道听取和处理群众意见。进一步强化村务管理的监督制约机制，保障农民的监督权。加强对农村集体财务的审计监督。推行民主评议村干部工作制度。建立和完善村干部的激励约束制度，即民主选举，民主决策，民主管理。

（3）创新农村干部队伍建设机制。选拔和委派大学生当村干部，加强农村干部队伍建设。各种渠道选拔农村干部，发挥大学毕业生“村官”作用，提高农村基层组织的管理水平。

三、全面小康阶段社会主义新农村建设的制度创新

江苏省是全国的经济强省，已进入工业反哺农业，苏南、苏北区域统筹协调发展阶段，省、市财政收入大幅度增长，财政对苏北社会主义新农村建设的转移支付逐年增长。从苏北社会主义新农村建设的地方政府推动行为看，制度创新尤其重要。

1. 创新社会主义新农村建设的公共财政投入制度

公共财政投入是苏北农村社会主义建设的重要资金来源，其数量逐年增长和成效显著。着力推动苏北社会主义新农村建设的公共财政投入制度创新，是实现苏北全面小康阶段社会主义新农村建设主要指标的发展目标需要。

（1）增加对农村生产发展的公共财政支持力度，创新公共财政对农村投入的使用机制。目前实行的种粮和农田基本建设公共财政补助，使苏北农民享受到全国和江苏经济发展的成果。对这一惠农的公共财政补给办法，宜实行按实际农地种植者不按承包者种植面积补助办法，以真正提高务农农民的经济效益。

（2）增加种植业大户（家庭经营农场）进行科技培训和苏北农村劳动力转移培训的公共财政扶持资金。主要用于农村劳动力职业技能培训和用于农村劳动力转移培训。

（3）创新苏北社会主义新农村公共产品的财政投入制度。一是加大对苏北教育的财政支持力度，将农村义务教育全面纳入公共财政保障范围，构建农村义务教育经费保障机制。建立对农村学校的帮扶教育救助制度。设立农村文化建设专项资金，对重要文化活动和文艺产品给予公共财政补贴。加强乡风文明活动设施建设。加强对农村社会保障的投入，支持完善以大病统筹为主的新型农村合作医疗制度和乡镇卫生院、村级卫生室履行公共卫生服务职能，逐步将农村文化设施、科技服务、资源环境保护等纳入公共财政的支持范围。

（4）推进公共财政对苏北农民生活宽裕转移支付的制度建设。一是从制度上保障苏北农民得实惠，享受江苏经济发展成果。二是建立苏北农民生活宽裕得到省、市级公共财政转移支付量随财政收入增长而增长的保障制度。三是建立省、市级财政转移支付对苏北农民生活宽裕效果评价制度。

（5）创新乡风文明建设的公共财政投入保障制度。建立确保农村公共服务体系投入的公共财政支持体系，建立健全财政支农资金稳定增长机制。省级公共财政要将每年新增财力对教育、卫生、文化等公益性“产品”投入向苏北农村倾斜，苏北各级政府也要将每年新增教育、卫生、文化等事业经费主要用于农村。乡风文明建设投入的增幅要大于财政收入增长的幅度。省级公共财政要充分发挥财政杠杆作用，对外地到苏北举办社会事业的投资者给予投资补贴（奖励）。

2. 着力政府推动社会主义新农村建设的行政发展和政府推动的制度创新

江苏省政府成立苏北发展协调领导小组，并制定支持苏北发展的政策，使苏北获得政府推动后发优势。江苏省实施推动发展苏北战略，发挥苏北地方政府推动作用应主要推动行政发展制度创新。

（1）完善苏北发展协调小组办公室的职能。建议在苏北发展协调办公室中设立苏北社会主义新农村建设协调机构。可以在淮安市区设置苏北发展政府协调机构，隶属苏北发展协调办公室领导。设立相应机构，完善其职能，通过行政发展推动苏北社会主义新农村建设有制度创新意义，其效果不可低估。

（2）省政府对苏北经济薄弱市、县财政转移支付政策。财政转移支付是对苏北的“资本”投入。这种“资本”投入对于苏北经济发展具有加速作用，是苏北获得政府行政发展推动优势。

（3）广泛吸引社会投资，建设和完善公共服务设施政策。制定实施优惠政策，加强招商引资，鼓励工商资本、外商资本和民间资本投资苏北农村社会事业。动员社会各方力量，鼓励城镇有关部门和农村开展共建活动，扶持发展教育产业和文化产业，形成集体、社会、个人多元投入的新格局。整合、利用和管理好苏北农村社会主义乡风文明建设资金，保证重点投入。

（4）创建农村资本增长机制政策。对于苏北农村生产力的发展，“千条路，万条路，增加资本投入是出路”。据调查，苏北农村储蓄额转化为本地投资额的比例低于苏南农村。提高农村储蓄就地转化为农村资本比率是苏北农村资本增长的基本途径。要建立这类农村资本增长的政府贴息机制。要利用资本的保值趋利性特点引进资本，建立引进外来资本风险机制。要关注引进资本的结构性问题，扶持农产品加工项目以及对建立现代农业具有支撑意义的工业项目。

（5）发展社会主义新农村文化产业政策。苏北社会主义新农村文化事业应由政府主办和主导。由政府在镇所在地办图书馆，在村办图书室（村图书室为镇图书馆的阅览室，定期进行图书交换）。由政府扶持（补助）镇（村）文化站（队）进行文化活动。

3. 创新领导体制

江苏各级地方政府要把社会主义新农村建设摆在重要位置，放到与城市经济发展同等重要的位置来抓的关键是创新领导体系。

列入工作议事日程，纳入工作目标考核体系。定期研究社会主义新农村建设有关问题，出思路、想办法、提要求，强化领导责任，真抓实干，确保主要指标的实现。要鼓励和引导政府部门、企事业单位积极投身社会主义新农村建设。创新党委领导、政府主管、部门配合、群众参与、齐抓共管的合力工作机制，为社会主义新农村建设创造良好的发展条件。

创新苏北社会主义新农村建设的全省协调发展体制。经省委、省政府部署和组织，苏南五市对苏北五市对口帮扶，南北挂钩合作，实施的带资金、带技术、带人才的项目，有力地推动着苏北发展。地方政府推动发展优势是苏北发展的制度性后发优势。随着江苏省经济实力增强，地方政府推动发展优势对苏北发展的作用会得到进一步增强。

充分发挥农村基层党组织的领导核心作用。要健全村党组织，发挥其领导作用。村党组织要领导和支持农民参加社会主义新农村建设。农村党员特别是党员干部要发挥先锋模范作用。村民委员会、村集体经济组织和其他村级组织要在村党组织领导下，团结广大农民，齐心协力进行社会主义新农村建设。

主要参考文献：

[1] 谷书堂. 社会主义经济学通论——中国转型期经济问题研究 [M]. 北京：高等教育出版社，2000.

[2] 朱舜. 县域经济学通论——中国行政区域经济研究 [M]. 北京：人民出版社，2001.

[3] 朱舜. 我国县域经济中的城镇化与城镇经济增长 [J]. 乡镇经济，2002 (1).

[4] 王永作. 江苏农村改革三十年回顾与前景——1978 至 2008 年江苏农村经济发展分析与出路 [J]. 南京社会科学，2008 (5).

[5] 朱舜，孙雨. 产业组织创新与苏北县域经济增长方式转型路径选择 [J]. 市场周刊·理论研究，2007 (12).

[6] 朱舜. 西部县域经济空间结构模式选择与跨越式发展 [J]. 农村经济，2001 (12).

[7] 高丽娜，朱舜. 苏北农村经济发展影响因素及对策探讨 [J]. 市场周刊·理论研究，2006 (11).

[8] 朱舜，高丽娜，孙雨，等. 产业政策创新视角下的农民减少与收入增长机制研究——邳州，沛县，丰县农村调研的思考 [J]. 市场周刊·理论研究，2007 (11).

[9] 姜凯帆，孙永福. 农村人口“空心化”问题及未来指向——基于苏北农村调研分析 [J]. 中国农业信息，2013 (11).

[10] 唐萍萍. 劳动力转移对农村发展的影响研究 [D]. 西安：西北农林科技大学，2012.

[11] 乔明阳. 苏北农村小额贷款公司发展状况调查及对策建议 [J]. 中国财政，2011 (23).

[12] 肖艳琼. 苏北农村流转土地承包大户持续发展的困境及对策 [J]. 杨凌职业技术学院学报，2011 (4).

[13] 王军. 苏北农村剩余劳动力就地转移对策研究 [J]. 农业经济, 2010 (10).

[14] 宋听松, 袁兆春. 我国镇村经济创新模式研究 [J]. 北华大学学报: 社会科学版, 2013 (1).

[15] 曾祥麟. 内生增长与农村经济发展模式的创新 [D]. 长春: 吉林大学, 2011.

[16] 冯兴振, 等. 特色产业发展之路——沛县实践 [M]. 北京: 中国经济出版社, 2010.

第十章

泛长三角区域合作与苏南经济创新发展核心竞争力提升

随着改革开放的展开和深化，苏南模式不断创新发展，促使乡镇企业以产权制度改革打破了“块块经济”的壁垒束缚，走向大中小城市和开发园区集聚。……创新发展的积极效应从立足农村到突破城乡分割，向大中城市扩散放大。与苏南农村这一创新发展过程相对应，“苏锡常”各大中城市坚持以改革开放为动力，在提高工业化水平的基础上，加快推进城市化，强化现代城市功能建设，不断增强其对周边腹地辐射带动的功能作用。……苏南超前开拓以大中城市为依托的城乡统筹发展之路，并借助市场化、工业化、城市化、信息化和经济国际化互动并进的良好势头，乘势而为，迈开苏南经济转型升级的坚实步伐……

“苏锡常”在西联宁镇、跨江北上、区域合作中，在江苏新一轮沿江、沿海开发中，以至在突破行政壁垒、融入长三角一体化中，都将会在系统而有序推进区域经济转型升级的基础上发挥新的更大作用。

顾松年

——《苏南模式创新发展和苏南经济转型升级》，现代经济探讨，2009 年第 1 期。

创新领域的不断拓展为苏南现代化多元化目标的实现提供前提。资源稀缺约束下的创新在不断推动经济发展的同时，也不断延展了现代化的内涵和外延。“知识创新和制度创新不断产生新的科学和技术；新的科学和技术导致新的经济和社会，新的经济和社会导致新的现代化。制度创新和知识创新还会导致新的政治和文化；新的政治和文化促进新的现代化；新的现代化会促进新的知识创新和制度创新；知识创新和制度创新的相互作用推动了现代化进程”。[①] 泛长三角区域合作背景下的苏南经济快速发展，成为江苏经济的高水平区域和江苏率先实现现代化的示范区，其创新发展核心竞争力的提升，对于江苏经济创新发展具有引领作用。

第一节　经济创新发展核心竞争力提升：苏南基本实现现代化的“加速器”

江苏在全面建成更高水平小康社会的同时，开启了基本实现现代化新征程。苏南先行区域的探索具有重要战略意义。苏南基本实现现代化的核心内容是提升其经济创新发展核心竞争力。“已有的实践表明，创新驱动产业、基础设施、生态和社会等的协同发展，是苏南实现基本现代化的有力支撑。”[②] 现代化反映由“旧”到“新”的社会转化过程，创新驱动是现代化的“加速器”。美国社会学家布莱克（Robert R. Blake，1964）认为，现代化是“在科学和技术革命影响下，社会已经发生和正在发生的转变过程”[③]。现代化是一个动态概念，创新推动人类由农业时代步入工业时代，再向知识经济时代转化。因此，应从创新发展的视角深化对现代化内涵的认识，深化对提升经济创新发展核心竞争力内涵的认识。

一、创新驱动是苏南基本现代化的内核

非技术创新体系的完善使现代化进程日益开放化、网络化、系统化。创新特征的演化直接影响着区域现代化进程。技术创新与非技术创新在性质上的互补性日益受到重视，比如企业对于数据化信息、品牌、个性培训及组织化投资日益增加，而新产品的商业化运作，需要新型市场手段的发展，新技术往往引致组织调整（OECD，2010）。OECD 以 21 个发达国家企业层面的数据研究表明，整体来说存在五种创新模式：一是与技术自发性相关的市场新产品开发；二是与市场变化相伴

① 中国现代化战略研究课题组. 中国现代化报告 2011：现代化科学概论［M］. 北京：北京大学出版社，2011.

② 蒋伏心，高丽娜. 创新驱动：苏南基本实现现代化的“加速器”［J］. 唯实，2013（3）.

③ 罗荣渠. 现代化新论——世界与中国的现代化进程［M］. 北京：人民出版社，1997.

随的产品创新；三是随设备更新而进行的过程改进；四是有关组织及市场创新战略；五是网络化创新。[1] 第一种模式可以看作是传统技术创新思路，而后四种则是创新概念的拓展。

1. 苏南基本实现现代化的示范效应

创新过程的开放性使区域在现代化进程中合作与竞争共存。一方面，全球贸易的自由化取向使得市场更加全球化，创造新市场机会的同时加剧了市场竞争，产品的生命周期缩短化趋势加剧。在全球化竞争压力下，企业的创新需求强烈；另一方面，创新过程的复杂性和风险性日益提高，需要跨组织、跨学科领域、跨地区部门的协同创新，创新成果以集成化形式出现。在反映这一过程的区域现代化进程中，区域之间关系亦呈现竞争与合作共存的状态。在这种新型区域关系中，是以创新要素流动为联系纽带而形成的，与传统的以物质要素流动形成的区际竞争与合作存在显著差异。创新要素共享，使区域实现共赢式发展，而非传统的“零和博弈”。从总体上来看，苏南在诸多指标上与江苏和全国比较，都具有明显优势，如人均GDP 已超 1 万美元，产业结构优化、城市化进程领先，社会、生态指标上亦优势明显，尤其是在创新投入与产出上具有绝对优势。苏南基本实现现代化，将在发展模式、城乡协调、区域合作等方面发挥示范效应。

（1）创新驱动产业转型的发展模式。以创新引领区域产业结构调整与产业升级、实现转型发展，已成为苏南发展主题，比如无锡提出建设“创新型经济领军城市”，苏州提出全力打造国内一流的创新型经济发展高地等。无论从国内外宏观形势还是从苏南推进基本现代化进程的实际需要来看，“现代苏南模式”与苏南迈向现代化的新阶段相适应，是融入现代发展理念的创新驱动型区域发展模式。苏南不断推动高新技术成果转化，对经济发展的贡献不断增强。传统产业实现与高科技的互动，正在步出“夕阳”产业的困境。

（2）区域经济发展方式创新形成的城乡一体化效应。以乡镇企业发展创造的“苏南模式”，为县域经济、农村经济发展和农民增收创造了坚实基础。经济发展方式的创新，使苏南成为全国城乡一体化程度较高的代表性区域，为全国统筹城乡发展路径的选择，在城乡产业选择与布局、要素整合等方面积累了经验。苏南城市化水平达到 70% 以上，农民人均收入水平全国领先，而且区域内城乡居民人均收入差距相对较小，收入差距比在 2011 年缩小到 2.09 : 1。创新驱动城乡一体化还体现在苏南城乡的生活方式、公共资源、生态环境等一体化。

（3）协同创新形成的新型区域合作模式。苏南作为长三角经济区的重要组成部分，其经济一体化程度日益提高，尤其是在创新型经济发展过程中形成的新型区

---

① OECD. The OECD Innovation Strategy: Getting A Head Start On Tomorrow [M/OL]. http://www.oecd.org/publishing/corrigenda, 2010.

域合作模式，为其他区域现代化进程创造了示范效应。从区域的视角来看，技术创新按照技术来源可分为外源型和内生型两类：外源型技术创新主要依赖于外部技术的输入，如通过技术市场交易、区际贸易及跨区域投资实现的技术跨区域流动；内生型技术创新主要是依靠区内创新资源的有效配置、创新主体间形成的相互作用及反馈机制，形成区域源源不断的技术来源。以南京为代表的科技创新中心，与以苏州、无锡为中心的产业创新进程的有机结合，创造出协同发展效应，取得 1+1>2 的发展绩效。

（4）政府与市场调控有机结合形成的乘数效应。改革开放以来苏南现代化进程之所以逐渐进入快速期，一是因为以乡镇企业发展为标志，凭借劳动力、市场、区位（邻近上海获得“星期日工程师”的技术溢出效应）等要素优势，实现了由农业社会到工业社会的转型；二是借助浦东开发开放的机遇，依赖劳动力、土地等要素成本优势，实现了由“内向型经济”向“外向型经济”的转型。在区域实现转型的各个重要时期，地方政府调控的能动性与市场调节的自发性相结合，是推动苏南经济在不同时期成功实现转型的重要经验。苏南在应对市场竞争、积极提升企业自主创新能力的同时，通过政策支持吸引大量创新人才集聚、产学研合作“牵线搭桥”、完善创新服务等方面，与市场机制良性互补，为苏南创新经济的发展创造了良好条件。

2. 苏南基本实现现代化面临的约束

从国际经验看，当人均 GDP 实现从 3 000 美元向 1 万美元跨进时，易陷入“中等收入陷阱”，使现代化进程出现停滞。苏南在经济要素支撑、产业转型、区域分工体系、环境约束等方面面临发展瓶颈，将影响苏南的现代化进程。

（1）传统能源供应体系成为实现基本现代化的瓶颈之一。传统能源供应为经济社会发展提供重要支撑，但也带来诸多问题：以煤炭、石油消耗等为基础的能源体系，因不可再生性的内在约束构成成本上升的重要因素。传统能源的消耗造成日益加剧的生态压力，制约着人们生活质量的提高。比如燃烧煤炭的火力发电，是苏南能源构成的重要部分，但其粉尘、二氧化硫、噪声、粉煤灰等主要污染物造成环境污染。传统能源供给与需求的季节性失衡，也成为苏南可持续发展的制约因素。传统能源的集中化生产与供给模式，影响产业空间的区位选择，一般倾向于集聚式布局以降低成本，但加剧了局部地区的人地矛盾。

（2）创新要素空间配置失衡、区际协同创新网络有待完善。创新网络中创新要素的空间流动，与企业价值链空间配置耦合的发展过程，是推动区际协同创新网络形成的重要力量。创新要素的空间集聚与扩散，促成区际创新分工及空间依赖，推动区际经济联系由传统要素推动向创新要素推动转化，成为区域经济发展的重要趋势。而创新要素空间集聚呈现的区域不均衡性，创新集聚中心与企业创新需求空间的非对称性、创新成果供需的空间非对称性等特征，使得科研设施和科研信息难以被企业共享，共性技术需求分散、重复投资严重，使创新要素投入产出效率偏低。同时，区际技术转移机制有待完善，这些都是苏南转变经济发展方式的重要约束条件。

（3）城市之间在创新分工上有待进一步优化。苏南各市在发展战略尤其是新型产业发展上，仍存在低水平竞争现象，比如在产业选择、人才引进等方面，由于行政区经济利益的约束，追求本行政区利益最大化的冲动，导致无法形成区域发展的“合力”。因此，如何在创新要素集聚与扩散基础上实现城市间的创新分工，从而在竞争与合作中实现共赢，亟须深入探讨。

（4）在解决共同面临的社会和生态问题上合作不足。目前太湖跨界水污染防治合作，还停留在浅层次上。当涉及各自关键利益时，区域合作仍存在较大难度。企业税收由所在地收取，而污染在一个更大区域内具有公共物品属性，也就是说，大区域承担了部分企业的生产成本，这种收益与成本承担的空间不对称，造成跨行政区流域治理难题。

二、苏南基本现代化的路径

创新活动的区域不平衡性形成现代化进程的空间差异。创新影响区域发展的路径研究表明，一些区域比其他区域的创新要素集聚能力更强、使用效率更高，表明区位在创新经济发展中具有重要影响。

1. 创新驱动：苏南基本实现现代化的提升路径

特定区域在创新过程、创新系统中实现某些领域的专业化分工，区域作用日益凸显，在此过程中，有可能出现区域现代化进程的变化，有些区域成为现代化的“先行区”，有些区域则沦为“追随区”，发展的路径依赖有可能被打破。

（1）集成新能源发展与基础设施创新。创新驱动战略的全面实施，新能源网技术、现代通信技术、综合高速交通网络与产业技术创新相耦合，催生新的经济发展方式的形成。新型、绿色能源技术的研发突破与产业化，以互联网为核心的通信技术创新与以高铁为代表的现代化交通体系，为破解苏南面临的要素约束、创新经济发展方式、推动现代化进程创造前提条件。新兴的通信媒介和能源体制的集成，将从根本上改变经济发展的时间和空间属性，促进制造业组织结构的演化，由集中、层级式结构，向扁平化结构转变（杰里米·里夫金，2012）。互联网将产业链中的每一个组织通过分散化网络连接，消除传统供应链中每个阶段的交易成本，并在企业间形成以合作制为主导的新型组织关系，在区域间形成由产业供应链向供应网络转化的新型空间经济联系。毗邻区域创新资源禀赋、与创新中心的空间距离等对创新扩散的影响，即空间区位对区域创新水平及相关区域产业关联方式的约束作用将发生演化，区际联系由传统的投入-产出联系向以创新分工为基础的企业价值链空间分工转化。苏南应充分利用这一发展契机，集成现代化交通通信与新能源体系建设，迎接新变革。

（2）构建创新共享平台促进创新资源高效配置。区域创新能力越来越依赖于创新主体形成的开放式、网络化系统，关键是充分发挥和利用区内外创新要素，优化创新要素集成和组合机制，由封闭式系统转向开放式创新系统。在苏南着重推进“物质资本积累”向“知识资本积累”提升过程中，在注重自主技术创新的同时，应重视通过创新要素流动提高技术扩散的效率，以良好创新共享平台的有力支撑，降低搜寻成本，提高创新要素利用效率。随着创新过程的日益开放与合作，区域创新系统日益成为全球化创新网络中的节点。如何实现创新收益的区域化，是政策面临的挑战，而切入并利用全球创新网络以获取新知识并使价值增殖地方化，是突破点所在。可能的政策起点是完善区域创新服务体系，比如构建知识共享平台等，是构成创新系统诸多要素中日益重要和关键的因素，成为区际、国际创新要素空间集聚的重要因素，也推动区域现代化进程差异的形成。但由于这类服务创新的非技术创新的本质使其收益具有隐蔽性特征，因而在实践中缺少应有的有力支持。从苏南角度来说，应充分发挥高校、科研机构等公共研究部门的作用，在人力资本培养与引进中发挥重要作用，在创新参与者之间发挥必要的桥梁性组织作用，这是苏南参与全球创新网络、收益地方化根植的重要渠道，助推区域面对更加开放、广阔的全球创新网络。从政策角度来说，必须鼓励形成独立性、竞争性、流动性为特征的区域创新人才管理服务体系。

2. 区域合作：加速苏南基本现代化进程的重要路径

创新扩散与产业优化相耦合促进区域创新分工。苏南基本实现现代化，必须突破行政区经济约束，在遵循区际产业关联规律基础上，伴随技术创新与扩散过程，促进新型产业升级与传统产业向其他区域扩散的统一。

（1）以苏南各市发展互补性进行区域合作。苏南各市发展具有互补性，比如以南京为代表的科技创新中心，与以苏州为代表的产业创新中心，应当实现创新扩散与产业升级的互动发展，从而形成新型区域分工模式。国际大都市经济发展的经验表明，企业总部与制造基地空间上实现分离，是一种发展趋势，以实现空间组织生产的最优化。企业内价值链配置优化的过程，同时也是与区域资源实现最优空间耦合的过程，从而实现产业合作模式的创新。促使总部经济向南京集中，有助于提高城市集群的创新能力。一方面，大量国内外研发机构特别是公司研发中心的聚集发展，能够充分释放南京的科技研发资源的创新潜力，进一步促进人力资本的培育和聚集，不断扩大南京的研发规模和创新能力，实现循环累积因果的正反馈。另一方面，企业研发中心的集聚，会强化企业间的学习效应和知识溢出，并在企业间产生竞争效应与示范效应，从而促进企业的自主创新。由此，总部经济在不断增强南京创新辐射力的同时，能够将丰富的知识、信息、技术等通过技术交易、信息传递、人力资本流动等方式辐射制造业基地，有助于提升其创新能力。

（2）以合作创新加速苏南社会和生态现代化进程。经济发展与生活质量提高、自然环境的相互作用和互利耦合，寻求经济、社会、生态协调发展的新模式，是苏南实现现代化的必然要求。应对日益紧迫的健康、气候、食品、饮水安全及贫困等社会、生态问题，依赖于更有力的创新及新形式的区际、国际合作。创新对于低成本、高效率解决这些社会、生态问题十分关键，比如在太湖综合治理问题上，若无相应的技术创新与制度创新，高昂的成本对任一城市来说都无治理激励。在污染源控制、污水处理等方面，都需要组织管理的体制创新。生态环境是区域性公共产品，水污染的治理涉及全流域，治污投入应该是大区域范畴合作框架下的环保合作。为从根源上控制污染，流域产业发展规划应事先协调，也需要跨区域合作模式的创新；在提高社会现代化方面，不仅要强调经济发展，还要考虑影响创新绩效的诸多因素和主体，兼顾医疗、教育等的完善，需要由目前关注特定技术的供给方政策，转向更系统化的政策支撑体系。政策设计目标不仅要创新，还要关注创新的应用是否能使大部分人和社会生活水平的提高。通过城市间的合作，在苏南基础设施建设、使用的共享化及医疗、养老等体系的融合基础上，完善区域创新服务功能一体化，从而形成区域联动发展优势。

第二节 “苏锡常”创新发展：苏南核心板块视角

“苏锡常”区域板块是新苏南经济的有强劲竞争力的核心区，土地面积 1.75 万平方公里，占江苏省面积的 17.07%。2012 年，“苏锡常”户籍人口 1 482.65 万，常住人口 2 170.14 万，分别占江苏省户籍人口和常住人口的 19.63%、27.4%；GDP 23 549.67 亿元，是江苏省的 43.56%；实际外商直接投资 125.26 亿美元，是江苏省的 35.03%。“苏锡常”是江苏和全国的经济发达地区，也是以上海为中心的长三角城市群的重要组部分，具有人口高度密集（苏州 1 243 人/平方公里、无锡 1 397 人/平方公里、常州 1 072 人/平方公里）和农业和水运条件下的小城镇密集的空间格局。“苏锡常”区域创新发展的核心内容是苏南经济创新发展核心竞争力提升。“苏锡常”是苏南模式孕育诞生在中国的农民办工业的先行区和乡镇企业异军突起的发祥地。随着改革开放深化，苏南模式不断创新发展，促使乡镇企业以产权制度改革打破了“块块经济”的壁垒束缚，走向大中小城市和开发园区集聚，使创新发展积极效应从立足农村到突破城乡分割，向大中城市扩散放大。与苏南农村创新发展过程相对应，“苏锡常”各大中城市坚持以改革开放为动力，在提高工业化水平的基础上加快推进城镇化，强化现代城市功能建设，不断增强其对周边腹地辐射带动的功能作用（顾松年，2009）。在持续创新下，“苏锡常”超前开拓以大中城市为依托的城乡统筹发展之路，并借助市场化、工业化、城市化、信息化和经济国际化互动并进的良好势头，乘势而为，迈开苏南经济转型升级的坚实步伐。

一、“苏锡常”区域合作创新：苏南模式及创新

改革开放初在“苏南模式”兴起的第一次发展热潮中，乡镇企业扮演了主角；之后在以外向型经济为主的第二次发展热潮中，外资扮演了极为重要的角色；进入21世纪新阶段“苏南模式”正在全力推进第三次转型，被人们称为“苏南创新发展模式”①。

1. 苏南模式及其创新发展

20世纪80年代，苏南以创办乡镇企业为发端，以农村工业化为引擎，带动了农村经济发展，其经验被概括为苏南模式（程勉中，2013）。苏南模式孕育形成于改革开放前后新旧体制双轨并存及相互摩擦时期。苏南模式对“苏锡常”快速发展发生重要的推动作用。苏南模式顺应市场经济改革的深化和国家宏观调控等大环境的发展而创新改革，在自我突破内在矛盾中扩展其积极效应。苏南模式不适应市场经济的缺陷是：强调乡镇企业“集体为主”，排斥个体私营企业的发展；从原人民公社框架脱胎而来的乡办乡有、村办村有的集体企业，财产关系模糊，制约了企业活力；社区办企业阻碍了中心镇、小城市发展。以发展为主题、以改革为动力而诞生的苏南模式，在其自我突破内在矛盾和坚持创新发展的过程中，顺应市场化改革方向，不断用改革办法，破解发展困境。特别是在“集体为主”的乡镇企业产权制度改革的自我突破，对其创新起着关键性的作用。苏南推进“一包三改”（实行承包经营责任制，改干部任命制为聘任制、改职工录用制为合同制、改固定工资制为浮动工资制）以及厂长承包责任制、企业内部审计制等多项制度创新，虽然是在不触及产权制度的有限范围内进行的，但认定市场经济改革方向，迈开改革重构微观基础的大步：突破“集体为主”所有制框框的束缚，放手实施乡镇企业产权制度的大面积改革改制，大中型企业大多转制为股份合作制或有限责任公司，中小企业除转制为股份合作制、有限责任公司外，多数通过拍卖或转让，改制为私营企业。乡镇企业的“老板”由原来实际上由乡镇政府担当转换为由产权所有者的代表或私营企业主自主负责。

苏南模式以重构市场经济的微观基础而显现其新的机制活力。原苏南模式由乡办乡有、村办村有的所有制格局所决定，以工业为主的乡村企业都是在乡村社区内实现投资，并为本社区创造劳动就业、增加农民收入而举办的，也就必然实行以乡

---

① 参见《苏南模式创新发展和苏南经济转型升级——30年改革开放带来“苏锡常”发展的历史性跨越》（http://www.jtjj.org/article/article.php? articleid=5498）。

村社区为范围封闭半封闭的行政管理体制。形成于这一体制框架下的苏南模式，实际上是由一块块在乡镇政府主导下的社区经济组合模式。它的最大的深层弊端就是带来块块分割、阻碍城乡资源配置市场化。改革引致苏南模式创新。由乡镇企业产权制度改革所带动，乡镇企业的产权关系得以明晰，解脱了乡镇政府对企业的无限责任。从管理制度上突破了乡镇企业在行政区划内自我封闭的“块块化”发展的格局，企业得以市场为导向，进城跨地区，向城镇以至大中城市园区集聚，不仅实现了苏南工业从城乡分块发展向城乡联动发展的转变，而且也在某种程度上催化了苏南大中城市建设从“关门造城”逐步转向为城乡互动发展“造城”。2006 年前后苏南模式开始第三次转型。苏南创新发展模式探索引致有国际一流“世界工厂”之誉的苏州工业园区变为“世界办公室”：中国第一个服务外包示范基地挂牌，3 000 多家企业选择不同程度的后勤外包，一些位列全球服务外包 100 强的公司纷纷入驻。园区准备用三到五年内建成生态示范区、科技示范区、现代商贸物流运营中心示范区和中国服务外包示范区四个示范区。苏南创新发展模式探索使靠以高新技术为主的制造业起家、外向型经济依存度高的苏州，将转变经济发展方式当作发展的重中之重。①实现先进制造业、高端服务业发展的“双轮驱动”，无锡实行“三大转变”：由“投资拉动”向“创新驱动”转变，由“资源依赖”向“科技依托”转变，加快“无锡制造”向“无锡创造”跃升。经过第三次转型，“苏锡常”科学发展的“苏南创新发展模式”在江苏经济和长三角经济创新发展中发挥着重要作用。苏南创新发展模式包含以科学发展观为统领，以园区经济为载体，以混合所有制为支撑，以城乡一体化为形态等内容，也被称为新苏南模式。

2. 城乡经济统筹发展：“苏锡常”创新发展良性互动

“苏锡常”创新发展，以放活重构微观基础为契机，突破城乡二元分割，扩展其积极效应。这一过程正好与当时“苏锡常”以改革开放为动力，提高工业化水平，推进现代城市功能建设，不断增强其对周边腹地辐射带动功能作用的过程逐步对接。“苏锡常”开始了以大中城市为依托，加快从城乡二元到城乡统筹的历史性变革。

（1）随着都市圈发展和对外开放的深化，开发区、高新园区兴起，“苏锡常”创造性地走上都市圈与园区建设相互推动的新路径，夯实现代产业基础，促进三大市区经济和都市圈经济迅速壮大。一方面，对乡镇企业大发展时代乡乡村村大量发展起来的小而分散、“千镇一面”小城镇的布局进行调整治理，撤并过于分散、密

① 如果说制造业成就了苏州的奇迹，成为苏州这座城市最核心的竞争力的话，那么服务业则是苏州经济第三次转型的另外一翼。苏州做好三个结合，即建设“世界工厂”与建设“世界办公室”相结合，高质量“引进来”与更大步伐“走出去”相结合，发展工业经济与发展服务经济相结合，努力实现更好更快的发展（http://www.jtjj.org/article/article.php? articleid=5498）。

集的集镇，集中发展中心镇，这既有利于增强小城镇密切市场经济联系的纽带作用，又促进了一批颇具发展潜力的新兴中小城市的快速崛起。江省统筹规划建设南京、徐州、“苏锡常”三大都市圈，“苏锡常”都市圈的规划及建设正式批准后首先启动实施。以此为开端，大中城市伴随着大交通、大市场的发展，伴随着对外开放走向深化，以构建组团式城市（镇）群体为特征的现代都市圈发展格局在“苏锡常”逐步形成。① 苏南在工业化、城市化、信息化、国际化“四化”的互动并进、交叉作用下，增强了都市圈集聚、辐射、带动功能，深化了城乡系统从相互分割向相互开放转型，带来了城乡发展的良性互动。

（2）从城乡分治向城乡一体化转化。城乡发展良性互动的成效，表现为商品、经济要素流通从城乡分割办市场向城乡一体化发展，也表现为产业布局从城乡分割、分散无序向城乡联动、产业集聚转型。从昆山等市开始，对城市化进程中发生的非农建设征用的土地严格实行经济补偿制度，保护失地农民利益。发挥现代城市的优势和现代工业的长处，实行“以工哺农”“以城带乡”多路并进。比如，采取村企结合的形式，帮助培育农村龙头企业；鼓励和引导工商资本、民间资本直接投向农村，助推农业产业化经营，支持兴办现代农业基地。高效农业规模化在苏南打破了行政区划界限，形成各具特色的高效农业经济板块。

二、“苏锡常”区域融合路径：区域创新视角

“苏锡常”在项目投资、港口建设、招商引资、人才引进等方面激烈竞争，出现产业结构雷同、重复建设、竞争无序等弊病。各地级市和下面的县级市也存在不同程度的“各自为政”现象，存在城市规划不衔接、产业空间蔓延、布局分散、资源使用效率低等问题。随着改革开放的不断深入，“苏锡常”以科学发展观为导向，继续创新区域发展理念，以转变发展方式为着力点，以产业结构调优、调高、调轻、调绿为基本取向，在经济转型之路上开拓进取，走出了“苏锡常”区域融合新路。

1. 促进“苏锡常”都市圈区域融合

“苏锡常”区域板块的极核心区为“苏锡常”都市圈，近年来发展成效显著，但总体来看，除了基础设施的建设和衔接进展较快外，其他方面进展很慢。其主要原因是缺失权威性协调机构和经常性协商制度，使得规划未能得到有效和全面的实施。“苏锡常”都市圈区域融合进程缓慢，需要以创新发展带动区域创新和区域

---

① 21世纪初，经国务院批准、省政府决定，调整包括苏、锡、常在内的苏南各市行政区划，其市区周边的吴县、锡山、武进三个县级市先后撤市设区，分别并入市区，阻碍三市城市化进程的“围城之困”得到解除。

融合。

（1）构建都市圈城镇体系。由于历史原因，“苏锡常”城镇体系结构较分散。“苏锡常”走的是就地城镇化和“自下而上”的城镇化模式，其特点是大量人口沉淀在镇和小城市，区域集中度不够。“苏锡常”经济总量很大，但中心城市所占比重不高，使得中心城市集聚力和辐射力不强，从而影响区域融合。以苏州市为例，2012 年苏州市 GDP 达到 12 012 亿元，但市区仅为 4 411 亿元，市区 GDP 占全市的比重仅为 36.7%。“苏锡常”缺乏有效的都市圈协调管理体制。由于行政管理体制的分割，资源环境协调要求日益明显，发展空间受限。“苏锡常”是中国人口密度最大的地区之一，而随着近年来经济的高速增长，对资源的消耗十分巨大，特别是土地资源短缺，人地矛盾日益突出。传统的高投入、高消耗、高增长的工业化道路，对资源和环境的破坏十分严重，特别是水环境的恶化已经成为影响“苏锡常”生态环境质量的首要因素。这就需要构建都市圈城镇体系。通过“苏锡常”都市圈城镇体系协调必要的基本农田保护、生态用地和建设用地，缓解发展空间不足困境。

（2）促进中心城市协调发展。都市圈发展主要依托于中心城市的辐射力和带动力，中心城市的能级越大，带动的区域范围越大。中心城市是各种创新要素的集聚点和技术革命的最前沿，在资源、人才、产业等各方面有着极强的吸引力，极化作用和带动作用非常明显。因此，应该着力协调“苏锡常”三个中心城区建设，促进中心城市整体做强做大。进一步完善都市圈基础设施。都市圈的形成与成长很大程度上依赖于交通体系的完善，发达的交通网络是其运行的基本条件。加密三大中心城区间道路网络和快速道路建设，积极发展高速公路、高速铁路、城际铁路、地铁和轻轨等大容量快速运输系统。对苏南运河进行扩建，对主要港口进行整合，合理分工，减少盲目竞争，发挥整体效益。完善苏南国际机场设施，增加航线航班，大力发展国内外货运，从而形成公路、铁路、水运、航空等多种运输通道构成的发达的都市圈交通体系。

（3）加强城市产业转型协调。产业结构优化升级是“苏锡常”由工业化中期向工业化后期转变的关键，也是提升都市圈整体竞争力的主要依托。提高利用外资的质量，加强先进技术的引进和吸收，加大研发投入，推进自主创新和制造业的改造升级。大力发展第三产业，提高都市圈中心城市服务功能，特别是要以发展高端服务业、新兴服务业和生产性服务业为重点。大力发展工业设计、动漫创作、文化创意、金融保险、咨询服务等高端服务业，积极做大科技、文化、会展、教育、医疗、体育等产业化规模，着力创新和提升各类商品市场、要素市场和产权市场的业态和能级。紧紧抓住欧美国家服务业梯度转移的机遇，建设成国家服务外包业的重点区域。与此同时，促进“苏锡常”跨行政区域创新合作的转型升级。政府职能如何在深化改革中进一步接轨市场经济是值得重视的课题。“苏锡常”要开阔全国全球视野，拓宽统筹区域发展的思路，继续增强和发挥市场化、工业化、城市化、经济国际化互动并进的发展势头，进一步打破行政区经济的局限性，从政府的强势推动向政府推动与市场导向相结合的服务型政府转型。“苏锡常”在形成共识下实行政府职能协同转型，共建能保障市场经济公平有序运行的服务型政府的运作机制。在西联宁镇、跨江北上、区域合作，在江苏新一轮沿江、沿海开发中，“苏锡常”政府要突破行政壁垒，在融入长三角一体化中，协同有序推进“苏锡常”经济转型升级。

2. 建设“苏锡常”自主创新示范区

泛长三角区域合作背景下的苏南经济创新发展核心竞争力提升，需要创建自主创新示范区，[①]创建“苏锡常”自主创新示范区应适应产业升级、体制改革机遇，实施以下主要措施：

一是增强企业自主创新能力。把企业自主创新能力建设真正置于自主创新示范区建设的首要位置，使企业最终真正成为技术创新的主体。提高研发投入强度。要建立多元化、多渠道的资本投入体系，加大高新技术产业的资本投入力度。设立高新技术产业发展基金，专门用于技术创新和成果转化扶持，以扶持带有共性的技术引进、消化、吸收项目。优化科技资源空间布局“有所为，有所不为”，突出优势和特色，提高科技资源利用效率。加强人才队伍建设，坚持“以人才带项目，以项目选人才”的导向，强力推进高层次人才智力引进项目招商，拓宽引才引智渠道，以增强企业自主创新能力。

二是加强创新服务体系建设。加快发展以企业为主体、投资多元化、实行市场运作、政府扶持的科技创新孵化体系，促进公共创新服务平台建设。创新高新技术研发及其产业化相适应的体制。建立科学的管理与组织机构，进行科学规划、合理布局。通过建设重点科研机构和创新基地，加强科技与经济的结合度。加强政府在科技活动中的基础性和先导性作用。参照国家自主创新示范区的各项政策和管理办法，在政策和权限允许的范围内，采取股权激励、投融资扶持、税收优惠、政府采购等政策措施以加强创新服务体系建设。

三是建立多层次协调机制。成立强有力的“苏锡常”自主创新示范区协调机构，建立一套行之有效的办事制度，统筹规划产业和城市建设布局，协调三大中心城市的建设目标和实施时序。成立行业协会，使区内企业因共同利益而建立联盟，营造公平有序的市场竞争环境。根据市场经济发展规律，协调民间的、非政府的力量以加强相互之间的协调。

---

① 江苏省哲学社会科学界联合会课题组. 建设苏南自主创新示范区的对策建议［N］. 新华日报，2012-01-31.（目前国务院已批准建设四个国家级自主创新示范区，即北京中关村科技园区、武汉东湖高新区、上海张江高新区和合芜蚌自主创新综合配套改革试验区，都是以高新技术开发区和综合改革试验区为基础的行政区域。苏南自主创新示范区由苏州、无锡、常州、镇江、南京五个市级行政区、多个国家级和省级开发区共同组成，是沿沪宁线连绵的城市带，属于跨行政区的既有协作又有竞争的经济区域，具有自身特色和优势）

第三节 “宁镇扬”跨行政区域创新发展：同城化视角

“宁镇扬”区域板块是新苏南经济的又一有强竞争力的核心区①，包括江苏省的南京、镇江和扬州市，土地面积 1.70 万平方公里，占江苏省面积的 16.59%。2012 年，“宁镇扬”户籍人口 1 368.3 万，常住人口 1 578.3 万，分别占江苏省户籍人口和常住人口的 18.12%、19.93%，常住人口密度为 928 人/平方公里。“宁镇扬”是江苏经济发达区域，也是以上海为中心的长三角的重要组成部分。作为长三角经济区、长江通道城镇经济轴、沿海城镇经济轴的重要城市，南京对跨区域合作进行了多年的探索，先后提出南京都市圈、“一小时都市圈”、南京区域经济协调会、宁镇扬城市共同体等跨区域合作设想，并在物流、基础设施、科技资源共享等多个领域尝试跨区域合作。

一、南京实施跨行政区域创新合作的战略意义和机制

“宁镇扬”同城化的实质是南京实施跨行政区创新合作。近年来南京跨区域合作成效不明显，预定目标多数没有实现。这与南京跨区域合作模式选择、空间取向、合作内容等定位不清密切相关。②跨区域合作呈现由传统要素推动向创新要素推动转化的趋势。跨区域创新合作的本质是通过区际创新要素共享，增强企业获取外部创新资源的能力，进而提高区域创新能力，促进经济发展。

1. 南京实施跨区域创新合作的战略意义

在经济增长方式转变的时期，南京跨区域合作以创新合作作为“凝聚核”，既有内在机制的推动，又符合经济合作发展趋势，具有重大战略意义。首先，顺应经济增长方式转变的内在要求。经济增长方式由粗放式向集约式转变，由外延式向内生式转变，实质是实现由依赖传统要素的增长向依赖创新要素的增长转变的过程。在中国区域经济规划与政策制定中，增长极发展战略被广泛应用，其基本的理论假设是增长极的经济辐射，将形成增长极与经济腹地间的扩散效应，产生大规模的就业增长影响（Hermansen，1972；Erickon，1975）。这些思想建立在传统要素区际流动形成的空间经济联系基础上，但推动现代经济发展的核心要素为掌握技术、知识等的创新人才与创新型企业，掌握核心要素，是抓住发展制高点的关键。以南京为核心的跨区域创新合作顺应了经济增长方式转变的内在要求。其次，实现毗邻城市

① “以南京为中心的宁镇扬城市群，包括南京、镇江和扬州 3 个中心城市和丹阳、扬中、句容、高邮、江都、仪征 6 个县级市”（杨上广. 中国大城市经济空间的演化［M］. 上海：上海人民出版社，2009：48）。

② 高丽娜，蒋伏心. 南京跨区域创新合作形成机制及优化路径研究［J］. 科技与经济，2012（1）.

间合作模式创新。当前跨区域合作研究主要从要素互补、产业转移等角度展开，但由于交通运输规模经济的实现，毗邻城市间增长溢出的主要渠道并非投入-产出联系，这种联系可能在全国甚至世界范围内展开，而不局限于本区域，这是政府政策无力改变的事实。而创新要素尤其是创新人才、创新型企业在空间上的扩张，毗邻效应更为明显，成为核心城市对周围区域发挥辐射作用、形成增长溢出的重要渠道。创新溢出在内生增长形成中的重要作用，已经被国内外研究多次强调（Grossman G.，Helpman E.，1991），但创新流动的规模与影响随地理距离增加而下降，而且，对国内的影响大于国际（Eaton J.，Kortum S.，1999；Carr D. L.，Markusen J.R.，Maskus K.E.，2001）。因此，创新导向的南京跨区域合作，为毗邻城市间合作模式的创新探索发展路径。最后，引领中西部经济发展。国家发改委2010年6月印发的《长江三角洲地区区域规划》中，对南京城市功能的定位是"发挥南京沿江港口、历史文化和科教人才资源优势，建设先进制造业基地、现代服务业基地和长江航运物流中心、科技创新中心。加快南京都市圈建设，促进皖江城市带发展，成为长三角辐射带动中西部地区发展的重要门户"。由此可见，南京在国家整体战略中具有重要的战略地位。南京地处中国经济重心——长三角经济区，同时是长江流域经济带重要的枢纽城市，因此其经济发展对于承东起西、促进东中西部经济协调发展具有重要的战略意义。一方面，南京沿江向西及两翼的较大范围内无特大城市，这就决定了其在接受上海直接辐射的同时，可以向西辐射长江中上游经济区、开发内地资源和市场，具有传递辐射的功能（张灏瀚、孟静，2007）；另一方面，也可以发挥示范作用。南京跨区域创新合作的有效实施，为其他城市间跨区域创新合作的展开提供经验借鉴。

2. 南京跨行政区域创新合作机制

跨区域创新合作的形成机制在于：市场机制推动创新要素的跨区流动及创新活动空间外部性的存在，使区际创新过程中产生空间依赖，空间位置邻近的区域之间形成显著的协同发展效应。创新要素的空间集聚与扩散是科技-产业、区际互动发展机制的形成基础，是跨区域创新合作形成的内在机制。

（1）创新要素的空间集聚机制。从区域层面，技术创新分为内生型和外源型两类。内生型技术创新即自主创新，主要是依靠区内创新要素的有效配置，形成创新要素相互作用及反馈机制构成的区域创新网络，形成持续的新技术来源。外源型技术创新主要依赖于外部技术输入，如通过技术市场交易、区际贸易及跨区投资过程实现的技术扩散。因此，区域的创新能力首先取决于创新要素禀赋条件，即使是选择技术输入型发展战略，引进技术能否转化为自身竞争力还取决于区域创新资源禀赋约束的区域创新吸收能力。创新要素的空间分布，一方面表现出与经济发展水平相耦合的典型特征，即经济发展水平高的区域往往是创新要素集聚的区域，两者形成明显的正反馈机制；另一方面，呈现出明显的行政区域中心集聚化特征，即创新要素尤其是科技创新资源的集聚水平与行政区域中心性特征相耦合。南京作为中国经济较为发达省份的省会城市，科教资源的集聚优势十分突出：拥有各类高校60多所，江苏进入全国前100名的15所大学中，有10所位于南京；科研院所500多家，占全省2/3以上，拥有一大批在国内处于领军地位的电子、船舶类的大型研究所，省部级以上重点试验室等科教文化资源在全国处于第一方阵；就人力资源来说，拥有在校生70多万人，每年毕业大学生20多万人，各类科技人才70多万人，院士数量处于全国前列。显著的科教资源和人力资源集聚优势，是推动南京实施跨区域创新合作、形成区域创新中心的前提基础。

（2）创新要素的空间扩散机制。创新要素的扩散特征与传统要素不同，空间取向、作用强度等具有明显的空间异质性，是区域间相互作用、共同发展的过程（Funke M.，Niebuhr A.，2005）。创新空间扩散包含两个层面的含义，一是企业间创新溢出，二是区域间创新溢出，这两方面是内在统一的，企业间的创新溢出是区域间创新溢出的微观载体，而区域间创新溢出是空间表现。在区域系统中技术变化内生于宏观增长理论中，空间相互依赖通过要素流动、创新扩散和贸易影响技术变化和增长（Nijkamp P.，Poot J.，1998）。创新要素空间溢出效应取决于地理位置的邻近性与技术的相似性程度。现代交通、通信技术的发展，使创新要素空间流动的地理约束大大降低，但大量与创新过程相关的新经济知识是难以复制的，而且不具有完全获取性。这种新知识由大量技术、组织及实践构成，其扩散要求直接接触及密集的交流。因此，表现出较为明显的“距离衰减”特征，这已经由欧盟、美国等国家、地区内创新要素扩散特征的研究成果所证实。另外，创新过程在全球化背景下更加具有地方化特征，区际溢出是创新产出区际差异形成的重要影响因素（Gumban-Albert M.，Maudos J.，2009）。在跨区域创新合作过程中，扩散是双向的，存在重要的反馈机制，其形成依赖于创新主体间密切的相互联系及相互作用，直接受到空间因素的制约。这也就是知识、创新扩散往往存在明显的毗邻效应的原因，地理位置的邻近再辅以技术上的相似性，为反馈机制的形成创造了优越条件，也为跨区域创新合作的深化提供保障。

（3）科技-产业互动发展机制。科技与产业间具有互动发展的内在动力。一方面科技发展是产业不断升级的保证；另一方面，产业发展不断为科技创新提出新需求。而区域的科教资源优势能否转化为区域创新资源优势、科技要素能否转化为创新要素，关键在于能否实现科技与产业的互动发展。区域科技优势从某种程度上来说具有比较静态的特征，只有与区域产业部门形成互动发展才能转化为区域创新优势。各种创新要素的组合方式和效率决定了创新绩效，打破科教资源流动的小循环，形成区域内科教资源、产业资源等的大循环，促进科技资源优化配置，对提高企业的创新能力、推动区域实现自主创新发展具有重要意义。一方面，南京具有明显的科技优势，在诸多方面取得的创新成果处于全国领先；另一方面，丰富的企业资源，雄厚的产业实力，为创新研究提供了优越的市场条件。高校院所的学科团队与企业结对合作，共建“校企联盟”，包括生物医药、风力发电、光伏太阳能、半导体照明、轨道交通等领域。如南京大学与连云港共建南京大学连云港高新技术研究院，使南京大学在高新区、特色产业基地等建设的研发中心达到 10 家；南京农业大学在高邮、宿迁、常州、张家港、南京市六合区等地设立了产学研办公室，开展深入合作。正是通过科技与产业的互动化发展，实现双赢，为区域经济发展不断注入新动力。

（4）区际创新互动机制。区际创新生产率差异在很大程度上可以由区内市场推动的研发发展差异来解释，但同时，区域创新存在明显的外部性，并与经济增长关系显著，创新的空间溢出效应是每一区域必须考虑的显著因素，使空间层面上总量水平并非收益递减（López-Bazo E.，Vaya E.，Artís M.，2004）。而从整体上来说，创新的空间扩散过程限于相对较小的地理范围（Fritsch M.，Franke G.，2004）。技术知识转移一般发生在有限地理空间范围内，区位和接近性直接影响区域创新性（Audretsch D.，Feldman M.，1996）。知识溢出要求主体间频繁的接触与相互作用，知识溢出的成本随距离而增加（Gumban-Albert M.，Maudos J.，2009）。专利与研发活动也具有明显的空间相关性，溢出效应的发生具有高度的区位性，仅存在于大约 300 公里范围内（Fritsch M.，Franke G.，2004）。也就是说，生产性主体的区位和接近性是十分重要的。因此，区际存在知识溢出，而且地理上邻近的区域间溢出更加显著（Funke M.，Niebuhr A.，2005）。国内的研究也得出了相似结论，研发对经济增长具有重要的正向推动作用，而且国际技术溢出效应的大小取决于本省的吸收能力（Brun J.F.，Combes J.L.，Renard M.F.，2002；Lai M.，Peng S.，Bao Q.，2006）。省域创新行为在空间上并不是分散分布的，创新产出存在明显的空间相关性，也就是说存在着空间上的创新集群现象（吴玉鸣、何建冲，2008）。因此，实施以南京为中心的创新合作战略，要充分考虑空间效应的内在机制，在创新合作区域的选择上注重毗邻性、技术接近性。南京跨区域创新合作需把握创新要素空间集聚与扩散的内在机制，通过完善市场、协调供需、培育创新网络及制度创新，实现合作模式的创新。

二、南京跨行政区域创新合作路径

实现创新要素共享、区际无障碍流动，能够促进创新要素高效整合，形成紧密的区际创新网络，是提高区域创新系统效率的先决条件。

1. 提升企业获取外部创新资源的能力和创新供需双方的“耦合”效应

围绕创新活动的市场建设，是实现创新驱动经济发展的保障，其中资本市场的建设是先决条件，形成高效、规模化、创新资本投入与退出机制健全的资本保障环境，带动创新型人才、创新型企业等的集聚化，推动创新型经济的发展与壮大。

（1）实现创新要素市场的一体化，提升企业获取外部创新资源的能力。围绕创新活动的市场一体化建设，需要着重加强以下三个方面：一是知识产权市场一体化，为创新主体提供创新收益保障机制。通过知识产权竞价，使创新要素收益最大化，有效减少机会主义和“搭便车”行为，增强创新活动的利益驱动；探索多样化的知识产权实现方式，鼓励知识产权与实物资本的结合；整合知识产权交易市场，打破行政区划约束，形成一体化运作模式，提高创新成果转化率。二是高端人才市场。保持系统中创新型人才的创新活力是提升区域创新能力的关键。整合区域人力资本与社会资本，建立合理的人才培养与激励机制，以高素质人才引领创新型经济发展。高端人才的引进与培养要与创新平台的建设相辅相成，促进创新人才的集聚，从而加速创新型企业的集聚和发展，形成良性循环。三是加快南京科技金融中心建设。资本市场不仅为创新型企业提供了融资平台，更具有科技孵化功能，推动创新型产业发展。金融资本流动的市场化导向比较明显，这在很大程度上有利于突破行政区经济的刚性约束，助推跨区域创新合作的深入开展。加强南京科技金融中心建设，开展科技金融服务方式多样化的探索，积极为新兴产业提供资本的支撑和各种平台的支持。

（2）强化创新供需双方“耦合”效应。创新主体错位、“产学研”之间合作力度不大，最终表现为南京在创新设施、投入方面的优势，并没有转化为创新产出的优势，出现典型的创新需求与创新供给失衡现象。2009 年，每 10 万人专利授权数南京不仅低于苏州、无锡，甚至比镇江还低，在高新技术产业销售收入方面也远低于苏州，说明“产学研”之间的合作还存在较大的发展空间（见表 10-1）。“产学研”供需失衡、创新合作困难主要源于创新要素供求信息不对称，这是组织效率问题。一方面高等院校、科研机构的创新人才主要专注于一些基础领域的创新，而对成果的应用性重视不够；另一方面，广大中小企业合作开发技术的需求比大企业强烈的多，但由于其资本规模较小，高校、研究机构的合作意愿不强。而区域内高新技术企业也大多停留在劳动密集型的加工装配环节，缺乏拥有自主知识产权的核心技术、关键元器件和关键设备，对国外技术的依赖性强。企业技术需求与学研的技术供给不对称情形，进一步降低区域创新效率。因此，以创新为导向的区域合作关键在于对产学研的集成和组织。

表 10-1　　南京与苏南其他城市创新投入与产出比较（2009 年）

		南京	镇江	苏州	无锡	常州
创新基础设施	省级以上工程技术研究中心（所）	189	20	19	14	53
	省级以上重点实验室（所）	55	13	10	3	24
	重点高等学校（所）	23	2	4	1	3
	科技企业孵化器（个）	25	8	29	21	27
创新投入	全社会研发支出占 GDP 比重（%）	2. 85	1. 92	2. 20	0. 36	2. 33
	企业研发活动人员占企业职工比重（%）	5. 46	3. 82	2. 33	5. 19	4. 64
	政府科技拨款占财政支出的比重（%）	2. 99	3. 06	4. 19	3. 62	2. 65
	企业研发经费占销售收入比重（%）	0. 78	0. 84	0. 74	1. 07	0. 95
创新产出	每 10 万人口专利授权数（件）	85. 96	132. 89	419. 32	151. 14	107. 73
	发明专利占专利授权数的比重（%）	31. 42	5. 05	2. 62	7. 77	8. 05
	高新技术产业销售收入（亿元）	2 682	969	6 779	3 198	1 805
	高新技术产业利税率（%）	9. 23	8. 26	7. 87	8. 68	9. 62

数据来源：根据江苏省科技厅及各市科技局网站相关数据整理。

南京跨区域创新合作应积极鼓励高校、科研院所加强与企业的密切合作。首先，发挥南京科教资源优势，创新高校多样化办学模式，真正发挥企业所需人才“摇篮”的作用。科教资源对区域经济发展的作用首先体现在为区域提供高素质人力资本，进而对科技含量较高的经济活动产生区域吸纳效应。建议利用现有的职教硬件资源，加上优越的高等学校、科研院所的研究人员软资源，采取灵活化的人员管理模式，形成产业工人的输出基地。其次，强化创新高等学校、科研院所与科技园区建设的“耦合”。鼓励园区企业与大学里的实验室建立定向联系，公司员工参加学校的研究讨论，参加相关研究项目，进一步拓展教育机构在科技园建设中的职能作用。也鼓励高校、科研院所将实验室“搬进”园区，不断提高研发项目的市场敏感度，直接面向产业发挥辐射作用。

2. 优化区际创新网络和创新收益共享机制

扬州要抓好跨江融合发展综合改革试点。主动顺应宁镇扬同城化发展的趋势，在全面对接、跨江融合上迈出更大步子。按照建设古代文化与现代文明交相辉映的名城这个目标，不断提升扬州的经济竞争力、文化软实力和对外吸引力。

（1）优化区际创新网络。创新网络是区域创新系统维持并不断发展的运行机制保证。各创新主体间形成的相互作用链，形成独具特色的区域创新系统。实施南京跨区域创新合作过程中，通过区际创新要素共享，构建企业、高校及科研院所等组织网络化互动机制，真正实现创新共享。创新型网络是在区域创新系统发展的过程中形成与发展的，并反过来促进区域创新系统的进一步演化。首先基础工作是建立创新要素的共享信息系统。对各类创新要素禀赋条件进行系统摸底，如各类大型仪器设备、各类科技人员、科技企业及科技园等信息进行有目的的分类整理，为创新需求方和供给方提供充分、准确的信息查询。同时实行区际创新资源的高效整合，在国家级、省部级重点项目的申报上发挥“拳头”优势，充分利用各种资源，弥补区域投入有限的不足。如有效整合重点行业的研发、生产要素，形成在更大区域层次上的竞争力和区域特色。着重于自主知识产权研发和成果转化的开放性、可持续性强的专业型科技创新园区建设，培育科技创新综合体。在创新型人才的培养上，打破市界、校界限制，实现优势资源共享。

（2）构建跨区域创新收益共享机制。南京跨区域创新合作实施过程，关键在于突破行政区域经济利益的刚性束缚，探索新型合作机制，前提是解决合作成本的分担、合作收益的共享问题。能否建立起有效的创新收益共享机制，直接关系到能否真正实现“同城扩散效应”，强化创新的溢出效应，降低交易成本。但特定空间外部性存在明显的区域差异，从而使得不同区位由于创新溢出强度不同而使创新合作收益呈现明显的空间不对称。这就需要足够的制度创新，以形成合理的区际创新收益协调机制，否则，跨区域创新合作将不具有可持续性。利益共享的最低要求是，当创新网络总体效率改进时，至少应能保证创新合作参与方没有损失。对有效跨区域创新合作来说，共同获益应成为基本的区域政策导向。只有各区域都从合作发展中获得发展红利、利益共享，合作才具有持续性。尝试构建合理的税收转移机制，实现创新财政收入的共享。地方政府的积极鼓励是创新要素实现区际自由流动的重要保障。对于创新成果流出率较高的地区如南京来说，地方政府很难对加大科技拨款、扶持研发活动有很高的积极性，这就需要上级政府——省政府，从省域经济发展的高度对科技成果产出重点区域南京进行一定的财政支持，鼓励高校、科研院所在充足的财力支持下深入开展创新研究，为江苏培育知识创新、技术创新中心，从而构建以南京为中心的区域创新系统。另外，需要着力探索建立新型的官员政绩考核体制，如果仍然维持现有的考核方式，会给创新合作带来很大的障碍。尝试将跨区域创新合作成效纳入考核体系，以区域经济的整体发展取代单一城市经济发展作为考核指标。

纵深推进沿江开发，重点发展先进装备制造业、基础原材料产业和港口物流业，积极促进扬州与南京、镇江的两岸联动开发，构建宁镇扬经济板块，同步实现建设产业集聚带、滨江城市带、生态风光带三大目标，“更高层次上推动区域共同发展，提高经济综合竞争力”。

第四节 “南泰海”区域崛起：空间演化趋向视角

“南泰海”是南通、泰州、海安①市域经济板块的总称，是新苏南经济的有竞争潜力的新崛起核心区，包括江苏省的南通、泰州两个设区地级市和东台市，土地面积 1.755 2 万平方公里，占江苏省面积的 17.56%。2012 年，“南泰海”户籍人口 1 431 万，常住人口 1 293 万，分别占江苏省户籍人口和常住人口的 18.9%、16.3%，常住人口密度为 737 人/平方公里；GDP 7 271 亿元（不含东台市），是江苏省的 13.5%。“南泰海”是以上海为中心的长三角经济区的重要组成部分。应紧紧抓住国家实施长三角发展战略的机遇，从更高层次上推动新苏南创新发展，加快提升与上海和“苏锡常”南向融合水平。“南泰海”经 20 年的发展而崛起，在经济板块发展水平上接近或达到“苏锡常”经济板块发展水平。

一、“南泰海”崛起的战略意义和融合发展趋势

促进“南泰海”崛起是泛长三角区域合作背景下的江苏经济创新发展的区域创新路径。规划建设以快速交通束为重点的城际交通，促进城际交通无障碍对接，进一步缩短时空距离，为促进“南泰海”经济板块形成和创新发展提供交通条件。

---

① 海安，行政区划调整（规划）建议中的地级市，参见本书第十五章第三节。

"南泰海"区域板块是泰州、南通、海安组成的具有发展潜力并拥有紧邻上海、"苏锡常"区位的富有发展潜力的区域经济板块。促进"南泰海"板块创新发展的崛起路径，对于江苏经济创新发展具有重要战略意义。

1."南泰海"崛起的战略意义

"南泰海"成为一个独立的经济板块概念有其必然性。[①]"南泰海"经济板块的形成是苏中经济区域在南京市跨行政区发展（"宁镇扬"同城化）和泰州大桥、苏通大桥、沪通城际铁路、崇启大桥、崇海大桥规划建设引致上海经济北向辐射的必然趋势。"江苏省沿江地区现代产业加速集聚，城镇建设扎实推进，生态环境持续改善，国际制造业聚集带、滨江城市带、大江风光带初步展现"[②]。"南泰海"拥有紧邻上海、"苏锡常"区位但经济发展相对滞后，一个重要的原因就是长江"过江桥"建设滞后。由于近年来长江"过江桥"建设加快，南通"南向过江桥不通"的历史结束，使南通市、"南泰海"紧邻上海、"苏锡常"的区位优势显现。借力沿江开发这个"主引擎"，"南泰海"区位条件得到根本性改善，南向过江交通基础设施建设加速推进，即苏通大桥、泰州大桥、崇启大桥等过江通道和沿江高等级公路的建成，长江天堑变通途，拥有接轨上海、"苏锡常"优势区位，面向国际经济要素流的通道打通。区域中心城市规模扩展，南通城市成为全国首批文明城市，泰州创建成国家历史文化名城，"南泰海"城市集群发展。长三角经济一体化发展，江苏沿海开发和苏南现代化建设示范区等战略实施，产生巨大的辐射带动效应和溢出效应；盐城、淮安城市被接受为长三角城市群成员城市，将"南泰海"空间位置前移长三角核心区第二圈层。这些使"南泰海"既面临着多重的难得机遇，也直接面对着更加激烈的区域竞争。把"南泰海"发展放在泛长三角区域合作背景下江苏经济创新发展的新时空背景中来谋划，放在江苏省"两个率先"的大局中推进，促进"南泰海"崛起，全面融入新苏南，在总体上达到长三角核心区发展水平，从而在江苏经济中更好地发挥承南启北、辐射带动作用的意义重大。"南泰海"崛起 对于新苏南经济创新发展核心竞争力提升具有重要战略意义。

---

① 长三角形成五个次级城市群，通泰城镇群是其中的潜在二级城镇群（张祥建、黄建富，2007）。"通泰城镇群，以南通、泰州为中心，包括如皋、通州、海门、启东、泰兴、姜堰、靖江、兴化等县级市及其下属小城镇。由于这一地区城镇经济实力相对较弱，城镇间联系不密切，属于潜在的二级城市群。"（杨上广. 中国大城市经济空间的演化［M］. 上海：上海人民出版社，2009：48）

② 21世纪初，江苏省委、省政府在规划江苏"十五"发展时，为了更好地加强分类指导，依据区域发展不平衡、梯度特征明显的省情，重新界定了苏南、苏中、苏北三大经济区域的范围，将南京、镇江纳入苏南板块，将长江以北的南通、扬州、泰州沿江三市从"大苏北"中划出，作为一个整体明确的苏中板块，分别提出了"苏南提升""苏中崛起""苏北振兴"的目标。此后，不断加大对苏中发展"釜底加薪"的支持力度，并在2003年启动实施沿江开发战略工程，为促进苏中崛起提供动力源和增长极（罗志军. 在新起点上促进苏中崛起［J］. 群众，2013（6））。

2."南泰海"融合发展趋势：空间演化趋向视角

"南泰海"崛起是上海经济、苏南经济跨江辐射和融合发展的必然要求。"南泰海"在江苏省"两个率先"中补缺补短。把握"南泰海"发展趋势，坚持以提高经济增长质量和效益为中心，深化跨江融合、江海联动，提高"南泰海"整体发展水平。把"南泰海"的新一轮发展放到全省"两个率先"大局中谋划和推进，"南泰海"发展目标：到 2020 年，整体达到省定全面建成小康社会指标体系新要求，人均 GDP 力争赶上全省平均水平；在此基础上再经过 10 年的努力，使"南泰海"全面融入苏南、总体上达到长三角核心区发展水平。

增强驱动"南泰海"融合发展动力。融合发展是世界经济发展的规律。据世界银行对纽约、东京等发达经济板块的分析研究，区域经济发展的成功，主要遵循提高经济密度、缩短时空差距、减少区域分割这三大经济地理特征，进而重塑经济活动的地理范围。深化跨江融合和江海联动，强化承南启北，"南泰海"的发展正呈现这样的趋势和特征。"南泰海"与苏南和上海深度融合态势越来越明显。"南泰海"融合发展的趋势：一是地理区位上的融合，二是经济要素融合。融合发展趋势体现在两个方面：沿江地区成为融合发展的先导区、沿江沿海地区成为接受上海和长三角核心辐射的先行区。推进"南泰海"与苏南和长三角核心区的融合发展，有利于在江苏经济南北区域之间形成一个强有力的传导带，促进江苏经济南北区域合作。新苏南经济一体化发展以及转型升级的态势，为"南泰海"崛起创造良好条件。随着快速交通的发展，"南泰海"与上海、"苏锡常"时空距离"无缝对接"。沿江开发战略实施十年来，位于江北的"南泰海"发展步入"快车道"。但毋庸讳言，在苏南发力跃升和苏北加快发展的大背景下，"南泰海"发展任重道远。

二、促进"南泰海"崛起的路径

南向融入长三角核心板块是"南泰海"崛起的基本路径。"南泰海"的行政区域经济板块既有相同的资源禀赋，又有较大的差异性，地方特色鲜明，基本发展路径和发展形态不完全相同；应从经济区域经济内在要求，扶持乡镇经济"短板"发展，走出一条符合科学发展的跨行政区域创新合作之路。

1.促进"南泰海"崛起的思路框架

面对"两个率先"的新要求新任务新实践，在融合发展中增创科学发展新优势，在新起点上推进"南泰海"崛起。这无疑为"南泰海"新一轮发展注入了强大动力。融合发展，是"南泰海"南向融合发展的战略取向。随着跨江大桥的建成，长江两岸同城化效应日益明显。"南泰海"沿江地区与"苏锡常"经济的关联度一直比较高，经济发展基础条件较好，理当抓住机遇跨江联动，以转型升级促进经济发展，率先成为融合的先导区。“南泰海”沿江沿海地区，黄金水道与黄金海岸叠加效应日益凸显，接受上海和“苏锡常”辐射更加便捷。先行接轨上海、融入上海，在更广阔范围内积聚发展的经济要素资源，是“南泰海”崛起的当务之急。

南向融入“苏锡常”、融入长三角核心区，是“南泰海”发展的战略取向，也是“南泰海”崛起的空间路径。对于“南泰海”来讲，南向融合发展是“关键词”。“南泰海”发展具有江苏南北区域之间强有力的传导纽带作用，有利于更好地带动苏北，实现全省范围的协调发展。“南泰海”与“苏锡常”对接，与上海、长三角对接是南向融合发展的核心内容。“南泰海”应根据各自的基础和条件，注重特色发展，扬己所长、发挥优势，不断增强区域发展的竞争力。从“南泰海”整体上来说，推动崛起应着力南向融合发展和创新“沿江、沿海、沿边”发展内涵：

一是促进“南泰海”“沿江区域”成为南向融合发展的先行区。全面提升发展质量和层次，着力建设产业升级的创新地带和生态文明的绿色走廊，与“苏锡常”沿江区域有机融为一体。进一步加强区间快速交通束建设，重点推进过江通道和城际轨道交通的建设。围绕构建城际“一小时通勤圈”，最大限度释放长江两岸“同城化效应”。

二是促进“南泰海”“沿江、沿海区域”成为接受上海经济辐射的先导区。要充分利用紧邻“大上海”的区位优势，进一步推动跨江融合、江海联动，放大沿海开发国家战略的效应，积极主动接轨上海经济、服务上海经济、融入上海经济，在更大范围内寻找和利用发展资源。

三是促进“南泰海”“沿边区域”成为区域崛起的突破区。要加大与苏北接壤区域发展，着力增强内生发展动力。最根本的在于加大创新力度，向创新要活力，增创特色发展优势。南通经济要抓好陆海统筹发展综合配套改革试验区创建。发挥黄金水道和黄金海岸的叠加优势。要加强陆海统筹发展的规划和设计，处理好陆域开发与海洋开发的关系，统筹推进产业发展、海洋开发以及生态建设，促进陆域经济与海洋经济良性互动。泰州经济要抓好转型升级综合改革试点。在以产业转型带动经济社会发展转型上取得重大突破，把泰州中国医药城建设作为转型升级的重中之重，尽快把中国医药城建设成生物技术与新医药产业核心区和转型升级先导区。

2. 促进“南泰海”崛起的路径

“南泰海”不能走同质化、低水平发展的老路，必须走创新驱动产业转型升级的发展之路。“南泰海”的新能源、新材料、生物技术和新医药、新能源汽车、海洋工程装备等战略性新兴产业具有相对优势，传统产业已形成一批特色产业集群，要进一步细化定位，向专业化、特色化发展，向产业链、价值链高端攀升。积极稳妥推进城镇化，是“南泰海”发展面临的又一机遇。“南泰海”崛起既要建经济走廊，更要建生态走廊，提升整体发展水平。实行最严格的环保制度，提高资本准入门槛，支持资本跨行政区域创新合作发展。

（1）依据“南泰海”的产业特色、区域优势，实施支持“南泰海”经济创新发展战略。“南泰海”经济板块的特有区位决定其是江苏经济创新发展的又一个紧邻上海经济的“苏锡常”板块。抓好“南泰海”沿江、沿海两大战略实施的相互衔接和接壤上海经济板块的空间联系，争取江苏省政策扶持，促进“南泰海”相互渗透，联动开发，借势发展，即对涉及“南泰海”经济转型升级的重大项目在立项、审批、土地供应、融资等方面由江苏省给以政策支持。

（2）推进“南泰海”统筹城乡一体化发展。首要的是促进“南泰海”城市产业创新发展。“南泰海”应在工业化、城镇化发展中推进城乡一体化发展。要着力推进城市新型工业化，统筹城乡发展规划，建立以工促农、以城带乡的长效机制。“南泰海”城镇经济有紧邻上海的优势区位，要在转移农民、减少农民、富裕农民和统筹城乡一体化发展中探索新路。

（3）大力发展现代农业。“南泰海”紧邻超大城市上海的农产品区位内在要求其大力发展现代农业，即着力发展高效农业，提高农产品的科技含量，发展设施园艺业、规模畜牧业和休闲观光农业，促进农业园区化发展；提高农业产业化经营水平，打造一批国内市场有影响的区域农产品品牌；要推进“南泰海”农业龙头企业的结构调整和技术进步，以农业龙头企业的繁荣带动农副产品加工业的发展，提升农业产业链；大力推进新型合作组织，力争实现“南泰海”农业产业化、集约化、科技化、品牌化，基本形成农业现代化。

（4）适时调整“南泰海”行政区划。规划和加大培育“南泰海”城镇密集区，做大做强“南泰海”中心城市，特别是泰州、海安城区的主城区面积较小，城区发展缺乏空间，应尽快规划其中心城市发展。海安改设地级市还没有列入江苏省行政区划规划。这不仅对“南泰海”发展不利，也对江苏沿海开发和江苏率先基本实现现代化不利。力争规划扶持海安改设地级市。海安是新长铁路和宁启铁路（北沪宁快速交通束）的交汇点，具有交通区位优势。海洋铁路建设为海安港口经济快速发展提供了交通通道，从而使海安城镇经济发展走上快车道。海安设地级市是其城镇经济发展和城市城镇密集的内在要求。海安改设地级市不仅有利于密切“南泰海”与苏南、苏北及“南泰海”三市相互间的联系，加快经济要素流动，也有利于促进“南泰海”城镇密集区的培育与发展。

（5）“南泰海”与苏北接壤的县域经济还比较薄弱，人均财力和城乡居民收入仍有待大幅提高。着力让这部分区域走出经济“洼地”，对于“南泰海”崛起具有特别的意义。“南泰海”与苏北接壤的县域经济具有的空间区位优势，是其走出经济“洼地”的唯一区位条件。区位优势是重要的竞争潜力因素。在缩短时空条件下，经济要素的快捷流动势不可挡。“南泰海”与苏北接壤的县域经济，应抢抓新一轮机遇，开拓创新，走南向融合发展之路。从长远来看，这不仅是产业和项目融合，而且要通过体制机制构建、规划布局和整体合作，促进经济要素和资源加速融合，形成区域核心竞争力。在发展理念上深度融合，全面提升发展的质与量，坚持工业化、信息化、城镇化、农业现代化“四化同步”，融合汇聚“南泰海”崛起的能量，创新发展县域经济。

主要参考文献：

[1] 张灏瀚，孟静．长三角都市圈发展新格局［J］．南京社会科学，2007（9）．

[2] 吴玉鸣，何建冲．研发溢出、区域创新集群的空间计量经济分析［J］．管理科学学报，2008（4）．

[3] 罗荣渠．现代化新论——世界与中国的现代化进程［M］．北京：人民出版社，1997．

[4] 中国现代化战略研究课题组．中国现代化报告2011：现代化科学概论［M］．北京：北京大学出版社，2011．

[5] 杰里米·里夫金．第三次工业革命：新经济模式如何改变世界［M］．张体伟，孙豫宁，译．北京：中信出版社，2012．

[6] 吴玉鸣，何建冲．研发溢出、区域创新集群的空间计量经济分析［J］．管理科学学报，2008（4）．

[7] 程勉中．新苏南模式的演进：统筹、转型与超越［J］．南通大学学报：社会科学版，2013（5）．

[8] 顾松年．苏南模式创新发展和苏南经济转型升级［J］．现代经济探讨，2009（1）．

[9] 蒋伏心，高丽娜．创新驱动：苏南基本实现现代化的“加速器”［J］．唯实，2013（3）．

[10] 罗荣渠．现代化新论——世界与中国的现代化进程［M］．北京：人民出版社，1997．

[11] 高丽娜，蒋伏心．南京跨区域创新合作形成机制及优化路径研究［J］．科技与经济，2012（1）．

[12] 罗志军．在新起点上促进苏中崛起［J］．群众，2013（6）．

[13] 赵青宇，崔曙平．苏南城镇化模式的反思与完善［J］．城乡建设，2013（7）．

[14] 傅兆君．苏南城镇密集区城乡一体化发展战略的思考［J］．江南论坛，2012（6）．

[15] 王海山. 城镇化是经济结构调整的重要推动力 [J]. 西安社会科学, 2011 (5).

[16] OECD: The OECD Innovation Strategy : Getting AHead Start On Tomorrow [M/OL]. http: //www. oecd. org/publishing/corrigenda. 2010.

[17] Gumban-Albert M, Maudos J. Patents, technological inputs and spillovers among regions [J]. Applied Economics, 2009, 41 (12).

[18] Lai M, Peng S, Bao Q. Technology spillovers, absorptive capacity and economic growth [J]. China Economic Review, 2006, 17 (3).

第十一章

泛长三角区域合作与苏北经济创新发展追赶驱动力的培育

苏北城镇化和快速交通束建设，促进着苏北城镇经济轴协调发展。促进苏北经济协调发展是江苏省全面建设小康社会，率先基本实现现代化的内在要求。苏北经济协调发展的出路在于寻找到适应其经济发展阶段和与苏南经济相联系的空间组织形式。苏北经济要素的城镇空间优化配置是苏北经济和江苏省域经济协调发展的内在要求，具有显著的空间性状特征。

……

苏北城镇经济轴无论在地理空间上还是在经济空间上都“均匀”分布于苏北，极化着苏北的经济要素和经济活动，其相对区位优势显现。随着淮安市快速交通体系的完善，尤其是规划建设的淮扬镇铁路的建成运营，淮安城市经济将具有承接苏南经济辐射的“二传手”区位，为苏北国土开发空间格局优化产生强大的带动作用。

朱舜

——《苏北城镇经济轴空间性状与空间协调：国土空间视角》，江苏师范大学学报：哲学社会科学版，2013 年第 4 期。

区域经济创新发展离不开区域核心竞争力的支撑，区域经济创新发展是区域经济竞争力提升的源泉。苏北经济是江苏经济的区域经济板块中发展水平较低的区域经济板块，拥有土地面积 5.435 7 万平方公里，3 298.49 万人（2012 年年末），分别占江苏省的 52.84 % 和 44.85%。在长三角经济带动下，苏北经济快速发展，经济实力明显增强，后发优势显现。苏北经济创新发展是江苏经济发展的大局。培育追赶驱动力是泛长三角区域合作背景下的苏北经济创新发展的内在要求，有利于实现缩小江苏经济南北发展差距。

第一节　发挥后发优势与苏北经济创新发展追赶驱动力的培育

培育苏北经济追赶驱动力的一个重要任务是在发挥后发优势基础上的创新发展。区域经济后发优势的形成和发挥需要一定的经济社会条件。泛长三角区域合作是苏北经济后发优势形成和发挥的重要条件。推动泛长三角区域合作背景下的苏北经济创新发展，应着力培育和发挥后发优势，从根本上提高苏北经济创新发展的追赶竞争力。

一、苏北经济创新发展追赶驱动力培育的经济社会条件

陆桥通道引致长三角经济区辐射增强，为苏北经济获得后发优势孕育和形成的经济社会条件。随着快速发展的长三角经济区辐射半径扩展，苏北产业结构高度化进程加快，经济实力增强。GDP 总量增长直线上升，2012 年达到 12 182.94 亿元；公共财政预算收入增长迅速，达到 1 280.22 亿元。快速增长的经济实力推动苏北基础设施建设进程加快，快速交通束初步形成。宁淮连、宁靖盐、宁宿徐、徐连、徐宿淮盐等高速公路和新长铁路改建，徐连高铁、徐宿淮盐高铁、沿海高铁、连淮扬镇高铁规划建设，构架出苏北快速交通束，2012 年高速公路达到 1 738 公里（0.032 公里/平方公里）[①]，有效改善苏北的区位条件，从而为苏北相对区域优势凸现提供了先决交通基础条件

1. 影响苏北经济创新发展的因素

苏北经济既是长三角经济区的组成部分，又与苏南经济共同构成陆桥通道城镇经济的组成部分。苏北经济发展水平较低，从一定意义上说，影响或“拖累”江苏经济快速发展。苏北经济具有的与苏南经济显著不同发展历程和特征，决定其在江苏经济创新发展中的特殊性。苏北经济创新发展是江苏经济创新发展面临的紧迫

① 2012 年苏中高速公路 872 公里（0.043 公里/平方公里），苏南 1 765 公里（0.063 公里/平方公里）。

和现实问题，是江苏经济创新发展的大局。基于这种思路，有必要研究陆桥通道区域合作背景下的苏北经济创新发展。近 10 年来，苏北经济创新发展较快但整体经济水平还比较低。影响苏北经济创新发展的主要因素是城镇经济轴动力弱，资源利用率较低，交通基础设施建设相对滞后。

（1）城镇经济带动力弱。苏北在 20 世纪 80 年代完成由“地区”向“市”的行政区划体制转变，实行“市管县”模式，省辖市的城市经济获得了较快发展。到 2012 年年底，5 个省辖市的城市辖区面积 9 244 平方公里、人口 846 万、GDP 2 242 亿元、公共财政收入 168 亿元，分别占苏北的 17%、25.7%、45%、56%。但苏北省辖市的城市经济发展和城市化存在诸多问题。一是城市经济实力不强。苏北 5 个城市经济板块的 GDP 和公共财政收入分别只占全省 13 个城市经济总量的 17%、13.8%。二是城市分布密度小、间距远。苏北平均 10 460 平方公里一个城市，而苏南则平均 5 600 平方公里就一个城市；苏北 5 个城市的平均距离超过 150 公里左右，而苏南 5 个城市的平均距离只有 50 公里左右。苏南城市的分布密度要比苏北大一倍，城市之间的距离要比苏北近三分之二；苏北城市对县域经济的交叉辐射也难以形成。三是新建设的城市自我发展能力较弱。如宿迁市建市时间短，工业化刚破题，城镇化起步晚，城市经济尚缺乏自我发展的能力。

（2）资源丰富但利用率较低。苏北资源丰富，但资源禀赋差异较大，资源开发、利用率较低。苏北的土地、矿产、沿海滩涂、淡水、农副产品、劳动力等资源较丰富，但各县域经济板块之间的资源禀赋差异较大。以土地和人口来讲，苏北人口最多的沭阳县有 176 万人，而金湖县和洪泽县人口都不足 40 万，沭阳县的人口是它们的 4 倍还多；土地面积最大的东台市有 3 221 平方公里，灌南县只有 1 000 平方公里，大小之间相差 3 倍。在土地面积中有的耕地面积要大一些，有县的河流湖泊面积占有很大比重，如宿迁市和淮安市的淡水资源较为丰富。以矿产资源来讲，苏北的煤矿资源集中在徐州市，而石英砂（玻璃生产原料）则以连云港市、宿迁市的储量大。沿海滩涂资源集中在盐城市和连云港市。资源禀赋的差异在一定程度上导致不同县域经济板块的发展差异。

（3）交通基础设施建设相对滞后。苏北交通基础设施条件有了很大改善，但物流成本高，经济要素流通不畅的局面没有根本改变，在全省“三沿”（沿江、沿海、沿铁）发展战略中依然处于被边缘化的状态。“十五”以来，江苏省在苏北发起了一场交通基础设施的“淮海战役”，高速公路网已基本形成；省道、国道、一级公路贯穿各县（市）；除陇海铁路外，新长铁路运能提升工程，宿宿淮铁路建设，铁路交通逐步完善；京杭运河、淮河等内河航运功能逐步增强。苏北县与县之间的交通基础设施条件有了很大改善，铁路快速通道规划建设。但由于地理、交通和经济区位的影响，苏北乡镇以下“毛细血管”还不够畅通，虽然修建了乡村公路，但标准不高，路面较窄，断头路较多，致使城镇和乡村间的物流不畅。虽然苏北交通状况大为改善，徐宿淮、淮连、连盐、淮盐等高速公路建成投入运营，新长铁路扩容提速，但铁路快速通道建设滞后。与苏南比较，苏北交通基础设施建设仍存在差距，并成为制约苏北经济创新发展的一个重要因素。

2. 城镇化助推经济空间结构加快演化

改革开放以来，苏北城市、城镇规模扩大速度加快，从而推动城市经济、城镇经济快速增长。尤其是徐州城市进入特大城市序列后，对徐州市域经济发展的推动作用很大。淮安城市行政区划调整和实施新发展规划，有力地促进了淮安城市在苏北的增长极区位优势的形成和发挥。城镇化对苏北经济空间结构快速演化发生直接推动作用。苏北城镇化进程情况见表 11-1。

表 11-1　　苏北城镇化进程情况

市名	年份	市域年末总人口（万人）	非农业人口（万人）	市区年末总人口（万人）	非农业人口（万人）	市域GDP（亿元）	市区经济（亿元）		
							GDP	固定资产投资	公共财政预算收入
徐州市	1991	820.17	144.48	91.85	81.86	99.87	41.45	12.08	7.02
	1996	859.43	176.54	147.34	100.21	500.04	210.23	58.65	7.82
	2001	901.86	240.71	162.55	112.05	715.71	318.74	176.66	14.45
	2006	876.48	298.18	184.68	147.93	1 428.80	731.53	598.52	43.46
	2012	990.53	486	320.86	—	4 016.58	2 402.93	1 448.50	202.34
连云港市	1991	346.21	61.57	53.06	36.42	45.52	21.01	5.58	2.76
	1996	432.96	80.5	58.17	42.69	210.2	67.06	25.87	4.48
	2001	459.64	120.67	63.86	52.15	315.82	112.97	92.07	7.9
	2006	450.52	128.03	70.96	56.78	527.38	237.87	300.12	21.01
	2012	510.99	240	96.65	—	1 603.42	564.00	561.71	100.81
淮安市	1991	1 004.21	115.07	44.29	24.67	91.07	14.21	5.19	2.5
	1996	489.60	82.3	48.68	28.93	173.23	99.14	—	—
	2001	514.38	128.12	264.5	72.54	329.02	184.81	97.06	10.03
	2006	492.43	144.85	70.96	56.78	651.06	407.26	305.56	28.21
	2012	546.81	257	282.83	—	1 920.91	1 172.91	757.65	156.39
盐城市	1991	777.33	120.8	136.59	31.4	97.81	29.25	4.95	1.95
	1996	786.12	143.93	56.93	29.31	381.2	47.8	20.47	2.89
	2001	795.56	224.05	63.93	40.47	603.23	77.07	43.28	5.09
	2006	768.73	282.98	152.64	134.32	1 174.26	321.76	347.75	18.81
	2 012	822.40	403	166.80	—	3 120.00	855.10	607.54	105.21

表11-1(续)

市名	年份	市域年末总人口（万人）	非农业人口（万人）	市区年末总人口（万人）	非农业人口（万人）	市域GDP（亿元）	市区经济（亿元）		
							GDP	固定资产投资	公共财政预算收入
宿迁市	1991	—	—	110.62	9.74	—	11.5	10.51	0.49
	1996	480.83	48.36	24.71	11.39	124.88	9.54	0.86	-
	2001	510.84	140.54	25.61	23.22	223.16	21.3	24.18	0.98
	2006	488.71	128.97	153.67	114.48	454.20	167.87	185.86	9.66
	2012	560.26	245	164.39	—	1 522.03	549.88	422.29	67.81

注：2012 年没有非农业人口的统计数据。

在产业结构调整和城镇化进程中，苏北经济空间结构的城市经济、城镇经济比重增大，乡村经济比重急速下降，出现城市经济、城镇经济与乡村经济的双重二元结构。

3. 高等学校发展强劲，经济“三螺旋”创新发展特征呈现

高等学校及其研发力量的研究活动在区域创新发展中的作用是不可低估和不可替代的。苏北已形成中国矿业大学、江苏师范大学、徐州医学院、淮海工学院、淮阴工学院等22所普通高等学校和徐州、连云港广播电视大学等10余所成人高等学校的大学群，高校研发实力增强。

表 11-2　　苏北普通高等学校状况（2012）

项 目	学校总数		在校学生数（万人）		专任教师数（人）	
	2007	2012	2007	2012	2007	2012
江苏省普通高校	120	128	156.89	181.07	8.86	10.60
苏北普通高校	22	25	27.05	28.86	1.42	1.56
苏南普通高校(不含南京高校)	43	51	43.68	47.22	2.39	2.60
苏南普通高校(含南京高校)	84	94	111.47	112.41	6.47	7.33
苏北占江苏省的比重(%)	18.3	19.5	17.2	15.9	16.0	14.7

从高校的数量和规模看，苏北低于苏南（不计算省政府驻地南京市的高校）。苏北高校相对集中于徐州、淮安两个城市，初步形成高校高科技研发力量聚集区。中国矿业大学设有59个本科专业、35个硕士学位授权一级学科点、10个硕士学位授权二级学科点（不含一级学科覆盖点）、16个博士学位授权一级学科点、9个专业学位授权点、3个博士学位授权二级学科点（不含一级学科覆盖点）、1个国家重点学科（一级）、8个国家重点学科（二级）、1个国家重点（培育）学科、4个江苏省重点学科（一级）、5个“江苏高校优势学科建设工程”立项学科、14个

博士后科研流动站、2 个国家重点实验室、2 个国家工程（技术）研究中心、2 个国家工程实验室、1 个国家大学科技园、20 个省部级科研平台、7 名中国工程院院士（人事关系在学校）、25 881 名全日制本科生数、5 881 名全日制硕士生数、1 107 名全日制博士生数。中国矿业大学雄厚研发力量，在苏北高校和苏北经济创新发展中发挥着领先作用。江苏师范大学设有 80 个本科专业，1 个服务国家特殊需求博士人才培养项目，26 个一级学科硕士点，有 5 个专业硕士学位授权点，并具有以同等学力申请硕士学位授予权和硕士研究生推免权。在校 25 167 名普通全日制本科生（含独立学院 8 396 人）；3 027 名硕士研究生，2 名博士研究生。有 1 个省重点实验室，1 个省工程技术研究中心，1 个省工业设计中心，1 个省哲学社会科学研究基地，1 个省决策咨询研究基地，3 个省高校重点实验室，3 个省高校哲学社会科学重点研究基地。宿迁学院为宿迁市引入高校及其研发力量。苏北高校快速发展推动其对苏北经济社会的渗透和融入，推动“三螺旋力量”（企业、政府和大学）有机结合，从而为苏北获得高校及其研发力量对产业发展和人力资源开发的后发优势创造了条件。

4. 农业产业化经营进程加快

苏北农业资源十分丰富，2007 年农业提供的 GDP 约占江苏省农业 GDP 的 52.6%，占江苏省 GDP 的 3.2%。对传统农业经营体制的改革带动着苏北农业资源开发效益提高。对农业结构及其产品结构进行调整，增加了农业、农民的收入，同时推动苏北农业结构向优质高效产业结构方向演进，呈现明显的产业优化特征。

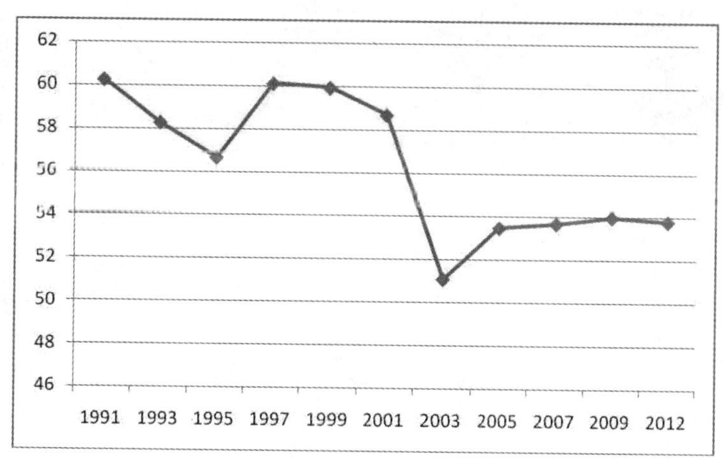

图 11-1 苏北农业种植业产值在江苏省农业中的比重变化

推进农业产业化经营已成为苏北农民和各级地方政府的共识，成为引导千家万户农民走进市场，扩大经营规模，提高经济效益的重要途径。一是“公司+农户”“合作经济组织+农户”“行业协会+农户”“经纪人、运销户+农户”等农业产业组织形式得到培育和发展。二是龙头企业的资本“雪球”越滚越大，对农业产业化经营的带动作用日渐增强。三是实施农业产业化经营的品牌战略初见成效，新沂意杨与板栗，邳州银杏、淮安淮米等品牌的市场占有率逐年提高。农业产业化经营的推进，为苏北农业标准化生产、国际化经营创造了良好条件。调整苏北农业结构和加快苏北农业资源开发，推进农业产业化经营后发优势的形成，进而为苏北农业经济创新发展提供了良好基础平台。

5. 工业化进程的科技型企业比重提高，学习效应明显

基础薄弱的苏北工业经过快速发展，已处于工业化中期的起步阶段，工业提供的 GDP 占苏北 GDP 的比重逐年上升（见图 11-2）。苏北工业化进程中科技型企业发展，加快了苏北高新技术产业化进程。徐州市滚动实施“百项工业后劲工程”，突出抓好投资两亿元以上的十大工业技改项目和千万元以上的重点技改工程，有力地推动科技成果向现实生产力转化和科技型企业发展，尤其是推动徐工集团技改项目取得成效。苏北地方政府着力推动高新技术产业化，机械、化工、食品等传统产业的技术层次得到提高。苏北工业化进程中的学习型技术进步日趋明显。苏北学习型技术进步推动着苏北工业技术性后发优势的形成。

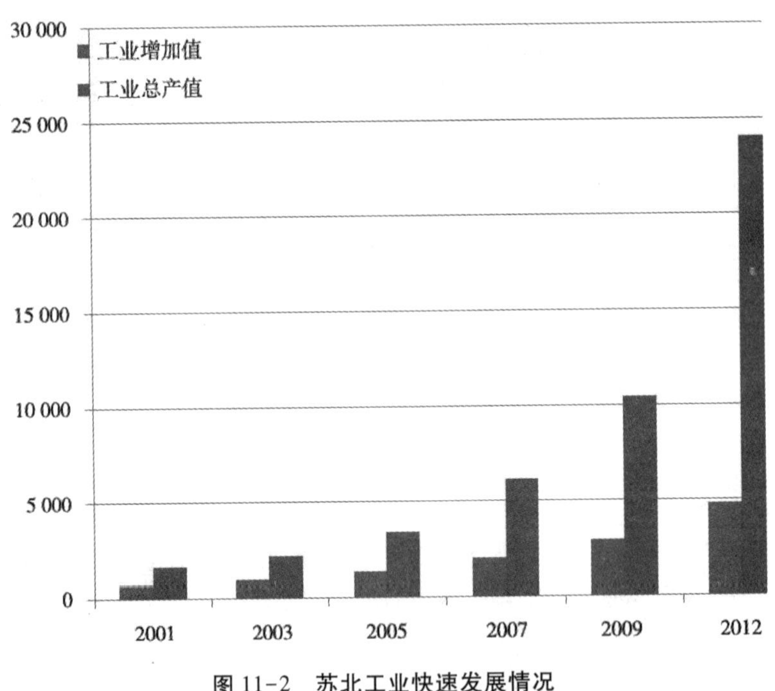

图 11-2　苏北工业快速发展情况

6. 实施苏北战略初见成效

苏北经济基础薄弱，1991 年 GDP 总量 384.35 亿元，人均 GDP 为 1 308.8 元，人均财政收入 88.64 元，人均城乡居民储蓄额 344.92 元。改革开放尤其是近十年

以来，江苏省实施发展苏北战略，给予一系列政策倾斜，加大对苏北的财政转移支付力度和信贷扶持力度，支持苏北快速交通束建设，经济发展速度明显加快。到2012年GDP总量12 182.94亿元、财政收入1 280.22元，接受财政转移支付和其他项目资金648.11亿元（见表11-3）。

表11-3　**苏北财政收支和接受转移支付、其他项目资金情况（2000—2012）**

年份	财政总收入（亿元）		财政总支出（亿元）	接受转移支付、其他项目资金	
		地方财政收入		总额（亿元）	增长率(%)
2000	130.28	71.39	115.63	44.24	13.29
2001	152.92	84.00	134.39	50.39	13.9
2002	193.03	105.04	169.78	64.74	28.5
2003	244.49	134.30	215.33	81.03	25.2
2004	257.07	124.78	226.41	101.63	25.4
2005	332.45	158.26	292.80	133.54	31.4
2006	501.14	210.82	362.21	151.39	13.3
2007	573.47	298.93	501.86	202.93	34.0
2008	1 029.47	400.24	672.04	271.8	33.9
2009	1 355.62	540.91	881.71	340.8	25.4
2010	2 149.54	785.9	1 194.88	408.98	20.0
2011	2 844.34	1 093.14	1 654.01	560.87	37.1
2012	1 960.71	1 280.22	1 928.33	648.11	15.6

在实施江苏区域共同发展战略过程中，苏南经济与苏北经济合作增加，苏南纺织、丝绸、轻工等产业向苏北有序转移，苏北苏南挂钩（对口市、县）经济合作初见成效。江苏省发展苏北战略的实施，使苏北具有政府推动的后发优势形成的条件。

二、苏北经济创新发展追赶驱动力培育的后发优势

苏北经济创新发展后发优势是相对落后的苏北在发展过程中因经济社会条件改善而形成的相对有利条件和发展机遇。苏北经济创新发展后发优势根源于其经济社会条件的改善。进入20世纪90年代以来，相对落后的苏北经济社会条件快速改善，邻近的上海经济、苏南经济对其的辐射增强，许多影响后发优势的因素聚合累积，使苏北经济创新发展后发优势逐渐形成。

1. 接受苏南经济尤其是上海经济辐射的相对区位优势

苏北的区位劣势是显而易见的。但是，苏北快速交通束尤其是新长铁路，京

沪、宁宿徐、徐淮盐、宁淮连、宁靖盐、连盐南（国家沿海大通道）高速公路和江阴大桥，苏通大桥，润扬大桥，南京长江二桥、南京长江三桥、启（启东）崇（崇明）大桥、海（海门）崇（崇明）大桥、上海越江隧道及长江大桥[①]的建成开通，新长铁路扩容提速和京沪高铁、徐连高铁、徐宿淮盐高铁、沿海高铁、连淮扬镇高铁快速交通束规划建设，从根本上改变着苏北的相对区位，即苏北接受上海经济、苏南经济辐射发展的相对区位优势形成。

（1）京沪、宁宿徐、徐淮盐、宁淮连、宁靖盐、连盐南高速公路将苏北至上海市和苏南（环沪宁快速交通束）的时间距离（平均）缩短为3个小时，使苏北获得了上海市郊区和苏南边缘区的相对区位优势，即苏北获得了类似杭州湾区域因杭州湾大桥建成接受上海经济辐射的相对区位优势。

（2）新长铁路和徐连、徐宿淮盐、淮扬镇、连盐高铁与沪通高铁及环沪宁快速交通束接轨，将苏北与上海市、苏南通过高铁相连成为近邻，使苏北与上海市、苏南以及国际物流、经济流的时间距离大幅度缩短，获得快速发展的相对区位优势。

（3）苏通、启崇、海崇大桥和上海越江隧道及长江大桥、沪通城际铁路建设，为上海经济辐射力径直跨江北上，促进苏北区位劣势转变为相对区位优势创造了交通基础条件。

快速交通束使苏北与上海市、苏南的时间距离大为缩短。苏北相对区位优势的获得使上海经济、苏南经济辐射半径延至苏北。苏北的区位劣势转变为相对区位优势，使其具有了创新发展的后发优势。

2. 产业和人力资源开发后发优势

快速发展的苏北高校是苏北经济创新发展追赶驱动力培育的重要力量，高校研发力量聚集使苏北经济获得产业发展和人力资源开发后发优势。

（1）以高校为核心的研发力量聚集区基本形成。苏北25所普通高校和1.5万余名专任教师对苏北产业发展和人力资源开发具有举足轻重的作用。徐州高等学校群（7所普通高等学校和2所军事院校）已成为徐州经济发展的不可或缺的支撑平台，其研发力量对徐州经济社会发展产生着不可低估的作用。淮安、盐城、连云港市的高等学校群初步形成，使淮安、盐城、连云港市经济社会发展获得人力资源开发优势。对苏北经济创新发展来说，普通高校群是极其重要的经济增长支撑力量。徐州、淮安、盐城、连云港等市的普通高校都在3所以上且处于快速发展时期，形成研发力量的聚集后发优势。

（2）普通高校与企业相互融合生长，校企研发人员携手为苏北经济创新发展

---

① 该工程包括“浦东五号沟—长南港—长兴岛”的长约8.5公里的隧道项目、“长兴岛—长江北港水域—崇明”长约9.5公里的大桥项目，以及长兴岛陆域及两端长约7公里的公路项目。

增添动力。一方面，普通高校科研成果产业化、市场化，推动了苏北经济创新发展。另一方面，企业和高校合作举办民办普通高校（独立学院），比如，中国矿业大学徐海学院（有26个本科专业）、江苏师范大学科文学院（有38个本科专业），推动了高校规模扩展和内涵提升。在这种校企“融合生长”过程中，以普通高校研发力量为核心的聚集，整合了苏北科技力量，形成了比物质资本更为重要的人力资本后发优势。

（3）苏北普通高校在苏北招收普通大学生和举办成人高等教育、短期培训，发挥了苏北人力资源开发基地的作用，使苏北获得人力资源尤其是成人人力资源开发后发优势。

3. 农业产业化经营后发优势

农业是苏北的基础产业。初见成效的苏北农业产业化经营，有力地推动着苏北农业结构调整，农业资源开发和农民收入增长，形成苏北农村经济创新发展的后发优势。

（1）具有竞争优势的龙头企业已成为苏北农业产业化经营的牵引力，从而推动着苏北农村经济快速增长。龙头企业是农业产业化经营及产业发展的核心和“火车头”。它内联数以万计的农户，外联国内外市场，具有引导生产，深化加工，开拓市场，搞好服务的综合功能。

（2）农业产业化经营使苏北农业资源开发的科技含量提高，市场竞争力增强。苏北农业产业化经营的推进已经显示，龙头企业的经营水平越高，规模越大，科技含量越多，其对苏北农村经济创新发展发挥着越来越大的作用。

（3）农业产业化经营从根本上推动着苏北农村经济创新发展。苏北农业产业化经营的实质是农户与市场的连接。苏北农业发展的基本途径是规模化经营和开拓市场。农业产业化经营为规模化经营创造条件和为分散的农户与大市场架起了桥梁，将农户的产前、产中、产后诸环节整合为一个完整的产业经营系统，实行种养加、产供销、贸工农一体化经营，有效地解决了分散农户直接进入市场销售农产品困难，从而提高了农户的经济收益。苏北实行农业产业化经营也推动着农业标准化、国际化进程。推进苏北农业产业化经营，从根本上推动着农业经营体制创新，推动着苏北农业资源开发和农村经济创新发展。

4. 工业技术性后发优势

技术性后发优势表现为苏北工业的技术学习优势，即苏北工业从上海、苏南以及国外引进各种先进技术，并经模仿、消化吸收和改进提高所带来的快速发展。苏北工业化的中期阶段特征十分明显。一方面，苏北拥有的矿产资源，占江苏省一半的农业耕地和海洋资源及其他经济资源十分丰富①，发展资源加工型产业及海洋工业潜力巨大，但其工业开发的技术水平不高。另一方面，苏北工业化虽然处于相对落后阶段，但受到基本实现工业化的上海经济、苏南经济的直接影响，具有复制效应、跨越效应、递增效应等技术性后发优势。②

（1）苏北工业化的复制效应。复制效应是将上海经济、苏南经济以及国外已应用于工业生产的新技术引用于苏北工业生产所带来的生产能力扩大效果。引进技术需要支付技术转让费，但不需要再进行有关科学原理和应用技术的基础开发研究，这就使苏北获得技术进步的时间和基础研究费用节省的后发优势。徐州重型机械工业的快速发展就是苏北工业化复制效应的实证。

（2）苏北工业化的跨越效应。跨越效应是将上海经济、苏南经济以及国外的应用科研成果直接引用到苏北工业生产，从而缩短苏北与上海、苏南以及国外工业的技术差距而获得的跨越式发展。通过高新技术的注入和渗透，大力改造食品、机械、化工、建材等传统产业带来的苏北工业快速增长，使苏北工业化具有十分明显的跨越效应。跨越效应可以使苏北经济缩短与上海经济、苏南经济的技术差距，从而获得加快苏北工业化进程的后发优势。

（3）苏北工业化的递增效应。递增效应是通过“反求研究”③ 消化、掌握先进技术，迅速赶上甚至超过技术先进的竞争对手而获得的收益。由于苏北高校的研发力量聚集，使苏北工业化中的“反求研究”有了人才资源支持，从而通过“反求研究”获得工业先进技术和工业化的递增效应优势。徐工集团、连云港港口集团技改项目获得成功也是例证。

5. 地方政府推动发展后发优势

江苏省政府支持苏北经济发展的政策，使苏北经济获得行政推动制度性后发优势。江苏省实施发展苏北经济战略，进行区域经济政策倾斜，着力发挥地方政府推动作用收效显著。一是江苏省采取一系列支持苏北经济发展的政策，有效地推动了苏北经济的发展，如苏北农村信用社应将存款基本用于农村贷款的政策，为苏北农村发展相对增加资本来源。这就使苏北农村获得资本增长的政府政策推动的优势。二是省政府对苏北经济薄弱市、县财政转移支付。财政转移支付是对苏北经济的“资本投入”。这种“资本投入”对于苏北经济创新发展具有加速作用，使苏北经济获得政府推动发展的重要后发优势。三是经省政府部署和组织，苏南五市对苏北

---

① 例如仅淮安市就拥有储藏量 1 300 亿吨、世界第一的岩盐和储量可观的芒硝等矿产资源。

② 王必达，田淑萍. 后发优势：中国西部地区经济发展的动因分析 [J]. 复旦大学学报：社会科学版，2001（5）.

③ 它是用产品实物样品进行的反推性研究，即先对产品进行性能测试、结构分析，然后进行分析研究、理化实验甚至破坏性实验，反求其制造过程、试验过程、研究过程、技术诀窍、设计方法、设计原理、设计思想。

五市对口帮扶，南北挂钩合作，实施的带资本、带技术、带人才的项目，有力地推动着苏北经济发展。地方政府推动发展优势是苏北经济创新发展的制度性后发优势。随着江苏经济实力的增强，地方政府推动发展优势对苏北经济创新发展的作用会进一步增强。

三、苏北经济创新发展追赶驱动力培育的基础工程

苏北经济创新发展追赶驱动力培育，必须培育苏北经济创新发展后发优势。苏北落后于苏南的发展阶段性征决定了苏北经济创新发展后发优势仍较多地以潜在形式存在，即其显性特征还没有全部出现。因此，发挥苏北经济创新发展后发优势，必须着力改善苏北的经济社会条件，实施培育苏北经济创新发展后发优势的基础工程。

1. 相对区位优势工程

经济要素和经济活动的区位是影响区域经济创新发展的基本要素，在一定条件下促进或制约着区域经济创新发展。苏北交通条件的改善尤其是以快速交通束为导引的基础设施建设，推动苏北的区位由劣势向相对优势转变。发挥苏北接受上海经济、苏南经济辐射的相对区位优势，必须先期或用 10 年左右时间着力建设以快速交通束为“龙头”的基础设施。这是培育苏北经济创新发展后发优势的交通基础工程。

（1）快速构筑苏北及苏北与上海、苏南连接的快速交通束主骨架。苏北及苏北与上海、苏南连接的快速交通束以高铁、高速公路为主骨架。建成快速交通束主骨架需加快建设的项目为徐连高铁、连通（沿海）高铁、徐宿淮盐高铁（徐州市区—宿迁—淮安—盐城高铁）、淮扬镇高铁（淮安市区—扬州—镇江市区高铁）、沪通城际铁路（上海市区至南通市区高铁，新建长江铁路大桥连接）。这些项目的建成使“均匀”贯穿苏北的高铁和高速公路快速交通束主骨架形成，大大缩短苏北尤其是徐州、淮安城市与上海市的时间距离。建立淮扬镇高铁，实际上是放大宁启铁路及环沪宁快速交通束功能，增强苏北与苏南快速交通联系能力。徐宿淮盐高铁、淮扬镇、沪通城际铁路是发挥苏北相对区位优势工程的重点，应尽早建成营运。应该指出，建成徐宿淮盐高铁、沪通城铁，使新亚欧大陆桥在徐州增加了一条连接上海的捷径，从而为北桥连接南桥“桥头堡”提供快速交通条件。

（2）快速建设苏北港口、机场。连云港港口是苏北港口的枢纽。加快深水大港、数字化口岸建设进程，重点抓好 10 万吨级以上码头改造和建设，尽早使连云港港口年吞吐量快速增长，尽快建成国际集装箱运输枢纽港。多渠道筹集资本建设淮安民用机场。完备和完善苏北已有民航机场设施，实现苏北空港口岸客货运输能力跨越式增长。

2. 高校聚集发展工程

苏北高校对苏北经济创新发展的作用远不及苏南高校对苏南经济创新发展的作用大，其根本原因是苏北高校发展不如苏南高校快，科研力量聚集力不强。发挥苏北高校及其研发力量对苏北产业和人力资源开发的优势，实施高校聚集工程势在必行。

（1）扩大苏北普通高校规模和提升办学内涵。苏北 25 所普通高校在办学规模上整体低于苏南普通高校，与其江苏省 44.84%人口占比即 3 100 万人对高等教育的需求很不相称。这是苏北普通高校扩大办学规模的基本依据。提升苏北普通高校办学内涵的重点是提升综合性大学和高等职业技术学院的办学内涵（见表 11-4）。

表 11-4　　苏北普通高校发展规模规划　　学生数单位：万人

	2007		2015		2020		2025	
	学校数	学生数	学校数	学生数	学校数	学生数	学校数	学生数
徐州市	7	11.38	9	12.5	5	13.2	5	15
连云港市	3	3.07	4	3.7	2	4.3	2	5
淮安市	6	6.44	7	6.5	5	7.3	5	9.5
盐城市	5	4.62	4	4.6	2	5.1	2	6
宿迁市	1	1.54	1	2.5	1	2.6	1	2.8
总计	22	27.5	25	29.8	15	32.5	15	38.3

（2）着力建设综合性大学和重点大学。在苏北普通高校中没有综合性大学，也仅有中国矿业大学一所重点大学。提升苏北普通高校群发展内涵，有必要在"十三五"规划时期通过高校合并和增加投入建立徐州大学（江苏师范大学、徐州医学院合并为徐州大学）、淮安大学（淮阴师范学院、淮阴工学院合并为淮安大学）、盐城大学（盐城师范学院、盐城工学院合并为盐城大学）等综合性大学，并适时引进人才，建设重点科研平台，将综合性大学建成省属重点大学。

（3）大力发展高等职业技术教育。举办高等职业技术教育是培训和开发苏北人力资源的适宜途径。应重点建设一批高等职业技术学院，并努力形成服务苏北发展特色。

（4）科学规划和建设普通高校群。普通高校群体现着普通高校数量和质量的区域密集状况及集聚效益提升程度，它是发挥普通高校研发力量聚集优势的区域性载体。应科学规划苏北普通高校发展的区域布局，在特大城市尤其应在徐州、淮安、盐城等市区扩大普通高校群规模，提高办学质量。

3. 农业产业化经营与龙头企业工程

苏北农业产业化经营涉及许多方面的问题，但其核心问题是龙头企业发展问题。应紧紧抓住这个核心问题，推动农业产业化龙头企业发展。

（1）扶持农业产业化经营中有竞争优势和带动力的龙头企业快速发展。龙头企业在苏北农业产业化经营中有所发展，但数量少，经济实力不强，需要着力给予扶持。应重点培育有带动力的龙头企业，使其具有大（经济规模大）、高（高技术水平、附加值）、外（外向型）、新（新产品）、多（多种所有制、多种经营形式）特点。尤其要打破行政区域界限并在优化资源的基础上，引导有竞争优势的龙头企业开发沿海滩涂和海洋经济资源。

（2）引导大中型工商企业进入苏北农业进行产业化经营和成为涉农龙头企业。引导非农企业成为苏北农业产业化经营的龙头企业至关重要。应因势利导地引导具有中长期投资能力、市场运作能力、国内外贸易渠道的大中型工商企业进入苏北农业领域，由它们发挥较高层次的龙头企业引领作用。由于苏北快速交通束的建成，引导国外、上海、苏南的大中型工商企业成为苏北农业产业化经营的龙头企业具有了现实可能性。这是壮大苏北农业产业化经营龙头企业的重要措施，应致力于开拓创新引领其发展。

4. 工业化与技术创新工程

工业化是苏北经济创新发展的必然选择。苏北经济与上海经济、苏南经济的差距使苏北工业获得低成本引进先进技术的有利条件和机遇。苏北工业化要利用有利条件和抓住机遇，实施技术创新工程。

（1）走新型工业化道路，大力实施技术创新。现代技术创新理论认为，创新就是“建立一种新的生产函数”，即把一种从来没有过的关于经济要素和生产条件的“新组合”引入生产体系中去。“新组合”有五种基本情况：引进新产品；采用新技术或新的生产方法；开辟新的市场；控制原材料的新供应来源；引入新的生产组织形式。①应按照现代技术创新理论要求，在苏北工业化进程中大力推动技术创新。

（2）推动城市工业技术创新。城市工业是苏北工业的主体。苏北城市工业化进程中的技术创新是第一位的。一是推动城市工业开发区和工业园区发展，引导工业企业（项目）向开发区和工业园区集聚，进行重新组合，培育工业技术创新增长极。二是对机械、化工、食品等资源优势行业进行生产要素和生产条件“新组合”，面向市场，引进新产品、先进技术，变资源潜在优势为技术创新优势。三是深化工业体制改革，推进产业组织市场化，培育大中型（集团）企业，避免“马歇尔冲突”，实现生产组织形式创新。四是与上海、苏南工业技术对接，市场对

① 熊彼特（Joseph A. Sthumpetev）提出了“创新”概念。但“创新”不同于“发明”，“发明”是为了改进设计、产品、工艺或制度而提出的思想、图纸或模型，而“创新”是指首次被引入工商业贸易活动的那些新产品、新工艺、新制度或新设备。

口，引进新技术或新的生产方法，生产工业产品的零部件、配套产品、扩延产品。五是创新工业企业与普通高校合作机制，充分发挥普通高校的工业技术创新动力源作用。

（3）引导农村工业技术创新。苏北农村工业主要表现为乡镇工业（县域工业）。乡镇工业技术创新不同于城市工业技术创新，其重心是生产要素和生产条件“新组合”的产品创新和市场创新。乡镇工业产品创新要充分重视开发“整体产品”和农业资源高效利用技术。乡镇工业的市场创新要着重开发市场信息资源和物流渠道，扩大市场份额和开辟新市场。

5. 地方政府经济职能转变和经济行为规范（行政发展）工程

在市场经济条件下，地方政府经济职能的转变和经济行为规范，对于发挥地方政府推动苏北经济创新发展优势具有十分重要的意义。

（1）实现地方政府经济调控职能的根本转变。由于受长期的计划经济体制影响，苏北一些地方政府程度不同的自觉或不自觉的履行着“旧职能”。这种状态必须从以下几方面予以改变：按照市场经济的要求，改善地方政府对行政区域经济调控的职能，撤销具体管理企业的职能；调整、减少综合经济管理部门和专业部门，建立综合调控部门，加强执法监督部门，培育和发展社会中介组织；推进地方政府机构组织、职能、编制、工作程序法定化；深化人事制度改革，引入竞争激励机制；创建吸收普通高校、科研院所的懂市场经济理论和科学技术的高职称、高学位人员以带职方式参与地方政府工作的新机制。

（2）规范地方政府经济行为。规范苏北地方政府经济行为是发挥地方政府推动发展优势的必然要求。规范苏北地方政府经济行为应做到：科学确定地方政府经济行为的内涵，即制定行政区域经济发展规划；提供部分公共产品，规划、培育行政区域经济的增长极；为实现充分就业创造条件，建立和完善市场秩序，运用经济杠杆参与经济运行；彻底改变地方政府调控经济运行的“文山”“会海”的行政方式；用依法规范行政程序推动经济创新发展。

（3）增强省级政府部门为苏北经济发展服务意识，积极支持苏北经济创新发展。苏北经济创新发展需要省级政府部门规划和支持。没有省级政府部门的推动，就难有苏北经济创新发展。省级政府部门应把推动苏北经济创新发展作为江苏经济创新发展的大局着力抓紧、抓实。

四、苏北经济创新发展追赶驱动力培育的政策选择

发挥苏北经济创新发展后发优势需要有政策支持。发挥苏北经济创新发展后发优势的政策包括江苏省地方政府为引导和调控苏北经济活动所采取的各项政策和有效组织苏北经济活动所采取的各种措施。由于遵循市场机制难以完全有效实现苏北

经济创新发展，发挥苏北经济创新发展后发优势的政策选择就具有特别的意义。

1. 发挥接受上海经济、苏南经济辐射相对区位优势的政策选择

区域经济发展梯度差的存在为苏北承接苏南、上海乃至长三角经济辐射、产业转移提供了先决条件。苏北资源优势突出，是生产成本、交易成本、行政成本、投资成本较低的区域。推动苏北经济创新发展，一定要有长三角的大视野①，一定要搭上长三角发展的“快速列车”，一定要培育苏北接受长三角经济辐射的相对区位优势。相对区位优势形成的基础是快速交通条件的根本改善。制定和实施构筑苏北和苏北与上海、苏南连接的快速交通束的政策，有利于苏北交通条件的根本改善。

（1）开放苏北快速交通束建设和经营政策。实行多种所有制企业建设和经营快速交通束体制，是发挥苏北相对区位优势的政策创新选择。中央、省、市政府是苏北快速交通束建设和营运的重要力量，应争取中央、省、市对苏北快速交通束投资增长的支持政策。要大力发展苏北民营快速交通束企业，制定和实施支持民营企业投资建设和经营快速交通束的切实可行的收益政策。

（2）中央、省级政府规划并组织设计，国有资本控股经营或民营苏北快速交通束的政策。高速公路和高速铁路是苏北快速交通束的基本组成部分，应得到快速发展。高速公路和高速铁路属于拥挤性公共物品，可以界定产权和独立经营。但是，高速公路和高速铁路不同于一般商品，其由政府组织规划和组织设计的属性是明显的。因此，苏北高速公路和高速铁路的建设和经营，在中央、省级政府统一规划并组织设计的条件下，既可以国有资本控股经营也可以民营，支持独立自主的建设和经营，要制定自负盈亏，自我发展政策。探索支持中央、省、市财政投入和民营资本投入的混合所有制企业参与快速交通束建设和经营的政策。

（3）筹集苏北快速交通束建设资本的政策。资本缺口大是制约苏北快速交通束建设的瓶颈。广开筹资渠道是一种现实选择。一是提高省投资比例，降低苏北地方筹资比例。二是拍卖部分线路附属土地营运权，以筹集建设资本。三是引进国外、省外资本。四是吸收银行资本和苏北社会闲置资本入股建设和营运。五是组建苏北快速交通束集团股份公司并上市融资。

（4）对新组建的苏北地方铁路股份公司给予财政政策支持。苏北地方铁路股份公司修建和经营苏北铁路如徐宿淮盐高铁、连盐高铁，淮扬镇高铁。苏北铁路先期投入大，资本回收期长。应实行省级财政应对苏北地方铁路股份公司的银行贷款给予财政贴息政策。

（5）对苏北的机场、港口建设、营运给予政策倾斜。一是降低地方政府对其建设的有关收费标准或减免部分费用。二是扩大向社会融资渠道。三是扩大经营自主权，允许浮动营运收费标准。四是增大财政资金投入或财政补助。

---

① 参见吴良镛《振兴苏北要有长三角视野》（http://jjmw.xzjw.gov.cn/ReadNews.asp? NewsID=575）。

2. 发挥高校促进产业发展和人力资源开发优势的政策选择

“三螺旋理论”认为大学是经济发展的主要知识资产，大学的聚集为企业的空间聚集提供不竭动力。必须制定和实施促进苏北普通高校及其研发力量聚集，产业创新和人力资源开发优势的政策。

（1）规划和引导普通高校及其研发力量在苏北特大城市和大城市聚集。普通高校聚集首先是一个规划问题。普通高校不宜分散布局。苏北新增普通高校应规划在普通高校已有很好发展的特大城市和大城市。在同一城市的普通高校校区也宜相对集中，建成大学聚集区、大学群。促进普通高校及其研发力量在苏北特大城市和大城市聚集的政策包括：省政府（教育厅）与市政府共建政策；在规划的大学聚集区、新建校区用地实行零价格或低价格供给，其地价差额由普通高校所在城市政府财政补贴；鼓励分散校区与主校区相邻企事业单位用地置换，并由省、市财政给予利益受损方补偿。

（2）在普通高校聚集区建大学产业园、科技城或科技产业区、科技一条街，为普通高校产学研结合和研发力量创办产业开拓市场。近年来，在中国出现的许多开发普通高校资源而建立的“科技一条街”“科技产业城”获得成功。苏北也应该走高校聚集区产业开拓“市场”之路。支持“科技城”“科技一条街”的政策内容是：统一规划，扶持规划区域主导产业；建立高新技术产业发展风险基金，支持高新科技产品开辟市场；维持正常市场秩序，保护知识产权；对普通高校兴办的产业给予部分税费减免。

（3）设立苏北普通高校群建设专项基金。该基金为省级财政对苏北特大城市和大城市已形成聚集优势的普通高校群建设加大投资力度的专项基金。苏北普通高校群具有的聚集优势对苏北经济创新发展具有动力源作用。在超常规的投资推动下，苏北普通高校群也会得到超常规发展。设立苏北普通高校群建设专项基金政策的内容是：将省级财政年增长额的1%~3%列为苏北普通高校群建设专项基金；有重点地投入苏北重点大学发展，支持适应苏北经济社会发展专业需求的普通高校的规模扩大、人才引进和重点专业建设；支持苏北高等职业技术学院为苏北经济社会发展定向培养人才。

3. 发挥农业产业化经营优势的政策选择

发挥农业产业化经营优势的关键是农业产业化经营中的农户利益保护和龙头企业壮大。首要的是要有创新农业产业化经营体制和培育龙头企业的政策。

（1）保护农户利益的政策。农业产业化经营的关键之一是利益与风险防范的协调。健全利益机制是农业产业化经营的核心，因而地方政府尤其是县、镇（乡）政府要在运用经济手段、法律手段、必要的行政手段的同时，积极运用好经济政策，以协调好农业产业化经营中的各种利益关系，例如实行保护价收购，扶持基地生产；推行合同管理，建立风险基金；建立和完善监督约束机制，以及龙头企业对农户的资金扶持、无偿低偿服务、平价生产资料等“非市场安排”，以保护农民利益。

（2）发展龙头企业的政策。龙头企业是以农产品基地生产的原料为加工、流通对象，并与农产品基地的经营者为利益共同体的企业。培育和发展龙头企业是发挥苏北农业产业化经营优势的又一关键措施，因而政府应给予优惠政策：坚持多种生产资料所有制共同发展，谁有能力谁牵头，谁当龙头扶持谁的原则，大力扶持发展快的龙头企业；对财政支农资金、扶贫资金、国家拨给的农业综合开发资金统筹安排，集中使用于具有“大（规模大）、高（高新技术、高附加值）、外（外向型）、新（新产品）”特点的龙头企业；指导符合条件的龙头企业上市，培育省级、市级重点龙头企业。

（3）培育农村经纪人队伍政策。农村经纪人在市场经济中为解决苏北农产品“卖难”问题大显身手，已成为搞活苏北农产品流通的生力军。苏北地方政府应有着力培育农村经纪人队伍的扶持政策：支持苏北高校举办农村经纪人专业和短训班的财政政策；扶持农村经纪人信贷的金融政策。

（4）地方政府的扶持政策。苏北农业产业化经营仍处于起步阶段，自我发展的能力还比较脆弱，在市场竞争中往往处于不利地位，因而需要地方政府的政策支持。一是争取国家和省、市政府给予政策扶持，如低利率甚至贴息贷款的信贷支持，对农业合作社和农户各种贷款扶持；对农业产业化经营项目在税收减免方面实行一定的优惠政策；对农业产业化经营中市场开拓力强的外向型企业给予自营出口权。二是对大中型工商企业投资开发苏北农业和跨行业、跨地区、跨所有制的农业产业化经营企业（企业集团）给以政策扶持，如对其农业产业化经营部分涉及市场、通信、交通基础设施方面给予优先立项建设。三是县、镇（乡）政府在职能范围内，要对农业产业化经营尤其农副产品加工项目给予优先扶持和在配套条件方面给予优惠政策。

4. 发挥工业技术性后发优势的政策选择

技术进步是提高生产效率和资源配置效率的主要途径，是苏北工业化进程的一项基本内容。实施推进技术进步，发挥苏北工业技术性后发优势的政策尤为必要。

（1）拓宽苏北工业科技投入渠道。资本不足是发挥苏北工业技术性后发优势的制约瓶颈，应首先从政策上给予扶持。一是引导增加地方政府财政和企业对苏北工业技改的投入，并使增长幅度高于财政收入和企业资本积累的增长幅度。二是设置苏北工业技术创新研究项目基金、高新技术开发基金、风险投资基金和产业化基金，以帮助苏北工业进行技术开发和产业发展。三是建设投资软环境，吸引国内外资本向苏北工业技改投入。

（2）以优惠政策扶持苏北工业企业 R&D 中心。支持苏北大、中型工业企业建立 R&D 中心，是苏北工业技术创新的需要。R&D 中心的建立和发展需要优惠政策的扶持，如出台鼓励工业企业增加 R&D 投入政策，尤其要鼓励将 R&D 资源放在企业自身的核心竞争力上面，鼓励把 R&D 活动与加工制造和市场营销更紧密地联系起来，充分利用外部技术资源，以求实现苏北工业技术创新的“事半功倍”效果。

（3）扶持工业企业成为技术创新主体的政策。苏北工业化中的复制效应、跨越效应和递增效应都是工业企业技术创新行为的结果，因而扶持工业企业成为技术创新主体的政策尤其必要。扶持政策主要是：扶持徐州重型机械集团、维维奶业集团等大型企业建立开放型科研机构和技术开发中心，瞄准市场潜力大的高新技术和产品，加大技术开发力度和科研成果转化速度；扶持民营企业走科技创新之路，使其成为苏北工业技术创新的生力军；扶持科研事业单位以不同形式进入企业或改组为与企业合作的技术开发研究机构，以增强苏北工业技术创新实力。

5. 发挥地方政府推动优势的政策选择

区域不是孤立、静态的单一空间实体，而是时刻处于由各种经济要素相互联系、动态发展的多层次空间结构体系中。区域经济联系的主要内容是各种商品、信息、能量等经济要素的交流，直接表现为人流、货流、资本流、技术流、信息流，但在规模、方向选择上具有明显的区际差异。泛长三角区域合作背景下的苏北经济创新发展，需要发挥地方政府推动优势的政策创新。苏北经济创新发展的地方政府推动主要是江苏省政府及其苏北的市、区、县（县级市）、镇（乡）政府推动。对于苏北发展来说，地方政府推动是一种后发优势。这种后发优势主要表现为发展苏北经济的政策创新。

（1）产业政策。苏北产业政策包括产业结构政策、产业组织政策、产业技术政策和产业布局政策，其重心是调整产业结构，加快工业化进程。苏北产业结构政策的实质是产业非均衡发展政策，要依托机械、化工、食品等优势行业，构筑苏北工业化的制造业体系；要以商贸流通、旅游为龙头，以信息服务、房地产为重心，加快发展第三产业。苏北产业组织政策的主要内容是：正确处理“马歇尔冲突”，鼓励竞争，反对垄断，大力扶持中小企业发展；限制竞争，促进集中，着力实施大公司（集团）发展政策和直接规制政策。苏北产业技术政策的直接目的是推动苏北用较短的时间完成由传统技术向现代技术的转变，实现跨越式发展；对苏北产业科技力量进行新技术、新产品、新工艺研究与开发给予政策扶持；对苏北产业技术引进和消化给予政策支持；给苏北高新技术产业给予政策鼓励。苏北产业布局的关键是培育增长极，要通过工业布局，资本、技术、普通高校聚集，城市化，实现非均衡跨越式发展。苏北产业政策是一种对苏北产业发展有积极引导和显著目标导向作用的政策，应注意实施它的阶段性特点。产业政策的一个重要方面是农业发展政策。农业资源和农业是苏北的基础资源和产业，要给予支持发展政策倾斜，如对增加农业基础设施建设投入，调整农业产业结构和转移农业剩余劳动力给予政策倾斜。

（2）资本投入政策。解决苏北资本短缺的资本投入政策涉及苏北储蓄和贷款的政策支持。在相当长时期，根据哈罗德-多马模型理论，苏北资本形成的一个重要来源是苏北储蓄。要大力支持苏北农村信用合作社和村镇银行发展，支持其浮动储蓄贷款利率。可以设立地方政府支持的农村信用合作社和村镇银行信用风险基金，运用经济杠杆实现苏北农村储蓄本地信贷最大化。对苏北城市储蓄转化为苏北工商业投资给予政策支持。对苏北储蓄转化为域外资本进行必要的规制政策，以缩小苏北储蓄转化为苏北工商投资与苏北储蓄转化为域外资本的差额。试点鼓励银企关系发展和商业银行向苏北增放贷款政策。

（3）地方政府的财政政策。地方政府的财政政策在相当长的时期是影响发挥苏北经济创新发展后发优势的举足轻重的政策。苏北地方政府的财政政策的一个重要内容就是特殊的财政投融资政策安排。财政投融资是以政府信用为基础，不以营利为目的，采取投资或融资方式将资本投入到特定的需要发展的社会经济领域的政府金融活动，是政府财政行为的重要组成部分，其主要形式为贷款贴息、股权投资、债权投资和担保、贴现、利息补贴等。财政投融资可以从一个重要方面解决苏北经济创新发展的资本短缺问题。财政投融资的资本具有有偿性，应集中用于苏北有一定经济效益而商业性投融资难以进入的项目，如基础产业、主导产业、快速交通束、城市拥挤性公共物品及其基础设施建设等。由于财政投融资的特殊性质和功能，其应成为推动苏北经济创新发展的地方政府的重要政策选择。

（4）人力资源开发政策。发挥苏北经济创新发展后发优势，从根本上说是如何推动农村人力资源开发和人力资本形成的问题。苏北农村具有丰富的人力资源，对其开发的主要形式是教育，教育的发展促进人力资本形成。苏北人力资源开发政策的主要内容包括：推动普通高校尤其是综合型大学和高等职业技术学院超常规发展，重点建设（拟建）徐州大学、淮安大学、盐城大学；办好基础教育，推行终身教育；对企业人力资源开发给予政策支持；建设人才软环境，积极引进和用好人才。人力资源开发政策包括推动苏北劳动力向长三角经济区流动政策支持。苏北经济与长三角经济之间的经济要素尤其是劳动力的流动具有重要意义。推动苏北农村劳动力向长三角经济区流动是苏北经济创新发展的重要经验和路径，应创新政策引导扩大苏北劳动力向苏南流动。①

（5）城镇化政策。推动苏北城镇化需要有效的政策支持。一是适时进行苏北特大城市行政区划调整和给予其城市经营自主权，并按照市场经济条件下效益优先的原则，支持有竞争和发展潜力的城市超常发展。二是实行鼓励乡镇企业在城镇适度集中发展、合理布局政策，推动城镇经济发展。三是加快城镇户籍制度改革进

---

① 江阴市同睢宁县劳动保障部门建立了南北合作劳务对口协作制度，既帮助睢宁县农村劳动力的定向有序转移，又为经济发达的江阴市提供了充裕的具备劳动技能和素质的劳动力。省政府大力开展对苏北农民的技能培训，把农村劳动力的技能培训作为促进农村劳动力转移的重要举措来抓，促进苏北农村劳动力转移（参见《江苏：近10万苏北劳动力有序涌入江阴》，江苏农业信息网，2006-11-27）。

程，降低进入城市、城镇门槛，让进入城市、城镇的农民在就业、子女入学等方面享有与同城城镇居民同等的待遇。

第二节　苏北乡镇经济基本竞争力分析

进一步缩小苏北经济与苏南经济的发展差距，提升苏北乡镇经济基本竞争力具有重要意义。乡镇经济是最低行政等级的行政区域经济种类，是苏北县域经济的重要组成部分。苏北乡镇经济创新发展为苏北经济追赶苏南经济提供强力支撑。提升苏北乡镇经济基本竞争力，有利于促进苏北乡镇经济创新发展。

一、苏北乡镇经济基本竞争力的评价指标与评价方法

指标体系的设计需兼顾科学性和可操作性原则。科学性原则是评价工作得以进行的前提和基础，然而可操作性原则在评价工作中的重要性也不容忽视，尤其是当研究对象是行政区域经济的最小单元乡镇时，可操作性原则更需重视。

1. 评价指标

在设计评价指标体系时应考虑数据的可获取性，否则即使理论上能够反映乡镇经济基本竞争力的某些特征，但实际评价工作中缺乏与之相对应的数据，这样的指标也是不可取的。因此，在科学性原则的指导下，结合数据的可获取性因素，设计指标体系见表 11-5 所示。选取总人口、土地面积、人口密度、从业人员、财政收入、人均财政收入、粮食产量、单位耕地粮食产量、人均粮食产量 9 个指标对苏北 514 个乡镇经济板块的综合竞争力进行评价。

表 11-5　　　　苏北乡镇经济综合竞争力评价指标体系

序号	指标	单位	指标意义
1	总人口	人	自然条件
2	土地面积	公顷	
3	人口密度	人/平方公里	
4	从业人员	人	经济水平
5	财政收入	万元	
6	人均财政收入	元	
7	粮食产量	吨	农业生产力
8	单位耕地粮食产量	千克/公顷	
9	人均粮食产量	千克/人	

对于评价指标的选取需要进一步说明：从理论上讲，影响乡镇经济基本竞争力的因素包括地方政府作用、自然条件、经济水平等几个方面，评价指标的选择应该包含这些因素。但官方统计年鉴公布的乡镇数据仅包括总人口、从业人员、土地面积、耕地面积、财政收入、粮食产量6个直接指标；通过计算，演化出人口密度、人均财政收入、单位耕地粮食产量、人均粮食产量、从业人员比率5个间接指标。在可获取数据的约束下，最大限度地体现乡镇经济基本竞争力状况，以总人口、土地面积、人口密度3个指标反映自然条件因素，以从业人员、财政收入、人均财政收入3个指标反映经济水平。假设各乡镇政府作用力相当，故在指标体系设计时忽略该因素。考虑农业生产在大部分乡镇中仍占主导地位，故增加农业生产力条件，用粮食产量、单位耕地粮食产量、人均粮食产量3个指标来反映。受数据获取因素的影响，指标体系设计不够完美，但为了更好地对乡镇经济基本竞争力进行评价，在对乡镇经济综合竞争力评价的基础上，我们用人口密度、财政收入、人均财政收入、从业人员4个单项指标进行拓展分析。

2. 评价方法

借助SPSS软件采用因子分析法对苏北5市514个乡镇的数据进行分析，评价乡镇经济综合竞争力并排序。同时，用人口密度、财政收入、人均财政收入、从业人员比率等4个单项指标进行排序。评价乡镇经济综合竞争力的具体方法如下：

（1）利用SPSS软件因子分析法提取变量，计算因子得分，并利用公式1计算公因子权重W，具体计算结果如表11-6所示。

$$W_i = \lambda_i / \sum_{i=1}^{4} \lambda_i \qquad (1)$$

上式中，λ_i 表示公因子Fi的贡献率。

表11-6 公因子F的贡献率及其权重 单位：%

公因子	贡献率	累计贡献率	公因子权重
F1	37.030	37.030	41.875
F2	26.358	63.389	29.807
F3	13.429	76.818	15.186
F4	11.613	88.431	13.132

（2）根据因子得分和因子权重计算514个乡镇的综合竞争力Z：

$$Z_i = \sum_{j=1}^{4} F_{ij} W_{ij} \quad i = 1, 2, \cdots, 514 \qquad (2)$$

上式中，Z_i 表示第 i 个样本乡镇综合竞争力得分，F_{ij} 为第 i 个乡镇的第 j 个公因子，W_{ij} 为第 i 个乡镇的第 j 个公因子的权重。

（3）评价结果

采用上述方法，用2012年数据对苏北514个乡镇经济综合竞争力进行评价并排序，结果如表11-7所示。限于篇幅有限，仅列出排名前20的乡镇。

表11-7　　苏北乡镇经济综合竞争力前20名排名（2012）

排名	乡镇名称	综合指数	排名	乡镇名称	综合指数
1	沭城镇	3.809 896	11	阜城镇	1.573 523
2	东台镇	2.908 04	12	近湖镇	1.570 624
3	众兴镇	2.850 968	13	东坎镇	1.465 75
4	合德镇	2.540 129	14	马坝镇	1.432 121
5	铜山镇	2.418 961	15	沛城镇	1.323 463
6	青阳镇	2.226 235	16	新安镇	1.311 739
7	海河镇	1.905 625	17	新安镇	1.260 189
8	上冈镇	1.889 813	18	平明镇	1.242 55
9	大中镇	1.804 17	19	滨淮镇	1.235 642
10	睢城镇	1.590 512	20	运河镇	1.190 175

数据来源：根据《江苏统计年鉴（2013）》中相关数据计算整理。

（1）苏北乡镇综合竞争力排名。从评价结果来看，排名进入百强的乡镇分布情况为：徐州市32个（市辖区8个、邳州市3个、丰县4个、沛县5个、睢宁县7个、新沂市5个）、连云港市11个（市辖区2个、东海县4个、赣榆县2个、灌南县1个、灌云县2个）、淮安市16个（市辖区3个、盱眙县8个、洪泽县2个、金湖县3个）、盐城市36个（市辖区6个、滨海县6个、东台市6个、大丰市3个、阜宁县4个、射阳县5个、建湖县3个、响水县3个）、宿迁市5个（市辖区2个、沭阳县1个、泗洪县1个、泗阳县1个）。苏北各市进入苏北综合竞争力百强镇的乡镇占苏北各市所辖乡镇的比率（市辖进入综合竞争力百强镇的乡镇数量/市辖乡镇总量）为：徐州市28.07%、连云港市13.25%、淮安市13.79%、盐城市36.36%、宿迁市4.81%。

（2）苏北乡镇单项指标排名。从综合竞争力排名情况可以把握乡镇经济发展的总体状况。此外，人口密度、财政收入、人均财政收入、从业人员比率等单项指标也可以在一定程度上反映出乡镇经济发展某一侧面的状况，故仍采用2012年数据对苏北514个乡镇的人口密度、财政收入、人均财政收入、从业人员比率四个单项指标进行排序，结果如表11-8所示。限于篇幅有限，仅列出各单项指标排名前20的乡镇。

表 11-8　　　　　　苏北乡镇各单项指标前 20 名排名（2012）

指标 排名	人口密度	财政收入	人均财政收入	从业人员比率
1	淮城镇	铜山镇	钵池乡	三河镇
2	涟城镇	东台镇	铜山镇	近湖镇
3	运河镇	大中镇	凤城镇	黎城镇
4	铜山镇	凤城镇	城南乡	马坝镇
5	蒋坝镇	沭城镇	徐杨乡	高公岛乡
6	新安镇	近湖镇	朝阳镇	双塘镇
7	王营镇	运河镇	西顺河镇	仁和镇
8	睢城镇	沛城镇	燕尾港镇	东双沟镇
9	近湖镇	新安镇	利国镇	沟墩镇
10	响水镇	徐杨乡	大黄山镇	庆安镇
11	青口镇	睢城镇	大屯镇	高良涧镇
12	南城镇	大庙镇	青山泉镇	瓦窑镇
13	伊山镇	大屯镇	侍庄乡	张圩乡
14	北沟镇	东坎镇	宁海乡	徐杨乡
15	沛城镇	利国镇	大庙镇	燕子埠镇
16	牛山镇	青口镇	蒋坝镇	陇集镇
17	黎城镇	洋河镇	范集镇	大彭镇
18	阜城镇	青山泉镇	花果山乡	邢楼镇
19	徐杨乡	大吴镇	马坝镇	仇集镇
20	沙集镇	钵池乡	戴楼镇	罗圩乡

从评价结果来看，各单项指标排名进入百强的乡镇分布情况为：

1. 人口密度。徐州市 28 个（市辖区 6 个、邳州市 5 个、丰县 2 个、沛县 9 个、睢宁县 3 个、新沂市 3 个）、连云港市 18 个（市辖区 1 个、东海县 2 个、赣榆县 8 个、灌南县 2 个、灌云县 5 个）、淮安市 23 个（市辖区 13 个、盱眙县 1 个、洪泽县 3 个、涟水县 5 个、金湖县 1 个）、盐城市 9 个（市辖区 1 个、滨海县 1 个、东台市 1 个、大丰市 1 个、阜宁县 2 个、建湖县 1 个、响水县 1 个、射阳县 1 个）、宿迁市 22 个（市辖区 8 个、沭阳县 9 个、泗洪县 1 个、泗阳县 4 个）。苏北各市进入人口密度百强镇的乡镇占苏北各市所辖乡镇的比率（市辖进入苏北人口密度百强镇的乡镇数量/市辖乡镇总量）为：徐州市 24. 56%、连云港市 21. 69%、淮安市 19. 83%、盐城市 9. 09%、宿迁市 21. 15%。

2. 财政收入。徐州市 34 个（市辖区 12 个、邳州市 7 个、丰县 2 个、沛县 7 个、睢宁县 2 个、新沂市 4 个）、连云港市 12 个（市辖区 2 个、东海县 1 个、赣榆县 3 个、灌南县 3 个、灌云县 3 个）、淮安市 14 个（市辖区 6 个、盱眙县 3 个、洪泽县 1 个、涟水县 1 个、金湖县 3 个)、盐城市 32 个（市辖区 3 个、滨海县 5 个、东台市 8 个、大丰市 3 个、阜宁县 3 个、射阳县 3 个、建湖县 4 个、响水县 3 个)、宿迁市 8 个（市辖区 3 个、沭阳县 2 个、泗洪县 2 个、泗阳县 1 个)。苏北各市进入财政收入百强镇的乡镇占苏北各市所辖乡镇的比率（市辖进入苏北财政收入百强镇的乡镇数量/市辖乡镇总量）为：徐州市 29.82%、连云港市 14.46%、淮安市 12.07%、盐城市 32.32%、宿迁市 7.69%。

3. 人均财政收入。徐州市 31 个（市辖区 12 个、邳州市 6 个、丰县 1 个、沛县 5 个、睢宁县 1 个、新沂市 6 个)、连云港市 14 个（市辖区 6 个、东海县 1 个、赣榆县 3 个、灌南县 2 个、灌云县 2 个)、淮安市 30 个（市辖区 8 个、盱眙县 8 个、洪泽县 5 个、涟水县 1 个、金湖县 8 个)、盐城市 18 个（滨海县 1 个、东台市 5 个、大丰市 3 个、阜宁县 2 个、建湖县 5 个、射阳县 2 个)、宿迁市 7 个（市辖区 4 个、沭阳县 2 个、泗洪县 1 个)。苏北各市进入人均财政收入百强镇的乡镇占苏北各市所辖乡镇的比率（市辖进入苏北人均财政收入百强镇的乡镇数量/市辖乡镇总量）为：徐州市 27.19%、连云港市 16.87%、淮安市 25.86%、盐城市 18.18%、宿迁市 6.73%。

4. 从业人员比率。徐州市 31 个（市辖区 4 个、邳州市 9 个、丰县 4 个、沛县 3 个、睢宁县 7 个、新沂市 4 个)、连云港市 9 个（市辖区 5 个、东海县 1 个、赣榆县 1 个、灌云县 2 个)、淮安市 34 个（市辖区 9 个、盱眙县 5 个、洪泽县 8 个、涟水县 8 个、金湖县 4 个)、盐城市 7 个（市辖区 2 个、大丰市 1 个、阜宁县 1 个、射阳县 1 个、建湖县 2 个)、宿迁市 19 个（市辖区 5 个、沭阳县 6 个、泗洪县 4 个、泗阳县 4 个)。苏北各市进入从业人员比率百强镇的乡镇占苏北各市所辖乡镇的比率（市辖进入苏北从业人员比率百强镇的乡镇数量/市辖乡镇总量）为：徐州市 27.19%、连云港市 10.84%、淮安市 29.31%、盐城市 7.07%、宿迁市 18.27%%。

二、苏北乡镇经济基本竞争力的不平衡性

农业经济是苏北经济的基础。以农业经济为基础的乡镇经济是苏北农村经济的基本组成部分。苏北 5 个市域经济板块的 514 个乡镇经济板块发展不平衡。苏北百强镇指标强度分析可能描述出苏北乡镇经济发展的不平衡性。

1. 苏北百强镇指标强度分析

苏北百强镇指标强度描述的是各市进入百强镇的乡镇数量占各市所辖乡镇数量的比率，包括综合竞争力强度、人口密度强度、财政收入强度、人均财政收入强度、从业人员比率强度五项，各指标强度具体含义如下：

综合经济竞争力强度=市辖进入综合竞争力百强镇的乡镇数量/市辖乡镇总量

人口密度强度=市辖进入人口密度百强镇的乡镇数量/市辖乡镇总量

财政收入强度=市辖进入财政收入百强镇的乡镇数量/市辖乡镇总量

人均财政收入强度=市辖进入人均财政收入百强镇的乡镇数量/市辖乡镇总量

从业人员比率强度=市辖进入从业人员比率百强镇的乡镇数量/市辖乡镇总量

百强镇指标强度可以反映出一个市下辖所有乡镇在综合竞争力或单项指标方面经济发展的整体状况，易于进行市与市之间的比较，从而对苏北五市百强镇指标强度进行对比，如图 11-3 所示。

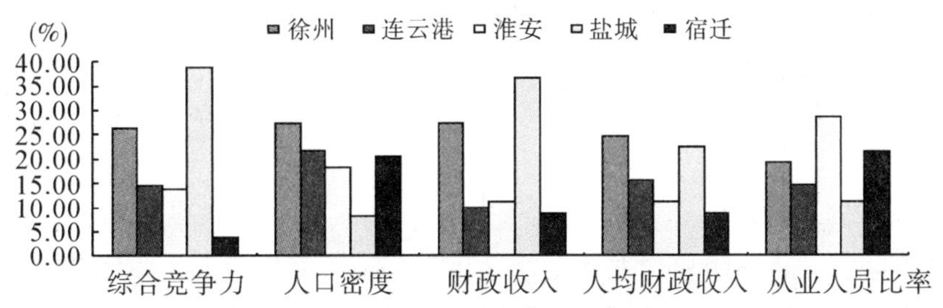

图 11-3　苏北各市百强镇强度对比图（2012）

综合竞争力强度由高到低依次为：盐城市、徐州市、淮安市、连云港市、宿迁市，且盐城市优势明显；人口密度强度由高到低依次为：徐州市、连云港市、宿迁市、淮安市、盐城市；财政收入强度由高到低依次为：盐城市、徐州市、连云港市、淮安市、宿迁市；人均财政强度由高到低依次为：徐州市、淮安市、盐城市、连云港市、宿迁市；从业人员比率强度由高到低依次为：淮安市、徐州市、宿迁市、连云港市、盐城市。

此外，从各项排名进入百强镇的乡镇数量的绝对值考察，各市所辖乡镇综合竞争力进入百强镇的数量由高到低依次为：盐城市、徐州市、淮安市、连云港市、宿迁市；各市所辖乡镇人口密度进入百强镇的数量由高到低依次为：徐州市、淮安市、宿迁市、连云港市、盐城市；各市所辖乡镇财政收入进入百强镇的数量由高到低依次为：徐州市、盐城市、淮安市、连云港市、宿迁市；各市所辖乡镇人均财政收入进入百强镇的数量由高到低依次为：徐州市、淮安市、盐城市、连云港市、宿迁市；各市所辖乡镇从业人员比率进入百强镇的数量由高到低依次为：淮安市、徐州市、宿迁市、连云港市、盐城市。

2. 苏北乡镇经济基本竞争力的不平衡性

受到指标选取的限制，评价体系可能存在一定的缺陷，对分析和评价工作造成了一定的影响。但在现有数据条件下，科学、客观的分析苏北 514 个乡镇经济板块发展的总体及主要单项指标情况，可以得出以下结论：

（1）徐州与盐城两市乡镇经济发展处于领先地位。在考察的五个强度指标中，徐州市在人口密度和人均财政收入两个强度上位列第一，在综合竞争力和财政收入两个强度上位列第二；盐城市在综合竞争力和财政收入两个强度上位列第一，在人均财政收入强度上位列第二；从各项排名进入百强镇的乡镇数量绝对值来看，盐城市在综合竞争力和财政收入两项上位列第一，徐州市在人口密度上位列第一、其他四项位列第二。可见，在苏北五市中，徐州与盐城乡镇经济发展优势明显；两市要保持现有优势，应不断为乡镇经济发展注入新的动力。

（2）淮安市乡镇经济发展势头强劲。淮安市在人均财政收入和从业人员比率两项排名中进入百强镇的乡镇绝对量排在第一位，从业人员比率强度亦处于第一位。较高的人均财政收入既可以确保居民的较高福利，一定程度上体现了居民的富裕程度，又可以增强政府推动乡镇经济发展动力；较高的从业人员比率反映了乡镇经济发展所需的劳动力资源比较丰富。有理由相信，淮安市乡镇经济快速发展的步伐势不可挡。

（3）连云港与宿迁两市乡镇经济优势不明显。从分析结果来看，连云港与宿迁两市乡镇经济优势不明显，尤其是宿迁市，多项排名位置偏后，在苏北五市乡镇经济发展中相对落后。两市需探索发展路径，寻求突破，加快推动乡镇经济发展的步伐。

此外，通过分析发现，综合实力较强的盐城市在人口密度强度与从业人员比率强度排名上都在末位，而实力相对较弱的宿迁市在这两项排名上位置靠前。这种排名分布情况是否说明人口密度与从业人员比率和经济发展成负相关关系。一般地说，人口密度较高、从业人员比率较高的经济比较发达，而这里的分析结果恰恰相反。思考其原因，或许因为这个结论更适合解释城市经济发展状况，而不适合解释乡镇经济。乡镇经济具有一定的特殊性，人口密度高、从业人员比率高在一定程度上说明该区域人口过剩，城镇化水平偏低。过多的农村人口势必影响经济的发展，较低的城镇化水平一般伴随着较低的经济发展水平。这种理解或可在一定程度上解释人口密度、从业人员比率与经济发展成负相关关系的原因。但这种分析仅是定性的描述，缺乏定量分析及大量数据的支持，是否具有合理性有待进一步探讨。但是，引导农村人口合理流动和转移，不断提高城镇化水平是乡镇经济发展的必然选择，也是推进乡镇经济发展的动力。

第三节　农村人力资源开发与苏北经济创新发展追赶驱动力的培育

农村人力资源开发是苏北经济创新发展追赶驱动力培育的关键。国内外经济发展的历史表明，通过人力资本投资，不断提高人力资源的素质是经济创新发展的主要源泉。苏北经济创新发展在江苏经济中处于相对落后水平，苏北农村经济创新发展更是滞后。加快苏北经济创新发展必须培育其核心竞争力，这是江苏省全面建设小康社会，率先基本实现现代化的内在要求。区域经济发展状况主要取决于其自然资源、人力资源的数量、质量以及制度的效率，其中尤以人力资源素质的影响越来越凸显其重要性。着力开发农村人力资源，是苏北经济核心竞争力培育和实现经济创新发展的重要路径。

一、人力资源开发与苏北经济创新发展

人力资本是苏北经济创新发展的重要动力。除了人力资本与农业部门劳动生产率提高密切相关外，农村人力资源向人力资本的转化还直接影响城镇化发展。从历史发展来看，随着工业化、城镇化进程加速，农村人力资源必然向城市、城镇流动，成为影响城市、城镇经济创新发展的重要力量。

1. 人力资源开发的理论基础

现代西方人力资本理论形成于20世纪60年代，其理论研究成果能为苏北农村人力资源开发提供理论支持。美国经济学家西奥多·W.舒尔茨（Theodove W. Schultz，1961）最早提出关于人力资本理论。舒尔茨认为，人口的教育和健康水平与劳动生产率密切相关。舒尔茨在长期的农业经济研究中发现，从20世纪初到20世纪50年代，促使美国农业生产量迅速增加和农业生产率提高的重要原因已不是土地、劳动力数量或资本存量的增加，而是人的知识、能力和技术水平的提高。受过教育的农民更有可能采用新技术，其产出和收入要比没受过教育的农民高很多。

1995年诺贝尔经济学获得者、理性预期学派的代表罗伯特·卢卡斯（Lucas，Robert. E，1981）认为：现实经济是以不完全竞争为条件的，因而规模收益由于人力资本的积累而递增。专业化的人力资本不仅能使自身的收益递增，而且还可以使其他投入要素的收益递增（即水平效应），从而使经济增长动态化、长期化。

古典和新古典主义的二元发展理论对人力资源开发进行了较多研究。20世纪50~60年代，具有明显古典主义色彩的一些经济学家探讨了欠发达国家的经济发展问题，希望通过对社会劳动力重新配置，使过剩的农业劳动力转移到工业部门，从而实现经济持续增长。最为著名的是刘易斯模型和费景汉-拉尼斯模型。他们以欠发达国家和地区的发展经验为基础，大量运用微观经济学基本理论和计量经济学的方法来描述二元经济的结构转变过程，从而形成了费景汉-拉尼斯模型。该模型试图证明，通过劳动力从农业部门向工业部门的转移，可以完全实现商品化和使经济不断发展。

凯恩斯主义的二元发展理论也研究了人力资源的重要性。在20世纪80年代，许多学者试图将凯恩斯理论融入二元经济发展框架。二元发展理论是研究发展中国家农业部门和工业部门吸收剩余劳动力过程的模型和理论，对研究苏北城镇对农村剩余劳动力的吸纳、城乡劳动力就业和协调发展具有重大意义。遵循市场经济规

律，城市工业和非生产部门（第三产业）可成为吸收农村人力资源的重要路径。

2. 开发农村人力资源是苏北经济创新发展的现实需要

苏北经济创新发展的关键是农村人力资源的开发。农民是苏北经济创新发展的重要人力资源。从社会主义新农村建设的需要来看，生产发展、生活宽裕、乡风文明、村容整洁、管理民主都是要以农民为主体的。提高农民素质为社会主义新农村建设提供强大的智力支持和人才保障，具有重大现实意义。经济创新发展是社会主义新农村建设的基础保障条件，因而加强农村人力资源开发，是苏北经济创新发展最核心的内容。

（1）建设苏北城镇经济轴对人力资本的需求增加。区域经济发展与城镇化进程是相互促进的统一过程，而城镇经济轴建设可以将二者有机结合，通过区域非均衡发展使相对落后的苏北经济在相对较短时期快速发展。随着产业结构升级，苏北经济必然产生对人力资本的大量需求，而要满足这一需求只能依靠本区域的农村劳动力供给。因此，农村人力资源能否顺利向人力资本转换成为苏北城镇经济轴建设的重要环节。只有加强人力资源开发，提供人力资本的有效供给，才能为承接产业转移和产业结构升级提供智力支持，从而推动城镇经济轴建设，实现经济创新发展。

（2）农业产业化经营对高素质农民的需求增加。农业产业化是在市场经济条件下，在农村家庭联产承包、双层经营体制基础上，进行农业生产规模发展的组织经营形式，是苏北实现农业现代化、市场化、农民增收、农村富裕的最优化路径。农业产业化项目生产的集中化、专业化、经营一体化、服务社会化的特征，对农民自主经营能力提出了更高的要求。农民能否尽快把握多样化的新知识、新技术，成为苏北能否实现农业现代化的决定因素。农业产业化经营对农民提出了高素质要求。

（3）劳动力区际转移对人力资源开发的需求增加。长三角经济的快速发展，使苏北青年农民的价值观得到转变，多数青年农民已不满足于父辈被束缚于土地上和仅有微薄收入的生活方式，而是通过区域流动实现个人收入的最大化和个人价值的提升。据统计，在2006年，苏北农村劳动力累计转移人数为629.66万人，占农村劳动力总量的51.12%。2006年苏北新增转移人数40.30万人①，2012年，苏北常住人口2 978.8万人，户籍人口3 416，差额为437.2万人。②在城镇获得的收入成为苏北农民的重要收入来源。但是，农民转移过程中也显现出一些突出矛盾，如转移劳动力平均受教育年限大致为初中毕业，没有接受培训的比例过半。另外，苏北的转移劳动力从事农业的比例高于苏南，从事服务业及其他行业的比例低于苏南。苏南的转移劳动力从事服务业最多，其次是工业和建筑业；而苏北的转移劳动力从事农业的比例达到9.2%。因此，劳动力的区际转移对文化素质和技术有较多要

① 参见《2006年江苏劳动力转移在高平台上取得新进展》，http://www.sina.com.cn。

② 数据来源于《江苏统计年鉴（2013）》。

求，这也就增大了对人力资源开发的需求。

3. 苏北农村人力资源开发的主要困难

苏北农村人力资源开发的主要困难是投资不足。开发苏北人力资源投资的二元结构性特征十分突出。由于历史的原因，省、市将人力资本投资的重点放在城市，对农村的人力资本投资严重不足，导致城乡人力资本差距不断扩大，并因此弱化了农村劳动力的竞争力，阻碍了农村经济劳动生产率的快速提高。1994 年的分税制改革进一步强化了这种趋势：一方面，进一步将农村人力资本投资的责任推给中国农村的最低一级的地方政府——乡镇政府；另一方面，财政权不断上收，农村地方政府的财政来源受限。这直接导致苏北农村人力资源开发困难。人力资本投资，有利于提高自然资源的利用效率，提高其劳动生产率，从而加快农村经济创新发展。通过人力资本投资，增加人力资本存量，促进劳动者知识、技术、能力不断提高，从而降低生产成本、提高经济效益、增强农村经济竞争力，促进区域经济更快发展。因此，加大农村人力资本投入力度，特别是加大江苏省、苏北各市地方财政对农村人力资本开发的投资，有利于农民减负增收，加快农村剩余劳动力转移步伐，从而推动农村经济创新发展。江苏省农村劳动力转移从事行业的区域比较见表 11-9。

表 11-9　　江苏省农村劳动力转移从事行业的区域比较　　单位:%

行业	苏南	苏中	苏北
农业	0	1.2	9.2
工业	44.8	34.8	35.5
建筑业	7.8	23.2	26.9
服务业及其他	47.4	40.9	28.4

二、农村人力资源开发与苏北经济创新发展的追赶驱动力培育

鉴于农村数据搜集中遇到的困难，我们以县域经济为分析基本经济单位，虽然在县域经济中仍存在城镇经济，但城镇经济与农村经济联系紧密。对苏北人力资源现状的分析，首先从苏北农村劳动生产率在江苏经济的地位入手，研究苏北农村经济发展效率，进而分析人力资本投资与苏北农村经济创新发展之间的关联性。

1. 苏北农村劳动生产率比较分析

苏北农村的生产力水平较低，其中非常重要的因素是人力资源只有数量优势，而无质的优势，从而影响了劳动生产率的提高。对苏北农村劳动生产率的比较分析着眼于江苏经济整体，这样才能从较高的层次上把握苏北农村经济发展的状况。我们引入农村劳动生产率指数概念。这一指数的构建是建立在县域经济的社会平均劳

动生产率的相对比较上。选择江苏省平均劳动生产率作为基准 100，对农村劳动生产率指数进行估算，从而分析江苏省农村劳动生产率的区域差异状况。分析的结果如图 11-4 所示。可以看出：从整体上分析，苏北农村的劳动生产率指数在 60 以下，远低于苏南农村。

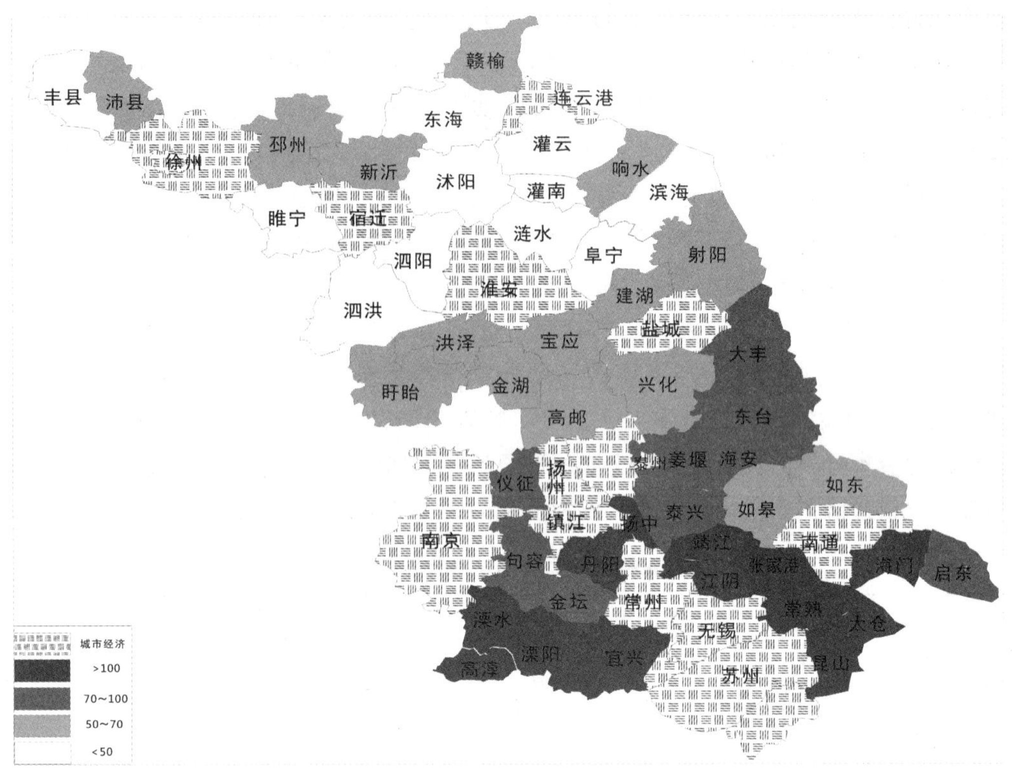

图 11-4　江苏省农村劳动生产率区域差异（2012）

2. 加强人力资源开发必要性的经济学分析

人力资本概念自提出以来就与经济增长问题紧密相关。舒尔茨（1961）认为人力资本可以解释报酬递增现象，是经济长期增长的最重要的因素。卢卡斯（R. E. Lucas，1988）和罗默（P. M. Romer，1990）将人力资本作为生产要素引入增长模型，从理论上构建了人力资本与经济增长的联系机制。显然，人力资源开发对苏北经济创新发展具有重要意义。

（1）人力资源与经济发展相关关系的定量分析。通过统计数据分析，苏南经济增长和人力资本均优于苏北水平，但这两者之间关联性是否与区域经济差异有关，即找出苏北经济增长相对落后的根源，是一个理论和实践问题。同时，与投资等因素相比，人力资本在苏北经济增长中所起的作用到底有多大呢？我们通过计量分析来考察人力资本投资对苏北经济增长的作用。计量分析利用 SPSS13. 0 完成。

按新经济增长理论，可以得到计量公式：

$$LnY_{it} = a + a_i LnL_{it} + b_i LnI_{it} + d_i LnE_{it}$$

上式中，因变量为 GDP 指标；自变量包括从业人口 L、固定资产投资 I 和人力资本 E，下标 i 可取值于不同县、市；t 是时期。人力资本投资用教育财政支出指标来衡量，可被视为政府对本地人力资本的投资，体现政府的人力资本公共政策对经济增长的作用。

表 11-10 是以 GDP 为因变量得到的计量结果。回归数据拟合程度在 75%以上，说明通过显著性检验的变量，能较好地解释苏北经济增长现象。

表 11-10　　　　苏北经济增长回归分析

	B	Std. Error	Beta	t	Sig.
(Constant)	0. 643	0. 379		1. 695	0. 106
从业人员	0. 330	0. 117	0. 295	1. 423	0. 11
固定资产投资	0. 626	0. 108	0. 625	5. 792	0. 000
人力资本	0. 074	0. 043	0. 147	2. 722	0. 020

综合以上分析，可以得到以下结论：一是增加要素投入对苏北经济增长的促进作用显著，尤其是增加人力资本投资对苏北农村经济增长促进作用明显，其弹性系数最高。二是苏北的固定资产投资、人力资本投资对经济增长均有正向促进作用，固定资产投资每增加 1%，能分别推动苏北经济增长 0. 321%，而人力资本投资每增加 1%，能推动苏北农村经济增长 1. 099%。增加投资对经济增长的作用较为明显。三是与固定资产投资、人力资本投资相比，从业人员即劳动投入数量在苏北经济增长的净效应为负，说明劳动力数量的增加不但不会带来苏北农村经济的增长，反而会延缓其增长速度，成为制约因素。从这种意义上说，苏北农村各地不同程度的存在劳动力剩余现象且劳动者素质不高，成为制约苏北农村经济发展的重要因子。

（2）苏北农村人力资源素质状况比较。由以上分析可以看出，在苏北农村经济发展与从业人员数量之间出现较为明显的负相关性。原因何在？通过对江苏省人口受教育程度的比较分析可以找到部分解释。表 11-11 为江苏省第六次全国人口普查主要数据中的人口受教育情况。

表 11-11　　　　江苏省分区域人口受教育程度情况表

地　区	总人口（万人）	受教育程度							
		小学	比例(%)	初中	比例(%)	高中	比例(%)	大学	比例(%)
合　计	7 866	1 902	24. 2	3 042	38. 7	1 270	16. 2	851	10. 8
苏南	3 255	653	20. 1	1 222	37. 5	615	18. 9	527	16. 2
苏中	1 636	486	29. 7	627	38. 3	243	14. 9	131	8. 0
苏北	2 875	762	25. 6	1 191	40. 0	411	13. 8	194	6. 5

表11-11(续)

地 区	总人口(万人)	受教育程度							
		小学	比例(%)	初中	比例(%)	高中	比例(%)	大学	比例(%)
南京市	801	128	16.0	237	30.0	167	20.9	209	26.1
无锡市	637	134	21.0	265	41.6	113	17.7	82	12.9
常州市	459	96	20.9	192	41.8	78	17.0	54	11.8
苏州市	1 047	226	21.6	402	38.4	199	19.0	146	14.0
镇江市	311	69	22.2	126	40.5	58	18.7	36	11.6
徐州市	858	202	23.5	348	40.6	117	13.6	63	7.3
连云港	439	111	25.3	171	39.0	62	14.1	32	7.3
淮安市	480	128	26.7	187	39.0	68	14.2	34	7.1
盐城市	726	195	30.0	283	39.0	113	15.6	46	6.3
宿迁市	472	126	26.7	202	42.8	51	10.8	19	4.0
南通市	728	223	30.6	283	38.9	108	14.8	56	7.7
扬州市	446	129	28.9	165	37.0	70	15.7	43	9.6
泰州市	462	134	29.0	179	38.8	65	14.1	32	6.9

从图 11-5 可以看出：苏北人口素质构成中，受高中教育及其以上人员比例仅为 20.3%，而苏南这一指标为 35.1%；其中，受大学教育人员比例，苏南 16.2%，苏北 6.5%，差距较大。苏北人力资源比较丰富，但人力资本相对稀缺。低素质的劳动力资源不会带来劳动生产率的提高，反而成为制约因素，使得农村经济发展效率降低。

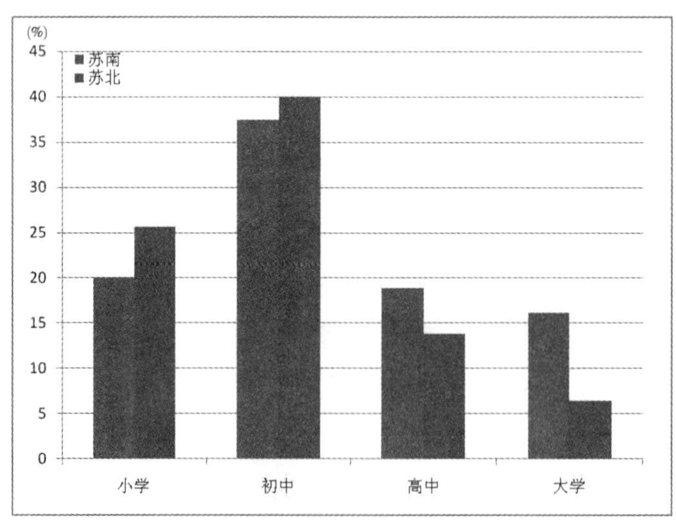

图 11-5 苏北、苏南人力资源素质构成比较

（3）苏北农村剩余劳动力数量估算。从理论上来说，劳动力投入与劳动生产率之间存在最优组合状态，能使劳动力边际产出实现最大化。从现实来说，如何比较准确地对农村剩余劳动力的数量进行估算，是对发展苏北经济的基本情况摸底的重要组成部分，是影响农民收入的增加、农业劳动生产率的提高及苏北农村经济创新发展的重要因素。在关于农村剩余劳动力估算问题上，一些学者进行了有益的探索。在估算方法上，主要有以下几种：一是国家统计局农调总队课题组利用 *Cobb - Douglass* 生产函数，从分析劳动力与耕地两个生产要素入手，即：

$$Y = AL^{d}K^{1-d}$$

两边取对数得：

$$LnY = LnA + dLnL + (1 - d)LnK$$

另一种方法是中国社会科学院学者提出的计算公式：

$$\text{农业劳动力需求量} = \frac{\text{农业增加值}}{\text{国内生产总值/社会劳动人数}}$$

这种计算方法考虑以全社会劳动生产率为基准分析农业劳动力的需求量，具有数据易得，方法简单的特点。我们采用这一计算方法。利用苏北各县（市）2012年相关数据，对各县（市）农村剩余劳动力的数量进行大致估算，从而为苏北人力资源开发政策的制定提供依据。相关数据及其结果见表 11-12。

表 11-12　　　　苏北农村剩余劳动力估算（2012）

县、市	农业增加值（亿元）	国内生产总值（亿元）	社会劳动者人数（万人）	社会劳动生产率（%）	农村劳动力需求量（万人）	第一产业从业人员（万人）	农业过剩劳动力（万人）
丰县	20.63	67.94	58.74	1.16	17.84	37.56	19.72
沛县	30.61	147.60	57.52	2.57	11.93	23.87	11.94
睢宁	21.28	72.10	68.38	1.05	20.18	28.86	8.68
新沂	22.32	91.01	49.67	1.83	12.18	20.10	7.92
邳州	39.70	149.96	80.73	1.86	21.37	28.71	7.34
赣榆	23.95	91.82	52.65	1.74	13.73	19.31	5.58
东海	26.88	92.73	57.41	1.62	16.64	26.60	9.96
灌云	18.30	55.93	48.09	1.16	15.73	23.71	7.98
灌南	13.88	49.03	37.57	1.31	10.64	19.96	9.32
涟水	25.56	74.07	58.07	1.28	20.04	24.38	4.34
洪泽	11.75	48.89	23.47	2.08	5.64	8.08	2.44
盱眙	18.85	74.52	41.52	1.79	10.50	12.88	2.38
金湖	11.03	46.32	20.66	2.24	4.92	6.35	1.43
响水	15.40	54.13	18.66	2.90	5.31	5.09	(0.22)
滨海	25.32	93.30	35.88	2.60	9.74	15.33	5.59

表11-12（续）

县、市	农业增加值（亿元）	国内生产总值（亿元）	社会劳动者人数（万人）	社会劳动生产率（%）	农村劳动力需求量（万人）	第一产业从业人员（万人）	农业过剩劳动力（万人）
阜宁	24.10	100.03	35.94	2.78	8.66	16.21	7.55
射阳	40.41	142.13	37.92	3.75	10.78	16.20	5.42
建湖	22.83	118.73	35.14	3.38	6.76	10.05	3.29
东台	44.03	194.73	52.25	3.73	11.81	19.91	8.10
大丰	36.55	149.45	36.21	4.13	8.86	15.00	6.14
沭阳	35.90	124.12	99.96	1.24	28.91	35.70	6.78
泗阳	22.15	81.21	51.31	1.58	14.00	18.09	4.10
泗洪	26.03	81.00	50.86	1.59	16.34	28.25	11.91

资料来源：《江苏统计年鉴（2013）》。

从上面的分析可以估算出：苏北农村剩余劳动力规模较大。这是以当时社会劳动生产力水平为基准进行估算的，随着农业现代化水平提高、工业化进程加快，劳动生产力水平会提高，其数量还会增加。从目前的劳动生产力水平来看，剩余劳动力比例大致为其总量的三分之一。大量的劳动力资源集中于相对稀缺的土地资源上，分散、传统、小规模的耕作模式，必然使得农村劳动生产率很难提高，进而制约着农村经济创新发展。因此，苏北农村人力资源向人力资本转化问题，成为较长时期制约苏北农村劳动生产率提高的主要问题，也是开发农村劳动力资源、培育高素质的新型农民，推动苏北经济创新发展的关键着力点。

3. 加强苏北农村人力资源开发的对策

苏北农村剩余劳动力的转移主要依赖于紧邻长三角的相对区位优势，即主要向长三角经济区进行劳务输出（苏北剩余劳动力向长三角有序流动）。问题是，在剩余劳动力转移过程中，劳动力素质与流入区劳动力素质需求出现结构性矛盾，这成为制约苏北农村剩余劳动力向长三角经济区转移的主要障碍。因此，实现丰富的人力资源向人力资本转化，对于更好地推动苏北农村剩余劳动力有效转移具有重要意义。

（1）着力提高十二年义务教育水平。农村人力资源开发是苏北经济创新发展的基础工程。为了实施好人力资源素质提高工程，除了重视后期培训外，前期的十二年义务教育更显重要。只有大力提高苏北农村十二年义务教育水平，才能提高农村新增人口的高等教育入学率，才能基本解决农村人力资源素质低的问题，从而为苏北农村经济创新发展和建设社会主义新农村提供较高素质的人力资本。提高苏北农村义务教育水平的关键是实现江苏省教育资源的合理配置。一是从制度上保证苏北农村优秀教育师资来源，可尝试实行优秀教师援助（轮换）苏北农村教育办法，从制度上解决苏北农村优秀教育资源不足问题。二是稳定苏北农村教育师资队伍，可提高苏北农村教育津贴，从教师收入待遇上稳定苏北农村师资队伍。

（2）选择适宜的培训平台。苏北人力资源开发是一项系统工程，涉及现有农村剩余劳动力的培训，新增农村劳动力（主要指未接受中等、高等教育的农村人力资源）的再教育问题。这里主要分析未接受过中等、高等教育的农村剩余劳动力的资源开发。根据苏北经济发展状况，不宜提倡在苏北新办教育机构专门进行农村人力资源开发，而应充分利用江苏省现有教育资源，以现有省、市、县所属的教育机构构建苏北农村人力资源开发主体平台。这样可以最大限度地节约资金投入，对苏北来说是比较现实的选择。江苏省丰富的教育资源为实施苏北农村人力资源开发提供强有力的平台保障。苏北农村人力资源开发应以培训为主要形式。培训形式宜灵活多样，针对不同类型的人力资源进行差别化培训。这种差别化培训包括培训项目的设置、培训机构的选择，充分尊重农民自主性的学习积极性。苏北农村人力资源开发还依赖于苏北高等教育发展。要创建苏北高等教育服务于苏北农村发展的专业设置、科研、学生实习与就业的内在机制。要在高等学校设置苏北农村培训学院（校），招收苏北农村高等学校录取线下考生进行农民职业培训，以推动苏北农村每年新增劳动者成为新型农民的农村高等职业教育发展。

（3）筹措资金。从江苏经济区域协调、共同发展看，财政政策及资金扶持对苏北农村人力资源开发是必要的。从短期看，对苏北农村人力资源中较低素质（未进行过中等、高等教育）的劳动力进行培训的规模相对较大，涉及的最主要问题是培训经费来源。如果培训费用全部由接受培训的农民承担，会给本身就贫困的农民带来较大负担，从而也弱化培训收益预期的吸引力；全部由苏北县（市）、镇两级地方政府财政承担也因其财力不足难以承受。

在苏北农村邻近长三角的相对优势区位和江苏省财政快速增长的条件下，实施苏北农村人力资源开发工程的条件已经具备。江苏省地方财政收入在进入 20 世纪 90 年代以来增长迅速，完全有能力提供苏北人力资源开发的必要经费支持（见图 11-6）。2000 年以来的江苏省地方财政收入增加值逐年增大，仅 2012 年江苏省地方财政收入达到 5 861 亿元。假定每年拿出新增财政收入的 5 亿~10 亿元用以支持苏北农村人力资源开发，就能产生明显效果。这对于江苏省财政实力来说，是完全可能的、也是值得的。相应地，苏北农村人力资源开发也将给江苏省公共财政的快速增长注入强大人力资源动力，成为支撑江苏经济创新发展的重要人力资源动力来源。作为比较，我们对苏北各县（市）地方财政收入增长情况进行分析（见表 11-13）。

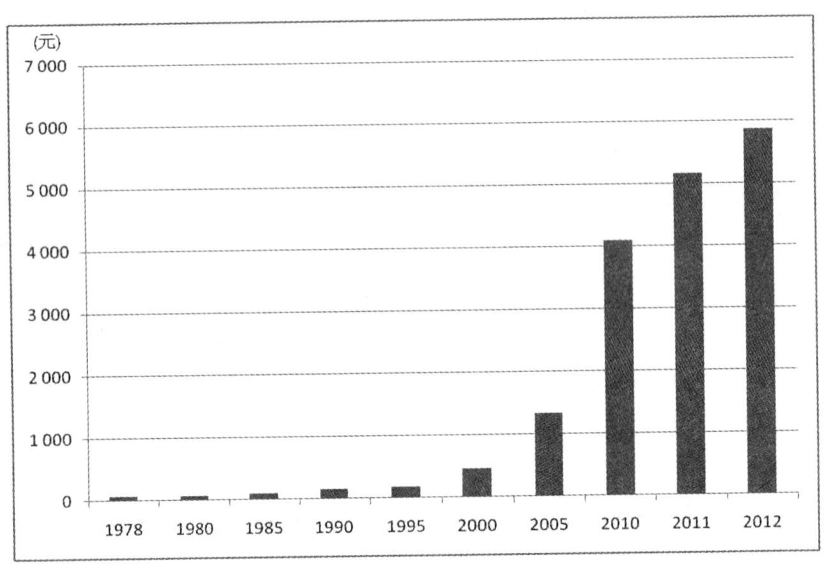

图 11-6　江苏省主要年份地方财政收入增长情况示意图

表 11-13　　2000—2012 年苏北地方财政收入增长情况　　单位：亿元

县（市）名称	2000	2002	2004	2006	2008	2010	2012
丰县	1.46	1.55	1.54	2.44	5.27	12.89	24.92
沛县	2.02	2.55	3.27	6.02	10.81	21.24	38.96
睢宁县	1.26	1.6	1.71	2.46	5.22	12.94	25.56
新沂市	1.39	1.69	2.09	3.34	7.01	17.58	32.85
邳州市	1.99	2.62	3.99	5.93	13.07	23.1	42.12
赣榆县	1.53	1.9	2.12	4.00	8.02	18.4	29.21
东海县	1.52	1.96	2.04	4.00	7.50	18.02	27.46
灌云县	1.41	1.17	1.44	2.33	7.01	16.47	25.86
灌南县	0.70	1.03	1.41	2.62	7.48	18.18	25.59
涟水县	1.05	1.31	1.33	2.25	5.07	10.68	21.62
洪泽县	0.85	1.06	1.21	2.07	4.31	10.66	17.1
盱眙县	1.22	1.78	1.87	2.59	5.91	13.83	23.15
金湖县	0.96	1.28	1.28	1.82	4.00	8.75	15.35
响水县	0.55	1.05	1.45	2.24	4.80	10.8	19.73
滨海县	0.95	1.45	1.97	3.12	6.40	14.52	24.94
阜宁县	1.32	2.04	2.34	3.67	6.69	16.45	25.48
射阳县	1.89	3.09	3.22	4.67	7.67	14.75	20.8
建湖县	1.70	2.76	3.01	4.66	8.94	20.04	32.94

表11-13(续)

县（市）名称	2000	2002	2004	2006	2008	2010	2012
东台市	2.56	4.01	4.33	6.66	13.08	26.18	43.67
大丰市	2.16	3.2	3.19	5.01	10.02	20.67	40.01
沭阳县	1.92	2.27	2.81	5.01	12.52	26.26	48.79
泗阳县	1.49	2.07	1.52	2.51	6.12	12.51	21.76
泗洪县	1.52	1.58	1.56	2.78	6.71	13.26	19.76
苏北合计	36.35	48.56	55.72	89.58	186.92	378.18	647.63
苏北占江苏省比重(%)	7.25	5.82	3.98	3.75	7.61	10.03	12.13
苏中合计	56.55	65.53	113.09	197.68	310.30	423.83	
苏中占江苏省比重(%)	8.13	7.47	7.67	8.04	8.23	7.94	
苏南合计	140.23	208.78	369.89	630.95	868.18	1 046.25	
苏南占江苏省比重(%)	20.15	23.79	25.09	25.67	23.02	19.60	

数据来源：《江苏统计年鉴（2013）》。

由表11-13可以看出，除部分县（市）级公共财政相对较强外，苏北大部分县（市）级公共财政较弱，且增长缓慢。苏北县（市）公共财政占江苏省公共财政的比重整体上呈下降趋势，2000年苏北县（市）公共财政收入占江苏省公共财政收入的比例为7.25%，2005年则降至3.50%，下降了一半多，虽然在2007年其比例出现回升，但整体在江苏省公共财政收入中所占的比重小，因而苏北农村人力资源开发的资金来源依赖于县（市）级公共财政是不现实的。因此，苏北农村人力资源开发的资金应以江苏省级、苏北市级公共财政为主。对苏北每年新增人口中未接受初中、高中、大学教育的人力资源培训由省、市级公共财政提供资金支持，必将激发他们学技术、知识的积极性，从而促进苏北农村劳动力素质提高，满足其向长三角尤其是苏南转移对高素质劳动力的需求。

苏北经济创新发展需要解决的问题很多，需要做的工作也很多。但是，加大对农村人力资本投资力度，强化对农村人力资源开发，把培育新型农民当作一项根本措施来抓，是解决诸多问题的关键一环。因此，把开发农村人力资源作为促进苏北经济创新发展的一个根本措施，省、市、县级公共财政给予支持具有“四两拨千斤”的引领作用。

第四节　苏北经济创新发展追赶驱动力培育的制度创新

苏北经济创新发展追赶驱动力培育，必须发挥苏北后发优势。苏北后发优势是苏北经济在发展进程中因相对落后而形成的有利条件和发展机遇。“发挥苏北后发优势，制度创新是重要前提，或从一定意义上说，起着决定性作用。”① 制度创新有两种类型：诱致性制度创新和强制性制度创新。

一、苏北经济创新发展追赶驱动力培育的诱致性制度创新

诱致性制度创新是制度创新的基础，是一种由一群人在有新的获利机会时自下而上、从局部到整体的自发制度变动过程，它具有渐进性。

1. 发挥接受“上海、苏南经济”辐射相对区位优势的制度创新

苏北接受“上海、苏南经济”辐射的相对区位优势仍处于现有制度体制下的形成过程中，其显性特征还不够强，需要进行强制性制度创新给予培育。首要的是改革苏北快速交通束建设和经营体制。目前的苏北高速公路、铁路、海空港口岸建设基本上以国家、省、市级政府为规划和投资主体，外资和民营经济所占比重很小，缺乏竞争和经营理念。因此，有必要进行苏北快速交通束建设和经营的市场体制改革。改革的基本思路是：突破传统理论束缚，承认快速交通束是商品或准公共品，可以实行资本经营体制；废除准入限制，即对资本所属权和数量不作准入限制；变革经营体制，即实行股份公司制经营体制；建立苏北快速交通束建设和经营新体制，即统一规划，广筹资本，吸收政府、银行、企业、个人、国外资本，放开经营，滚动发展。改革苏北快速交通束建设和经营体制，有利于已建线路有效营运，更有利于徐宿淮盐、淮扬镇、连盐高铁，以及沪通城际铁路的建设和营运。这是建立苏北快速交通束建设和经营新体制的生命力所在。进行制度创新，有利于苏北相对区位优势的培育和发挥。建立苏北高速公路和苏北地方铁路集团股份公司。苏北高速公路和苏北地方铁路集团股份总公司统一规划、建设、经营苏北高速公路、地方铁路。苏北高速公路和苏北地方铁路集团股份公司按现代企业制度要求组建和营运。

2. 发挥“◁”形城镇经济轴空间优化优势的制度创新

“◁”形城镇经济轴空间结构是苏北经济创新发展的重要后发优势。影响城镇经济轴发展的因素很多，但进行强制性制度创新是首要的。一是建立“◁”形城镇经济轴城市、城镇体系共同发展的协调机制。实施“◁”形城市、城镇建设工程，是发挥苏北“◁”形城镇经济轴空间结构优势的内在要求。苏北快速交通束连接的特大城市、大中小城市和城镇发展快，已形成密集的城市、城镇轴。城市、城镇轴是苏北经济创新发展的重要经济轴。一方面，徐州、连云港、淮安、盐城规划发展为特大城市，具有很强的聚集力，成为苏北重要的区域增长极。另一方面，

---

① 朱舜，蒋昭侠，高丽娜．发挥苏北后发优势的制度创新［J］．现代经济探讨，2004（6）.

这些特大城市又具有扩散效应，带动着“◁”形城镇经济轴中的大中小城市和城镇发展，一些中小城市和城镇会成为特大城市的区或“卫星城”。因此，“◁”形城镇经济轴中的特大城市、大中小城市和城镇共同发展具有战略意义，应建立协调发展机制。二是建立城市、城镇经营体制。在市场经济条件下，城市、城镇发展应在经营城市、城镇理念基础上进行制度创新，经营城市、城镇必须进行城市、城镇管理体制创新—— 建立城市、城镇经营体制。城市、城镇经营体制的核心是除部分公共物品外的所有城市、城镇建设项目及其营运都应市场化。市、镇政府是城市、城镇经营体制中的重要行为主体，通过城市、城镇规划用地储备制度，经营城市、城镇用地，可以获得大量城市、城镇建设资金。经营城市、城镇用地是城市、城镇经营体制的重要内容，应统筹规划，科学管理。

3. 发挥农业产业化经营优势的制度创新

农业产业化经营是市场经济条件下，解决苏北农业和农村经济发展深层次矛盾和问题的现实选择。发挥农业产业化经营优势，应进行区别于传统农业生产方式和组织形式的诱致性制度创新，即创新农业产业化经营体制。实施农业产业化经营，核心的问题是农户联系市场的经营体制创新。苏北农业的最大特征是农户分散经营。连接分散经营农户与市场的苏北农业产业化经营体制应具有鲜明的创新特点。

4. 发挥工业技术性后发优势的制度创新

发挥苏北工业技术性后发优势，必须进行制度创新，形成制度性后发优势。制度性后发优势是苏北向上海、苏南等先进区域的制度学习优势，即效仿或借鉴各种先进制度并经苏北本土化改造所产生的效率。因此，进行制度创新，是发挥苏北工业技术性后发优势的重要举措。要进行城市工业体制转型和企业治理结构的制度创新。苏北城市工业体制需要深化市场经济体制改革，尤其是地方政府在履行经济调控职能时要改变计划经济时期的传统做法。让苏北工业真正走向市场经济，产生复制、跨越、递增效应，必须实现工业市场体制转变，必须进行制度创新。苏北工业经济体制转型的核心内容是：坚持多种所有制经济共同发展；以经济法规、经济政策和经济杠杆为基本方法，实现地方政府调控工业经济运行和增长方式的转变。要进行农村工商企业体制创新。苏北农村工商企业以乡镇企业为主，其企业体制落后于城镇工业企业体制，亟待创新。创新苏北农村工商企业体制的重点是：加快企业改制步伐，积极发展民营工商企业；大力培育具有区域竞争力如徐工集团的大企业、大集团；建设信用担保等社会化服务体系，促进中小企业发展。

二、苏北经济创新发展追赶驱动力培育的强制性制度创新

强制性制度创新是由政府命令和运用法律自上而下引起的制度创新，政府是强

制性制度创新的主体。

1. 发挥高校促进产业和人力资源开发优势的强制性制度创新

发挥苏北高校研发力量聚集及其对产业发展和人力资源开发优势，必须进行苏北普通高校体制创新。改革普通高校由国家独资兴办的传统体制。苏北现有普通高校基本上是国家和省、市地方政府投资兴办的，民办资本虽然也进入普通高校，但主要投资于高职教育，其份额很小。要加快苏北普通高校发展，必须改革传统体制，允许和鼓励民营企业和个人投资苏北普通高校，尤其应允许探索投资混合所有制普通高校体制。

发展混合所有制普通高校体制有多种路径选择。一方面，国有普通高校可以改制，允许国有公办、国有民办。吸收大量非国有资金，是苏北普通高校快速发展的重要条件。应通过改制使苏北普通高校发展获得大量非国有资金。另一方面，改革国有公办普通高校管理体制，引入竞争机制，充分调动教师、管理人员的教学、科研、管理积极性。创建普通高校省、市共建的区域聚集新体制。实行苏北普通高校省、市共建体制，即省负责办学管理和国有公办普通高校资金投入，市承担普通高校校区用地的零价格或低价格购买的资金支持；划拨市级储备土地支持市域普通高校校区的聚集发展。实行普通高校省、市共建体制，能够调动省、市两级地方政府办普通高校的积极性，尤其是能获得市级地方政府对普通高校建校、扩校所需土地的支持。实行普通高校省、市共建体制，有利于城市市区的普通高校区域布局和聚集，有利于建成大学城或大学园区，有利于发挥普通高校研发力量聚集优势，有利于推动科技产业区的发展。因此，应着力进行制度创新，创建苏北普通高校省市共建、区域聚集新体制。

2. 发挥地方政府推动苏北发展优势的强制性制度创新

对于苏北经济创新发展，地方政府推动优势是建立在实施政府经济调控职能转变和经济行为规范工程基础上的，而政府经济调控职能转变和经济行为规范工程则是以地方行政体制创新为前提条件的。地方行政体制创新的重点是苏北的市、区，县（市）、镇（乡）行政体制创新。要设置江苏省苏北发展规划局和江苏省苏北发展研究中心。江苏省苏北发展规划局为江苏省政府的直属事业单位，纳入省发展改革委员会管理。江苏省苏北发展规划局的职责是：规划江苏省发展苏北战略的实施目标；协调省级部门发展苏北的政策制定和行政行为；指导苏北五市协调发展。江苏省苏北发展研究中心为江苏省政府的直属事业单位，承担苏北发展的理论和政策研究任务，为省政府发展苏北决策服务。江苏省苏北发展研究中心可设置在淮安市区。

适时调整苏北市、区，县（市）、镇（乡）行政区划。从根本上说，行政区划应该以一定的经济区划为基础，使行政区划与发挥区域优势相结合，与依托城市、城镇的经济网络相结合。发挥苏北经济创新发展的政府推动优势，应适时调整苏北的部分行政区划（参见本书第十五章第三节）。可以在特大城市近邻区域撤销县级市，改设市辖区；调整县域的镇、乡行政区域；设置城镇型建制镇级市——将中心镇改设为镇级市。要推动苏北行政发展。行政发展是行政主体——地方政府通过一定的方法和途径，创造、维持和加强行政能力，改变原有的传统的行政体系及其运行状态，使其沿着预定目标取向发展到更高一级形态。行政发展实质上是行政体制和政府职能及其行为创新。因此，苏北行政发展对于苏北经济创新发展极其重要。苏北行政发展的主要内容是：改革行政体制，精简政府机构；强化能力培训，提高公务员素质；理顺经济调控职能，规范地方政府经济行为；改善行政“软”“硬”条件，提高行政效率；加强廉政建设。要观念创新，软环境建设体制创新。从一定意义上说，观念落后或者说思想不解放，是培育和发挥苏北后发优势，加快苏北经济创新发展的障碍。首先要下决心让地方政府的干部观念创新。要着力在环境建设上创新，让在苏北投资的中外企业，尤其是个体、私营企业、乡镇企业有一个宽松的创业和经营的制度体制和人文环境。

主要参考文献：

[1] 庄秀琴. 苏北地区农村劳动力转移的现状、问题及对策 [J]. 安徽农业科学，2006 (23).

[2] 巫强. 长三角经济增长与人力资本关系的实证研究 [J]. 现代经济探讨，2006 (12).

[3] 常胜梅. 加快苏北地区农村剩余劳动力转移的几点思考 [J]. 现代管理科学，2004 (6).

[4] 王宇，焦建玲. 人力资本与经济增长之间关系研究 [J]. 管理科学，2005 (18).

[5] 王晓冬，索志林. 农村人力资源开发与社会主义新农村建设 [J]. 商业研究，2007 (1).

[6] 朱舜. 苏北城镇带空间性状与空间协调：国土空间视角 [J]. 江苏师范大学学报：哲学社会科学版，2013 (4).

[7] 王必达，田淑萍. 后发优势：中国西部地区经济发展的动因分析 [J]. 复旦学报：社会科学版，2001 (5).

[8] 高丽娜. 苏北人力资源开发模式的思考 [J]. 市场周刊·理论研究，2008 (8).

[9] 朱舜，蒋昭侠，高丽娜. 发挥苏北后发优势的制度创新 [J]. 现代经济探讨，2004 (6).

[10] 孙家坤. 苏北经济薄弱村如何建设全面小康 [J]. 群众，2013 (3).

[11] 陈元斌. 苏北地区经济发展模式的研究与对策 [J]. 淮海工学院学报：人文社会科学版，2012 (1).

[12] 张敏. 基于产业集群的苏北区域经济发展 [D]. 南京：南京师范大学，2011.

[13] 马金凤. 连云港港口与苏北经济关系有效性分析 [J]. 当代经济，2011 (12).

[14] 刘彬，王新爱. 关于推进县域经济发展研究 [J]. 社会科学论坛，2009 (6).

[15] 姚铁明，黄丽娜. 论利用外资与苏北经济跨越式发展 [J]. 当代经济，2008 (6).

第十二章

泛长三角区域合作背景下江苏经济创新发展的产业结构优化

美国在经历金融危机后提出的“再工业化”战略，必将对经济外向型程度较高的江苏的产业转型升级产生较大影响。因此，有必要深入分析“再工业化”对江苏可能带来的挑战和机遇，认真思考适合省情的现代产业体系的构建问题，以保证江苏经济实现可持续发展，进而为全国的产业转型升级提供经验借鉴。

……

“再工业化”背景下的产业转型升级是一个系统工程，关键是要构建一个适合江苏省情的现代产业体系，核心是要建设一个具有较强竞争力的工业特别是制造业体系，应认真思考先进制造业、高新技术产业、战略性新兴产业的重点发展领域。

沈坤荣、徐礼伯

——《美国“再工业化”与江苏产业结构转型升级》，江海学刊，2013 年第 1 期。

产业结构优化是区域经济创新发展的核心内容。泛长三角区域合作对江苏产业结构优化产生了重要影响。江苏省要实现率先总体上基本实现现代化的奋斗目标，必须有与这一目标相适应的产业结构；而要有这样的产业结构就必须着力推动泛长三角区域合作背景下的江苏产业结构优化。

第一节　泛长三角区域合作与江苏产业结构演化

江苏产业结构随着经济的快速发展呈现出高度化趋势。产业结构有多种含义，本书产业结构的内涵为“各产业在其经济活动中形成的技术经济联系以及由此表现出来的一些比例关系。它是一个体系，包括各产业部门的构成形式和比例，各产业部门所处的地位及它们之间的相互联系和相互作用”。[①]江苏产业结构具有区域差异特点但其演化具有内在规律。

一、产业结构优化理论及江苏产业结构研究文献综述

产业结构是区域产业优势和产业发展研究的核心命题。自改革开放以来，市场化的企业自主选择和政府产业政策的推动，江苏产业结构得到较好的调整和优化，江苏产业经济也呈快速发展趋势。从三次产业分类内涵的视角分析，江苏产业经济发展的历史演变显现出快速发展特点。

1. *产业结构演变和优化理论*

“产业结构”概念出现于20世纪40年代。最初利用产业结构概念来分析经济问题时，其含义还不是很规范，它既可以用来解释产业内部之间的关系和产业与产业之间的关系，也可以用来解释产业内部的企业关系结构和产业的地区分布。随着对产业经济研究的不断深入和发展，产业结构的概念和研究领域逐渐明确。现在的产业结构则是指产业之间的技术经济联系和联系方式，即是指在社会再生产过程中，一个国家或地区的资源在产业之间的配置状态或产业组成，各产业所占比重即产业发展水平，以及产业之间相互依存、相互作用的方式或产业之间的技术经济联系。从“质”的角度动态看，产业结构揭示产业之间技术经济联系与联系方式不断发生变化的趋势，揭示经济发展过程的国民经济各部门中起主导或支柱地位的产业部门的不断替代的规律及其相应的“结构”效益；从“量”的角度静态看，产业结构研究和分析在一定时期内产业之间联系与联系方式的技术经济数量比例关系，即产业之间投入与产出的量的比例关系，从而形成产业关联理论。一般来说，

---

① 孙福庆，等. 上海产业发展［M］. 上海：格致出版社，上海人民出版社，2008：72.

产业结构主要包括产业组成、产业发展水平和技术经济联系三个方面的基本内容。

（1）产业结构演变具有内在规律。不同区域经济板块的产业结构发展与演变轨迹不会完全相同，但产业结构呈现出规律性的变化。产业结构优化是经济发展的必要条件，对任何区域来说，它有着一般的共性。

配第-克拉克定律。英国经济学家威廉·配第通过对荷兰和欧洲内陆国家不同行业之间的人均收入进行比较后认为，比起农业，工业的收入多；而商业的收入又比工业多，即工业比农业、服务业比工业的附加值高。美国经济学家约翰·贝茨·克拉克（John Bates Clark，1941）进行相应的实证研究和系统归纳，获得研究结论：随着经济的发展，第一产业的就业比重不断降低，第二、第三产业的就业比重将增加，亦即劳动力会由第一产业向第二产业与第三产业转移。显然，经济发展水平越高的区域，第一产业所占比重越小，第二产业和第三产业所占比重越大。

库兹涅茨（Simon Kuznets，1959）的现代经济增长理论。库兹涅茨在继承配第和克拉克等人研究成果的基础上，以人均国内生产总值份额为基准，考察了总产值变动和就业人口结构变动的规律，揭示了产业结构变动的总方向，从而进一步证明了配第-克拉克定律。他发现的这种变动规律即产业结构的变动受人均国民收入变动的影响，被称为现代经济增长理论。该理论更加深入地探讨了产业结构演变规律，把人均收入开始增长，并伴随有不同形式的经济进步的时期称为"经济时代"，把其后的经济发展称为"现代经济增长"，即"现代经济增长"是指经济时代以后的经济全面发展。

罗斯托的主导产业扩散效应理论和经济成长阶段论。美国学者华尔特·惠特曼·罗斯托（Walt Whitam Rostow，1960）首先提出主导产业及其扩散理论和经济成长阶段论。他认为无论在任何时期，甚至在一个已经成熟并继续成长的经济体系中，经济增长之所以能够保持，是因为为数不多的主导部门迅速扩大的结果，而且这种扩大又产生了对产业部门的重要作用，即产生了主导产业的扩散效应，包括回顾效应、旁侧效应和前向效应。罗斯托的研究成果被称为罗斯托主导产业扩散效应理论。他的理论解释了西方各国已经历过的工业化过程，提示了一个国家在经济成长过程中所要遇到的一系列战略抉择问题。

钱纳里的工业化阶段理论。钱纳里（H.E.Chenery，1986）运用库兹涅茨的统计归纳法，从经济发展的长期过程中考察了制造业内部各产业部门的地位和作用的变动，揭示制造业内部结构转换的原因，即产业之间存在着产业关联效应，为了解制造业内部的结构变动趋势奠定了基础。他通过深入研究，发现制造业发展受人均GNP、需求规模和投资率的影响大，而受工业品和初级品输出率的影响小。他进而将制造业的发展分为三个发展时期：经济发展初期、中期和后期。将制造业也按三种不同的时期划分为三种不同类型的产业：初级产业，即经济发展初期对经济发展起主要作用的制造业部门，例如食品、皮革、纺织等部门；中期产业，即经济发展中期对经济发展起主要作用的制造业部门，例如非金属矿产品、橡胶制品、木材加工、石油、化工、煤炭制造等部门；后期产业，即在经济发展后期起主要作用的制造业部门，例如服装和日用品、印刷出版、粗钢、纸制品、金属制品和机械制造等部门。

（2）产业结构优化。产业结构优化首先是对产业结构调整，是对初始不理想的产业结构进行有关变量的调整，以实现产业结构优化。产业结构调整主要是在以下两种情况下进行的：一是滞后于因收入引起的需求结构变动，二是产业结构本身不合理。虽说滞后于正常需求结构变动的产业结构从总体上讲，也是不合理的，但这种不合理是相对需求结构而言，主要表现在不适应需求结构的正常变动。而后一种情况，则是指产业结构内部本身就存在着不符合投入产出关系要求的不合理，缺乏结构的聚合质量。这两种情况下的产业结构调整目标是不相同的。前者主要是实现产业结构高级化，后者主要是实现产业结构合理化。因而，产业结构的高级化和合理化也就构成产业优化的主要内容。

产业结构高级化是指产业结构从低级向高级的发展趋势。这种产业结构的发展是根据经济发展的历史和逻辑序列顺向演进的：第一产业比重趋于下降，第二、三产业比重上升并逐渐占主要地位；劳动密集型产业比重下降，资本、知识密集型产业比重上升并逐渐占主要地位；制造初级产品的产业比重下降，制造中间产品、最终产品的产业比重上升并逐渐占主要地位。产业结构高级化本质上是指技术的集约化，即采用先进技术的部门的数量和比重的增加。产业结构高级化通过主导产业的更替反映出来。产业结构合理化是指提高产业之间有机联系的聚合质量，即产业之间相互作用所产生的一种不同于各产业能力之和的整体能力。这种产业结构合理化主要包括各产业之间在生产规模上的比例关系和产业之间的关联作用程度。

产业结构优化的机制包括市场调整机制和政府调控机制。一是市场调整机制。市场机制调整产业结构的基本过程是：随着收入水平的提高和收入分配格局的改变以及技术的不断进步，最终需求结构与中间需求结构相继发生变化。市场机制调整是一种经济系统的自我调节过程，即经济主体在市场信号的导向下，通过生产资源的重组和在部门之间的流动，使产业结构尽可能适应需求结构变动的过程。变化了的需求结构破坏了原有的供求格局，使一些产品供过于求，而另一些产品供不应求，从而导致这些产品的价格也发生相应的变动。最初的价格变动只是影响该部门已有企业的生产，而一旦价格波动幅度达到一定程度，即达到部门之间生产资源转移的临界点，产品价格下降的部门的资源就会转移到产品价格上涨的部门，直到形成供给结构与需求结构之间新的平衡。二是政府调控机制。政府调控产业结构是通过其产业政策实现的，其基本过程是：政府部门根据现有产业结构状况和对产业结构变动的预测，从经济发展的总目标出发，通过纵向等级层次向经济主体（企业）发布调整信号，以调整部门间的供求格局。政府调控产业结构在很大程度上是一种对经济系统的调控过程，即政府机关向经济系统输入某种信号（价格或购买数量），通过资源在产业之间流动，使产业结构变动接近理想的过程。政府调控方法是：非价格调控，即政府通过财政的投融资对资源进行直接配置，或者通过计划和法律制约对资源配置进行导向；价格调控，即通过定价或限价对商品价格进行直接干预，或者通过税率、利率、汇率等工具，对商品价格进行间接干预，以改变各产业之间的比较收益和比较成本，从而调节资源流向，协调供给结构与需求结构的偏差。

2. 江苏产业结构研究文献综述

一些文献对江苏产业结构的现状、演化、调整和优化进行了较系统的研究。运用三轴图法绘制江苏省及各地区产业结构演进图解。通过图例直观分析江苏产业结构演化的过程与发展态势，并对产业结构发展进行阶段性划分，剖析其形成和演化机制，提出了未来江苏产业结构合理化的对策及建议。①

通过需求结构的引导，企业的市场化自主选择和政府产业政策的推动，江苏产业结构得到了相当程度的调整和优化，但仍存在结构性偏差，应继续推进全方位开放式的结构调整，面向国际国内两个市场确立本区域在全球经济体系中新的分工定位，培育具有国际竞争力的企业集团，发挥劳动密集型产业的比较优势，同时抓住世界科技革命迅猛发展的机遇发展新兴产业，有意识地创造新的比较优势，并使之转换为竞争优势。②

在分析江苏省产业结构现状时运用国际上常用的偏离-份额分析法比较江苏各地区产业结构的相对优势和劣势，以及现有产业结构对各地区经济增长的影响，并对各地区正确调整产业结构，改善经济增长质量，缩小区域经济差距提出建议。③江苏经济的南北差距，是自然资源禀赋差异与人力资源禀赋差异相互作用的结果。政府主导型的苏南乡镇企业面临产业结构升级问题，应大力发展外向型经济和民营经济；处于工业化初期的苏中经济应利用区位优势和产业优势，加快实现产业结构的转化和优化；苏北经济则要发挥后发优势，以农业产业化促进工业化与城市化。通过产业创新，最终逐步缩小地区差距，实现三大区域经济的共同发展。④

对改革开放30年江苏产业结构的演进特征进行研究，认为江苏产业发展的高度化演进具有更为丰富的内涵：产业体系从传统产业向现代产业部门演进；产业发展模式从内向型向外向型演进；产业成长动力从一元单一驱动向二元共同驱动演进；产业形态从产业分立向产业融合演进；产业发展从轻工业阶段向重化工业阶段演进。提出要坚持集约化发展，进一步推动江苏产业结构优化升级的路径：推动生产性服务业加快发展；推动高新技术产业核心竞争力加快提升；推动产业集群化发

① 王丽华，等. 江苏产业结构演化及机制分析 [J]. 江苏商论，2005 (6).
② 钱宁. 江苏产业结构状况分析 [J]. 江苏大学学报：社会科学版，2003 (2).
③ 段进东，等. 基于SS分析法的江苏产业结构分析 [J]. 现代经济探讨，2003 (6).
④ 黄德春，等. 江苏产业经济发展及其对策 [J]. 工业技术经济，2003 (4).

展能力继续加强；推动能源利用效率持续提高。①

二、江苏产业结构演变的特征及问题

长三角产业结构演变对泛长三角经济的影响越来越大。长三角不仅是泛长三角最重要的经济增长区域之一，也是世界上有名的加工和制造业中心。长三角区域中心城市上海不但是中国的经济、贸易、金融和航运中心，也是世界各大公司和企业在中国设立区域管理总部或研发总部的首选城市。长三角产业结构演变对其经济腹地产业结构演变也产生着重要影响。具有独特区位的江苏省域经济的产业结构演变及其优化受到泛长三角尤其是长三角产业结构演变影响，显现出显著特征。

1. 江苏产业结构演变

长三角三次产业结构总体是呈现“二三一”格局，其第二产业占据首要地位。改革开放特别是浦东开发开放以来，长三角在汽车、汽车零部件、化工、电子、仪器仪表等技术、资本密集型行业快速发展，形成一系列产业集聚，成为全球装备工业加工制造中心。由于外商直接投资的先行效应，长三角产业集聚的高科技化特征比较明显。长三角工业是推动区域经济增长的主要动力。长三角的产业集聚大致分为两类。一是传统优势产业和新兴产业发展形成的产业集聚。如上海、杭州、苏州等地的汽车、钢铁、医药、石化、丝绸、电子等优势产业和金融、信息技术产业等发展而来的产业集聚。二是自发孕育出许多富有竞争力的产业集聚。如浙江温州的鞋业、宁波的家用电器、永康的小五金、义乌的小商品等。在长三角的各个城市中，上海的第一产业比重是最低的，第三产业比重最高。在长三角，产业集聚发展的特点有三个：一是传统的制造业和高新技术产业在近几年来发展迅速；二是高新技术产业发展基础良好；三是工业园区已成规模。

改革开放以来，江苏经济发展取得了令人瞩目的成就，产业结构初步呈现协调发展特征。江苏省 2012 年实现地区生产总值 54 058. 2 亿元，占全国的 10. 4%，人均 68 347 元，是全国人均 38 449 元的 1. 78 倍；产业结构持续优化，第一产业增加值 3 418. 3 亿元，第二产业增加值 27 121. 9 亿元，第三产业增加值 23 518. 0 亿元，三次产业增加值比例为 6. 3 : 50. 2 : 43. 5。第一产业在江苏所占比例逐年减少，仍以第二产业为经济发展的主力产业，第三产业在经济发展中所处地位不断加强。江苏与浙江、上海接壤，长江下游深水航道、京杭运河、宁沪杭铁路与高速公路等现代交通工具进一步缩小了两省一市之间的空间距离，江苏产业结构及经济发展在长三角经济优势互补和一体化发展中得到调整。

① 徐从才，石奇，胡荣华. 江苏产业发展报告2008——江苏经济改革开放 30 年 [M]. 北京：中国经济出版社，2008.

第一阶段（1952—1957）。三次产业各年均呈现“一三二”的结构类型。三次产业结构的比重顺序 1952 年为 52. 7%、17. 6%、29. 7%，1957 年为 46%、22. 1%、31. 9%。出现这种类型的主要原因是由于新中国成立之前江苏经济在中国国民经济中虽然相对发展较快，但仍十分落后，生产力水平低下，农业占主体地位，工业极不发达，因而第一产业比重最大，第二产比重最小，第三产比重居中。新中国成立后，虽经三年恢复，但未能改变其三次产业结构的格局。

第二阶段（1958—1963）。产业结构特征表现由“二三一”变为“二一三”后又变为“一三二”的摇摆型结构。三次产业结构的比重顺序 1958 年为 38. 6%、30. 7%、30. 7%，1963 年为 46. 7%、24. 0%、29. 3%。1959 年呈现“二三一”的结构类型，1960 年呈现“二一三”的结构类型，1961—1963 年呈现“一三二”的结构类型。出现这种产业结构是由于“大跃进”和“三年调整”共同作用的结果。1958 年的“大跃进”，造成江苏 1959 年、1960 年连续两年第二产业跃居第一位的现象。1961 年中央提出“调整、巩固、充实、提高”的方针并强调农业的基础作用。江苏按照三次产业的实际生产力和经济发展水平进行了调整，使江苏产业结构回归到与它的三次产业生产力实际情况相适应的水平上，即呈现“一三二”结构。

第三阶段（1964—1971）。三次产业各年均呈现“一二三”结构类型。三次产业结构的比重顺序 1964 年为 47. 5%、26. 8%、25. 7% 了，1971 年为 38. 7%、38. 1%、23. 2%。这一阶段与第一、二阶段相比，其显著特点是第二产业在三次产业中的位次由第三位上升到第二位。这种转换是江苏实行“三年调整”使生产力得到恢复、发展的结果。

第四阶段（1972—1988）。三次产业各年均呈现“二一三”的结构类型。三次产业结构的比重顺序 1972 年为 38. 3%、39. 2%、22. 5%，1988 年为 26. 4%、48. 5%、25. 1%。这一阶段与前几阶段相比其显著特点是第二产业在三次产业中的位次历史性地跃居第一位，三次产业的增速均在 10%以上。

第五阶段（1989—2012）。三次产业各年均呈现“二三一”的结构类型。三次产业结构的比重顺序 1989 年为 24. 5%、49. 7%、25. 8%，2007 年为 6. 7%、55. 9%、37. 4%，2012 年为 6. 3 : 50. 2 : 43. 5。这一阶段的特点是继第二产业跃居为第一位后，第三产业占比也历史性地跃升。这种转变是以 1989 年为契机的。其主要原因对国民经济发展中第三产业的地位、作用及其与其他产业的关系有了新的认识，1972 年至 1988 年第三产业年平均增长速度（13. 66%）明显快于第一产业的年平均增长速度（10. 64%）。江苏发展第三产业特别是服务业、旅游业的历史传统也促进了它的发展。

2、江苏产业结构演变中的问题

江苏省产业结构演变从 20 世纪 80 年代后期开始，经过了由被动适应性调整到主动积极调整的历程。虽然也取得了一些成效，但在面临全球经济一体化及国内外市场竞争日益激化的新形势下，产业结构不适应经济发展的矛盾还没有从根本上得到解决。江苏产业结构演变中存在的主要问题是：

（1）产业结构总体水平较低。江苏产业结构水平较低主要表现为三次产业中第三产业的比重偏低，并且三次产业内部科技型行业的比重较低。按照西蒙·库兹涅茨关于三次产业结构演进规律的理论，第三产业增加值所占的比重越大，产业结构水平越高，反之则越低。江苏2012年人均GDP上升为68 347元，超过11 000美元以上，处于工业化中期向工业化后期的过渡阶段，但是相对于工业化水平而言，江苏第三产业还存在比重偏低、发展滞后、层次不高等问题，尤其是生产性服务业发展不适应制造业发展需要，已成为制约现代国际制造业基地建设的瓶颈，影响着江苏经济整体竞争力提升。第三产业占GDP的世界平均水平是50%左右，发达国家超过70%，发展中国家平均水平在40%以上，而江苏2012年仅为43.5%。此外，江苏三次产业内部，科技型行业比重低。第二产业中的高新技术产业比重偏低，劳动密集型产品多，高科技含量的产品少，初加工产品多，高附加值产品少，企业规模小、行业不完善等问题制约着江苏省制造业走出去的国际化道路。第三产业内部智力型、科技型行业比较薄弱。传统行业（批发零售贸易餐饮业）增加值占第三产业增加值比重较大，而金融业、房地产业、服务业、旅游业、信息业等的比重则较小，技术和知识密集程度较低。产业结构层次不高、高新技术产业发展不足。自主知识产权和自行开发的高新技术成果的商品转化率和产业化率低，而且高新技术的发展问题还反映在同其他产业的关联度低，改造传统产业的作用不够明显等方面。

（2）区域产业结构不协调。苏南产业结构的产业同构化问题仍然存在，市域经济板块之间在新技术分工方面的协调发展困难；企业组织结构呈两头小、中间大的格局，既缺乏产业集中度高、核心竞争力强的大企业，又缺乏能够有效缓解社会就业压力、吸收民间投资、促进体制创新和技术进步的规模产业，对整体经济的促进作用不够明显。苏中产业结构层次较低，高新技术产业的比重较低，自身投资能力不强，难以支撑较快的经济增长速度，外向型经济发展较慢。苏北经济发展还处于以农业经济为主的阶段，招商引资与自身的优势产业联系不强，与区域优势产业没有很好地结合，没有把自身优势产业做大做强，产业的总体效益仍然较差，产业结构层次低，产品科技含量不高。

（3）产业结构演进存在结构性偏差。江苏产业结构的变化存在着非均衡特征，从产业结构与就业结构看，2012年江苏就业结构呈现“三二一”格局，但相比于产业结构，第一产业的就业比重过高，达20.8%，第二产业与第三产业就业比重相当，分别为42.7%和36.5%，与6.3%、50.2%和43.5%的三次产业产值比重明显不同。三次产业增加值比重变化与就业比重变化存在着较大反差，第二产业产值比重过高，第一产业就业比重偏高，第一产业的劳动力比重虽然持续下降，但仍远高于其增加值比重，第三产业劳动力比重虽持续上升，但仍低于其增加值比重。与工业发展程度不同国家产业的比较劳动生产率的分析结果表明：各产业的比较劳动生产率越接近，表示产业结构效益越高；二、三产业的比较劳动生产率逐渐缩小，是发展中国家产业结构变动的趋势。但近年来江苏第二产与第三产的比较劳动生产率差距出现持续扩大的趋势。2012 年，江苏第一、第二、第三产业比较劳动生产率分别为 0.303、1.176 和 1.192，第一产和第三产比较劳动生产率只相当于第二产的 25.8%、98.7%，三次产业的偏离度非常高。第一产业劳动力转移率不高，非农产业劳动吸纳力不足，是造成产业结构的整体效益水平较低的重要因素。特别值得注意的是，自 20 世纪 90 年代以来，江苏第三产业的比较劳动生产率不断下降，由 1990 年的 1.769 降至 2007 年的 1.016，降幅达 42.6%，表明第三产业占 GDP 份额上升慢于就业份额的上升。由于金融、软件、物流等重点行业发展不充分，技术创新和产业升级还处在起步阶段，导致现代服务业比重偏低，对劳动生产率提高贡献不大。可见，经过多年努力，江苏各产业的规模结构得到大幅度调整，但产业结构本身效益偏低的矛盾并没有缓解。

（4）自主创新能力不强。产业较缺乏核心技术，自主知识产权偏少，这不仅在传统产业中明显，在高新技术产业中也很突出。近年来江苏高新技术产业快速发展、比重上升，但对引进先进技术的消化吸收和创新不够；关键技术主要依靠国外引进，多属于引进关键生产设备和关键元器件建立起来的加工组装型企业，其产品多以贴牌或委托加工方式生产，拥有自有品牌、自主知识产权的产品较少；出口商品的科技含量和附加值较低。同时，高新技术的扩散性弱，利用外资结合省内产业结构调整升级、改造传统产业的作用不够明显等。江苏研发投入不断扩大，2012 年 R&D 经费支出占 GDP 的比重为 2.3%，比 2005 年提升 0.55 个百分点，但投入强度仍然不够。2012 年大中型工业企业科技经费支出占销售收入的比重为 1.1%，高新技术产品的附加值为 40.8%。2012 年江苏大中型工业企业专利申请数只有 47 397 件，其中企业拥有的发明专利数为 15 247 件，占 32.2%，而一些著名国际跨国公司如 IBM、日立等一年专利申请量均在 1 万件以上；江苏仍有近半数的大、中型企业无科技活动，2007 年江苏拥有大、中型工业企业 7 128 家，其中有科技开发机构的企业为 4 503 家，仅占 63.2%，仍有近 37%的企业仍无科技开发机构和开发活动，从而大大制约着工业企业竞争力和综合效益水平的提高。

第二节　泛长三角区域合作背景下江苏产业结构优化的条件

江苏产业结构随着其经济的快速发展向优化方向演变。20 世纪 90 年代以来，江苏三次产业增加值的比重发生较大变化，但其产业结构偏离度一直保持在 60 左右，这表明江苏产业结构优化过程既受到不利因素制约又有有利因素的推动。因此，实现江苏产业结构优化，要优势利导和着力改善其优化条件。

一、江苏产业结构演变的影响因素和不利条件

在改革开放前的相当长一段时期，江苏大力发展工业特别是重工业，直接导致了产业单一，产业结构不合理。改革开放尤其是泛长三角区域合作趋势增强以来，江苏通过一系列有效的政策和措施推动产业结构高度化，但仍有一些产业结构问题需要解决。这就需要进一步认识影响江苏产业结构优化的因素和不利条件。

1. 泛长三角区域合作背景下的江苏产业结构优化的影响因素

江苏产业结构优化受诸多因素的影响，如供求关系因素、技术进步因素、国际贸易与国际投资因素以及政府行为等。

供求关系及其变化影响江苏产业结构优化。供求关系对产业结构的影响包括供给和需求两个方面的影响。一般说来，供给因素从广义上来说包括资源禀赋、劳动力、投资、商品供应、进口、技术进步等因素，也包括国内和国际的政治、经济、法律、体制和人的思想观念等因素。这些因素的变动会引起产业结构的变动。对产业结构变动产生影响的需求因素很多，主要包括消费需求和投资需求两个因素。消费需求变动与人口数量、人均收入水平、经济发展周期、经济发展水平和技术水平等因素密切相关。需求总量与结构变化都会引起相应产业部门的扩张或缩小，也会引起新产业部门的产生和传统产业部门的衰落。投资需求也对产业结构有很大的影响，投资是企业扩大再生产和产业扩张的重要条件之一。不同方向的投资是改变已有产业结构的直接原因。对创造新的需求的投资会形成新的产业，从而会改变原有的产业结构。对部分产业投资，将推动这些产业比未投资的那部分产业以更快的速度扩大，从而影响原有产业结构。对全部产业投资，但投资比例不同，也会引起各产业发展程度的差异，导致产业结构的相应变化。显然，这些因素及其变化都会程度不同地影响着江苏产业结构优化。

技术进步影响江苏产业结构优化。技术进步是产业发展的核心，是推动产业结构优化的最根本的因素。从江苏经济发展看，技术进步通过改变产业的技术基础和技术结构，不仅使三次产业之间的结构趋向合理，而且使各个产业内部结构高级化。一般地说，技术变化速度越快，产业结构转化速度也越快。技术的突破与高新技术的迅速发展及广泛应用，会造成该技术的主要适用产业和相关产业的结构变动，并通过前向、后向和旁侧关联，带动一系列其他相关技术变革。新技术的出现，也会改造和淘汰落后产业，诞生新兴产业从而使产业结构发生变化。技术进步还可以通过开发新产品、降低资源消耗和改善产品性能等改变消费、生产和市场需求。通过开发新资源、降低成本和教育培训等改善资源、资本和劳动力的供给，而需求和供给结构又对产业结构产生影响。因此，产业经济中的技术进步是江苏产业结构的合理化演进的根本原因。

国际贸易与国际投资影响江苏产业结构优化。国际贸易和国际投资与产业结构有着密切的联系，是制约产业结构优化的重要因素。国际贸易是通过国际市场在产品、资源、技术、劳务等方面的交换。国际贸易结构优化对江苏产业结构优化演变有着巨大的推动作用。出口可以促进江苏开放产业增长，使那些受制于国内市场容量的产业获得规模经济，使需求结构与产业结构之间差距在一定程度上得到弥补。区域紧缺的资源、劳务和技术的进口，则可为江苏产业经济创造良好条件，使那些受制于国内要素禀赋的产业得到发展。国际投资包括资本向国外的流出和国外资本的流入。对外直接投资会减少江苏经济的资本供给，从而导致产业转移，而国外资本的进入会增加江苏经济中的资本供给，从而导致国外的产业进入。这两个方面都会使江苏产业结构发生变动。利用外资的方式主要有对外借款、外商直接投资和外商其他投资，其中，国外对江苏经济的直接投资即外商直接投资对江苏产业结构变动的影响最大。

产业政策及其变化影响江苏产业结构优化。产业政策是政府通过经济杠杆和行政手段对资源在各产业之间配置的干预，以支持或限制某些产业的发展，弥补和修正市场机制的失误和不足，加强资源的合理配置和加速产业结构演进。江苏产业政策不仅可以直接扶植或限制某些产业的发展，而且还能够对导致三大区域经济产业结构演变的大多数因素产生影响，包括通过政府投资的财政政策，通过产业协调等手段来调整供给结构、需求结构、贸易结构和投资结构，从而对江苏产业结构优化产生影响。

2. 泛长三角区域合作背景下的江苏产业结构优化的障碍

泛长三角区域合作背景下的江苏产业结构优化也有不利因素。苏南毗邻上海，经济总量占江苏经济总额的60%，苏南经济快速发展对江苏产业结构优化的意义重大。

（1）江苏产业结构优化的威胁分析。泛长三角区域合作背景下的江苏产业结构优化的威胁来自其周边省域经济的挑战与竞争。在北方的环渤海经济区的山东省域经济，正在原有基础上加速发展，尤其是鲁南经济板块后发优势的发挥使其获得了比苏北经济板块更快的速度发展。在南方的浙江省域经济发展非常迅猛，尤其是近年来浙江民营经济的快速发展为“民富”铺就了一条宽广大道。影响江苏经济发展的重要因素即能源供需矛盾却日益突出。江苏省能源资源十分匮乏，煤炭、石油、天然气等一次能源在全国所占的份额较低。煤炭可采储量12.83亿吨，占全国的1.2%；已探明石油地质储量1.96亿吨油当量，占全国的0.2%；天然气累计探明储量22.2亿立方米，占全国的比重微乎其微。而江苏省每年消耗全国约7%的能源量，且超过80%的能源依靠省外调进。江苏作为一个经济大省、资源小省，正处在“内忧外患”的境地。全球化竞争加剧冲击原有市场格局。经济全球化、世界市场的形成，加上电子化的信息沟通手段，引起社会各方面和文化的重大变化，冲击着区域经济发展。这些对江苏企业的市场格局带来冲击，从而对江苏产业结构优化的条件产生直接不利影响。

（2）江苏产业结构优化的劣势分析。区域经济的内部板块发展不平衡，对提升区域经济发展整体水平有较大的制约作用。从苏南经济板块看，各市域经济板块的经济实力的差距较大，呈明显的阶梯形分布格局。其中：苏州经济处第一阶梯，经济实力最强，南京经济、无锡经济位第二层次，常州经济和镇江经济居第三层次。2012 年经济总量最高的苏州经济和最低的镇江经济相比，前者 GDP 是后者的 4. 57 倍。苏中经济、苏北经济也存在同样的问题。从苏南、苏中和苏南三大区域经济板块看，区际经济差异较为突出，不平衡特征明显。以人均国内生产总值衡量，2012 年三大经济板块为 101 370 元、62 208 元、40 914 元，苏南经济分别是苏北经济、苏中经济 2. 48 倍和 1. 63 倍。另外，人均城镇居民收入与农村居民纯收入之比，苏南为 2. 09 倍，苏中为 2. 10 倍，苏北为 1. 98 倍。从差幅上看，城乡差别在苏北更为突出。区际产业结构也不合理。区域之间未形成合理的产业分工，苏中、苏北第一产业占很大比重，但农业基础设施薄弱，劳动生产率低下，集约经营水平不高。苏南以第二产业为主，但其高度化发展趋势不明显，劳动密集型产品多，高科技含量的产品少，初加工产品多，供给结构不能适应需求结构的要求。区际城市化进程的差异也显著，四个人口超过百万的特大城市有三个在苏南，城市化率自南向北呈现梯度递减趋势，2012 年苏南的城市化水平分别是苏中、苏北的 1. 24 倍、1. 33 倍。区际科学技术力量相差悬殊，每万人从事科技活动的人员，苏南、苏中、苏北人数依次递减，从而科技对经济发展的贡献，也是以苏南、苏中、苏北顺序由大到小。可见，江苏产业结构优化存在的区域条件差异障碍。

二、江苏产业结构优化的优势

江苏高度重视省域经济中的区域经济协调发展，先后实施“积极提高苏南、加快发展苏北”“提升苏南发展水平、促进苏中快速崛起、发挥苏北后发优势”“区域协调发展和‘三沿’战略”等战略和相应的区域经济政策，为推动产业结构优化提供政策支持。

1. 江苏区域产业结构优化的区位优势

苏南地处长江三角洲，东邻上海，北依长江，京沪铁路和沪宁高速公路贯穿东西，地理位置十分优越。苏南也位于中国沿海与沿江生产力“T”形布局的接合部，是以上海为龙头的长三角的重要组成部分。苏北地处江淮平原，有着丰富的非金属矿产资源，其中煤炭、盐矿、芒硝、石英砂、磷矿、金红石矿等在中国都具有一定的地位，是江苏省重要的基础能源基地。苏南的南京、苏州、无锡等大城市密集的人口为江苏第三产业的发展和产业结构优化提供了充足的劳动力资源。苏南自古就有许多著名的科学家、学者，高素质的人才和先进的科技水平为江苏产业结构优化提供了智力和技术保障。

区际交通网络通畅，区际合作增强。经过“十五”以来的快速建设，江苏省交通运输网规模不断扩大，交通结构和通行条件不断改善，通过能力不断提高。自2001年起，江苏省新增高速公路近1 800公里，通车总里程达2 886公里，总量居全国第三，密度居中国各省（市、区）第一。江苏省等级航道总里程达到了7 591公里，港口泊位数和总通过能力均居中国首位，为运输现代化提供了良好的基础设施。区际交通网络通畅导致区际辐射效应和扩散效应增强。苏南在经济快速发展，新苏南发展模式的内涵不断提升，一些产业具有向苏北转移的趋势，主导和示范作用进一步加强。苏中有着承东启西、沟通南北、通江达海、快捷方便的港口和交通的比较优势，使上海的龙头辐射作用迅速抵达苏中，并通过苏中传递至苏北，发挥了苏中的区际辐射效应和扩散效应“二传手”作用。苏北在前所未有的机遇和条件下，挖掘潜力，后发优势得到有效培育。区际竞争促进区域竞争力提升，苏南与苏北生产要素大规模区际流动增强了区域合作。例如，苏北地方政府以工业园区建设和城市建设为载体，以税收优惠和土地低价吸引苏南企业到苏北投资，使不具备优势的苏中和苏北工业经济得到快速发展。

2. 江苏产业结构优化的机遇

国际制造业中心向长三角转移为江苏产业结构优化提供机遇。20世纪末，世界制造业面临全面调整与重组，美、日、欧等制造业发达国家在努力保持高新技术垄断地位的同时，以降低生产成本和提高市场竞争力为目标，在全球范围内进行新一轮制造业资源的优化配置，中国成为制造业大规模转移的首选之地。江苏区位优势明显，制造业基础好，人力资源丰富，具备了承接国际产业转移的基本条件，从而为江苏产业结构优化赢得的机遇。经济全球化提供的机遇为江苏的贸易扩张，投资增长和提高人民生活水平创造了良好环境，并使苏北“后发优势”得到培育。

知识经济的快速发展为江苏产业结构优化提供机遇。知识经济的快速发展为加速江苏区域产业结构的调整，经济增长方式的转变和缩小区域之间的差距提供了难得的机遇。尤其是现代信息技术的发展，使科学技术的传播更加迅速，江苏经济发展抓住这一机遇，利用信息技术迅速传播的优势，最快、最大限度地吸取人类科学技术的成果，在一些产业实现技术的跳跃性发展，在较短的时间里迅速增强自己的实力，实现区域经济的快速发展。

社会主义新农村建设为江苏产业结构优化提供机遇。建设社会主义新农村是江苏解决“三农”问题的重要路径，采取的一系列颇具力度的政策措施，如取消农业税、增加基础设施建设投入、免除义务教育收费、农村合作医疗补贴、农村金融改革等，为江苏产业结构优化提供机遇。苏北农村劳动力主要从事农业生产经营活动，县域产业结构多以传统农业为主，仍未实现农村工业化。社会主义新农村建设强有力地推动着苏北乃至江苏省第一产业发展，从而推动江苏产业结构优化。

第三节 泛长三角区域合作背景下江苏产业结构优化的路径

泛长三角区域合作背景下的江苏产业结构优化，是江苏产业经济创新发展的必然要求。江苏要实现两个率先的奋斗目标，必须在区域经济发展战略上着力推动泛长三角区域合作背景下的江苏产业结构优化。

一、江苏产业结构优化的目标和原则

江苏产业结构优化是一个渐进的长期过程，既有泛长三角区域合作背景，也有区域差异特点。因此，泛长三角区域合作背景下的江苏产业结构优化，应有不同阶段和不同区域的目标和相应的原则。

1. 江苏产业结构优化的目标

实现江苏产业结构优化的首要任务是进行江苏产业结构调整。产业结构调整的目标包含两个相互联系的方面：一是产业结构的合理化，二是产业结构的优化升级。进行江苏产业结构调整必须使产业结构合理化。没有合理化的产业结构，很难实现江苏经济的协调发展。

（1）科学确定产业结构合理化的目标。江苏产业结构合理化的目标是纠正产业结构不适应产业经济发展的扭曲状态。纠正产业结构不适应产业经济发展的扭曲状态，不是临时性、局部性的产业结构调整，而是长期性、战略性的产业结构调整；不是简单的扶持什么产业发展和限制什么产业发展的问题，而通过产业结构调整，努力实现江苏产业经济增长方式的转变。这就要求既要淘汰低水平和重复建设的以及浪费资源和污染环境的落后生产能力，又要加快高新技术和产业的发展，加快高技术含量或短缺的、有国际竞争能力产品的发展；既要对产业结构、产品结构和企业组织结构进行调整以解决市场供求问题，又要注意与长远发展的衔接，着眼于提高江苏产业经济的整体竞争能力。

（2）科学确定产业结构优化升级的目标。进行江苏产业结构优化升级，就是要从产业结构演进中求经济发展的效益和求经济发展的速度，这是江苏产业结构调整的又一重要目标。产业结构优化升级意味着产业结构的升级，技术和资本密集程度的提高。以产业结构的升级实现产业结构的优化，不仅可以培育出新的经济增长点，而且还可以培育出一批具有高附加价值、高增长潜力的新产业，因为升级本身就意味着技术层次的提高和附加价值的增长。泛长三角区域合作背景下的产业结构调整要注重产业结构的动态变化，不仅要求加强传统产业的升级，而且要注重新兴

产业的发展壮大。江苏产业结构优化，首先是产业的高度化，即发展高新技术产业；其次是产业结构的高度化，即通过产业高度化的技术扩散和溢出效应改造传统产业。产业结构调整不仅涉及产业的退出或升级，而且同产业结构的合理化密切相关联。因此，只有通过产业结构合理才能全面系统地推进产业结构的优化。

（3）科学确定三次产业结构优化的具体目标。江苏“十一五”规划提出江苏省人均生产总值2010年比2000年增加2倍左右。要实现这个目标，“十一五”期间江苏经济的年均增长率必须在10%以上。改革开放以来，江苏经历了五个五年计划。从“六五”到“九五”，江苏经济年均增长12.8%，“十五”期间平均增幅12.6%。江苏经济目前仍处于上升期。江苏三次产业结构优化的具体目标是：①以增强自主创新能力促进产业结构升级。加快建设技术创新体系，完善自主创新的支持政策和激励机制，加大科研投入，提升江苏产业经济核心竞争力。②坚持以信息化带动工业化，以工业化促进信息化。促进信息技术和信息产业的快速发展，推进信息技术在各行业各领域的普及和应用。推进企业、政府和社会信息化，推进信息资源的有效整合。大力发展以电子信息、机电一体化、新材料、生物工程与新医药等高新技术支柱产业。继续实施高新技术产业“双倍增长”计划，改造提升传统产业，力争高新技术在江苏工业经济中的比重提升到30%以上。加快现代科技示范区建设，大力推进新型工业化。③建设现代国际制造业基地。依托现有产业基础，重点发展装备制造、现代轻纺等产业，形成集成电路、光电显示、石化、冶金、造船、造纸等产业基地，提高优势产业在制造业中的比重。有选择、高起点地承接国际产业特别是产业链高端环节的转移，加快构筑重点产业带，促进产业集聚和企业集聚，着力培育拥有自主知识产权和知名品牌的大企业大集团，加快发展先进制造业。④加速发展现代服务业，重点发展生产服务业。优先发展与制造业配套、提升制造业水平的现代物流业、软件业、金融业、商务和科技服务业，加快发展产业关联度大、渗透性强的信息服务业、文化产业、旅游业和房地产业，积极发展现代商务业和居民服务业。

2. 江苏产业结构优化的原则

对产业结构进行战略性调整不是一项简单决策，而是科学分析江苏产业经济发展现状及其客观要求，全面估量经济增长的国内外环境，保证江苏经济创新发展的正确抉择。进行产业结构优化应遵循以下原则：

一是坚持以科学发展观统领产业结构优化的原则。坚持以科学发展观统领经济发展全局，切实把科学发展观贯穿于“两个率先”的全过程。“两个率先”是优化结构、提高效益、降低消耗基础上的率先发展，是依靠科技进步、体制创新的率先发展。增强产业自主创新能力，是江苏产业结构调整和产业结构优化的基点。坚持以科学发展观统领产业结构优化，要更加注重产业经济与人口、资源、环境之间的协调发展。能耗是江苏产业结构优化的重要指标，“十五”时期江苏省能源消费弹性系数达到1.1，如果延续现在的能耗水平，“十二五”期间江苏能源需求总量将增加到2.5亿吨左右，电力需求将增长80%左右。这么高的消耗水平，对资源环境和交通运输都会带来很大的压力。因此，必须以科学发展观统领产业结构调整和优化，着力提高能源利用效率，促进经济可持续发展。要发展第一产业，发展产业化经营，形成生产、加工、销售有机结合，推进农业向商品化、专业化、现代化转变。着力调整第二产业，使之适应加速工业化、现代化的进程。加快第三产业发展，进一步发挥第三产业在提高社会生产率，增加城乡劳动就业和方便人民生活等方面的重要作用。

二是坚持发挥市场机制对产业结构优化作用的原则。江苏产业结构矛盾最集中的表现就是生产与市场需求变化不相适应，相当多的企业还没有面向市场发展的能力，不能根据市场变化快速组织生产。要改变这种现状，就必须做到无论是上新项目还是技术改造，都必须牢固确立市场需求及其变化第一的思想理念，全面分析和估量市场需求容量。积极参与国际合作与竞争，全面提高对外开放水平，实现市场化、国际化、工业化、城市化、信息化的互动并进。坚持以市场为导向，充分发挥市场机制对产业结构优化的作用，要十分重视开拓市场，开发新产品，提供新服务，创造新需求，为产业经济发展寻求新的市场。特别要注意调整工业产品结构，开拓农村市场，并全方位拓宽国际市场，实行市场多元化。面向市场，开拓市场，是产业经济进入新的成长阶段的重要前提。充分发挥市场机制作用，对一般竞争性产业、行业和企业的生存与发展，主要靠市场调节，通过优胜劣汰的过程，选择产品、企业和产业，使产业结构趋于合理和优化。

三是坚持依靠科技进步促进产业结构优化的原则。江苏产业技术层次不够高，自主创新能力相对较弱。必须充分发挥江苏省科教和人才优势，加快建立以企业为主体，市场为导向，“产学研”结合的技术创新体系，提高原始创新能力、集成创新能力和引进消化吸收再创新能力，大力开发具有自主知识产权的关键技术、核心技术和知名品牌，促进产业技术升级，加快从“江苏制造”向“江苏创造”的转变，提高江苏产业经济的综合竞争力。应当大力采用先进技术，改造和提高传统产业，为高新技术产业发展创造深厚基础。要采取更有力的措施调整和改组包括机械、纺织在内的加工工业，扩大附加值高的产业在江苏经济中的比例，增强适应国内外市场的竞争力。要不失时机地积极开发高新技术、环保和生态产业，特别是大力发展信息产业。以信息化促进工业化，提高工业化水平，并为向信息时代过渡奠定基础，这是江苏产业结构优化的内在要求。

二、江苏产业结构优化的基本思路

江苏省推动产业经济创新发展取得明显成效，综合经济实力显著增强。2012年实现地区生产总值54 058.2亿元，人均地区生产总值按当年汇率折算达11 000

美元。三次产业结构为6.3∶50.2∶43.5，仍为“二三一”型产业结构，比钱纳里标准的“三二一”型产业结构滞后一个发展阶段。江苏产业结构优化应以观念创新推进产业结构调整，以技术创新推进产业升级换代，以制度创新推进产业结构合理化，以实施产业梯度转移推动产业结构优化。

1. 以观念创新推进产业结构调整

解放思想，勇于创新是区域经济创新发展的关键。从一定意义上说，江苏产业结构调整有赖于观念和思路的创新。在泛长三角区域合作背景下，江苏产业结构调整应有新的观念和思路。

（1）要从江苏经济创新发展出发，科学规划产业结构调整。江苏产业结构调整的目标是要建立起在国内外市场中具有竞争力的产业结构。毫无疑问，这样一个产业结构，从静态上看，产业之间比较协调，与需求结构相适应；从动态上看，产业的比例随经济的发展而变化。从江苏经济发展的区域和阶段特征看，发达的苏南经济的产业结构应向高级化方向发展，要鼓励其高科技产业发展并使其成为江苏产业升级的“排头兵”；对于传统的劳动密集型产业，要推动产业升级和产品换代。欠发达的苏北经济的产业结构应向合理化方向发展，要鼓励其采取先进技术，进行产品创新，增加出口创汇能力；接受长三角经济辐射和产业向苏北转移；要限制影响环境保护的企业发展规模；要支持充分利用苏北资源的外资企业发展。

（2）要从苏北经济创新发展出发，解决劳动力就业与产业结构调整的矛盾。由于苏北城市经济发展落后于苏南城市经济，苏北农村剩余劳动力向城市经济转移困难。对苏北城市经济板块来说，面临产业结构调整压力，传统产业受到国际与国内市场两方面的压力，尤其是面临外资企业的竞争压力；第三产业也由于缺少人才、资本和市场问题而难于发展。因此，从产业结构调整与劳动力就业两个方面考虑，必须培育苏北城市产业经济的新增长极。培育苏北城市产业经济的新增长极，主要是发展技术经济开发区、高新技术开发区。发展技术经济开发区、高新技术开发区，要着力发展以新机制为基础的高新技术产业，以股份制为主体的各种混合所有制企业，包括旅游业、咨询业、金融业、房地产业、服务业在内的第三产业。只有通过这样的方式发展城市经济，才能为苏北产业结构的高级化提供支撑条件，从而解决农村剩余劳动力、城市新增劳动力的就业问题，实现产业结构合理化。根据产业结构调整和城市经济发展的要求，要创新农村剩余劳动力就业思路。一是转变农业经济增长方式，拓展农业产业链，走农业产业化的道路，建立现代化大农业体系，延长农业的产业链，拓展劳动力就业空间，增强农业吸纳劳动力的能力。二是大力发展乡镇企业。乡镇企业要走与城市产业结构异构的路径，发挥自身的优势，与城市经济发展互补，建立新型的城乡合作发展关系。

2. 以技术创新推进产业升级换代

产业结构优化的目的是要提升产业的竞争力，这就提出了江苏经济产业升级换代的问题。江苏经济的产业升级换代的核心问题是产业的技术创新问题，即要以技术创新推进江苏产业升级换代。

（1）促进企业技术创新，推进产业升级换代。企业是利用产品来表现自己的市场存在，进行市场竞争。企业产品是以一定的技术水平为基础的。提高技术水平是企业增强自身的市场上竞争力的主要途径。产品的竞争力主要表现在两个方面：一是成本竞争力，这主要通过提高生产的效率来实现；二是产品的特色，主要通过产品创新与工艺流程的创新来实现。由于产品的竞争力主要体现在品牌、特色、质量上，因而技术创新的重点是在创造产品的差别性上，在开发新产品的同时，注意老产品的升级换代，创造名牌产品。尽管开发新产品是必要的，但从产品差别性原理出发，研究开发还应延伸到产品升级的过程设计中。根据消费者的需求不断推出新款式、新设计，不断开发老产品的新功能，改进其性能，通过产品的不断升级，赢得市场。因此，促进企业技术创新，推进产业升级换代，是实现江苏产业结构优化的重要路径。

（2）加快高科技产业化，推进产业结构升级。产业结构升级不仅要在产业中培植具有竞争优势的产品，而且还要进行产业创新。推动产业结构的升级，依靠技术进步，以市场为导向，创造出技术密集型的新兴产业。发达国家中兴起的知识经济，是以高新技术为主导的经济。这表明经济发展在当今世界中越来越与科技发展密切相关，竞争越来越表现为高科技的竞争，谁的高科技产业化快，谁就具有市场竞争力。江苏省的高科技产业要利用当代最新科技成果，结合产业调整，争取在高科技产业领域获得一席之地。高科技产业化包括两个进程：一是用高科技改造传统产业，推进传统产业的技术升级与产品更新；二是直接发展高新技术产业，如微电子产业、生物工程产业、信息业、光电子产业、新材料产业、航天航空产业等。高新技术产业化是具有某项高新技术成熟产品的企业集团生产的产品，有很大的市场容量，可以占领较长时间的销售市场。集团的工作除了生产出产品外，还包括产品的继续开发、更新换代、工艺技术的开发、应用领域的拓展。要支持保持独创性技术的产业化，需要解决技术成果的成熟度，使其达到科学上可行，工艺、装备与工程开发可行，经济上可行。当然，对高新技术企业的发展，政府要在政策上给予大力扶持。

3. 以制度创新推进产业结构合理化

对于江苏省域经济创新发展来说，推动产业结构优化，决不单是一个生产问题和技术问题，而主要是一个制度创新问题。因此，以制度创新推进产业结构优化是江苏经济创新发展的关键。

（1）营造公平竞争的体制环境，规范企业行为。吸引外资的各种优惠，造成了外资与内资的不公平竞争，从而在一定程度上影响了内资企业发展。在江苏经济创新发展过程中，政府的一个重要任务就是要为企业的发展营造良好的体制环境，要建立健全各种政策法规，创造公平竞争的市场环境。要特别注意解决外资的"超国民待遇"问题，尽快取消外资经过一定时间的发展后在税收、外汇、土地使用等方面的优惠政策，实现内外企业在政策上的公平，让其真正展开公平竞争。

（2）加快投资体制的改革，真正使投资者自负盈亏。江苏经济中的一些产业的产品过剩、生产能力过剩，其原因是重复投资、重复建设。要从根本上解决这个问题，必须加快投资体制的改革。现在的问题已经不是投资主体多元还是一元的问题，关键是在投资问题上仍然是"政企不分"。一些政府部门不按经济规律办事，造成了低水平的重复建设，加剧了产业结构的不合理，产业水平的低度化。一般地说，政府的投资应主要在基础设施建设、公共工程方面。让国有或国有控股企业真正成为投资主体，从而减少政府投资出现失误。同时，要加快政府自身的改革，推动江苏行政发展。推动江苏行政发展主要是要推动政府职能的转变。要打破行业、部门封锁，形成统一开放的市场体系，用市场机制调节产业结构合理化。

（3）创建扶植具有竞争优势企业体制，改善市场竞争结构。江苏企业拓展国内外市场，必须实现企业规模经济，否则难以与国内外企业集团竞争。一般来说，由于企业规模较小，众多的企业面对同一个市场展开竞争，竞争费用高昂。因此，必须进行企业重组，增强自身的竞争能力，通过创建扶植具有竞争优势企业体制，改善市场竞争结构，从而实现产业结构合理化。一是要顺应市场体制的要求，扶优汰劣，改善市场竞争结构。要建立被淘汰企业的职工重新就业机制，以消除制度障碍。二是要做好区域产业分布，建立区域经济合作机制。三是优化企业组织结构，以资本为纽带，组建以优势企业为核心的企业集团。通过企业组织的调整，将过多的生产同类产品的企业联合在一个或几个企业集团中，变市场协调为企业内部管理，以节约市场交易费用与企业间的竞争费用。四是发展资本市场，利用市场机制培植优势企业，以培育企业竞争的资本要素增长能力。

4. *以实施产业梯度转移推动产业结构优化*

区域经济发展的不平衡是江苏经济发展的难点。江苏区域经济的不平衡发展自1990年以来呈拉大趋势，尤其是苏北工业化进程相对缓慢。江苏产业结构调整和优化应以实施产业梯度转移为优化区域产业结构的主要手段，从而促进有利于区域经济协调发展的区域产业结构形成。

第一，推动苏南苏北经济的全面对外开放。在江苏经济创新发展中，苏北经济的全面对外开放具有十分重要的意义。要帮助苏北经济和企业加强对外联系，支持其主动接受来自国外和国内发达区域的经济技术辐射，提高引进技术、引进项目和引进外资的水平，抓好与国外大公司、国内知名集团企业在基础设施、高新技术产业、农业、第三产业等领域的合资和合作发展。

第二，加快沿江区域的产业升级。江苏的国家级高新技术产业开发区、省级高新技术开发区及苏州工业园、昆山国家级经济技术开发区、张家港保税区等主要布局于长江南北两岸，要充分发挥沿江区域的区位优势、经济优势与产业优势，加快沿江高新技术产业开发带建设，促进高新技术产业成为沿江区域的主导产业，使沿江区域成为全国规模最大和最有竞争力的高科技产业带，并通过市场引导向苏中、苏北经济辐射扩散，从而带动江苏产业结构优化。

第三，加大推动产业区域转移的力度。实施江苏省南北区域转移工程。要继续实施江苏省南北区域合作和产业区域转移工程，引导苏南有开发优势的产业与项目由南向北转移。实施泛长三角区域合作的产业区域转移工程。通过泛长三角区域合作的产业区域转移工程，扩大企业生产规模，提高产品市场占有率，推动产业经济创新发展。适时实施国外区域产业转移工程。要推进富余生产能力的产业，特别是江苏的设备、技术上具有明显优势且富余生产能力相对集中的轻工、纺织、服装、中低档机电等产业，向海外转移，拓展江苏经济创新发展的国际市场空间。

三、江苏产业结构优化的路径

江苏产业结构优化战略措施的实施主体，主要是企业和地方政府。对于地方政府来说，按照不“越位”、不“缺位”、不“错位”的要求，应继续健全市场经济体制，完善公平竞争的体制环境，确保产业结构优化的战略措施落实到位，着力推动江苏经济创新发展。

1. 加快新型工业化进程

提升工业发展水平，要继续调整投资结构，提高投资效益，加强规划设计与协调，防止“铺摊子”重复建设，落实各项政策措施以保持民间投资较快增长的良好势头，为各种所有制经济公平竞争、共同发展创造宽松的市场环境，着力加快新型工业化进程。

（1）通过信息化带动工业化。信息化与工业化具有内在的联系。以信息化带动工业化，以工业化促进信息化，既是新型工业化最显著的特征，又是新型工业化的实现方式。信息技术是覆盖面最宽、渗透性最强、倍增效应最大的技术，是产业结构优化的“带头者”。优先发展信息产业，以信息化带动工业化，将信息技术与产业技术相结合，使工业化中高能耗、高物耗的粗放型增长模式向集约型增长模式转变，从主要依靠增加投入变为主要依靠提高要素生产率来增加产出，实现生产力的跨越式发展。江苏家庭上网率远落后于发达国家，因而围绕江苏经济创新发展的内在要求，应大力发展电子信息产品制造业、软件业和信息服务业，使其成为江苏新型工业化的内在支撑产业。要有效利用全球资源和市场，充分利用全球信息化的最新成果带动江苏工业化。要积极参与国际合作和分工，主动承接和吸收新一轮国际产业转移，在更大范围、更广领域和更高层次上，积极引导外资投向生物、医药、精细化工、新材料等高新技术产业，推动江苏工业化快速发展。

（2）通过发展高新技术产业带动传统产业升级。以信息产业为龙头的电子信息、生物工程、新医药、新材料等高新技术产业在江苏省工业中的比重快速增长，对江苏经济创新发展具有重要意义。要努力形成一批具有自主知识产权的高新技术产品圈和产业圈，构建高新技术产业的圈体优势。要在电子信息、生物医药等领域，积极推进跨区域、跨行业、跨所有制的资产重组，实现强强联合，加快培育和发展一批具有国际竞争力的大型企业集团。通过高新技术特别是信息技术改造传统产业，切实提高传统产业的生产工艺和装备水平，促进机械、石化、轻工、纺织、汽车等优势产业发展壮大。要鼓励服装、皮革、纺织为代表的劳动密集型产业的发展，发挥这些劳动密集型产业在吸收城市化过程中转移出的大量剩余劳动力的重要作用。

（3）通过提升制造业竞争能力振兴装备制造业。发展制造业对于正处于工业化阶段的江苏经济具有重要意义。要抓住全球范围内制造业战略性重组的历史机遇，以实施信息化带动工业化战略为突破口，不断提升江苏制造业的国际竞争力，把江苏建成国际国内重要的制造业基地。针对工业总体装备水平与国际先进水平差距较大，制造技术方面仍基本处于技术引进和自主开发和创新能力较弱的现状，要利用现代信息技术改造和提升普通机械制造、专用设备等装备制造业，重点扶持发展以电子、电气、交通运输设备为代表的有较高技术含量的装备制造业，把自主开发与引进、消化吸收国外先进技术有机结合，提升核心技术拥有水平。

（4）优化产业区域布局。利用江苏的天时地利，吸收和转移上海对外开放优势的辐射作用，集中力量发展以苏南为中心的沿江经济带高新技术产业圈，依据沿海经济带重点发展海洋经济，围绕东陇海线城镇经济轴重点发展陆桥产业经济。要坚持区域协调发展与产业结构优化并重的原则，促进苏南、苏北新区域经济板块之间的协调发展。逐步扭转江苏南北发展差距扩大的趋势，进一步形成江苏区域经济各发所长、优势互补、协调共进的局面。要加强区域分类指导，确定差别化的目标任务、考核体系和鼓励政策，继续加大对苏北经济发展的支持力度，加快苏北经济振兴步伐。要健全区域协调互动的合作机制，完善南北结对挂钩机制，积极参与泛长三角经济一体化进程，推动区域之间的资源整合和分工协作，促进江苏经济创新发展。

（5）推动农业结构调整和优化。农业结构调整和优化应着力抓“五个突出”。一要突出多样化，即重点突出果、艺（园艺）、蔬（蔬菜）、农、林、牧、副、渔业发展，进一步因地制宜突出多样化特色，走特色农业、优势农业与创汇农业的创新道路。二要突出发展畜牧水产业，即发展畜牧水产业能够发挥江苏畜牧水产业优势，吸收农村剩余劳动力。三要突出农产品加工，即发展农产品加工，积极发展专用食品及蔬菜、果品、畜禽、水产的保鲜与深加工，将发展农产品加工和扩大农业对外开放结合起来，提高农产品的附加值。四要突出质量，即大力推进农业标准化工作，从制定农产品标准入手，建立农产品质量标准的监测体系，建立全省农产品质量监测中心，突出抓无公害、特色农产品的认证和监控，增强农产品市场竞争力。五要突出区域布局，即针对江苏的不同区域特点尤其是苏北农业特点，进行农业结构调整布局，推动农业产业发展。

2. 大力发展第三产业经济

江苏产业经济中的第三产业经济所占的比重偏低。

由于城镇具有城市的大部分功能，同时又是农村的政治、经济、文化中心，因而推动城镇化能够带动江苏第三产业发展，从而使第三产业成为吸收农村剩余劳动力转移的产业。因此，应改革或出台加快城镇化进程的政策。首先要深化户籍制度改革，推动城乡一体化的发展，主动为在城镇务工经商、有固定住所和稳定生活来源的农村人口办理落户手续，减少农民转为城镇户口的各项收费，从而有效接收农村剩余劳动力。要积极探索建立相应的农村社会保障体系，建立社会保障基金、互助基金和风险基金等多种农民合作性质的保险机制，以加快城镇化进程，拓展第三产业经济发展空间。

发展民营经济，构筑多元化的第三产业经济主体。毫不动摇地鼓励、支持和引导民营经济发展。大力发展民营经济，能够在资本供给不足、城镇就业压力大以及农业剩余劳动力转移任务艰巨的情况下，实现第三产业的资本总量增长，从而促进江苏第三产业经济快速发展。

3. 着力转变经济发展方式

推动产业结构调整和优化，关键在于提高企业技术进步和技术创新能力，使企业逐步成为技术开发、技术创新、技术改造的投资主体。从整体上说，关键在于促进经济增长方式由粗放型向集约型转变。

（1）通过支持企业技术创新促进产业结构优化。企业是产业结构调整的载体，大企业、大集团更是产业结构调整的重要支撑。国际产业结构调整是以跨国集团在全球范围的资本运作为特征的。江苏的大企业、大集团数量不多，因而要素资源配置分散、集中度不高。要在符合市场机制和经济增长内在要求的原则下，通过加大跨区域、跨行业、跨所有制的资本经营，培育具有国际竞争力的大型企业集团，发挥其产业龙头带动作用，从而推动江苏产业结构调整和优化。中小企业也是经济增长方式由粗放型向集约型转变的主要力量，要鼓励中小企业在充分发挥扩大就业和灵活经营特点的同时，进行技术改造和技术创新，实现产业结构升级。要加快利用高新技术改造传统产业、装备基础产业和重点企业以及优势产品的升级换代步伐，进一步加大技术改造投资力度，优先改造带动作用强、投资回报率高的支柱产业、重点行业和优势企业，择优扶强，促使一批重点企业和企业集团建立技术进步机制，从而形成技术进步促进产业发展，产业发展带动技术创新的良性循环机制。

（2）通过提升消费结构促进产业结构优化。消费是生产的先导。在全面建设小康社会的进程中，经济发展水平和发展层次不断提高，消费对于拉动经济增长的作用凸现。促进消费升级成为促进产业结构调整和优化的重要内容。江苏居民的消费率较低（一般在33%左右），其长期高投资率与消费倾向偏低的现象不利于经济增长方式转变。因此，要通过增加收入，扩大保障等措施培育消费结构升级，从而以整体消费水平的成长刺激经济发展，从而引导江苏产业结构的调整和优化。

主要参考文献：

[1] 王志平，等. 上海迈向国际经济中心城市［M］. 上海：上海人民出版社，2007.

[2] 陈秀山，等. 中国区域经济问题研究［M］. 北京：商务印书馆，2005.

[3] 胡军，刘少波，冯邦彦. CEPA与“泛珠三角”发展战略［M］. 北京：经济科学出版社，2005.

[4] 莫建备，徐之顺，曾骅，等. 区域一体化发展：拓展和深化——长江三角洲区域经济社会协调发展研究［M］. 上海：上海人民出版社，2007.

[5] 田代贵. 长江上游经济带协调发展研究［M］. 重庆：重庆出版社，2006.

[6] 陆大道. 论区域的最佳结构与最佳发展——提出“点-轴系统”和“T”形结构以来的回顾与再分析［J］. 地理学报，2004（2）.

[7] 石忆君，王克强. 长江三角洲地区协调发展的特征及问题探讨［J］. 同济大学学报：社会科学版，2002（3）.

[8] 韩增林，龙飞，张小军. 高速公路经济带形成演化机制与布局规划方法探讨［J］. 地理研究，2001（4）.

[9] 沈坤荣，徐礼伯. 美国“再工业化”与江苏产业结构转型升级［J］. 江海学刊，2013（1）.

[10] 孙福庆，等. 上海产业发展［M］. 上海：格致出版社，上海人民出版社，2008.

[11] 王丽华，等. 江苏产业结构演化及机制分析［J］. 江苏商论，2005（6）.

[12] 钱宁. 江苏产业结构状况分析［J］. 江苏大学学报：社会科学版，2003（2）.

[13] 段进东，等. 基于SS分析法的江苏产业结构分析［J］. 现代经济探讨，2003（6）.

[14] 黄德春，等. 江苏产业经济发展及其对策［J］. 工业技术经济，2003（4）.

［15］徐从才，石奇，胡荣华．江苏产业发展报告2008——江苏经济改革开放30年［M］．北京：中国经济出版社，2008.

［16］钱鹏程．江苏产业结构变动与经济周期波动关系研析［J］．统计科学与实践，2013（8）.

第十三章

泛长三角区域合作背景下江苏经济创新发展的产业集聚与转移

通过构建产业集聚创新平台，形成创新支持体系。一是加强合作创新。采取多种办法鼓励和促进科研机构、大专院校和国内外大企业的技术研发力量，加强与相关产业集群的互动与合作，建立完善的“产学研”创新体系。借鉴欧洲各国以政府出资或联合民间资本设立中介企业的经验，通过实施具体的政府项目密切企业与科研机构联系，推进产业集群加快转型升级。二是搭建公共服务平台。各种功能、各种形式的服务平台是产业集聚发展的重要推动力量，大力推进技术、人才、资本、信息等支撑与服务平台的建设。不同的产业集聚区可以根据自身情况选择不同的创新平台组建方式，解决产业集聚中的共性技术难题。同时，建立集聚区内技术创新保护机制，要把产业集聚区内企业自律、自治性的行业协会作为重要的服务平台来建设。引导和培育产业集聚企业之间的联系，充分发挥行业协会作用，为企业、产业的发展提供各种服务。

徐山瀑、陈震宁等

——《加快提升江苏中小企业产业集聚水平》，群众，2012年第4期。

产业的形成是社会分工的结果。随着社会分工的深入，产业分类日益细化。总体来说，产业是由社会分工形成的具有某类相同特征的企业集合。[①]区域经济发展是产业经济发展的区域表现形式，因而区域经济创新发展离不开产业经济创新发展。本章对泛长三角经济区产业经济发展整体特征的视角，研究产业集聚与产业转移对江苏产业经济创新发展的影响及促进产业集聚与产业转移的路径。

第一节　泛长三角区域合作的产出结构特征

长三角是中国东部发达区域，其经济实力强、发展快。但是，从整体上看，长三角及其经济腹地发展水平较低，因而泛长三角经济区发展不平衡。长三角经济区的产业经济发展水平高于其经济腹地产业经济发展水平，但其产业经济的互补性强。

一、泛长三角区域合作的产业经济特征

区域产业经济的发展状况，最直观的反映是三次产业增加值的大小。但是，增加值总量指标因不同区域人口（或就业人数）、地域面积等不同，而难以准确反映各区域实际情况。经过比较选择，在这里用劳动生产率指数、地均产出率指数两个指标，分别对泛长三角经济区产业经济的产出特征进行分析。

1. 泛长三角劳动生产率分析

劳动生产率的高低与区域经济发展水平密切相关。劳动生产率是一个综合性的衡量指标。一般利用劳动生产率指数对产业经济效率进行分析。劳动生产率指数的计算有多种方法，这里采用的计算公式是：

$$劳动生产率指数=\frac{GDP}{从业人员数}$$

利用2006年的数据，根据计算公式，对泛长三角经济区按市域经济为基本单位进行劳动生产率水平的分析（上海、重庆市域经济板块在行政区域经济种类划分上高于这里的市域经济板块种类，但本书仍将其作为一个区域经济板块而没有细分），结果如表13-1所示。

---

① 于春晖，等. 产业经济学［M］. 北京：机械工业出版社，2007：4.

表 13-1　　泛长三角经济区劳动生产率指数空间差异 (2006)

城市	单位从业人员数（万人）	地区生产总值（亿元）	劳动生产率指数	城市	单位从业人员数（万人）	地区生产总值（亿元）	劳动生产率指数	城市	单位从业人员数（万人）	地区生产总值（亿元）	劳动生产率指数
无锡	58.67	3 301	56.26	资阳	14.04	300	21.37	周口	43.99	678	15.41
常州	36.50	1 569	43.00	郑州	95.44	2 013	21.10	益阳	21.87	336	15.37
苏州	114.09	4 820	42.25	安庆	23.77	494	20.79	宝鸡	31.03	477	15.37
台州	42.87	1 463	34.13	萍乡	13.01	265	20.41	晋城	24.13	364	15.10
舟山	10.63	335	31.53	亳州	14.67	299	20.36	安阳	43.08	646	15.00
镇江	32.71	1 022	31.23	蚌埠	17.76	359	20.22	上饶	30.54	451	14.78
上海	332.52	10 366	31.18	株洲	30.20	605	20.04	平顶山	45.92	675	14.71
扬州	35.40	1 100	31.08	淮安	32.49	651	20.04	宿州	24.56	359	14.62
南通	57.21	1 758	30.73	南昌	59.21	1 184	19.99	新乡	44.01	640	14.54
泰州	32.75	1 002	30.60	巢湖	17.40	344	19.79	信阳	40.76	588	14.43
宁波	95.42	2 874	30.12	成都	139.25	2 750	19.75	濮阳	31.94	456	14.28
南京	96.44	2 774	28.76	嘉兴	68.72	1 347	19.60	景德镇	15.81	225	14.22
马鞍山	15.03	429	28.54	随州	11.23	218	19.44	鹤壁	15.72	222	14.10
湖州	26.76	761	28.44	温州	95.01	1 838	19.34	宜宾	30.60	428	13.99
衢州	13.72	387	28.24	池州	6.74	130	19.30	泸州	23.74	331	13.95
日照	17.98	506	28.14	滁州	19.51	372	19.08	九江	36.40	506	13.91
杭州	129.31	3 442	26.61	绵阳	31.56	561	17.77	阜阳	27.33	378	13.84
绍兴	63.18	1 678	26.55	漯河	21.50	381	17.72	遂宁	18.20	241	13.24
许昌	27.25	719	26.37	张家界	7.22	128	17.67	咸阳	36.59	484	13.23
金华	47.04	1 235	26.25	南阳	68.48	1 203	17.57	黄石	30.37	401	13.20
广安	10.73	281	26.20	连云港	30.41	527	17.34	安康	12.00	157	13.10
洛阳	52.02	1 334	25.64	运城	32.10	550	17.14	内江	23.40	301	12.88
临沂	55.67	1 405	25.24	三门峡	24.09	412	17.11	乐山	29.34	366	12.49
丽水	14.17	355	25.08	宜春	25.71	440	17.10	荆州	36.35	438	12.05
宿迁	18.45	454	24.62	商丘	38.34	651	16.98	黄冈	32.79	391	11.93
德阳	22.10	539	24.40	武汉	153.89	2 591	16.84	十堰	28.52	338	11.86
岳阳	30.40	733	24.13	宜昌	41.73	695	16.65	西安	125.10	1 474	11.78
盐城	48.83	1 174	24.05	自贡	19.36	320	16.53	咸宁	20.08	234	11.66
湘潭	26.16	622	23.78	襄樊	41.16	675	16.40	广元	14.41	166	11.55
徐州	60.11	1 429	23.77	六安	21.78	356	16.36	巴中	12.98	146	11.25
合肥	45.52	1 074	23.59	驻马店	35.18	572	16.26	淮南	27.70	305	11.01
宣城	12.31	288	23.39	开封	29.35	475	16.19	鄂州	15.36	168	10.96
长沙	77.10	1 799	23.33	娄底	22.36	359	16.06	淮北	21.29	225	10.56

表13-1(续)

城市	单位从业人员数（万人）	地区生产总值（亿元）	劳动生产率指数	城市	单位从业人员数（万人）	地区生产总值（亿元）	劳动生产率指数	城市	单位从业人员数（万人）	地区生产总值（亿元）	劳动生产率指数
眉山	12.11	281	23.19	南充	24.79	396	15.99	汉中	23.49	247	10.51
铜陵	11.14	244	21.87	鹰潭	8.99	143	15.93	渭南	34.01	350	10.29
芜湖	22.00	480	21.81	重庆	219.74	3 492	15.89	商洛	11.26	114	10.14
黄山	8.66	187	21.65	达州	25.20	400	15.89	孝感	40.47	404	9.99
焦作	32.31	699	21.64	荆门	22.29	349	15.65	铜川	9.30	84	8.99
枣庄	35.41	760	21.46	抚州	20.28	314	15.46	新余	64.80	214	3.31

数据来源：《中国统计年鉴（2007）》及相关省市统计资料。

将表13-1中的泛长三角经济区劳动生产率指数空间差异的数据按四种类别转换为空间结构表达方式，能更清晰、直观地看到其总体特征，见图13-1所示。

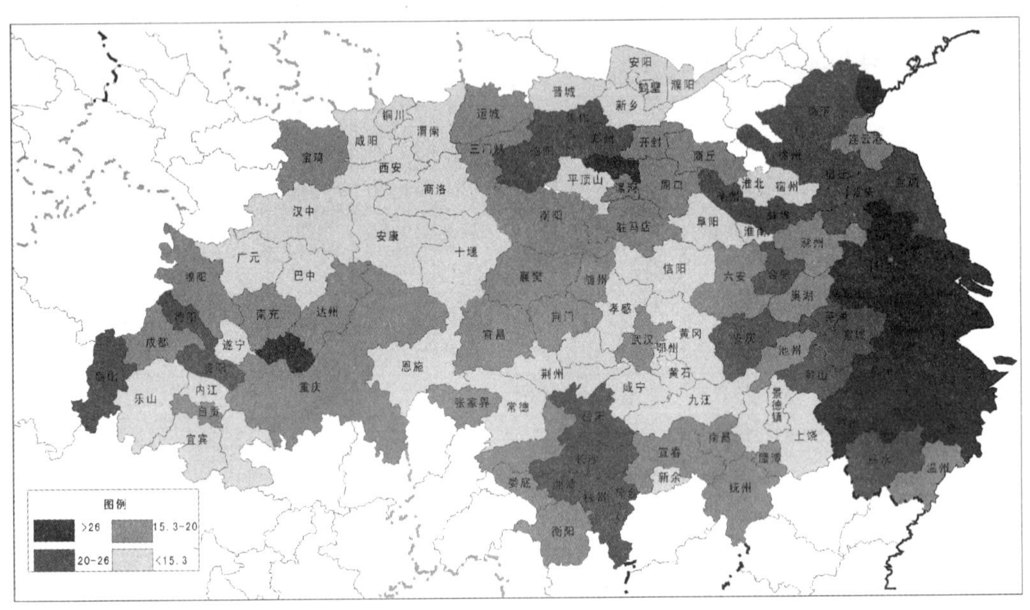

图13-1 泛长三角经济区劳动生产率指数空间差异

从图13-1可以看出，泛长三角经济区劳动生产率指数的空间分布具有典型的核心-外围结构特征，即形成了以泛长三角核心区——长三角为中心的高劳动生产率指数区及其经济腹地相对较低的劳动生产率指数区。

2. 地均产出率分析

地均产出率指数的计算，仍然以市域经济板块为单位，利用其GDP及土地面积进行衡量，计算结果如图13-2所示。

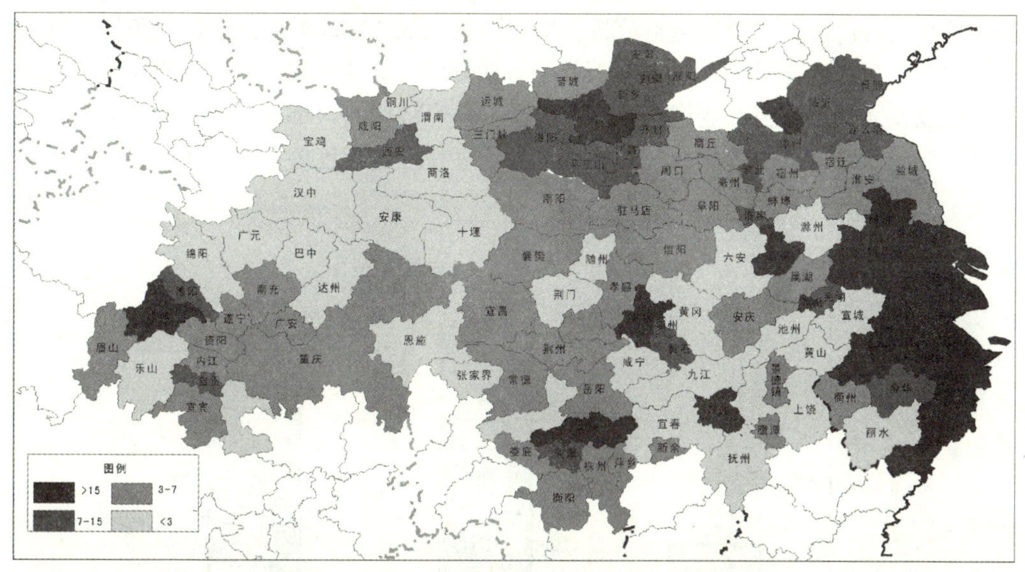

图 13-2　泛长三角经济区地均产出率空间差异

从图 13-2 反映的特征来看，泛长三角经济区的极核区——长三角经济区仍然是地均产出率最高的区域，而且呈现出集中连片特征。在长三角经济腹地，合肥、郑州、成都、武汉、南昌、长沙等市域经济板块（省会城市）的地均产出率也普遍高于其所在省域经济板块的其他市域经济板块；尤其是在河南省域经济板块，呈现出较为明显的地均产出率距离递减特征；从整体来看，新亚欧大陆桥、长江、京广沿线市域经济板块的地均产出率相对高于其他市域经济板块，交通经济带特征显现。

二、泛长三角的产出结构分析

区域经济的产业之间在经济活动中有着广泛的、复杂的、密切的技术经济联系，并通过复杂的投入产出关系，形成有机的经济系统。从系统论的角度看，一个区域经济板块的产业结构系统，具有系统性、层次性、有序性等特征。从不同的角度研究产业结构，可以认识其变化规律。

1. 泛长三角的产出结构分析

产业结构系统是一个资源转换系统，一方面从系统外部吸纳各种经济要素作为输入，另一方面将吸纳的各种经济要素转换成市场上所需的产品作为产出。产出结构是指作为资源转换系统的产业结构的产出所构成的比例关系。关于产出结构的衡量，可以使用多种指标，这里以产值（增加值）为计量单位，对泛长三角产业的产出结构进行评价。

从图 13-3 可以看出，从整体上来看，泛长三角产业构成以第二产业为主，第二产业增加值占 48.02%，成为区域经济的重要支柱产业。对泛长三角经济区的核心区和经济腹地的产业结构分别进行分析，所得结果如表 13-2 所示：泛长三角经济核心区的第一产业产值比重为 5. 81%，而其经济腹地第一产业产值比重为 18. 08%，差距较为明显；而第二、三产业产值比重，泛长三角经济核心区都比其经济腹地高，这说明其腹地产业结构水平与泛长三角经济核心区存在一定梯度差（见图 13-4）。

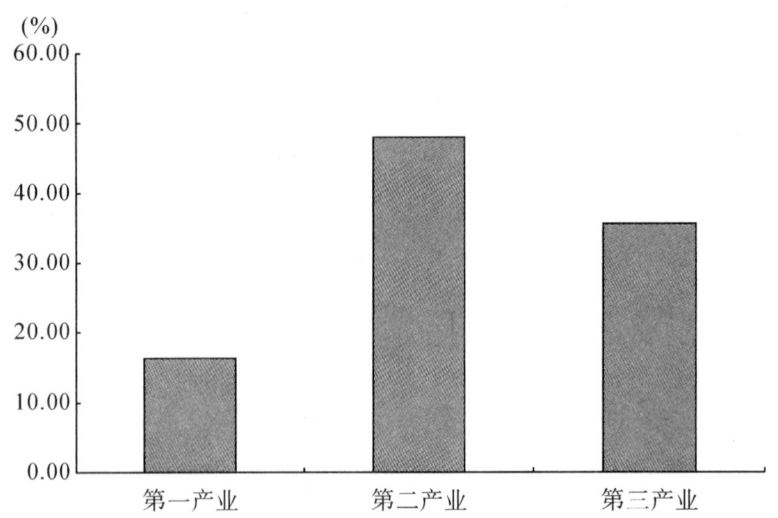

图 13-3　2012 年泛长三角经济区产业结构

表 13-2　长三角及其经济腹地产业结构比较

	第一产业（%）	第二产业（%）	第三产业（%）
长三角经济区	5. 81	55. 79	38. 41
长三角经济腹地	18. 08	46. 70	35. 21
泛长三角经济区	16. 35	48. 02	35. 64

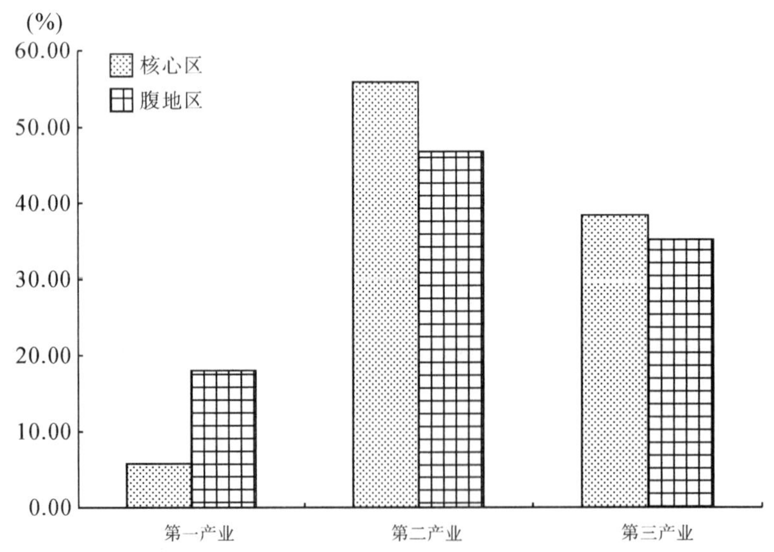

图 13-4　泛长三角经济区核心区与腹地产业结构比较

从区域幅度上看，泛长三角经济区涉及十几个省（市）域经济板块，内部经济发展水平梯度差异明显，但这为经济区内部开展分工与合作提供了可能性。只有对区域经济板块的产业发展梯度情况有比较准确的把握，才能为区域经济政策尤其是产业发展政策的制定提供依据。对泛长三角经济区涉及的省（市）域经济的产业结构情况进行进一步分析，可以了解泛长三角经济的产出结构，相关数据结果如图 13-3 所示。各区域经济板块产业结构具有明显差异：上海和重庆两直辖市域经济板块呈现出“三二一”结构特征；四川省域经济板块第一产业产值比重达到 24%，四川省与上海市第一产业产值比重差达到 23 个百分点；各区域经济板块第二产业发展的差异也比较明显，第二产业产值比重超过 50%的有江苏、浙江、河南、江西与山东部分市域经济板块；另外，山西的晋城、运城两个市域经济板块的工业发展较好，第二产业增加值比重达到了 60%，而安徽、湖北、湖南、四川、陕西省的第二产增加值所占比重都在 40%~45%之间。

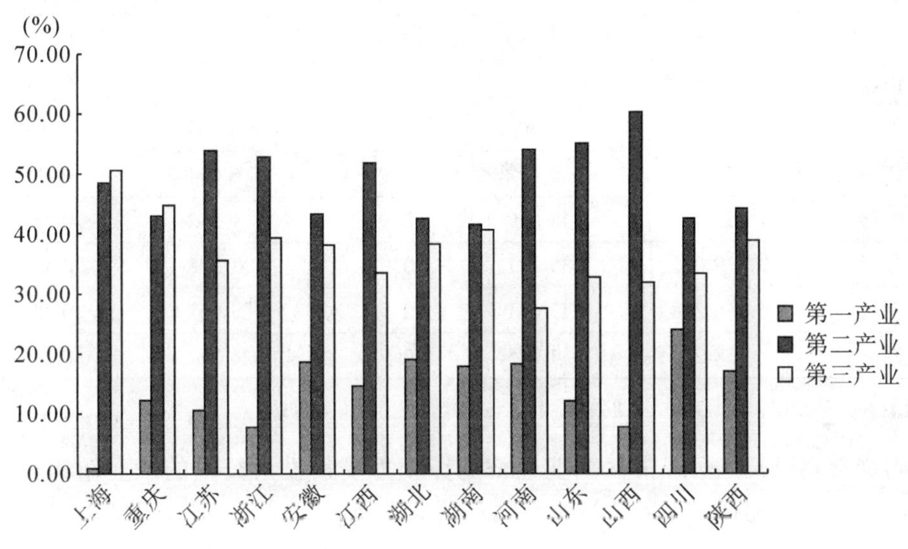

图 13-5　泛长三角经济区分区域产业结构分析

2. 泛长三角的投入结构分析

产业经济系统投入要素的种类很多。不同种类的投入要素构成复杂的投入体系。其中，劳动力要素在一定经济发展阶段和一定的技术水平下，具有相对稳定的投入比例。产业吸纳劳动力的数量和素质构成结构能反映出一定区域产业的技术经济水平。相对于其他要素投入，劳动力结构有着更为直观的特点，因而对泛长三角经济区的不同行政区域经济板块的劳动力整体状况进行分析，可以认识泛长三角经济的投入结构特征。

根据 2005 年中国 1%人口抽样调查数据进行分析（泛长三角经济区的省市域经济板块的人口统计，是按照居民实际住地而不管户口是否也在现住地的标准进行统计的），泛长三角经济区的人口流动情况是：长三角经济区的上海、浙江、江苏是外来人口重要聚居地，尤其是上海外来人口占到66%；而湖南、河南、江西、安徽、四川等省的这一比例则很低（在全国也处于最低水平），相应地它们也是中国人口数量比较多和重要的劳动力输出省（见表13-3）。

表13-3　　泛长三角经济区各省域经济外来人口抽样调查

现住地	合计	本省户口		外省户口	
		合计	比重	合计	比重
全国	1 945 894	1 284 085	0.66	661 810	0.34
上海	93 546	32 247	0.34	61 299	0.66
浙江	142 667	60 680	0.43	81 987	0.57
江苏	144 242	88 270	0.61	55 972	0.39
山东	101 586	84 819	0.83	16 768	0.17
陕西	31 153	26 187	0.84	4 966	0.16
重庆	29 427	24 795	0.84	4 632	0.16
山西	37 431	31 997	0.85	5 434	0.15
湖北	61 315	55 305	0.90	6 009	0.10
四川	75 586	68 982	0.91	6 604	0.09
安徽	53 222	48 670	0.91	4 552	0.09
江西	39 027	35 721	0.92	3 305	0.08
河南	46 278	42 611	0.92	3 667	0.08
湖南	58 256	54 045	0.93	4 212	0.07

注：2005年全国1%人口抽样调查数据来源于国家统计局官网专题数据库。

再来考察泛长三角经济区产业经济的劳动力要素投入数量的产业结构（如图13-6所示）。从整体上来看，泛长三角经济区产业经济的第三产业单位从业人员比重超过了50%。从从业人员素质角度来说，泛长三角经济区的从业人员素质具有较大的区域差异性：小学及以上从业人员的比例最低的是上海市为13%，最高的是四川省为55%，重庆市也较高，达到50%；本科及研究生以上从业人员比重最高的是上海市为10.4%，最低的是江西省为1.04%，两者相差10倍（见表13-4）。

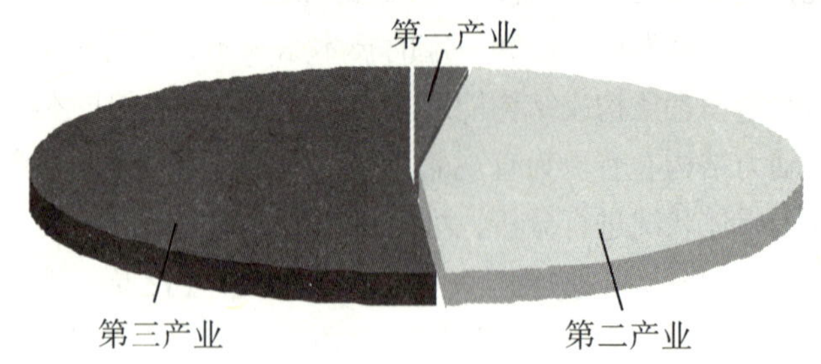

图13-6　泛长三角劳动力要素产业分布

表 13-4　　　　　　　　　　泛长三角从业人员素质结构情况　　　　　　　　　　单位:%

地区	小学及以下	初中	高中	大学专科	大学本科	研究生
全国	37	44	12	4	2	0.18
上海	13	40	26	11	9	1.40
江苏	32	46	15	5	3	0.22
陕西	34	45	13	5	2	0.23
浙江	40	42	12	4	2	0.18
湖北	39	42	13	4	2	0.17
江西	44	40	11	4	1	0.04
山东	34	49	12	3	2	0.08
河南	29	55	11	4	1	0.07
山西	23	55	14	6	2	0.12
湖南	35	46	13	4	2	0.09
重庆	50	36	9	4	2	0.12
四川	55	34	7	3	1	0.10
安徽	46	41	8	3	1	0.07

注：表中数据均根据 2005 年全国 1%人口抽样调查结果整理计算而得。

第二节　泛长三角区域合作的产业集聚与转移

产业的空间集聚已经成为世界范围内的经济现象，如美国硅谷和我国台湾地区的新竹等比较有代表性，而产业集聚所带来的巨大经济效益也是有目共睹的。改革开放以来，泛长三角经济区的产业集聚与转移进程随着长三角经济的快速发展而加快。

一、泛长三角区域合作的产业集聚

泛长三角经济区的产业集聚与转移包括长三角经济的产业集聚与转移和长三角经济腹地产业集聚与转移。长三角经济的产业集聚与转移主要是长三角经济与长三角经济腹地之间的产业集聚与转移。长三角经济腹地的产业集聚与转移主要是其增长极和经济带与其周围区域经济板块之间的集聚与转移。

1. 产业集聚理论

所谓产业集聚，不仅是指某个产业或某些产业在特定区域的空间聚集现象，还包含形成特有的有机内在联系系统。如同产业生命周期的演变一样，阿霍坎加斯

(Ahokangas) 等人曾将区域产业集聚的发展过程分为起源和出现、增长和趋同、成熟和调整阶段，也就是分别对应的区域产业的增长率由较低到较高再到稳定并下降的过程。

最早的产业集聚理论起源于马歇尔（Alfred Marshall）的论述，他最早阐述了存在外部经济及规模经济条件下产业集聚产生的经济动因：一是企业集中于一个区位，提供特定产业技能的劳动力市场，确保低的失业率并降低了劳动力出现短缺的可能；二是地方性产业可以支持非贸易的专业化投入品的生产（即地方配套产业的发展）；三是信息的溢出可以使集聚企业的生产函数优于单个企业的生产函数，尤其是通过人与人之间的关系而促使的知识地方化溢出。进而马歇尔提出了工业区概念。韦伯（Alfred Weber）将集聚经济定义为成本的节省，将其假定为内部规模经济的外部表现。胡佛（Edgav M. Hoover）将所有活动的经济规模分为三个等级，集聚理论一般把重点放在企业集聚而引起的外部性。

迈克·波特（Michael E. Porter）在从企业竞争优势的获得角度对产业集聚现象进行研究。他对加拿大、德国、丹麦、芬兰、法国、英国、意大利、日本、美国等国的产业集聚现象进行研究，提出了产业圈的概念，并利用“钻石”的分析途径对产业集聚进行了分析。将分析的重点放在企业上，并从创新能力的角度探讨产业集聚现象。波特认为产业集聚通过三种形式影响竞争：首先，通过提高立足该领域公司的生产力来施加影响；其次，通过加快创新步伐，为未来生产能力的增长奠定坚实的基础；最后，通过鼓励新企业形成，扩大并增强产业集聚本身来影响竞争。

保罗·克鲁格曼（Paul R. Krugman）主要从经济地理的角度探讨了产业集聚的动因。他认为推动产业集聚的两个力量分别是“制造业前向联系”和“制造业后向联系”。主要的两个假定是垄断竞争的市场结构与制造业产品跨地区销售具有运输成本。这一运输成本包含由运输网络形成的有形运输成本和地方保护引起的贸易壁垒等因素。制造业之间有上下游联系的产业如果能集聚在一起，则能减少中间投入品的在途损耗、减少运输成本，从而降低中间投入品的价格，由此厂商产生集聚在同一区域内共同分工协作的内在冲动。新经济地理理论称这种产生集聚效应的力量为“价格效应”或“制造业前向联系”。另外，厂商的集聚带来各专业化分工的工人也产生集聚，产品种类数增多，市场规模扩大；制造业产品从出厂到消费者手中运输成本降低，工人的名义、实际工资均高于其他非产业集聚区，非产业集聚区的动力受产业集聚区高工资的诱惑，也向产业集聚区内迁移，这种力量被称为“市场规模效应”或“制造业后向联系”。由此，新进入的边际制造业厂商总是选择市场规模效应大的地区进行投资设厂。报酬递增与运输成本结合起来，厂商总是选择最接近大市场的空间某点进行制成品生产，当许多厂商作相同决策时，“空间外部性”或“产业集聚的正外部性”就被创造出来了。

新经济地理理论还就一体化与产业集聚之间关系进行探讨，地区间市场一体化过程可分为三个阶段，在从低级向中级水平提高阶段，产业集聚发生，形成制造业中心-农业外围结构；在地区一体化进程推向高级阶段，制造业将发生有序扩散，各地区制造业结构差异性也由此增强；在地区间一体化水平处于很高水平阶段，各地区都将实现有差异的产品生产，地区专业化水平和单个产业的集中率都将处于极高的水平，但原制造业中心的制造业平均集中率可能会下降，相应原农业外围区域的制造业平均集中率上升。①

需要指出的是，迈克·波特在《国家竞争优势》（1990）一书中首先提出产业集群（Industrial Cluster）范畴。区域的竞争力对企业的竞争力有很大的影响。波特通过对10个工业化国家的考察发现，产业集群是工业化过程中的普遍现象，在所有发达的经济体中，都可以明显看到各种产业集群。产业集群是指在特定区域中，具有竞争与合作关系，且在地理上集中，有交互关联性的企业、专业化供应商、服务供应商、金融机构、相关产业的厂商及其他相关机构等组成的集群体。不同产业集群的纵深程度和复杂性相异，代表着介于市场和等级制之间的一种新的空间经济组织形式。许多产业集群还包括由于延伸而涉及的销售渠道、顾客、辅助产品制造商、专业化基础设施供应商等，政府及其他提供专业化培训、信息、研究开发、标准制定等的机构，以及同业公会和其他相关的民间团体。因此，产业集群超越了一般产业范围，形成特定地理范围内多个产业相互融合、众多类型机构相互联结的共生体，构成这一区域特色的竞争优势。产业集群发展状况已经成为考察一个经济体，某个区域发展水平的重要指标。从产业结构和产品结构的角度看，产业集群实际上是某种产品的加工深度和产业链的延伸，在一定意义上讲，它是产业结构的调整和优化升级。从产业组织的角度看，产业集群实际上是在一定区域内某个企业或大公司、大企业集团的纵向一体化的发展。如果将产业结构和产业组织二者结合起来看，产业集群实际上是指产业圈，围成一圈集群发展的意思。也就是说，在一定的区域内或区域之间形成的某种产业链或某些产业链。产业集群的核心是在一定空间范围内产业的高集中度，这有利于降低企业的制度成本（包括生产成本、交换成本），提高规模经济效益和范围经济效益，提高产业和企业的市场竞争力。从产业集群的微观层次分析，即从单个企业或产业组织的角度分析，企业通过纵向一体化，用费用较低的企业内交易替代费用较高的市场交易，达到降低交易成本的目的；增强企业生产和销售的稳定性；在生产成本、原材料供应、产品销售渠道和价格等方面形成一定的竞争优势，提高企业进入壁垒；提高企业对市场信息的灵敏度；使企业进入高新技术产业和高利润产业。

产业竞争力是一个国家或地区产业对该国或该地区资源禀赋结构（比较优势）和市场环境的调整能力。同一产业相关的企业集聚在一起，相互竞争和协作，对提高产业的竞争力有很强的促进作用。现代产业组织理论认为，产业集群是创新因素

① 范剑勇. 长三角一体化、地区专业化与制造业空间转移［J］. 管理世界，2004（11）.

的集群和竞争能力的放大。波特认为产业在地理上的集群，能够对产业的竞争优势产生广泛而积极的影响。从世界市场的竞争来看，那些具有国际竞争力的产品，其产业内的企业往往是集聚在一起而不是分散的。产业集群提高了产业的整体竞争能力。一般说来，当产业集群形成后，将可以通过多种途径，如降低成本、刺激创新、提高效率、加剧竞争等，提升整个区域的竞争能力，并形成一种集群竞争力。这种新的竞争力是非集群和集群外企业所无法拥有的，在其他条件相同的情况下，集群将比非集群更具有竞争力。

产业集群的最重要特点之一，就是它的地理集中性，即大量的相关产业相互集中在特定的地域范围内。由于地理位置接近，产业集群内部的竞争自强化机制将在集群内形成"优胜劣汰"的自然选择机制，刺激企业创新和企业衍生。在产业集群内，大量企业集中在一起，既展开激烈的市场竞争，又进行多种形式的合作。如联合开发新产品，开拓新市场，建立生产供应链，由此形成一种既有竞争又有合作的合作竞争机制。这种合作机制的根本特征是互动互助、集体行动。通过这种合作方式，中小企业可以在培训、金融、技术开发、产品设计、市场营销、出口、分配等方面，实现高效的网络化的互动和合作，以克服其内部规模经济的劣势，从而能够与比自己强大的竞争对手相抗衡。在产业集群内部，许多单个的、与大企业相比毫无竞争力的小企业一旦用发达的区域网络联系起来，其表现出来的竞争能力就不再是单个企业的竞争力，而是一种比所有单个企业竞争力简单叠加起来更加具有优势的全新的集群竞争力。产业集群加强了集群内企业间的有效合作。在绝大部分市场经济国家中，企业都是创新体系主体，因而企业之间的技术合作和其他的非正式互动关系就成了知识转移的最直接、最重要的形式。产业集群内的企业之间合作有独特的优势。产业内企业联合的形式是未来的潮流，它将取代公司之间一对一的竞争，供应商、客户，甚至竞争者将走到一起，共同分享技能、资源，共担成本。产业集群具有地理集群的特征，因而产业关联企业及其支撑企业、相应辅助机构，如地方政府、行业协会、金融部门与教育培训机构都会在空间上相应集群，形成一种柔性生产综合体，构成了区域的核心竞争力。随着产业集群所依托的产业和产品不断走向世界，自然就形成了一种世界性的区域品牌。区域品牌是由企业共同的生产区位产生的，一旦形成之后，就可以为区内的所有企业所享受。因此，区域品牌同样具有外部效应。这种区域品牌效应，不仅有利于企业对外交往，开拓国内外市场，确定合适的销售价格，也有利于提升整个区域的形象，为招商引资和未来发展创造有利条件。而区域品牌共享大大增强了集群内企业的比较竞争优势。

2. 产业集聚的效应

英国经济学家 K. J. 巴顿从十个方面深入探讨了产业集聚产生的效益：本地市场的潜在规模；集聚扩大了市场需求，激励生产者引进新技术、提高生产效率；集聚有利于公共服务设施发展所需要的人口限度；集聚有利于相关辅助产业的发展；

生产的集聚，引发熟练劳动力的集中；多种有才能的经营家、企业家的集聚，有利于形成高智力结构；金融与商业机构的条件更为优越；工商业者可加强相互沟通，加快市场信息的流动；多种企业的集聚，加强了竞争压力，迫使企业家不断进行改革。

产业集聚是区域产业发展过程中，由于区际产业发展优势条件的差异而产生的一种空间表现，其微观主体是各种类型的企业，企业的趋利性使得具有优势条件（交通、经济基础、当地产业协作条件等）的区位成为吸纳大量某产业的特定区位。企业行为主体自身具有的特性也为界定产业集聚的效应提供了依据。

产业集聚产生效应存在正面效应和负面效应。从正面效应来说，产业集聚降低了区域产业成本，这是最基本的也是最为关键的一个效应。当然，所说的成本不单纯是指会计成本，而更多是从经济成本方面考虑的。从负面效应来说，主要存在集聚过度的可能。尤其是针对发展中国家所特有的情况来讲，对于企业，如果综合考虑其生产过程的企业成本和社会成本，那么很多集聚效益要大打折扣。集聚不可能无限制的进行下去，主要受以下两点影响：①集聚到一定程度后，区位具有的相对低生产成本优势丧失。因为特定区域过多的要素需求必然提升要素价格，从而提高企业基建投资和生产成本，甚至可能造成要素短缺。这些问题在长三角经济发展的不同时期、不同区域都曾经不同程度出现过。②过度集聚还有可能产生过度竞争，使一些企业的生存发展环境较为恶劣，进而出现向区外转移现象。

3. 泛长三角经济区的产业集聚度测定

对于空间集聚度的测定，国内外学者已经设计了多种方法进行估算。洛仑兹（1907）利用洛仑兹曲线研究居民收入分配平均程度。基尼依据洛仑兹曲线，提出了计算收入分配公平程度的统计指标——基尼系数。欧美学者利用洛仑兹曲线和基尼系数的原理和方法，对产业的集聚程度进行了较多的实证研究。肯博（Keeble，1986）将洛仑兹曲线和基尼系数用于测量行业在地区间的分配均衡程度。洛仑兹曲线下凹的程度越小，基尼系数值越接近于0，说明该行业的空间分布与整个工业的空间分布是相匹配的；反之，则不一致，该行业的集中程度高于其他行业的集中程度。克鲁格曼（1991）计算了美国3位数行业的空间基尼系数。[①]阿米提（Amiti，1997）计算欧盟十国的3位数水平的27个行业的基尼系数及五国65个行业的基尼系数，以检验欧盟国家在1968—1980期间的工业是否更为集中了。克鲁格曼等人（1991）用于测定美国制造业集聚程度的度量方法——空间基尼系数，即比较某个地区某一产业的就业人数占该产业总就业人数的比重，以及该地区全部就业人数占总就业人数的情况。计算公式为：

① 参见克鲁格曼《地理与贸易》，麻省理工学院，1991年版。

$$G = \sum_i (s_i - x_i)^2$$

上式中，G 为基尼系数，s_i 是 i 地区某产业就业人数占全国该产业总就业人数的比重，x_i 是 i 地区就业人数占全国总就业人数的比重。G 值越高(最大值为1)，表明集聚值越大，即产业在地理上越集中。

埃尔森（Ellision）和格拉斯（Glaeser）提出产业地理集中指数，用其弥补空间基尼系数在比较不同产业的集聚程度时由于各产业中企业规模或地理区域大小的差异而造成跨产业比较上的误差。假设某一经济体（国家或地区）的某产业内有N个企业，且将该经济体划分为M个地理区域，这N个企业分布于M个区域中。衡量该产业地理集中程度的计算公式为：

$$\gamma \equiv \frac{G - \left(\sum_i x_i^2\right) H}{\left(1 - \sum_i x_i^2\right)(1 - H)} \equiv \frac{\sum_{i=1}^{M} (s_i - x_i)^2 - \left(1 - \sum_{i=1}^{M} x_i^2\right) \sum_{j=1}^{N} z_j^2}{\left(1 - \sum_i x_i^2\right)\left(1 - \sum_{j=1}^{N} z_j^2\right)}$$

上式中，s_i 是 i 区域某产业就业人数占该产业全部就业人数的比重，x_i 表示 i 区域全部就业人数占经济体就业总数的比重，H 为表示该产业中以就业人数为标准计算企业规模分布的赫芬达尔指数。

国内从量化角度研究产业集聚的文献数量相对较少，主要是由于专业性强、收集统计数据困难大且计算工作量大。徐康宁（2003）综合运用CR指标、标准差系数及自定义的η值，计算中国制造业28个行业1997年的地区集中度。范剑勇（2004）利用SP指数对1998—2002年长三角各行业的空间集中度进行了测算。其计算公式为：

$$SP^k = c\sum_i \sum_j v_i^k v_j^k \delta_{ij}$$

上式中，i，j，k 分别为地区 i、地区 j、行业 k，v_i^k 为地区 i、行业 k 的产业集中率，δ_{ij} 是两个省市 i，j 首府之间的直线距离，c 为一个固定不变的常数值。①

梁琦（2004）利用空间基尼系数方法分析中国工业的24个行业1994年、1996年、2000年的空间分布，并计算了制造业中3位数分类171个行业2001年的空间基尼系数及其主要分布区域。罗勇等（2005）利用E-G（M-S）指数（产业地理集中指数）和自定义的五省市集中度对中国20个制造行业1993年、1997年、2002年、2003年的集聚程度进行了测定，得出中国制造业集中度提高是主要的变动方向和发展趋势，而且制造业的集聚程度与工业增长表现出较强的正相关性。②张超（2008）设计了工业经济空间集聚密度相对指数（Z指数），并结合运用熵指数，对长三角工业空间集聚与转型进行了长期动态分析。Z指数的计算方法为：

---

① 范剑勇. 长三角一体化、地区专业化与制造业空间转移[J]. 管理世界，2004(11).

② 罗勇，曹丽莉. 中国制造业集聚程度变动趋势实证研究 [J]. 经济研究，2005 (8).

$$Z_j = (\frac{I_j}{S_j})/(\frac{I}{S})$$

上式中，I_j 和 S_j 分别代表 j 地区工业总量和区域面积，I 和 S 则代表一国工业总量和国土面积。Z 指数值变大，表明该区域工业集聚水平提高；Z 指数变小，则集聚下降。这一指数的优点是简便易行，适合大样本统计分析，并能基本反映区域内工业集聚的总体水平。运用熵指数更能准确反映区域工业空间集聚水平的长期变化情况。

熵指数的计算方法为：

$$LQ_j = \frac{(I_j/I)}{(G_j/G)}$$

上式中，I_j 和 G_j 分别代表第 j 地区工业总量和经济总量，I 和 G 则代表一国工业总量和经济总量。$LQ_j>1$，则表明该区域工业具有比较优势；反之，$LQ_j<1$，则表明处于比较劣势。从长期看，LQ 指数值变大，则表明工业比较优势增强，反之则表明工业比较优势减弱。

综上所述，国内外学者对于产业集聚程度的定量测算进行了多种有益的探索，也为对泛长三角经济区产业集聚情况的分析提供了重要的参考文献。由于本书分析对象的复杂性及统计数据的获取难度，我们主要运用 Z 指数及熵指数的计量方法进行测算，同时结合上市公司和全国企业 500 强的统计数据进行进一步深入分析，以期能对泛长三角经济区产业集聚特征有较清晰的把握。

（1）泛长三角经济区工业经济空间集聚呈东、中、西区域梯度特征。参照 Z 指数的计算方法，我们对泛长三角经济区 2011 年按照市域经济板块为单位的产业集聚情况进行初步测算，数据来源于《中国城市统计年鉴（2012）》。计算结果如表 13-5 所示：

表 13-5　　泛长三角经济区城市工业经济区空间集聚 Z 指数（2011）

城市	工业总产值（亿元）	Z 指数	城市	工业总产值（亿元）	Z 指数	城市	工业总产值（亿元）	Z 指数
晋城	3 210 726	0.313	六安	2 020 719	0.104	孝感	3 061 014	0.318
运城	6 762 733	0.293	亳州	1 012 629	0.112	荆州	3 192 740	0.208
上海	1.86E+08	27.124	池州	701 130	0.078	黄冈	1 856 580	0.099
南京	46 928 106	6.586	宣城	3 020 072	0.227	咸宁	1 732 149	0.163
无锡	71 152 903	14.170	南昌	9 659 690	1.204	随州	1 902 241	0.183
徐州	16 325 465	1.343	景德镇	2 029 077	0.357	长沙	12 717 584	0.996
常州	32 937 718	6.972	萍乡	2 612 728	0.632	株洲	5 658 708	4.120
苏州	1.25E+08	13.679	九江	4 892 100	0.241	湘潭	4 708 480	0.869
南通	29 495 274	3.414	新余	3 265 171	0.951	岳阳	9 272 753	0.572
连云港	4 632 467	0.577	鹰潭	4 849 076	1.263	张家界	380 599	0.037
淮安	7 940 725	0.730	宜春	3 237 668	0.161	益阳	2 108 575	0.161

表13-5(续)

城市	工业总产值（亿元）	Z 指数	城市	工业总产值（亿元）	Z 指数	城市	工业总产值（亿元）	Z 指数
盐城	13 781 474	0.852	抚州	1 818 244	0.089	娄底	4 132 888	0.471
扬州	18 918 803	2.639	上饶	2 640 220	0.107	衡阳	5 429 117	0.328
镇江	16 287 831	3.925	枣庄	13 346 779	2.716	常德	4 413 958	0.225
泰州	16 645 419	2.662	临沂	18 704 258	1.008	重庆	32 142 340	0.361
宿迁	2 889 731	0.313	日照	7 163 311	1.249	成都	21 114 292	1.578
杭州	69 754 591	3.892	郑州	23 645 073	2.941	自贡	3 615 866	0.766
宁波	61 879 133	6.119	开封	3 747 568	0.539	泸州	2 356 940	0.178
温州	27 275 906	2.143	洛阳	16 499 849	1.005	德阳	6 912 455	1.075
嘉兴	26 890 978	6.361	平顶山	7 948 564	0.934	绵阳	5 539 568	0.253
湖州	13 855 297	2.206	安阳	9 486 333	1.184	广元	954 907	0.054
绍兴	39 108 689	4.387	鹤壁	3 482 288	1.478	遂宁	1 735 004	0.302
金华	17 994 101	1.526	新乡	8 086 837	0.917	内江	3 590 414	0.617
衢州	4 272 056	0.448	焦作	11 636 341	10.061	乐山	4 210 999	0.304
舟山	3 603 896	2.318	濮阳	6 969 480	1.513	南充	3 441 100	0.255
台州	22 288 036	2.193	许昌	9 192 775	1.704	眉山	2 426 077	0.313
丽水	4 187 778	0.224	漯河	6 548 404	2.317	宜宾	4 228 250	0.295
合肥	11 090 010	1.413	三门峡	6 943 836	0.613	广安	1 329 594	0.194
芜湖	7 445 467	2.079	南阳	9 454 024	0.332	达州	2 394 694	0.134
蚌埠	2 614 145	0.407	商丘	4 751 509	0.411	巴中	359 042	0.027
淮南	3 049 836	1.332	信阳	3 893 977	0.185	资阳	2 913 582	0.339
马鞍山	5 890 759	3.235	周口	4 765 069	0.369	西安	11 874 718	1.101
淮北	2 407 165	0.818	驻马店	3 685 376	0.226	铜川	983 060	0.235
铜陵	4 861 914	4.045	武汉	28 185 869	3.074	宝鸡	5 366 778	0.273
安庆	4 556 411	0.274	黄石	5 280 557	1.067	咸阳	4 585 134	0.416
黄山	1 051 570	0.099	十堰	4 114 333	0.161	渭南	3 534 100	0.249
滁州	3 270 652	0.224	宜昌	6 917 359	0.304	汉中	2 043 756	0.069
阜阳	2 071 126	0.196	襄樊	6 549 223	0.307	安康	562 835	0.022
宿州	1 459 200	0.138	鄂州	2 201 053	1.355	商洛	422 399	0.020
巢湖	2 633 160	0.260	荆门	4 680 659	0.349			

对以上 Z 指数计算结果进行排序和聚类分析，并将计算结果表现在图形上（见图 13-7）：泛长三角经济区工业经济空间集聚的特征较为明显，尤其以长三角经济区的工业集聚特征最为突出，而且呈现出区域“连片”整体特征；新亚欧大陆桥（西安以东）沿线的工业集聚特征亦显现，初步出现经济带特点；其他区域经济板块则相对独立，如武汉、西安、成都、长株潭（长沙—株洲—湘潭）经济板块是产业高集聚区；综合起来看，泛长三角经济区工业经济空间集聚具有东、中、西区域梯度特征。

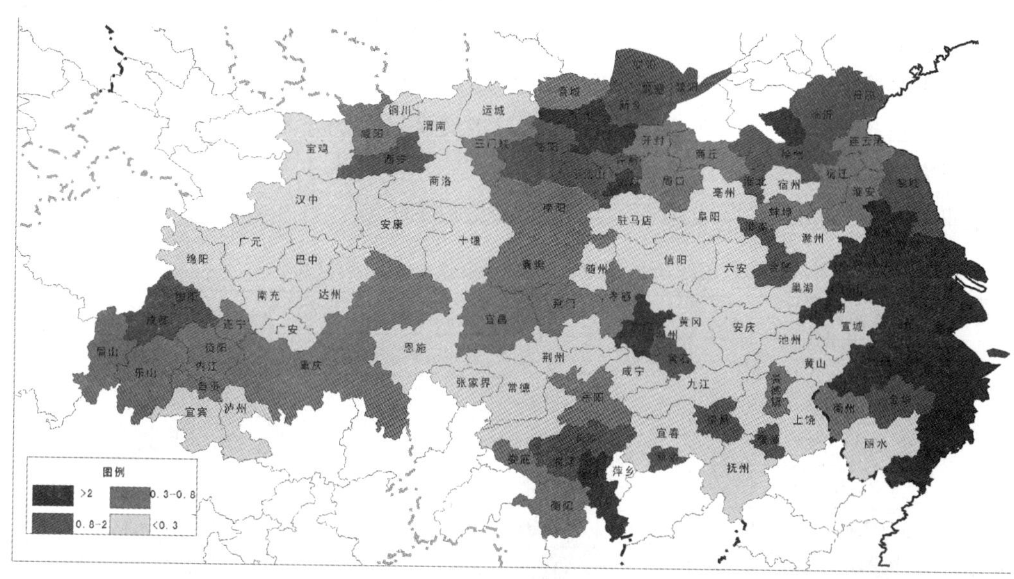

图 13-7　泛长三角经济区工业经济空间集聚

（2）泛长三角经济区大型企业空间集聚呈优势企业高度集中于长三角经济区特征。大型公司、企业的空间分布在一定程度上也能展现出区域产业集聚状况。在现代市场竞争平台上，竞争主角大部分是大企业。尤其是在中国现阶段的经济发展水平下，对于各区域经济板块来说，着重培育跨区域和跨国企业具有重要的战略意义。这里的分析是以进入全国500强的企业为对象，着重考察大型企业空间集聚分布特征。

表 13-6　泛长三角经济区大型企业空间集聚情况

区域经济板块	企业数	比重（%）	营业收入（万元）	平均营业收入（万元）
上海	30	16	116 567 372	3 885 579
重庆	8	4	8 485 219	1 060 652
江苏	47	25	75 565 844	1 607 784
浙江	43	23	66 117 065	1 537 606
河南	12	6	18 591 960	1 549 330
安徽	10	5	19 834 549	1 983 455
湖北	11	6	31 321 191	2 847 381
四川	9	5	15 902 702	1 766 967
江西部分	7	4	13 065 647	1 866 521
湖南部分	5	3	11 588 708	2 317 742
山东部分	3	2	4 071 398	1 357 133
陕西部分	5	3	5 632 856	1 126 571
山西部分	1	1	2 254 623	2 254 623
泛长三角合计	191	100	388 999 134	2 036 645

注：江西、湖南、山东、陕西、山西为省域经济的部分市域经济板块，其余为省域经济板块。

数据来源：2007年中国企业500强年度排行榜［OL］（http://new.qq.com）。

从表 13-6 可以看出，泛长三角经济区共有 191 家大型企业，占到全国总量的 38%，其中沪、苏、浙三省进入 500 强的企业占泛长三角经济区总数的 64%，这说明泛长三角经济区优势企业高度集中于长三角经济区。为了对泛长三角经济区企业的空间集聚特征有更清晰的把握，我们对泛长三角经济区主要省域经济板块中的百强企业空间分布进行进一步分析，分析结果见表 13-7。

表 13-7　　**泛长三角经济区部分省域经济百强企业空间分布情况**

省份	城市	企业数	省份	城市	企业数	省份	城市	企业数
安徽	合肥	31	四川	成都	48	河南	郑州	21
	阜阳	9		自贡	8		洛阳	12
	巢湖	9		德阳	7		焦作	10
	马鞍山	6		绵阳	6		漯河	7
	淮南	6		攀枝花	6		南阳	7
	滁州	6		宜宾	5		安阳	6
	芜湖	5		西昌	3		平顶山	5
	淮北	5		资阳	3		许昌	5
	安庆	5		简阳	2		新乡	5
	黄山	4		遂宁	2		周口	5
	铜陵	3		广元	2		驻马店	4
	六安	3		绵竹	2		三门峡	4
	宿州	2		达州	1		商丘	4
	蚌埠	2		泸州	1		濮阳	3
	亳州	2		乐山	1		信阳	1
	宣城	1		内江	1		鹤壁	1
	黄山	1		雅安	1	湖北	武汉	44
江苏	南京	36		眉山	1		宜昌	10
	苏州	21	湖南	长沙	47		襄樊	8
	常州	5		株洲	14		黄石	8
	无锡	22		湘潭	10		十堰	7
	南通	4		岳阳	8		鄂州	5
	扬州	3		常德	7		荆门	4
	徐州	3		衡阳	6		荆州	4
	泰州	2		娄底	5		孝感	4
	连云港	2		益阳	1		潜江	3
	盐城	1		郴州	1		随州	2
	镇江	1		永州	1		恩施	1

表13-7(续)

省份	城市	企业数	省份	城市	企业数	省份	城市	企业数
浙江	杭州	39	浙江	金华	2	浙江	丽水	1
	宁波	23		湖州	2		衢州	1
	绍兴	20		嘉兴	2			
	温州	8		台州	2			

从泛长三角经济区省域经济板块中的百强企业空间分布情况看，安徽、江苏、四川、湖南、河南、湖北省域经济板块中的大企业较多集聚于合肥、南京、成都、长沙、郑州、武汉等省会城市，这些城市本身也是区域增长极；同时，一些大企业也集聚在苏州、无锡、株洲、湘潭、洛阳、焦作、宜昌等城市，这些城市本身也是区域次级增长极。

（3）泛长三角经济区上市公司空间集聚于长三角经济区（比重过半）。上市公司往往是一定区域具有一定产业代表性的企业，对其进行区域分布数量分析，可以认识泛长三角经济区产业集聚特征。基本数据主要来源于对上海证券交易所与深圳证券交易所有关数据进行的整理统计（见表13-8）。

表13-8　　泛长三角经济区上市公司空间分布及其产业类型统计

地区	上市公司数量	A	B	C0	C1	C2	C3	C4	C5	C6	C7	C8
江苏	91	0	0	2	12	0	1	14	3	8	19	5
上海	152	1	1	3	8	0	1	12	3	4	23	9
浙江	110	0	0	2	10	1	4	13	10	6	19	9
安徽	54	1	1	3	2	0	1	12	2	6	12	1
湖北	60	1	0	1	4	0	0	12	2	4	8	5
河南	38	0	2	3	2	0	1	3	3	10	7	4
湖南	44	4	0	3	1	0	1	6	1	3	8	3
四川	64	3	0	6	3	1	2	9	3	6	7	2
重庆	31	0	0	1	0	0	0	3	0	2	9	5
江西	25	0	0	1	0	0	0	2	1	4	9	3
山西	4	0	1	0	0	0	0	1	0	1	0	1
陕西	26	0	1	0	0	0	1	1	2	3	7	1
山东	4	0	0	0	0	0	0	0	0	1	0	0
泛长三角合计	703	10	6	25	42	2	12	88	30	58	128	48
	C9	D	E	F	G	H	I	J	K	L	M	
江苏省	1	0	1	3	9	5	0	1	2	0	5	
上海市	2	4	3	8	11	14	5	15	7	2	16	
浙江省	7	1	4	1	9	7	2	3	0	0	2	

表13-8(续)

安徽省	1	2	2	2	2	1	0	1	2	0	0	
湖北省	1	4	1	1	3	6	0	2	1	0	4	
河南省	0	2	0	1	0	0	0	0	0	0	0	
湖南省	1	1	0	1	3	3	0	0	3	1	1	
四川省	0	6	3	1	3	3	0	1	1	2	2	
重庆市	0	3	1	3	2	1	0	1	0	0	0	
江西省	0	2	0	2	0	0	0	1	0	0	0	
山西省	0	0	0	0	0	0	0	0	0	0	0	
陕西省	0	0	0	0	2	3	1	0	3	1	0	
山东省	0	0	0	1	0	0	0	1	0	0	1	
泛长三角合计	13	25	15	24	44	43	8	26	19	6	31	

注：产业类型根据上交所公布资料统计，截止日期是2008年8月，其中A代表农、林、牧、渔业；B代表采掘业；C代表制造业大类，C0为食品、饮料，C1为纺织、服装、皮毛，C2为木材、家具，C3为造纸、印刷，C4为石油、化学、塑胶、塑料，C5为电子，C6为金属、非金属，C7为机械、设备、仪表，C8为医药、生物制品；D代表电力、煤气及水的生产和供应业；E代表建筑业；F代表交通运输、仓储业；G代表信息技术业；H代表批发和零售贸易业；I代表金融、保险业；J代表房地产业；K代表社会服务业；L代表传播与文化产业；M代表综合类产业。

数据来源：根据上海证券交易所、深圳证券交易所公布的相关数据整理而得（http://www.sse.com.cn）。

从表13-8可以看出，泛长三角经济区有上市公司703家，其中沪、苏、浙三省（市）上市公司353家，占泛长三角经济区总数的50.2%，其比重过半。而三省（市）土地面积占泛长三角经济区地域面积的比例仅为16.7%。这说明泛长三角经济区的上市公司的地域分布显现出长三角经济区集聚比重过半特征。

二、泛长三角区域合作的产业转移

产业转移是产业的区域转移，是促使区域经济发展的重要动力。通过产业的区域转移，实现经济要素如劳动力、资本、技术等在区域间流动，既加强区际经济联系，又加快区域融合进程。因此，泛长三角经济区的产业区域转移，是推动泛长三角经济区快速发展的内在要求。

1. 产业区域转移理论

区际产业转移对产业转移区域双方的发展都有重要的作用。一方面，对产业移出区域而言，通过对衰退产业的对区域外转移，为其他具有竞争优势的支柱产业、新兴产业提供新的经济要素，实现资源的重新配置，从而实现产业的优化升级。另一方面，对产业移入区域而言，由于外部产业的移入，为传统产业比较优势的升级创造了机会。因为外部产业的移入必然带动资本、技术等经济要素的移入，有助于产业移入区域的新主导产业形成，从而推动产业比较优势的升级。

（1）产业区域转移的机理。在市场经济条件下，发达区域的部分企业顺应区域比较优势的变化，通过跨区域直接投资，把部分产业的生产转移到发展中区域，是一种普遍存在的现象。这是产业空间分布由原来的聚集地向其他区域转移。纵观自工业革命以来的世界经济发展史，可以看到产业在特定区域的集聚和转移是有规律可循的，各国在工业化的过程中都会伴随着产业的集聚与扩散。在集聚的早期，多数产业将分布在区域的某一点上，一般是特大型城市或者城市群，其中的作用机理可以用新经济地理学中关于规模报酬递增的地方化来解释。克鲁格曼认为历史上的偶然事件有可能导致在某个区域建立一个行业，此后行业内经济要素的循环累积过程开始发挥作用，直至形成产业集聚。而一旦在某地形成了特定的产业集聚，在规模报酬递增的作用机理下，就意味着这种集聚会长期存在，直到拥塞（Congestion）的发生。此时极化效应弱化，扩散效应开始显现。这是由于产业集聚到一定程度后产生了诸如不可流动要素价格提高、环境污染等拥塞成本，导致产业分散的离心力超过了吸引产业集聚的向心力，部分技术含量低、劳动密集型产业将不得不率先从原集聚中心向周边区域转移。而原集聚中心可能会衰落，出现产业空心化；也可能会发展成为技术或资本密集型产业中心，或者成为技术创新、贸易、金融服务等中心。这一过程也是区域之间实现产业梯度转移和分工协作的过程。根据哈德森（Henderson）的研究，当原来的区位对企业而言变得缺乏效率，而新的更有效率的区位出现时，原聚集地的企业很可能不愿意迁移，其原因一方面是迁移会失去原来的集聚经济所带来的诸如前后向联系等好处，另一方面的原因是由于对新地点的环境、文化等不熟悉而不愿意单独行动。此时需要政府政策的引导，比如补偿企业由于失去原来的外部经济效益所遭受的损失。美国经济学家阿瑟·刘易斯研究劳动密集型产业区际转移现象后，认为发达国家由于人口自然增长率的下降，非熟练劳动力不足，劳动力成本趋于上升，这种成本的变化导致劳动密集型产业比较优势的丧失，最终使之向发展中国家的转移。

（2）产品的生命周期理论。特定产业在特定区域的空间集聚过程与区际之间的空间扩散过程是不同产业经历不同生命周期时在空间上的表现。按照产业（或）产品的生命周期理论，处于不同生命阶段的产业具有不同的区域空间选择要求。产品生命周期理论是美国哈佛大学教授雷蒙德·弗农（Raymond Vernon，1966）在其《产品周期中的国际投资与国际贸易》中首次提出的。弗农认为产品和人的生命一样，要经历形成、成长、成熟、衰退这样的周期，即随着生产和技术的发展，产品的技术密集程度会下降，且随着产品技术密集度的变化，产品的生产会发生区间转移。就产品而言，也就是要经历一个开发、引进、成长、成熟、衰退的阶段。同一产品在生命周期的不同阶段对技术水平的要求不同，因而不同技术水平的国家和地区，同一产业出现的时间和过程是不一样的，它反映同一产品的竞争地位差异，从而决定国际贸易和国际投资的变化。弗农把这些国家依次分成创新国（一般为最发达国家)、一般发达国家、发展中国家。一般地说，创新阶段是产品的早期开发与改进期，产品属技术密集型产品。这一阶段对产品生产影响最大的要素是技术与聚集经济。有高科技优势的大城市区域自然成为处于创新阶段的产品布局的地区。扩张阶段是产品生产技术逐渐走向成熟、市场需求日益扩大的时期。这一阶段产品最重要的影响因素是管理与资本（资本密集型）。随着产品技术的成熟，市场销量的增加，那些管理有效且资本雄厚的区域将成为这一阶段产品的主要产地。成熟与成熟后期阶段是产品市场饱和、技术停滞不前的时期。对这一阶段产品生产影响最为关键的因素是便宜的劳动力（劳动密集型)。落后区域拥有大量廉价劳动力，因此这一阶段产品生产完全转移到落后区域。

（3）区域要素流动理论。区域之间实现产业转移的前提是要素实现区域流动，也可以说，要素流动是产业区域之间转移的外在表现。劳动力、资本、技术等是现代产业发展必不可少的要素，它们的空间流动具有各自鲜明的特征。在市场经济日益完善的条件下，经济开放程度、一体化发展程度日益加强，各区域经济板块之间的竞争，不仅取决于对自身要素资源的开发利用能力和利用程度，而且越来越依赖于对区域外要素资源的吸引力和利用能力，经济要素流动已成为区域经济增长与发展的巨大推动力。劳动力要素的流动取决于引力和斥力两种作用力。一般说来，区域之间收入、劳动和生活条件差距越大，劳动力空间流动的可能性也就越大。劳动力往往从工资水平低的区域向工资水平高的区域流动；区域之间的差别越大，流动性程度也就越高。经验研究表明，流动者大部分都是年轻的、富有活力和技能的劳动力。资本要素流动的方向和强度取决于区域之间收益率差异程度。在区域经济发展中，资本要素具有中心位置，被认为是区域经济增长的发动机，而且资本的空间分布决定了工作岗位的供给。资本要素的流动往往呈现出向收益率高的区域流动的特征，容易出现资本富余区与资本稀缺区并存的现象，而且越是缺少发展资本的区域，资本要素向区外流出的现象也明显。技术要素的流动具有独特性质。在区域经济发展条件中，除了劳动力要素和资本要素之外，技术要素是决定区域经济增长的重要因素。劳动要素和资本要素只能投入到一个空间点使用；而新技术知识可以同时运用到多个空间点。另外，技术要素的流动方向表现为由技术发达区向技术落后区域流动。

（4）“雁行发展模式”与“边际产业扩张论”。日本学者赤松要（1932）针对日本产业发展提出的“雁行发展模式”，是从发展中国家的角度来阐述产业空间转移的。赤松以日本的纺织工业为例论证了日本的纺织工业从进口、国内生产到出口的过程。在不同年代的坐标图上，上述曲线颇似雁翅，故名“雁行模式”。不仅日本纺织工业如此，世界钢铁产业、汽车业、电子工业发展都可见到这种现象。最初是从先进国输入工业品，然后建立自己的工厂进行生产，以满足国内的需要，最后不仅可供出口，而且可能后来居上成为产业领头雁。20 世纪 70 年代日本学者小岛清（1978）在赤松理论的基础上，提出了“边际产业扩张论”，即本国应积极将已经处于或即将处于比较劣势的产业依次进行对外投资转移，规避产业劣势。这一理论成为日本20世纪70年代积极向亚洲新兴工业国家进行产业转移，实现本国产业升级和经济发展的主要理论依据。

2. 泛长三角经济区产业转移的条件

市场机制发挥对资源配置的基础性作用。政府在合适的环境下对产业区域转移发挥能动性作用，即加快产业区域转移实现的速度，减少资源浪费。但是，产业区域转移是在一定的条件和环境下形成的，具体可分为外部条件和内部因素两方面。

（1）泛长三角经济区产业转移的外部条件。泛长三角经济区产业转移的外部条件主要包括市场机制、区域产业结构升级和区位差异对产业转移的影响。

一方面，市场机制对产业转移具有重要影响。企业能否按照市场要求自主的组织生产经营活动，产业区域分布能否合乎市场要求是实现产业区域转移的必要条件。由于改革开放进程的渐进性，企业的市场行为能力是一个逐步培育的过程。在高度集中的计划经济时期，企业以国有企业为主体，企业的生产经营行为更多是体现政府的计划要求，而不是顺应市场的要求。市场体制改革以来，企业的市场行为能力不断加强。泛长三角经济区市场化进程具有比较明显的区域差异。区域市场化进程的差距会通过影响区域产业活动的交易成本而影响区域产业规模的变化和产业区域转移。樊纲等学者从政府与市场的关系、非国有经济的发展、产品市场的发育程度、生产要素市场的发育程度、市场中介组织发育和法律制度环境五个方面研究了中国地区间市场化进程的差距。① 这些差距影响了泛长三角产业转移的外部条件变化。

产业国际开放程度的不同也能反映出区域经济要素流动的限制程度，如外资的进入可直接改变区域的产业构成及其规模，同时其发挥的示范作用能够更有效地带动本地企业的迅速发展。区域经济实际利用外资的水平也能够反映出区域产业的转移情况。

另一方面，产业结构高度化和区位条件差异对产业转移也具有重要的影响。从整体上来看，发达的东部的对外开放程度较高，参与国际化分工的程度较深。但是，东部劳动密集型产业来自成本上升的压力越来越大，发展的相对优势逐步丧失。由于经济发展水平不同，产业成长相异，使区域之间的经济要素价格出现差异即产业经营的成本不同。这是推动产业转移的主要诱因。具体说来，作为经济发展水平较好的产业移出区，随着其产业集聚，必然出现土地、劳动力、环境保护等产业经营成本的上升。这种成本的上升会使一些产业或产品的竞争优势逐渐丧失，面临巨大的调整压力。中、西部由于经济发展水平较低，产业经营成本较低，但由于

① 樊纲，王小鲁. 中国市场化指数——各地区市场化相对进程报告［M］. 北京：经济科学出版社，2003.

投入不足、技术条件相对落后，长期依赖自身的自然资源发展经济。由于成本差异形成竞争优势，出现潜在的产业利益差。因此，东、中、西部面对来自国际的竞争和区域经济发展的要求，都有实现产业结构高度化的内在要求，产业结构高度化会带来产业区域转移。区位条件差异对区域产业转移也有重要影响。随着现代交通的快速发展，空间距离对区域经济发展的影响逐渐弱化，但是不同区域的基础条件的差异仍然存在，区位条件对产业区位选择的影响仍然较为明显。区位条件的优势可以为产业发展提供良好的基础条件，从而为生产要素优化配置提供有利条件。例如，苏州、无锡、常州市域经济因为具有邻近上海的区位优势，其经济发展水平远比徐州、宿迁等市域经济板块高。因此，产业结构高度化和区位条件差异对区域产业转移产生重要的影响。

（2）泛长三角经济区产业转移的内部因素。影响泛长三角经济区产业转移的内部因素主要是要素的区域流动性，而要素流动的结果会不同程度地影响产业区域转移。

一是区域资本要素供给对泛长三角经济区产业转移的影响。区域的资本供给能力高低取决于该区域集聚当地资本的能力（一般来说，欠发达区域的资本有外溢特征）、从区域外获得资本输入的能力（包括外资）。不同区域的资本利用效率是有差异的。区域之间资本利用效率的差异反映在各种类型的工商企业经济效益的差异上（见表13-9），从而形成区域之间产业竞争和产业区域转移。

表13-9　泛长三角经济区主要省域经济工业企业经济效益情况（2006）　单位:%

省市	工业企业类型	工业增加值率	总资产贡献率	资产负债率	成本费用利润率	产品销售率
上海	国有及规模以上非国有	26.03	10.54	50.28	6.03	99.03
	私营工业	30.26	10.8	61.32	5.53	97.84
	三资工业	24.04	9.7	54.82	4.88	99
江苏	国有及规模以上非国有	24.9	11.62	60.58	4.88	98.53
	私营工业	25.09	12.52	66.82	3.44	97.7
	三资工业	24.28	10.25	57.63	5.53	98.67
浙江	国有及规模以上非国有	20.57	11.08	60.35	5.07	97.8
	私营工业	20.31	10.66	64.17	4.36	97.17
	三资工业	19.46	9.81	58.46	5.38	97.76
安徽	国有及规模以上非国有	31.88	10.49	62.65	4.6	98.25
	私营工业	29.99	10.49	56.12	3.75	96.86
	三资工业	31.01	11.82	56.34	6.68	98.09
江西	国有及规模以上非国有	30.34	12.81	60.98	5.04	98.46
	私营工业	32.86	16.74	52.76	4.34	97.9
	三资工业	31.1	10.43	51.72	5.2	98.76

表13-9(续)

省市	工业企业类型	工业增加值率	总资产贡献率	资产负债率	成本费用利润率	产品销售率
河南	国有及规模以上非国有	33.15	18.84	60.26	9.13	98.46
	私营工业	37.4	41.33	44.29	12.05	98.42
	三资工业	28.89	12.99	61.04	8.79	97.42
湖北	国有及规模以上非国有	32.09	10.26	54.86	6.82	97.96
	私营工业	32.9	11.39	54	3.91	96.5
	三资工业	30.51	11.22	55.62	5.56	97.88
湖南	国有及规模以上非国有	34.07	14.24	60.2	5.27	99.55
	私营工业	32.87	20.82	46.77	4.97	99.58
	三资工业	32.7	11.84	56.74	8.09	99.71
重庆	国有及规模以上非国有	29.12	9.97	59.55	5.22	98.44
	私营工业	27.84	12.43	60.66	4.69	98.04
	三资工业	28.38	15.32	57.69	8.79	98.57
四川	国有及规模以上非国有	35.12	10.78	60.87	6.31	98.02
	私营工业	33.71	13.07	58.74	4.13	97.66
	三资工业	33.15	12.11	57.58	9.04	98.38
陕西	国有及规模以上非国有	41.21	15.21	59.76	14	98.15
	私营工业	35.29	10.37	56.08	5.25	92.99
	三资工业	37.73	13.31	51.57	10.99	98.03

注：总资产贡献率是反映企业全部资产的获利能力，是企业经营业绩和管理水平的集中体现，是评价和考核企业盈利能力的核心指标。资产负债率指标既反映企业经营风险的大小，也反映企业利用债权人提供的资金从事经营活动的能力。流动资产周转次数是一定时期内流动资产完成的周转次数，反映投入工业企业流动资金的周转速度。成本费用利润率反映企业投入的生产成本及费用的经济效益，同时也反映企业降低成本所取得的经济效益。产品销售率该指标反映工业产品已实现销售的程度，是分析工业产销衔接情况，研究工业产品满足社会需求的指标。

数据来源：《中国统计年鉴（2007）》。

二是区域创新能力的层级分布对泛长三角经济区产业转移的影响。区域创新能力是区域产业转移的重要影响因素。泛长三角经济区各种类型的区域经济板块之间在创新能力上存在差异，为产业实现区域之间转移提供了技术支持。在这里，我们借鉴中国人民大学的研究成果的相关数据，对泛长三角经济区各区域创新能力进行评价。①

由图 13-8 和图 13-9 可以看出，上海、江苏经济创新能力处于同一个层次，创新能力综合指数超过 80；浙江、四川、山东、湖北、陕西等省域经济创新能力

---

① 图 13-8 和图 13-9 的数据来源于中国人民大学发布的《2007 中国创新指数研究报告》，其中湖南、山东、江西、陕西、山西等省域经济的数据为其全省综合数据。

综合指数在60~80之间，处于第二层次；而重庆、河南、湖南、安徽、山西、江西等省域经济创新能力综合指数都在60以下，处于第三层次。再从区域制造业创新能力的角度来看，呈现出从浙江、上海、江苏、四川、山东、重庆、河南、湖南、安徽、湖北、陕西、山西、江西依次下降的特征。值得一提的是，浙江省域经济的制造业创新指数超过上海、江苏。

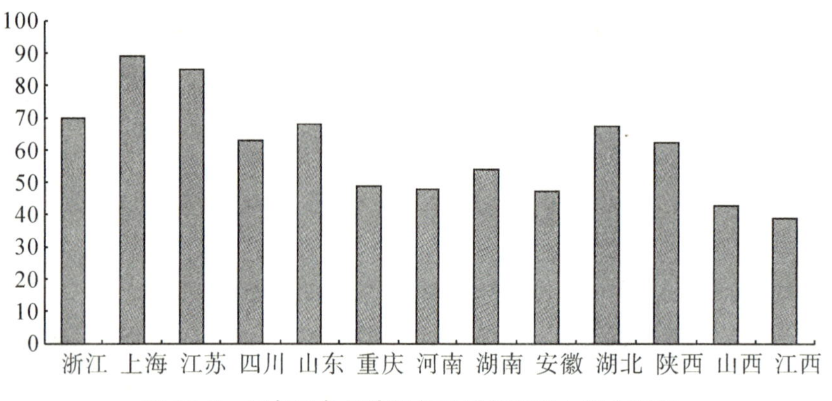

图 13-8　泛长三角经济区各区域创新能力综合指数

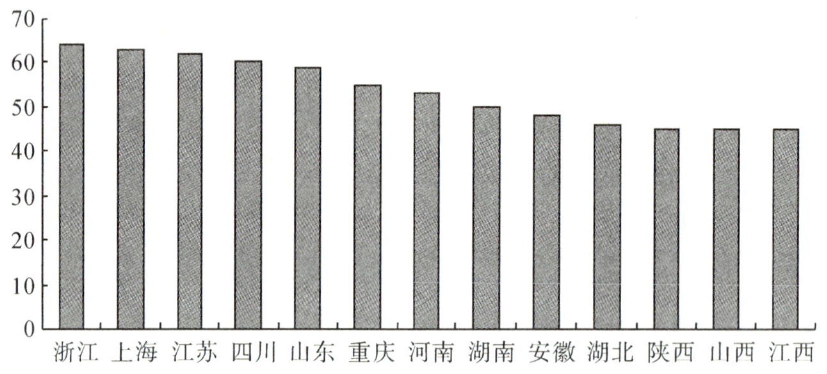

图 13-9　泛长三角经济区各区域制造业创新指数

第三节　泛长三角区域合作背景下江苏产业集聚与产业转移

最新一轮国际产业转移发生于20世纪末至今。在这次国际产业转移过程中，由发达国家向发展中国家转移生产能力的进程进入了一个新阶段，国际产业转移为区域产业转移提供了新机遇。在泛长三角经济一体化进程中，产业经济的结构性调整与升级、长三角经济区与长三角经济腹地的产业分工与合作，为江苏经济的产业集聚与转移创造了机会和条件。

一、泛长三角产业集聚与产业转移对江苏产业经济创新发展的影响

从江苏省域经济来说，一方面可以通过传统产业转移实现自身产业结构的升级，另一方面，长三角经济腹地发展对江苏产业转移的需求增长。因此，泛长三角产业集聚、转移为江苏产业经济创新发展提供机遇。

1. 泛长三角经济尤其是长三角经济腹地产业经济与江苏经济的互补性

长期以来，中国沿海大部分区域主要依靠发展技术含量低的劳动密集型产业实现经济高速增长。企业主要依靠低工资水平、低能源成本等手段实现低成本高利润的扩张。在其出口产品构成中，劳动密集型产品所占比重大。实际上，许多区域和企业所谓的劳动力成本竞争优势，是特殊历史条件下形成，必然随着改革的深入和市场机制的完善而逐步成为历史。沿海劳动力供求格局发生变化，即随着企业用工工资的提高和用工环境的改善，企业的成本也会相应提高，低劳动力成本优势减弱。这就促使沿海发达区域的加速产业结构的调整，一部分企业向中、西部区域转移。

长三角经济腹地承接产业转移有许多有利条件。一是资源优势明显。长三角经济区腹地的安徽、河南、湖北、湖南、江西、重庆和四川省域经济板块的资源丰富，人力资源、矿产资源、土地资源甚至水资源等禀赋条件优越，尤其是人工成本相对较低，充分利用当地的丰富而相对廉价的劳动力资源，可以维持低成本竞争优势。这是长三角经济腹地的优势。二是具备一定的产业基础。20 世纪 90 年代中期以来，山西、江西和河南等省域经济的资本密集型行业增加，安徽、河南、湖北等省域经济已形成一定的工业体系，具备承接产业转移的产业基础。如以马鞍山市为重点的钢铁工业、以安庆市为基地的石化工业、以铜陵市为中心的有色金属工业，以及安徽省淮南、淮北两大煤炭基地，在泛长三角经济区乃至全国均占有重要地位。三是具有相对区位优势。发达的现代交通体系，尤其是横向的新亚欧大陆桥、长江通道，以及纵向的京沪、京九、京广等干线，为强化长三角经济腹地与长三角经济区之间的要素流、经济联系奠定了基础，使得这些与交通相联系的区域经济板块在承接江苏乃至长三角产业转移中获得“相对优势区位”。

一般来说，从产业经济发展的规律来看，经济越发展，相邻区域之间的相互依赖性越强，这种依赖性最明显的表现就是通过产业间的投入产出关系展开的，从而在区域之间形成较强的商品流、要素流并进一步推动区域经济一体化进程。因此，江苏发达区域产业向中西部转移，是加快中西部区域经济发展、协调区域关系的内在需要，也是优化江苏产业结构的大趋势。

2. 产业集聚和转移是江苏产业结构升级的内在要求

江苏经济发展一直处于先进水平，但其产业结构一个突出的特点是传统产业规模全国领先，纺织排第一位、冶金排第二位、建材排第三位、轻工排第四位。劳动密集型产业在工业化过程中发挥了重要作用，通过大量发展劳动密集型产业，完成了工业化的原始积累。江苏经济要保持领先地位，产业结构升级成为必经路径。一是产业技术升级。企业通过不断的技术创新，使传统产业焕发新生命力。换句话说，促使企业由当前主要依赖劳动成本优势转向靠技术创新、技术优势取得市场竞争优势地位。这对于企业的技术研发投入、研发、转化等提出了较高要求，也是企业在市场上取得长久优势地位的最佳选择。二是向省内欠发达区域转移。江苏省域经济空间结构的典型特征是南北差异明显，即发达的苏南与欠发达的苏北并存。苏北在承接苏南产业转移中具有明显区位优势与政策优势，而这也是地方政府部门大力推进的产业政策导向。苏南向苏北的产业转移对于苏北区域经济的发展具有重要的积极意义，同时对江苏省域经济的协调发展影响深远，因而这种转移方式可能会成为主导。三是向长三角经济区外转移。转移的方向取决于承接区与苏南技术梯度差，这种技术梯度差越小，转移的动力越强，越容易实现。同时，空间区位也有重要影响。紧邻苏南、与苏南通达性好、技术落差小的区位成为优先承接转移的前沿区域。这种转移方式成为泛长三角经济一体化进程的主流趋势。

二、泛长三角区域合作背景下的江苏产业有序集聚与产业转移路径

20 世纪 80 年代以来，产业集聚作为一种有效发展模式，在促进江苏区域经济发展、提升区域经济竞争力方面发挥着重要作用。产业集聚已成为江苏区域经济增长的重要动力源。因此，寻求泛长三角区域合作背景下的江苏产业集聚、转移路径，对于江苏产业经济创新发展具有重要意义。

1. 推动产业集聚

改革开放 30 多年来，江苏经济形成了以“三大都市圈”为区域中心的产业集聚区。在泛长三角区域合作背景下，如何实现产业集聚持续发展，是江苏省域经济创新发展必须要回答的问题。

（1）推动资源型产业集聚。一般来说，产业集聚的发展有四种模式：资源型产业集聚、劳动加工型产业集聚、产品型产业集聚、品牌型产业集聚。低集聚强度与低品类分工程度的产业集聚、高集聚强度与低品类分工程度的产业集聚、低集聚强度与高品类分工程度的产业集聚都难以实现持续发展，只有高集聚强度与高品类分工程度的产业集聚才可能实现持续发展。鉴于产业集聚主要受资源约束因素影响而难以持续发展，因而对于受资源约束的产业集聚来说，持续发展的基本思路是在

资源消耗一定的条件下，提高产品的附加价值。资源型产业集聚主要是那些基于自然资源占有或独占，以自然资源的开采和初级加工为基本生产方式，以资源占有优势为主的企业所构成的产业集聚。对于江苏区域经济来说，典型的资源型产业集聚是苏北产业集聚，如沿东陇海线的徐州煤炭产业，连云港的石化、造船等临港重型产业集聚，盐城市的纺织产业集聚，淮安市的盐化工、冶金产业集聚，宿迁市的木材产业、酿酒产业集聚。资源型产业集聚，主要是依赖该区域内的自然资源等初级要素的比较优势而建立起来的，其开采和初级加工处于价值链的最上游。因此，对于这类产业集聚来说，要实现产业集聚持续发展，必须提高科学技术含量，扩延产业集聚空间和拓展价值链。这对于苏北经济创新发展具有战略意义。

（2）推动劳动加工型产业集聚和产品型产业集聚。劳动加工型产业集聚主要指那些依赖劳动力等生产要素的低成本优势的外向型加工企业所构成的产业集聚，典型的劳动加工型产业集聚是苏南乡镇产业集聚。苏南劳动加工型产业集聚发展模式被称为“苏南乡镇企业模式”。劳动加工型产业集聚的主要特点是大量利用外资，以“三来一补”为主要加工方式，产品多为劳动密集型且大量返销海外或国内其他省份。产品型产业集聚主要是指那些大规模生产具有一定功能产品的劳动密集型产业集聚，典型的产品型产业集聚是苏南工业集聚。苏南产品型产业集聚发展模式被称为“苏南工业模式”。由于受到劳动力、原材料等成本上升、人民币升值，国际产业转移的趋势等因素的影响，劳动加工型产业集聚的传统优势逐步丧失，影响了其持续发展。

（3）推动品牌型产业集聚。品牌型产业集聚是在产业集聚区内的众多企业，通过品牌建设不断提升品牌信用度以扩大市场份额和利润率的产业集聚发展模式。产业集聚与品牌之间存在着紧密的联系。产业集聚区内的产品品牌对于产业集聚的发展具有加速和提升的作用。品牌型产业集聚是使产业集聚乃至区域经济持续发展的产业集聚发展模式。品牌型产业集聚最为典型的就是瑞士的钟表产业集聚。瑞士塑造了许多众所周知的世界著名手表品牌，世界前十位的钟表品牌有9个出自瑞士。从江苏品牌型产业集聚情况看，徐州的重型机械品牌产业集聚，苏州的好孩子、波司登等纺织服装品牌产业集聚，盱眙的龙虾品牌产业集聚等，对于江苏产业集聚从而区域经济创新发展产生了良好的推动作用。品牌经济学认为品牌是能够与消费者达成长期利益均衡、能有效降低消费者选择成本的排他性品类符号，这也是品牌的本质属性。品牌型产业集聚之所以能够使产业集聚实现持续发展，关键在于品牌能够通过降低消费者的选择成本，使企业可以在扩大市场份额的同时，提高定价权，扩大利润空间。因此，推动江苏品牌型产业集聚，应着力于高集聚强度、高品类分工程度、低资源消耗的品牌型产业集聚，从而创新区域经济发展模式。推动品牌型产业集聚，江苏区域经济可以实现持续发展，因为在资源约束条件下，这种模式既能充分发挥产业集聚的经济功能，又可以最大限度地提高其利润空间和市场份额。从这种意义上说，基于高集聚强度、高品类分工程度和低资源消耗的产业集聚，是泛长三角区域合作背景下的江苏产业集聚和区域经济创新发展的基本路径。

2. 推动产业转移

产业转移是指由于资源供给或产品需求条件的变化引起的产业在区域之间的转移活动，是具有时间和空间维度的动态过程，是产业区域分工形成的重要原因，也是区域产业结构调整和升级的重要途径。因此，在泛长三角区域合作背景下的产业转移，是江苏经济创新发展的需要，应着力推动江苏南北产业转移和江苏产业向长三角经济腹地转移。

（1）创新产业转移机制。根据主体的性质、转移的动机，产业转移可分为扩张性产业转移和撤退性产业转移。前者是产业在移出区仍属成长性产业，具有产业发展比较优势，主要是出于占领外部市场、扩大产业规模的动机而进行的主动的区际产业转移。后者是在移出区失去竞争优势的衰退性产业迫于调整压力，为实现最优退出而进行的对外转移。产业是同类企业的集合体，企业是产业的构成单位。产业转移的载体是企业，尤其以跨国公司和大企业集团为主，产业转移是企业对外投资行为的宏观表象。产业转移一般呈现梯度推进规律。在产业层次上，表现为首先从纺织等劳动密集型产业开始转移，随后逐渐转向钢铁、石化、冶金等资本密集型产业，然后是电子、通信等一些层次较低的技术密集型产业；从转移的区域看，往往是从发达国家或地区转移到次发达国家或地区，再由次发达国家或地区转移到欠发达国家或地区。产业的转移主要集中在第二产业，第三产业也有部分产业部门向外拓展，如交通运输、贸易服务、金融保险等为生产活动服务的领域。第一产业由于自身的特性，转移存在巨大的障碍。根据产业转移的一般规律，江苏产业转移呈现综合性、阶段性、梯度性三个特点。综合性是资本、技术、劳动力及其他生产要素的整体转移，具有单个生产要素流动所不具有特征和功能。阶段性是按照产业演进的基本路径，按照劳动力、资本、技术、知识的密集程度依次转移。梯度性是区域经济水平的差异构成了不同的发展梯度，这种经济发展水平的梯度是产业发展的现实基础。产业利益差是产业转移动力，产业利益差的主要产生于成本压力。产业转移区域间由于经济发展水平不同，产业成长相异，这种差异决定了区域间要素价格的差异，即产业经营的成本不同，这是推动产业转移的最主要的诱因。具体来说，作为经济发展水平较好的苏南产业移出区，随着其产业集聚，必然出现土地、劳动力等生产要素成本、基础设施如水、电使用成本和环境保护政策成本等产业经营成本的上升。相反，产业移入地的苏北的经济发展水平较低，生活指数较低，产业经营成本就相对低，由于成本差异形成竞争优势，出现潜在的产业利益差。

（2）大力发展南北挂钩共建产业转移工业园。南北挂钩共建产业转移工业园，使得苏南工业园区先进的开发管理运营经验能够迅速移植到苏北产业园区，从而在苏北出现了苏南工业园区的“克隆版”。苏州工业园区是 20 世纪 90 年代初中国和新加坡合作的标志性项目，也是中国借鉴发达国家城市管理理念和运作经验最为成功的项目之一。苏州工业园区恪守先规划后建设的原则并在基础设施上超前建设了当时属于高水准的九通一平基础设施，在搭建国内一流甚至国际领先的软硬件平台后，苏州工业园区的招商自然容易获得跨国企业的青睐。应该说，江苏找到了南北区域产业转移合作共建园区的现实范本。“克隆”出的新典型是2006年开工建设的苏州宿迁工业园区。这个工业园区无论是开发建设还是管理运营几乎都照搬了苏州工业园区的模式，取得好的成效和发展经验。应继续鼓励苏南开发区与苏北开发区紧密挂钩，更大力度地推进产业转移。当然，在推进产业转移过程中，要注重苏南产业转移对苏北经济发展的推动作用。一是要增强要素注入效应。苏北经济的一个显著特点是自然资源、劳动力等普通要素丰富而资本、技术、知识等高质量要素短缺。这种状况是苏北经济发展缺乏动力的重要原因之一。由于苏南产业转移往往伴随着大量的资本、技术的转移，也伴随着其他无形要素的进入，因而接受苏南产业转移能够使苏北经济迅速积累起相对稀缺的生产要素，为经济起飞创造条件。二是要增强技术溢出效应。产业转移往往是由经济梯度较高的发达区域指向梯度较低的欠发达区域，具有梯度性，从而具有移入产业的技术溢出效应。技术溢出效应是在产业转移过程中输出的先进技术被输入方消化吸收所导致的技术进步，以及技术转移过程所带动的输入方的经济增长。苏北在接受苏南产业转移过程中，要着力促进移入产业技术水平的提高。三是要增强产业升级效应。苏北产业结构的一个重要特征就是资源、劳动密集而技术层次低的传统产业比重大，先进产业比重小，因而在区际分工中的地位、产业层次比较低。苏南先进产业的移入，为苏北传统产业比较优势的升级创造了机会。要创造条件让苏南先进产业的移入带动着资本、技术等稀缺要素在苏北迅速积累，推动新的主导产业或支柱产业形成，从而推动苏北产业比较优势的转换升级。

（3）推动泛长三角省际产业转移。交通通道为江苏产业省际转移提供交通条件。省际产业转移是在市场经济条件下，发达的江苏产业顺应竞争优势的变化，通过跨省直接投资，把部分产业的生产转移到长三角经济腹地进行，从而使产业发展表现为在泛长三角经济区空间上移动。根据转移主体的性质、转移的动机等差别，产业转移可分为扩张性产业转移和撤退性产业转移。一般地说，前者是指产业在江苏仍属于成长性产业，主要出于占领外部市场、扩大产业规模的动机而进行的空间主动移动。后者是指产业在江苏已属于衰退性产业，主要由于外部竞争与内部调整压力而进行的战略性迁移。产业转移具有梯度性即区际之间经济发展水平的差异构成了不同的发展梯度，这种经济梯度是产业转移的现实基础，因而产业转移是由经济梯度较高的发达区域指向梯度较低的欠发达区域。江苏产业发生转移的原因是区域经济发展水平的差异决定了区际之间要素价格的差异，长三角经济腹地往往由于基本发展条件已经具备、要素价格低廉、市场广阔、投资回报率较高以及有政策性优惠等诸多因素，而日益成为发达区域一些衰退性产业的新的优势生产区位。这种优势生产区位的存在，使得长三角经济腹地具有吸引产业转移的经济“拉力”。省际产业转移对江苏经济和长三角经济腹地的发展都有重要作用。对江苏经济而言，它是区域产业结构调整升级的重要途径，也是区域产业竞争优势转换升级的有效方式。对长三角经济腹地而言，江苏产业转移是其经济发展的良好契机，也是区域产业结构升级转换的可行方略，从而带动资本技术等生产要素的迅速积累，有助于区域新的主导产业的形成和推动产业比较优势的升级。因此，对产业移出地的江苏经济来说，要大力推动产业的省际转移，为其具有竞争优势的支柱产业、新兴产业提供新的生产要素，实现资源的重新配置，从而实现产业的优化升级。

第四节　经济流集聚与扩散的经济增长效应："宁镇扬"区域创新视角

泛长三角区域合作背景下江苏经济创新发展的产业集聚与产业转移，是指创新要素的集聚与转移。创新要素的空间集聚与扩散是影响江苏经济创新发展的重要力量。"在注重自主技术创新的同时，重视通过创新要素流动提高技术扩散的效率，对推动跨区域创新合作进程的展开，不断在区域之间形成协同创新网络，提升区域创新效率，具有重要意义"。[①] 这是因为创新要素的流动特征直接影响着跨区域科技创新合作路径：一方面，不同类型的创新要素流动特征不同，毗邻效应明显，成为核心城市对周围区域形成增长传递的重要渠道；另一方面，区域产业特征的不同引致差异性的创新要素流动，区域产业链特征差异直接影响着创新需求结构特征，形成对创新合作主体、合作方式等的不同选择。

一、"宁镇扬"创新要素的集聚与扩散特征

南京、镇江、扬州（简称"宁镇扬"）是长三角经济区、长江通道经济带的三个重要城市，一体化发展区位优势明显，而且其经济发展对于中国东、中、西部经济尤其是长江通道经济带的联动发展具有重要的战略意义。"宁镇扬"尤其是南京市的科技资源优势在全国层面都具有比较优势，深入分析"宁镇扬"区域创新要素集聚与扩散的特征及其对区域经济增长的影响，加强对区域科技优势向创新优势转换的路径探索，是提升区域创新能力的关键问题。通过创新分工下的城市集群发展，实现区域协同发展将有利于核心城市在要素、市场及产业发展空间拓展；同时，通过核心城市与邻近城市之间的紧密经济联系形成扩散效应，对周边腹地区域的经济发展形成强有力的带动作用。集聚力与分散力的存在及其相互作用，在市场

---

① 高丽娜，蒋伏心．创新要素集聚与扩散的经济增长效应分析——以江苏宁镇扬地区为例［J］．南京社会科学，2011（11）．

机制调控下形成创新要素的空间集聚与扩散，不断重塑经济空间格局，是空间经济自组织的内在机理所致。这种空间自组织主要体现在不同区域主体的空间行为产生的相互作用，经由循环累积因果强化产生自组织的内在动力，从而推动着区际经济联系的形成和演进，伴随着更大经济系统的形成。只有准确把握这种自组织的规律性，才能在区域经济发展政策制定、区域治理中能动的发挥作用。

1.“宁镇扬”创新要素集聚的空间特征

创新要素的空间分布整体上表现出典型的与经济发展水平相耦合的特征，即经济发展水平高的区域往往是创新要素集聚的区域，两者形成明显的正反馈机制，相互促进。由于具有较为典型的行政区域经济特征，创新要素尤其是科技创新资源的集聚又表现为与行政区域经济耦合的空间特征，即往往在省域经济的行政中心高度集聚。这两者的相互作用形成具有明显差异的创新要素空间集聚特征。从“宁镇扬”整体的创新要素集聚特征来看，比较优势较为突出。就科教资源来说，江苏是全国大学数量最多的省份，其中3/4以上的大学聚集在“宁镇扬”。江苏进入全国前100名的大学有15所，其中12所在“宁镇扬”。中科院的研究所也基本上集中在“宁镇扬”，除此以外还有一大批在国内处于领军地位的电子、船舶类的大型研究所。人力资本方面，仅就院士数量来说，江苏的两院院士数量也处于全国前列，其中3/4以上的院士聚集在“宁镇扬”。院士数量集中又形成对其他各类高端人才的“凝聚核”。这种科教资源和人力资本的集中度在江苏、长三角甚至全国层面来说，比较优势都是比较明显的。创新要素在“宁镇扬”内部分布的空间差异十分明显，南京市具有绝对优势。南京市拥有21个国家级重点实验室，34家省级重点实验室，13家国家级工程技术中心，176家省级工程技术中心，33家国家和省级科技公共服务平台。2010年新启动建设省级重大研发机构1家，启动建设9家省级重大研发机构，占全省重大研发机构数量的26%，其中依托行业骨干企业建设了4家企业研究院，依托高校院所建设了5家基础性重大研发机构。专职研发人员1 515人，引进高层次人才34名，其中列入省高层次创业创新人才引进计划的有6人，正高级职称299人，博士436人。共承担国家科技计划334项，省部级科技计划269项。累计申请发明专利400件，其中累计授权发明专利153件。制定技术标准160项。在“产学研”合作方面，共签订“产学研”合作协议79个，横向“产学研”合作项目221项，成果转化应用82项。①

2.“宁镇扬”创新要素集聚的部门非对称性特征

“宁镇扬”创新要素部门分布的不对称性特征比较突出，以南京最为明显，已

① 参见《南京市重大研发机构得到稳步推进》（http:PPwww.njkj.gov.cnPgzdtPgzdt2011P20110212-1.htm）。

初步形成依靠科教资源自主创新的发展模式。技术创新主体大多是高校、科研院所，属于“科研院所主导型”技术创新体系，创新要素如创新型人才及重要的科技设备等主要分布在高校、科研机构。以科技人员及研发投入作为区域创新要素空间分布的分析指标，对创新投入与创新产出进行比较：在“宁镇扬”区域内部，南京在科技人员、研发支出等方面优势明显，但主要以高等院校和科研院所为组织主体；从江苏省域经济来看，以苏州、无锡等为代表城市，其创新要素主要存在于企业，这种差别直接导致创新产出结构构成上的区域差异（见表 13-10）。如科技创新优势相对明显的区域，发明专利占专利授权数的比重较高，“宁镇扬”三市在创新要素禀赋及区域发明专利的比重上具有优势。从国际上常用的比较国家、区域创新能力的通用方法来看，由于一般发明的创新水平较高，所以分量最重，同时还因为发明专利需经过实质审查，权利比较稳定，所以发明专利更能体现一个企业、区域乃至一个国家的核心竞争力。这一点南京的优势最为明显，数量和比重在全省具有突出优势，这很大程度上归因于南京较为丰富的创新要素禀赋条件及近几年在创新主体引进上的政策倾斜产生的集聚效应。而不具有科技创新优势的区域，创新产出以实用性、效益性等为导向，发明专利的比重偏低。

表 13-10　“宁镇扬”与“苏锡常”创新投入与产出比较（2009）

地区		南京	镇江	扬州	苏州	无锡	常州
创新基础设施	省级以上工程技术研究中心	189	20	6	19	14	53
	省级以上重点实验室	55	13	6	10	3	24
	重点高等学校	23	2	1	4	1	3
	科技企业孵化器	25	8	10	29	21	27
创新投入	全社会研发支出占 GDP 比重（%）	2.85	1.92	1.80	2.20	2.36	2.33
	企业研发活动人员占企业职工比重(%)	5.46	3.82	3.27	2.33	5.19	4.64
	政府科技拨款占财政支出的比重(%)	2.99	3.06	2.57	4.19	3.62	2.65
	企业研发经费占销售收入比重（%）	0.78	0.84	0.70	0.74	1.07	0.95
创新产出	每 10 万人口专利授权数	85.96	132.89	56.15	419.32	151.14	109.73
	发明专利占专利授权数的比重（%）	31.42	5.05	6.62	2.62	7.77	8.05
	高新技术产业销售收入（亿元）	2 682	969	1 472	6 779	3 198	1 805
	高新技术产业利税率（%）	9.23	8.26	6.48	7.87	8.68	9.62
	高新技术产业对工业产值增长的贡献率（%）	40.88	53.83	70.33	45.24	87.72	40.83

区域内企业自主创新能力不足也会“挤出”创新资源。在这方面，专利数据很能说明问题。如在 2009 年上半年的专利授权统计中，“宁镇扬”企业专利授权数仅占“宁镇扬”专利授权总数的 37.9%，而同期“苏锡常”这一比例则达到了 69%。高等学校专利授权的前十名中，“宁镇扬”占据了 8 席；在科研院所专利授权的前十名中“宁镇扬”占据了 9 席。这种创新主体的错位，加上“产学研”之

间的合作力度不足，最终表现为南京在创新设施、投入方面的优势，并没有形成经济产出的优势，如每 10 万人专利授权数南京不仅低于苏州、无锡，甚至比镇江还低，在高新技术产业销售收入方面也远低于苏州，这说明“产学研”之间的合作还有很大的发展空间。

3.“宁镇扬”创新要素空间扩散的特征

经济要素都具有趋利性，流动的根本动因在于追求利益最大化。空间经济自组织的演进动力则是内生的，可以不依赖于外部指令自行组织运行。经济自组织的根本动力是市场（郝寿义，2007）。经济要素向某个区域流动的强度取决于该区域能够为经济要素带来的最大收益，而这种潜在收益的大小则由该区域的自然资源、基础设施、人才、技术积累、经济机制及社会文化等因素相互累积叠加后所形成的区域整体能量决定（刘霆、谭晓萍，2009）。因此，创新要素收益的梯度差引致的市场力是创新要素空间流动的根本动力。

首先，是组织间的创新扩散。技术创新供给者的科研院所和高等院校与技术创新需求者的企业形成区域创新的市场主体。对镇江市企业的技术需求调查结果表明：企业对技术合作抱有很大的热情。而在合作方式的选择上，如图 13-10 所示，对合作开发情有独钟，其中 53%的企业选择了合作开发，成果转化和共建“产学研”联合体的合作方式分别占 16%，委托开发占 9%，其他方式占 6%。由此可以看出，企业明显偏好于合作开发，既有利于企业提高技术水平，而且短期效果明显。这种需求是促使创新成果由高校、科研机构向企业扩散、产研合作形成的推动力。实施跨区域创新合作，转为开放创新系统，能极大提高企业获取外部创新资源的能力。

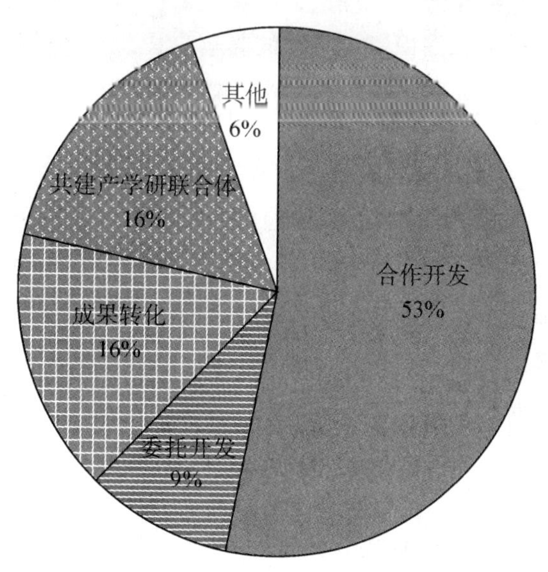

图 13-10 镇江市企业技术合作方式选择

其次，是区际创新扩散。通过对发达国家和地区如美国国内、欧盟内部等的实证研究发现，区域内生型技术创新非常重要，如以区内研发活动为主形成了区域创新的主要动力来源，大部分区际创新生产率的差异可以由区内市场推动的研发来解释。但同时发现，重要的区际创新溢出出现在地理临近区域之间，尤其是技术结构相似的相邻区域之间（Bottazzi，Peri，2003）。以南京为代表，创新资源的异地转化现象非常典型，在宁高校、科研院所每年应用成果转化率约为70%，但本地转化率只有40%左右。区际创新合作也进行了有益的探索，如镇江市与南京工业大学在化学工程、生物化工、新材料、机电一体化等领域进行多种形式的合作。通过搭建"东南大学-镇江工业技术研究院"和"东南大学-镇江智能电网研究中心"以及"东南大学科技成果转化镇江工作站"等"产学研"重大创新载体平台，镇江市为企业和东南大学之间的长期合作交流提供保障机制。另外，创新要素扩散的一个重要方面是人力资本的区际流动，尤其是以高校毕业生为主体的人力资本跨区域流动。"宁镇扬"尤其是南京市每年较大规模的高校毕业生为区域创新能力提高、经济发展提供了有力的支撑条件。

二、"宁镇扬"创新要素集聚与扩散的经济增长效应分析

创新要素的空间集聚及其扩散对区域经济自组织运行的影响，从区域层面来说包含两大问题：一是创新要素与经济活动在区域内的最优配置和促进区域经济增长的问题（其核心是创新要素禀赋与经济增长间的关系）；二是创新要素及其经济活动在区际的流动与配置（涉及的是区域间的相互作用形成的空间依赖）。两者相辅相成、不可分割。按照新经济地理理论，区域经济的收入取决于企业的空间分布，而企业的空间分布受到区域知识资本禀赋的影响；长期经济增长率受到区际知识溢出程度的直接影响，即毗邻区域的创新水平会影响区域经济增长。

1."宁镇扬"经济增长的影响因素分析

分析"宁镇扬"经济增长的影响因素，尤其关注创新要素禀赋和区际创新溢出等因素是否影响区域经济增长及程度大小，重点应分析以下问题：一是知识资本从20世纪90年代中期以来影响区域经济增长的情况。虽然有文献实证分析了这一问题，但对于知识资本对于区域经济增长的有效性缺少系统的探讨。二是用区际知识溢出估计创新扩散对区域经济增长的影响。创新合作政策有利于资本、知识资本的跨区流动及提高知识溢出水平，对区域经济增长产生重要影响。

（1）模型设定

为验证知识资本禀赋（创新要素集聚水平）、区际知识溢出（区际创新扩散）对区域经济增长的作用，本研究使用柯布道格拉斯生产方程作为区域生产方程。

$$Y_{it} = A_{it}C_{it}^{\alpha}L_{it}^{\beta}K_{it}^{\gamma}e^{\varepsilon_{it}}$$

上式中，Y_{it} 为区域 i 在 t 年的产出，C 是固定资本，L 是劳动力投入，K 是知识资本，资本对产出的影响可能存在时间滞后，所以模型要考虑资本的时间滞后问题。e 是误差项，反映不知因素或干扰对经济增长的影响。A 是技术参数，主要受到区际知识溢出的影响，把 A 看成区际知识溢出的方程。另外，区际溢出（REGSP）是其他区域研发活动的正的技术外部性。由于普遍的区域经济增长与出口间的关系也很密切，因此，将生产方程进一步拓展，并取对数、以线性形式表述为：

$$lnGDP_{it} = \beta_0 + \beta_1 lnLABOR_{it} + \beta_2 lnCAP_{it} + \beta_3 lnRD_{it} + \beta_4 lnEXP_{it} + \beta_5 lnREGSP_{it} + \sigma_i + \varepsilon_{it}$$

上式中，GDP_{it} 为区域 i 在 t 年的国内生产总值。在面板数据分析中，一般应用固定效应（Fixed Effects）或者随机效应（Random Effects）模型，两者的选择取决于误差项 ε_{it} 与城市固定效应 δ_i 是否相关。$cov(\delta_i，\varepsilon_{it})$ 是否等于零，直接影响着随机效应模型和固定效应模型的估计量是否具有一致性，对两种模型的选择应用 Hausman 检验。

（2）变量定义与数据描述

因变量为城市的国内生产总值，即 GDP，这是反映区域经济增长的最基本的变量。变量劳动力 *LABOR* 与固定资本 CAP 是两个核心的区域物质投入，代表着区域劳动力投入和资本投入。*LABOR* 用各城市从业人数来表示。CAP 没有直接的数据来源，参考已有研究的相似做法，考虑资本折旧情况下由固定资产投资转化。假定固定资本存量存在两年的滞后效应，使用先前研究中采用的 15%年消耗率。①

$$K_t = I_t + (1 - \delta)K_{t-1}$$

模型主要关注的问题是知识资本是否显著促进经济增长及区间知识溢出对区域经济增长是否存在正效应。构建知识资本，以专业技术人员的数量为考察变量②。区域企业的研发活动与其人力资本数量密切相关，如内生增长理论模型讨论的结果，知识资本对经济增长的影响应该是正的。

改革开放政策给区域经济增长注入了活力，出口成为推动区域经济增长的重要力量。因此，在区域经济增长模型中，引入出口的影响，而且其对区域经济增长的影响应该是正向的。

本研究中着重考虑的关键因素是区际知识、技术溢出效应。在区域创新要素流动基础上，形成创新的空间扩散，往往表现为从创新中心向外围区域的扩散过程，

---

① C. -C. Kuo，C. -H. Yang，“Knowledge capital and spillover on regional economic growth：Evidence from China”，China Economic Review，2008（19）：594-604.

② 在这个变量的选择上，国内外进行过多种尝试，如使用 R&D 资本存量（C. -C. Kuo，C. -H. Yang，2008）、专利产出等。针对中国的分析往往使用的是省级数据。这里的研究对象是南京、镇江与扬州三市。由于获取市级相关研发支出与专利等数据尤其是涉及多年份数据存在较大困难，因此，选择专业技术人员数代替，这是反映区域知识资本规模的一个基本的变量，但必须承认其具有一定的局限性。

区际企业之间及企业从大学及科研机构获取的知识溢出，对区域企业研发效率具有积极影响。这种作用不仅与大学及科研机构的数量、规模有关，而且与其相互作用强度有关，从而影响区域创新效率（Fritsch，M.，Slavtchev，V.，2007）。国内外许多实证研究结果表明，创新的空间扩散具有一定的区位性，与创新中心的能力及空间距离密切相关。因此，区际知识溢出主要受到相邻区域知识资本存量与空间距离的影响，以下面形式表示：

$$REGSP_i = \ln\left[\sum_N RD_j * W_{ij}\right]$$

上式中，W_{ij} 表示空间权重，相邻区域空间权重的衡量由下式给出①：

$$W_{ij} = e^{-\beta_E * d_{ij}}$$

W_{ij} 的存在，表示区际知识溢出过程中存在距离衰减效应，即存在本地化溢出现象。β_E 是距离衰减参数，d_{ij} 为两城市间的距离。这一方程意味着随着 β_E 的增加，距离摩擦效应也上升，随距离增加区域间的相互作用下降较快。

表 13-11　　变量定义与基本统计

变量	定义	平均值（标准差）
GDP	各市国内生产总值（亿元）	1 154.30（933.18）
劳动力（LABOR）	从业人员数（万人）	235.31（70.85）
资本（CAP）	资本存量（亿元）	1 499.68（1 509.80）
知识资本（RD）	专业技术人员（万人）	23.77（17.25）
出口（EXP）	出口额（亿美元）	44.04（61.18）
区际知识溢出（REGSP）	区域间研发溢出（万人）	14.00（7.74）

数据来源：主要根据1995—2010年度《江苏统计年鉴》《南京统计年鉴》《镇江统计年鉴》及《扬州统计年鉴》相关数据计算而得。

2. 实证分析结果及政策建议

通过以上实证分析，得到以下分析结果：

第一，根据变量劳动力、资本及出口设立基准模型获得的统计结果表明（见表13-12），劳动力和资本系数为正，统计显著，而且弹性系数分别为0.586和0.449，表明劳动力与资本为区域经济增长做出了较大贡献，这与中国经济发展的普遍特征是相似的。

① 主要应用的是Funke与Niebuhr（2005）中的相关处理方法，其假定空间权重遵循随空间距离按衰减参数的负指数方程。

表 13-12　　　　　　　　　知识资本对区域经济增长的影响

变量	基准模型	Model 2	Model 3
Constant	-2.751** (1.217)	-1.439 (1.303)	-2.196** (0.918)
lnLABOR	0.586** (0.256)	0.253 (0.286)	0.433** (0.194)
lnCAP	0.449*** (0.067)	0.384*** (0.071)	0.351*** (0.054)
lnEXP	0.266*** (0.041)	0.262*** (0.039)	0.205*** (0.033)
lnRD		0.338** (0.154)	
lnREGSP			0.689*** (0.128)
Adjusted R^2	0.957	0.962	0.977
Hausman test	47.21***	24.52***	16.17***

注：括号内数字为标准偏差；***、**、*表示统计显著性水平分别为1%、5%和10%。

第二，知识资本对区域经济增长的影响。当把知识资本引入模型后，劳动力、资本等的系数也相应发生变化。我们关注的核心问题是，知识资本对“宁镇扬”区域经济发展是否存在显著影响？分析的结果表明，知识资本的系数为正，在5%的水平上显著，而且系数超过了劳动力的弹性系数；当控制其他变量时，知识资本每增加1%，将带来0.338%的GDP增长。从20世纪90年代中期开始，企业普遍开始重视研发，人力资本与研发经费投入增加；地方政府也开始重视对研发投入的激励措施，加大对人才引进、科技经费的投入；知识资本在考察期内呈现出对经济增长的显著影响。我们注意到，从20世纪90年代中期到2005年前后，“宁镇扬”三市的科技人员数出现过程度不同的波动，这与这一时期区内外发展环境有一定的关系。自从20世纪90年代初实施浦东开发战略以后，上海以及邻近上海的苏州、无锡等市域经济发展迅速，对邻近区域科技人员形成较大的吸引力，出现一定程度的跨区域流动。最近几年，“宁镇扬”尤其是南京市在人才吸引政策上加大力度，集聚科技人员的能力不断提升，为走内生经济增长之路奠定了坚实的基础。

第三，区际知识溢出对区域经济增长的影响效应。模型分析的结果表明区域溢出与经济增长在1%水平上显著正相关，表明跨区域知识溢出效应的存在，且对“宁镇扬”区域经济增长产生正向促进作用。因此，区域经济增长过程具有较为明显的空间结构特征，“宁镇扬”从邻近区域经济的良性增长中获益，这一发现也为区域政策制定引导了方向。地理距离直接影响区际知识溢出强度，在知识扩散中具有重要作用。空间邻近的区域在新知识、新技术扩散中相互作用的可能性更大。不同区域知识溢出对经济增长的影响存在差异。

综合实证分析的结果看，“宁镇扬”经济增长表现出以下典型特征：一是资本投入与产出尤其是资本投入对区域经济增长作用显著，这与“宁镇扬”产业结构有内在关系。如南京市2009年工业总产值中，重工业产值达到83.34%，镇江、扬州也在70%以上，重工业的资本-劳动投入比高，使劳动在经济增长中的贡献率相对偏低。二是在“宁镇扬”经济增长过程中，区际溢出效应较为明显。这种区域间的知识溢出首先得益于“宁镇扬”的先天区位优势，“宁镇扬”之间高速公路距离最远的是南京至扬州也就100多公里，南京与镇江之间仅约半小时车程，优越的区位优势为“宁镇扬”之间人力资本、创新成果、创新服务等的交流创造了良好条件。

3. 政策建议

在创新要素利用的组合机制上，通过强化其流动性实现区际共享，有力地推动区域经济发展。在“宁镇扬”的比较优势基础上，以创新分工促进城市新型合作模式的形成，从而推动城市集群化发展。在现代化快速交通体系的支撑下，实现“同城化”而不一定要求空间集中。在集群化发展过程中，有“集”也有“散”：“集”的是企业研发部门和科技金融服务的空间集中；“散”的是知识、创新成果实现空间扩散，从而形成新型创新合作模式。

（1）促进南京创新中心形成和发展。区域的创新能力首先取决于创新要素禀赋条件，即使是选择引进技术的输入型发展战略亦如此。引进技术能否转化为自身竞争力仍取决于当地的吸收能力，而当地的吸收能力受到区域创新要素禀赋的制约。知识对创新的作用越来越重要，而知识积累具有路径依赖性。创新要素禀赋的比较优势是“宁镇扬”实现创新共享的“资本”。从“宁镇扬”区域经济发展的整体需要来说，应促成南京创新集聚与扩散“核”的形成。在此过程中，不断强化发展南京创新集聚和辐射的双重能力，使南京具有带领“宁镇扬”城市群建立起拥有自主知识产权的产业体系的能力，产生“宁镇扬”经济增长方式转变的内生动力。南京创新中心建设主要包含两个方面：一是形成创新成果供给中心；二是形成区域人力资本输出中心。这是提升区域经济内生增长能力的两个关键因素，也是相互作用、有机联系的两个方面。南京要充分发挥创新要素禀赋优势，进一步强化区域研发特色。整合“宁镇扬”高校、科研院所研发力量，形成对重大科技项目的联合攻关，循环累积科技优势。南京无论是在创新人才还是创新成果的供给上都优势突出，但要真正成为创新中心，需要更多地解决高校和科研机构的创新成果的区域转化问题，将科教资源优势转化为创新要素优势。为此，需要建立和完善一系列促进技术进步的内、外部条件，如一体化创新要素市场、科研成果产业化的公共资金支持体系、一体化创新成果交易平台及完善的知识产权保护制度等。同时，鼓励南京创新资源结合镇江、扬州产业特点，在与相关企业的互动中，提高科技成果的转化率。鼓励高校、科研院所加强与企业的密切合作，创新高等学校、研究院所与科技园区建设的“耦合”机制。鼓励园区企业与大学的实验室建立定向联系，让公司员工参与学校的研究，参加相关项目研究，这些合作不仅使企业技术人员与最新技术保持同步，而且可以进一步拓展教育机构在科技园建设中的职能作用。鼓励高校、科研院所将实验室“搬进”园区，实现与市场的对接，不断提高研发项目的市场敏感度，直接面向产业“辐射”。发挥科教资源优势，创新高校多样化办学模式为企业培养各类技术人才，真正发挥企业所需“人才的摇篮”作用。教育进步及人力资本不仅对于发展新知识的能力是必需的，而且对于吸收和采用区外新技术、新知识并产生可持续的长期经济增长也是关键因素。在培养模式上，注重实用性、技术性人才所需能力的塑造。建议利用现有的职教硬件资源，优越的高等学校、科研院所的研究人员“软资源”，采取灵活化的人员管理模式，形成产业人才输出基地。

（2）实现总部经济与制造基地的区域分工。国际大都市经济发展经验表明，企业总部与制造基地在空间上实现分离是一种发展趋势，即企业总部向重要的核心城市集聚、制造基地向成本相对较低的外围城市集中，空间组织生产指向最优化方向演化。企业内价值链配置优化的过程，同时也是与区域资源实现最优空间耦合的过程，从而实现产业合作模式的创新。制造业从核心城市移除，是否会产生产业“空心化”问题？美国学者威勒分析了美国20座大城市的变迁，发现产业服务化和总部化是60%以上制造业转移出去的城市保持持续繁荣局面的主要原因。促使总部经济向南京集中，有助于提高“宁镇扬”城市集群的创新能力。一方面，大量国内外研发机构特别是公司研发中心的聚集发展，能够充分释放南京的科技、研发资源创新潜力，进一步促进人力资本的培育和聚集，不断扩大南京的研发规模和创新能力，实现循环累积因果的正反馈。另一方面，企业研发中心的集聚，会强化企业间的学习效应和知识溢出，并在企业间产生竞争效应与示范效应，促进企业的自主创新。由此，总部经济能够不断增强南京的创新辐射力，将丰富的知识、信息、技术等通过技术交易、信息传递、人力资本流动等方式辐射镇江和扬州的制造基地，有助于提升其创新能力。为激励企业将研发等部门移入南京，需要必要的财政激励，如实施一定时期内增值税的优惠措施。

（3）促进南京生产性服务业发展。创新经济的发展，不仅要关注高附加值制造业，也要重视其他知识、技术密集型产业的扩张，尤其是生产性服务业的发展。其中最为重要的是培育南京科技金融中心，探索有效的创新与金融服务融合发展路径。创新活动的持续性来源于充足的资本支持，这主要源于创新活动的高风险、高投入、强不确定性的本质特征。大力发展科技金融服务，实现南京与其他城市金融中心功能的错位发展，不仅是基于南京自身条件的内在要求，同时也有助推动“宁镇扬”城市集群创新合作的发展。金融资本的市场化有助于打破行政区经济束缚，通过其对要素配置的引导功能，实现南京与镇江、扬州之间的创新分工。区位影响风险资本的获取，一般情况下，风险资本的所有者投资于特定项目的可能性随其与企业之间距离的增加而下降。而“宁镇扬”空间区位优势使得科技金融资源的共享成为可能。大力发展科技服务性中介机构，也是推动创新要素、创新成果高效流动的重要市场力量。中介组织在创新需求方与创新供给方之间的媒介作用，可大大降低双方因信息不对称产生的搜寻成本，进而加速创新成果的市场转化。

（4）构建区域协调机构。区域协调机构的最基本功能是解决跨区域创新要素市场的分割化问题，致力于创新要素市场的一体化建设。政府干预不是直接进行创新资源的跨区域配置，而是以提升创新资源配置效率为导向，创造自由流动、实现高效率创新要素空间配置的环境，降低经济主体空间经济活动的交易成本，促进城市间新型区域分工模式的形成，以提高市场效率。协调机构的建立及运作要以各区域利益共享为前提，只有这样才能使跨区域合作具有可持续性。尝试建立“宁镇扬”城市集群内创新产业联合投资的税收征缴制度，鼓励在共同承担重大项目、联合开发战略资源、鼓励大型企业跨区域扩张等方面开展合作。特别需要指出的是，在现代社会中，技术创新日益表现出鲜明的特点：技术创新的投资风险越来越大，技术创新对知识，尤其是综合性、交叉性的科学知识与管理知识的依赖程度越来越高，这使得技术创新的成功更加依赖于有效的制度环境，形成有效推动技术创新的激励和支持系统。目前，在“宁镇扬”区域创新经济的发展中存在的关键问题，是相对于其具有的创新要素禀赋优势来说的，创新资源利用效率相对较低；其主要原因是行政区经济的束缚，创新主体间良性的交流网络功能比较弱。通过协调机构的建立，创新区域间合作方式，整合区域内创新资源和促进创新合作，为创新主体提供有效的创新支撑环境系统。

（5）制定城市群发展的总体规划。明确各城市集群、各城市的功能定位，创新合理发展的空间布局和功能体系，有利于实现区域创新合作协调发展。各城市在发展战略的制定中，尤其是空间战略的选择上，要突出区域一体性，以优化跨区域协作为原则。“宁镇扬”之间合作的动力基础来自于互补性的发展需要，如对创新要素的需求、对基础设施的共同依赖、产业发展形成的纵向产业链联系等。这就需要制定科学的“宁镇扬”城市群发展总体规划，以科学规划导引“宁镇扬”区域创新，实现以经济流集聚与扩散的经济增长。

主要参考文献：

［1］刘迎霞. 空间效应与中国城市群发展机制探究［J］. 河南大学学报：社会科学版，2010（3）.

［2］张颢瀚，孟静. 长三角都市圈发展新格局——南京都市圈功能变化与空间整合［J］. 南京社会科学，2007（9）.

［3］刘霆，谭晓萍. 跨区域流动要素对区域经济发展的影响［J］. 经济地理，2009（4）.

［4］郝寿义. 区域经济学原理［M］. 上海：上海人民出版社，格致出版社，2007.

［5］徐山瀑，陈震宁，等. 加快提升江苏中小企业产业集聚水平［J］. 群众，

2012（4）.

［6］干春晖，等. 产业经济学［M］. 北京：机械工业出版社，2007.

［7］范剑勇. 长三角一体化、地区专业化与制造业空间转移［J］. 管理世界，2004（11）.

［8］罗勇，曹丽莉. 中国制造业集聚程度变动趋势实证研究［J］. 经济研究 2005（8）.

［9］樊纲，王小鲁. 中国市场化指数——各地区市场化相对进程报告［M］. 北京：经济科学出版社，2003.

［10］高丽娜，蒋伏心. 创新要素集聚与扩散的经济增长效应分析——以江苏宁镇扬地区为例［J］. 南京社会科学，2011（11）.

［11］曹慧. 江苏城市化进程中的产业集聚问题研究［D］. 南京：中共江苏省委党校，2006.

［12］丁建军. 产业转移的新经济地理学解释［J］. 财经科学，2011（1）.

［13］孙君，姚建凤. 产业转移对江苏区域经济发展贡献的实证分析——以南北共建产业园为例［J］. 经济地理，2011（3）.

［14］吴进红. 国际产业转移与江苏产业竞争力的提升［J］. 世界经济与政治论坛，2005（6）.

［15］原小能. 国际产业转移新趋势与江苏产业升级［J］. 南京财经大学学报，2004（6）.

［16］童峰. 江苏南北产业转移的现状和对策的研究［J］. 江苏科技大学学报：社会科学版，2011（3）.

［17］苏炜，高彦彦. 江苏区际产业转移引力模型分析［J］. 山东经济，2010（5）.

［18］毛广雄. 基于社会资本理论的产业转移研究：江苏南北共建开发区模式解析［J］. 人文地理，2010（4）.

第十四章

泛长三角区域合作背景下江苏经济创新发展的产业组织创新

产业组织演化包含狭义和广义两个层面的内容。狭义的产业组织演化是指产业组织形式的演化，广义上则包含产业组织形式的演化、演化的过程及其规律性、演化的路径、集总层面对微观个体演化的反馈、新奇即创新对产业组织演化的作用等。产业组织形式的演进是产业组织演化的规律、路径等过程要素的作用下最易被观察到的、最明显的特征表现，也是过程要素的作用结果，但同时又促进了过程要素的作用。

原毅军、逯笑微

——《产业组织演化内涵：对还原论方法的超越》，产业经济评论，2010年第1期。

产业组织及其创新是影响区域经济创新发展的重要因素。随着改革开放的深入，市场经济条件下泛长三角经济的产业组织创新趋势显现。产业组织创新对江苏经济创新发展产生重要影响。因此，进行产业组织创新是泛长三角区域合作背景下江苏经济创新发展的必然选择。

第一节 产业组织创新理论与江苏产业组织创新特征

产业组织理论研究同一产业内企业之间的关系，企业组织变动，企业治理等问题，涉及企业内部“黑箱”，如企业购并、企业集团等问题。改革开放以来，泛长三角经济中的外资比重大幅增长，江苏经济中的产业组织也发生着深刻变化，显现创新趋势。

一、产业组织创新理论基础

产业组织理论是研究企业结构与行为、市场结构与组织，以及市场与厂商相互作用和影响的新兴应用经济学分支。产业组织理论中所说的“产业”是指生产同类有密切替代关系的产品的厂商在同一市场上的集合，这些厂商之间的相互结构关系就称之为产业组织，亦即产业内部企业之间的竞争垄断关系。20 世纪 30 年代以来在西方国家产生和发展的产业组织理论在中国得到传播和发展。

1. 产业组织理论

产业组织理论是以微观经济理论为基础，研究市场经济发展过程中产业内的市场结构、市场行为和市场绩效及其内在联系，即企业之间竞争与垄断，规模经济与效率，企业治理以及企业内部组织，生产要素投入既定的前提下资源配置优化等内容的应用经济学理论，目的是使厂商改善经营管理、推动技术进步、发展规模经济，避免过度竞争；探讨产业组织状况及其演变对产业内资源配置效率的影响，为维持公平合理的市场竞争秩序和市场运行效率提供理论依据和政策建议。

早期的市场理论是以亚当·斯密“看不见的手”的理论为基础来分析和描述市场活动规律和资源配置的，在这种市场体制中，存在着大量规模很小、生产单一产品的竞争企业，企业是市场资源配置的结果，市场是配置资源唯一的和最佳的方式，任何人为力量对市场的干预都是不必要的。进入 20 世纪以来，西方经济理论认为现代企业已变成了多产品、大规模的集原料供应、产品生产和销售于一身的巨型企业，企业内部通过组织计划调配数量巨大的资源成为调节资源的“看得见的手”。然而，市场和企业这两种资源配置方式都存在不足，因而政府调节也在现代市场体制中必不可少。从这种意义上说，产业组织理论是关于如何在产业（行业）

内有效组织资源配置的学说。

最早的产业组织理论是由美国的梅森（Mason）、贝恩（Bain）创立的。1959年，贝恩出版了第一部系统阐述产业组织理论的教科书《产业组织》，标志着哈佛学派的正式形成。“研究产业组织就是研究市场运行。”①哈佛学派以实证的截面分析方法创立了“结构—行为—绩效”分析范式，指出高度集中的行业总是倾向于提高价格、谋取垄断利润，因而阻碍技术进步，造成资源配置的无效率局面。该学派提出要获得理想的市场绩效，最重要的是要通过公共政策来调整和改善不合理的市场结构，限制垄断力量的发展，保持市场适度竞争。

20世纪60年代，以施蒂格勒（Stigler）为代表的芝加哥大学的一些学者们对哈佛学派的观点进行抨击，并逐渐形成了产业组织理论中的“芝加哥学派”。芝加哥学派认为厂商规模的大小是由规模经济的内在要求和生产技术水平决定的，在一定的技术水平条件下，规模的扩大会带来成本的降低和资源配置效率的提高，只要市场当中不存在人为的进入和退出障碍限制，市场上现有的厂商——不论是仅有一个垄断者还是有许多活跃的厂商，总是面临着来自潜在进入者的竞争压力，因而原有企业之间的定价和产量选择总是处于一种无显著超额利润的均衡约束状态之下。芝加哥学派主张行业集中度的提高是市场需求和技术水平进步的结果，大企业的高利润率是生产效率提高的结果，而不是资源分配无效率的结果。不能以集中度的高低和规模的大小来作为判断一个企业是否是垄断企业的标准，政府应该加以干预和规制的是那些市场绩效不好的垄断企业。芝加哥学派的观点对后来的新产业组织理论产生了重要影响。

2. 企业理论

传统产业组织理论虽然认识到企业规模的扩大会影响资源的配置，但并没有对企业进行系统研究。新产业组织理论认为产业结构变化是企业活动的结果，因而必须对企业内部的活动进行考察。

企业在具有不确定性的市场中进行交易是有交易费用的。为减少或消除由不确定性和信息不完全性带来的风险，使交易变得更加容易，企业便产生出来，从而节约交易费用。企业规模的适度界限是由交易费用的大小决定的。随着企业规模的扩大，内部组织成本逐步提高并会超过市场交易费用，因而企业的适度边界是外部交易费用与内部组织成本之间的均衡比较决定的。在现代企业制度下，由于所有权和经营权分离，管理者在很大程度上控制公司的经营管理。有限理性和机会主义倾向的行为特征常常会驱使管理者做出有违公司所有者利益的事情，从而扭曲了企业的行为，产生代理成本。

关于企业内部的治理，詹森（Jensen）和梅克林（Meckling）等人提出了企业

① （法）泰勒尔. 产业组织理论［M］. 张维迎，等，译. 北京：中国人民大学出版社，1998：1.

融资约束机制，认为债权融资和股权融资会对管理者形成不同的约束和激励机制，通过两种不同融资方式和融资数量的合理搭配，可以对代理人的行为起到有效的激励和约束。克拉克（Clark）等人提出通过建立公司董事会制度可以增强股东在经营管理中的控制力，保证股东利益与公司目标的一致；通过分散持股者的数量则可以减少决策层大股东的数量，同样可以增强大股东的相对影响力和控制程度。为激励管理者去冒一定风险，承担一定责任，可以在风险和激励之间寻找一种最佳平衡机制，让管理者获取确定的利益所得，如高额的薪金、奖金、养老金、退休金或股权等，让他们有动机来关心企业的利益目标。对于现代股份制企业的外部约束机制问题，法马（Fama）和霍姆斯特龙（Holmstrom）等认为通过建立经理人员市场，使管理者业绩的好坏成为他们声誉和身价的重要评价标准，促使经理们为自己树立良好的声誉而约束自己的行为；通过增加机构投资者的数量，并发挥它们对公司经营的监督和参与的积极性，可以对经理人员的行为形成有力的约束。哈特（Hart）指出，产品市场上企业销售业绩的好坏反映企业的经营状况，因而是促使管理者精打细算，努力降低成本，提高产品质量，扩大市场份额的好办法。沙尔夫斯坦（Scharfstein）等人认为资本市场的操作情况也能对管理者的行为起到制约作用，因为企业经营绩效的好坏与企业股票在证券市场上的价格波动有关。

垄断是现代企业发展中的必然现象。垄断的形成是由生产的发展和资本的扩张性决定的，是市场激烈竞争的结果。在第二次工业革命推动下，资本主义社会的生产资料被资本家分别占有，表现为众多的小资本的分立；大机器生产方式使生产发展，规模扩大，使资本趋于集中和联合，众多的小资本汇集成大资本。资本集中的同时，生产也在集中，当它们达到了相当高的程度时就产生垄断。二战后，在科技革命和激烈竞争的推动下，垄断的程度大大提高，出现了许多的新特点：兼并的对象从中小企业发展到大企业，兼并的形式和垄断的组织形式都出现多样化、综合化趋势，垄断组织的规模迅速扩大。垄断虽然是作为自由竞争的对立物而产生的，但垄断没有也不可能消除竞争，而是与竞争并存。因为垄断没有消灭资本主义私有制，没有消灭商品生产；反而由于垄断的统治地位使竞争发展成为实力更强的大企业间的更高层次、更大规模、更多手段的竞争。

3. 产业组织政策与产业组织发展

关于产业组织政策的实施效果有两种主要观点：一是认为产业组织政策有利于纠正市场的低效率，总体社会效果是好的，这种观点一般为传统产业组织理论者持有；另一种观点认为以往实行的产业组织政策是失败的，它反而导致了市场效率的低下，这一观点一般由新产业组织理论者持有。在政策主张上，产业组织理论在政府干预的政策主张上表现出一种由紧向松，由反结构为主向反行为为主过渡的特征。在有关政府规制带来的实际影响问题的研究中，哈佛学派认为产业政策在防止市场失灵方面始终是有效的，他们并不讨论政府制定和实施产业政策的成本问题。

芝加哥学派讨论政府的规制失灵问题，并提出和研究政府产业组织政策的效果及影响问题。新产业组织理论引入公共选择理论、寻租理论等新理论，对有关政府规制的动机和成本问题进行进一步研究。

从西方产业组织理论的发展来看，各个时期的理论依据和政策主张并不一致，它们是适应各个时期西方国家经济发展状况和产业竞争的需要而产生的，但就理论研究的角度而言，新产业组织理论对现实产业活动的分析比传统产业组织理论中的两个学派要严格和细致得多，所涉及的研究内容更加真实丰富，应用性也更强。

作为新产业组织理论核心的交易费用理论和博弈论存在许多问题和错误。一是"交易费用"一词在概念上不够清晰，无法加以精确计量。关于这一点，威廉姆森（Williamson，O.E.，1996）本人也不否认。二是关于企业是交易费用最小化的产物的观点具有片面性，事实上企业的形成原因是多元的，它不单单是对交易费用的节约，技术水平、规模经济和社会习俗等也是企业产生的重要因素。三是交易费用理论认为决定行业结构的关键因素是交易费用，这种分析实际上是以私有制的制度框架为基本前提的。事实上，不同的所有制框架下会产生不同的交易费用，从而产生不同的行业结构。另外，博弈论的各种推论是在极其严格的限制条件下产生的，它难以对现实寡头厂商的策略行为提出预见性或规律性的见解，而且用这种分析方法得出的结论也很难得到检验。

产业革命与产业组织形式的创新和发展之间关系十分密切，产业革命推动产业组织形式由低级向高级发展，产业组织形式的创新又为产业革命的深化提供制度上的动力源泉。蒸汽机的发明带来了以机械化为特征的第一次工业革命，其结果是由发动机、传送机和工具机构成的机器代替了手工工具。劳动者按机器运行的需要分工协作地进行的社会化生产方式代替了手工劳动的生产方式，社会生产的组织方式相应地从个体的、分散的经营走向统一的、现代工厂的经营。19 世纪后期，以美国、德国为中心又发生了以电气化为特征的第二次产业革命，电动内燃机代替了蒸汽机，钢铁业、化学工业大规模发展，使生产过程进一步社会化，一些有实力的企业为了取得规模效益，充分利用产业革命的成果，通过横向兼并等形式，建立起大型企业、企业集团，股份公司。

科技革命所引起的产业组织的变化引起社会需求的巨大变化，从而也引起商业组织形式的革命。规模化、协作化、体系化的工业生产需要更加完善和配套的服务，产品的大批量销售也呼唤能够与之相配的大规模的商业企业出现。为了取得平均利润，商业企业规模的扩大成为迫切要求。同时，科技革命带来的城市化的发展，也引起了社会消费方式的巨大变化，居民的生活消费主要依赖于商业供给，商品和服务的需求大量化、多样化、复杂化，并且更加注重服务质量、购物环境、方便程度、选择余地等心理和精神方面的需要。在生产和社会消费环境发生如此巨大变化的推动下，大型百货商店、连锁超市以其规模化、综合化、人文化的服务成为最主要的商业形式。以电子计算机为代表的电子信息技术革命，使得应用电子计算机网络、开展电子商务、网上营销的商业组织形式应运而生，促进了国际经贸的发展。进入21世纪以后，传统技术与现代高科技并用，传统产业与现代高新技术产业并存，产业组织形式也呈现出多样化特点。在传统的生产行业，企业之间的竞争仍是成本竞争，取胜的关键是降低成本，因而产业组织形式仍以大规模的股份公司为主。

产业组织形式随着产业革命的进展而演化。在一定意义上可以说，产业革命发展到什么程度，产业组织就出现相应形式。但是，由产业革命所引起的产业组织形式的演化，势必会带来经济主体利益的重新分配，这就可能形成产业组织形式演化的制度障碍。在经济发展的实际运行中，能够在动荡起伏的经济大潮中不断前行，成为世界知名大公司的总是那些具有创新精神，勇于变革的公司。

4. *产业组织理论在中国的发展*

从中国经济发展阶段看，处于工业化后期；从中国所面临的世界经济发展趋势来看，以生物技术、生命科学为代表的第六次科技革命已经展开。在工业化发展的后期，重化工业的大规模发展是必要的，也是必然的。发展重化工业的关键是扩大经营规模，节约资源，降低成本，这对于企业规模偏小的企业的意义更为突出。中国在重化工业领域，应当继续鼓励以横向兼并和纵向兼并为主的资产重组，采取规模化的企业组织形式，尽可能地降低成本，使重化工业品在国内外市场上具有竞争能力。

20世纪80年代以后，中国经济发展从数量型增长向集约型增长转变；对产业政策和具有代表性的产业进行研究的成果相继产生。周叔莲、杨沐主编《国外产业政策研究》、杨沐的《产业政策研究》、周叔莲等主编《产业政策问题探索》等，对这一时期政府产业政策与其他宏观经济政策的协调配合进行了深入探讨。王慧炯、李泊溪、周林主编的《中国部门产业政策研究》，王慧炯、陈小洪主编的《产业组织及有效竞争——中国产业组织的初步研究》，中国产业经济技术研究联合会联合编写的《中国工业产品经济规模》等，对中国具有代表性的产业技术经济规模进行了测算和估计，在此基础上提出产业如何达到最低技术经济规模的政策措施，如“定点生产”“发放生产许可证”、制定产品目录等。与此同时，20世纪80年代末国务院设立了企业评价中心，出版工作性杂志《中国产业通讯》，对中国产业发展中存在的问题进行分析和报道，起到“窗口”指导作用。

20世纪90年代后，中国经济改革进入全面攻坚阶段，产业经济研究的重点转向集中度、行业绩效、自然垄断行业放松管制、产业组织专题及案例研究，对中国经济的市场结构、行业集中度和绩效的实证研究取得丰硕成果。马建堂在《结构与行为——中国产业组织研究》一书中对中国经济的市场结构、集中度等进行实证研究，认为中国“行业集中度与行业利润率之所以不存在确定的关系，主要原因在于国家对高集中度的行业实行了较为严格的价格控制，从而在这些行业，价格不是由具有垄断结构的市场决定，而是由政府制定的”；“企业所占市场份额与企业利润率间存在非常确定的正相关关系”。20 世纪 90 年代中后期，产业组织研究集中关注中国经济运行中存在的过度竞争和经济绩效降低现象。一种观点认为中国的产业进入壁垒低而退出壁垒高，结果是引发了过度进入，进而是过度竞争，导致工业经济绩效普遍下降，解决问题的出路就是根据不同产业的特点重构进入退出壁垒，政府政策的着眼点应该是建立有序竞争的秩序。另一种观点认为经济绩效下降的原因是低效率的体制使得企业行为扭曲，只能通过加快改革才能改变这种状况。近年来产业组织专题和案例研究有所增强。罗润东（2008）对国有企业减员进行的案例研究，夏大慰、陈代云（2000）等运用典型的 SCP 范式对中国石化工业产业组织问题进行的研究颇具新意。

杨蕙馨的《企业的进入退出与产业组织政策——以汽车制造业和耐用消费品制造业为例》，是国内首次从进入退出角度系统对产业组织进行研究的著作，得出的结论和政策建议对加快中国产业发展、产业组织优化以及国有企业的战略调整具有重要的理论价值和现实意义。一是坚持理论分析与实证检验相结合，在提出分析测算中国企业进入退出模型的基础上，以两个典型产业为例进行实证检验，利用实证检验和计量分析的结果阐述涉及与进入、退出相关的中国产业组织和产业组织政策中的有关问题，为制定科学合理的产业组织政策提供理论参考和实证依据。二是以不完全竞争市场的企业进入退出为研究的切入点，阐述在不完全信息情况下，企业为什么会进入过多，而进入过多之后虽不盈利为何又不能顺利退出，寻找能够充分发挥市场价格机制的条件，通过不同的进入退出壁垒正确引导企业的进入退出。三是采用全方位、多侧面的研究方法，运用数学模型和现代计量经济学方法，相互验证，相互补充，使理论具有实证依据，得出的结论的可信度和政策建议有较强的操作性。

在社会主义市场经济体系的建立和发展过程中，如何建立一种有效的市场机制、企业组织和政府管制相结合的产业组织环境，市场、企业和政府在资源配置过程中应充当什么样的角色，怎样才能充分利用有限的资源，是政府和理论界十分关心的重大问题。从产业组织研究成果可以看出，中国学者系统地学习和应用西方经济学和产业组织理论，基本完成了学术规范的转换，经过多年的“引进、消化、吸收”，产生了不少有学术价值和实际应用价值的研究成果。

包括中国经济在内的世界经济，一方面是垄断的发展，另一方面是反垄断。在现代市场经济中，垄断是指没有竞争的市场状态。反垄断主要是指要排除限制竞争的行为。垄断主要包括行政垄断、行业垄断、经济垄断。行政垄断包括地方保护主义、行政机关滥用行政权力限制他人的购买和经营者正常经营的行为。行业垄断主要是指公用企业和其他依法具有独立地位的经营者实施的强制交易或限制竞争的行为。经济垄断是指自由竞争行业出现的垄断行为。绝大多数反垄断法都不禁止经济垄断，即由于技术先进、管理效率高以及产品质量高等原因产生的垄断，是受法律保护或鼓励的垄断。反垄断法所禁止和惩罚的是滥用垄断地位的行为和各种行业的不正当竞争行为。例如，随意提高产品的价格，减少市场供给，采取搭售、抵制交易、倾销等各种市场行为排挤竞争对手等；公用企业的强制交易行为、行政垄断行为、串通招投标行为等。排斥或限制竞争的垄断行为的危害是显而易见的：它违背价值规律，遏制市场竞争，从根本上窒息市场活力，使市场经济无法健康发展；它保护落后，使企业丧失更新设备、改进技术、改善经营管理的动力；它损害消费者的权益。因此，在充分利用国家垄断对经济发展的积极作用的同时，反对和防止垄断的消极作用也是必要的和必需的。

二、江苏产业组织的创新特征

产业组织创新是江苏产业经济创新发展的重要内容。关于江苏产业经济及其发展的研究文献较多，但主要是侧重于对产业结构的研究，对于产业组织的研究很少。随着改革开放的深入，江苏产业组织发生着重要变化和显示出新特征。

1. 江苏产业组织状况

改革开放以来，江苏产业组织随着产业经济的快速发展发生着较大变化，城市工商企业集团和农村“龙头企业”的引领作用得到增强，市场结构、市场行为和产业组织政策等方面不断改进，尤其是先进制造业、现代服务业、高新技术产业非效率化配置的资源在产业内或产业间发生转移和重组，从而增加资源的效率和增强产业的生机与活力，产业组织合理化趋势显现。但是，江苏区域产业内的趋同现象也是十分明显的。例如，在苏南城市第二产业中的主导产业发展方面，南京为电子信息、汽车制造、石油化工、医药和特种工业；苏州为电子信息、机电一体化、生物医药、新材料和汽车及汽车配件；常州为电子信息、机械制造、新型纺织服装、生物医药及精细化工冶金；无锡为电子信息、家用电器、钢铁及其制品、化学工业、汽摩及其配件。排在前四位的是电子信息、汽车、新材料、生物医药工程，趋同率达到70%。在高新技术领域，“十五”期间高新科技产业中的集成电路产业同构性达35%，纳米材料为48%，计算机网络为59%，软件产业为74%。江苏存在的区域产业内的趋同现象，导致同类产品竞争的内耗过大而缺乏外部竞争力，影响着江苏产业经济整体联动效应的发挥。

江苏大多数企业实行股份制，以适应市场经济发展和企业竞争力提高的内在要求。国有资产也以参股或控股的形式进行企业生产经营活动，在重要行业和关键领域发挥着主导作用。在政策支持下，企业兼并和强强联合形成相当数量的大企业或企业集团。江苏经济的一些产业内部的企业垄断与企业竞争并存，向产业组织创新方向演化。例如烟草业中的江苏中烟工业有限责任公司、淮阴卷烟厂、徐州卷烟厂和南京卷烟厂的垄断与竞争，推动着江苏烟草产业经济的发展。

第六次产业革命以来，投入新技术的研究与开发，融入世界产业发展，成为时代潮流。新技术、新产业的创立，需要弹性的制度、宽松的工作环境、独特的组织形式，一般以研究机构或小型开发公司为主，而不需要一开始就建立大规模的、高速运转的、严格管理的大公司。当然，一旦新技术产业化成功，并被社会认可，就以独创技术为依托建立大规模的经营公司，如现在的 IT 产业；也可以通过混合兼并的方式将创新技术公司纳入到相关的传统产业的大企业中去，扩大其应用范围，促进传统产业结构的升级换代，提高社会综合效益。产业革命推动着产业组织形式由低级向高级发展和演化。在江苏经济发展中，发展传统的、规模化的生产组织形式，以适应工业化的需要；也根据科技创新的具体情况，建立多样化的企业组织形式。

2. 江苏产业组织的创新特征

规模经济是产业组织创新的基础之一，产业关联程度不断提高推动产业组织向大型企业集团发展，大型企业集团又加速规模经济的形成。江苏产业组织的创新特征主要反映为苏南、苏北产业组织的创新特征。

（1）在农村经济中，第一产业的产业组织创新乏力，龙头企业的带动力不强。江苏经济中的第一产业经济主要集中于苏北，其在江苏省域经济中的比重大，发展缓慢，但产业组织也发生着较大变化。据调查，徐州市农村产业组织类型多样。从行业划分来看，涉及种植业、畜牧业、水产业、农产品加工业等行业。就组建方式来看，有龙头企业带动型、能人大户型、“支部+协会”型、部门依托型和农民家庭型等组织形式。从合作内容看，既有单一、单项的，也有多项、综合的，总体上已从单纯的生产环节扩大到产前、产中、产后的所有环节。就单个合作经济组织来看，分别以科技与信息服务、农产品运销服务、生产资料供应、生产环节服务为主的，也有实行产供销一体化服务的。合作领域从个别产品扩大到种植、养殖、加工、资源开发、水利建设、农机服务等多个方面。合作程度日益紧密，覆盖范围更加广泛。通过劳动力、资本、土地等多方面的联合，农民专业合作经济的合作关系已从开始的比较松散逐步走向比较紧密，初步形成了新的利益共同体。在地域范围上，不仅有一村、一镇范围内组建的，也有跨村镇、跨县（市）区组建的，如徐州市铜山区三堡镇徐村康华食用菌营销协会，其服务范围覆盖到周边近 20 个行政村 3 000 余户；邳州宿羊山大蒜协会，其会员覆盖到铜山、贾汪等区的蒜农。农村产业组织区域特色也十分明显。经过多年的培育，徐州市初步形成了蔬菜、林果、优质粮油、奶业、山羊等十二大优势主导产业，每个县（市）都形成了区域特色鲜明、基地规模较大的优势产业。农民专业合作经济组织主要集中在蔬菜、花卉、食用菌、畜禽、水产等优势产业，涌现出丰县果品营销协会、沛县朱寨镇耿孟庄村肉鸭养殖协会、邳州市宿羊山镇大蒜营销协会等一批与本地主导产业相配套、特色明显的农民专业合作经济组织。农村产业组织运行逐步规范。通过政府的引导和指导，农民专业合作经济组织在建章立制方面逐步走向规范。徐州市一半以上的农民专业合作经济组织都制定了章程，建立了会（社）员大会或代表大会、理事会、监事会等机构，越来越多的农民专业合作经济组织按照章程运行，遵循自愿、互利、民主、平等的合作制原则，实行独立核算、自负盈亏、自我约束、自我发展的经营方式，组织和成员的权利、义务明确，利益分配日趋合理，运作逐步规范。但是，苏北农村第一产业的龙头企业数量少，带动力弱。苏北农村第一产业的龙头企业是具有影响力、号召力和一定的示范、引导作用的农村“大型企业”，因而龙头企业的较慢发展影响着苏北农村第一产业经济发展。

（2）在城市经济中，第二、第三产业的集中度低和产业集聚发展相对缓慢。一般地讲，产业集聚对经济创新发展产生重要的影响。产业集聚有利于促进知识和技术的转移扩散。产业集聚与知识和技术扩散之间存在着相互促进的自增强关系。集聚内由于空间接近和共同的产业文化背景，不仅可以加强显性知识的传播与扩散，而且更重要的是可以加强隐性知识的传播与扩散，并通过隐性知识的快速流动进一步促进显性知识的流动与扩散。产业集聚区内由于同类企业较多，竞争压力大，激励着企业的技术创新，迫使员工相互攀比，不断学习；企业间距离近，带来现场参观、面对面交流的机会，这种学习、竞争的区域环境，促进企业进行技术创新；集聚区内领先的企业会主导产业技术发展方向，一旦某项核心技术获得创新性突破，在集聚区内各专业细分的企业很快会协同创新，相互支持，共同参与这种网络化的创新模式。集聚可以降低企业创新的成本。由于地理位置邻近，相互之间进行频繁的交流就成为可能，为企业进行创新提供较多的学习机会。尤其是隐性知识交流，更能激发新思维、新方法产生。由于存在“学习曲线”（Learning Curve），使集聚区内专业化小企业学习新技术变得容易和低成本。集聚对新企业的进入和企业增长也都有着重要的影响。一方面，良好的创新氛围、激烈的竞争环境以及地方政府的支撑，使集聚区在吸引新企业进入方面具有竞争优势；另一方面，地理集中性和良好的外部环境，不仅鼓励新企业出现，也有利于现有企业的增长和规模扩张。在产业集聚形成后，不仅吸引来的工厂会根植于本地，还会有很多新企业在本地成长。第二、第三产业经济在江苏省域经济的比重大，产业组织创新带动经济发展的趋势显现，但集中度低和产业集聚发展缓慢。江苏省工业总量规模很大，但规模企业不多。企业规模偏小，规模经济优势不明显，对经济创新的带动支撑作用不突出，企业过度分散经营，不仅降低了有限的资源利用效率，而且在以大集团、大公司为主体，以综合实力为主题的现代市场竞争中，难以取得集聚效应和规模效益。江苏经济中的城市经济主要集中于苏南，因而苏南产业组织创新对于泛长三角区域合作背景下的江苏经济创新发展具有十分重要的意义。

第二节　江苏产业组织的劳动用工制度创新：新型企业劳动合同制视角

劳动用工制度是产业组织及企业管理理论的一个引人注目的内容。劳动用工制度与企业活力密不可分并直接影响企业发展。在市场经济转型过程中，企业劳动合同制改革面临新问题，需要对其进行创新研究。

一、构建企业新型劳动合同制的意义及原则

构建新型企业劳动合同制的核心，是在建立由市场调节的企业外部劳动力市场的同时构建由管理调节的企业内部劳动力市场。

1. 构建新型企业劳动合同制的意义

中国企业固定工制改革走了一条根本否定的路，砸了“铁饭碗”，实行全员劳动合同制。应该说，企业固定工制改革的方向正确且成绩显著，但改革实践中的问题不少，有的问题还是比较尖锐的。因此，针对企业进行劳动合同制改革实践面临许多新的问题，为使改革进行得更顺利，确有一些理论需要思考。比如，如何根据中国社会主义国情和建设和谐社会的需要，去正确认识产业组织创新中的企业劳动合同制的劳动合约“长期”和“短期”问题；如何正确认识“终身雇佣”及其对企业劳动合同制改革的借鉴意义等问题。

在计划经济体制时期，中国企业实行的固定工制与日本企业实行的雇员终身制，在具体运作形式上有着许多非常相似的地方，或者说，都被称为“铁饭碗”式的劳动用工制度模式。社会主义市场经济体制改革在企业推行全员劳动合同制。全员劳动合同制的基本特点是借鉴自由雇佣制的具体模式，其实质是对固定工制的根本否定。问题是，从一方面看，市场经济体制下的日本企业为何对“终身雇佣制”进行变革但至今没有放弃该制度？市场经济体制下的中国企业为何对“固定工制”全盘否定而实行“全员劳动合同制”？“终身雇佣”对中国企业解决劳动合同制改革实践中的新问题是否有借鉴意义？从另一方面看，许多国家的企业劳动用工制度正在发生变化，具有“兴利去弊”的特征：以美国企业为典型模式的自由雇佣制已不是“二战”以前那样“一成不变”，吸纳着日本企业雇员终身制的“长期雇佣”因素，尽管其劳动用工制度的本质仍是自由雇佣制；日本企业对雇员终身制也进行反思，吸纳着美国企业自由雇佣制的“短期雇佣”因素，但至今并没有抛弃企业雇员终身制。社会主义市场经济转型过程中的企业劳动合同制改革出现的问题，吸引不少的理论和企业工作者关注：“终身雇佣”对中国企业劳动合同制

改革具有借鉴意义？企业全员合同制如何创新？

2. 构建企业内部劳动力市场应处理好以下政策性问题

泛长三角企业劳动用工制度改革选择了全员劳动合同制。在计划经济体制时期实行的企业固定工制越来越不适应经济发展的内在需要，因而对其进行改革是历史的必然。

（1）在国家政策层面上明确企业内部劳动力市场是社会主义市场经济体制下的一种劳动用工制度安排。根据新古典经济理论，企业内部劳动力市场是缺乏效率的。但实践证明，有长期合约的内部劳动力市场具有以下的经济机理：有利于规避人才流失风险，促进专用性人力资本积累；有利于实现制度安排或管理规则的长期激励；有助于因签约次数减少而节约交易成本和组织成本。因此，企业劳动用工制度改革不应过分强调劳动者的“能进能出”和过分自由的“双向选择”，不应过分强调将富余人员推向社会来提高劳动生产率和经济效益，而应借鉴日本大中型企业行之有效的做法，在企业内部建设内部劳动力市场，比如像首都钢铁公司承诺只要技术员工愿意就将与之签订长期甚至无限期的劳动合同。

（2）实行“差别企业”“差别员工”的企业内部劳动力市场政策。企业内部劳动力市场主要适用于生产技术程度和规模化程度较高的大中型企业，因而构建内部劳动力市场不能在所有企业搞“一刀切”。企业内部劳动力市场也不适合所有企业的员工。企业要通过改革建立起各种有利于长期合作激励的制度安排，如对技术骨干和主要工作岗位上的中青年核心员工，可以签订长期劳动合约；对有突出贡献者可以明确实行“终身雇佣”（让其终身享有较高的物质福利）。当然，对于企业内部的辅助性岗位，宜实行短期或临时合约。

（3）实行建设和谐企业文化的政策。社会主义市场经济所崇尚的竞争与合作共存的理念，是和建立企业内部劳动力市场导向相互融合的。在计划经济体制时期曾经提出而近几年有些冷落的“员工以企业为家”“爱厂如家”等社会主义企业文化应当予以弘扬。发展和谐企业文化，就是改变舆论导向上的单纯强调短期合同的倾向。在长期合约下的人力资本长期投资有效激励与短期合约下的即时有效激励之间存在着一种互助关系，从单纯的短期外部劳动力市场调节向内外部市场结合的长、短期合约调节转变，是市场经济发展的必然趋势。因此，从建设和谐企业的文化和舆论导向上，引导企业按照新型的劳动用工制度要求重塑劳动关系，具有十分重大的实践意义。

二、新型企业劳动合同制的内容框架

新型企业劳动合同制是“社会主义市场经济有效运行和社会主义和谐社会建设的内在需要，是建立由市场调节的外部劳动力市场（自由雇佣制）和由管理调节的内部劳动力市场（终身雇佣制）相结合的劳动合同制”。[①]新型企业的劳动用工制度应该是在劳动合同制度的基础上，既扬自由雇佣制的“利”，避自由雇佣制的“弊”，又扬终身雇佣制的“利”，避终身雇佣制的“弊”的劳动用工制度。

1. 新型劳动合同制的框架及主要内容

新型劳动合同制包括两个方面的内容。一是建立由市场（供求关系）调节的外部劳动力市场。改革开放以来，计划经济时期的传统固定工制在国家劳动用工制度和政策层面上被基本否认。这种改革的根本取向是建立由市场（供求关系）调节的外部劳动力市场，且这种改革的成效是显著的，因而必须坚定不移地坚持下去，必须使其成为构建新型的企业劳动合同制的重要内容。二是建立由管理调节的内部劳动力市场。内部劳动力市场是在企业内部相对独立存在的劳动用工制度安排，其典型特征是长期雇佣关系，雇佣期限至员工法定退休年龄为止。企业是科层组织，其人力资源配置纳入科层内部的管理程序，因而行政命令和规章制度自然成为内部劳动力市场调节的主要手段。企业在初始雇佣之后往往通过承诺来维系劳动用工的稳定性，一般进行内部岗位调整而不轻易解雇员工。因此，构建新型的企业劳动合同制，应该建立由管理调节的内部劳动力市场。一般说来，构建新型企业劳动合同制应该包括的主要内容是；

（1）部分员工——适用“终身雇佣”的长期合同制。市场经济体制下的“终身雇佣”的长期合同，可以为企业提供大量稳定的、有技术的、熟练的员工队伍和形成一种员工负长期责任的内在机制：对这部分员工实行“终身雇佣”，即企业与员工签署至员工法定退休年龄为聘期的长期劳动合同（不是计划经济体制时期的国家或国有企业整体与员工签署长期劳动合同；如果与员工签订合同的这个国有企业经营失败要破产，所签合同依法失效，该员工自己另行寻求工作，国家或其他国有企业没有再安排这位员工工作的义务；这与计划经济体制时期企业实行的固定工制根本不同），以减少“人才”流失和促进企业实施人力资本战略。

（2）部分员工——适用中期合同或短期合同制。市场经济体制下的中期合同（三年以上）或短期合同（三年以下），可以为企业提供适应市场经济波动的解雇或招收员工的劳动用工机制。应该说，对在流动性强、技术含量低的岗位上的员工签短期合同，对岗位需要或职业要求期限相对较长的岗位上的员工签中期合同，是劳动合同制的最大特点和优点，是市场经济体制下有利于企业自主经营的一种劳动用工制度。因此，对部分员工签中期合同或短期合同，是市场经济体制下新型企业劳动合同制的重要内容。

（3）实行长期合同、中期合同和短期合同的员工比例差别制度。不同产业类

---

① 朱舜，高丽娜．劳动合同制创新：国企劳动用工制度改革新思考［J］．市场周刊·理论研究，2006（5）．

别企业的长期合同、中期合同和短期合同员工的比例可以也应该不同，因而不同产业类别的企业在签署长期、中期和短期劳动合同员工的比例上，应依企业的产业性质不同而不同，不应也不能“千篇一律”，且其实际比例由企业生存和发展需要自行决定。

（4）实行按需设岗，按能录用，按岗计酬的人事制度。如果企业需要撤销或增设岗位，应通过内部劳动力市场调整职工岗位和通过外部劳动力市场相应地解雇或招收员工。按能录用，按岗计酬，真正做到让有才能的员工能被招进或留在企业且拿到所在岗位的薪酬。根据所有者与经营者分开理论，政府不负责国有或国有控股企业劳动用工的招聘和解聘工作，也不负责企业破产后的员工工作安排，招聘和解聘完全是企业的事。

（5）实行员工失业、医疗、养老社会统筹保障制度和解约补偿制度。建立长期、中期和短期劳动合同员工失业、医疗、养老社会统筹保障制度，使在企业就业的所有员工没有失业、医疗、养老的后顾之忧。同时，应依法建立解约补偿制度，即无论是企业还是员工需要提出提前解约劳动合同时，应按约定或有关法规给予提前解约补偿。

2. *新型劳动合同制与固定工制、雇员终身制、自由雇佣制的差异*

在现行的劳动合同制基础上，吸纳“兴利去弊”后的终身雇佣制企业劳动合同制是一种新型劳动用工制度模式，它不同于中国计划经济体制时期企业的固定工制、日本企业雇员终身制，不同于自由雇佣制，也不同于中国企业对固定工制改革后实行的劳动合同制。

（1）计划经济体制下的固定工制以整个国家或整个国有企业为一个大单位（大家庭），但这种签约主体单位过大，缺乏或者完全没有竞争。市场经济体制下吸纳“终身雇佣”的“利”的新型劳动合同制则把一个国有企业视为一个单位，在一个单位内全体成员间的共同利益是比较容易为全体成员所认同的，因而对每个职工来说新型劳动合同制更重要。虽然实行雇员终身制的日本企业也是一个小单位，与国家的关系不大，但其企业的所有制与中国企业不同，因而它们之间存在着较多的差异。

（2）计划经济体制下的固定工制没有产权契约约束，企业只通过行政管理和纪律来实施自上而下的单向约束。市场经济体制下的中国企业和日本企业的劳动用工制度是依靠产权契约来约束的，企业与雇员作为不同的产权主体，彼此有契约约束。这种约束是相关的经济利益之间的约束，双方的利益相互依存，一旦出现“背信弃义”可通过事先约定的制裁措施加以纠正。

（3）计划经济体制下的固定工制是一种既没有外部竞争又没有内部竞争的制度，政府对国有企业劳动力的统一支配削弱了调动劳动者积极性的激励机制，劳动者的贡献大小往往不决定于劳动者自己的努力程度。市场经济体制下吸纳了“终身雇佣”的“利”的劳动合同制，则是不仅有外部竞争而且有内部竞争的新型制度，可以使企业形成一种凝聚力，从而在外部劳动力市场上形成强有力的竞争力；可以增强员工的参与意识和创造力，从而大大地提高生产率；可以节省招募费用，提高企业的人力资本投资的效益；从一个国家看，还可以节约社会成本。同时，不同企业实行包括“终身雇佣”员工和“短期雇佣”员工在内的有差别比例的劳动合同制，从劳动用工制度上保证了企业的员工不仅要面对外部竞争而且要面对内部竞争。

第三节　江苏经济创新发展的产业组织创新

江苏经济是行政区域经济类型中的省域经济种类。①按照经济区划，江苏省域经济分为新苏南经济和苏北经济两个区域经济板块（见本书第五章）；按经济的农业和非农业性质划分，江苏省域经济由城市经济和农村经济组成。本章分析泛长三角区域合作背景下的产业组织创新与江苏经济创新发展，是从城市经济和农村经济的视角展开的，这主要是由江苏经济的城市和农村产业组织较大差异的特点决定的。

一、泛长三角区域合作中的江苏企业空间分布及其变化趋势

区域合作推动泛长三角经济一体化发展的一个重要特征就是企业之间的区域联系增强。江苏经济的企业与长三角及其经济腹地的企业联系增强，推动着江苏产业组织创新。

1. 泛长三角经济企业联系增强

江苏企业与长三角及其经济腹地的企业联系增强。在上海着力建设成为中国经济、贸易、信息和航运中心的背景下，江苏尤其是苏南的苏、锡、常企业如何与上海企业在合作分工基础上加强联系，是决定江苏产业发展走向的关键。20 世纪 80 年代初期，上海经济进入转换产业结构时期，苏南主动承接，通过乡镇工业载体与上海企业联营建立类似“母厂”与“子厂”、“工厂”与“车间”的关系，为上海的工业企业提供原辅材料、初级加工品和配套产品。20 世纪 90 年代初期，江苏省与上海市的经济技术合作，通过组建企业集团和加大资本、技术密集型产业合作向产业组织更高层次发展。上海经济在资本（金融中心）、科技和经营管理上有优势，江苏经济在包括土地在内的经济资源、劳动力、交通运输和销售网络方面有优

① 朱舜．行政区域经济结构与增长［M］．北京：经济科学出版社，2003：39.

势，作为制造业基地的苏、锡、常实际上是上海的经济腹地。

随着经济全球化进程加快，苏、锡、常的经济发展发生显著变化，20 世纪 90 年代以来的区域产业分工格局被打破。因此，需要重新审视上海经济与江苏经济的产业分工，苏、锡、常与上海在经济一体化发展进程中建立相互竞争、相互联合、相互促进的错位发展企业关系。江苏特别是苏、锡、常在发展环沪宁高速交通束经济轴的同时，接轨上海经济，增强与长三角及其经济腹地的企业联系，提高产业集中度和企业空间联系，加速高新技术企业的创新，使区域竞争优势增强。

江苏产业经济与上海产业经济的联系增强。以上海为龙头的泛长三角是中国国民经济发展的一个“热点”经济区。江苏产业经济与上海产业经济以专业化分工取代同构竞争，以大市场服务整合资源的市场化发展是未来产业经济联系增强的趋势。从区域经济一体化的地方政府战略和策略来看，地方政府行为主要集中在区域综合交通运输网络、综合性及专门的信息平台、苏浙沪大旅游圈、西气东输管道网络、太湖和长江联合治污等领域的区域合作方面。新苏南经济的长江南北两岸经济对接，新苏南产业经济与上海产业经济对接，特别是上海钢铁、化工、汽车等产业向江苏的常熟、太仓、昆山、吴江等地转移的“产业合作”，使江苏产业经济的企业与长三角经济尤其是上海产业经济中的企业的联系增强。

2. 江苏产业组织变化趋势

上市公司的空间分布主要集中于中国中心城市经济板块。长三角高新技术上市企业的空间分布也主要集中于中心城市和综合实力较强的城市经济板块。上海作为长三角的中心城市，集中着数量很大的上市企业；上市企业研发投入的不断增长，促进产业组织创新和产业经济的快速发展。

长三角沿快速交通束分布的上市公司的空间连续性不强。沪、宁、杭特大城市的企业经营绩效显著，但长三角的特大城市与其他大城市之间的差异较大，其他大城市的上市公司空间分布的连续性不强。从上海至台州（舟山）国道沿线的上市公司的空间分布来看，嘉兴作为杭州和上海之间的节点城市，上市公司的发展明显滞后，出现“断档”现象。上海至江苏至湖州的国道沿线也是同样的情况，南通和泰州之间也存在着同样的上市公司空间不连续现象。从扩散效应来看，杭州—绍兴—宁波—台州快速交通束沿线和上海—苏州—无锡—南通快速交通束沿线的产业发展表现出扩散效应的递减。这种现象说明产业空间分布的复杂性，其空间分布形态受区位比较优势，城市和经济发展水平，知识和创新资源的丰富程度，以及政府、制度等多因素综合作用的影响。江苏城市企业空间分布随着长三角产业经济发展，其空间扩散趋势增强。经历较长时期的逐渐演变，沪宁线和沪杭线集中了长三角大部分中心城市的上市公司，而杭宁线产业发展则相对滞后，最主要的原因是地理空间快速交通空间的不连续性，城市与城市之间的联系相对减弱。

3. 高新技术产业发展与江苏产业组织创新

技术创新主体主要是企业，企业在技术创新体系中具有主体地位。企业成为技术创新主体，是指企业在技术创新活动中占主导地位，发挥主导作用，成为技术创新投资、研究开发、创新利益、风险承担以及科技成果转化的主体。江苏的高等院校密集，科研院所众多，充分利用这些优势资源，是提高企业技术创新能力和产业组织创新的有力保证。

（1）加大风险投资力度，支持高新技术产业组织创新。风险投资也称创业投资，是将风险资本投向新兴的迅速成长的具有巨大竞争潜力的未上市公司（主要是高科技公司），在承担很大风险的基础上为融资人提供长期股权资本和增值服务，培育企业快速成长，数年后通过上市、并购或其他股权转让方式撤出投资并取得高额投资回报的一种投资方式。风险投资可以为高新技术产业发展提供一种高效率的融资机制，有利于科研成果商品化，从而促进高新技术产业的快速发展。但是，江苏风险投资与快速发展的高新技术产业对资本需求相比，仍存在投资主体单一，追求短期效益，缺乏退出通道，缺乏职业性的风险投资专家人才等问题。因此，应加快风险投资体系建设。一是开辟多渠道的风险投资来源。进一步扩大江苏高新技术风险投资资本规模，逐步改变风险投资的资本以国有资本为主体的单一结构，鼓励民间资本和外资介入风险投资。二是建立和完善风险投资退出机制。风险投资的退出是风险投资公司在一定时间以一定的方式结束对风险项目的投资与管理，收回现金或流动性证券以获取收益的环节，从而保证整个投资计划的完成。在风险投资发展的过程中，风险投资退出的途径和方式逐渐多样化，也更灵活。在不同的情况下有不同的退出方式，其中最理想的退出渠道是首次公开上市。除此之外，还有企业兼并收购、股权回购、破产清算。这就要求充分利用中小企业板市场和进一步完善江苏产权交易市场。三是加强风险投资专业人才队伍建设。积极引进海外留学生来苏创业和参与风险投资，引进国外的风险投资家对江苏的风险投资及中介机构进行指导，着力于本土人才培养。

（2）建立健全社会化的科技中介服务体系，促进有利于科技成果转化的产业组织创新。各类信息服务机构、企业孵化器、知识产权机构、资产评估机构、投融资机构、公共技术服务机构等科技中介服务机构，是促进科技与经济的结合，将千千万万企业和众多大学、研发机构联系起来的桥梁和纽带。充分发挥中介机构桥梁和纽带作用，将极大地促使经济和科技联系成为一个有机的整体，进一步推动技术创新，促进科技成果的转化和产业组织创新。江苏经济发展迅速，特别是技术创新的发展正步入快车道，为其服务的科技中介服务体系应继续得到完善，以适应发展需要。一是加强公共服务平台建设。为使区域技术创新服务主体真正给企业的技术创新提供有价值的服务，降低技术创新的成本，提高效率，必须为科技中介服务业提供其运作所需要的支撑平台。围绕创新过程中所需要的公共资源、公共技术，整合资源，建设一批公共服务平台。二是加强科技中介从业人员队伍建设。高素质的人才队伍是科技中介机构及业务发展的基础。江苏科技中介服务机构要借鉴国际著名科技中介服务机构先进的用人经验，把少数具有高资历的专家自身的发展和利益通过多种方式与服务机构的发展紧密联系起来，与其建立长期的利益共享、风险共担的关系，充分发挥他们的积极性和创造性。三是加快骨干科技中介机构的建设。应根据不同类型科技中介服务机构的实际情况，整合资源，有针对性培育一些骨干科技中介服务机构，形成一批有影响的科技中介服务品牌，更好地发挥其在技术创新和产业组织创新过程中的作用。

二、产业组织创新与江苏城市经济增长方式转型

在泛长三角区域合作中，江苏经济创新发展内在要求实现经济增长方式转型。江苏经济增长有两种基本类型：粗放型增长和集约型增长。产业组织创新是实现粗放型向集约型增长方式转变的重要动力，直接关系到江苏经济创新发展。一方面，从总体上看，江苏经济增长仍属于高消耗的粗放型增长，经济增长效益有待提高。另一方面，产业组织创新也使一些产业的经济增长效益得到提高，发生着有利于增长方式转型的变化。产业组织创新的本质特征是提高经济增长效益。因此，实现江苏经济增长方式转型必须进行有益于经济效益提高的产业组织创新。

1. 产业组织创新：江苏城市经济增长方式转型的重要动力

江苏经济的产业组织的重要特征是龙头企业不强，生产集中度不高。江苏经济增长方式转型与其产业发展的阶段相适应，受到诸多客观因素制约，但是产业组织创新是实现江苏经济增长方式转型的重要因素。

（1）培育龙头企业的产业组织创新，有利于增强城市经济增长方式转型的牵引力。一般说来，不同城市经济板块的资源禀赋是不同的，资源较为稀少的城市经济板块比资源较为丰富的城市经济板块更加紧迫地要求实现增长方式转型，更注重发展技术进步基础上的龙头企业。而资源较为丰富的城市经济板块中的企业往往凭借资源优势也能占有同类商品一定比例的市场，但由于缺乏技术进步难以做大。这是江苏经济增长方式转型时期较长的重要原因。也正是这种原因，由于存在丰富和廉价的，依赖劳动力数量增加来扩大生产规模的企业，能够在相当长的时期内生存和发展。因此，从城市经济增长方式转型看，没有龙头企业的发展就没有企业的适度集中度，也就难以实现城市经济增长方式转型，因而发展技术进步基础上的龙头企业是城市经济产业组织创新的重要内容。

（2）以集中度为重心的产业组织创新，有利于提高增长方式转型的城市经济效益。在市场经济体制下，江苏城市经济的生产力水平得到提高，商品“相对过剩”，企业竞争加剧，经济增长方式向集约型转变。城市经济增长不仅要求企业自

主经营，通过内部的挖潜改造，提高工艺水平，减少成本，实现利润最大化，而且要求提高产业的生产集中度，减少弱小企业数量，增强龙头企业竞争力。因此，实现江苏城市经济增长方式由粗放型向集约型转变，必须进行适度提高集中度的产业组织创新，从而从根本上提高城市经济增长的经济效益。实现江苏城市经济增长方式转型，从根本上说，就是江苏城市经济增长应由粗放型增长转变为低消耗、高效益的集约型增长。因此，实现江苏城市经济增长方式转型，必须落实在提高江苏城市经济增长效益上。没有效益的提高不是集约型经济增长。应该指出，江苏城市经济实现增长方式转型是一个长期的渐进过程。产业组织创新和经济增长方式同城市经济发展阶段相适应。改革开放以来，江苏城市经济生产力水平有了较大提高，但一些苏北的城市经济的生产力水平还是比较低的，因而想在短期内超越客观制约因素而实现产业组织创新和增长方式的急速转变是不可能的，也是有害的。当然，苏北城市经济产业组织创新和增长方式转型也具有产业特点。从三次产业看，第一产业和第三产业比第二产业集约化的程度低，且以劳动密集型为主，但不排除第三产业的某些领域也具有高度技术密集型和知识密集型特征。因此，对于苏北城市经济的不同产业来说，其产业组织创新和增长方式转型的方向、模式、重点、途径、措施，都需要根据不同产业特点进行合理的选择。

2. 江苏城市经济增长方式转型：基于产业组织创新的路径选择

企业选择集约型增长方式，是实现苏北城市经济产业组织创新和增长方式转型的内在动力。企业是以商品生产者和经营者身份进行自主经营，独立核算的具有法人资格的经济组织。企业生产经营的直接目标是利润最大化，因而企业的全部经济活动都是建立在成本和收益的比较基础上的。为了实现利润最大化，企业扩大再生产是采用粗放型还是采用集约型增长方式，则构成企业行为的一个重要方面。

（1）通过企业选择集约型增长方式推动产业组织创新。在江苏城市经济中，从企业基本经济行为看，应更多地进行技术进步的外延扩大再生产和内含扩大再生产，选择产业组织创新的集约型增长方式。一是从企业投入劳动量与企业利润的关系看，劳动投入量增加对于企业利润增长的重要性逐步下降。从这种意义上说，企业不倾向于通过增加劳动投入量来增长利润。二是从企业资本投入量与企业利润的关系看，资本投入量增加对于企业利润增长具有十分重要的意义。单从资本供给的角度看，经济增长就是资本投入数量和资本投资效率综合作用的结果。在科学技术进步作用下增加投资量的人均产出率是增加的，因而企业增加资本投入量会推动着增长方式转型。三是从科学技术进步与企业利润的关系看，科学技术进步是企业利润增长的不竭来源。科学技术使生产具有一种不限于它的一定量为转移的扩张能力。一方面，科学技术可以提高劳动者素质，从而提高劳动效率。另一方面，科学技术可以改良劳动资料和劳动对象，进而提高资本的生产效率。从这种意义上说，企业采用科学技术进步成果必然推动增长方式转型。因此，企业选择集约型增长方式是江苏城市经济增长方式转型的基本路径。

(2) 通过完善市场经济体制推动产业组织创新。市场经济体制引导产业组织创新，是实现江苏城市经济增长方式转型的制度保障。社会主义市场经济体制是经济集约型增长的制度要素，具有十分重要的功能。社会主义市场经济体制内含着激励企业选择集约型经济增长方式的机制。由于竞争制度的形成和产权的充分界定，更有效率的经济组织和质量控制方法降低交易费用，产权的有效界定不仅提高技术创新的收益率，而且降低创新成本，经济增长方式转型也就是非常自然的事。改革开放以来，江苏城市经济的社会主义市场经济体制得到建设但还需要的进一步完善。因此，对于江苏城市经济来说，要实现经济增长方式转型，必须深化改革，完善社会主义市场经济体制，推动产业组织创新。

(3) 通过行政发展引导产业组织创新。地方政府推动产业组织创新，是实现江苏城市经济增长方式转型的外部动力。推动江苏城市经济增长方式转型是地方政府重要的经济职能。在社会主义市场经济体制下，地方政府推动江苏城市经济增长方式转型，主要是以发展规划和政策推动为主要内容的行政发展来实现的。江苏城市经济增长方式由粗放型向集约型转变，是其现代化社会大生产和市场经济属性的内在要求，是持续快速增长的根本途径。因此，地方政府制定适应江苏城市经济发展的规划和政策并有效地实施，对于江苏城市经济增长方式转变有着直接的推动作用。城市经济发展规划最主要的是经济发展战略的制定。一般地说，江苏城市经济发展战略中包括江苏城市经济增长方式转型战略，城市地方政府要根据自己的经济职能“对区域经济增长方式转变进行指导、协调、扶持和推广，对不同类型的地区经济增长转变，要实行分类、分层次加以指导”（谷书堂，2000）。城市地方政府是江苏城市经济的重要行为主体，其制定的政策对城市经济运行和发展具有十分直接的作用。实践证明，城市地方政府为推动江苏城市经济增长方式转型，制定相应的政策并组织实施的效果是非常明显的。当然，城市地方政府为推动江苏城市经济增长方式转变而采取的政策必须得当，必须符合城市经济发展的客观实际情况，不能超越城市经济发展阶段和经济增长方式转型所需要的条件。

三、泛长三角区域合作背景下江苏农村产业组织创新

泛长三角的县域农业产业组织的不同模式使农民从不同方面实现增收。江苏省推进农村经济发展取得明显成效，综合实力显著增长。但是，江苏尤其是苏北农业产业组织创新仍处于低层次、低水平的发展阶段；人口基数大，人均农村经济增长率偏低。农业产业组织创新是农村经济增长的直接动力。农户超小规模经营，农业生产产前产后分离，农产品市场的无序、过度竞争等问题都与农业产业组织创新缺失直接相联系。因此，进行农业产业组织创新，是促进江苏农村经济创新发展的重要路径。

1. 江苏农村产业组织存在的问题

农村产业组织创新是农村经济增长的直接动力。农户超小规模经营，与农村产业组织创新缺失直接相联系。因此，进行农村产业组织创新，是加快江苏农村经济创新发展的重要路径。江苏农村经济的产业组织的不同模式使农民家庭经营经济从不同方面实现增收。例如“龙头企业+农户”的产业组织模式，以订单方式将国内外市场与农民家庭经营经济联系起来。在市场价格高时，龙头企业对农户的农产品收购价随行就市；在市场价格低时，实行保护价收购。通过“龙头企业+农户”的产业组织创新，实现了企业与农户的双赢。但是，从总体上看，江苏农村尤其是苏北农村产业组织创新仍处于低层次、低水平的阶段，还存在许多问题。

（1）产业组织化程度低。为大力发展农民专业合作经济组织，江苏省出台了相关的扶持政策，但是一些基层干部和农民仍然认为农民需要的任何服务政府都可以提供，农民专业合作经济组织可有可无。这种不正确的思想在很大程度上影响了农民专业合作经济组织在农村的发展和壮大。从整体上看，农业产业组织创新的龙头企业、科技企业以及专业合作社、农协等的组织规模较小，技术力量薄弱，资本短缺，实力不强，其抗风险能力差，科技创新开发能力低，难以取得最佳规模效益。以“龙头企业+农户”的产业组织模式为例，由于龙头企业承担了市场的不确定性风险，农户可以获得较稳定的收益，在这种情况下农户的投资和生产积极性增强，会带动一个产业的升级。但农村尤其是苏北的大多数农村企业仍然处于起步阶段，经营形式单一，技术落后，能够带动农业产业化的龙头企业数量还远远不够。

（2）产、供、销脱节。农业产业组织的各行为主体通过合同等契约关系联结为松散的利益共同体，但由于龙头企业与农户是独立的经济实体，都关注自己的利益，合同履约成本高。一方面，在市场需求大于供给，市场价格高于合同价时，出现一些农户将龙头企业赊销的生产资料如种苗、饲料、药品等直接卖掉，然后谎称畜圈“全军覆没”而违约，此时农户只是承担很低的“鸡舍闲置”沉没成本损失；或者为了眼前利益，置合同契约于不顾，将农产品在市场上卖高价，使龙头企业利益受损。另一方面，当市场供给大于需求，市场价格低于合同价时，龙头企业也故意压质压价，在农产品质量标准、等级等方面提出合同中没有明确规定的不合理要求，变相损害农民利益。由于农户的超小规模经营，虽然产业化经营和一体化经营能弥补一些缺陷，但仍难以按经济合理性原则来组织生产和采用新技术。从农村产业组织的产前、产中、产后技术构成看，多集中于产前的良种、化肥、农药、农机等物化性技术的提供和应用。对产中的技术指导，如高产栽培、合理配方施肥、生物综合防治等软技术服务重视不够，导致技术效率低下。从产后技术来看，绝大多数龙头企业只对农产品加工、贮运、保鲜、技术较为重视，而对产品营销特别是绿色包装、品牌意识重视不够。

（3）缺失产业组织创新政策支持。一是农产品市场建设政策不完善，制约着农村产业组织的创新发展。江苏尤其是苏北农村经济在农产品市场开拓，质量标准体系建设，信息服务体系建设等方面存在较大差距，从而制约着农村生产发展和农民增收。二是农村支持保障体系政策还比较少。从财政投入看，虽然近几年支农资金的绝对数量有一定的增长，但占财政支出的比重却在逐年下降。在金融信贷保障方面，农村信贷仍然困难。三是支持农村产业组织创新发展的相关法律法规缺失，影响江苏农村企业的市场竞争力提高，不利于农产品及时快速地进入国际市场。

2. *发展农民专业合作经济组织：农村产业组织创新选择*

壮大农村专业合作组织的产业组织创新，有利于加快农村经济增长方式转型进程。江苏区域经济板块中的农村经济发展不平衡，增长差异大。一般说来，苏南经济板块中的不少农村专业合作组织完成“资本原始积累”，科学技术和管理水平也有大的提高，对集约增长进行有益的探索，从而引导农村经济增长方式转型。苏北经济板块中的农村专业合作组织，不仅在资本、科学技术和管理水平上，而且在对外开放方面明显地落后于苏南农村经济，其经济增长方式由粗放型向集约型转变的困难较大，时间较长。从这种意义上说，没有农村专业合作组织的壮大就没有农村产业组织创新，也就没有江苏农村经济的产业组织创新。因此，要实现江苏农村经济增长方式转型，必须进行壮大农村专业合作组织的产业组织创新。

（1）提高发展农村专业合作经济组织的认识。这是农产品市场国际化后农村体制与国际接轨的需要。农产品要进入国际市场，农村专业合作经济组织就需要真正成为经营和市场经济的主体并发挥着主体作用。因为在遭遇的农产品案件中，代表农民利益的起诉最佳主体是农村专业合作经济组织，而不是政府。农村专业合作经济组织可以按照世贸组织的规定，利用世贸组织条款，依法维护农民和农业利益。二是农村专业合作经济组织是农业产业化经营的必然选择。在农业发展新阶段，江苏农村应搞好农业和产业结构战略性调整和实施农业产业化经营，但面临着许多矛盾。由于农村专业合作经济组织的特殊性质、地位及职能，可以在有效解决这些矛盾的过程中发挥重要作用，从而加快农业产业化进程。

（2）深化农村信用合作社体制和农村金融改革。农村信用合作社的最大特点是通过资金入社、内部融资、互助互利，满足分散弱小的农业生产者对资金的需要，并使其在市场经济的竞争中得以生存、壮大和发展。近年来，江苏省农村信用社改革试点重点解决了两个问题：一是以法人为单位改革信用社产权制度，构建新的产权关系，完善法人治理结构；二是信用社的管理交由地方政府负责，按照国家的要求，分别确定有关方面的监督管理责任。切实做好农村信用社的改革工作，还农村信用合作社的本来“面目”，为农业专业合作经济组织的作用发挥和健康发展提供重要的金融支撑。资本短缺是江苏农村经济发展的瓶颈。据调查，农村储蓄转化为农村投资的差额增大。在现有的邮政储蓄银行、中国农业银行、农村信用合作社的本地储蓄转为投资比例偏低的农村金融体制下，进行农村金融创新，开辟农村资本来源新渠道具有重要的意义，要加大扶持力度，给予体制和税收优惠等方面的支持。

(3) 注重典型示范作用和人才培养。农村经济中的农村专业合作经济组织的发展尚处于起步阶段，要注重扶持典型。要扶持起点高的农业专业合作经济组织快速发展。人才的质量和数量越来越成为关系发展的关键，所以选拔、培养人才也是农村专业合作经济组织得以发展的基础。一方面，要为农村有志青年创造学习条件，选送他们学习农业技术、经营管理知识，有条件的地方也可以把乡镇文化站作为阵地，有计划、有步骤地组织农民进行系统培训。另一方面，对龙头企业家、种养能手等有经验、有胆识的带头人除了给予他们充分的施展才能空间外，要对他们进行较高层次的重点培养：以座谈会、研讨会等形式组织带头人进行研讨；组织他们到大专院校进行业务知识和经营管理知识的培训；选派优秀带头人到农业发达国家或地区学习考察，使他们吸收新思想、新经验、新技术、新理念。

第四节　产业组织创新的主导产业选择：基于 SSM 模型的盐城市区工业主导产业视角

改革开放以来，盐城市区经济得到了快速、健康、持续的发展。2012 年盐城市区实现 GDP 855.10 亿元，其中工业生产总值为 441.81 亿元，占市区 GDP 总量的 51.7%，这表明“工业在盐城市区经济发展中已占据主导地位”。[①] 盐城市区经济处于工业化中级阶段的初期，其产业发展正处于由劳动密集型向资本密集型、技术密集型产业发展的转型期。

一、主导产业选择方法

选择与区域经济发展阶段、发展条件相适应的主导产业，不仅有利于实现资源的优化配置，推动区域产业结构合理化和高级化进程，而且有利于促进经济持续稳定快速发展。下面运用产业结构分析的常用方法之一——SSM 模型，对盐城市区工业结构进行有效分析，结合实际可以遴选出适合产业组织创新发展的主导产业。

1. Shift-share 方法及基本原理

Shift-share 方法（偏离- 份额分析法，缩写成 SSM）自 20 世纪 60 年代由美国学者罗伯特·邓恩、杰夫瑞·佩罗夫（Robert Dunn，Jeffrey M. Perloff）等人相继提出后，在国外区域与城市经济结构分析中得到广泛应用，20 世纪 80 年代初邓恩集

① 孙雨，朱舜. 基于 SSM 模型的盐城市区工业主导产业选择［J］. 市场周刊·理论研究，2007（6）.

各家之所长总结的。SSM 在国外区域与城市经济结构的分析中已得到广泛的应用。与以往其他方法相比，这种方法具有较强的综合性和动态性，是揭示区域与城市部门结构变化原因，确定未来发展主导方向的有效方法。

Shift- share 方法的基本原理是把区域或城市经济的变化看作一个动态的过程，以其所在区域或整个国家的经济发展为参照系，将区域或城市自身经济总量在某一时期的变动分解为份额分量和偏离分量，以此来说明区域或城市经济发展或衰退的原因，评价区域或城市具有相对竞争优势的产业部门，进而确定城市未来发展及产业结构调整的合理方向。其中，偏离分量又可分为结构偏离分量和竞争力偏离分量。

2. 数学模型的构建

将盐城市区的工业行业整合为 21 个工业部门，选取 2005—2012 年盐城市区及江苏省各工业部门产值的数据，分析盐城市工业经济增长和工业结构。以江苏省产业发展为参照系，是因为从行政隶属、区域政策、经济外向度方面来看均具有一定的合理性。另外，整合后的 21 个工业行业也符合目前盐城市的工业部门划分，有利于提高 SSM 分析的准确性。

假设某一区域 i，用 b_i来表示区域的经济规模，用 $b_{i,0}$表示区域初期的经济规模；在［0，t］时段后，以 $b_{j,t}$表示末期的经济规模。同时，依据一定原则，把区域经济划分为 n 个产业部门，分别以 $b_{ij,0}$，$b_{ij,t}$（$t=1, 2, \cdots, n$）表示区域 i 第 j 个产业部门在初期和末期的经济规模，并以 B_0，B_t 表示区域 i 的上级区域在初期和末期的经济规模，以 $B_{j,0}$，$B_{j,t}$表示上级区域初期和末期第 j 个产业部门的规模，则区域 i 产业部门 j 在［0，t］时段的变化率 r_{ij}为：

$$r_{ij}=\frac{b_{ij,t}-b_{ij,0}}{b_{ij,0}} \quad (j=1, 2, 3, \cdots, n) \tag{1}$$

i 的上级区域的 j 产业部门在［0，t］的时段变化率 R_j 为：

$$R_j=\frac{B_{j,t}-B_{j,0}}{B_{j,0}} \quad (j=1, 2, 3, \cdots, n) \tag{2}$$

以上级区域各个产业部门所占份额，将城市各工业部门规模标准化为：

$$b'_{ij}=b_{i,0}\times\frac{B_{j,0}}{B_0} \quad (j=1, 2, 3, \cdots, n) \tag{3}$$

这样，在［0，t］时段内区域 i 产业部门 j 的增长量 G_{ij}可以分解为 N_{ij}，P_{ij}，D_{ij}三个分量，表达为：

$$G_{ij}=N_{ij}+P_{ij}+D_{ij} \tag{4}$$

$$N_{ij}=b_{ij}\cdot R_j \tag{5}$$

$$P_{ij}=(b_{ij,0}-b'_{ij})\cdot R_j \tag{6}$$

$$D_{ij}=b_{ij,0}\cdot(r_{ij}-R_j) \tag{7}$$

$$G_{ij}=b_{ij,t}-b_{ij,0} \tag{8}$$

上式中，N_{ij}称为份额分量，P_{ij}称为结构偏离分量，D_{ij}称为竞争力偏离分量。

区域 i 的经济增量 G_i 可以写成以下形式：

$$G_i = N_i + P_i + D_i \tag{9}$$

$$N_i = \sum_{j=1}^{n} b'_{ij} \cdot R_j = \sum_{j=1}^{n} N_{ij} \tag{10}$$

$$P_i = \sum_{j=1}^{n} (b_{ij,0} - b'_{ij}) \cdot R_j = \sum_{j=1}^{n} P_{ij} \tag{11}$$

$$D_i = \sum_{i=1}^{n} (P_{ij} - R_j) \cdot b_{ij,0} = \sum_{i=1}^{n} D_{ij} \tag{12}$$

$$G_i = b_{i,t} - b_{i,0} \tag{13}$$

引入 $K_{j,0}=\frac{b_{ij,0}}{B_{j,0}}$，$K_{j,t}=\frac{b_{ij,t}}{B_{j,t}}$分别表示 i 区域 j 部门在初期与末期占上级区域相应部门的比重，用 W 表示结构效果系数，U 为区域竞争效果系数，则 i 区域对于其上级区域的相对增长率：

$$L = \frac{b_{i,t}}{b_{i,0}} : \frac{B_i}{B_0} = \frac{\sum_{i=1}^{n} K_{i,t} \cdot B_{j,t}}{\sum_{i=1}^{n} K_{i,0} \cdot B_{j,0}} : \frac{\sum_{i=1}^{n} B_{i,t}}{\sum_{i=1}^{n} B_{i,0}}$$

$$= \left(\frac{\sum_{i=1}^{n} K_{j,0} \cdot B_{j,t}}{\sum_{i=1}^{n} K_{i,0} \cdot B_{i,0}} \cdot \frac{\sum_{i=1}^{n} B_{i,t}}{\sum_{i=1}^{n} B_{i,0}}\right) \times \left(\frac{\sum_{i=1}^{n} K_{i,t} \cdot B_{j,t}}{\sum_{i=1}^{n} K_{i,0} \cdot B_{i,t}}\right) = W \times U \tag{14}$$

$$\text{其中：} W = \frac{\sum_{i=1}^{n} K_{j,0} - B_{j,t}}{\sum_{i=1}^{n} K_{j,0} - B_{i,0}} : \frac{\sum_{i=1}^{n} B_{j,t}}{\sum_{i=1}^{n} B_{j,0}} \tag{15}$$

$$U = \frac{\sum_{i=1}^{n} K_{j,t} \cdot B_{j,t}}{\sum_{i=1}^{n} K_{i,0} \cdot B_{i,t}} \tag{16}$$

3. 计算结果分析

Shift-share 分析表编制与结果分析：

分析指标栏由以下三部分组成：①原始数据 $b_{ij,0}$，$b_{ij,t}$，$B_{j,t}$，$B_{j,0}$；②中间结果：r_{ij}，R_j，b_{ij}，$b_{ij,0}-b_{ij}$，$r_{ij}-R_j$；③最终分析结果：G_{ij}，N_{ij}，P_{ij}，D_{ij}，PD_{ij}；其中 $PD_{ij}=P_{ij}+D_{ij}$。样本栏由 21 个工业行业组成（见表 14-1）。

表 14-1　　盐城市区主导产业的偏离-份额分析表（2005—2012 年）

	b'_{ij}	$b_{ij,0}-b'_{ij}$	r_{ij}	R_j	$r_{ij}-R_j$	G_{ij}	N_{ij}	P_{ij}	D_{ij}	PD_{ij}
非金属矿采选业（1）	18 833.01	−6 420.01	0.28	2.69	−2.41	3 535.00	50 754.85	−17 301.90	−29 917.96	−47 219.85
食品制造业（2）	64 944.20	−41 490.20	26.59	2.29	24.30	623 550.00	148 741.55	−95 024.91	569 833.36	474 808.45
纺织业（3）	1 015 764.75	−524 120.75	1.57	0.98	0.59	772 077.00	996 498.91	−514 179.84	289 757.93	−224 421.91
纺织服装、鞋、帽制造业(服饰业)(4)	352 596.42	−230 199.42	5.38	2.23	3.14	658 057.00	787 007.22	−513 812.95	384 862.72	−128 950.22
造纸及印刷品业（5）	159 092.49	−120 361.49	1.94	1.66	0.28	75 037.00	263 497.78	−199 349.35	10 888.58	−188 460.78
印刷业和记录媒介的复制（6）	36 944.65	−27 149.65	5.67	3.55	2.12	55 557.00	131 183.53	−96 403.32	20 776.79	−75 626.53
石油加工、炼焦及核燃料加工业（7）	207 649.65	−135 441.65	0.35	2.30	−1.94	25 599.00	477 082.87	−311 182.28	−140 301.59	−451 483.87
化学原料及化学制品制造业（8）	1 056 071.36	−813 358.36	−0.80	3.18	−3.98	−193 914.00	3 361 036.88	−2 588 582.12	−966 368.76	−3 554 950.88
医药制造业（9）	156 079.48	−140 688.48	1.07	3.93	−2.86	16 422.00	613 507.29	−553 009.33	−44 075.97	−597 085.29
化学纤维制造业（10）	264 004.42	−256 331.42	9.41	2.10	7.31	72 218.00	555 183.00	−539 047.21	56 082.21	−482 965.00
橡胶和塑料制品业（11）	307 045.55	−236 734.55	4.36	1.45	2.91	306 221.00	444 338.99	−342 588.88	204 470.89	−138 117.99
非金属矿物制品业（12）	278 791.00	−57 947.00	3.94	3.30	0.64	870 811.00	920 650.15	−191 358.10	141 518.95	−49 839.15
黑色金属冶炼及压延加工业（13）	1 018 680.46	−996 865.46	10.77	2.13	8.64	235 052.00	2 174 124.23	−2 127 565.45	188 493.22	−1 939 072.23
金属制品业（14）	385 706.01	−355 202.01	7.07	3.14	3.94	215 729.00	1 209 305.58	−1 113 666.27	120 089.69	−993 576.58
通用设备制造业（15）	649 260.83	64 728.17	2.59	2.39	0.19	1 846 206.00	1 553 684.99	154 894.90	137 626.11	292 521.01
专用设备制造业（16）	288 984.25	−78 843.25	4.98	4.16	0.81	1 045 509.00	1 203 172.19	−328 260.12	170 596.93	−157 663.19
汽车制造业（17）	471 248.09	703 739.91	5.32	2.25	3.07	6 252 420.00	1 062 271.86	1 586 347.24	3 603 800.90	5 190 148.14
电气机械及器材制造业（18）	702 290.54	−570 549.54	8.83	5.08	3.76	1 163 601.00	3 564 264.32	−2 895 652.51	494 989.19	−2 400 663.32
计算机、通信设备及其他电子设备制造业（19）	1 771 232.63	−1 755 625.63	19.10	2.06	17.04	298 103.00	3 656 503.47	−3 624 284.64	265 884.17	−3 358 400.47
电力、热力的生产和供应业（20）	513 111.53	−319 201.53	0.10	1.66	1.57	10 542.00	852 733.33	−330 489.28	−503 722.05	−834 211.33
水的生产和供应业（21）	13 337.12	−5 419.12	0.06	1.85	−1.80	440.00	24 687.92	−10 031.16	−14 216.77	−24 247.92

二、主导产业选择

盐城市区经济板块位于江苏沿海开发的核心区位，改革开放后尤其是国家实施沿海开发战略以来，盐城市区经济获得创新发展机遇。依据区情选择主导产业是盐城市区经济创新发展的重要条件。

1. 部门优势分析

以部门增长优势（部门偏离分量）PD_{ij}为横轴，以份额分量 N_{ij}为纵轴，建立部门优势分析图（见图 14-1）。从图 14-1 中可以看出，盐城市的汽车制造业、食品制造业处于第 1 扇区，具有部门增长优势且对部门总增量的贡献大于份额分量的作用。通用设备制造业处于第 2 扇区，也具有部门增长优势，但其对总增量的贡献小于份额分量的作用。非金属矿采选业，纺织业，纺织服装、鞋、帽制造业（服饰业），造纸及印刷品业，印刷业和记录媒介的复制，石油加工、炼焦及核燃料加工业，医药制造业，化学纤维制造业，橡胶和塑料制品业，非金属矿物制品业，黑色金属冶炼及压延加工业，金属制品业，专业设备制造业，电气机械及器材制造业，计算机、通信设备及其他电子设备制造业，电力、热力的生产和供应业，水的生产和供应业处于第 3 扇区，属于增长部门，却不具有部门优势。化学原料及化学制品制造业处于第 4 扇区，属于不具优势的增长部门，其地位处于下降状态。

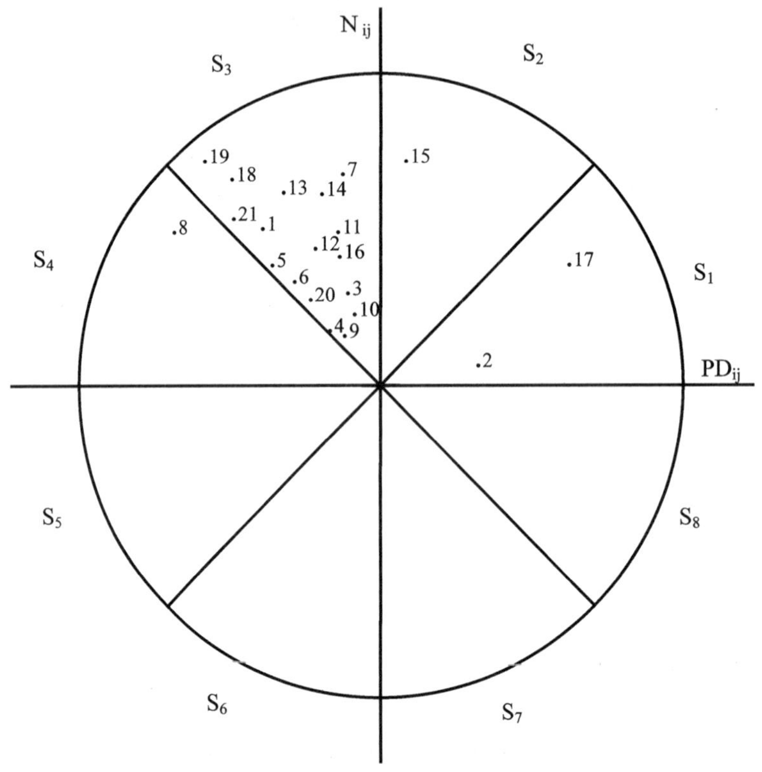

图 14-1　盐城市区工业部门优势分析

部门偏离分量分析以竞争力偏离分量 PD_{ij}为横轴，以结构偏离分量 N_{ij}为纵轴，建立部门偏离分量图（见图 14-2）。从图 14-2 可以看出，盐城市的汽车制造业处于第 1 扇区，为基础较好、竞争力强的部门。通用设备制造业处于第 2 扇区，为基础很好、竞争力较强的部门。非金属矿采选业、化学原料及化学制品制造业、水的生产和供应业处于第 5 扇区，为基础差但发展快的较好或一般的部门。石油加工、炼焦及核燃料加工业，医药制造业，电力、热力的生产和供应业处于第 6 扇区，说明其是基础较差但是具有竞争力的发展很快的部门。此外，食品制造业，纺织业，纺织服装、鞋、帽制造业（服饰业），造纸及印刷品业，印刷业和记录媒介的复制，化学纤维制造业，橡胶和塑料制品业，非金属矿物制品业，黑色金属冶炼及压延加工业，金属制品业，专用设备制造业，电气机械及器材制造业，计算机、通信设备及其他电子设备制造业处于第 7、8 扇区，都为基础较差且缺乏竞争力的部门。

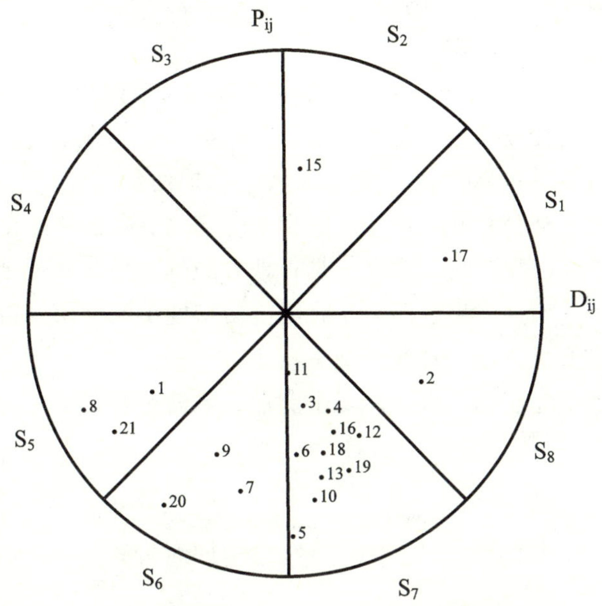

图 14-2　盐城市区工业部门偏离分量分析

2. 主导产业选择

通过上述部门优势分析和部门偏离分量分析，可以清楚确定盐城市区可以发展的主导产业。盐城主导产业选择如下：

（1）在未来 20 年汽车产业链将是中国最有发展潜力的产业群。盐城应该抓住这一机遇，以打造长三角北翼新兴的汽车制造业基地、中国东部沿海新的汽车城市为目标。积极引进国际汽车制造的资本与先进技术，以轿车、商务车、客车、专用车辆等整车装配为核心，大力提升整车生产规模与层次，通过构建“塔式”结构的汽车零部件生产供应体系，促进专业化分工，并集聚协作和配套企业，做大做长汽车产业链；着力于汽车电子、汽车通信、汽车新材料等方面的技术创新，推动汽车产业的自主研发，扩展产业增值效应；积极发展汽车物流、汽车营销、汽车金融等汽车服务产业；积极参与区域合作和分工，推进零部件制造企业进入全球汽车配套采购市场。

（2）通用及专用机械设备制造业以打造全国重点动力机械制造基地，华东地区重要的机床生产供应基地为目标。充分利用国内外先进技术，改造、整合、提升传统机械工业，继续扩大盐城在农用机械、动力机械、纺织机械、机床及其他专用机械设备制造行业的领先优势。紧紧抓住盐城及中国汽车产业迅速扩张的市场机遇，着力于机电一体化、数字化技术，重点推进中高档系列数控机床产品和数控化、柔性化组合机床及加工中心的发展，推进机械设备的高端发展，在现有柴油机、汽油机为主导的动力机械基础上，大力发展新型实用的环保节能多缸机、汽油发动机。建设区域性机械设备配件市场，积极引导机械零部件产业集聚发展，促进产业组织创新的企业之间协作。

（3）纺织服装产业以打造具有江苏省内影响力的纺织基地和品牌服装基地为目标。通过一批重大技改项目的实施，实现产品结构和技术结构的调整与优化，加快延伸纺织产业链条。积极开发、提升绿色生态棉纺织、亚麻、优质特种纱等产品；大力发展高档服装面料和装饰用、家用棉纺产品；开发功能化、时尚化、休闲化、高档化服装产品，提高设计水平、培育地方品牌，形成一批全国知名度较高的服装产品。同时为了长期发展，不至于在经济转型期出现断层，盐城市区也需要发展一些潜在优势产业如机电一体化产业、汽车电子产业、光电子产业、现代物流业以及新兴产业，如生物制药产业、新材料产业、软件产业、文化旅游业等。

主要参考文献：

［1］徐从才，等. 江苏产业发展报告2008——江苏经济改革开放30年［M］. 北京：中国经济出版社，2008.

［2］李琪. 改革与修复——当代中国国有企业的劳动关系研究［M］. 北京：中国劳动社会保障出版社，2003.

［3］沈士仓. 日本终身雇佣制与中国固定工制度的异同及其改革［J］. 南开学报，1998（5）.

［4］高闯. 差序结构：企业劳动用工制度改革的新思路［J］. 辽宁大学学报，1995（5）.

［5］山东大学“中日企业制度比较研究”课题组. 从中日汽车企业制度比较看我国企业制度的改革［J］. 山东大学学报，1997（1）.

［6］吴德进. 产业集聚的组织性质：属性与内涵［J］. 中国工业经济，2004（7）.

［7］李悦，李平. 产业经济学［M］. 沈阳：东北大学出版社，2004.

［8］张兆安. 大都市圈与区域经济一体化——兼论长江三角洲区域经济一体化

[M]. 上海：上海财经大学出版社，2006.
[9] 陈屹. 江苏产业结构的国际比较 [J]. 上海企业，2005 (4).
[10] 唐学文，刘思峰，党耀国. 江苏省地区间产业结构趋同性研究 [J]. 集团经济研究，2005 (4).
[11] 钱宁. 江苏产业结构状况分析 [J]. 江苏大学学报：社会科学版，2003 (2).
[12] 段进东，等. 基于SS分析法的江苏产业结构分析 [J]. 现代经济探讨，2003 (6).
[13] 黄德春，等. 江苏产业经济发展及其对策 [J]. 工业技术经济，2003 (4).
[14] 肖群. 江苏产业结构与部分省市及全国的比较 [J]. 现代经济探讨，2001 (2).
[15] 宋泓明. 中国产业结构高级化分析 [M]. 北京：中国社会科学出版社，2004.
[16] 周振华. 产业结构优化论 [M]. 上海：上海人民出版社，1992.
[17] 杨卫泽，洪银兴. 创新苏南模式研究——无锡的实践和探索 [M]. 北京：经济科学出版社，2007.
[18] 王欣，傅咏梅. 组织创新、制度创新与环境支撑——江苏区域创新体系研究 [J]. 中国社会科学院研究生院学报，2010 (5).
[19] 汪桂霞. 产业融合与产业组织创新关系研究 [J]. 当代经济，2010 (19).
[20] 周若炜，田相辉. 新农村建设中的产业组织创新研究 [J]. 广西社会科学，2010 (1).
[21] 肖小虹. 农业产业链组织创新研究 [J]. 经济视角，2012 (6).

第十五章

泛长三角区域合作背景下江苏行政发展和区域治理

在行政发展中，重点是行政主体，即政府行为和它所要达到的目标。

卓越等

——《行政发展研究》，福建人民出版社，2000年版。

元治理框架下的政府承担的是设计机构制度、推出远景设想的职能。它们不仅促进各个领域的自组织，而且还能使各式各样自组织安排的不同目标、空间和时间尺度、行动以及后果等相对协调。……这就需要在制度上和组织上进行不间断创新，从而使可持续的经济增长成为可能。

洪世键

——《大都市区治理》，东南大学出版社，2009年版。

区域合作是江苏经济创新发展的“跳出江苏”“跳出长三角”发展路径。改革开放以来，地方政府获得相对独立的市场经济运行调控职能。江苏经济因江苏省各级地方政府获得的相对独立的经济调控职能而显现出行政区域经济特征。泛长三角区域合作背景下的江苏经济创新发展，离不开行政发展助推和区域治理。促进泛长三角区域合作与江苏经济创新发展，应促进江苏行政发展和进行区域治理。

第一节　泛长三角区域合作与江苏经济创新发展的区域主体及行为

泛长三角是中国市场经济体制下的经济区域经济板块，但其内含的行政区域经济种类及空间特征显著。从这种意义上说，泛长三角经济区既具有经济区域经济性状，也显现行政区域经济空间特征。在泛长三角区域合作过程中，市场经济条件下的江苏经济创新发展受其区域主体及行为直接影响。优化区域主体结构及区域主体行为，有利于区域合作进程中的江苏经济实现创新发展。

一、泛长三角区域合作的市场机制与地方政府行为

市场机制对泛长三角经济要素和经济活动配置具有决定性作用，其基本特点是以价格机制、供求机制、竞争机制等为主要内容的一系列市场机制发生作用。泛长三角在市场作用下将经济要素和经济活动配置到有效益或效益更高的区域。从这种意义上说，泛长三角经济的极化和扩散是市场机制作用的结果。但是，市场也不是万能的，尤其是在行政区域经济中，地方政府行为具有重要的影响作用。

1. 市场机制在泛长三角区域合作中的决定性作用

泛长三角经济要素和经济活动配置的基本机制是市场机制，市场机制在泛长三角区域合作中发挥着决定性作用。市场机制决定泛长三角的企业优胜劣汰。在市场经济体制下，企业拥有经营自主权和独立的经济利益，并在市场机制的引导下独立进行生产经营活动。市场机制是一架精巧的机构，通过市场上一系列商品的价格变化，配置着经济要素和经济活动在泛长三角各次产业和区际之间的份额，引导企业的经济活动。如果企业不遵循市场机制规律，不采用先进技术和现代化管理方法，不努力提高劳动生产率，这种企业就会亏损而被淘汰。被淘汰企业的经济要素会转移到生产市场需求的产品和经济效益好的企业。市场经济机制在整个泛长三角不断地发生作用。

市场机制引导泛长三角的供给与需求平衡，从而不断地调整泛长三角经济要素和经济活动。泛长三角再生产过程中的生产、分配、交换和消费都是通过市场机制

作用的，因而市场机制对各种经济信号反应比较灵敏，能及时引导变化了的供给和需求趋向平衡。当供给超过需求时，市场机制会通过经济信号要求生产企业减少生产量；当供给满足不了需求时，市场机制同样地会通过经济信号要求生产企业增加产量。如果产量不能迅速减少或增加，市场机制也会通过经济信号扩大需求或减少需求。市场机制的这一作用使处于变动中的供给和需求不断地由不平衡趋于平衡，以使经济要素和经济活动按变化的情况重新进行配置。

应该指出，市场机制引导泛长三角的供给与需求平衡，也就是在泛长三角区域合作中发挥决定性作用。在市场机制作用下，泛长三角经济要素和经济活动配置是没有“边界”的；因而在泛长三角中，长三角经济腹地的经济要素和经济活动向长三角流动是必然的；同样，长三角的经济要素和经济活动向长三角经济腹地流动也是必然的。促进泛长三角区域合作背景下的江苏经济创新发展，必须遵循市场机制在泛长三角区域合作与江苏经济创新发展中的决定性作用。

2. 地方政府在泛长三角区域合作中的重要作用

市场配置经济要素和经济活动也是有缺陷的，它有时也会“失败”，需要政府进行适当调控。“区域主体设定在企业、居民、政府、非营利性组织和区域协调组织的范畴内”,① 其中的政府具有重要作用。在泛长三角经济要素和经济活动配置过程中，政府的“看得见的手”也在一定程度上引导着市场主体的行为。市场机制对泛长三角来说不是万能的，如市场机制难以对相当一部分市场如公共物品市场进行调节，难以对一些社会效益重于经济效益领域和一些垄断企业经济行为进行调节。这就是人们常说的“市场失败”。在泛长三角区域合作过程中，必须通过政府“看得见的手”调控好经济要素和经济活动。

在泛长三角区域合作中，地方政府调控机制是重要机制。改革开放以来的地方政府获得相对独立的经济调控职能，尤其是分税制的实施使地方政府有了不断增长的财力，泛长三角的行政区域经济板块相对独立运行和发展的特点也更加清楚地显露出来。在市场经济条件下，地方政府调控机制的特点是以间接调控为主，即由原来的对企业管理为主转向对整体经济活动调控为主，由原来搞项目审批、管人、分钱、分物转向进行规划、协调、监督和服务。从泛长三角空间多层次特点看，其空间结构优化具有一定的宏观性、战略性。地方政府必须在熟知中央政府调控国民经济运行手段的作用机理基础上，履行其促进泛长三角区域合作的职能。一般说来，泛长三角地方政府调控机制的主要内容是：以经济政策和经济法规为主，配合以必要的行政手段。

（1）经济政策调控泛长三角区域合作。经济政策是政府指导和影响经济活动所规定并付诸实施的准则和措施，它包括产业政策、区域政策、收入政策、财政政

① 金丽国. 区域主体与空间经济自组织［M］. 上海：上海人民出版社，格致出版社，2007：59.

策等。在市场经济条件下，经济政策是地方政府调控区域合作的基本手段。根据财政政策对泛长三角区域合作的不同影响，财政政策一般可分为扩张性财政政策和紧缩性财政政策，但都是属于“逆经济风向行事”的财政政策。例如，对不利于泛长三角区域合作的“热”（非环保）项目，地方政府应“逆经济风向行事”，不予或减少财政支持；对有利于泛长三角区域合作的“冷”（环保）项目，地方政府应“顺经济风向行事”，给予或增加财政支持。收入政策是政府根据既定的目标而规定的个人收入分配的基本方针和原则。收入政策一般包括收入政策目标选择和具体实施措施两个部分。收入政策目标分为收入结构政策目标和收入总量政策目标。在泛长三角区域合作中，如果人们之间的收入差距过分悬殊，从而影响到社会稳定时，政府实施的收入结构政策一般侧重于缩小收入差距，以求得公平。如果人们之间的收入差距过小，从而影响劳动者的生产积极性发挥时，地方政府实施的收入结构政策一般侧重于拉开收入差距，以提高经济效率。当前，从居民收入看，长三角比长三角经济腹地高得多。通过财政转移支出的办法缩小泛长三角居民收入的差距具有重要的意义。

（2）经济法规促进泛长三角区域合作。根据中国立法体制，对于泛长三角的地方政府来说，主要是运用国家和地方性经济法规促进泛长三角区域合作。出台经济法规是地方政府促进泛长三角区域合作的重要手段，它具有强制性、规范性、权威性和稳定性等特点，从而对泛长三角区域合作具有重要的“刚性”作用。市场经济是法制经济。如果不运用经济法规对其进行调控，泛长三角区域合作就必然出现混乱。依靠经济法规的力量，明文规定应该怎样办，不应该怎样办，违背了要受到怎样的惩罚，这样才能保障泛长三角区域合作按照市场经济运行机制有效运行，以保证市场主体之间公平竞争。

（3）行政手段促进泛长三角区域合作。行政手段是政府凭借行政权力或权威直接调控经济运行的方法。运用必要的行政手段促进泛长三角区域合作，是由泛长三角市场经济的性质和行政区域经济的特征决定的。市场机制是泛长三角区域合作的基本机制。但是，仅靠市场机制的作用，是不可能实现泛长三角经济要素和经济活动的最优配置的。同样，促进泛长三角区域合作，仅运用经济政策和经济法规也不一定完全有效。由于行政手段具有强制性、直接性特点，“有些事情……只需要用行政手段来解决”①。一般来说，泛长三角的地方政府运用行政手段促进泛长三角区域合作的主要做法是：对提供非营利性公共物品的企业直接指导；必要时，直接投资并调配生产资料和生活资料。在纵向行政管理体制下，运用行政手段促进泛长三角区域合作，能够及时、有效地解决一些亟须解决的问题。

应该指出，在泛长三角区域合作中，“看不见的手”的运作不总是稳定的、最有效率的，地方政府有必要在“看不见的手”不那么有效的场合中伸出“看得见

---

① 列宁．列宁选集：第4卷［M］．北京：人民出版社，1960：474．

的手”，调控泛长三角区域合作，以弥补市场机制的不足，从而使泛长三角区域合作更稳定、更有效率。但是，地方政府在准备伸出“看得见的手”对泛长三角区域合作进行调控之前，也应注意“看得见的手”的不足之处而审慎行事。明智的决策者，“永远应当记得政府干预经济的政策取舍，只是一个‘两害相权取其轻’的选择”①。

二、泛长三角区域合作与江苏经济创新发展的区域主体及其行为

泛长三角区域合作背景下的江苏经济创新发展是地方政府、企业和居民三大区域主体共同作用的经济要素和经济活动优化过程。“区域主体之间的行为规范及其互动机制的调节决定着市场经济运行的深层次结构和秩序，构成区域经济运行和发展的动力源基础。”② 江苏经济创新发展的区域主体之间存在相互依存关系，各区域主体对其经济行为进行的决策存在相互依存性或者博弈。在市场经济体制下，江苏经济创新发展是各区域主体的经济决策或博弈的过程，并在泛长三角区域合作背景下的江苏经济创新发展过程中越来越明显地表现出来。例如，在企业（包括国有控股企业）不再是地方政府的“附属物”的情况下，企业可以选择地方政府，即企业通过比较不同行政区域经济板块的地方政府对营造经济环境的举措，决定自己进入还是退出某一行政区域经济板块。因此，泛长三角区域合作背景下的江苏经济创新发展，面临地方政府、企业和居民等区域主体之间的相互依存关系或互动机制中的行政发展问题。

1. 泛长三角区域合作与江苏经济创新发展的企业及行为

企业是泛长三角区域合作背景下的江苏经济创新发展的基本和独立的区域主体。在泛长三角经济区中，有国有（控股）企业、集体企业等生产资料公有制企业，也有个体企业、私营企业等生产资料非公有制企业，还有外资企业，它们与地方政府没有从属关系，即使是地方政府所有的国有（控股）企业也因政企分开而成为独立的生产经营实体。遵循市场经济规律要求的企业行为是江苏经济创新发展的基本内容。企业行为对于泛长三角区域合作背景下的江苏经济创新发展有十分重要的意义。

企业行为是“在特定的体制环境中，企业作为利益主体（或潜在利益主体）为实现其自身利益目标对外部环境或信号所作出的持续性、规范性的决策或反应。”一般说来，影响泛长三角区域合作背景下江苏经济创新发展的企业行为的因

① 陆丁. 看得见的手——市场经济中的政府职能［M］. 上海：上海人民出版社，智慧出版有限公司，1993：159.

② 汪宇明. 中国省区经济研究［M］. 上海：华东师范大学出版社，2000：98.

素包括两个方面："一是内部结构，包括企业动力、利益、目标、决策、刺激、约束等；二是外部结构，主要是经营环境、市场条件、供求状况、政策法令等。内部结构是引出企业行为的动因和基础，外部结构是影响和制约企业行为的条件。"[①] 从江苏经济创新发展看，企业的内部结构因所有制和企业制度的区别而有差异；企业的外部结构因泛长三角的行政区域经济种类和地方政府的经济行为的不同而不完全相同。江苏经济创新发展的企业行为程度不同地带有泛长三角空间特征或印记。

江苏企业行为首先决定于其内部结构。从企业的内部结构看，公有制企业行为推动江苏经济创新发展的动力是企业改革。但公有制企业改革政企分开后存在"内部人控制"。"所谓'内部人控制'，是指由计划经济向市场经济转轨过程中，由于企业失去外部所有者（主要是国家）的监督和约束，致使'内部人'（企业经理与职工）利用所掌握的全部经营权和部分产权，为谋取私利而控制企业，以致严重侵害外部所有者利益的现象。"[②] 企业的内部结构创新决定着企业行为的活力。要增强企业活力，必须着力推动企业改革。私有制企业行为引致江苏经济创新发展的动力是企业组织创新。私有制企业组织创新有多种路径，首要的是选择适合私有制的企业组织形态，并随着私有制企业发展创新企业组织形态。2012 年，江苏省产业活动单位 1 109 565 个，从业人员 3 529. 40 万人。其中，国有企业（独资）52 010 户，从业 306. 47 万人；集体企业 20 069 户，从业 81. 31 万人；私营企业 836 509 户，从业 1 773. 47 万人。企业是江苏经济创新发展的细胞，企业行为是江苏经济创新发展的基本内容。

江苏企业行为受到其外部环境的制约。企业行为的外部环境在不同种类的行政区域经济板块中存在差异，但其共同的基本要求是对市场经济体制的选择。改革开放以来，江苏经济中的企业是独立的生产经营者，地方政府不再是企业的"婆婆"或主管。"计划经济和市场经济两种体制，与地方政府的关系大不一样。在前一种体制下，地方政府是地方计划的制定者和执行者，如果说有什么综合平衡（不同于宏观调控），主要也靠运用指令性计划，给出的是计划信号；在后一种体制下，地方政府是地方市场（统一市场的组成部分）的调控者，而调控手段既不是指令性计划，主要也不是任何行政规定，却是靠运用一系列的经济政策和经济杠杆，给出的是适应市场运行的多种信号。"[③] 这就是市场经济体制给予地方政府的经济调控职能的规定性，是江苏经济中企业行为面临的基本外部环境。因此，江苏经济创新发展必须有一个好的企业行为的经济体制"环境"。这个好的经济体制"环境"就是市场经济体制。

---

① 谷书堂，等. 社会主义经济学通论——中国转型期经济问题研究［M］. 北京：高等教育出版社，2000：177.

② 谷书堂，等. 社会主义经济学通论——中国转型期经济问题研究［M］. 北京：高等教育出版社，2000：216.

③ 沈立人. 地方政府的经济职能和经济行为［M］. 上海：上海远东出版社，1998：160-161.

江苏企业行为推动江苏经济创新发展。企业行为是江苏经济创新发展的微观基础。在市场经济条件下，利润不仅是影响江苏经济中企业行为的基本动力，而且利润最大化是江苏经济中企业行为的直接目的。追求利润最大化是江苏经济中企业行为的重要经济规律。所谓利润最大化规律，就是企业行为的直接目的是利润最大化，即在一定成本耗费条件下，实现最大量的产值，或者在一定产值量下耗费最少量的成本（成本最小化）。[①] 追求利润最大化是企业行为的本质特征，也是企业行为引致江苏经济创新发展的基本动力。利润最大化规律制约着江苏企业行为，决定着企业在江苏经济创新发展的创新活力。

首先，利润最大化规律要求有效配置江苏经济的经济要素和经济活动。在市场经济条件下，企业追求利润最大化，必须强化经济管理和采用先进技术，才能在降低生产经营成本基础上获得更多的利润。在江苏经济中，企业在产量既定条件下实际成本最小化，或在成本既定条件下达到产值最大化的过程，不仅使企业有效地节约使用自然资源和经济资源，而且使得江苏经济的经济要素和经济活动得到有效配置。利润最大化规律在江苏经济创新发展的资源有效配置上发挥着重要的创新作用。

其次，在利润最大化规律作用下企业能承担其担负的经济责任。企业具有重要的经济责任，即它必须根据市场需求提供尽可能多的优质商品和服务，必须保证在利润增长的基础上不断使国家的税收增长和实现企业发展，必须在利润增长的基础上尽可能的逐步增长企业职工的福利和个人收入。企业要担负起这些经济责任，就必须以利润最大化为其经济行为的直接目的，否则它就不可能担负起应有的经济责任；如果江苏企业追求并实现利润最大化，那它的经济行为的直接结果必然是引致江苏经济创新发展。

最后，利润最大化规律促进企业增强活力。企业活力是企业的自我积累和自我发展的能力。一般说来，企业利润增加是技术进步从而成本降低和产量增加的结果，因而从一定意义上说，企业掌握的先进技术越多，它获得的利润就越多，企业也就越有活力。企业追求利润最大化，是江苏企业生存和发展的内在要求，是企业增强活力的必然选择；相应地，营建好的经济环境，让企业获得实现利润最大化的条件，是江苏经济创新发展的必然要求。从这种意义上说，企业赢利不仅是企业的事，它还是江苏经济创新发展所应有的要求；企业利润及其获利程度是江苏经济创新发展的“晴雨表”。

企业行为包括的内容很多，如企业的生产、交换、分配、投资、寻租行为等。相应地，企业行为理论的内容也十分宽泛，由于篇幅所限本书仅能从企业与江苏经

---

① 追求利润最大化，是就企业行为的直接目的而言，并不是指某一时点上企业行为所实际达到的利润量。没有利润就没有资本的“冲动”，也就没有企业行为。在许多情况下，只要有利润就有企业行为延续，甚至没有“净利润”，但只要企业能支出工人工资，其行为也不一定会停止。

济创新发展关系的角度，分析影响企业行为的基本因素和企业行为的目的对江苏经济创新发展的影响。促进江苏经济创新发展，必须聚焦江苏经济创新发展的企业行为。没有企业行为，就没有江苏经济创新发展；没有企业行为目的——追求利润最大化，也就没有江苏经济创新发展。江苏企业行为也没有行政区域界限。在利润最大化规律作用下，企业行为跨行政区甚至跨国界是非常普遍的事。从这种意义上说，企业行为的空间流推动着江苏经济创新发展。在江苏经济创新发展进程中，企业行为具有明显的行政地域特征或行政区域空间，从而与地方政府发生着程度不同的方方面面的联系，“行政影子关系”和寻租活动在市场经济中也就是难免的事情。这也需要地方政府推动行政发展，通过行政发展正确引导政府与企业之间的关系。

2. 泛长三角区域合作与江苏经济创新发展的非政府组织及行为

20世纪90年代以来，中国的非政府组织也得到了空前的发展，并吸引越来越多学者的关注。非政府组织是“由抱持相同或相近志向的志愿者组成的、具有稳定的组织形式和固定的成员领导结构的、超出于政府机构和私人企业”① 的社团。非政府组织可分为三大类：即由党政机关发起创立的“自上而下型”社团、由个人或民间组织发起创立的“自下而上型”社团和由海外的个人或组织发起创立的“外部型”社团。

非政府组织在区域治理过程中有十分重要的作用。随着非政府组织自治进程的加快和自身实力的发展壮大，非政府组织正在逐步获得与政府建立伙伴关系的资格和能力。非政府组织的发展遵循合作互补的原则有助于引导利用民间各种潜在的资源成为一种与政府合作、促进经济和社会事业发展的力量。充分发育的非政府组织是区域治理不可或缺的因素，并在区域治理中实现自身的不断升级。“随着近年来市场经济体制完善和政府职能转变的推进，非政府组织自筹经费的能力、自主开拓活动空间的作为也在提升，同时官方在其中的兼职人员也在逐步减少，这些都在一定程度预示着民间性、自治性将是这些组织今后发展的基本方向。”②

非政府组织参与公共政策制定和实施进入一个新的发展时期。从非政府组织的角度来看，非政府组织日益壮大，在区域治理中的作用逐渐凸显，对区域政策制定和实施的参与越来越多，效果也越来越明显；从区域政府的角度来看，区域政府也希望非政府组织等社会主体参与政策制定和实施，从而为其解决困境，因而区域政府越来越重视非政府组织对政策制定的参与。非政府组织通过召开研讨会，与网站等媒体联合，邀请专家联合起来参与决策。“总的来说，非政府组织通过一些具体

---

① 张小劲. 非政府组织研究：一个正在兴起的热门课题 [J]. 中共宁波市委党校学报，2002 (6).

② 王学栋，赵斐. 非政府组织：一个新的研究题域——国内近年来非政府组织研究述评 [J]. 中国石油大学学报：社会科学版，2006 (2).

的行动和方式来参与和影响决策，成为公共政策决策主体之一，从而实现参与公共政策的目的，这种形式也是我国非政府组织参与公共政策的具体路径之一。”①

在泛长三角区域合作与江苏经济创新发展中，行政管理体制改革面临的重要问题在于切实转变政府职能，理顺部门职责关系。只有转变政府职能，让政府职能回归公共服务，政府不宜也无法包揽的事务，即具有群众性、社会性、公益性、服务性的社会职能向社会分离和转移。非政府组织作为重要的组织创新和制度创新，在克服“市场失灵”和“政府失灵”造成的经济和社会问题中扮演重要的角色。发挥着重要作用的非政府组织是由保持相同或相近志向的志愿者组成的、具有稳定的组织形式和固定的成员及领导结构的、超出于政府机构和私人企业之外而独立运作且发挥特定的社会功能的、不以营利为目的而关注于特定的或普遍的公众公益事业的民间团体。区域治理中的非政府组织，既包括群众自治组织、各种娱乐组织等，也包括开展活动的社会非政府组织，如各种社会团体、经济团体、基金会和实体性公共服务机构。非政府组织是区域治理的重要依托。

由于非政府组织不存在市场的竞争机制，也不像企业一样存在个人利益，因而客观上非政府组织容易出现效率低下的情况。建立第三方的监督和评估机制是江苏省非政府组织发展过程中的一项极为紧迫的任务。非政府组织应该加强自身基本建设，特别需要一整套自我约束的行为规范，比如说，任何非政府组织都应制定行为标准和伦理守则；某些领域的非政府组织应联合制定行为和道德标准；需要成立一些专门监督和评估其他非政府组织活动的非政府组织等。有效的法律监督、社会监督以及质量评估体系，可以为非政府组织创造一个规范的社会发展环境，促使非政府组织在泛长三角区域合作与江苏经济创新发展中朝着健康的方向发展。

3. 泛长三角区域合作与江苏经济创新发展的居民及行为

居民是江苏经济创新发展的重要区域主体。居民是以市场经济中劳动力商品出卖者和消费资料购买者的双重身份参与江苏经济创新发展过程的。没有居民行为，企业行为就不可能发生，也就不可能有江苏经济创新发展。居民行为对江苏经济创新发展具有能动的推进作用。例如，居民就业率和劳动者收益增长率是江苏经济创新发展程度的重要衡量指标，而这些指标又恰恰是居民行为状况的直接反映。居民是江苏经济创新发展的又一个重要的区域主体。

居民是江苏经济的个人或家庭。国民经济中的最基本经济单位的居民被称为家庭。企业行为对经济运行的影响，正如前面的论述是显而易见的，但居民对经济创新发展的影响则往往被忽略。在江苏经济创新发展中，居民行为具有多重性：它“既有消费的职能，又有储蓄、投资和获取收入的职能。作为消费者，家庭行为的基本目的是效用最大化，用最少的花费获取最大数量的享乐和满足；作为劳动者，

① 许莺．我国非政府组织参与公共政策行为［D］．南京：南京农业大学，2009.

家庭又追求收入最大化，用最少的时间获取最多的报酬；作为投资者，家庭也必须考虑如何将扣除消费后的收入剩余用在能生更多钱的地方”。“随着经济市场化和家庭收入水平的快速提高，家庭预算中用作储蓄和投资的份额越来越大，投资愈来愈成为家庭经济行为中不可忽视的行为。”“既要注意到它的收入和消费行为，又要注意到它的储蓄和投资行为。”① 因此，必须分析居民行为与江苏经济创新发展的关系。居民行为主要包括就业行为、投资行为和消费行为，居民的这些经济行为对江苏经济创新发展有着不同的影响。

（1）作为劳动主体的居民追求收入最大化的行为，推动着江苏经济创新发展。在市场经济条件下，劳权即劳动力所有权以个人所有制为基本特征。“伴随向市场经济的全面过渡，劳动者及其家庭作为市场主体的形象将会日益鲜明，他（它）们将不再依附于政府或企业。其市场主体地位的实在性和充分性集中地体现在劳权上。这主要表现在：劳权主体身份的独立性，劳权行使——劳动或职业选择的自主性，劳权实现劳动报酬与劳动贡献的对应性，劳动主体发展——劳动力培养和再生产费用的自负性。”② 在市场经济条件下，劳权具有十分丰富的内涵，是影响居民行为的重要因素；居民追求收入最大化的经济行为，实际上构成了江苏经济的劳动力流动。江苏经济中作为劳动主体的居民最基本的要求是就业和收入最大化，就业和收入最大化引致劳动力流动，从而对江苏经济创新发展产生重要影响。

劳动者的就业既是居民的经济行为，又是江苏经济创新发展的重要内容。就业是居民从事一定量的社会劳动并获得劳动收入或经营收入的经济活动。由于劳动力的供求市场化，市场机制对就业起调节作用。在江苏经济创新发展进程中存在失业现象，即劳动力供求的实际变动和信息的不完整性使一部分居民以一定比率游离于就业之外。此外，因经济波动也会产生失业。但是，无论哪一种情况下的失业都会使居民失去收入，因而居民的就业状况从根本上影响着江苏经济创新发展。作为劳动者主体居民的失业是市场经济运行的“负面效应”，是江苏经济创新发展必须解决的重要经济问题，是江苏经济创新发展中另一重要行为主体——地方政府经济调控职能的重要内容。

劳动者收入最大化是居民行为的直接目的，也是江苏经济创新发展的最终目的。劳动者收入最大化“常常促使居民在休闲和劳动时间之间进行选择。工资收入越高，闲暇越昂贵，便更多地投入工作。所以高工资所带来的高收入会产生刺激增加劳动供给的替代效应”。“居民行为的基本属性是其为获取最大收益而表现出能动的创造性和主动性。”③ 作为劳动者居民追求收入最大化的过程，就是江苏经

① 陈东琪，李茂生. 社会主义市场经济学［M］. 2 版. 长沙：湖南人民出版社，1997：260-261.

② 谷书堂，等. 社会主义经济学通论——中国转型期经济问题研究［M］. 北京：高等教育出版社，2000：295.

③ 汪宇明. 中国省区经济研究［M］. 上海：华东师范大学出版社，2000：102.

济创新发展的过程；居民的劳动收入越高，江苏经济的创新态势越好；从这种意义上说，提高居民的劳动收入是江苏经济创新发展的内在要求，或者说居民的劳动收入不断增加，江苏经济创新发展就有了强劲的内动力。

（2）作为投资主体的居民追求投资收入最大化的行为，直接影响着江苏经济创新发展。居民的投资行为是指居民直接或间接参加各种生产、服务活动并由此取得收入的经济活动。居民的投资行为一般有两类；一类是居民用自己收入中的货币购买经济要素，直接进行生产经营活动，如个体经营者、私营业主、合伙企业中的合伙人、联产承包制中的农户等的投资经营行为。另一类是居民购买各种有价证券以及其他资产的行为，如银行存款，购买政府债券或企业债券、股票或在股份合伙制企业中参股入股、购买住宅等不动产并将其出租，购买稀缺的古董、艺术品等保值品和价值品等的投资赢利行为。实际上，第一类居民投资经营行为属于直接投资行为，具有企业行为性质。企业行为对江苏经济创新发展的关系前面已叙述，这里分析第二类居民投资赢利行为及其对江苏经济创新发展的影响。

随着市场经济的发展，投资赢利行为成为居民的重要经济行为。居民投资赢利行为本质上属于间接投资行为。居民的间接投资行为主要是居民将个人可支配收入中的货币转化为货币资金，用于购买金融资产以期获得与所承租的风险相应的经常性收入，以实现货币资金增值的经济活动。投资是资产选择行为。居民间接投资行为主要是对银行存款、外汇、国库券、公司债券、股票等金融资本的选择。居民选择不同种类的金融资产进行投资受到收益（不同金融资产收益率差别）、风险（不同金融资产的风险程度）、期限（金融资产的期限）和流动性（金融资产的流动性）等因素影响。居民根据自己的实际情况进行的间接投资行为是一种追求收益的经济行为，但它有风险。通常，居民为了把风险降到最低并使收益最大化，坚持资产分散化原则即人们常说的“不要把所有的鸡蛋都放在一个篮子里”。居民对金融资产种类的选择与不同种类的江苏行政区域经济板块有一定联系：在行政等级顺次降低的不同种类行政区域经济板块中，居民可支配收入用于储蓄的部分的比重增大，用于购买其他如股票、外汇等金融资产的比重下降；反之，用于购买股票、外汇等金融资产的比重增加。这是江苏经济的不同种类行政区域经济板块中居民间接投资行为的一种带有普遍性的经济现象。居民的间接投资行为既影响江苏经济创新发展经济，也影响江苏经济与泛长三角区域合作。居民选择金融资产投资的经济行为实际上是对现实消费的“节约”。居民间接投资追求投资收入最大化的经济行为，对江苏经济创新发展有着直接影响，尤其是欠发达苏北经济创新需要居民的这种经济行为。当然，江苏经济创新发展的经济周期、利率水平、物价水平等变化，也会对居民的间接投资行为产生影响。

（3）作为消费主体的居民追求效用最大化的行为参与江苏经济创新发展。消费是居民行为的最终目标。居民的消费行为受到居民自身的生存、发展和享受需要的消费动机支配。居民的消费行为受到诸多因素影响：居民收入水平，即居民的消费随其可支配收入的增减而增减，当可支配收入增加时，消费水平会提高；商品的价格，即商品的绝对价格（如商品的价格水平）和相对价格（如不同商品的比价）变化，消费量和消费结构也会变化，通常消费量随商品绝对价格升降成反方向变化，随商品相对价格升降而同方向变化（随替代商品价格升降而升降）或反方向变化（随互补商品价格升降而降升）；居民对未来的预期，即居民预期收入增加而增加消费，预期收入减少而减少消费；风俗习惯和社会风尚也影响着居民的消费行为。

居民消费的行为是江苏经济创新发展的基本经济活动和重要环节。改革开放以来，江苏经济的市场发生了深刻变化：卖方市场转化成买方市场，居民消费水平提高但市场上的商品“难卖”。这就是人们常说的内需乏力。内需乏力是不利于江苏经济创新发展的。因此，在居民收入增长基础上的积极的居民消费即内需扩大，是江苏经济创新发展的动力。

4. 泛长三角区域合作与江苏经济创新发展的地方政府及行为

在江苏经济的行政区域经济板块中，地方政府不仅具有一般的经济管理者身份从而具有经济调控职能，而且是一部分资本要素（国有及国有控股企业）的直接所有者从而具有所有者经济行为。地方政府的经济调控职能和所有者经济行为是有显著区别的：“一是来源的不同，经济管理职能[①]来源于经人民的政治授权而形成的政府的政权主体身份，所有者职能则来源于经人民经济授权而形成的政府的产权主体身份；二是作用范围和对象的不同，经济管理职能作用于整个社会经济领域和所有经济成分中的经济主体，所有者职能则主要作用于国有经济领域及其该领域包含的经济主体；三是体现的关系不同，经济管理职能体现的是‘权力’关系，它无论采取经济的、法律的还是行政的管理手段，也无论是直接管理还是间接管理，政府与其管理的对象都结成管理和被管理的关系，政府的管理表现为一种必须接受的外部规范，所有者职能体现的是‘权利’关系，作为经济权利它理应借助政府与它的次级代理人或非所有者的平等契约关系来实现；四是目的的不同，政府代表人民行使经济管理职能，是为了确保整个社会宏微观经济健康、稳定、有序地运行，而行使所有者职能则是为了确保实现国有资本增资和国有经济扩大再生产。”[②]地方政府作为所有者的经济行为对江苏经济创新发展的影响，地方政府作为管理者的经济调控职能对江苏经济创新发展的影响是根本不同的。地方政府的经济行为主要集中于国有及国有控股企业经济、公共物品经济和地方财政方面。

（1）地方政府影响国有及国有控股企业运行的经济行为。地方政府影响江苏经济的行政区域经济板块中的国有及国有控股企业经济的运行。地方政府十分关注

① 本书将“经济管理职能”和“所有者职能”表述为“经济调控职能”和“所有者经济行为”。

② 蒋学模，等. 高级政治经济学——社会主义本体论［M］. 上海：复旦大学出版社，2000：123.

地方的国有及国有控股企业经济运行状况，并千方百计地推动地方的国有及国有控股企业经济发展。推动地方的国有及国有控股企业经济发展就成为地方政府的重要经济行为。实际上，由于地方政府的这一重要经济行为的推动，地方的国有及国有控股企业经济得到发展，尤其是省、市域经济中的地方国有及国有控股企业经济通过发展而具有很强的创新实力。①

地方国有及国有控股企业同中央国有及国有控股企业一样，长时期在政资不分的前提下，政府的所有权和行政权捆在一起行使，所有权随着行政权不断扩展自身作用范围，使经济产权行政化、所有者行为行政化、用行政的方法管理经济。改革开放以来，地方政府与其地方国有及国有控股企业之间的关系发生了重大变化，地方政府的经济行为得到矫正。但是，在政资分开的前提下地方的国有及国有控股企业行为还有许多方面需要规范。一般说来，在政资分开的前提下，地方政府对它的委托人承担国有资本的损益责任，尽可能地促进国有资本保值增值的职能，包括：建立健全专门的国有资本机构，充当国有资本所有权的人格化代表；通过市场关系尤其是资本市场交易，遴选企业或企业家，与其结成国有资本的次级委托代理关系：通过对企业或企业家的监控间接干预企业的资本运营，不直接插手企业日常事务；通过各种资本要素的二级市场交易，促使国有及国有控股企业资源向高效率的领域流动；为社会提供可以保本甚至盈利的准公共产品；以利润、利息、股息、地租（价）等要素价格的形式获取国有资本收益；在扣除代理费用之后，将收益用于国有资本产权的实现和扩大再生产（蒋学模等，2000）。可见，地方政府的经济行为与国有及国有控股企业的行为是不同的。

地方政府通过其管理国有及国有控股企业的行为影响江苏经济创新发展的作用是非常大的。一方面，地方政府通过制定行政区域经济板块发展战略目标和战略措施，影响国有及国有控股企业经济在江苏经济中的运行态势，从而引导国有及国有

---

① 江苏省地方国有控股企业徐工集团成立于1989年3月，成立25年来始终保持中国工程机械行业排头兵地位，现位居世界工程机械行业第5位，中国500强企业第119位，中国制造业百强第44位，中国机械工业百强第2位，是中国工程机械行业规模最大、产品品种与系列最齐全、最具竞争力和影响力的大型企业集团。年营业收入由成立时的3.86亿元，发展到1 000亿元，保持行业首位。注重技术创新，建立以国家级技术中心和江苏徐州工程机械研究院为核心的研发体系。依托徐工研究院、徐工南京研究院和在建的徐工上海研究院、徐工欧洲研究院，近年来徐工诞生了一批代表中国乃至全球先进水平的产品：两千吨级全地面起重机，四千吨级履带式起重机，12吨级中国最大的大型装载机，百米级亚洲最高的高空消防车，第四代智能路面施工设备等，在全球工程机械行业产生了颠覆式影响，打破了国外企业的全球垄断。徐工拥有有效授权专利2 156项，其中授权发明专利164项，100多项产品为国产首台套产品。被国家发改委、科技部等五部委联合授予“国家技术中心成就奖”，被授予国家首批、江苏省首个国家技术创新示范企业。建立全球营销网络，有280多个徐工海外代理商为用户提供全方位营销服务。产品覆盖世界169个国家和地区，2012年实现出口突破13.6亿美元，连续24年保持行业出口额首位。9类主机、3类关键基础零部件市场占有率居国内第1位；5类主机出口量和出口总额持续位居国内行业第1位；汽车起重机、大吨位压路机销量全球第1位。徐工集团的企业愿景是成为一个极具国际竞争力、让国人为之骄傲的世界顶级企业。徐工集团的战略目标是，跻身世界工程机械行业前3强，进入世界500强企业，国际化收入比例>30%（http://www.xcmg.com/aboutus/qiyegaikuang.htm）。

控股企业经济在实现江苏经济发展目标中发挥重要作用。另一方面，地方政府通过多种手段直接和间接干预其管理的国有及国有控股企业的发展方向和资本运营，并使国有及国有控股企业的发展方向和资本运营符合江苏经济创新发展发展目标。江苏经济创新发展必然受到地方政府通过其管理国有及国有控股企业的经济行为的直接影响。当然，在不同种类的行政区域经济板块中，地方政府管理的国有及国有控股企业经济比重是不一样的，一般按省域经济、市域经济、县域经济的顺次减少，从而省政府、市政府、县政府对省域经济、市域经济、县域经济运行的影响力也顺次减弱。

（2）地方政府提供公共物品的经济行为。公共物品经济是江苏经济的重要部分。一般说来，在江苏经济中，社会产品和服务分为公共物品和私人物品。私人物品的供求遵循市场经济规律的要求由市场平衡。公共物品为社会成员均等消费的物品，它具有消费的非竞争性和受益的非排他性的特性，从而市场难以平衡它的供求。因此，提供公共物品是地方政府的重要经济行为。

地方政府根据公共物品的特性，以不同的方式提供公共物品。地方政府提供公共物品的经济行为分为两类，即直接经济行为和间接经济行为。公共物品的“消费的非竞争性、受益的非排他性的情况是不同的，并不是所有的向整个社会共同提供的物品，都同时具有非竞争性和非排他性的特性。在消费上具有非竞争性的物品，很可能是排他性的。例如，公路所提供的服务，按照上述的特性标准来看，无疑是具有非竞争性的，但是，它不一定满足非排他性的条件。因为在实践上，完全可以通过收取养路费的方式将不愿为此付款的人排除在公路的使用者范围之外”①。公共物品可以分为两类：纯公共物品和准公共物品。所谓纯公共物品是指向社会成员均等提供但在消费上不具竞争性、受益上不具排他性的物品。所谓准公共物品是指既带有公共物品特性又带有私人物品特性的物品。显然，提供纯公共物品和自然垄断性很高的准公共物品构成了地方政府的经济行为，即“政府用税收获得的经费生产公共物品”，它“一方面解决了私人生产者不可能生产公共物品的问题；另一方面，免费将此物品提供给全体社会成员使用，可使这种物品得到最大限度使用”②。准公共物品的提供则主要是由地方政府间接提供，即地方政府利用预算安排和政策安排形成经济刺激，引导私人企业参与这部分准公共物品生产。具体说来，地方政府主要采取与民间企业（公开招标）签订生产合同和授权经营、经济资助、地方政府参股等形式引导民间企业的力量提供准公共物品。地方政府的这种间接提供公共物品的行为是十分重要的经济行为。公共物品经济是江苏经济的不可或缺的具有基础地位的部分，是地方政府经济行为的必然伴随物。从这种意义上说，地方政府可以通过公共物品经济发展状况去影响江苏经济创新发展。不同等级

---

① 黄新华. 政府经济学［M］. 福州：福建人民出版社，2000：94.

② 伍柏麟，尹伯成，等. 经济学基础教程［M］. 上海：复旦大学出版社，2001：171.

的地方政府提供公共物品能力的强弱，决定着不同等级的地方政府对不同种类行政区域经济板块发展的影响程度。从江苏经济创新发展看，公共物品经济在江苏经济中的比重会上升，从而地方政府通过其经济行为对江苏经济创新发展的影响也会增大。

（3）地方政府的财政收支经济行为。地方财政在分税制财政体制下得到快速增长，成为地方政府影响江苏经济创新发展的重要手段。地方财政实行的是一级地方政府一级地方财政体制，即有省级财政、市级财政、县级财政、乡镇财政。一般说来，省级财政、市级财政拥有的资金量大，对省域经济、市域经济运行的影响力度大；县级财政尤其是乡镇财政拥有的资金量小，尤其是苏北的大多数乡镇财政系"吃饭财政"，但苏南的市、县和乡镇财政已具有相当实力，对县域经济、乡镇经济运行的影响较大。地方政府的财政收支经济行为是影响江苏经济创新发展的重要因素。地方政府的财政支出对江苏经济创新发展有着直接影响，尤其是地方政府"通过财政的直接投资"①，或对瓶颈产业的直接投资，会直接或间接引致企业"投资跟进"，从而影响江苏经济的产业结构、运行方向和速度。随着地方政府财政收入的增长，地方政府的财政收支经济行为对江苏经济创新发展的影响力会不断增强。

第二节　泛长三角区域合作与江苏经济创新发展的行政发展

改革开放以来，中央政府对地方政府在行政管理体制上选择了管理权力下放的改革之路，极大地调动了地方政府调控行政区域经济发展和参与行政区域经济运行的积极性，也产生了行政区域经济快速发展的良好效果。从政府与经济发展关系看，这种改革是一种创新，是行政发展的创新。新行政管理体制成为中国经济快速发展的重要推动动力和原因。寻着行政发展的成功思路，泛长三角区域合作与江苏经济创新发展需要行政发展及其管理体制创新。

一、区域合作与行政发展

地方政府是江苏经济创新发展不可或缺的区域主体，具有十分重要的地位和发挥着特殊的作用。政府不仅是"守夜人"和"道德人"，而且是"经济人"。但是，"政府提供的公共物品不以营利为目的，缺乏竞争，只能用拨款来生产"② 地方政府发挥作用需要行政发展。在促进江苏经济创新发展进程中，江苏行政发展的

① 陈东琪. 新政府干预论［M］. 北京：首都经济贸易大学出版社，2000：132.

② 赵玲. 看得见的手——中国政府行为研究［M］. 北京：人事出版社，1996：36-37，46.

意义重大。

1. 区域行政与行政发展

泛长三角区域合作与江苏经济创新发展需要行政发展与之相适应。行政发展与区域行政、区域治理密切相关联。区域行政是地方政府之间就某些共性问题，在某些领域内的某种程度上的合作与联合行政。区域行政以区域政府为基础，区域政府是区域行政的重要形式。[①] 从这种意义上说，区域行政发展以区域政府的协调机制创新为特征。“区域政府的路径”是泛长三角行政区域经济指向经济区域经济演化的路径，“有效地促进着区域经济协调发展”。[②] 区域行政发展内在要求建立区域政府。区域政府理论说明为什么在地方政府体系中需要一个区域政府的层次。区域政府是泛长三角行政发展的重要区域创新机制。区域行政是一种行政发展（卓越，2000）。区域行政的重点是地方政府之间通过协调与合作。行政发展是区域创新发展的重要部分。行政发展包含的主要内容是：在一定的行政系统内行政主体能力发展变化过程与状态；承担一定职能的行政主体的功能改善过程与状态；具有一定组织结构形式的行政主体的结构优化过程与状态；与行政系统密切相关的各种行政关系的发展过程与状态。

在行政发展中，重点是政府行为和它所要达到的目标。“行政发展指通过一定的方式改变既存的行政系统及其活动方式，使其过渡到一种新的状态，以期行政系统能够更好地与社会圈取得动态平衡，发挥更大的行政能量”。[③] “行政发展就是行政主体（政府）通过一定的方法和途径，创造、维持和加强行政能力，改变原有的传统的行政体系及其运行状态，使其沿着预定目标取向发展到更高一级形态。”[④] 行政发展是政府行为朝着更进步、更高层次的方向或朝着现代化方向变化的过程。行政发展原动力来自三个方面：一是新理念和新意识推动行政发展。行政行为都是在一定的观念指导下做出的，行政主体在变革的环境下应运而生的新意识，如危机意识、忧患意识等，会对行政行为产生推动作用。二是新技术的产生及运用推动行政发展。行政管理离不开具体的设备、新方法被运用来促进行政效率的提高，从而推动行政发展。三是行政人员群体发展需求推动行政发展。行政人员有各自的发展需求，这种发展需求比如工作条件、劳动报酬等层次的需求，也有比如升迁、荣誉、自我实现等较高层次的的需要。这就使行政人员以努力的工作成效来获得自我发展的满足，从而形成行政改革与发展的内驱力量（卓越等，2000）。

区域行政是一种行政发展。区域行政和地方行政是既相关又相区别的概念。区

① 郝寿义. 区域经济学原理［M］. 上海：上海人民出版社，格致出版社，2007：283.

② 孙兵. 区域协调组织与区域治理［M］. 上海：上海人民出版社，格致出版社，2007：5，13.

③ 王沪宁. 行政生态分析［M］. 上海：复旦大学出版社，1989：298.

④ 卓越. 行政发展研究［M］. 福州：福建人民出版社，2000：5.

域行政是以地方行政为基础，但突破了行政区划的边界，以经济一体化区域为范围提供公共产品，实施一定层次的行政管理，是地方政府就某些共性问题，在某些领域内的某种程度上的合作与联合行政。这是区域行政和地方行政最大的区别之处。区域行政的问题是地方政府之间通过协调与合作促进区域经济创新发展的问题。例如，长三角区域行政是长三角跨行政区域的公共行政体制创新。长三角 22 城市的地方政府有其行政权限的范围，但为了自身与长三角共同发展，这些地方政府有意愿就长三角经济发展事项进行磋商，组织经济协调发展论坛，共同实施跨行政区"边界"的公共设施工程，从而推动着区域行政发展（孙兵，2007）。

2. 区域合作与地方政府协作关系

地方政府作为一个相对独立的行政区利益主体的角色日益凸显。地方政府的利益主体地位体现在地方政府的权力和承担的责任上。区域合作是区域经济一体化发展的内在要求，区域合作必然要求地方政府合作。"中国各省区参与区域经济一体化进程中，省区作为国家主权内的区域，不存在国家权利的让渡。在这样的条件下，如何推进跨国和地区间的区域经济一体化，这是一个全新的，也是十分紧迫的研究课题，具有重要的理论价值和现实意义。""真正意义上的经济一体化主要是在区域层面形成。因为，处于同一区域内的国家主体，由于地域相邻，生产要素的自由流动便捷；人文空间相似，文化习俗容易沟通；经济空间相近，专业化分工容易形成，使得区域经济一体化的发展更加迅速"，因而"在主权国家内的地区层面上，推进经济一体化的初期，更多地表现为经济区域合作"。[①]区域合作是区域经济创新发展的重要形式。改革开放以来，中国经济的不同行政区域经济种类的行政区划边界影响力程度不同的"减弱"，地方政府合作日益增强。从区域合作意义上说，地方政府合作推动着区域经济前所未有的快速发展。

区域合作的实质是区域经济合作。区域合作是通过区域经济合作系统完成的。一般地说，区域经济合作系统具有的特点是：一是区域合作主体之间没有较为规范的约束条款和章程，也没有明确规定区域合作主体对外的行为限制；即使在区域经济合作系统内，合作主体之间也有一些共同遵守的合作条款，但约束力不强。二是区域经济合作系统主体的合作目标一般是为了一定阶段的任务而确定的，因而在区域主体之间没有"正规"的组织（机构）；区域合作的趋势是区域经济一体化，没有区域合作就没有区域经济一体化，但区域合作仅是区域经济一体化的基础。三是区域主体的互补利益是区域合作的根本动力，没有互补利益的区域合作是不长久的；区域合作是区域主体之间配置经济资源的手段，"按照生产要素动态价值量由区域种类结构决定理论：不同的经济区域空间，由于地域空间、经济空间、人文空间不同，生产要素聚集形式、需求比例不同，这就使同一经济时期，处于同一地域

① 芮明杰. 区域合作通论——理论·战略·行动［M］. 上海：复旦大学出版社，2005：1.

内，具有不同经济区域种类结构特征的区域内的生产要素，具有不同的使用价值量；处于不同地域内，具有相同经济区域种类结构特征的区域内的生产要素，具有相同的使用价值量”，①因而各区域主体有自己的独立经济利益，区域经济合作系统内的互补利益则是区域合作的内在规律。

区域经济合作系统具有外部性。区域经济合作系统的外部性主要是指区域主体的生产经营活动对其他相关联区域的区域主体收益的影响。区域经济合作系统的外部性包含正的外部性和负的外部性。在区域经济合作系统中，经济要素的流动较容易，大量流动的经济要素被增长极“极化”，形成集聚经济。“集聚经济包括企业规模经济、产业规模扩大以及地方规模的形成。这就与规模经济、范围经济和外部经济相关。规模经济是区域系统主要的外部性特征，它是生产要素在一定的范围内，大规模流动聚集和有效配置所获得的好处。随着范围边界的不同和构成生产力要素的不同，规模经济可以划分为工厂规模经济、产品规模经济、行业规模经济、区域规模经济等。区域规模经济的产生主要来源于实物价值链的整合和虚拟价值链的共享两大部分。当两种产品一起生产（联合生产）比单独生产便宜时，就产生范围经济，对区域主体来说，两个区域主体合作时的产出，大于两个区域主体单独产出之和，实现了1+1>2，就实现了范围经济。”② 这是从区域经济合作系统的正的外部性视角来说的。区域经济合作系统有负的外部性，其有害于区域合作。

二、泛长三角区域合作与江苏地方政府横向关系发展

中央对地方的管理权力下放和经济体制市场化改革的推进，极大地调动了地方政府调控区域经济发展的积极性。地方政府之间的关系是指地方政府之间形成的纵向和横向关系，一般包括纵向的地方各级政府之间关系和横向的各地方政府之间关系，主要是指互不隶属的地方政府之间的横向关系。泛长三角区域合作背景下的江苏地方政府之间的横向关系是影响江苏行政发展的重要因素。促进泛长三角区域合作背景下的江苏经济创新发展，推动地方政府改革和江苏行政发展，应着力促进江苏地方政府横向关系发展。

1. 江苏地方政府横向关系发展的制约因素

江苏省地方政府之间的横向关系发展状况可以概括为两个方面：地区之间互补与协作关系的加强；地方政府推动江苏经济合作发展。在区域板块之间摩擦和冲突仍将继续存在的情况下，在中央政府政策的推动下，江苏省地方政府充分利用改革开放后拥有较大自主权的有利条件，广泛开展多种形式尤其是苏南苏北横向经济联

① 陈泽民. 区域合作通论——理论·战略·行动［M］. 上海：复旦大学出版社，2005：50.
② 陈泽民. 区域合作通论——理论·战略·行动［M］. 上海：复旦大学出版社，2005：59-60.

合，通过打破传统行政体制下行政区之间的经济分割，以加强地区间的经济技术协作，推动了江苏区域经济合作发展。促进地方政府之间的横向关系不断发展的原动力就是区域经济一体化快速发展的内在动力。随着改革开放的不断深入，江苏省地方政府的自主权力不断扩大，相互之间的联系越来越紧密，区际经济合作组织不断涌现。但是，地方政府横向关系发展仍受一些制约因素的阻碍。

一是地方保护主义制约江苏地方政府之间横向关系发展。地方政府在区域分工贸易、区域要素流动和区域产业转移方面因地方利益较容易实施地方保护主义。行政区域经济发展存在着一定的竞争关系。一些地方政府出于地方利益的考虑，在行政区范围内构筑自我封闭、自我配套的经济结构体系。行政区域经济是相对独立的区域经济板块，从而很容易在经济方面"自成体系"，造成重复建设和区域产业结构趋同。因此，地方保护主义使江苏经济发展偏离了区域经济一体化的发展方向。泛长三角区域合作背景下的江苏地方政府之间的行政体制，制约着地方政府之间横向关系发展。江苏经济中有市域经济、县域经济、乡镇经济等多种行政区域经济种类（板块），每一个行政区域经济板块都受到相对应的地方政府调控经济行为的影响。但是，不具有纵向领导关系的地方政府之间没有直接的行政关系，因而协调和规范好地方政府之间的关系是江苏经济的行政区域经济板块合作发展的重要内容。

二是行政区域经济板块自身利益最大化制约江苏地方政府之间横向关系发展。从实际情况看，江苏行政区域经济合作发展的阻碍因素仍然存在。比如以特大区域中心城市为基础的江苏三大都市圈尤其是在发展初期阶段的聚集效应大于辐射效应，从而形成了人才、资源逐渐向特大区域中心城市集中，造成周围区域发展相对迟缓的"空吸"现象。这就容易引致都市圈的经济腹地行政区域经济板块的实行地方政府的地方保护主义"措施"。在市场经济条件下，地方政府的经济职能主要是为经济发展营造良好的市场环境和投资环境，提供公共物品与服务，从而推动行政区域经济板块发展。区域经济发展中的区域利益冲突与条块分割的地方政府管理体制分不开，更与当前地方政府间缺乏合作有着直接的关联，从而制约着江苏地方政府之间横向关系发展。

2. 促进江苏地方政府横向关系发展的路径

认真解决地方政府之间横向关系发展中出现的矛盾与冲突，是促进泛长三角区域合作背景下江苏行政发展的需要。寻求协调江苏地方政府之间横向关系的路径具有重要意义。

（1）按照市场经济发展规律协调和规范地方政府竞争秩序。制度决定着一种经济的激励结构、决策结构、信息结构及其运行方式，从而决定着经济变化的增长或衰退走向。改革开放以来，在江苏仍然存在不同程度的地方保护主义，这是与市场经济发展的内在要求相矛盾的。协调地方政府之间的竞争秩序，必须引导地方政府从以地方保护主义为策略的封闭式竞争转向开放式的制度创新为基础的制度竞争，通过制度创新吸引经济要素。在市场经济中，政府之间关系的良性发展路径为“竞争—合作”。“竞争—合作”是竞争与合作相包容的一体化，竞争应该是有利于提升合作水平和合作层次的竞争；合作应当是包容竞争的合作。市场经济的“竞争—合作”的地方政府之间的横向关系应该是行政发展的制度选择，是为理顺江苏地方政府之间横向关系提供的一种有实践推动意义的行政发展方式。①

（2）通过完善跨行政区的基础设施供给协调江苏地方政府之间横向关系。江苏省各级地方政府共同努力，以公路建设为重点，全面加强铁路、机场、内河航运、通信、广播电视和城市基础设施等建设获得显著成效。这些跨行政区的基础设施的完善，无疑会加速区际资源的流动，促进区际经济综合开发与协同发展。应通过完善跨行政区的基础设施供给促进区域空间融合，从而建立推动行政区域经济跨越式发展的协调江苏地方政府之间横向关系：一是通过协调江苏地方政府之间横向关系，协同整合区域产业优势，打破行政区界限，为跨区际重大基础设施建设，跨区际横向经济联合与协作奠定基础。二是通过协调江苏地方政府之间横向关系，努力构建互通互连、共享共建的江苏“三大都市圈”、外接“长江通道和陆桥通道”内连“苏南‘曰’形和苏北‘◁’形”快速交通束的基础设施体系。

（3）通过组建跨行政区的组织协调机构，寻求区域之间经济利益的结合点以实现区域“共赢”。地方政府要想通过区域合作实现经济利益共赢，就要处理好各区域经济利益的关系。行政区域经济种类及板块是相对独立的行政区域经济运行体，因而在资金来源、利益分配等区域之间的经济利益协调困难。加强区域合作，必须确立“互利共赢、共同发展”的合作宗旨，通过找准区域之间合作和联动的基点来促进区域资源互补，推进区域经济重组，优化区域产业布局和优化环境。找准区域之间经济利益的结合点实现“共赢”，要成立跨行政区的组织协调机构，专门负责区域合作在区域经济发展规划、政策协商、联系沟通、信息服务等方面的工作。只有加强地方政府合作，才会实现江苏行政区域经济种类及板块的“双赢”。②

第三节　泛长三角区域合作背景下江苏经济创新发展的区域治理

从经济创新发展来说，区域治理是指政府、非政府组织、私人部门、公民及其他利益相关者通过谈判、协商、伙伴关系等方式为实现区域利益最大化进行集体行

① 陈国权，李院林．论长江三角洲一体化进程中的地方政府间关系［J］．江海学刊，2004（5）．

② 王海娟，任维德．试论地方政府间横向关系的规范化［J］．北方经济，2006（9）．

动的过程。①从泛长三角区域合作背景下江苏经济创新发展看，区域治理包括“区域政府的路径”和行政区划调整。为了在区域治理过程中既能够为区域培养一种本土化的权力从而达到以上目标，同时又能够保证江苏省地方政府对区域治理的控制权，从而创立一个独具特色的区域治理体制。

一、促进泛长三角合作背景下的江苏经济创新发展的“区域政府的路径”

区域政府理论是在对西方发达国家市场经济中的“市场失灵”“空间失灵”的研究中产生的。区域政府是促进区域经济创新发展的一种路径，这在一些西方发达国家进行的区域政府管理实践中得到证明，并推动区域政府的理论演进。在改革开放进程中，中央对地方的管理权力下放和经济体制市场化改革的推进，极大地调动了地方政府促进区域经济创新发展的积极性。“区域政府的路径”包括区域政府形成和区域政府行为途径。“区域政府的路径”是建立在区域合作基础上的。泛长三角区域合作背景下江苏经济创新发展的“区域政府的路径”主要包括苏南“区域政府的路径”和苏北“区域政府的路径”。区域治理应建立一个以区域政府和区域规划局为支柱的区域治理网络。

1. 苏南“区域政府的路径”

苏南“区域政府的路径”主要是长江通道经济板块区域合作的“区域政府的路径”。苏南是长三角极核区的重要部分，因而苏南的“区域政府的路径”是长三角的“区域政府的路径”。长三角经济区由“一市两省”省域经济板块、“一市三省”的“22 城市”经济板块构成，存在省、市、县、镇级等地方政府。促进行政区域经济指向经济区域经济演化和长三角经济区协调发展，寻求“区域政府的路径”至关重要。

（1）构建苏南区域政府运行机制。苏南具有了指向协调发展的“区域政府的路径”的良好基础。一是区域合作的共识逐渐深入人心。近年来政界、学界、企业界共同推动区域一体化进展。多方参与、共同推动区域协调发展的良好格局正在

---

① 区域治理具有三个基本特点：一是多元主体形成的组织间网络或网络化治理；二是强调发挥非政府组织与公民参与的重要性；三是注重多元弹性的“协调”方式来解决区域问题。区域治理必须有深厚的公民社会和公民参与传统、发达的非政府组织体系，以及公私合作与协商治理的文化。英国布莱尔政府在推进区域治理过程中最为突出的是建立一个以区域政府办公室、区域发展局和区域议事厅为三大支柱的治理网络，它们的治理能力和运行效果直接影响到是否能够为区域治理提供一个清晰的领导关系，以及是否能够为区域发展提供一个整合性的具有明确优先发展目标的区域战略。为了在区域治理过程中既能够为区域培养一种本土化的权力从而达到以上目标，同时又能够保证中央政府对区域治理的控制权，英国布莱尔政府创立了一个独具特色的区域治理体制。

加快形成。二是政府间的合作联动加快。但是，苏南仍未寻求到好的“区域政府”的实现形式。借鉴美国促进区域经济协调发展的“区域政府的路径”（刘彩虹，2010），一是成立苏南区域政府。二是成立苏南区域发展规划局。[①]苏南区域发展规划局由江苏省政府及苏南地级市政府出资并委派人员组成（驻地可设在江苏省南通市），其基本任务是从发展规划层面协调苏南经济一体化发展，具体说来，是“新兴功能领域如空气污染控制、固体垃圾处理、运输、法律执行、地质、土地利用、人力资源以及经济发展制定规划和提出建议”[②]。

（2）发挥苏南区域政府的治理作用。从苏南区域特点出发进行区域治理。美国旧金山地区102个城市（包括市镇）可以组建湾区联合政府，在某些跨界的公共领域（交通等基础设施、环境治理等）实行有效的跨界管理，为什么苏南做不到?[③]苏南区域政府的治理路径是：促进苏南经济创新发展；在条件成熟时，增加苏南区域发展规划局在跨行政区协调发展方面的行政调控职能，发挥苏南区域发展规划局在促进苏南经济创新发展的作用。

2. 苏北“区域政府的路径”

苏北“区域政府的路径”主要是陆桥通道经济板块区域合作的“区域政府的路径”。陆桥通道空间结构特征决定其“区域政府的路径”主要包括双陆桥的北桥城市经济轴的“区域政府的路径”。促进陆桥通道协调发展的“区域政府的路径”主要包括：增强陆桥通道的地方政府横向联系，促进淮海经济区地方政府合作；成立双陆桥北桥城镇经济轴发展规划委员会，统筹陆桥通道协调发展；在新亚欧大陆桥中国段沿桥城市领导联谊活动的基础上，适时建立陆桥通道的区域政府。增加国务院新亚欧大陆桥协调组办公室职能，在加强中央政府对陆桥通道协调发展的调控的基础上，支持陆桥区域政府展开工作。

（1）构建苏北区域政府运行机制。“区域政府的目标是应对区域层次的公共事务，通过协调来使得区域经济有效率地发展。”[④]区域政府是区域内地方政府的“合作政府”，其基本职能是促进跨行政区域协调发展。苏北区域政府的运行经费应列入江苏省级财政预算。区域政府的设置应适应行政区域经济指向经济区域经济演化趋势。区域政府不同于地方政府，没有明晰的稳定的行政区划“边界”。苏北区域

---

① “我们认为大都市区规划委员会的设立将会为亚特兰大地区的增长掀开新的一页。有规划指导的发展才是唯一稳妥的发展。现在的人就是建一个比鸡笼大些的建筑，没有蓝图都不自信。像大都市区这样的一个庞大而又复杂的事物如果没有规划怎么可能实现有序的增长呢?”（参见约翰·M. 利维. 现代城市规划［M］. 孙景秋，等，译. 北京：中国人民大学出版社，2003：304）

② David K. Hamilton，Governing Metropolitan Areas：Response to Growth and Change，Gavland Publishing，Inc. 1999，P. 232。

③ 陈占彪. 行政组织与空间结构的耦合——中国行政区经济的区域政治经济学分析［M］. 南京：东南大学出版社，2009：228-229.

④ 曾万涛. 中国城市群联市制研究——以长株潭为例［M］. 南京：东南大学出版社，2010：160-161.

政府的运行机制宜采用地方政府合作机制："联市制"。虽然"联市制"的联市是拥有"主权"性质的市，但"主权"受到很大程度的制约。联市上有省政府，必须在上级政府的正确领导下行使职权。区域性的非政府政治行为主体也会发挥作用，很多时候需要它们承担协调管理职责。

（2）发挥苏北区域政府的治理作用。苏北区域联市是介于市联和单一制市之间的一种市结构形式，借助这种形式，联市既可克服市联制过于分散的弊端，又能消除城市群缺乏整体性的宿弊，充分发挥联市和各成员单位的双重优势。一方面，联市和各成员单位是相互独立的；另一方面，它们同时又是紧密合作的关系。一是区域治理组织有明确的职能分工。区域政府主要是负责领导苏北经济发展，同时监察各市域经济伙伴关系及其实现机制，它的职责是领导和解决社会排斥和区域板块邻里关系发展问题上的事务。二是区域治理组织在责任体系中的多重性。区域政府的工作人员主要来自于省政府的不同部门，因此他们的工作首先是要向自己所在的部门负责。但是区域政府不是简单地在苏北执行部门政策，它必须既要在省级层面将不同的部门政策进行整合，又要体现苏北经济创新发展的重点。区域政府的财政支出主要由省级政府部门的项目资金组成，每一个项目都是由某个部门资助的。区域政府这些责任是由其工作所属部门、组织设立的目的以及所代表的区域所决定的。区域规划局成员主要由地方政府及其经济、社会成员伙伴构成，对本区域整体事务负责，但是很多时候它往往成为地方政府及其利益角逐的论坛。

二、促进泛长三角合作背景下的江苏经济创新发展的行政区划调整

行政区划是指"为实行国家的行政管理、治理与建设国家，对领土进行合理的分级（层次）划分而形成的区域与地方"，是"国家的结构体系安排"①。它属于上层建筑。作为上层建筑的行政区划必须适应区域经济的发展。"区域经济发展引致行政区划进行相应调整，而行政区划制度和格局变迁又反作用于区域经济发展。"②由于不同的行政区划对泛长三角区域合作有着不同的影响作用，因而泛长三角区域合作有一个行政区划选择或行政区域调整问题，即行政区划或行政区域设置应适应泛长三角区域合作。泛长三角区域合作对江苏经济创新发展产生直接影响。顺应泛长三角区域合作要求的江苏行政区划调整和行政管理体制改革势在必行。泛长三角区域合作背景下的江苏行政区划调整和"省直管县"体制改革，对于江苏经济创新发展具有十分重要的意义。

---

① 刘君德，等. 中国行政区划的理论与实践［M］. 上海：华东师范大学出版社，1996：4.

② 常黎. 行政区划与区域经济发展——河南省案例分析［M］. 北京：科学出版社，2008：144.

1. 促进江苏经济创新发展内在要求应适时进行行政区划调整

泛长三角的不同类型和同一类型的不同种类区域经济板块的形成和发展，是行政区域与经济区域之间的关系决定的。一般来说，区域经济中心往往是区域行政中心，不同等级的区域经济中心也往往是相对应的区域行政中心；经济中心与行政中心相互对应的关系使泛长三角区域经济类型和种类得以产生和演化；如果经济中心的辐射力超过行政中心的行政力所能达到的区域时，行政区域与经济区域之间的不对应或不重合现象必然要求改变行政区域，行政区划调整就是非常必要和理所当然的事，泛长三角的区域经济板块也就会发生重大变化。从这种意义上说，适时进行行政区划或行政区域调整，是泛长三角经济创新发展的必然要求，是泛长三角创新发展到一定阶段的必然现象。

泛长三角区域合作要求选择适宜行政区划模式，这是泛长三角行政区域经济指向经济区域经济演化的内在要求。泛长三角区域合作的本质是行政区域与经济区域的相对应或重合问题。泛长三角的行政区域经济必然指向经济区域经济演化。一方面，行政区划边界“保护”着泛长三角行政区域经济种类相对独立运行。“在经济发展的不同阶段，地方行政建制的数量和区划模式的选择上有较大的差别。……一般在经济发达地区，行政区划变动较大，城市型政区的比重不断增加；而在经济较落后地区，行政区划变动小，多以传统的地域型行政区划为主。”① 这是因为，“我国走的是一条用行政区完全取代经济区的区域经济发展道路，其结果是，在长期的发展过程中，形成了一种行政区与经济区的特殊耦合体，即行政经济区。也就是说，各级不同的行政区往往就是一个个大小不同的经济区，这些行政经济区在一种具有高度集权化、组织化和行政化特征的运行机制作用下，表现出异乎寻常的‘协同态’，即使存在各种矛盾，往往也能通过行政或组织‘友好’地解决”②。“在这种情况下，作为地方政府行政管辖范围的行政区划界线，也就如同一堵‘看不见的墙’，成为区域经济联系与发展的障碍，严重约束着区域经济的健康发展，使区域经济表现出一种与上述一体化相悖的运行态势。”③ “行政区划分割导致的矛盾日益尖锐。20 世纪 80 年代以来，长三角在行政区划上皆实行了市带县体制。……县经济实力的上升必然导致其行政上的独立性加强，从而形成地级市与县级市各自为政、自成体系、矛盾重重且很难协调。”④ 泛长三角的生产力水平或经济发展因素是行政区划演变的决定性影响因素。在地方政府强烈追求区域利益最大化的

---

① 刘君德，等. 中国行政区划的理论与实践［M］. 上海：华东师范大学出版社，1996：41-42.

② 刘君德，等. 中国行政区划的理论与实践［M］. 上海：华东师范大学出版社，1996：121.

③ 刘君德，等. 中国行政区划的理论与实践［M］. 上海：华东师范大学出版社，1996：94.

④ 胡序威，周一星，顾朝林，等. 中国沿海城镇密集地区空间集聚与扩散研究［M］. 北京：科学出版社，2000：235-236.

动机驱使下，地方政府对经济的不合理干预行为十分严重，使行政区域经济行为带有强烈的地方政府色彩。

另一方面，泛长三角内含着制约行政区域经济指向经济区域经济演化的诸多因素。一是泛长三角的行政区自成体系制约着经济区合理的生产力布局。在行政区经济运行时期，行政区经济受体制分割尤其是价格关系不合理的影响，往往刻意追求自成体系的布局行为，从而不可避免地对经济区的经济合理布局产生了制约。二是泛长三角的相同产业结构制约着经济区产业扩散及区域经济一体化进程。泛长三角自成体系的布局行为，势必导致整个经济区的产业都处于低水平的同构状态，阻碍了经济区的合理产业扩散，不利于区域经济一体化进程。三是泛长三角的地区封锁与地区垄断制约着经济要素在经济区的合理流动。行政区经济存在的自成体系布局行为和产业同构偏好，就使各行政区在各自利益动机驱使下，往往不惜采取种种行政手段筑起封锁的“经济篱墙”，尤其是对短缺经济要素的封锁甚至区域垄断。这显然不利于经济区的健康发展。（刘君德等，1996）四是泛长三角的地方保护主义制约着经济区共同市场发展。“行政区经济出于局部利益追求，往往采取地方保护主义政策，保护本地产品的生产与销售，限制外来商品的流通。前几年出现的各种商品贸易大战等摩擦事件，就是上述问题的具体反映。这无疑也同经济区与市场的发育背道而驰，不利于经济区经济的繁荣。”① 五是泛长三角的地方财政体制制约着泛长三角指向经济区域经济演化进程。1994 年实行分税制以来，为地方政府尤其是省级政府的经济行为提供了财力支持，但也使地方政府为了更多的财源而偏好本地企业，自觉和不自觉地阻碍经济区域大市场形成和发展。因此，泛长三角指向经济区域经济演化是一个渐进的过程。

2. 促进江苏经济创新发展适时进行行政区域调整的思路框架

由于“各级地方政府作为一级调控主体和利益主体的地位非常突出，并且力量也十分强大。而上级政府考核衡量下一级政府的政绩好坏又往往以各级政府所管辖的行政区的经济发展状况的好坏为主要标准，因此，各级政府按行政区来组织区域经济发展是长期以来形成的一种不得已而为之的既成事实。”② 但是，泛长三角协调发展必然要求在更大地域范围内组织社会生产，从而形成跨行政区的经济区，这已成为一种大趋势。因此，泛长三角区域合作必然要求进行行政区划模式选择或行政区域调整。

适时、合理地调整行政区划是推动泛长三角协调发展的重要措施。泛长三角指向跨行政区域的经济区域经济演化，必然要求对原有的行政区划及其体制进行调

---

① 刘君德，等. 中国行政区划的理论与实践［M］. 上海：华东师范大学出版社，1996：123-124.

② 刘君德，等. 中国行政区划的理论与实践［M］. 上海：华东师范大学出版社，1996：4.

整。例如，长三角江苏省的武进、丹徒在地域上分别环抱着常州、镇江两市的主城区，其行政区划与经济区域经济一体化发展呈现出尖锐矛盾：影响城市规划的统一实施。常州、镇江两市新一轮城市规划所确定的城市规划区，分别涵盖了武进、丹徒的部分区域，但由于县级规划权相对独立，造成市县两级规划分离，难以协调统一；常州、镇江市区发展空间不足，难以拓展，严重影响了城市的统一规划和建设，也制约了郊县的经济发展；在现行管理体制下，同城的市和县各自建设行政中心、经济开发区、商贸区等，市政公用设施和社会事业相互分割，降低了资源配置效益。

为减少行政区划对经济区域经济形成和发展的负面影响，对常州、镇江市行政区划进行调整，将原武进市、丹徒县撤销，分别设立常州市武进区、镇江市丹徒区。新的行政区划满足了常州市域经济、镇江市域经济指向经济区域经济一体的演化要求。1992 年以来，泛长三角适时、合理进行行政区划调整作为区域协调发展的一项重大措施，取得了很好的效果。2001 年 1 月，长三角的江苏省对南京、苏州、无锡、淮阴、扬州 5 个市进行区划调整。行政区划调整对经济社会发展的推动作用已初步显现：促进经济发展，新设的 9 个区经济发展速度普遍加快，大多数增幅高于全市 3~5 个百分点；招商引资也呈现良好的发展势头；拓展了城市发展空间，促进了城市建设和经济发展，充足的土地资源也为“经营城市”创造了条件；优化资源配置，市区实行统一规划，使产业布局更加合理，基础设施、市政公用设施统一建设，共享共用，旅游资源统一开发，促进资源的优化配置。

3. 泛长三角区域合作背景下的江苏省行政区划调整

依据江苏经济创新发展内在要求和空间结构优化特点，促进泛长三角区域合作背景下的江苏行政区划调整，既着力到经济的“点”的发展，又推动着经济的“轴”的扩展，同时又兼顾相互间的经济联系。“在制度层面上进行跨行政区合作的整合创新”。[①]实施“赶超型的发展战略要求较多的政府介入。”[②] 在兼顾现有行政区划特点和江苏南北区域经济的互补性和拉动性的前提下，推动行政发展，进行行政区合作的整合创新，有利于推动跨行政区域经济创新发展。

泛长三角区域合作背景下的江苏省应适时进行行政区划调整。行政区划与区域经济发展的关系是区域发展研究中长期备受学者关注的一个重要问题。“行政区划是对区域经济发展有着重要影响的一种制度安排，行政区区划与区域经济发展之间存在相互作用，即区域经济发展引致行政区划进行相应调整，而行政区划制度和格

---

① 陈宣庆，张可云，等. 统筹区域发展的战略问题与政策研究［M］. 北京：中国市场出版社，2007：209.

② 毛传新. 区域开发与地方政府的经济行为［M］. 南京：东南大学出版社，2007：31.

局变迁又反作用于区域经济发展。”①

进行适宜的泛长三角区域合作背景下的江苏行政区划调整是必要的，也是有益的（见表 15-1、表 15-2）。在沿海城镇经济轴新设置地级市——海安市和滨海市。江苏沿海城镇经济轴由南通、盐城和连云港市域经济板块构成，但盐城市的行政区域偏大，城市经济动力不强，因而很有必要进行行政区划调整。新设置的海安市辖城东区（城东区政府驻地城东镇，辖原海安县所辖行政区域；原海安县城为海安市政府驻地）、洋口区（为适应洋口港口经济发展，设置包括洋口镇及接壤海安县的 225 省道以西的如东县所辖镇的洋口区，洋口镇为区政府驻地）、如皋市、东台市。海安市区经济的快速发展是北环沪宁快速交通束城镇经济轴和沿海城镇经济轴的交汇“节点”（重要“增长极”），是上海经济向苏北辐射和沿海城镇经济轴开发的重要“节点”。新设置的滨海市辖东坎区（原滨海县所辖行政区域；市政府、区政府驻地）、灌南县、响水县和阜宁县。滨海市域经济的城市经济比重偏低，是江苏实施沿海城镇经济轴开发战略中需要给予政策扶持的“欠发达行政区域经济”板块；但是，滨海市域经济的快速发展对于北接连云港港口经济辐射和南接上海经济辐射以及沿海城镇经济轴创新发展具有重要的战略意义。在陇东海城镇经济轴新设置地级市——新沂市。陇东海城镇经济轴的连云港、徐州城市相隔距离超过 200 公里；新沂具有“+”字形交通区位并位居陇东海城镇经济轴“中间点”，规划设置地级市并促进其快速发展，有利于东海城镇经济轴空间开发和创新发展。新设置的新沂市辖新安区、邳州区（邳州市改设区）、睢宁县；新安区辖原新沂市所辖行政区域；新沂市政府、新安区政府驻地新安城区。②

表 15-1　　泛长三角区域合作背景下的江苏省（省管县体制）行政区划调整规划建议（2015—2020）

行政区种类及层级			2012 年					2020 年
			人口 户籍/常住（万人）	总面积（平方公里）	建成区（平方公里）/建成区占总面积比重（%）	人口密度（人/平方公里）	城镇人口/人口城镇化率（%）	常住人口城镇化率（%）
江苏省	总计		7 624/7 920	102 600	4 330/4.2	772	4 803/63	72
	城乡结构	市	3 160				39.9	45
		镇	1 830				23.1	25
		乡村	2 930				37.0	30

① 章成林. 行政区划与区域经济发展——河南省案例分析［M］. 北京：科学出版社，2008：1.

② 在条件成熟时，可以通过行政区划规划，将安徽省所辖的天长市划入江苏省管辖，新设置省辖盱眙市。盱眙市辖盱城区（原盱眙县所辖行政区域；市政府、区政府驻地）、天长市、金湖县。盱眙市域经济以高邮湖、洪泽湖为依托发展生态农业，这对于南京经济发展和苏北经济接受南京都市圈经济辐射具有十分重要的意义。

表15-1(续)

行政区种类及层级				2012 年					2020 年
				人口 户籍/常住 (万人)	总面积 (平方 公里)	建成区(平方 公里)/建成区占 总面积比重(%)	人口密度 (人/平方 公里)	城镇人口/ 人口城镇 化率(%)	常住人口 城镇化率 (%)
南京市	市域			639 / 816	6 587	694/10.5	1 239	655/80.2	86
南京市	市辖区	市区		533 / 732	4 733	654/13.8			
南京市	市辖区	玄武		51	75				
南京市	市辖区	白下		46	26				与秦淮合并(2013)
南京市	市辖区	秦淮		25	23				
南京市	市辖区	建邺		24	81				
南京市	市辖区	鼓楼		66	27				
南京市	市辖区	下关		31	28				与鼓楼合并(2013)
南京市	市辖区	浦口		60	912		654		
南京市	市辖区	六合		89	1 467		607		
南京市	市辖区	栖霞		43	391		1 093		
南京市	市辖区	雨花台		24	135		1 800		
南京市	市辖区	江宁		95	1 558		605		
南京市	市辖区	溧水		41.9	1 067		393		
南京市	市辖区	高淳		43.3	792		531		
徐州市	市域			/856	11 259	420/3.7	761	486/56.7	71
徐州市	徐州市辖区	市区		321/ 314	3 038				
徐州市	徐州市辖区	云龙		31	118				
徐州市	徐州市辖区	鼓楼		48	68				
徐州市	徐州市辖区	贾旺		51	834				
徐州市	徐州市辖区	泉山		60	108				
徐州市	徐州市辖区	铜山		129	1 909				
徐州市	丰县	县域		116.6/94.9	1 446	24/1.7	657		68
徐州市	丰县	城镇从业人员		4.7					
徐州市	丰县	乡村从业人员	非农业	51.98/25.41					
徐州市	丰县	乡村从业人员	农业	26.57					
徐州市	沛县	县域		128.7/111.3	1 349	36/2.7	852		72
徐州市	沛县	城镇从业人员		7.81					
徐州市	沛县	乡村从业人员	非农业	48.58/21.09					
徐州市	沛县	乡村从业人员	农业	27.49					

表15-1(续)

行政区种类及层级				2012 年 人口 户籍/常住（万人）	2012 年 总面积（平方公里）	2012 年 建成区（平方公里）/建成区占总面积比重（%）	2012 年 人口密度（人/平方公里）	2012 年 城镇人口/人口城镇化率（%）	2020 年 常住人口城镇化率（%）
新沂市	市域			419	5 426	108/2.0	578		
	市辖区	市区		107.2/90.8	1 571	34/2.2			改设为市辖区
		新沂		107.2/90.8	1 571	34/2.2			
	邳州市	市域		179.9/143.4	2 088	42/2.0	687		改设为市辖区
		城镇从业人员		10.8					
		乡村从业人员	非农业	66.90/43.90					
			农业	23.0					
宿迁市	市域			/479	8 555	197/2.3	561	245/51.0	71
	市辖区	市区		164 / 147	2 108				
		宿城		89	854				
		宿豫		72.40	1 254				
	泗阳县	县域		103.6/92.3	1 418	35/2.5	599		68
		城镇从业人员		8.16					
		乡村从业人员	非农业	39.58/24.0					
			农业	15.58					
	沭阳县	县域		187.8/155.3	2 298	60/2.6	676		70
		城镇从业人员		17.99					
		乡村从业人员	非农业	83.77/54.35					
			农业	29.42					72
	泗洪县	县域		105.5/92.3	2 731	32/1.2	338		
		城镇从业人员		9.44					
		乡村从业人员	非农业	38.69/15.78					
			农业	22.91					
	睢宁县	县域		133	1 767	32/1.8	580		
		城镇从业人员		0.93					68
		乡村从业人员	非农业	58.51/33.99					
			农业	24.52					
盐城市	市域			/722	8 936	200/1.7	425	403/55.8	73
	市辖区	市区		167 / 161	1 923	128/6.7			
		亭湖		87	876				
		盐都		71.51	1 047				

表15-1(续)

行政区种类及层级				2012年					2020年
				人口 户籍/常住 (万人)	总面积 (平方 公里)	建成区(平方 公里)/建成区占 总面积比重(%)	人口密度 (人/平方 公里)	城镇人口/ 人口城镇 化率(%)	常住人口 城镇化率 (%)
盐城市	大丰市	市域		72.5/70.1	3 059	26/0.9	229		66
		城镇从业人员		14.92					
		乡村从业人员	非农业	31.34/21.29					
			农业	10.05					
	建湖县	县域		80.4/73.8	1 160	24/2.1	636		65
		城镇从业人员		14.21					
		乡村从业人员	非农业	30.24/21.69					
			农业	9.55					
	射阳县	县域		96.7/89.2	2 855	22/0.8	313		67
		城镇从业人员		21.38					
		乡村从业人员	非农业	34.91/21.70					
			农业	13.21					
淮安市	市域			/480	10 072	234/2.3	477	257/53.5	70
	市辖区	市区		283 / 266	3 110	135/4.3			
		清河		37	155				
		清浦		32	294				
		淮安		118	1 462				
		淮阴		91	1 264				
	洪泽县	县域		38.6/33.3	1 394	17/1.2	239		67
		城镇从业人员		14.46					
		乡村从业人员	非农业	17.55/11.03					
			农业	6.52					
	涟水县	县域		111.4/83.8	1 676	32/1.9	500		68
		城镇从业人员		16.18					
		乡村从业人员	非农业	50.44/28.66					
			农业	21.78					
	金湖县	县域		35.7/33.1	1 394	20/1.4	238		70
		城镇从业人员		11.67					
		乡村从业人员	非农业	13.44/8.03					
			农业	5.41					
	盱眙县	县域		78.3/64.3	2 497	30/1.2	257		72
		城镇从业人员		12.36					
		乡村从业人员	非农业	31.89/19.95					
			农业	11.94					

表15-1(续)

行政区种类及层级				2012 年					2020 年
				人口户籍/常住(万人)	总面积(平方公里)	建成区(平方公里)/建成区占总面积比重(%)	人口密度(人/平方公里)	城镇人口/人口城镇化率(%)	常住人口城镇化率(%)
连云港市	市域			/441	5 565	202/3.6	579	240/54.4	61.2
	市辖区	市区		97 / 110	1 200	140/11.7			
		连云		25.33	579				
		海州		69	697				
	东海县	县域		118.0/95.0	2 037	28/1.4	466		改设为市辖区
		城镇从业人员		11.12					
		乡村从业人员	非农业	45.16/24.48					
			农业	20.68					
	灌云县	县域		102.0/79.0	1 840	27/1.5	429		71
		城镇从业人员		10.11					
		乡村从业人员	非农业	37.52/18.12					
			农业	19.40					
	赣榆县	县域		115.6/94.8	1 514	29/1.9	626		改设为市辖区
		城镇从业人员		14.57					
		乡村从业人员	非农业	42.59/23.57					
			农业	19.02					
滨海市	市域			357.5	5 840	113/1.9			开发沿海城市经济带
	市辖区	滨海		114.6	1 915	31/1.6			
	响水县	县域		61.5/50.3	1 461	21/1.4	344		66
		城镇从业人员		7.69					
		乡村从业人员	非农业	21.23/11.92					
			农业	9.31					
	灌南县	县域		78.7/62.2	1 025	22/2.2	607		68
		城镇从业人员		4.20					
		乡村从业人员	非农业	32.05/15.17					
			农业	16.88					
	阜宁县	县域		110.9/84.0	1 439	39/2.7	583		改设为市辖区
		市镇从业人员		14.46					
		乡村从业人员	非农业	37.20/21.30					
			农业	15.90					

表15-1(续)

行政区种类及层级				2012 年 人口 户籍/常住 (万人)	总面积 (平方 公里)	建成区(平方公里)/建成区占总面积比重(%)	人口密度 (人/平方 公里)	城镇人口/ 人口城镇 化率(%)	2020 年 常住人口 城镇化率 (%)
海安市	市域			296.7	5 821	83/1.4	782		海安市改设市辖区
	市区								
	市辖区	海安		93.9/86.6	1 108	24/2.2			新设置
		洋口港		12.0	22	—			新设置，如东县洋口、拼茶镇划入
	如皋市	市域		142.5/126.0	1 492	25/1.7	845		
		城镇从业人员		14.98					
		乡村从业人员	非农业	60.70/45.90					
			农业	14.80					
	东台市	市域		114.098.6	3 221	34/1.1	306		
		城镇从业人员		17.27					
		乡村从业人员	非农业	48.81/28.04					
			农业	20.77					
南通市	市域			763	5 401	221/4.1	912		
	市辖区	市区		212	1 521	156/10.3			
		通州		125	1 343				
		崇川		68	215				
		港闸		19	134				
	启东市	市域		112.4/96.0	1 208	22/1.8	795		
		城镇从业人员		17.30					
		乡镇乡村		51.87/38.00					
				13.85					
	如东县	县域		104.6/98.6	1 733	21/1.2	569		
		城镇从业人员		15.85					
		乡村从业人员	非农业	47.48/38.58					
			农业	8.90					
	海门市	市域		99.7/90.2	939	22/2.3	961		
		城镇从业人员		12.62					
		乡村从业人员	非农业	49.67/37.10					
			农业	12.52					

表15-1(续)

行政区种类及层级				2012年					2020年
				人口 户籍/常住 (万人)	总面积 (平方公里)	建成区(平方公里)/建成区占总面积比重(%)	人口密度 (人/平方公里)	城镇人口/人口城镇化率(%)	常住人口城镇化率(%)
泰州市	市域			506/463	5 787	185/3. 2	800	268/57. 9	72
	市辖区	市区		83 / 89	638	69/10. 8			
		海陵		57	309				
		高港		26	333				
	靖江市	市域		66. 7/68. 6	656	34/5. 2	1 046		70
		城镇从业人员		15. 40					
		乡村从业人员	非农业	26. 78/21. 12					
			农业	5. 66					
	泰兴市	市域		119. 8/107. 6	1 170	24/2. 1	920		70
		城镇从业人员		9. 76					
		乡村从业人员	非农业	56. 39/46. 01					
			农业	10. 38					
	姜堰市	市域		79. 3/72. 9	928	23/2. 5	786		改设为市辖区
		城镇从业人员		10. 30					
		乡村从业人员	非农业	34. 46/28. 38					
			农业	6. 08					
	兴化市	市域		157. 3/125. 4	2 395	35/1. 5	524		67
		城镇从业人员		16. 13					
		乡村从业人员	非农业	60. 94/40. 86					
			农业	20. 08					
镇江市	市域			271/316	3 847	180/4. 7	820	203/64. 2	75
	市辖区	市区		103 / 122	1 082	119/11. 0			
		京口		51	337				
		润州		25	129				
		丹徒		28	593				
	扬中市	市域		28. 1/34. 0	331	12/3. 6	1 027		68
		城镇从业人员		8. 59					
		乡村从业人员	非农业	12. 84/10. 67					
			农业	2. 27					
	丹阳市	市域		81. 2/97. 4	1 047	26/2. 5	930		71
		城镇从业人员		26. 53					
		乡村从业人员	非农业	36. 10/27. 84					
			农业	8. 26					

表15-1(续)

行政区种类及层级				2012年					2020年
				人口户籍/常住(万人)	总面积(平方公里)	建成区(平方公里)/建成区占总面积比重(%)	人口密度(人/平方公里)	城镇人口/人口城镇化率(%)	常住人口城镇化率(%)
镇江市	句容市	市域		58.8/62.2	1 387	23/1.7	449		71
镇江市	句容市	城镇从业人员		13.69					
镇江市	句容市	乡村从业人员	非农业	25.09/16.61					
镇江市	句容市	乡村从业人员	农业	8.48					
扬州市	市域			458/447	6 591	222/3.4	678	263/58.8	75
扬州市	市辖区	市区		230	2 350	129/5.5			
扬州市	市辖区	邗江		74	641				
扬州市	市辖区	广陵		49	339				
扬州市	市辖区	江都		107	1 330				
扬州市	仪征市	市域		56.2/56.3	859	39/4.5	657		改设为市辖区
扬州市	仪征市	城镇从业人员		16.73					
扬州市	仪征市	乡村从业人员	非农业	22.82/19.32					
扬州市	仪征市	乡村从业人员	农业	3.50					
扬州市	高邮市	市域		81.7/73.9	1 922	24/1.3	385		68
扬州市	高邮市	城镇从业人员		9.55					
扬州市	高邮市	乡村从业人员	非农业	35.85/					
扬州市	高邮市	乡村从业人员	农业	8.96					
扬州市	宝应县	县域		90.3/75.1	1 462	30/2.1	514		70
扬州市	宝应县	城镇从业人员		0.21					
扬州市	宝应县	乡村从业人员	非农业	41.70/31.08					
扬州市	宝应县	乡村从业人员	农业	10.62					
常州市	市域			364.8/468.7	4 372	230/5.3	1 072	310/66.2	72
常州市	市辖区	市区		231 / 337	1 861	184/9.9			
常州市	市辖区	新北		45	439				
常州市	市辖区	钟楼		36	73				
常州市	市辖区	天宁		38	67				
常州市	市辖区	戚野堰		8	32				
常州市	市辖区	武进		100	1 242				
常州市	金坛市	市域		55.3/55.8	976	22/2.3	572		70
常州市	金坛市	城镇从业人员		15.84					
常州市	金坛市	乡村从业人员	非农业	20.33/14.92					
常州市	金坛市	乡村从业人员	农业	5.41					

表15-1(续)

行政区种类及层级				2012 年					2020 年
				人口户籍/常住（万人）	总面积（平方公里）	建成区(平方公里)/建成区占总面积比重(%)	人口密度(人/平方公里)	城镇人口/人口城镇化率(%)	常住人口城镇化率(%)
常州市	溧阳市	市域		79.0/76.0	1 535	24/1.6	495		72
		城镇从业人员		18.97					
		乡村从业人员	非农业	31.99/23.62					
			农业	8.37					
无锡市	市域			470/647	4 627	441/9.5	1 397	471/72.9	75
	市辖区	市区		241 / 359	1 643	316/19.2			
		崇安		19	16				
		南长		33	24				
		北塘		25	31				
		滨湖		78	790				
		惠山		42	325				
		锡山		41	458				
	江阴市	市域		121.3/162.4	987	55/5.6	1 646		73
		城镇从业人员		60.20/33.44					
		乡村从业人员	非农业	39.28					
			农业	5.84					
	宜兴市	市域		107.7/124.8	1 997	70/3.5	625		70
		城镇从业人员		38.74					
		乡村从业人员	非农业	35.68/25.53					
			农业	10.15					
苏州市	市域			648/1 055	8 488	720/8.5	1 243	763/72.3	78
	市辖区	市区		329 / 546	4 467	437/9.8			
		金阊		20	37				
		沧浪		33	25				
		平江		23	22				
		虎丘		69	258				
		吴中		60	742				
		相城		38	496				
		吴江		80	1 192				
	太仓市	市域		47.3/70.7	823	46/5.6	859		改设为市辖区
		城镇从业人员		29.19					
		乡村从业人员	非农业	16.16/12.92					
			农业	3.24					

表15-1（续）

<table>
<tr><td colspan="4" rowspan="2">行政区种类及层级</td><td colspan="5">2012 年</td><td>2020 年</td></tr>
<tr><td>人口
户籍/常住
（万人）</td><td>总面积
（平方公里）</td><td>建成区（平方公里）/建成区占总面积比重（%）</td><td>人口密度
（人/平方公里）</td><td>城镇人口/人口城镇化率（%）</td><td>常住人口城镇化率
（%）</td></tr>
<tr><td rowspan="12">苏州市</td><td rowspan="4">昆山市</td><td colspan="2">市域</td><td>73.8/163.9</td><td>932</td><td>72/7.7</td><td>1 758</td><td></td><td rowspan="4">改设为市辖区</td></tr>
<tr><td colspan="2">城镇从业人员</td><td>75.13</td><td></td><td></td><td></td><td></td></tr>
<tr><td rowspan="2">乡村从业人员</td><td>非农业</td><td>21.21/20.03</td><td></td><td></td><td></td><td></td></tr>
<tr><td>农业</td><td>1.18</td><td></td><td></td><td></td><td></td></tr>
<tr><td rowspan="4">常熟市</td><td colspan="2">市域</td><td>106.8/150.7</td><td>1 276</td><td>98/7.7</td><td>1 181</td><td></td><td>72</td></tr>
<tr><td colspan="2">城镇从业人员</td><td>60.97</td><td></td><td></td><td></td><td></td><td></td></tr>
<tr><td rowspan="2">乡村从业人员</td><td>总量/非农业</td><td>39.74/35.83</td><td></td><td></td><td></td><td></td><td></td></tr>
<tr><td>农业</td><td>3.91</td><td></td><td></td><td></td><td></td><td></td></tr>
<tr><td rowspan="4">张家港市</td><td colspan="2">市域</td><td>91.0/124.2</td><td>990</td><td>67/6.8</td><td>1 255</td><td></td><td>74</td></tr>
<tr><td colspan="2">城镇从业人员</td><td>54.48</td><td></td><td></td><td></td><td></td><td></td></tr>
<tr><td rowspan="2">乡村从业人员</td><td>总量/非农业</td><td>31.61/23.19</td><td></td><td></td><td></td><td></td><td></td></tr>
<tr><td>农业</td><td>3.42</td><td></td><td></td><td></td><td></td><td></td></tr>
</table>

注：表中人口数、GDP 是 2012 年的数据，乡村从业人员为从事农林牧渔业的乡村从业人员。

4. 泛长三角区域合作背景下的江苏“省直管县”体制行政区划调整

泛长三角区域合作背景下的江苏省应适时推进“省直管县”体制改革。近年来，“省直管县”体制在中国的部分省试行；浙江省“省直管县”改革取得成效和经验。从总体上看，调整行政管理体制的改革，与减少行政层级和行政成本，提高行政效率的总体改革目标不谋而合，其积极意义是应该肯定的。但是，“省直管县”体制改革也存在一些问题，需要通过改革解决。例如，虽然赋予了县更多的行政权力从而对农村经济发展起到推动作用，但是权力大小要与经济发展程度相匹配，否则会造成权力资源的浪费，并且容易造成权力的滥用。对江苏省来说，并不是每一个市都有苏州市那样有发达的县级（市）城市经济作支撑。苏北的一些市受地理、经济等因素的制约，城市经济欠发达，从而使市管县体制难以带动县域经济发展。苏州市域经济已经形成了良好的经济结构，如果也实行“省直管县”体制也许会破坏原有的良性结构；可探索县级市改设区，扩大城市型行政区范围，以适应其高城镇化率的内在要求。进行“省直管县”体制改革的另一个关键问题是省的行政区域不宜太大，实行“省直管县”体制要顺应省行政区域与其所辖县的数量之间内在联系的要求。因此，从泛长三角区域合作与江苏经济创新发展的视角看，江苏经济创新发展需要进行与不同区域相适宜的“省直管县”行政管理体制改革试点。具体来说，苏北农业经济的基础地位决定县域经济板块的长期存在，宜在苏北试行“省直管县”体制，总结经验，从行政发展方面推动泛长三角区域合作背景下的苏北经济创新发展；苏南高城镇化率引致县域经济板块减少，宜在苏南试行“省直管市”体制，在科学的城市层级体系下扩大城市空间，从行政发展方面推动泛长三角区域合作背景下的苏南城镇经济创新发展。

表 15-2　泛长三角区域合作背景下的江苏省（省管县体制）行政区划调整规划建议（2015—2030）

<table>
<tr><th colspan="4">行政区种类及层级</th><th colspan="2">行政区规划范围</th></tr>
<tr><td rowspan="16">江苏省</td><td rowspan="2">南京市</td><td>城市行政区</td><td>市辖区</td><td colspan="2">玄武、秦淮、建邺、鼓楼、浦口、六合、栖霞、雨花台、江宁、溧水、高淳、京口、润州、丹徒、邗江、广陵、江都、仪征</td></tr>
<tr><td>地域行政区</td><td>县（市）（5）</td><td colspan="2">扬中市、丹阳市、句容市、高邮市、宝应县</td></tr>
<tr><td colspan="2" rowspan="13">城市行政区</td><td>徐州市</td><td>市辖区</td><td>云龙、鼓楼、贾旺、泉山、铜山</td></tr>
<tr><td>新沂市</td><td>市辖区</td><td>新沂、邳州</td></tr>
<tr><td>宿迁市</td><td>市辖区</td><td>宿城、宿豫、睢宁</td></tr>
<tr><td>盐城市</td><td>市辖区</td><td>亭湖、盐都</td></tr>
<tr><td>淮安市</td><td>市辖区</td><td>清河、清浦、淮安、淮阴</td></tr>
<tr><td>连云港市</td><td>市辖区</td><td>连云、海州、东海、赣榆</td></tr>
<tr><td>滨海市</td><td>市辖区</td><td>滨海、阜宁</td></tr>
<tr><td>海安市</td><td>市辖区</td><td>海安、东台、洋口港</td></tr>
<tr><td>南通市</td><td>市辖区</td><td>通州、崇川、港闸、启东、海门</td></tr>
<tr><td>泰州市</td><td>市辖区</td><td>海陵、高港、姜堰</td></tr>
<tr><td>常州市</td><td>市辖区</td><td>新北、钟楼、天宁、戚野堰、武进、</td></tr>
<tr><td>无锡市</td><td>市辖区</td><td>崇安、南长、北塘、滨湖、惠山、锡山</td></tr>
<tr><td>苏州市</td><td>市辖区</td><td>金阊、沧浪、平江、虎丘、吴中、相城、吴江、太仓、昆山</td></tr>
<tr><td colspan="2">地域行政区</td><td>县（市）（28）</td><td colspan="2">丰县、沛县、泗阳县、沭阳县、泗洪县、大丰市、建湖县、洪泽县、射阳县、涟水县、金湖县、盱眙县、灌云县、灌南县、响水县、如皋市、如东县、靖江市、泰兴市、兴化市、溧阳市、金坛市、江阴市、宜兴市、常熟市、张家港市</td></tr>
</table>

注：行政区面积小和人口较多的市辖区宜适时与相邻市辖区合并，例如，南京市的建邺区与雨花台区合并，润州区与丹徒区合并。

主要参考文献：

[1] 李小建. 经济地理学 [M]. 北京：高等教育出版社，1999.

[2] 鲁勇. 行政区域经济 [M]. 北京：人民出版社，2002.

[3] 刘志彪，等. 长三角托起的中国制造 [M]. 北京：中国人民大学出版社，2006.

[4] 高汝熹，吴晓隽，车春鹂. 2007 中国都市圈评价报告 [M]. 上海：格致出版社，上海人民出版社，2008.

[5] 张子云，于武，杨柏. 横向布局中国——泛流域经济带崛起思考 [M]. 上海：上海人民出版社，2007.

[6] 聂华林，王成勇，等. 区域经济学通论 [M]. 北京：中国社会科学出版社，2006.

[7] 王维平. 经济政策创新与区域经济协调发展 [M]. 北京：中国社会科学出版社，2006.

[8] 厉以宁，等. 区域发展新思路——中国社会发展不平衡对现代化进程的影响与对策 [M]. 北京：经济日报出版社，2000.

[9] 张可云. 中国区域经济合作的背景与未来方向 [J]. 珠江经济，2006 (9).

[10] 杨树珍，等. 中国经济区划研究 [M]. 北京：中国展望出版社，1990.

[11] 周克瑜. "都市圈" 建设模式与中国空间经济组织创新 [J]. 战略与管理，2002 (2).

[12] 中国行政区划研究会. 中国行政区划研究 [M]. 北京：中国社会出版社，1991.

[13] 刘君德，周克瑜. 中国行政区划的理论与实践 [M]. 上海：华东师范大学出版社，1996.

[14] 孙红玲. 区域经济发展新思路：由 "三大部" 到 "三大块" 的划分 [J]. 经济学动态，2005 (3).

[15] 冯邦彦，段晋苑. 腹地发展与区域合作关系研究——"泛珠三角" 区域合作的思考 [J]. 地域开发与研究，2005 (12).

[16] 李延. 论行政合作创新 [J]. 前沿，2006 (1).

[17] 王兴平. 中国城市新产业空间——发展机制与空间组织 [M]. 北京：科学出版社，2005.

[18] 左学金. 长江三角洲城市圈发展研究 [M]. 上海：学林出版社，2006.

[19] 方创琳，等. 区域规划与空间管治论 [M]. 北京：商务印书馆，2007.

[20] 卓越，等. 行政发展研究 [M]. 福州：福建人民出版社，2000.

[21] 沈雪潋. 中国经济区划改革与经济发展模式研究——以温州镇级市为例 [D]. 成都：西南财经大学，2012.

[22] 陆瑞国. 城市群内政府间合作困境研究 [D]. 济南：山东大学，2013.

[23] 郭梅，许振成，等. 跨省流域生态补偿机制的创新——基于区域治理的视角 [J]. 生态与农村环境学报，2013 (4).

[24] 陈瑞莲，杨爱平. 从区域公共管理到区域治理研究：历史的转型 [J]. 南开学报，2012 (2).

[25] 陈红霞. 区域治理背景的都市圈利益诉求与培育机制 [J]. 改革，2012 (4).

[26] 柏维春，朱明仕. 当代中国行政发展的政治分析 [J]. 理论探讨，2012 (4).

[27] 黄建. 行政发展若干问题之探析 [J]. 理论月刊，2011 (2).

[28] 朱舜. 行政区域经济结构与增长 [M]. 北京：经济科学出版社，2003.

[29] 陈安国. 城市区域合作 [M]. 北京：商务印书馆，2010.

[30] 常黎. 行政区划与区域经济发展：河南省案例分析 [M]. 北京：科学出版社，2008.